U0126342

　　在現代，「歷史」有研究專業者，「哲學」也有研究專業者，此兩種學問不但不隔絕，甚至是相得而益彰的。唐先生在其《文化意識與道德理性》論及「歷史哲學」有一段話，對讀者了解兆強兄所說的「歷史哲學」或有幫助，我把它撮述如下：

　　「歷史科學」和「歷史哲學」的研究對象無不同，只是研究的「觀點」與研究的「方面」有差別。「歷史科學」順時間的先後秩序看歷史事實，將之了解並敘述出來，對於這些歷史事實要實現甚麼文化理想是可以不敘述的，即有敘述也必無評論。「歷史哲學」不同，它必有超越一時代先後秩序的「觀念」，並以此「觀念」來看一時代之歷史事實，揭示它欲實現的文化理想對於整個民族國家之歷史，對於全體人類歷史，以及對宇宙歷史產生甚麼價值與意義。「歷史哲學」必能構築一整個民族國家或全體人類文化理想之圖景，由此來看一時代的歷史事實所實現的理想，在此圖景中的地位。「歷史科學」不自限於講歷史事實，只要能進一步構建文化理想的觀念，則即進入「歷史哲學」的範圍。

2010 年 3 月 27 日

楊序

——黃兆強教授《學術與經世——唐君毅的歷史哲學及其終極關懷》序

楊祖漢

　　兆強兄和我在三十多年前一起在新亞研究所讀書，當時唐君毅先生已經生病，上課時斷時續。牟宗三先生身體則還很健壯，每週都上課，而且有時候寒暑假也不間斷，所以我和兆強兄常在牟先生的課堂上見面。當時我對宋明理學已經有比較大的興趣，兆強兄雖讀史學組，也修習牟先生所開的宋明理學課，他寫的期末報告，曾得到牟先生公開的讚揚，我常想兆強兄如果後來不專治史學，而投入宋明理學研究的話，成就一定非我所能及。

　　雖然唐先生當時為研究所授課的時間不多，但兆強兄對唐先生的人格精神似乎更有感應。他最近幾年費大氣力撰寫多篇有關唐先生的史學思想的專文，闡發了許多我們這些也算常讀唐先生書的人，不太留意的唐先生之史學見解。兆強兄曾對我說，寫這部書，是他最大的心願。

　　當代新儒家對中國歷史都是有很深的研究的，熊十力先生有一本小書，名為《中國歷史講話》，讀過的人都會佩服熊先生對史事

的熟悉程度，他往往對史事稍作提要鈎玄，就可以講出那個時代的精神特色與學術文化的發展趨勢，在書中他配合歷史事實以說明中國文化與哲學的精神，使人另有一番深刻的感受。牟宗三先生有《歷史哲學》一書，更是有系統的大作。牟先生有關先秦階段學術思想的見解，大體都表達在此書中，而關於中國文化的特殊型態與優缺點，及與西方文化的不同處，在這書上表達得昭然若揭。唐君毅先生關涉到歷史的論文非常多，對這方面的了解我當然遠不如兆強兄，但我覺得唐先生很多專著、重要的論文，都是以他豐厚的歷史的學養為根柢，又加上對中國歷史文化、學術思想的深情，及對中國文化未來發展的擔憂，所激發出來的議論。不只是中國歷史，對於西方歷史文化的發展，唐先生也有博通的了解。由於有此學養，方能寫出如《中國文化之精神價值》等專著，及〈人類精神之行程〉、〈孔子與人格世界〉等大文。

綜上所言，當代新儒家的思想見解，並非只是純哲學性的思辨理論，而是有深厚的歷史素養，及對中國歷史文化之深情，然後抒發出來的睿見。讀上述幾位先生的作品，可以看到他們所努力要表達的中國文化的精神，是表現在中國人整體生活及學術上的，這種精神不宜以分解的方式說明。我們若說這種精神是形而上的，便須說其不離於形而下；若說是道德的，便須說是即道德即宗教；若說是超越的，便須說其亦是內在的。故唐先生說此精神實體既是理而亦是情。我們亦可以說不知道這種精神是屬於哲學的、文學的抑或是史學的？在學術活動的每一側面，其實都可以看到這種渾全的圓而神的精神。我想，當年創辦新亞書院與新亞研究所的先生們，都是有這個共識的。是故當年學生的從師問學，並不只是以先生的專

業成就為學習的重點，而是以老師的人格為中心，從老師的人格、生命力量關注之所及，來了解他的學問。他們所關注的層面，當然是很深廣的，並不能把老師們看做某一方面的學術的專家。

　　兆強兄以他深厚的、專業的歷史學的素養，探索唐先生的史學思想及歷史哲學，我拜讀他書中多篇論文的感受，就是上述所說的。他書中說的雖是以史學方面的問題為多，其實是以史學為通孔，表達了全幅的中國文化的精神。所以這書不只是可以讓人了解唐先生的史學見解，也是體會唐先生博大無涯的思想見解、真誠惻怛的人格生命的親切入路。

民國九十九年四月於中央大學中文系

劉　序

劉國強

　　一九七四年七月，唐君毅先生與牟宗三先生自香港中文大學榮休（唐牟二師同齡），其後更多在新亞研究所講學，黃兆強、楊祖漢等諸兄與我不少時候一同在新亞研究所聽課。一九七八年，我在中文大學完成碩士課程，翌年得兆強兄推薦到新亞研究所近鄰的鄧鏡波中學任教。兩年後，兆強兄往法國留學，我還接任了他留下來的社會科科主任的空缺。轉眼間幾十年過去了，有時回想，像是昨日的事情。兆強兄到法國留學及學成歸來到台灣任教，其間我們也連繫不斷，兆強兄回港，總相約見面，摯友之情，常感念心中。

　　唐君毅先生念茲在茲者，是中華文化靈根再植於中華大地上，亦嘗言大陸上中華兒女總有一天覺悟，你們便可回去講人文主義。唐先生之言不虛，也不能說大陸上的中華兒女都沒有智慧沒有真誠，大陸上受了不少政治折騰的尤其是年長知識份子，都更能體驗中華文化的價值，現在內地重視中華文化傳統價值，是好的發展，當然中國還必須在政治制度上作民主改革，否則問題還會反覆出現。我們支持重視中華文化傳統價值的發展，個人也盡微薄力量在唐先生家鄉宜賓參與推動，總希望中國向好的方向發展和進步。年來每次邀請兆強兄到宜賓參加學術會議及向年青學生講學，他都立

刻答應支持，使個人得到很大的鼓舞。兆強兄在宜賓學院講學，聲如洪鐘，汗流滿額，忘我投入講解唐先生的人格與學問，差不多每次我都在場，也感到年青人的興趣盎然。不意幾年下來兆強兄完成了多篇有關老師的歷史哲學的論文，使人佩服。

　　唐君毅先生學問弘大而深，個人略有管窺，也只有偏重其哲學方面，常希望有更多人研究唐先生學問，十多年前四川大學陳德述教授對我說只有四川大學有一套《唐君毅全集》，他們學會沒有，個人於是從香港的書局逐冊搜購平裝本送贈，分數次寄回，最後因斷版，整套還欠兩冊買不到沒有寄回，也是希望內地有更多人研究唐先生。所以現在有兆強兄以歷史學專業功底研究唐先生的歷史哲學，實是可喜。如兆強兄強調唐先生提出「過學歷史之生活」，使治史與生活結合，以見唐先生較時賢更有睿見。又指出唐先生不贊成史學是「為研究而研究」，和史學不能無史評史論的價值判斷，歷史知識的重要在孕育人的歷史意識而有道德使命感、擔當感，而最終為促成、創發人格世界及人文世界的完成。因此史學家不能蔽於事而不知理，以至逃避作價值判斷。這些都是對唐先生歷史觀的扼要總說。兆強兄亦本唐先生的信念進而肯定現在大陸改革開放，重視中華文化傳統的發展。兆強兄在發揚唐君毅先生的學問上，是我個人需要學習的。

自　序

　　「十年磨一劍。」（賈島，〈劍客〉）國人恆以此以譬喻需時十年之久始完成一著作。但筆者不敏，豈止十年，本書所收各文，打從最先發表的第一文算至最近完成的一文來說，其撰寫時間早已是拖過三十年的寒暑了！真愧對業師唐君毅先生。❶

　　筆者欽佩先生無極。除追念先生而敬撰一悼文外，先生仙逝之當年（1978），即以好打不平為先師「辯誣」而先後發表二文章。其後二三年間，亦嘗為短文二篇。然而，以主修之專業為歷史、任教之專業亦為歷史，兼且稟性疏懶、才拙思鈍及行政瑣事羈身種種緣故，所以三十多年前即有志全面細讀並鑽研唐先生各著作之初衷，便只好付諸流水。其後二十多年間，只分別於 1996、1997 及 2003 年為短文三篇而已；意欲研究唐先生並發揚光大其學問的念頭早已拋諸腦後了。

---

❶　去年（2009）為君毅先師的百齡冥壽，筆者本擬去年即出版是書以為紀念。但蹉跎者再，拙著至今始得與讀者面晤，慚愧極。惟去年各學術機構所舉辦之紀念性學術研討會，筆者無役不與，且亦宣讀論文。此可堪告慰先師者。研討會舉辦之高等學府，依次如下：香港中文大學（5 月）、四川宜賓學院（5 月）、香港新亞研究所（9 月）、臺灣中央大學（9 月）。再者，去年 10 月上海大學古代文明研究中心所舉辦之「中國傳統學術的近代轉型國際學術研討會」，筆者亦以唐先生之史學為主題發表一論文。

　　三年半前（2006 年年中）拜摯友香港中文大學教育學院劉國強教授之賜，幾乎即將熄滅的火苗得以重新點燃；研究唐先生的熱情再度生起。該年 6 月國強兄力邀遠赴四川宜賓（唐先生出生地）的宜賓學院做一場有關唐先生的演講。憑我教書匠二十多年的「功力」（70 年代我在香港嘗任教中學五年，2006 年在東吳大學任教已滿十九年）及莊諧並兼的說話風格，聽說演講相當成功。這使我鼓起勇氣，重新捧持唐先生三十冊的鉅著予以細讀，並再度從事相關的筆耕工作。三年半期間，個人史學史的研究專業完全拋諸腦後（2006 年 11 月在輔仁大學發表的一文則為例外；但文中不少篇幅仍與唐先生之思想有關），而全力撰寫闡發唐先生歷史哲學方面的文章；其間草成拙文不下十篇，共二十多萬字。若連同上述三年半前的各文及輔大一文一起算的話，文章總數計二十二篇（含唐先生誕生百週年紀念大會開幕致辭稿一篇）；今本書收錄其中十七篇。茲分為正篇及附錄二部份。前者是純學術性的論文；後者學術味道較輕，且含悼念性及筆戰的小文章。性質既殊，則二分可也。各文章均嘗發表（含宣讀），今連同其原發表日期、場所開列如下。修改後再投稿學報者，相關資訊從略。各文章之詳細發表日期、地點等等資訊則見諸本書內相關頁碼（通常是各文章之首頁）。各文章旨趣亦略見焉。

　　正篇十文，篇目及主旨依序如下：

一、〈唐君毅先生的歷史形上學：論人類歷史行程之形而上之本體〉❷

---

❷　原發表於「百年儒學與當代東亞思潮──紀念唐君毅、牟宗三先生百年誕辰國際學術會議」；會議日期：2009.09.25-28；主辦單位：中央大學中文系、

二、〈唐君毅先生的歷史形上學：論歷史發展之規律及其他歷史形
　　上學問題〉❸

三、〈唐君毅先生的史學價值論〉❹

四、〈唐君毅先生的歷史知識論〉❺

五、〈唐君毅先生的史學價值判斷論〉❻

六、〈史學現代化：從唐君毅先生論漢代史家學術思想之分類所獲
　　得的啟示〉❼

七、〈唐君毅先生論中華民族之生存發展及中華文化之承傳弘揚問
　　題：以先生論述清代學術思想為例〉❽

八、〈唐君毅先生論春秋經傳〉❾

九、〈〈中國文化與世界宣言〉之啟示——論聯署發表及共同參與

哲研所等。

❸　原發表於「中國傳統學術的近代轉型國際學術研討會」；會議日期：
　　2009.10.17-18。主辦單位：上海大學古代文明研究中心。

❹　原發表於《東吳哲學學報》，第二期，1997.03。

❺　原發表於「第四屆當代新儒學國際學術會議」；會議日期：1996.12.22-24；
　　主辦單位：鵝湖月刊雜誌社等。

❻　原發表於「中唐以來的思想文化與社會學術研討會」；會議日期：
　　2006.08.16-18；主辦單位：天津南開大學歷史學院。

❼　發表於「中國史學現代化問題國際學術研討」；會議日期：2008.04.12-
　　13；主辦單位：天津南開大學歷史學院。

❽　原發表於「中國哲學研究之新方向——中大哲學系創系六十週年紀念、唐君
　　毅百歲冥壽暨新亞書院六十週年院慶國際學術研討會」；會議日期：
　　2009.5.18-21；主辦單位：香港中文大學哲學系等。

❾　原發表於「史學與文獻學研討會」；會議日期：2007.5.18-19；主辦單位：東
　　吳大學歷史學系。

撰寫之意義〉❿

十、〈中華民族·中華文化·和諧社會·唐君毅先生的終極關懷〉
　❶

　　以上十文，除三、四二文外，餘八文皆發表於最近三年半內。
今略述各文之旨趣如下。

　　唐先生論述歷史及史學的文字相當多，皆可謂對二者作反思
也。「哲學」一詞可有之意涵（meaning）及作為一門學科來說可有
之宗趣（essence），可謂至多；但反思則必係其最主要之特色無
疑。是以筆者乃以「歷史哲學」一名以稱呼唐先生對歷史及對史學
所作之相關論述，藉以揭示先生對二者之反思。

　　歷史之進程，其背後有一形而上之實體／本體以為主宰乎？其
性格又何若？又歷史發展（進程），有一規律可循乎？果有規律，
則人類存乎歷史進程中，豈非已被制約而無任何自由可言？以上種
種問題，唐先生皆有所論述，此即構成本書首二文所探討之對象。
諺謂：「古為今用。」然耶？否耶？果為有用，則根據唐先生，又
如何用？此為第三文所探討之對象。史家非據事直書（客觀如實報
導）即可乎？若必對古人作評價，非流於私心妄作而有誤導讀者之
嫌乎？唐先生對此又有何高見？此第五文所討論之核心也。就常識
義來說，所謂「歷史」也者，「過去」之謂也。是耶？非耶？又今
人憑何而得悉業已逝去之過去？唐先生對此等問題，皆具卓識慧

---

❿　原發表於「唐君毅、牟宗三先生百周年誕辰紀念國際學術研討會」；會議日
　　期：2009.9.19-20，主辦單位：香港新亞研究所。

❶　原發表於「唐君毅先生百周年誕辰暨學術思想研討會」；會議日期：
　　2009.05.23-24；主辦單位：四川宜賓學院等。

解。其揭示即構成第四文之內涵。中華民族獨立自強、中華文化承傳弘揚，以至人文化成天下、人類和諧協作，以共同邁進大同社會、太和世界的境域，此唐先生之終極關懷及畢生奮鬥之所在也。第六文之宗趣即在於揭示斯義。漢代史家司馬談及班固對先秦學術思想之論述及分類，唐先生嘗作深入之闡釋及發明。筆者認為其中之卓見慧解對今天史家恆關注之史學現代化議題，頗可提供一定之參考價值。第七文即在於處理此議題。如上文所述，中華民族之生存發展及中華文化之承傳弘揚問題，乃唐先生畢生關注之所在。第八文乃透過先生對清代學術思想之論述以深入剖析斯義。《春秋》及《三傳》之性質為何？二者之關係又如何？三傳之異同又何若等等問題，唐先生皆嘗注目究心。其見解頗異時賢而為吾人研究經學史、史學史可予以擷取者。此乃第九文探討之重點。1957 年唐先生應美國國務院之邀嘗參訪美國各大學。途次間，以會晤張君勱先生，其後並加上個人之親身經歷，乃體悟到西方人恆誤解、不解、曲解中國傳統文化。二先生與牟宗三先生及徐復觀先生多次書信往還討論後，乃於 1958 年聯署發表一敬告世界人士之文化宣言。（執筆者為唐先生）筆者認為四人聯署發表及共同參與撰寫一事，其本身即甚具意義，乃撰寫一文以闡述斯義。此即第十文。

　　附錄七篇，篇目及主旨如下：

一、〈唐君毅先生及其愛情哲學析述〉❶❷

二、〈人文意識宇宙中之巨人──唐君毅先生〉❶❸

---

❶❷　原發表於「廿世紀中葉人文社會學術研討會」；會議日期：2003.05.15-16；主辦單位：東吳大學文學院。

三、〈唐君毅先生的歷史哲學（一）──紀念業師唐君毅先生逝世二
　　周年〉❹

四、〈敬悼唐師〉❺

五、〈徐訏先生〈悼唐君毅先生與他的文化運動〉讀後〉❻

六、〈不廢江河萬古流──敬答徐訏先生對業師唐君毅先生之批
　　評〉❼

七、〈紀念唐君毅先生百周年誕辰暨學術思想研討會開幕典禮致
　　辭〉❽

　　以上六文及一開幕致辭稿，除第一文、第二文及致辭稿分別完
成並發表於 2003、2008 及 2009 年外，餘四文皆三十年前的舊作。

　　唐先生認為人間之愛情有其崇高的形上價值，其撰成於三十多
歲時的小書《愛情的福音》即旨在揭示斯義。該書版權頁上標示唐

---

❸　原發表於「中國文化與世界宣言五十週年紀念國際研討會」；會議日期：
　　2008.05.02-04；主辦單位：臺灣中央大學中文系、哲研所等。

❹　原發表於香港《華僑日報・人文雙週刊》，209 期，1980.02.05。

❺　原發表於香港《華僑日報・人文雙週刊・唐君毅教授紀念專集》，169 期，
　　1978.03.14；收入馮愛群輯編，《唐君毅先生紀念集》（臺北：臺灣學生書
　　局，1979 年 5 月）。

❻　原發表於香港《華僑日報・人文雙週刊》，174 期，1978.6.13；175 期（日期
　　約為六月下旬或七月上旬）。

❼　原發表於《明報月刊》，第十三卷，第八期，總第一五二期，1978.08；收入
　　上揭《唐君毅先生紀念集》。該文聯署發表者共五人，筆者為其中之一。撰
　　寫過程中，霍韜晦教授嘗給予寶貴意見並作大幅度的修改謹正。其詳細情
　　況，參見該文末筆者之附識。

❽　「唐君毅先生誕辰 100 周年紀念大會」於 2009.05.23 在四川宜賓市宜賓學院
　　隆重揭幕。筆者應邀致辭。

先生為譯者而非著者，筆者稍予以考證。此即構成第一文的內容。至於第二文，筆者完全認同業師牟宗三先生所說的文化意識乃以「人文化成」之「人文意識」為核心、為主軸。職是之故，為更明確彰顯此義蘊，筆者私心妄作，乃以「人文意識宇宙中之巨人」來「取代」牟宗三先生悼念唐先生文中「文化意識宇宙中之巨人」一稱謂。第三文從唐先生所嘗用有關歷史哲學的名言概念來初步闡述先生之歷史哲學思想。第四文乃先生仙逝後，筆者雜記瑣事的一篇悼念性質的小文章。唐先生逝世後，徐訏先生嘗為文批評唐先生。批評，甚至非常負面的評價當然是可以的。但批評必須以事實為根據；且態度上亦不宜流於輕薄譏訕。五、六兩文即為此而撰寫。第七文乃先生百年誕辰紀念大會上的開幕致辭稿。

　　本書未收，但旨在闡發唐先生學術思想及其終極關懷的相關文章，茲亦開列其篇目如下（共五文），聊表筆者對先生之崇敬：

一、〈唐君毅先生史學上的成就與貢獻〉**⑲**

二、〈唐君毅老師的「深淘沙、寬作堰」精神——植根於道德心靈、理性心靈之人文精神為融攝一切學術文化歧異及民主建國的不移基石〉**⑳**

三、〈〈中國文化與世界〉宣言之草擬及刊行經過編年研究〉**㉑**

---

⑲　本文發表於「全球視野下的史學：區域性與國際性國際學術研討會」；會議日期：2007.11.03-05；主辦單位：國際史學理論與史學史研究會、上海華東師範大學歷史系。

⑳　本文發表於（臺灣）《書目季刊》，第十四卷，第四期，1981年。

㉑　本文發表於《中國文化與世界——中國文化宣言五十週年紀念論文集》（中壢：中央大學儒學研究中心，2009），頁65-121。

四、〈返本開新──中國史學上的褒貶傳統〉❷

五、〈唐君毅先生（1909-1978）論清代學術〉❷

　　上述第一文乃綜述唐先生在歷史知識論、史學價值論及史學價值判斷論等方面的成就與貢獻。相關討論已大抵見諸本書正篇三、四、五等三篇文章。為省篇幅，本書不收錄此第一文。第二文乃1980 年負笈法京巴黎時對中共統治下的大陸情勢有感而發的一文。今時移世易；所感頓成過去。是以本書亦不收錄該文。不收第三文的原因有三：1.唐君毅、牟宗三、徐復觀、張君勱等四先生發表於 1958 年之〈中國文化與世界宣言〉固為時代大文章，但該〈宣言〉之草擬及刊行過程與唐先生之思想無直接關係；2.此第三文經修訂及濃縮後，其要旨（唐先生等四人聯署發表及共同參與撰寫之意義），已另成一文，而後者已收入本書正篇內（即第十文）；3.此第三文四萬多字，篇幅太大。第四文討論中國史學上的褒貶問題（價值判斷問題），其中不少論點及引文是來自唐先生的著作的；然而，究非直接論述唐先生的思想，所以本書不收該文。至於第五文，其內容經修訂改寫並大幅擴充後已成為另一文，而後者已收入本書正篇內（即第七文）。

❷　本文發表於「21 世紀中華文化世界論壇第四次會議──中華文化與當代價值學術研討會」；會議日期：2006.11.11-17；主辦單位：中華炎黃文化研究會、輔仁大學、東吳大學、南華大學、中國哲學會。

❷　本文發表於「經世與考據：清代學術思想研討會──紀念牟潤孫教授百年冥誕」；會議日期：2008.10.24-25；主辦單位：東海大學文學院、佛光大學人文學院。

＊　＊　＊　＊　＊

　　唐先生著作千萬言，以「著作等身」譽之，先生固當之無愧。或問：「吾人可以『學術界之巨擘』稱謂先生乎」？筆者答曰：「失之矣！學術所以經世。先生為文乃旨在經世，非為學術而學術也。學術可以經世，此固然。然以『學術界之巨擘』稱謂先生，恐轉孳疑惑，使人誤以為先生僅係象牙塔中一巨匠而已。若必以『學術』一詞定位先生之志業，則『經世』一詞必得附加其上，其義始為完備；所謂『學術經世』是也。即『藉學術以經國濟世』是也。」問：「有證據乎？」答：「有之；此見諸先生晚年之自述。」先生說：

> 我個人最關懷的，既不是純哲學的研究，也不是中國哲學的研究，而是關乎社會文化問題的研究和討論。……我最關心的，同時也寄望青年人都關心的，就是我們整個民族、社會、文化的大問題。……我們不要忘記：中國哲學素來以聖哲作最高境界，這可是要講求一套關懷民族歷史文化的大學問的。❷❹

一言以蔽之，中華民族之生命及中華民族之歷史文化生命乃先生終極關懷之所在。民族不能獨立自存，則歷史文化固無所附麗，一切自然談不上。反之，如本諸傳統而型塑成之歷史文化一概厥如，則

---

❷❹ 唐君毅，〈上下與天地同流〉，《幼獅月刊》，卷 40，期 5，1974 年；乃一訪問紀錄；收入《中華人文與當今世界》（補篇上冊），《唐君毅全集》，卷九（臺北：臺灣學生書局，1991），頁 400-402。

民族、國家也者，僅一軀殼而已，雖生猶死。是以民族生命、民族之歷史文化生命猶一體之兩面，乃一而二，二而一者。此雙生命之關懷，乃先生畢生心力投注之所在。「文化」一詞源自《易·繫辭》「人文化成」一語；可知「文化」固以「人文化成天下」為樞軸、為核心無疑也。依儒家義，吾人所追求者，約言之，始乎個人之進德修業、安身立命；其工夫之步步向上，步步自我超越，以充量開拓其道德意識，期最終達至成聖成賢、化民成俗之境域，以成就人格世界、人文世界、大同世界、太和世界是也。就個人言，亦即所謂內聖外王是也。民族生命、民族之歷史文化生命承先啟後之健全安康之發展必涵個人理想人格之完成，否則文化生命中人文一義即有所虧缺而未得其落實。是以唐先生畢生關懷之雙生命，簡言之，亦必涵個人安身立命一義。（其開拓擴充即可進一步成就一理想人格，甚至成聖成賢）據此，唐先生畢生著書立說❷❺，其所追求及成就之學問、學術，吾人稱之為「生命的學問」可也。為學問而學問，為學術而學術，固非先生為學之本旨；更非其人生價值取向之所在。順上文，民族生命、民族之歷史文化生命，如加上個人安身立命之生命－性命，吾人名之曰「三生命」（三命）可也。然則唐先生之終極關懷者，三生命是也。然而，三生命實相互依存、彼此仰賴。分言之，乃三；合言之，稱之為一，亦未嘗不可。其實，一也好，三也罷；其為「生命」也同。是先生畢生鑽研者、關注者，一言以蔽之，「生命的學問」是也。其實，此乃一通義，凡儒家、儒

---

❷❺　除著書立說外，先生幾乎一輩子從事教育行政工作，且經常應邀到文教機構作演講。這亦可說是廣義的學術經世的表現。

者，其學問性格必如是也。唐師如是；牟師如是；復觀師、錢穆先生等等大儒亦莫不如是也。

　　先生的學術專業是哲學，但先生的學問絕不以哲學為囿限。文學、史學、教育學、藝術、宗教，以至一般的社會科學及人類文化諸大端，唐先生都有深入的認識和體悟。其學問廣博無涯涘，奚待贅言。各專著中慧解通識盈篇，而三生命之關注，或明言，或隱喻，又恆寓存寄託其間。筆者雅好諷誦先生的著作。惟先生才大學博，中西印等各哲學問題，皆極深研幾。筆者如鼴鼠飲河，惟充其量而已。顧以研治史學之故，唐先生之相關論述，個人尤其珍好。是以勉力為文，乃撰成與先生史學思想相關之論文十數篇；先生之終極關懷亦隨文揭示焉。是以顏本書曰：《學術與經世──唐君毅的歷史哲學及其終極關懷》。

　　今必須向讀者致歉的是，個人雖亟欲窮究唐先生史學思想的義蘊，擷其菁華，發其幽光，然以才力學力所限（哲學這個學門，我連半途出家都談不上！），是以買櫝還珠、去取失當，甚至失其旨歸之處，恐必不能免。惟動之於悲心，發之於誠敬，但求闡發唐先生史學思想義蘊之萬一而已。讀者其明以教我。唐先生泉下有知，其亦寬恕宥諒之歟？

　　本書得以粗成，必須感謝以下數人。其一為上文提及的香港中文大學劉國強教授。若不是國強兄三年半前力邀筆者遠赴宜賓學院作演講而重新點燃筆者唐學研究的火苗的話，則其後十多篇文章之草成，其事絕不可能。另一人為臺灣中央大學的楊祖漢教授。感謝同窗祖漢兄的不斷鞭策鼓勵。庚寅年正月十三日，筆者往訪唐先生中晚年大弟子香港志蓮夜書院梁瑞明校長。瑞明學長與國強兄、祖

漢兄，皆有志之士也。其弘揚中國傳統文化，則發乎悲心大願；其推崇唐先生學問人格，則至乎殫精竭慮。三人皆慨允為拙著撰寫序文，筆者幸何如之！此外，尚要感謝的是髮妻慧賢。她為我操持家務，讓我無後顧之憂；且容忍我終日「離家出走」而躲在研究室的個人小天地中。家兄兆顯為本書揮毫題上書名，我也必須借這個機會向他道謝。此外，必須要感謝的還有臺灣學生書局陳仕華先生。去年底某一巧遇的機緣中，陳先生知道我正為本書各文作最後的修訂，乃力邀拙著在該書局出版。二十年前唐先生的全集便是由臺灣學生書局出版的。拙著既可藉此而附驥尾，那筆者當然是卻之不恭而欣然接受了。文化人不計盈虧而為文化事業盡力之情亦可見一斑矣。當然東吳大學讓我院長卸任後休假一年（2007-2008）是本書若干文章得以粗成的另一主因。在這裡，我也必須感謝它。當年院長首任任期即將屆滿前，不少學系主任及院內外同仁皆鼓勵筆者連任。然而，「生平報國堪憑處，總覺文章技稍長。」（趙翼，〈……感恩述懷〉詩）外王事業固不必「當官從政」也，學術經世又何嘗不可？「書有一卷傳，亦抵公卿貴。」（趙翼，〈偶書〉詩）此非殊途同歸、異趣一致之謂乎？

2010 年 2 月 18 日（庚寅年大年初五）初稿

2010.02.27 修訂

2010.03.05 三修

學術與經世
──唐君毅的歷史哲學及其終極關懷

目　次

壹、唐君毅先生的歷史形上學：

論人類歷史行程之形而上之本體❶

提　要

　　本文計分四節。首節（前言）指出歷史哲學可分為兩類型，其一為針對過去之歷史發展作反思（詮釋、解讀），而反思之結果即構成各種史觀；另一則為針對歷史研究（史學）作反思。一般而言，前者稱為思辨的歷史哲學（Speculative Philosophy of History），後者則稱為分析或批判的歷史哲學（Analytical or Critical Philosophy of History）。第二節乃按照時代先後綜述中外古今的史觀；其中洋人之史觀著墨尤多，國人之史觀則略作介紹而已。根據唐先生，人類歷史之發展（進程、行程），其背後實有一「主宰」作為原動力。而此原動力乃源自一形而上之實體／本體。而此形上實體乃一具備道德性格者，且此實體同時亦為萬物創生之原，所謂具「生生之德」也。本文第三節之重點便在於闡釋唐先生對此歷史形上實體的各種看法。最後一節（第四節）乃一餘論。

---

❶　本文原為應國立中央大學文學院儒學研究中心等單位所舉辦之第八屆當代新儒學國際學術會議之邀請而撰寫。是屆會議主旨乃在於紀念唐君毅及牟宗三二先生之百齡誕辰。其會議主題如下：「百年儒學與當代東亞思潮──紀念唐君毅、牟宗三先生百年誕辰國際學術會議」。會議日期為 2009.09.25-28，一連四天假中央大學、臺灣師範大學及鵝湖人文書院舉行。拙文初稿始撰於 2009 年 8 月 9 日，完成於 8 月 31 日；修訂完成於 9 月 14 日。其後 11 月中旬及 12 月中旬續有修訂。最後之修訂是 2010 年 2 月。

其要點是指出，人類歷史乃主觀精神根據絕對精神而客觀化其自己而成者。

關鍵詞：唐君毅　歷史哲學　道德形上學　道德形上實體　心　神
　　　　　三位一體

一、前言：歷史哲學之兩型

本文探討唐君毅先生有關歷史形上學的理論。而歷史形上學可說是歷史哲學的一種。所以我們先來談歷史哲學。「歷史哲學」（Philosophy of history）一詞，含「歷史」，也含「哲學」。「歷史」，廣義來說，既指史事之本身，也指針對史事作探討、研究。後者又稱「歷史學」或省稱「史學」。一般來說，常人所說的「歷史」指的是前者，即史事之本身／過去所發生過的事情。因此，為了做明確的區別，我們實在不宜把歷史研究（歷史學）再稱為「歷史」了。然而，國人習慣一時間不易改變過來。譬如，我們常聽說，某同學考上了歷史系，他未來打算以歷史研究作為終身志業等等。其實，「歷史系」應改稱為「史學系」或「歷史學系」。❷因為嚴格來說，「歷史系」，其意應指歷史上的某個／某些學系；這好比「歷史人物」指的是歷史上的某個／某些人物的道理是一樣

---

❷　臺灣中國文化大學即以「史學系」來稱呼相關的學系，這可說是探驪得珠的作法；筆者所服務的東吳大學雖仍簡稱之為「歷史系」，但正式名稱自劉源俊教授當校長（任期 1996.08-2004.07）時開始，便是以「歷史學系」來命名的。

的。然而，積重難改。既然「歷史」一詞迄今仍有「史事之本身」及「針對史事做研究」兩義，本文便隨俗而接受之好了。

至於「哲學」一詞，其涵意則更多，其歧義性亦更大。如以「哲學」一詞是翻譯自英文"Philosophy"一詞而來，而其字根乃源自拉丁文"Philos"和"Sophia"而來者（當然，更早則溯源自希臘），則意指「愛智」而言，此早為常識，不必贅說。然而，中文「哲學」一詞，明由「哲」和「學」二字構成。然則此二字又何義？果即等同西方「愛智」一義乎？此則未見其然。❸今不暇細說。要言之，無論以「愛智」來界說也好，以「知人則哲」❹、「學之為言覺也」❺來訓詁也罷，其要義不外是指人運用其智慧來思考、再思考、再三思考。否則從事其業者便談不上愛智，亦談不上由未覺到覺，更無法成為能知人之哲人。所以筆者在這裡姑且以「反思」、「反省」來界定「哲學」一詞。換言之，哲學乃一反思、反省的活動。「歷史哲學」一詞便成為針對歷史作反思、反省的一個活動而言。當然，「歷史哲學」另一常用義是指一門學科，而此學科通常是在哲學系或歷史學系開授的，通常是教導學生認識古今中外的相關學說，並論說其相關議題及概念的。茲不細表。

如上所述，「歷史」既有二義，則「歷史哲學」一詞亦隨之而有二義。一指針對史事之本身（尤指對整個歷史的發展過程及此過程對人類所具備之意義等等）作反思、反省；一指針對史事研究這門學問（即

---

❸ 唐君毅先生，《哲學概論》（香港：友聯出版社，1974）論之綦詳，可參該書第一部，第一章〈哲學之意義〉。

❹ 《尚書·皋陶謨》。

❺ 班固編，《白虎通》，卷四，〈辟雍〉。

所謂史學研究，含歷史知識是否可確然獲得、是否可靠、獲得之方法，以至歷史的功用等等）作反思、反省。一般來說，西方人稱前者為思辨的歷史哲學（Speculative Philosophy of History）；稱後者為分析或批判的歷史哲學（Analytical or Critical Philosophy of History）。❻思辨的歷史哲學亦可稱為「史觀」，即史家對歷史發展的一個觀點、一個看法。

二、中外古今史觀概說

中國古人對歷史發展已頗關注而形成了若干史觀。❼然而，以

---

❻ 韓震認為宜改稱前者為「歷史的哲學」，後者為「歷史學的哲學」。筆者則以為或不妨稱前者為「史事哲學」，後者為「史學哲學」。韓氏意見，見〈序〉（侯鴻勛撰），載韓震，《西方歷史哲學導論》（濟南：山東人民出版社，1992），頁3。

❼ 以先秦為例，如見諸《孟子·公孫丑》的「五百年必有王者興」的觀點、引申《尚書·洪範》所言之五行而倡言「五德轉移，治各有宜」（語見《史記·孟子荀卿列傳》）的戰國時人騶衍的五德終始說、見諸西漢董仲舒《春秋繁露》的以黑白赤三色分別代表夏商周的三統觀及以「所傳聞」、「所聞」、「所見」的三世觀來區分春秋的世代，又泛論陰陽五行的遞變以言政權之轉易等等，皆可謂以循環觀念或遞演觀念以說明歷史之進程者也。至若「合久必分、分久必合」的說法，亦可謂循環史觀之另一種態態。世俗以「善有善報，惡有惡報」、「種瓜得瓜，種豆得豆」等等觀點以說明世代、人事之轉變昇沉者，則因果法則應用於歷史進程之說明者也。以上所說的三世觀，為東漢何休所繼承及發揚光大。彼所著之《春秋公羊解詁》將春秋二百多年分為所傳聞世、所聞世和所見世。晚清康有為進一步演繹公羊學這個「通三統」、「張三世」的傳統，而有「據亂世」、「昇平世」、「太平世」之說。康說見所著《孔子改制考》。唐君毅先生對以上問題雖無專文專書予以探討，但所著《中國哲學原論·原道篇》（二）第二篇之第五章及第七章分別討論董仲舒的春秋學及漢世的五行之哲學時，對相關問題亦嘗探討。徐復觀先生嘗以專著中的一百多頁的一個單元來論述董仲舒的思想；對

面貌之繁富多元而言，以析理之深刻精微而言，西方學者探研歷史
進程而其論說成為著名史觀者，其成就似皆在中土人士之上。是以
本節乃扣緊西方人之相關論述而予以鋪陳。以下大抵按大陸學人韓
震在《西方歷史哲學導論》❽中的論述，擷其菁華，並稍附己意，
依時代先後略述西方學者的史觀如次。括號內為韓書中的相關頁
碼。

　　古代希臘神話已蘊涵史觀的成份。❾自公元四、五世紀的奧古
斯丁（Aurelius Augustine of Hippo, 354-430）❿算起，尤其從十四、五世紀
的文藝復興時代以降，學人論說歷史進程的文字更是繁富。如馬基
雅維利（Niccolo Machiavelli, 1469-1527）⓫、培根（Francis Bacon, 1561-

其陰陽五行的史觀亦有所闡釋。參所著《兩漢思想史》（臺北：臺灣學生書
　　局，1976），卷二，頁 383-387。
❽　濟南：山東人民出版社，1992 年出版。
❾　古代希臘神話中所說到的由黃金時代，下降而為白銀時代，再下降而為銅的
　　時代，最後倒退到鐵的時代，已是退化史觀的濫觴。參上揭韓震，《西方歷
　　史哲學導論》，頁 10。以下註❿至註㉖凡云「韓書」及僅舉出頁碼者，概指
　　韓震《西方歷史哲學導論》一書而言。
❿　出生於北非的著名神學家奧古斯丁的代表作《上帝之城》（De Civitate Dei）
　　把人間世的一切發展、進程視為上帝既定計畫在地上的展現。這很明顯是一
　　種天命史觀、神意史觀。（韓書，頁 12）本文末節提到的「三位一體論」的
　　學說即奧古斯丁所提出者，雖然，舊約聖經已隱含此義。有關三位一體的學
　　說，見奧古斯丁著，周偉馳譯，《論三位一體》（上海：上海人民出版社，
　　2009）。周氏對奧氏的整個學說作了一個很翔實的說明，見所撰〈中譯者
　　序〉，頁 1-22；甚值參看。
⓫　馬基雅維利：文藝復興時期義大利的著名政論家及史學家，可說在一定程度
　　上呈現了宿命史觀的看法。（韓書，頁 15）

1626）⓬、維科（Giambattista Vico, 1668-1744）⓭，其最著者也。

⓬　培根：文藝復興末期英國大哲學家，彼揭示了進步史觀的一些面向。（韓書，頁 17）把歷史和哲學兩學科融合為一而對歷史哲學作出偉大貢獻的維科即深受培根的啟發（參下註）。當然，對維科直接產生影響的是柏拉圖和塔西佗（Cornelius Tacitus, 約公元 55-120 年在世；韓書，頁 30-31。）按：塔氏為羅馬帝國執政官、元老院元老、雄辯家，也是著名的歷史學家。其史學名著嘗由大陸學者王以鑄、崔妙因於 1960 年代翻譯成中文；名為《編年史》及《歷史》。而《歷史》可說是《編年史》的續篇，二書所描繪者為羅馬帝國初期的歷史。

⓭　以撰著《新科學》（全稱《關於各民族共同性的新科學的原則》）一書而享譽學術界的義大利人維科，被視為有意識地把重視普遍性、抽象性、真實性的「哲學」和重視個別性、具體性、確證性（確定性）的「歷史」這兩個不同的領域融合起來的偉大學者。他的歷史哲學，其重點如下：⑴《新科學》所論述的內容，可說是一種「憑證哲學」、「實證哲學」；即以歷史事實來證成其哲學理論的一種哲學。細言之，維柯的理想是企圖把理性變成確定的，把確定事物，如歷史事實，變成是符合普遍理性的東西，從而「發展各民族歷史在不同時期都要經歷的一種永恆的歷史圖案」。在這種情況下，歷史便變成了哲學，而哲學就源自歷史。用現代述語來說，《新科學》所處理的課題，其實，就是歷史哲學，或所謂「人類的形而上學」。而歷史乃係人類創造性活動所呈現的一個客體。這個客體既係人類共同活動所創造的，而源自互不認識的不同民族所共同團聚而成之人類是有其共同本性（common nature）的，那麼這個共同本性必有一個共同的真理基礎（筆者按：即所謂歷史規律，維科有時候稱之為「天意」、「神意」。正因為如此，且維科相信上帝創造了人類，所以吾人或可稱維科為神意史觀論者，甚至為唯心史觀論者），否則共同本性便無法形成。至於歷史本身作為一個客體來說，其結構和形式，是在變化的秩序中所形成的。形成便等同成了形，成了一種人類社會生活的規律，也可說，成了歷史發展永恆的規律。歷史既為人所創造，則人自有認識歷史的能力。（維科又認為，大自然則為上帝所創造，所以人不必然能認識大自然。）⑵歷史雖為人所創造，但這種創造是一種「無意識」的活動，是受感官限制的一種可稱為詩性的心智衝動，而不是理智和謀劃下

就啟蒙時期西方的歷史哲學而言，其中以法國的歷史哲學最值得關注。大體來說，當時法國學者在理性主義（堅信有所謂普遍理性）

的產物。但這個產物又自自然然地符合了歷史發展的一般目的（即所謂天意或神意，而這個天意所關注的是人類共同的善——共同的利益），而不是符合人本身所設計的特殊目的（這個目的反而只成了一般目的的手段而已）。(3)維科認為宗教使人類步入社會生活，從動物變成人。要言之，社會制度、科學知識和道德觀念均來自宗教。因此，一個民族的誕生其實就是宗教的誕生。(4)歷史的進程是社會文化的各個方面相互聯繫、相互作用的有機進程，是從低級向高級發展的進化過程（因此維科在某一程度上，也可以說是歷史進化論者），是根據人類本性所具有的內在法則有規律運動的過程。(5)維科認為人類的歷史，就其縱切面來說，是經過神的、英雄的和人的三個階段。最後一階段的特徵就是自由民主的出現。就橫切面來說，則表現為以下三特徵：歷史上的人必有宗教信仰、必舉行結婚儀式和人死後被生者所埋葬。(6)維科認為歷史在某一種程度上是會重演的，但不是全然的重演而倒退到最原始的狀態。所以與其說他是個循環論者，倒不如說他是把歷史視為波浪式的前進和螺旋式上升的過程的一位思想家。所以在他看來，歷史是一個開放的、不斷創造的過程。因為是不斷的創造，所以歷史不容許人預見其未來。(7)按照韓震的理解，維科乃唯物論的先驅，因為他認識到階級鬥爭在社會發展中起著重要作用，認識到這種鬥爭是歷史發展的主要推動力，且具有歷史必然性。所以具有必然性，乃因為這種鬥爭是以現實生活中經濟利益上的矛盾為其基礎的。(8)總體來說，維科的歷史哲學兼具思辯式的色彩和分析／批判的色彩，因為他既對歷史發展的本身有所說明，亦對如何認識歷史、理解歷史有所說明。但上文主要是針對前者作簡單的析述而已。（韓書，頁 28-62；頁 146）(9)雖然維科企圖從歷史中發現永恆普遍的律則（天意、神意），但他也是文藝復興時期以來重視歷史性（具體性、過程性）的開山祖師。是以吾人在某種程度上或可以歷史主義者稱之。總之，他是最早把歷史和哲學融合起來而予以處理的偉大學者。B. Croce（克羅齊）嘗撰一書以闡述維柯的歷史哲學，R.G. Collingwood（柯林伍德）譯之為英文，名 *The Philosophy of Giambattista Vico*。此書去年由大陸學人翻譯成中文。陶秀璈、王立志譯，《維柯的哲學》（北京：大象出版社，2009）。

的前提下，皆抱持樂觀的態度，認為歷史是進步的。基本上，他們相信人性本惡（至少相關學理蘊涵此種信念），但認為意志（落實下來便是教育）可改造世界、知識可促進進步、立法可規範一切。然而，對興衰無常的歷史（人類的過去）——因其異於具普遍性之理性，則大多採取輕視的態度，而有「反歷史主義」／「非歷史主義」的傾向：割斷了自己與過去歷史的聯繫，甚至認為應與舊傳統徹底決裂。相對於螺旋式或辯證式的史觀來說（參上文有關維科的註釋），啟蒙時期的學者們所相信的進步史觀，其性質可說是直線式的（下文即將提到的認為人性本善的盧梭或為例外），即從愚昧無知直接跳躍到科學理性時代，從野蠻原始直線演進至開化文明世界；更不注意各民族間、地域間發展上的差異而各有其特殊面貌。換言之，他們以抽象普遍的理性來衡量具體特殊的歷史，並認為只有他們所崇信、謳歌的啟蒙運動才開始把理性的光輝照進了一直處於陰暗黑漆的人類過去的世界。這種看法當然是反歷史的、輕歷史的；即不以歷史事實為據，而流於一廂情願的一種想法而已。孟德斯鳩（Charles-Louis de Secondat, baron de la Brede et de Montesquieu, 1689-1755）❹、伏爾泰（Francois-Marie Arouet de Voltaire, 1694-1778）❺、愛爾維修（Claude-Adrien

---

❹　孟德斯鳩的地理環境決定論頗值得注意。他認為氣候、土壤與國土大小對社會歷史的進程發揮相當大的影響力。然而，一旦一個民族確立了社會準則和法律體系，它們就會反過來變成民族精神發展的一股力量。由此來說，他的史觀似乎又不能逕稱為地理環境決定論的史觀。（韓書，頁71-73）

❺　當時思想界泰斗伏爾泰首先使用「歷史哲學」（Philosophie de l'histoire）一詞，並提倡歷史撰述當以精神文化為主，而把全部人類歷史視為理性與迷信、知識與愚昧的相爭過程，並視理性為歷史發展的主要動力。他又認為歷史變化的原因有三：氣候、政府和宗教；在理性主義觀點的影響下，他對歷

Helvetius, 1715-1771）**⓰**、盧梭（Jean-Jacques Rousseau, 1712-1778）**⓱**、孔多塞（Marie Jean Antoine Nicolas Caritat, Marquis de Condorcet, 1743-1794）**⓲**等人

史的看法無疑係進步史觀的一種看法。（韓書，頁 80；82；88）

⓰ 愛爾維修從人的生理需要（肉體感受）出發，把人歸結為純自然人；並認為物質利益對人類的精神活動具有支配的力量；而歷史乃由人們一系列的感性活動所促成，社會存在和發展的原因不在天上，而在人間。感性活動使人們不斷擴大其需要。而需要之得以滿足，在於人口的增殖。而人口的增殖導致社會型態的更替和生產水平的提昇。（韓書，頁 93-97）愛爾維修的史觀雖然與強調階級鬥爭是歷史發展的原動力，和強調生產方式的更替是歷史發展的基本型態的馬列唯物史觀不同，但無可否認，他的史觀是有相當濃厚的唯物主義傾向的。

⓱ 盧梭（香港譯為盧騷）最渴望的境界是：自然的平等和自由。因此，原始的自然狀態是人最理想的黃金時代，因為自然的平等和自由是這時期的特徵。然而，人類有一種「自我完善化的能力」，而這能力使人進入文明社會狀態。這使人脫離野蠻狀態的自我完善化的能力，固然象徵著進步和幸福，但同時也是苦難和不幸的源頭。（換言之，社會雖是進步的，但同時退步的因子又潛伏其中。此中我們可以看到社會發展的辯證關係）原因是：人的智慧、能力等等實際上高下有別、參差不齊。所以各人自我努力追求完善，其結果必會打破社會上的平衡，人與人之間的不平等亦隨之而出現。（不平等有多種，其中財產的不平等可說是全部不平等歷史發展的出發點和基礎。）然而，物極必反，歷史發展中人之不平等最後必被取代而轉變為平等；其中契約扮演了關鍵的角色，因為它使得人們達致高級的自由（道德的自由和政治的自由）而保證了人們從歷史上必然出現的不平等轉變為平等。由此來說，「不平等」亦有其正面意義與價值，不全然是負面的，因為它刺激了它的反面──平等的產生。本此，盧梭可說是歷史辯證法理論的先驅，其肯定負面因子可有之價值尤其值得珍視。盧梭又試圖用生活方式、食物和氣候這些客觀因素來說明歷史的進程。可見歷史不以人們的主觀意志而轉移，而是依一定的客觀條件向前發展的。（韓書，頁 102-117）

⓲ 孔多塞認為歷史是進步的，而歷史的進步源自精神的進步。精神在成長的過程中（此成長是自然而然的）不斷累積經驗，克服種種障礙（如暴政、專

的學說在不同程度上或不同面向上反映了這種傾向。

風水輪流轉。如果法國學者是啟蒙主義時期歷史哲學方面的代表的話，則德國學者便是從啟蒙主義時期過渡到浪漫主義時期這方面的代表。他們從「反歷史主義」、非歷史（即看輕人類過往的歷史、不溯源於歷史，尤其不扣緊歷史的發展情況和史事的具體情況以說明人類的現況）的態度轉變為看重歷史，肯定歷史的價值，並以同理心理解歷史。其中萊辛（Gotthold Ephraim Lessing, 1729-1781）⓳、康德（Immanuel Kant, 1724-1804）⓴和赫德爾（Johann Gottfried Herder, 1744-1803）㉑最值得

制、偏見、愚昧等等）而開闢了向上發展（筆者按：即人自我超越）的道路。而此道路即人類歷史發展的軌跡；換言之，即成就了人類的歷史。孔多塞把過往的歷史分為九個階段。從法國大革命開始的未來則是第十個階段。在這個階段中，人們的身體、道德和智力都將越來越完善；各民族間和各階級或階層之間也會越來越平等。就未來的進步而言，人按其本有之自由在以下的領域：教育、理性啟蒙、政治改革、社會改革和道德培養等等領域將作出很大的貢獻。總而言之，吾人可說孔多塞的史觀是走向完善目標的一種史觀。（韓書，頁121-128）

⓳ 就萊辛來說，歷史不再與理性相對立，它反而是實現理性與實在的一條大道，甚至是唯一的疆域。純粹和最終的真理只有上帝才有，人只有在歷史活動中才能實現其自身的相對價值。就此而言，吾人可說，萊辛發展了啟蒙意識，也超越了啟蒙意識。作為理想主義者，他繼承了啟蒙思想（含人道主義精神），認為歷史可由人們透過教育，尤其透過優秀分子的共同努力，來傳播人道精神，從而改變現狀以達致進步。然而，人類進步而趨於完善的過程是永無止境的，因此歷史也沒有終點可言。法國的啟蒙思想家要擺脫基督教的束縛；萊辛則向基督教靠攏，他認為歷史進步是上帝工作的表現，是上帝透過人來落實這種表現。（韓書，頁137-141）所以吾人可說萊辛的史觀是神意史觀、進步史觀。合而言之，則萊辛的史觀或可稱為富有進步色彩的神意史觀。

⓴ 西方哲學巨擘康德在歷史哲學方面也是有傑出貢獻的。今只能以最精簡的篇

幅略作述介。⑴康德的歷史哲學可說是他的宗教形上學和道德形上學的有機組成部份。⑵歷史乃人類自覺根據至善目標完善其自己的過程。其實，此至善目標乃可謂康德的歷史哲學賴以開展的基礎和出發點，也是其理論建構（至善目的論的建構）的最後歸宿／標的。吾人固可說歷史乃人類朝至善目標進行的一個過程，但也不妨說，似乎有一至善的理性目標引導著人類前行。吾人由此亦可說，乃大自然假人類之手在歷史進程中實現其目的。（筆者按：這裡所謂「大自然」，似乎可以視為等同「上帝」；或至少可視為係一工具——上帝假借它，並由它再假手人類來實現其至善目的的一個工具。）又：人雖有死，但人類整體則不死；代代相承相續，企圖完成同一個理性目標。⑶歷史過程是由人的理性所構造的（所以或可以「理性史」稱之。筆者按：此人的理性乃源於上天；換言之，人的理性有一形而上的根據——形而上的理性實體。吾人亦可謂此形而上的理性實體下貫而成為人的理性。），所以它不會超出人所經驗的範疇：理性史只表現為人類根據理性目標建構其經驗的過程。人所表現出的歷史性並非理性之本身，而是人類根據理性完善其自身的經驗事實。人作為有限的理性存在，必須通過試驗、錯誤和遭受痛苦，才能一步一步發展他的能力。⑷歷史既然存在於時間進程中，它就屬於經驗現象的領域，而且必然受因果規律所支配。而所謂受因果律所支配，乃意謂歷史乃按照一定的自然法則來進行。人類所認識的歷史既然只是經驗現象，則「歷史『自在之物』」（或可用"History in itself" ——「歷史之在其自己」一語）乃存吾人認識能力不可企及的彼岸。⑸經驗的歷史與非歷史的先驗歷史理性有不可逾越的鴻溝。⑹人的目的和歷史的目的不過是實現人的稟賦（含人類怪戾的行為），也就是說自然假手人類在歷史進程中實現其目的。自然被看作是人類歷史的動因。人類無論怎樣表現其意志，似乎也跳不出自然的手掌。然而，康德又認為人作為一個道德存在體是要實現一個超自然的、自律自足的最高目的的。這個最高目的就是人要實踐其理性、追求至善。（筆者按：因為人是自由的，此康德固深信之。所以在康德看來，在人類歷史發展的過程中，人不可能是消極的被必然規律牽著鼻子走。）而實踐其理性、追求至善便成了歷史進步的基本條件。人不斷踐履其理性，歷史便不斷的進步。其實，這個進步是得來不易的。因為為了保持人的創造力，自然（Nature）有必要把各種與理性相敵對之「物」（此即人之

「私欲」或所謂「惡」；筆者按：用宋儒的話，也就是人的「氣質之性」的表現）置入人的日常生活中，藉以磨練人而使人步步趨於完善──即步步踐履其理性。由此可見，私欲／惡也有其功能而成為了歷史進步的必要條件。但要指出的是，雖然人類的普遍意志是善的（筆者按：以中國人的用語來說，即凡人皆有良知之謂）、要踐履其理性的，且歷史也是不斷進步的，但歷史要發展成為一個絕對至善的境界那只能是吾人對未來的一個期許、一個願望、一個可望而不可及的彼岸，因為個人的至善與全體人類結合起來才達到的人類至善不是同一回事，兩者是有落差的。（韓書，頁 141-166）康德的史觀，或可籠統視為以至善目的論為基調的神意史觀。筆者按：康德哲學不容易理解，其歷史哲學更非筆者所擅長。本註雖有韓震《西方歷史哲學導論》一書的相關闡釋為根據，但誤解恐仍不可免，祈請讀者指教。最近翻閱康德著，何兆武譯《歷史理性批判文集》（上海：商務印書館，2007）一書。何氏的〈再版譯序〉對康德的歷史哲學作了一個很簡明扼要的介紹（尤其頁 5-10），值得參看。

㉑ 赫德爾的歷史哲學，其要點如下：(1)異於康德的把歷史每個階段只視為實現至善目的的單純向上發展的工具，赫德爾則視每一個階段既是工具，也是目的。各階段先後承續，互不分離，但又各具特色，它們是歷史整體不可或缺的重要環節，並由於整體而存在。(2)康德強調人類整體的價值，而赫德爾雖然認為每一個人是處於整體的類中，但強調每個個人存在的意義。(3)作為神學家和牧師，赫德爾相信世界發展的統一圖景中，在人之上還有一個更高級的存在──「世界靈魂」（筆者按：意謂上帝）。換言之，即上帝是整個歷史發展的動力。赫德爾這個說法和他的另一種說法其實是一致的，即作為自然和生命的基本動力的東西是內在於自然的有機創造力。這種有機創造力既屬於物質的力量，也具有理性的屬性，是它推動了自然的發展和生命的進化。（筆者按：但這個「有機創造力」似乎不能與「上帝」劃上等號）赫德爾對自然史和生命的考察，正好為人類歷史哲學奠定了堅實的基礎。(4)如同自然史和生命的發展是一個完整的鏈條一樣，人類的歷史發展亦然。而能夠把人類歷史發展聯成一體的是文化。由此可見，人類的歷史就是文化的歷史。文化固然是人類活動的產物，但同時又是人類活動的動因。(5)文化的變遷固然受自然環境（赫德爾僅籠統以「氣候」稱之）的影響，但人的能力和

類歷史是一個從不自由逐漸向自由發展的過程。二、從歷史的存在方式看，人類歷史是一個有內在的必然聯繫的過程。而歷史中所謂的偶然，其實也是必然的。換言之，黑氏全面地掌握了歷史偶然性與歷史必然性的辯證關係。然而，隨著歷史有機的發展，歷史的必然性也在改變。黑氏說過：「凡是合乎理性的東西都是現實的；凡是現實的東西都是合理的。」我們千萬不要只著眼於引文的第二句而誤會黑氏之意，而以為：凡是存在的，其本身都是合理的。其實，其意為：只有在事物的內在關聯中有必然性的東西，才是合理的。換言之，一旦必然性喪失了，合理的東西便變成不再合理了。歷史必然性的新舊更迭，就導致了歷史的不斷進步。三、從歷史的價值評價的角度看，人類歷史是一個由低級到高級、由不完善到完善的不斷推陳出新的過程。四、從歷史的動力來看，人類歷史是一個內在矛盾不斷產生和不斷化解的過程。如上文所述，理性是推動歷史的原動力；由此可見，理性自身進展的過程中是存在自我矛盾的。(5)黑氏認為，自由的精神是歷史的實體性動力，而人們由自私心產生的欲望和熱情則是現象的動力。精神和人類熱情二者，交織成為世界的經緯線。然而，說到最後，佔支配地位的是理性。依黑氏，理性在利用熱情本身作為實現它的目的的工具；是以黑氏哲學中有「理性的狡計」一概念。換言之，具有熱情的人類／個人，只不過是理性（世界精神）的工具而已。黑氏認為，個人在歷史中發揮的作用不同，因此把人分為兩類：再生產的個人（群眾）、世界歷史個人（英雄）。英雄雖然也是理性的工具，但卻具有積極能動的特質。至於群眾，黑氏雖不至於輕視他們，但在歷史進程中，他們只是幫庸，而英雄才能建功立業。由此可見黑氏是具有英雄史觀的傾向的。在世界歷史進程中，英雄固然扮演一定的角色，但他們並不能隨心所欲來創造新世界。所以與其說是英雄創造了歷史，那倒不如說是他們體認了、適應了歷史發展的方向。(6)黑氏把世界史分為四個階段，其重心逐漸由東方轉移到西方：東方世界（中國、印度、波斯）；希臘世界；羅馬世界；日耳曼世界。而居於西方的歐洲絕對是歷史發展的終點（即最高點），而亞洲只是起始點。（可見黑氏是歐洲中心論者）依同一邏輯，在世界各民族中，黑氏斷定居於西方的日耳曼民族是最高精神原則的承擔者，實現基督教原則的使者。而基督教的原則就是，人之為人是自由的，自由是人類的基本屬性。(7)黑氏雖侈談歷史，但拒絕談論未來，因為他認為哲

人類的歷史進程幾乎成為了一個不可或缺而必得處理的環節；下文姑舉四人（其中三人是德國人）為例作說明。

學只談永恆的現在而已。（韓書，頁 187-246）總體來說，黑氏的歷史觀，吾人可稱為辯證唯心主義歷史觀。

我們都知道唐先生對黑格爾很有研究，所著《哲學概論》一書中的〈附錄〉嘗以五十多頁之篇幅暢論其精神哲學。先生雖然相當欣賞黑格爾，但對他的歷史哲學則頗有微詞，先生說：「……但黑氏之思想，亦有缺點。……其言歷史時所用之自由之名號，亦若被必然之理性發展之名號所掩，黑氏重觀歷史精神中之普遍原則之實現，而不重觀歷史事件之偶然性。黑氏重觀歷史中，一集體社會一整個民族之命運，而不重觀個人在群體社會中，所處之特殊情境，與個人之如何在特殊情境，與對個人為偶然之事件上，實現特殊之價值。黑氏有一歷史哲學，文化哲學，而缺一個人與社會之關係之社會哲學，與人生哲學。因此，他未能重視個人在社會之特殊情境下，如何選擇可能之文化價值而實現之自由。亦未嘗希望有一寬平舒展的社會組織，使人得此自由。」唐君毅，〈西方之自由精神自由觀念之類型〉，《人文精神之重建》（香港：新亞研究所，1974；初版：1955），頁 355。唐先生視黑格爾的歷史文化觀為「直線式的歷史文化觀」。唐先生不太欣賞這種史觀，其批評詳見〈自序〉（二），《文化意識與道德理性》（臺北：臺灣學生書局，1974；香港：友聯出版社 1958 初版；自序撰於 1957 年），頁 11。上文提到歷史的發展，熱情扮演了很重要的角色。近日偶翻閱日本最大的佛教團體創價學會第三任會長及國際創價學會（Soka Gakkai International，簡稱 SGI）創辦人池田大作的名著《我的人學》一書。其中第一章第一節便特別指出熱情對於創造人生的重要性。池田說：「不管做任何事，為了創造新的事物，完成偉大的業績，『熱情』是必不可缺的條件。……而且人生的幸與不幸，絕大部份是根據是否具有剛強不屈的熱情來決定的。和永恆宇宙相關涉的人的精神，是無限擴展的。從其深層迸發出來的、不可抑止的熱情，才是可以激蕩人心、可以掀起走向嶄新創造的源泉。……」池田大作著，潘金生、龐春蘭、銘九譯，《我的人學》（新竹：理藝出版社；北京：北京大學出版社，1992），頁 3。上引文中提到的精神和熱情的關係，這與本註第五項（即(5)）實如出一轍，可並參。

以階級鬥爭、歷史唯物論（簡言之，應用唯物辯證法／辯證唯物論以說明歷史進程的，便成為歷史唯物論／唯物史觀）等等學說著名於時而成為一個多世紀以來最具爭議性的人物之一的馬克斯（Karl Heinrich Marx, 1818-1883）❷❸、以《西方的沒落》（*Der Untergang des Abendlandes*）一書闡述文化之榮枯現象而聞名於世的斯本格勒（Oswald Spengler，1880-1936）❷❹、以《歷史研究》一鉅著中之「挑戰與回應」（Challenge and

---

❷❸ 馬克斯認為數千年來，社會的物質生產力發展到一定階段，便同它們一直在其中運動的現存生產關係或財產關係發生矛盾。而生產關係中的不同階級在各自經濟利益的考量下便會產生相互對立，發生鬥爭。依據馬列主義者歷史唯物論學說，人類社會之發展分為五個階段，而階級間的鬥爭恆貫串其中而扮演推動歷史前進之角色。五階段依次為：原始共產社會（原始公社的生產資源公有制）、奴隸社會（奴隸主佔有勞動者與生產資源）、封建社會（封建主佔有生產資源，但不完全佔有勞動者）、資本主義社會（資本家佔有生產資源）、理想共產主義社會（生產資源共享；一切階級消滅，進入無階級社會）。馬氏生長於其時之資本主義社會，根據他的預言，終將被共產主義社會所取代。馬氏之「唯生產力論」作為推動歷史發展的一種學說，早已成為一般常識，不贅說。其詳情，可參所著《政治經濟學批判》，尤其該書以下兩部份：〈序言〉（寫於 1859）、〈導言〉（寫於 1857；但馬氏死後才刊出）。

❷❹ 德國歷史哲學家斯本格勒（港臺譯為斯賓格勒）以悲觀的態度及與近代理性主義歷史觀相對立的立場，視人類歷史各時段文化的發展，好比植物一樣，是一種從生到死、從生機蓬勃到衰敗萎靡的簡單過程。就西方文化發展而言，其創造階段已成過去。換言之，即業已完成其歷史任務；刻正透過反省及物質享受而步上無可挽回的沒落之途程。可參上揭韓震，《西方歷史哲學導論》，頁 249-289。又：中國大陸嘗據英文譯本 *The Decline of the West* 一書予以編譯成中文（只有數萬字，約為全書十份之一）；亦可參看。斯本格勒著，花永年編譯，《西方的沒落》，杭州：浙江人民出版社，1989。花永年未明言其所據之英譯本之譯者為誰，亦未詳示其出版資訊。筆者本人所藏

Response）的理論說明文明興衰的湯因比（Arnold Joseph Toynbee, 1889-1975）㉕和視軸心期（Axial Period，約西元前 800 年至西元前 200 年）為人類文明史上最關鍵的時代的存在主義哲學大師雅斯貝爾斯（Karl Theodor Jaspers, 1883-1969）㉖，這四位舉世觸目的學者，可說是一個多

者則為 Authorized translation with notes by Charles Francis Atkinson, *The Decline of the West,* London: George Allen & Unwin Ltd., 1956(?)。花氏所據以翻譯者，不知是否同一版本？

㉕　湯因比乃蜚聲國際的英國歷史學家、歷史哲學家（與斯本格勒同時而稍晚，但多享壽三十年。）在其鴻篇鉅製十二卷本《歷史研究》（*A Study of History*）中，以不同區域的發展情況，把世界歷史區分為二十多個文明單元。每個文明在發展的過程中，都會碰上緣自本身或緣自外來的挑戰。各文明如能給予適當的回應（回應得來），則該文明會繼續順暢地發展下去；不然，便會衰敗，甚至滅亡而從此在歷史舞臺上消失，如古代巴比倫文明即是其例。以上湯因比對歷史演進的學說，就是著名的「Challenge and Response」（挑戰與回應）的理論。可並參上揭《西方歷史哲學導論》，頁 290-331。

㉖　近代存在主義代表人物之一的德國人雅斯貝爾斯（港臺譯為雅斯培）認為，哲學的核心是認識人的存在。而人的存在只有透過歷史才能加以充份察悉。歷史並啟迪人們從人的最高潛能與不朽的創造中去認識人。歷史哲學可說是雅斯貝爾斯的存在主義哲學和世界哲學的重要組成部份。要了解雅氏的歷史哲學，我們必得參考彼所撰著之《歷史的起源與目標》（*Vom Ursprung und Zeil der Geschichte*，1949 年初版）一書。該書表達了雅氏深具震撼性的歷史哲學思想。以下各項陳述即主要根據該書及上揭《西方歷史哲學導論》一書而來：(1)人類歷史主要分為四個時段：史前時代、古代文明、軸心期、科技時代（雅斯貝爾斯又嘗作另一分期：史前期、歷史期、世界歷史期）。其中軸心期（公元前 800 年到公元前 200 年）是歷史上開創了真正的人類歷史、奠定普遍歷史的關鍵時期，並對後世最具吸引力的時期。軸心期的代表國家或代表地區為中國、印度和西方。軸心期的具體表現是充滿了不遵循普遍規律，卻構成一個具有包羅萬象性質的、獨一無二性質的的歷史圖像。首先是

眾多的聖哲同時湧現。其次，這個時期產生了人們至今仍受其左右的思想的基本範疇，創造了人們至今仍賴以生活的世界宗教。第三，人性發生了全盤改變，而首次出現了後來所謂的理智和個性。第四，人們試圖透過交流思想、理智和感受來說服別人，而精神衝突亦隨之產生。第五，神話時代與其心靈的平靜和自明的真理終結了。以上所有變化都可以歸結為精神化的過程。從歷史認識論的角度來說，人們在這個時期對歷史特別關注。雅氏甚至說：「（人們）獲得了對歷史的意識。」（轉引自上揭《西方歷史哲學導論》，頁 348）據雅氏相關說明，我們似乎可以獲得如下結論：人們不僅應以軸心期為標準認識和評價過去，也應以這種標準認識和評價現在與未來。(2)在某一程度上，雅氏是歐洲中心論和歐洲特殊論者，且論述歐洲在科技時代的成就時，會流露出難以壓抑的自豪感。然而，他仍然無法否認東方文化對西方的影響，並認為各民族和文化既互相吸引，又互相排斥。(3)根據他的軸心期理論，近現代的科技時代只不過是科技和政治的改造，而不是永久的精神創造，其精神表現也不比前期豐富，且無寧說是更貧乏；人性淪喪，愛與創造力呈現衰退之勢。普及教育可能使得很多人在精神方面有所提昇，世界也許由此而上昇到歷史的顛峰。然而，群眾精神的提昇也是一個危險的徵兆。因為這會扼殺個性，且思想家也會為了迎合群眾而降低思想水平。(4)雅氏不少論述的立足點，尤其對未來的看法，是放在宗教信仰上的。他的信仰使他對未來仍抱持一定樂觀的看法。他曾說：「面對未來的全部情景，我們敢斷言，人類不會全部迷失，因為他是以『上帝的形象』創造的，他不是上帝，但與上帝有著經常被忘記、總是難以察覺的，但根本無法割斷的關係。」（轉引自《西方歷史哲學導論》，頁 360）他對信仰的態度是開放的。他認為人們應該忠於自己的信仰而不指責他人的信仰。有關「未來」所扮演的角色，雅氏以下的說法非常有啟發性。他說：「從未來的觀點看現在與從過去看現在一樣，是極其必要的。我們具有的關於未來的思想，指導著我們觀察過去和現在的方法。」在任何時代，人類都是「由關於未來的意識支撐的。」又說：「沒有一種哲學意識能沒有關於未來的意識。」（韓書，頁 361）根據雅氏的理論，除第一次軸心期外，人類歷史還有第二次軸心期。其時歐洲是人類發展的唯一中心，但美蘇已繼起而取代之；且中國憑藉其原料、人口、才能、文化遺產和地理位置，「也許在不太遙遠的未來成為

政治事件的中心。」印度也有發展成為強國的可能。雅氏並未對未來的具體情況予以描繪，因為他認為，真實的是現在，只有接受對現存的責任，才能對未來負責。雅氏相信歷史是在不斷地演進，但在人類世界中，歷史永遠不可能達到完美的最終狀態，因為人「是不停地努力超越自己的生物，它不僅不完美，而且是不可能完美的。」（韓書，頁 363）⑸有關歷史的意義問題，雅氏認為歷史能否具有意義，應從是否能滿足以下兩條件來看：一、唯一性（獨特性）；二、具有交流人性和延續人性的現實性和必要性。至於何謂「歷史」及歷史知識的性質，雅氏如下的說明很有啟發性：「歷史既是曾經發生的事件，同時又是關於該事件的意識；它既是歷史，同時又是歷史認識。」（韓書，頁 365）韓震以下的疏釋，筆者覺得特別好，茲全錄如下：「歷史的一切基本內容，就是那些曾經作為事件客觀地發生過，並將繼續通過人類的記憶和意識存在於現實與未來中的東西。歷史遺產總是通過現有意識而非歷史地呈現，只有進入人類意識的『歷史』才是真正的歷史。」（頁365-366）筆者按：所謂「非歷史地呈現」，其意當謂，歷史事件之自身非能自自然然地如其本然之實相呈現於吾人目前(也不能如其本然實相呈現於書本上──文本上)，蓋吾人之意識攝納歷史之時，必經過重組、篩選、過濾等等之價值判斷之過程。一言以蔽之，歷史知識乃一概念知識。韓震以下的疏釋文字亦特別有意思。他說：「……從主觀方面看，歷史事物是被溶入意識中的生機勃勃的現實，歷史的個體只能為不斷生長的洞察力與直覺力所披露。……通過真誠的愛的無限擴展，歷史上存在的一切事物又都走向關於一個唯一個體的全部歷史。」⑹人類的統一（筆者按：蓋指大同世界）是歷史的目的地，即獲得圓滿的統一將是歷史的終結。在統一及統一的思想和觀念指引下，歷史保持運動。作為有神論的存在主義者，雅氏把統一一提昇到無形的宗教王國、精神的王國或所謂上帝的王國上去。⑺最後可以指出的是，雅氏是一個徹頭徹尾的英雄史觀鼓吹者。（韓書，頁 332-373）筆者按：雅氏軸心期的論述，除見諸上揭《歷史的起源與目標》一書外，雅氏另一著作《哲學概論：智慧之路》（1950 年初版）中第九章〈人的歷史〉亦處理相同的問題。針對軸心期的理論，大陸學人張京華則認為把先秦諸子學流行之時期定位為中國文明的軸心期（軸心時代）是很有問題的。張氏云：「雖然『軸心時代』理論對諸子學研究予以積極影響，但對中國文明史更早源頭的經學、

世紀以來西方歷史哲學上最具創見的人物。此外，其他近現代史學家或哲學家討論歷史哲學問題者尚多，不克一一臚列。

西方著名學者關於歷史哲學（尤指對歷史進程之看法，即史觀方面）之論說，已略陳如上。要言之，其犖犖大者，計有以下各學說：

1. 上古時期、中古時期，甚至近現代以世界歷史乃上帝既定計畫在地上之展示之神意史觀。其最具代表性者為出生於北非的第四、第五世紀的著名神學家奧古斯丁，其代表性著作為《上帝之城》。

2. 十五、十六世紀文藝復興時期的宿命史觀、進步史觀。義大利政論家馬基雅維利、英國哲學家培根可在一定程度上分別代表以上兩種史觀。

3. 十七、十八世紀融合歷史與哲學，既有唯物主義傾向，又有唯心主義色彩（相信上帝為歷史進程之最大原動力）的進步史觀（相信歷史發展是螺旋式往復循環而向上的）；義大利思想家維科可為代表。

4. 十七、十八世紀具啟蒙主義色彩而以理性精神為主軸之反歷史主義／非歷史主義之進步史觀。法儒孟德斯鳩、伏爾泰、盧梭、孔多塞等人可為代表。

5. 十八世紀西方哲學巨擘德人康德以至善目的的追求以揭示理性之進程之理性主義史觀。

王官學卻有繼續漢視的負面危險，其影響將是源與流的顛倒、正題與反題的倒置和各期學術史的逐次錯位。」語見張氏著《中國何來軸心時代》（南寧：廣西人民出版社，2008）一書之封面。類似之語句亦見該書頁154。

6. 十八世紀反映浪漫主義精神之重視具體性、特殊性、過程性之歷史主義史觀。其中德國哲學家、歷史哲學家赫德爾之重視人道精神及視文化為歷史發展的主軸的立論尤其值得注意。

7. 十八、十九世紀德國哲學家黑格爾以世界精神／理性實體為歷史進程原動力之「唯心主義史觀」。㉗

8. 十九世紀德國思想家馬克斯以階級鬥爭及生產力發展為其論說主軸之歷史唯物論史觀。

9. 二十世紀上半葉德國歷史哲學家斯本格勒以歷史之發展酷似植物之有生長榮枯週期以說明文化發展型態之「榮枯史觀」。

10. 二十世紀中葉英國歷史學家、歷史哲學家湯因比以「挑戰與回應」之公式說明文明之昇進或衰敗之「文明興衰史觀」。

11. 二十世紀中葉德國存在主義大師雅斯貝爾斯以軸心期（Axial Period）等等學說闡述人類文明發展史的「存在主義史觀」。

㉗ 以唯心主義史觀來概括黑氏對歷史進程的看法也許並不很恰當。且退一步來說，縱然有此一史觀，則倡議者或學者以唯心主義之立場來說明歷史進程者，又何獨黑氏一人耶？維科、盧梭、康德等人，以至凡以神意觀點來說明歷史發展者，皆可以唯心主義史觀之倡議者／贊成者／接受者視之。然而，黑格爾再加上費爾巴哈（L.A. Feuerbach，1804-1872）的學說（黑氏提供辯證法，費氏提供唯物觀念），一轉手到馬克斯，便合流而成為辯證唯物主義和歷史唯物主義（唯物史觀）。現今為要揭示黑氏與馬氏絕不同，故特別以唯心主義史觀來定位黑氏，藉與馬氏之唯物史觀相區別而已。有關辯證唯物主義和歷史唯物主義的說明，可參艾思奇主編，《辯證唯物主義　歷史唯物主義》（北京：人民出版社，1978年第三版；初版：1961年）。

　　就中外各史觀來說，如上所述，它們對整個歷史發展過程作反思、反省。而這種反思、反省恆牽涉探討其背後是否有一動力，或所謂歷史演進是否有一法則、規律為依據，又或某歷史時段是否具備一特殊意義，或是否某精神之反映或落實等等問題。這些課題，上文概稱為「史觀」或「思辨的歷史哲學」。然而，這些課題亦正係歷史形上學探討的對象。是以本文即以歷史形上學視之。

　　本節旨在對西方各重要史觀作一概述。以上各史觀（上文已指出，史觀乃思辨的歷史哲學所處理的對象，故「史觀」又可逕視為「思辨的歷史哲學」的另一名稱；筆者則名之為「史事哲學」）乃本文〈前言〉所說到的歷史哲學之兩型的其中一型。另一型一般稱為「分析或批判的歷史哲學」（筆者則名之為「史學哲學」；即對史學研究作反省的一門學問）。本文旨在論述唐君毅先生的歷史形上學，其中人類歷史行程之形而上本體之性格更是著墨之所在。是以上文乃針對中外古今之相關學說（特別是西方之學說）先作一述介，藉以為論述唐先生相關學說之前導。至於唐先生的「分析或批判的歷史哲學」的學說（即史學哲學，如歷史知識論等等的論說），則非本文探討之重點❷⑧。是以不擬針對前人的相關學說作述介。

三、唐先生論人類歷史行程之形而上之本體 （歷史演變背後之動力）

　　唐先生雖非歷史哲學家，但他對人類歷史的發展，以至對歷史

---

❷⑧　筆者對唐先生的歷史知識論及與歷史知識論有一定關係的史學價值判斷論亦有所探討，參見本書相關論文。

學的問題，都獨具隻眼而發表了不少甚具慧解、卓識的文字。㉙本

㉙ 唐先生除發表不少反映其重視歷史哲學的文字外，更有不少文字是反映他重
視歷史，亦重視歷史學的。相關文字散見其論著多處。今各舉一例以概其
餘。茲先說前者。先生說：「凡文化，皆客觀精神之表現也。……此即言人
類歷史必言文化之故。不屬于文化範圍之歷史，不僅非文化之歷史，亦非具
充量之歷史意義之歷史也。具有充量之歷史意義之歷史，唯文化之歷史。蓋
唯人之形成文化之精神意識，社會意識，乃在開始點即自覺的以形成歷史為
目的也。上承千古，下開百代，從事文化者之志，必極于此。此形成文化之
意識之極致，即歷史意識之極致。禽獸能有之乎？無文化意識之個人之苟生
苟存之生活中，能有之乎？」吾人從以上的引文，似乎可作如下的引申：依
唐先生，文化史乃為最足以代表歷史之歷史──即歷史之最要者為文化史。
其實，文化與歷史，實一體之兩面而已。茲細析如下：從事文化者，必以上
承千古，下開百代者為其職志。而上承下開之意識即歷史意識也。是文化意
識之極致，即歷史意識之極致無疑。由此來說，吾人謂唐先生深具文化意識
者，猶等同謂唐先生深具歷史意識也。其實，文化必存在於歷史（時間）
中。無歷史（時間），則文化無以附麗而存於天地間；無文化，則歷史蓋只
為對人類非具充量意義之自然史而已。由此來說，「文化」猶「歷史」，
「歷史」即「文化」。「文化」與「歷史」乃「同義詞」矣。蓋橫觀之，謂
之文化；縱觀之，謂之歷史耳。所謂橫觀之，即以其為無厚度之平面視之。
其實，縱使只有萬份之一、千萬份之一公分（釐米）、公釐（毫米），猶不
能以無厚度視之。如真為無厚度，則其物已不能自存而為無物矣。同理，所
以得為文化，乃以其存在於時間中故也。如無時間，即好比物之無厚度，物
不能自存，文化亦無其存在之可能矣！是以言文化，即言歷史；言歷史，必
以文化為其樞軸也。牟宗三先生定位唐先生為「文化意識宇宙中之巨人。」
（見其悼念唐先生之文章，收入《唐君毅先生紀念集》，臺北：臺灣學生書
局，1979。）其實，依以上闡述，吾人亦可定位唐先生為「歷史意識宇宙中
之巨人。」以上引文見唐君毅，《中國哲學原論·原教篇》（香港：新亞研
究所，1977），下篇，頁 651-652。據唐先生，吾人治哲學，「兼須注意到一
哲學思想在歷史中之地位，其所承於前，所啟於後者何在」等等的說法，此
亦可見先生之重視歷史／歷史意識之強。詳參上揭《哲學概論》，上冊，頁

文擬特別針對前者，即歷史發展，或所謂歷史形上學問題（即上文所說的「思辨的歷史哲學」問題，或一般所說的「史觀」問題），尤其形上本體問題，予以探討、闡述。既然要探討唐先生的歷史形上學，那麼我們似乎有必要先了解唐先生本人對這個概念所作的解釋或說明。先生說：

170。至於唐先生之重視史學，可引下文為證。先生云：「然自宋以來，除哲學思想外，中國學術上最大之成就，則在史學。西方近代之初，蓋律雷（筆者按：即 Galileo，1564-1642；一般譯作加俐略）、牛頓之推翻亞里士多德之科學，而開啟近代西方科學，正如歐陽修、司馬光之重修以前國史，而開啟中國近代之史學。此中中西或重史學或重科學之不同之故，亦由中西古代文化在開始點，即一重歷史，一重自然哲學，一尚德性與仁，一尚智與知識。」傳統中國固重視史學。然而，吾人亦可說，如唐先生本人不重視史學，則亦不必然能察悉中國人重視史學。此說來吊詭，今不暇細論。上引文字見唐君毅，《人文精神之重建》（香港：新亞研究所，1974），頁 543-544。史學在中國各種學問中之關鍵地位，其實，素為近現代中國學人所注意。對中國歷史及史學最有研究的梁啟超早於唐先生之前即如是說：「中國於各種學問中，惟史學為最發達。史學在世界各國中，惟中國為最發達。（梁氏並自註云：「二百年前可云如此。」）」希羅傳統下的西方國家及伊斯蘭國家固不必同意中國是世界上唯一史學最發達的國家。然而，史學是中國各門學問中最發達者，則恐怕無人會提出異議。西方研究中國科學史之先驅而以《中國科學與文明》著稱於世的李約瑟亦特別注意到史學在中國學術中的關鍵地位。李氏說：「在中國傳統文化中，史學是萬學之母（后）。」梁、李二氏之言不盡相同，但皆能揭示史學在中國學術中之重要地位。上引梁啟超語，見所著《中國歷史研究法》（臺北：臺灣中華書局，1972；1936年初版；書成於 1922 年），頁 9。上引李氏語則見 *Time and Eastern Man* (London: Royal Anthropological Institute of Great Britain and Ireland, 1965)，頁 9。又：唐先生的說法——言人類歷史必言文化，與上揭赫德爾的說法——人類的歷史就是文化的歷史，可說如出一轍。赫氏的說法，見上註㉑。

> 歷史哲學之別於歷史學者，則首為……。次為求通觀洞識一
> 時代之文物文化所共同表現之時代精神，其對於後一時代之
> 文化，或對整個人類文化之意義，歷史之變遷之根本動力之
> 所在，其與自然環境之變化，或上帝之計劃，或人生自然心
> 理之要求，精神要求之關係，及歷史發展之有無必然法則，
> 必然階段，或必然命運之存在，此皆為歷史之如何關連於其
> 他存在或客觀法則之形上學之問題。❸⓿

本此，可知唐先生認為歷史哲學中的歷史形上學所處理的課題計有
四項。此為：

    1.一時代之文物文化所共同表現之時代精神。

    2.此時代精神對於後一時代之文化，或對整個人類文化可有之

---

❸⓿   唐君毅，《哲學概論》（香港：友聯出版社，1974，初版 1961 年），頁
    149。唐先生《哲學概論》一書很可以反映先生廣博精深且識見超卓的哲學素
    養。唐先生中晚年大弟子而為筆者業師的霍韜晦先生對該書甚有體會。霍先
    生說：「這不是一本為初學者入門的哲學概論，反而是讀盡一切哲學之後才
    明白的哲學通釋。」見霍韜晦，〈導讀〉，唐君毅，《哲學概論》（北京：
    中國社會科學出版社，2005），頁 3。彭國翔亦很同意這個說法，見〈唐君
    毅與印度哲學〉，頁 1。彭文發表於香港中文大學哲學系於去年（2009 年）5
    月 18 至 21 日所舉辦的「中國哲學研究之新方向──中大哲學系創系六十週
    年紀念、唐君毅百歲冥壽暨新亞書院六十週年院慶國際學術研討會」。唐先
    生除於上揭《哲學概論》一書中論述歷史哲學與歷史學之分別及歷史哲學之
    性質及功能外，亦嘗於他書論述之。如見諸《文化意識與道德理性》、《中
    華人文與當今世界》即為其例。詳參〈哲學科學意識與道德理性〉，《文化
    意識與道德理性》（臺北：臺灣學生書局，1978），下冊，頁 69-70；〈中國
    歷史之哲學的省察〉，《中華人文與當今世界》（臺北：臺灣學生書局，
    1975），上冊，頁 170-171。

意義。

3. 歷史變遷之根本動力：來自：(1)自然環境之變化？(2)上帝之計劃？(3)人生自然心理之要求？(4)人類精神之要求？

4. 歷史發展有無：(1)必然法則？(2)必然階段？(3)必然命運之存在？**㉛**

　　下文本擬根據以上四項，並參考上文說過的西方學者的相關論述，逐一闡釋唐先生的歷史形上學說。今為更能聚焦，乃僅處理第三項，即人類歷史變遷背後之動力問題，尤其扣緊歷史形上本體及其性格問題，以闡釋唐先生的歷史形上學思想。至於其餘三項，只偶爾及之。

　　歷史進程之背後可存有一形上實體／形而上的本體。學者對相關問題的看法，實可以反映該學者本身的個人信念，甚至反映其個人信仰。當然，我們也可以反過來說，學者個人的信念／信仰，就是他的形上學理論／學說的源頭、根據。本此，我們看看唐先生個人的信念或信仰是甚麼。一言以蔽之，唐先生相信並認定宇宙間有一形而上的具道德性格的精神實體是也**㉜**；而此形上實體乃人類歷史進程的原動力。在唐先生眾多著作中，凡論及歷史發展者，此意幾乎隨處可見。以下乃以唐先生相關論說為主軸，細分為若干主題，然後再依相關論著成文之先後或印刷出版之先後以臚列、闡述

㉛　筆者按：唐先生雖開列必然法則、必然階段、必然命運三項，但似乎一、三兩項實係同一項，蓋「必然法則」乃就客觀義而言，「必然命運」乃就承受此必然法則之人類自身而言，即就主觀義而言耳。

㉜　有關唐先生形上學思想之探討，可參大陸學人王怡心，《唐君毅形上學研究——從道德自我到心靈境界》（北京：中國文史出版社，2006）。

先生之意旨。❸❸

(一)心、神

　　初版於 1944 年的《道德自我之建立》一書（先生時年 35 歲）已揭示先生相信形上界有一真實自我之存在。其言曰：「我若干年來思想之結果，已使我深信形上界之真實自我之存在。」❸❹而此「形上界之真實自我」，從主觀方面的人來說，即人之心是也。而此心乃一道德價值之根源。先生之言曰：「你必得承認一切道德價值均存在於你之心之本體中。其所以未表現，唯由於現實的自我之遮蔽。」❸❺

　　這個心的本體在唐先生的形上學體系中佔極重要的地位。先生在 1944 年出版之《人生之體驗》一書中即如此說：「『心』，

---

❸❸　唐先生對形上學之性質、目的及局限甚具慧解。在此順便予以揭示。有關形上學之目的，先生有如下的說法：「……故形上學之目的實不重在得知識，而重在得智慧。得知識者重在有所知，以把握實在。得智慧者重在破除能知之執障，使心之虛明靈覺顯現，而使實在之理得直接顯現。此不僅唯心論之形上學為然，一切形上學皆然。」見上揭《文化意識與道德理性》，下冊，頁 57。有關形上學之局限及此局限之超越而成為形上意識（唐先生特稱此形上意識為「虛明靈覺」）及此形上意識之顯現與開拓等問題，則見同書頁 59-61；恕不轉引。

❸❹　《道德自我之建立》（臺北：臺灣學生書局，1978；本書 1944 年由商務印書館初版），〈導言〉，頁 1。此「形上界之真實自我」，唐先生有時又稱之為「形而上的精神實在」。先生說：「人的宇宙是甚麼？人的宇宙是一群精神實在。互相通過其身體動作，而照見彼此之精神的『精神交光相網』。由此精神之交光相網，而見有一共同之形而上的精神實在之存在。」語見《道德自我之建立》，頁 119。

❸❺　上揭《道德自我之建立》，頁 55。

『心』，無窮之廣大，淵深，萬象之主宰，真正的先天地而生。」
又說：「我心體具備一切，我只要念念不離我之靈明，我將絕對完
滿自足，無待於外。心體潛深隱，恍惚不自知。真美善自具，妄謂
外求之。求之唯自求，知之乃自知。今證我心體，從此不再疑。」
唐先生之論述，乃可謂象山先生「宇宙便是吾心，吾心即是宇宙」
之翻板。❸❻就唐先生來說，心豈只是「萬象之主宰，先天地而生」
而已，而實係宇宙之顯造者。先生即明確說：

> 只有從惻惻然之仁出發，才能不墮入枯寂，而用各種善巧的
> 方法，去傳播真美善到人間，扶助一切人實踐真美善，以至

---

❸❻ 上引唐先生二段文字，分別見《人生之體驗》（臺北：臺灣學生書局，
1979；本書 1944 年由中華書局初版），頁 223、225。「宇宙便是吾心，吾
心即是宇宙」一語，則見《陸九淵集》（北京：中華書局，1980），卷三十
六，〈年譜〉，頁 483，〈紹興二十一年辛未〉條。唐先生以「心」或「心
靈之活動」為究極根本以建構其哲學體系（尤其形上學體系），其相關論說
見先生晚年鉅著《生命存在與心靈境界》。此可參上揭王怡心一書，尤其頁
148-150。由上引唐先生文字對心的論述（及唐先生之其他相關論述，今不盡
舉），吾人或可以把唐先生定位為「唯心論者」。當然，不同學者對這個定
位有不同的看法，如香港中文大學哲學系等單位在去年（2009 年）5 月 18-21
日所舉辦之研討會上（該會議名為「中國哲學研究之新方向——中大哲學系
創系六十週年紀念、唐君毅百歲冥壽暨新亞書院六十週年院慶國際學術研討
會」），學者便有贊同，但亦有反對以「唯心論者」／「唯心主義者」來定
位唐先生的。除上引用文外，唐先生以下的說法亦或可進一步佐證先生乃一
唯心論者／唯心主義者。先生說：「……自覺地求實現之精神，乃先有一具
足「文化理想全體」之心性在上。並視人文世界一切，唯是此心性之實現或
流露，同時為此心性所包覆涵蓋。」唐君毅，《中國文化之精神價值》（臺
北：中正書局，1974；初版於 1953 年），頁 363。

> 證悟心之本體之絕對永恆，自知其永生中之永生。……這時
> 候縱然太陽光漸黯淡，地球將破裂，人類知道宇宙由其自心
> 之本體所顯造，心之本體所顯之宇宙無窮，亦可再新顯造另
> 一宇宙。**❸**

心之為萬象之主宰者、宇宙之顯造者、永恆者之外，心也是一恆常
真實而完滿者。先生說：

> 如我不被恆常真實的根原所滲貫，我亦只是一生滅者虛幻
> 者，我便不會有此希望。我於是了解了，此恆常真實的根
> 原，即我自認為與之同一者，當即我內部之自己。我之所以
> 對現實世界不滿，即由於我內部之自己，原是恆常真實者，
> 而所見之現實，則與之相違矛盾。我之不滿，是此矛盾之一
> 種表現。此內部之自己，我想，即是我心之本體。……我之
> 發此種種理想，是心之活動，是我心之用。如果我心之本體
> 不是恆常真實而完滿的，他如何能發出此活動，表現如此之
> 種種理想？**❸**

此恆常真實的心絕非只存在於某一人或某些人而已；而實係人我所
共有共存者。而此人我共有共存之心，非只在形而下之現實世間顯
其作用而已；彼乃一超越之形上實體，且主宰世界者。吾人可名之
曰「神」。先生之言曰：

---

❸　上揭《人生之體驗》，頁 231。按：「顯造」一詞，蓋為「顯示」、「創
　　　造」二詞之合併。果爾，則這個說法很能夠反映先生唯心論的色彩。

❸　上揭《道德自我之建立》，頁 81。

· 30 ·

心之本體即人我共同之心之本體，即現實世界之本體，因現實世界，都為他所涵蓋。心之本體，即世界之主宰，即神。「有物先天地，無形本寂寥，能為萬象主，不逐四時凋。」❸我現在了解心之本體之偉大，純粹能覺之偉大。我印證了陳白沙所說「人只爭個覺，才一覺便我大而物小，物有盡而我無窮。」（「無窮」，白沙原文作「無盡」，但先生此改動，其意更佳。）然而純粹能覺是我所固有，我只要一覺，他便在。從今我對於現實世界之一切生滅，當不復重視，因為我了解我心之本體確確實實是現實世界的主宰，我即是神的化身。❹

上引文最後一句話（我即是神的化身），說得極斬截。如從西方基督宗教的立場來看，尤其從中世紀之神權時代來看，唐先生必被視為狂妄自大，甚至被視為異端邪說而被判處極刑無疑。但先生此話，從中國人之立場來看，只不過是人本主義下的一自我肯定而已。作為人就該有如此的一肯定，所以絕不能以「狂妄自大」視之。尤其是今天的中國人面對基督宗教的挑戰而仍說出這樣一句話時，更顯示出說話者肩負一偉大的使命感而有一種擔當精神。何以言之？蓋基督宗教定義下的「神」❹，乃係一「全知、全善、全能」者。本

---

❸ 此詩乃佛偈，蓋南朝梁人傳大士所撰。收入清·彭紹升編，《居士傳》，七，〈傳大士傳〉。

❹ 上揭《道德自我之建立》，頁88。

❹ 談到神的問題，一般人，尤其西方人，會把神視為宇宙的中心。但就唐先生來說，人，或人類的精神，才是宇宙的中心。先生說：「你可以在你的心中發現宇宙之美，宇宙之和諧。……你由此將更了解人類精神是宇宙中心的意義了。你的思想，必須由平面形成為立體。你將全了解我的話。如此，你將

此，吾人既自視為神的化身，所以如果不嫌說得太誇張或不嫌說得太極端的話，即無疑要自己成就此三項特質！這是何等艱鉅的任務？何等任重道遠之自我期許？❷所以「我即是神的化身」絕非狂妄自大，而必係唐先生經充份思考反省下始噴薄而出的自期自許的一個莊嚴語句及充滿擔當感的一個承諾。筆者深有體會的是，此承諾固使人承受喘不過氣來的莫大的壓力，但亦使人增加無限的自信及增長自強不息的志氣。人如果永遠以神自期自許，則其不臻於至善之境域而使人成為豪傑，甚至成為聖賢者（聖賢為中國人所仰望的最高境界）幾希矣！

了解宇宙的發展，即是為呈露原始宇宙中本具的人類精神，呈露宇宙的中心而發展。宇宙的發展，即宇宙的中心之人類精神，要呈露他自己而發展。宇宙之發展，即是為宇宙自己要反映於人類精神中，到人類精神中去，到自己的中心去而發展。宇宙的發展，即是宇宙中心之人類精神，如要將全宇宙吸收於其內而發展。」上揭《人生之體驗》，頁 160-161。

❷ 全知、全善、全能三項，全知指如同上帝的能知過去未來，全能指無所不能。這當然不是凡人可以做到的。三項中惟全善一項，吾人認為原則上凡人都可以做到的。當然這實行起來非常不容易。這是需要做極大的努力的。就算是孔子最稱讚的弟子顏回也只不過是「三月不違仁，其餘則日月至焉而已矣。」換言之，按照儒家的道理，在原則上，誰都可以踐仁成聖而達到全善的境界。然而實際上，要長時期（姑且以二三個月來算）全善，那是千難萬難的。至於如同上帝的「全知」和「全能」，我們就更不敢奢望了。然而，話又得說回來。清人嘗云：「一事不知，儒者之恥。」再者，中國人又重視通材（在農業社會中，戶長必須是「建築師」、「裝潢師」、木匠、修修補補的工匠；至少基本的日用所需，必須自行解決（製造）。」此可見傳統中國人非常重視，或至少希望能達至「全知」和「全能」的境界，儘管此全知和全能並非基督宗教之「上帝式」的全知和全能。

㈡天心、仁心及眞善美等價值之實現於人間

根據上文，唐先生所說的「神」是特就形上實體來說的。基督教的上帝最足以說明其屬性。然而，「神」亦可有另一意涵；乃指人之內在精神。先生說：

> 我們所謂「神」，原是指我們之內在精神，「神」亦指我們精神要發展到之一切。所以「神」具備我們可以要求的一切價值理想之全部，他是至真至美至善完全與無限。❹❸

換言之，神就是人類精神發展之極致。即人類精神之價值理想最高的體現。因此，吾人不必視神只是一超越而外在之物，更不是一神秘深不可測高高在上之人類主宰。且縱然視為一超越之主宰，此主宰亦不過是一既超越人而又內在於人的一主宰而已❹❹。此可見以上「神」之兩意涵，實可通貫為一，而非截然為二者也。先生道德形上學意義下之「神」，其實亦即「天心」。就人來說，為更彰顯

---

❹❸ 上揭《人生之體驗》，頁 162。本段引文中唐先生所說的：「『神』具備我們可以要求的一切價值理想之全部」，使筆者想起了維科在《新科學》一書中類似的一句話。維科說：「凡是對人類是必要或有用的東西本身都是些神。」必要的、有用的，那當然就是吾人所追求的價值之所在。果爾，則維科和唐先生至少就這方面來說，對「神」的理解是一致的。上引維科的話，見維科著，朱光潛譯，《新科學》（北京：商務印書館，1989）上冊，頁9。

❹❹ 三十年前在香港新亞研究所上牟宗三先生課，牟先生常說「超越地為其體，復內在地為其性」一語。轉瞬已三十年。牟先生亦已仙逝十五載（卒於 1995年）；唐先生則三十二年了。然而，二師之長者風範及咳謦之情，猶歷歷在目。

「心」之道德意涵，亦可稱之為「仁心」。而天心即仁心，前者就其超越義來命名，而後者乃就其內在義來命名而已。先生以下所言即可為證：

> 余以中國文化精神之神髓，唯在充量的依內在于人之仁心，以超越的涵蓋自然與人生，並普遍化此仁心，以觀自然與人生之一切，兼實現之于自然與人生而成人文。此仁心即天心也。**❹❺**

仁心之普遍化以落實於自然界與世間界以臻人文化成天下的境域，此為唐先生一輩子念茲在茲者。**❹❻** 而人文化成必以實現人之最高價值為依歸，否則人文化成即無從談起。然而，人要追求並要實現之最高價值為何？一言以蔽之，真善美等等之價值是也。成書於1943 年先生時年 34 歲之《人生之體驗》一書即嘗透露先生對相關問題的看法。先生說：

> 人生的一切努力為的是甚麼？都是為實現一種價值。科學哲學實現真，藝術文學實現美，道德教育實現善或愛，宗教實現神聖，政治實現國家中的和諧，經濟當實現一種社會的公平，以至飲食、男女、名譽、權位之要求，都本於一種價值

---

❹❺ 唐君毅，〈自序〉，《中國文化之精神價值》（臺北：中正書局，1974；本書 1953 年由中正書局初版），頁4。
❹❻ 唐先生對人文化成於天下的重視，可參本書〈人文意識宇宙中之巨人——唐君毅先生〉一文。

之要求。除了實現價值以外，人生沒有內容了。**㊼**

　　初版於 1953 年唐先生時年 44 歲之《心物與人生》一書，先生又有類似的說法。先生說：「……第二部之論文四篇，乃合以說明人類文化，皆原於人心靈精神之求實現真美善等價值。」**㊽**唐先生這裡所說的「人心靈精神」絕非心理學意義下、醫學意義下或一般宗教意義下、神秘主義意義下之心靈精神。這個「人心靈精神」，即上段引文之「仁心」。其實，仁心必蘊涵真善美等價值，否則便不能稱作「仁心」。再者，人之心必求實現此等價值，是以人之心即可逕稱之為「仁心」（為了突顯此心之仁性，是以在某些語脈中便稱之為「仁心」，其他語脈中則只稱之為「心」）。下引唐先生的一段文字即明確指出真善美之追求乃係人心之基礎。先生同時直斥唯物史觀之以生存鬥爭、階級鬥爭來闡釋歷史發展者，乃純從社會之黑暗面，社會之病態上，人類之單純的生物本能上，去看人類社會之所以存在而已。先生認為此實係極不得要領的說法。先生的相關論說如下：

　　　　依唯物史觀之說，人類最初只是因各人要求各人的生存，乃
　　　　共同勞動，而彼此遂有一定的生產關係，依是而有社會。後

㊼　上揭《人生之體驗》，頁 111。據〈自序〉，知此書撰成於 1943 年。出版則
　　在 1944 年。

㊽　唐君毅，〈自序〉（撰於 1953 年），《心物與人生》（香港：亞洲出版社有
　　限公司，1953），頁 2。心靈精神對於人文世界及人格世界之主宰作用，先
　　生尚有如下的說明。先生說：「……我們如果能從人類之各種求真求美求善
　　之活動所形成之人類文化、歷史去看，我們將了解由心之主宰作用，所形成
　　之人文世界、人格世界之無上的價值；而益知心在自然宇宙之重要。」語見
　　上揭《心物與人生》，頁 108。

> 來則因求生存的鬥爭，在生產關係中的各種人，利害不同，而分社會階級。由是而整個人類社會之歷史，便只是一階級鬥爭之歷史。這實只是純從社會之黑暗面，社會之病態上，人類之單純的生物本能上，去看人類社會之所以存在之論。實際上，人類之所以能生存於社會，人類社會本身之所以存在，實是以人心之有求真之思想，求善之意志，求美之想像等，為最深的基礎。㊾

人之心不能虛懸於人之外而仍能得其運作（其實，「人心」一詞已蘊涵此心必附麗於人之身上了）。且縱使能虛懸而運作，也只成一形而上之實體，而不再是人之心了。㊿而人之得以為人之先決條件是其必為一生命（有生命；即所謂活著者）；而人之有其心並依此心而運作又是人之得以為人之關鍵。所以上文云人心以追求及實踐真善美等價值為依歸，即無疑是說，人生以追求及實踐真善美等價值為依歸。一人而言，是謂人生；眾人而言，是謂眾生。眾生之表現便成社會。社會之承先啟後、繼繼繩繩之運作便成歷史矣。據上文，人生以追求及實踐真善美等價值為依歸。吾人既有此信念，則眾多人生之結合而成眾生，並因之而成國家(51)，而成社會，並進而成人類歷史

㊾ 上揭《心物與人生》，頁 127。

㊿ 此實體，吾人或可名之為「天心」、「天道」或「道體」；此即相當於印度教所說之「梵天」、天主教所說之「天主」、基督教所說之「上帝」、伊斯蘭教所說之「阿拉真神」。

(51) 有關真善美神聖之價值乃推動歷史之發展而促成國家的問題，唐先生論之綦詳，可參看〈政治及國家與道德理性〉，《文化意識與道德理性》（臺北：臺灣學生書局，1978），上冊，頁 234-235。其中「國家非只是一謀人民福利

者，吾人即不得否認其亦必以追求及實踐真善美等價值為依歸。歷史世界之得以延續，其關鍵源頭全在乎前人之生今人，今人之生後人，後人之再生其後人以至於萬世萬萬世也。何以致之？此則非賴天地「生生之德」不可。在這裡，吾人即不妨以此「生生之德」來說明真善美等等價值之繼繼繩繩以至於無窮的情況。

㈢生生之德

據上文，吾人自信吾心必以追求及實踐真善美等價值為目的。此追求及實踐乃可謂吾心本身所必然、當然具備者。但吾人亦可謂此乃上天所賦予之者，此天生物（人即萬物之一）時即賦予之者。依儒家義，天生我時即賦予之，則我之生後人時亦必繼續賦予之。依此而成生生不已之生生之德。（此「德」有「性質」、「德行」二義。參下文註(52)）唐先生對「生生之德」之問題有所說明而甚富啟發性。其言曰：

> ……萬物之相繼而生，亦即一天地萬物相繼而日趨充實富有之歷程，而可見天地之至健而至順之德。莊子不識此義，因而亦不能真了解前後相承而起之生命世界，人類社會之歷史世界。故莊子之天地之道，只可言有美而不可言有善。只可言有生德，而不可真言有生生之德(52)。天地生物，而其生德

之工具，乃吾人可於其中發現真理美善與神聖之價值者」一語尤其發人深省。國家存在之價值亦可以概見了。

(52) 筆者以為，「德」在唐先生這句話中作「性質」、「表現」解。「生生之德」便意謂一代一代不斷誕生下去、繼續給予生命之意。然而，既然繼續給予生命，使人之生命得以萬世無疆的延續下去，則天地之恩德、德行，恐莫

> 實未嘗真內在於物，以使物生生也。而儒家言天，則具生生之德，天生物而其生德即復真內在於物，而使其所生，更成能生，生生不已，而亦成具生生之德存存之性者。是天地之繼其生生存存之德性於物，而後天地之道乃可真言是善也。(53)

《易繫辭》云：「一陰一陽之謂道，繼之者善也，成之者性也。」很明顯，從上引文字中，吾人可以看得出來唐先生是以生生之德為主軸而對《易繫辭》作進一步發揮者。一言以蔽之，天地之道以生生之德賦予各物，使之成為其必具備之內涵(54)，「而後天地之道乃可真言善也」（此上引唐先生語）。其實，真、美兩端亦然。果爾，則上引唐先生語，便可引申而把真與美涵括其中而成為：天生之物必使之具備生生之德乃可真言天地之道之真、善與美也。(55)生生之

大於此。是以「生生之德」亦宜引申而解作「天地生生之大德、恩德」。《周易・繫辭下》曰：「天地之大德曰生」。既以「大德」稱天地，則此「德」應具「恩德」、「德行」之涵義。夫然，則「生生之德」之「德」字，除「性質」、「表現」一涵義外，便同時是具有道德意涵的一個概念了。換言之，「生生之德」之「德」字，筆者以為，在唐先生這句話，甚至在整段話中，亦隱含「恩德」、「德行」之涵義。

(53) 唐君毅，《中國文化之精神價值》（臺北：中正書局，1974；本書 1953 年初版），頁 87。

(54) 既為必具備之內涵，即不啻說此德已成為各物本然之性矣。生生之德既為其性，然而各物獲得其生（生命）之後又如何？答：必以繼續存在下去為其必然之追求也。換言之，追求繼續存在下去亦必係各物之性。是以上引文中唐先生於「生生之德」一語之後，繼之而有「存存之性」一語者，其故即在此。

(55) 上引文，先生云：「莊子之天地之道，只可言有美而不可言有善。……」本此，則先生心中似乎認為，依儒家義，善之外，美亦當為天地之道所涵者。

德存，而後萬物始得「相繼而生」，「生命世界、人類社會之歷史世界」（此上引唐先生語）始得相承而起也。生生之德，大矣哉！**56**

擴而充之，則善、美之外，真亦必為天地之道所涵者。其實，若無真與美，則善自是有缺憾而不可名為善；或至少並非至善。是真善美乃分而言之；合而言之，其最高境界之至善必含真與美，以至含其他價值無疑也。

56 讀者在這裡可能有一因惑，認為唐先生見其一，未見其二。蓋萬物具生生之德固然，但萬物又何嘗不相爭相害、互相殺戮耶？！唐先生以下的說明應可為讀者解惑。先生說：「……至於物之相爭相害之爭，固不得而抹殺。然其相爭相害，皆為求生存。求生存本身，在中國先哲視之，並不視為保存物質之身體之事，亦不視為中性的或罪惡的。而以為物之求生存，即求有所創新發育。物之求生存本身，亦依物之自身有仁，而後可能。故中國人以物能生之種子曰仁，如桃仁杏仁之名是也。知物之求生存之依於仁，則物之由求生存而相爭相害，亦依於仁而後可能也。吾人由物之相爭相害，而謂自然界處處表現鬥爭與矛盾，固非全無所見。然凡物之與其他物鬥爭者，其自身必先生存。而其生存必由其仁於其自身。即其生命之內部必有一統一與和諧。否則，其與他物之鬥爭矛盾，亦不能有。夫然，自然界之鬥爭矛盾，即可說為自然界之表層，或萬物之生化歷程之末端之一險阻現象。而非自然界之本性。凡自然界之鬥爭、矛盾與險阻，依易經之教，又無不可由擴大各自所感通之物之範圍，以調協彼此之關係，而歸於並存並育之大和。……故由宇宙之不滅，萬物之存在，即證天道之必以生道為本，仁道為本，而自然界非不表現德性與價值，亦明矣。」一言以蔽之，天道必以生道為本、仁道為本；矛盾只是表面現象而已。這裡順便指出先生的論證特色：就討論一課題或展開一論點來說，先生所採取之方法論的進路，有謂係受到黑格爾的影響和受到華嚴宗的影響，即恆以紆迴辯證的取徑來處理一課題、展開其論點。上引文很可以看出先生這種論證特色。還有一點亦必須指出：先生因為肯定事事物物的價值，所以再負面的東西，在先生看來，都有一定的價值。這點則與方法論不相干，而當係先生個人修養到家、胸襟寬廣致之也。上引文見唐君毅，《中國文化之精神價值》（臺北：中正書局，1974；本書 1953 年由中正書局初版），頁 83。至於負面價值的學說，如自然主義、野蠻主義，唯物主義，感官的享樂主義等等都是唐先生所反對的；然而，先生在一義上皆肯定

吾人可據此而進一步指出說：生生之德既為天地依其真善美之道所賦予萬物者，則萬物自應本此而作出相應之「回饋」。然則如何作出相應之「回饋」？其實，其途至為簡易：萬物亦必以追求及實現真善美之價值為回饋之唯一途徑是也。人類固為萬物之一，又「生生」固蘊涵一代接一代繼繼繩繩之發展；然則人類世界之歷史發展固亦必然以追求及實現真善美之價值為回饋天地（上天）之唯一途徑無疑也。(57)

其價值或承認此等主義所以出現之理據所在。先生說：「……在此最重要的，是從歷史文化效用上說。因為本文所言，十九世紀以來之自然主義之代替理性主義，理想主義，成為民族主義，社會主義，民主主義之基礎，實際上確曾幫助促成他們之轉化為帝國主義，極權主義，而造成罪孽。誠然，從文化效用說，我亦並非不知在一時期，自然主義亦有他的好處。自然主義雖崇尚自然，其本身亦是學說，屬於文化範疇，並非屬於自然之範疇。作學說來看，人類之會相信自然主義，亦有一不自覺的理性支配著。大約人類之現實文化，在積習已深，而殭固化或腐爛，而新文化之理想未能形成，或難於實現時，則人必在情感上要求回到自然，以致生一反一切文明文化之思想。所以野蠻主義，唯物主義，感官的享樂主義，與模倣生物生活，野人生活，原始人生活之思想，在此時都可流行。」上引語見唐君毅，《人文精神之重建》（香港：新亞研究所，1974；本書 1955 年初版），頁 171。在這裡讓人想起康德的歷史哲學亦嘗肯定負面事物的價值。康德認為，私欲（或所謂惡）被置入人的日常生活中，乃藉以磨練人而使人步步趨於完善——即步步踐履其理性。由此可見，私欲／惡也有其功能而成為了歷史進步的必要條件。參上註⑳。

(57) 唐先生此說法有類康德的「至善目的論」和赫德爾的「人道史觀」的看法，可參上文相關註釋。

㈣「心」、「仁心」、「形上眞實自我」等等概念之異名同實

上文言心，又言人之心、仁心、人生、人心靈精神，又言神，又言形上界之真實自我、形而上的精神實在，又言真善美，又言生生之德，又言天地之道等等。此或使人如墮五里霧中，不知究竟！我們必須要問的是：說了這麼多，那麼唐先生形上學之思想，到底所指稱、所認定或所崇信之形上本體為何？為回應此問題，吾人試簡約概述之如下。

一言以蔽之，人之心為唐先生所認定、所崇信之形上本體。而「心」乃「人之心」及「人心靈精神」之簡稱耳。就心之上承天地（上天）生生之德之真善美之道而亦必以追求及實現此真善美於人間者，乃成人生。眾多人生之結合即成眾生。眾生繼繼繩繩依此生生之德而生起之發展即成人類之歷史世界。人之心既必以追求及實踐真善美為依歸，則吾人固可約化之而謂真善美之價值為人之心所必然蘊藏、必然內涵無疑。既為必然蘊藏之內涵，則「人之心」固得以「仁心」稱之矣。就此涵藏真善美之形上實體之道之內在於人而言，吾人乃以「心」稱之；就其超越之形上意義而言，固可名為「神」矣。又：上文嘗提到「形上界之真實自我」、「形而上的精神實在」等名稱，其實，此乃「天地之道」（天道、道體）之另一名稱而已。依此疏釋，則以上各概念可通貫為一，並依此而見唐先生形上學思想所認定、所崇信之本體為何矣。(58)

---

(58) 先生在《愛情之福音》一書中又常用「宇宙靈魂」、「生命本體」、「精神實在」、「世界主宰」、「神之自身」等等概念。此亦異名同實耳。

㈤唐先生宗教性的信仰與其形上信仰之關係

上文說到先生崇信的問題。而所謂「崇信」即信仰也。先生到底有何信仰？筆者認為，人之信仰與其形上學所認定者，或所崇信者當有一相應之關係。唐先生固不為例外。是以在這裡，我們宜對先生之信仰作點說明。先生自己本人嘗自我表白說：「我之宗教性的信仰，可肯定合理者之最後必能實現，莫有東西能阻撓其最後之實現。……」(59)上文所論說之真善美之價值（當然尚有其他價值，先生概以「真善美」涵括之、統稱之而已）必為人之合理追求無疑。先生既肯定合理者最後必能實現，並視之為一己宗教性的信仰，然則真善美等價值必為先生所篤信當實現，且必能實現無疑。先生更明確指出人生的努力就是為了要實現價值。先生說：「人生的一切努力為的是甚麼？都是為實現一種價值。……除了實現價值以外，人生沒有內容了。」(60)此可見實現價值在唐先生價值觀念中的重要地位了。

---

(59) 唐君毅，〈精神上的合內外之道〉（撰於 1956.04.01），《中國人文精神之發展》（臺北：臺灣學生書局，1974），頁 331。

(60) 這句話讓筆者想起 40 多年前唸天主教中學誦讀《要理問答》（要領洗成為天主教徒之必然讀物）的光景。該小冊子劈頭第一個問題便是：「你為甚麼生在世上？」答案是：「為恭敬天主，救自己的靈魂。（似乎後來又加上：「並負起教友傳教的責任，救別人的靈魂。」）筆者當時年紀雖小，但總覺得答案的第二句話有點不對，不能接受；覺得活在世上的目的是為了救自己的靈魂，那是不是太現實了一點、太功利了一點呢？！（後來更進一步想到天主為甚麼要我們恭敬祂呢？）但神父的標準答案永遠是：人的知識如一滴水，天主如海。我們是永遠無法全然了解天主的奧秘的。總之最後就是，不了了之。天主教中學五年下來，不知道是自己緣份薄，還是其他原因，我雖然數度學習《要理問答》，但總是半途而廢，最後還是成不了天主教徒。上

其重要性如此之高，不啻人之信仰。所以吾人不妨說，實現價值不啻唐先生宗教性的信仰。除實現價值外，人生之另一目在於求自我超越。即求步步擺脫其當前之狀態而進至更崇高之狀態。先生即如是說：「人生果何為，根本唯在求超升。」(61)實現價值及自我超越，看似二事。其實一也。亦可謂一體之兩面。所以得以自我超越，以能實現價值故。反之亦然。所以得以實現價值，以能自我超越故也。

㈥人類歷史即人生之不斷奮鬥精進以求自我超越的歷史

上文已數度指出，唐先生認為人生以及由眾生所團成之人類社會，實以追求和實現真善美等價值為依歸。然而，此等價值仍為吾人所追求而尚未實現時便只是一理想，只是吾人針對此理想而奮鬥的一個目標而已。理想越高，則越不容易追求到、實現到。此中除了操諸不在我的客觀因素外，人本身的習性、怠惰，尤其是私欲(62)

引唐先生語，見上揭《人生之體驗》，頁 111。

(61) 上揭《心物與人生》，頁 163。

(62) 吾人既肯定性本善（先生在上揭《道德自我之建立》，頁 131 即明言：「所以我們說人性根本是善的。……我們必需相信人性是善，然後人之不斷發展其善才可能。」），則私欲或所謂惡又如何產生呢？對這個問題，中外古今學者都有不同的「答案」。就唐先生來說，惡之所由起乃人一時之歧出、陷溺所致。（相關論說一時未能尋得其出處。此說法，與一般傳統儒學的說法無異。但唐先生又進一步認為，罪惡有初級、高級之別。而高級罪惡則源於人之主體自己。詳參〈人類罪惡之根源〉，《病裏乾坤》；〈人生之顛倒與復位〉，《人生之體驗續驗》）人要從歧出、陷溺中超拔出來則有賴人之自覺及不斷的修養。陳白沙嘗說過「覺」的重要。彼云：「人爭一個覺。纔覺便我大而物小，物盡而我無盡。」可知「覺」之重要。然而，覺了以後又如

都可以推遲、延誤，甚至障礙理想之實現的。真善美等理想固不為例外。要實現吾人之真善美的理想以及整個人類文化之真善美的理想，這需要人不斷奮鬥，不斷精進的。而這個不斷的過程，其本身便是人類的歷史。唐先生有如下的相關論述。先生說：

何？今日可覺，明日又可麻木不仁。此刻可覺，下一刻又可失其所覺。可知要維持此覺之不墜，吾人必須有所努力。而努力之具體表現則有賴修養。是以覺和修養皆不可偏廢。但就進路而言，是人先有覺，然後依此覺而不斷做工夫：不斷精進，不斷修養，藉以維持此覺之不墜？抑反過來，藉賴修養而始可達至有此覺呢？個人的淺見是，人要先有覺。若無覺，則根本談不上修養。所以似乎是至少要先有一點淺覺，再來才是修養。修養可維持覺之不墜，且可由小覺而漸至大覺。大覺之後亦要繼續修養，否則亦可隨時失之！於此可見成聖成賢之不易易。孔子亦不過許顏回三月不違仁而已。上引陳白沙言，見陳獻章，《陳獻章集》（北京：中華書店，1987），卷三，書二，〈與林時矩〉，頁 243。又：有關「陷溺」、「自覺」及「超越現實自我」等問題，唐先生有如下簡要之說明。先生說：「只要對我們之活動，都能加以自覺，以求不陷溺，則任何活動，都是上升於精神實在之活動，超越現實世界之活動，──亦即超越現實自我之限制之道德活動。」此可見不陷溺及超越現實自我皆以人先要有自覺為前提。然則自覺之重要性亦可概見矣。上引語見唐君毅，〈導言〉，上揭《道德自我之建立》，頁 13。就人之能超越及自拔於陷溺，或所謂自拔於罪惡錯誤來說，乃有賴自覺。然而，如罪惡錯誤之本身乃一恆常自存之真實，則人在理論上恐怕永遠擺脫不了它、消滅不了它！果爾，則超越或自拔便無從談起。在這方面，唐先生給了我們一顆定心丸。先生說：「……我們於是了解一切罪惡錯誤有限與不完全，其自性都是不真實的，待否定的，將不存在的。……它們非真實，它們只是暫存在。罪惡錯誤，將否定它們自己，而存在於真善美中；有限與不完全，將補足它們自己，而存在於完全與無限中；世界一切實際事物，將超化它自己，而存在於『神』中。」據此，則罪惡錯誤原來都是不真實的，有待否定的。換言之，其出現或存在，只是宇宙間的一種偶然、一種過渡物而已。上引語見上揭《人生之體驗》，頁 166。

人類之歷史，即永恆之人性逐漸於障礙中流行，以表現其自身之歷史；亦即人之人生理想文化理想，不斷奮鬥以實現其自身之歷史；而對人類之人生與文化理想作進一步之了解，求所以實現之之道，亦即吾人之責任。(63)

上文多處指出，唐先生把人之心視為形上的本體。但這個作為形上本體的心之所以能夠人文化成於天下（此乃心之用的問題），則非賴「不斷奮鬥以實現」其所追求之理想不可。唐先生即明言，人類之歷史，即心（上引文中唐先生稱之為「永恆之人性」）「逐漸於障礙中流行，以表現其自身之歷史」；亦是心之「不斷奮鬥以實現其自身之歷史」。說得簡單一點，唐先生意謂，心不斷奮鬥，此奮鬥之自身便是人類的歷史。如果要說形上本體，吾人在這裡亦不妨說，不斷奮鬥的心便是形上本體；即形上本體便是一顆不斷奮鬥的心。這裡必須指出的是，心體恆至善，故不必再藉賴後天之奮鬥。換言之，對至善之心而言，實無所謂「奮鬥」、「不斷奮鬥」！這裡必說奮鬥、不斷奮鬥者，乃就心體之用而言耳。心體落實在人之現實世間，則恆為習氣私欲等等所蔽而不得不藉賴奮鬥（即所謂修養）以擺

(63) 上揭《心物與人生》，頁 171。不斷奮鬥以實現人生理想、文化理想，其具體表現便是「文化政教之促進之工作」。先生即嘗如此揭示：「我們知道，一切理想不是一朝可以達到，一切人都走上自覺的求完成人格之路，也是不容易的。……我們當求一如何達到理想的世界之方術，這就是我們當從事的各種應有的文化政教活動。因為一切應有的文化政教之活動，都是提高人的精神，而人充實其人格內容，同時亦幫助其完成人格者。所以我們最後歸到應有的文化政教之促進之工作。」語見上揭《道德自我之建立》，頁 149-150。

脫之，並由此而得其自我之超拔、自我之超升。一言以蔽之，心之體與心之用固不同。前者至善，後者則不必然矣！

人之心（心體）必藉用（表現）以顯。(64)而此表現便成人生，此上文已稍及之。據此，則心之不斷奮鬥，落實在人生日用上，猶等同說人生之不斷奮鬥。而奮鬥之方向必為向前向上者。（向前以求創造，向上以求超越；若籠統言之，則僅言「向上」亦可。）蓋如為向後向下，則無所謂奮鬥矣。(65)向前向上，其目的必在於擺脫其原有之狀態，或當下之狀態，以超升至另一狀態。唐先生即如是說：「人生果何為，根本唯在求超升。」(66)而人生求超升至另一境界，亦猶人生之自求超越矣。(67)其實，唐先生不僅視人生之目的是自求超越，

---

(64) 如上文所言，吾人肯定：心體乃一精神實在。（此有二義。一為：心體完全等同精神實在（此與「宇宙便是吾心，吾心即宇宙」實為同一理念下之不同說法，蓋皆為「主觀唯心論」下的產物）。另一義為：心體乃「精神實在」在人身上的體現。）唐先生說：「精神實在即現實世界之本體，現實世界即精神實在之表現或妙用。」依同一道理，根據本註以上括號之第二義，則吾人可以說，「心體即人類現實世界之本體，人類現實世界即心體之表現或妙用。」如視心體完全等同精神實在，則吾人可以說：「心體即現實世界之本體，現實世界即心體之表現或妙用。」上引唐先生語，見上揭《道德自我之建立》，頁 140。

(65) 當然，「向下」亦不必然是負面的。唐先生即嘗指出，向下有優劣二義。但這是就清代學術發展的情況來說。若就人之行為來說，則向下恐怕必為一負面之表現而已。唐先生論清代學術之向下的表現，見所著，《中國哲學原論・原教》（香港：香港新亞研究所，1977），下篇，頁 696。又可參本書〈唐君毅先生論中華民族之生存發展及中華文化之承傳弘揚問題：以先生論述清代學術思想為例作說明〉一文。

(66) 上揭《心物與人生》，頁 163。

(67) 啟蒙時期法儒盧梭的歷史哲學思想認為人類有一種「自我完善化的能力」。

唐先生甚至視萬物之存在乃是為求自我超越而存在。此義先生晚年鉅著《生命存在與心靈境界》揭示尤詳。《簡明不列顛百科全書》即作出如下的概括：

> 在兩卷本《生命存在與心靈境界》（1977）建立了一個新的哲學體系，將宇宙萬事萬物看作都是求超越的過程，生命存在不僅是為存在而存在，乃是為超越自己而存在；心靈的活動也是在這個基礎上，從現實的生活上逐漸向上求更高的價值，最後止於天德與人德一致的最高價值世界。(68)

此概括極簡單，但唐先生認為萬物乃為自我超越而存在的卓越睿見已揭示無遺了。

同時而稍晚的孔多塞亦有類似的說法。彼認為人類精神會自我成長。精神在成長的過程中（此成長是自然而然的）不斷累積經驗，克服種種外在障礙（如暴政、專制、偏見、愚昧等等）而開闢了向上發展（筆者按：即自我超越）的道路。據此，吾人可說孔多塞的史觀是走向完善目標的一種史觀。盧、孔二氏的說法，很可以和唐先生人生不斷奮鬥，不斷求自我超越的說法互參。二氏的說法，參上文相關註釋。

(68) 中美聯合編審委員會，〈唐君毅〉，《簡明不列顛百科全書》（北京、上海：中國大百科全書出版社，1986），卷 7，頁 677。至於唐先生本人之說明，則可概見下文。先生說：「人類文化活動之所自生，誠深植根於自然宇宙之形上實體生命精神。實皆由自然之事物之在進化歷程中不斷自己超越而最後乃顯出者。」先生更指出：萬物不斷進化、不斷自我超越，最後必發展至人文化成（文化）之境域。而文化活動又必根植於人之道德心靈（或所謂「道德理性」）而成為人之道德活動之一表現型態。先生之言曰：「……然吾人誠知人之一切文化活動，皆吾人之道德活動之一表現型態，則亦無往而不可實證矣。」唐君毅，〈人類文化在宇宙之地位與命運〉，上揭《文化意識與道德理性》，下冊，頁 346-347。

(七)人類歷史行程之形而上之本體——具道德性格的形上實體(69)

以上各小節（六節）之主旨，乃在於扣緊「人」以闡述唐先生的形上本體論。是以此本體，上文乃以「心」（心體）、「仁心」、「人心靈精神」及具生生之德並以追求及實現真善美等價值之「精神實體」等等概念稱謂之（參上文節四）。此本體之必具備道德意涵，此上文已多少論說及之，惟未及周備，更缺乏系統性。本節則再引錄唐先生之相關文字藉以彰顯此形上本體此特質。而此特質洵為唐先生最關注之所在。下文引錄之四段文字乃按照撰文先後或出版先後為序，以見唐先生思想發展之脈絡。唐先生在 1948 年時年 40 歲發表的一篇文章中說：

> ……名之為形上的道德意識，謂之為由原始的宗教意識所轉化融入之形上之道德意識。然轉化融入者，即既保存而又超化，黑格爾所謂超化的保存是也。此報天之意識透過形上之道德意識，而化為體天道法天道之意識。……觀我以外之人之同具此性，人群社會中之此道之顯示，人類文化之歷史中此道之顯示，此為形上道德學之人類歷史文化觀。……故觀人類之歷史當體察人類之歷史中之此道之顯現，而上繼祖宗聖王之志，更求與一切同能行此道之人共同充量實現此道於

(69) 「本體」、「實體」二詞在本文中所指大體相同。以其為萬物之本，故以「本體」稱之；以其為一實存者，故以「實體」稱之。

未來之歷史文化。(70)

細觀上文，唐先生沒有用「道德形上實體」、「具備道德意涵之形上實體」等等用語來指稱這個超越的形而上的實體。然而，上引文凡言「道」、「天道」，必從「形上的道德意識」、「形上之道德意識」切入，則此形而上之道體，恐必為一道德形而上之實體無疑。先生又指出說：「人群社會中之此道之顯示，人類文化之歷史中此道之顯示，此為形上道德學之人類歷史文化觀」。唐先生這裡所說的「形上道德學」可有二種情況。其一等同英文 moral metaphysics (71)（道德形上學）一詞的中譯；換言之，唐先生或無意間把「形上」和「道德」二詞對調而已，而不是另創「形上道德學」這個詞彙。另一種情況是：此為英文"metaphysics of morality"一詞的中譯(72)。果如是，則顯示唐先生意識到中文「道德形上學」一詞有二涵義：其一即英文的 moral metaphysics，另一即英文的

(70) 唐君毅，〈論中國原始宗教信仰與儒家天道觀之關係兼釋中國哲學之起源〉，《理想・歷史・文化》，第一期，1948 年 3 月。收入《中華人文與當今世界（補篇上冊）》，《唐君毅全集》（臺北：臺灣學生書局，1991），卷九。上引文見頁 170。

(71) 牟宗三先生把此詞翻譯為：「道德的形上學」。「道德的形上學」乃一種實踐的形上學——依道德的進路對於萬物之存在有所說明的形上學。此形上學所指稱之形上實體，乃一具道德意識的實體。而此實體既開創道德界，同時亦開創存在界。詳參牟宗三，《現象與物自身》（臺北：臺灣學生書局，1975），頁，38-39。

(72) 牟宗三先生把"metaphysics of morality"（metaphysics of morals）譯作「道德底形上學」。此詞意謂對「道德」一概念作形而上的解釋、形而上的探究，即說明其先驗性之謂。詳參上揭《現象與物自身》，頁，38-39。

metaphysics of morality（或作 metaphysics of morals）。先生為了在中文詞彙上呈現二者本有的區別，所以故意把前者譯作「道德形上學」；後者則譯作「形上道德學」；而不是一概以「道德形上學」來翻譯此二詞。就英文來說，以筆者的理解，此二詞有以下不同的意涵。moral metaphysics 蓋指由道德進路以說明萬物存在的根據的一種形上學；而此一形上學乃肯定形上實體乃具備道德性格者。(73)而 metaphysics of morality 則意謂探討、究明「道德實體」(74)（就人來說，則指人之道德意識、道德心靈，或所謂「心體」、「仁心」而言）的形上基礎、形上根據的一門學問。

根據以上的說明，可見 moral metaphysics 和 metaphysics of morality 二概念自有不同的指涉。然而，二詞之指涉雖不同，但意義實相通。蓋作為人類道德意識、道德實踐的形上基礎、形上根源的形上實體，此實體既能賦予人類此種特性，則它本身不可能不具備此種特性的。舉一淺譬：父母能把 DNA 的某一特性賦予（遺傳予）其孩子，則父母之本身不可能不具有此種特性的。是以 moral metaphysics 和 metaphysics of morality 是有其相通處的。就扣緊儒家義來說，二者之相通處在於：人類的道德意識、道德實踐必有形

(73) 當然，對一些不相信形上實體乃具備道德性格者的人來說，這所謂肯定，其實只是持此說者的一個信念而已。換言之，對他們來說，只是持此說者把道德性格這個屬性賦予此形上實體而已；非形上實體之自身即具備此屬性者。

(74) 根據牟宗三先生，此為一類名。牟先生說：「此道德的實體雖由人的道德意識而顯露，但卻不限於人類而為一『類名』，因而亦不只開道德界。它是無限的實體，是生化之原理，因此，同時亦開存在界。」詳參上揭《現象與物自身》，頁 38。

而上的超越根源為其基礎。此根源乃名為形上實體／形上本體。（此為 metaphysics of morality 所處理之議題）而此形上實體之本身又必係具備道德性格者（此即 moral metaphysics 一詞所指涉之意涵）。

就唐先生來說，根據上引文，把道（具道德意識之實體；扣緊「道」來說，吾人又可名之為「道體」）在世間之顯示，視為形上道德學（或「道德形上學」）觀點下所產生之人類歷史文化觀，而不視為他種形上學（如宗教形上學、自然主義意義下之形上學等等(75)）觀點下之人類歷史文化觀，則可知在唐先生心目中，此形上實體必為具備道德性格（moral nature）之形上實體無疑了。上文尤應注意的一句話是：「故觀人類之歷史當體察人類之歷史中之此道之顯現。」如果這個道體在唐先生心目中不是具備道德性格的一個實體，則以道德意識感（moral conscience，moral sense）之強如唐先生來說，這句話便不好理解，蓋吾人不知為甚麼唐先生要人體察人類歷史行程中此道之顯現這個事實了！

以下發表於 1957 年的文章更可見唐先生對推動歷史發展的道德形上實體之重視。先生說：

> 我們可說人之道德精神，每一自作主宰之意志，皆開始一歷史的事件之秩序，亦都在一意義下，開創一新的歷史之世界。人生活於歷史之世界中。凡截到現在為止的，已成的天地山川，文化，人物，以及此時以前之我，皆在我之歷史世

(75) 唐先生在所著《哲學哲論》一書中之第三部，〈天道論——形而上學〉，第五節，〈形上學之系統性與本部各章之次第〉細分形上學為若干類型或派別，可參看。

> 界中，亦皆為我之歷史意識，原則上所能涵蓋，而承之為先者。然而我們此歷史意識，若欲化為由承先而兼啟後的歷史精神，則必須依於我所持之當然理想，價值意識，由我當下之道德自我，直接主宰我當下之意志，而改變我個人當下之生活為下手。而此亦即我之去開創一至少是我個人的，而實際上則必影響其他個人的，新的歷史事件之秩序，或歷史世界之開始點。(76)

上段引文不見「形上實體」、「形上本體」等等用語。先生之用語僅為「道德精神」、「道德自我」等等。然而，衡諸上文及先生之整體思想，此等概念絕非只就人自身來說而已，而係必有一形而上之基礎為其根據者。本此，則吾人亦可逕視「道德精神」、「道德自我」乃一具有普遍性之形而上之實體。(77)上引先生文字，其主旨是：過去歷史事實之種種，皆原則上為吾人之意識所涵蓋、所攝納

(76) 唐君毅，〈人的學問與人的存在〉，《中華人文與當今世界》（臺北：臺灣學生書局，1975），上冊，頁 79-80。

(77) 我們由以下一句話亦可旁證唐先生所說的「道德自我」必為一超越的形上實體。先生在《文化意識與道德理性》一書中說：「……吾人所謂道德自我、超越自我、精神自我，創造文化具備文化意識之自我，只是一自我之異名。」此可見「道德自我」即等同「超越自我」。「超越自我」一名即蘊涵其必為一形而上之物——形上實體，然則其同義詞「道德自我」亦必為一形上實體無疑了。唐先生名之為「自我」，而不以「實體」稱之者，乃因唐先生《文化意識與道德理性》一書乃尅就文化活動之主體——人而作申論，故以擬人化之「自我」一詞稱呼此形上實體而已；「自我」與「實體」固無別也。上引先生文字見〈自序（二）〉，《文化意識與道德理性》（臺北：臺灣學生局，1978），頁 18。

而承接了下來，並因之而成為了吾人歷史意識下之產物——歷史知識。然而，若要進一步開啟後世而成為承先啟後之歷史精神，則僅有歷史意識是不足夠的。這還得有賴具備當然理想及價值意識之道德自我而始可為功。此道德自我於此扮演了促進並型塑一新歷史世界秩序之角色。在這裡必須釐清的是，我們不要看到唐先生上文用上「啟後」和「新的歷史事件」等詞，便誤會此「道德自我」只是針對未來歷史世界始顯其功用而已。其實，此「道德自我」對過去之歷史世界亦顯出同樣的功用。我們不妨再看上引唐先生文字的第一句話。此句云：「我們可說人之道德精神，每一自作主宰之意志，皆開始一歷史的事件之秩序，亦都在一意義下，開創一新的歷史之世界。」(78)此中「道德精神」可說即「道德自我」的同義詞。一言以蔽之，唐先生上文是泛論此「道德自我」對開創歷史世界所扮演之角色。其作為形上實體來說，無論是針對過去的歷史世界也好，或針對未來的歷史世界也罷，都同樣是扮演一推手（原動力）的角色。然則具道德性格（moral nature）之形上實體在唐先生心中之關鍵地位可見一斑了。

上文曾多處指出，歷史與文化，實一體之兩面；乃可謂一而二，二而一者。前者乃扣緊事事物物在時間上之發展而言，後者乃

(78) 其實，如無此道德精神，則一切之文化活動、社會活動皆無法順利開展。先生即如是說：「人之道德精神，如果建立不起，緣之而使當然理想，客觀價值意識，歷史精神，皆不能向上提絜，而向下降落崩壞，則無一人之活動或社會文化之建設，能真成就。……何以故？因此一切皆依人之肯定一當然之理想，與有客觀的價值意識之存在，而後能真正加以執持故。」語見上揭《中華人文與當今世界》，上冊，頁77。

針對事事物物平鋪並列而言而已。是以唐先生論述文化背後之精神支柱，吾人亦可同視為係歷史背後之精神支柱、背後之形上實體。此背後之「形上實體」，與上段所說的「道德自我」、「道德精神」實為同一物，而唐先生亦嘗名之為「道德理性」。初版於1958的《文化意識與道德理性》的序文中，先生即如是說：

> 人之一切文化生活，在一意義下皆可為道德生活之內容。於是道德生活即內在於人之一切文化生活中。由是而吾人之論道德與文化，即既異於黑格爾之以道德與其他文化領域並列，而置於哲學下之論法；亦異於康德之只承認自覺的道德生活為道德生活，並以自覺的道德生活為一切文化生活之中心，居一切文化生活之上之論法。我乃著重於指明人在自覺求實現文化理想，而有各種現實之文化活動時，人即已在超越其現實的自然心理性向、自然本能，而實際的表現吾人之道德理性。由是而將康德之道德理性之主宰的效用，在人類之文化活動之形成發展上，加以證實。(79)

筆者詳引上文，其目的除了使人知悉就唐先生來說，「道德自我」、「道德精神」與「道德理性」乃異名同實之外，其最要者乃在於揭示，先生乃自覺的察悉其異於黑格爾及異於康德者何在。其實，此所別異者乃正係先生有進於二氏之所在。何以言之？今稍說明如下：先生認為道德理性乃一切自覺的文化活動背後的精神支

(79) 唐君毅，〈自序〉（二），上揭《文化意識與道德理性》，頁13。本書1958年由香港友聯出版社初版。

柱。文化活動乃人類歷史社會中最重要、最有意義之活動無疑。若視道德理性為文化活動之精神支柱且為此等活動所必涵者，而文化活動在人類社會中又「無所不在」，則無疑肯定道德理性亦無所不在而有其普遍性無疑。(80)如上所論，歷史既等同文化，所以唐先生

(80) 黑格爾以道德與其他文化領域並列。換言之，對黑氏來說，道德顯非居於較高層次而為其他人類文化領域之精神支柱者。康德則以「自覺的道德生活為道德生活，並以自覺的道德生活為一切文化生活之中心，居一切文化生活之上。」（唐先生語）唐先生則認為自覺的求實現文化理想之活動即已蘊涵道德理性於其中。換言之，道德理性皆普遍而無一例外地貫注於一切自覺文化活動之中。據此，吾人亦可說，人之一切自覺的文化活動，皆吾人之道德活動之一表現型態。此則明高於康德之只視自覺的道德生活為一切文化生活之中心，居一切文化生活之上的觀點。蓋如依康德之所論，則道德理性在人類文化活動之「主宰的效用」（唐先生語）便不顯，以其無法如唐先生之肯定並證成其必蘊涵於人類一切自覺文化活動之中也。唐先生之有進於黑格爾，甚至有進於康德之處亦可見一斑矣！道德理性與文化活動之關係，筆者今嘗試作一闡釋如下，希望此闡釋不致於乖違儒家大義。筆者以為，就康德和唐先生對以上問題的看法來說，其差異或可以用以下一方式表達之：就康德來說，道德理性是超越地為文化活動之體而「鑑臨」在其上的。就唐先生來說，道德理性除超越地為文化活動之體而在其上之外，此道德理性也是內在地為文化活動之性而為文化活動所必蘊涵者。唐先生、牟先生把道德理性視為超越地為其體（「其」指「人類」；指在人之上而為一超越的實體），復內在地為其性（為人之本性）。文化活動既係人類之世間活動之最重要表徵，故上文「其」字用以兼指「文化活動」，恐絕不違背二先生，以至違背儒家大義的。就西方的歷史哲學家來說，赫德爾認為人類的歷史就是文化的歷史；伏爾泰則認為歷史撰述當以精神文化為主軸；萊辛認為歷史教育之要旨在於傳播人道精神。然則東西方大哲之重視文化、精神文化及道德理性（人道固為道德理性最重要之表徵）在歷史進程中、歷史撰著中及歷史教育中之關鍵地位，亦可以概見了。赫德爾、伏爾泰及萊辛的相關說法，參上文相關註釋。

的說法亦等同是說：道德理性乃一切自覺的歷史活動背後的精神支柱、背後的形上實體。

此深具道德性格的形上實體，唐先生儘管嘗用「道」（道體）、「道德自我」、「道德精神」、「道德理性」、「形上真實自我」等等的不同稱謂命名之，又扣緊「人」來說，又嘗以「心」、「仁心」「人之心」、「人心靈精神」、「道德自我」等等用語稱謂之，然而，此形上實體，一言以蔽之，依唐先生，乃係推動人類歷史文化發展之根源，此已具論如上。其實，唐先生晚年（1972 年）論說人類社會歷史之發展時，嘗以「良知」一名稱呼此形上實體。然則此人類歷史文化之形上推手之道德性格便更顯豁而朗現了。先生說：

> 人以其思想智慧曠觀人類社會與歷史時代之一切事之後，亦還有一物他忘了用思想智慧去了解，即人們自己之良知為人類社會歷史時代之一切事之最後之根原所在。所以陽明說其良知之說由百死千生中得來。他是在被迫害到山窮水盡之石棺中悟到良知，現在的人類要真悟此良知，亦要經百死千生同被迫害到山窮水盡之大石棺中，方能真正悟到其為一切人類社會及歷史事變之最後的根原。亦只有人類之共致其良知，才能創造其未來之光明的歷史。(81)

(81) 唐君毅，〈王陽明之良知學之時代意義〉，上揭《中華人文與當今世界》（補篇下冊），頁 462。此文為唐先生未完成之論著，據文後編者之註釋知該文撰著於 1972 年。

依儒家義，良知為凡人所必具備者；而保證凡人必具備此良知者乃以其有一超越的形而上之實體作為其根據故也。用儒家常用語來說，就是：良知源自於天。當然，吾人亦可反過來說：良知本身乃一形而上的實體／本體。蓋良知乃超越地為吾人之體（形上本體），復內在地為吾人之性也。良知必具備道德性格，此又不必贅言者，否則何得名為「良知」(82)？！上引唐先生文字非常明顯的揭示了此深具道德性格之形上實體在歷史事變中所扮演的關鍵角色。尤應注意者是：根據上引文，此良知不僅左右過去之歷史事變，且亦左右人類未來之歷史事變。良知固為一超越的至善形上實體無疑。然而，就其內在於人而為人之表現來說（即就良知之發用之實際情況來說），其善性之表現明可有不同之程度者。欲達至至善之境域，則必賴人自身之努力。這樣說來，好像人類很痛苦、很勞累，因為人必須努力才有成果。但我們不妨換一個角度，試從正面的意義（或所謂正向思考）來看。我們可以說，上天仁民愛物，提供吾人非常寬廣的活動空間，給予人類努力向善的自由，使人類可以「創造其未來之光明的歷史」（此上引唐先生語。筆者按：當然，人類也可以「不領情」：不去創造其光明的未來，因為人類也有不向善的自由）。換言之，就良知在現實世間之用（表現）來說，其實人類並非被動的、消極的任由上天「假借良知」來決定人類之歷史發展的。果爾，則人類便不必作任何努力，因為良知必然由始至終牽著人們在全善的路上走

(82) 王守仁，《傳習錄·答聶文蔚》：「……是非之心，不慮而知，不學而能，所謂『良知』也。良知之在人心，無間於聖愚，天下古今之所同也，……」。

的！然而，事實是，吾人實可自作主宰(83)，而且唯有在人類「共致其良知」（上引唐先生語）的努力下，人類之歷史才有光明的前途可言。(84)唐先生訴諸吾人本身的努力以踐發、以充擴其自身的道德意識（所謂「致良知」）(85)——藉以不斷自我越超而最後得以踐仁成聖

---

(83) 既有自作主宰之自由，則由此而導致上文所說的「痛苦」、「勞累」，便是甘之如飴，而不真是痛苦，真是勞累了。

(84) 順便一說的是：人類的境況比上帝困難多了，因為上帝，就其體本身來說，是至善者；就此體之見諸用來說，是必然可以落實此至善者。一言以蔽之，即不必有待「後天」的努力。然而，就人類來說，雖然此超越而至善之體（此處名為「良知」）乃內在於人者，但在現實上，則必待吾人之努力以窮盡之（致之）方可，否則此至善之體恐怕只是一「虛擬而不見實效之體」而已。但從另一個角度來看，人類比上帝幸福多了，因為人有自由，他可以選擇行善或行惡。相反，上帝則連這個自由都沒有！筆者姑以自身舉一淺譬：內子每天必為我準備上課和上班的衣服。同事每以欣羨的眼神說我好幸福。我則必回應說，你們知其一，不知其二。其實，我連選擇穿衣服的自由都沒有呢！這雖然是戲話，亦是生在福中不知福的一句話，但也可見幸福是要付出「代價」的——自由沒有了。筆者上文說了一大堆，其主旨不外是指出，是幸福，還是痛苦，看你怎麼看而已。換一個角度來看，常是海闊天空的；不要光從黑暗面去看事事物物。人永遠要正向思考、懷抱希望就是了。

(85) 說到充擴，這使人想起孟子及宋儒以下的幾句話。《孟子・公孫丑上》記載：「苟能充之，足以保四海；苟不充之，不足以事父母。」宋儒則有以下的說法：「充擴得去，則天地變化，草木蕃；充擴不去，則天地閉，賢人隱。」上引語見黎靖德編，《朱子語類》，卷 27，〈論語九・里仁篇下〉。黃宗羲、全祖望，《宋元學案》亦有相關記載，見該書，卷 24，〈上蔡學案・語錄〉。其中特別明言「充擴得去」等語，乃明道先生所言者。上引孟子所言及明道先生所言，固非針對良知，而係分別針對四端及恕心來說的。然而，孟子的四端也好，明道的恕心也罷，至若陽明的良知，乃至唐先生現今所說的道德意識，其實都是一樣的。其關鍵皆在於必須充量的予以充擴；否則人格世界、人文世界，以至一切的歷史文化便無從談起！

（含成就萬物、人文化成於天下）的偉大構思及對吾人的衷心期許，亦可以概見矣。

最後，在本節之末，我們必須作一點補充說明，否則便可能產生誤會。上文所闡述的這個具道德性格的形上實體，當然是具有普遍性而為凡人所必內涵而成就其道德人格者。但是，我們千萬別誤會以為這個具普遍性的道德形上實體，是影響了，左右了，甚至操控了人們各自獨立之人格發展，而使所有人都同一化、一致化！唐先生如下的說明正好使人排除了這個可能產生的誤會。先生說：

> 幸福與愜意，並非人生最高之目標。吾人只當以一切人之道德生活文化生活之成長開展，亦即一切人之人格成就，為人生最高目標。吾人必須肯定任何人之人格皆為一特殊之個體，其成就皆有一特殊之歷程。亦如宇宙任何事物之成就，皆有一特殊之歷程。自然之宇宙為無數特殊事物之集合體。天地之盛德，即表現於使此無數特殊之事物之分別成就上。而理想之人類社會，即為一社會中之人——各依一特殊之歷程，而各成就其獨立之人格之集合體。**86**

文化生活之成長開展，其背後之支柱即為道德理性。而「道德理性」即「道德形上實體」（即「具道德性格之形上實體」）的另一名稱而已。這方面上文早已有所說明。這個形上實體之道德性格有其普遍性而為凡人所必涵存者；然而，它絕不妨礙吾人之成就其各自獨立發展之人格。相反，吾人復可進一言，這個具普遍性的形上實體

---

86 上揭《文化意識與道德理性》，上冊，頁 136-137。

必以促進、成就各人獨立人格之發展為其「職責之所在」，否則它便失去其道德性格而不再是一道德形上實體了。其實，各人成長之歷程絕不相同而係千差萬別者。道德形上實體則必以配合各人之特殊成長歷程而有不同之表現型態。文天祥〈正氣歌〉云：

> 天地有正氣，雜然賦流形，下則為河嶽，上則為日星。於人
> 曰浩然，沛乎塞蒼冥。皇路當清夷，含和吐明庭。時窮節乃
> 現，一一垂丹青。在齊太史簡，在晉董狐筆。在秦張良錐，
> 在漢蘇武節。……

此即可見同一的形上實體落實而成為人間之浩然正氣時，必根據不同之客觀歷史社會環境之殊異而有其相應之不同表現以成就不同之獨立人格者；然其同為宇宙間最偉大之人格則無以異也。❽

四、餘論：三位一體論——人類歷史乃主觀精神根據絕對精神而客觀化其自己而成者❽

---

❽ 唐先生以上的立論與赫德爾的說法相當接近而可以互相參證。赫德爾雖然認為每一個人是處於整體的類中，但強調每個個人存在的意義。為方便把唐先生和赫德爾的論說作一對照，我們姑且把赫氏這裡所說的「類」比附為上面所說「道德形上實體」；「個人存在的意義」則比附為「特殊成長歷程下之不同人格表現」。果爾，則唐先生與赫德爾的說法似乎便可以相互印證了。赫氏說法，詳參上文相關註釋；尤其第二項，即(2)一項。

❽ 當然，此標目亦可作以下的表達：人類歷史乃絕對精神透過人類主觀精神之客觀化其自己而成者。又或可表達為：人類歷史乃人之主觀精神（絕對精神已內含於其中）之客觀化其自己而成者。然而，三位（此指下文所說的「聖父」、「聖子」、「聖靈」；與此相對應的是「絕對精神」、「主觀精

就唐先生來說，歷史、文化乃一客觀精神之表現。(89)而尅就表

神」、「客觀精神」）實同一體之不同表現型態而已；相互之間，不是一種上下關係、依存關係或主從關係，是以亦不必定然以誰根據誰或誰透過誰始得以有所表現的說法來表達之。

(89) 唐先生以下的說法很可以說明「文化乃一客觀精神之表現」一義。今引錄如下：「……吾人之意，是視文化現象在根本上乃精神現象，文化即人之精神活動之表現或創造。……人之精神活動，乃依於理想目的與價值之求實現，而一方肯定一客觀外在於吾人主觀心理之現實，而感一主觀內在理想與客觀外在現實之相對待；另一方則求實現此主觀內在理想，於客觀外在之現實，而克服此對待，使客觀外在現實表現吾人之理想。」至於「歷史乃一客觀精神之表現」，則未見唐先生有直接的說明。（或只是一時尋找不著？）然而，根據上文，「歷史」與「文化」在一義下，其意義乃相同者，則上引文對文化之說明亦等同係對歷史之說明。此外，先生以下的說法亦可佐證「歷史、文化乃一客觀精神之表現」一語。先生說：「文化哲學、歷史哲學之意識，即求自覺客觀精神之如何表現、如何發展之意識。」依此語，承其上下文脈，則吾人自覺活動之對象（文化表現與歷史表現），其本身乃必為客觀精神無疑。上引二段文字，分別見：〈導論：人類文化活動之涵義及其自決性〉，上揭《文化意識與道德理性》，上冊，頁 2-3；〈哲學科學意識與道德理性〉，上揭《文化意識與道德理性》，下冊，頁 69。

作為客觀精神之表現的歷史，黑格爾在其名著《歷史哲學》一書中作了很精闢的論述，可與唐先生所言並參。黑格爾著，王造時譯，〈緒論·哲學的歷史〉，《歷史哲學》（上海：上海書店出版社，2008），頁 7-73。又可參本文以上相關註釋。其實，我們可以說，黑氏每一部著作，如《法哲學原理》、《精神現象學》等等都體現了豐沛的歷史感，只不過《歷史哲學》一書做了更詳盡的說明而已。就客觀精神與人類歷史發展的關係來說，黑氏的論說主旨如下：人類的發展脫離不了國家，而客觀精神，正好處在其自身發展的這個階段上而成為了世界精神，也可說成為了推動以國家為主軸的人類歷史發展的一種精神。黑氏除了認為歷史乃客觀精神之表現外，亦視歷史為一民族之實踐過程。此使筆者想起牟先生《歷史哲學》一書之旨趣。唐先生嘗對該書作評介。今姑借用唐先生之言以綜括該書之旨趣。唐先生說：「吾

現此歷史與文化**⑨**之主體之人而言，吾人可名之為一主觀精神。其實，依唐先生意，客觀精神乃主觀精神之客觀化其自己所成者。而二精神之背後或二精神之上，則為一形而上的絕對精神（即以上所說的形上實體）。唐先生又嘗以「太極」、「皇極」、「人極」三詞分別與「絕對精神」、「客觀精神」、「主觀精神」三詞相對應。**⑨**

　基督宗教有「聖父」、「聖靈」、「聖子」三位一體（Trinity）之說。**⑨**此「三位」與上列之「三精神」及「三極」，實可謂同一理論之不同表達方式而已。如明白基督宗教此學說，則其餘二者亦

人既知此書（筆者按：指《歷史哲學》）之上求接契於王船山之論歷史，及其論歷史之觀點與西哲之異同，復當知此書第一章所謂『看歷史須將吾個人生命與歷史生命民族生命通於一起』，並『將歷史視作一民族之實踐過程』，及一『民族生命』及一『普遍的精神生命』，其中涵一『普遍之精神實體』之義。」括號（『　』）內之文字雖出自牟先生書之原文（嚴格來說，原文與上引文微異。蓋唐先生作了一點綜合，但與牟先生原意無殊），然而，此乃唐先生所贊同，且根據筆者本文以上之闡述，則唐先生本人亦同有此意者。是以吾人不妨逕視之為唐先生本人的意見可也。上引文見唐君毅，〈中國歷史之哲學的省察〉，《人生雜誌》，120 期，1954。又收入上揭《中華人文與當今世界》，上冊，頁 169。上引括號（『　』）內之文字，則見牟宗三，《歷史哲學》（香港：人生出版社，1970），頁 1-2。

⑨　其實，約言之，歷史即文化，文化即歷史。前者乃就縱貫之時間言之，後者乃就橫列之空間言之而已。一可謂縱切面，另一則為橫切面。若以一個立體來看，則一而二，二而一者也。此上文已有所道及。

⑨　詳見唐君毅，《中國文化之精神價值》（臺北：中正書局，1974；本書 1953年由中正書局初版），頁 362-363；405。

⑨　「三位一體論」或「三位一體」的概念，舊約聖經已隱涵之，但詳細的相關論說，甚至針對相關問題建構了一套神學論述者，則源自奧古斯丁。奧氏嘗針對此問題撰著 De Trinitate (On the Trinity) 等文字。詳參上文相關註釋。

自可明白。簡言之，聖父乃一形而上之絕對實體，可謂萬物（含歷史發展）之根源；其「下降」即成聖子；聖子在世間之表現即成聖靈（聖子必以落實、彰顯聖靈為旨趣）。其實，聖靈乃聖父之另一表現型態；聖子「受命」於乃父（聖父）而聖靈降臨其身以顯示於世間（道成肉身、聖靈降臨）。聖父不得虛懸在上而必須憑藉其子以顯其用於世間；聖子不得「獨善其身」、「清虛自守、卑弱自持」而無所表現；其必「博施濟眾」、「光被四表、格於上下」以落實其該有之精神——靈體（聖靈）於世間。聖父造化之功（依儒家義，就人來說，上文所言之「生生之德、存存之性」或可以概括之。）必藉其子及其靈以顯也。就學理而言，在設計上必須三位並建，否則此學理未為周備而一般素人無法得一具象式的了解。分別言之，乃三位（三種位格、三種型態）；合而言之，實一體也。所謂三位一體是也。

如上所言，聖子在世間必有所表現，而絕不可能「獨善其身」者，否則有負聖父所託（其實聖父自己以聖子之位格而內含聖靈以降臨人間即求有所表現，否則其降臨即毫無意義而自我否定了。）果爾，則三位格中之聖靈便可省，蓋聖靈已涵括在聖子之內，故不必再獨立為一項了。夫然，一體三位變成一體二位亦可。吾人復可進一步指出：依儒家義，此聖父（形而上超越之體、絕對精神、太極）必內在於人，所謂「超越地為其體，復內在地為其性」是也。依此，則二位亦可歸而為一。此一為何？一言以蔽之，「人」是也。❾❸只要人確能表現其

---

❾❸ 有關人與歷史的關係，吾人不妨參考雅斯貝爾斯（Karl Jaspers，港臺譯為雅斯培）的說法。彼認為，哲學的核心是認識人的存在。而人的存在只有透過歷史才能加以充份察悉。歷史並啟迪人們從人的最高潛能與不朽的創造中去認識人。歷史哲學可說是雅斯貝爾斯的存在主義哲學和世界哲學的重要組成

為人，則聖父（絕對精神、太極）也好，聖靈（客觀精神、皇極）也罷，皆必已內含於人無疑也。要言之，三位乃分別說、分析說，一體乃統貫說、總持說。為要明晰而使人得具象式的了解，故以三位說之。若懼人有分別心而反生障滯，則強調一體可也。而一體（人）之強調，則正係儒家要義之所在。象山先生「宇宙便是吾心，吾心即是宇宙」一語可概括之矣。

如針對本文的意旨而以「三位一體論」作一比附的話，則所謂「三位一體」者，乃主觀精神之載體之「人」，根據絕對精神之「超越形上實體」，而表現為客觀精神之「歷史進程」、「歷史發展」是也。❹

徵引書目 （按徵引先後為序）

1. 唐君毅，《哲學概論》，香港：友聯出版社，1974。
2. 《尚書·皋陶謨》。
3. 班固編，《白虎通》。
4. 韓震，《西方歷史哲學導論》，濟南：山東人民出版社，1992。
5. 《孟子》。
6. 《史記》。

部份。如要充份理解雅氏的歷史哲學，則不得不從存在主義之視角切入不可。其歷史哲學之簡要說明，可參上文相關註釋。

❹ 先生嘗論述「歷史世界」、「歷史意識」與「道德意識」三者的關係。要言之，歷史世界存在於吾人之歷史意識中，而歷史意識之背後乃道德意識也。此三者依其次序，即上文所說的「客觀精神」、「主觀精神」、「絕對精神」是也。詳參〈文學意識之本性（下）〉，《民主評論》，十五卷，十四、十五、十六期，1964 年 8 月、9 月；收入上揭《中華人文與當今世界》，上冊，頁 272-273。

7. 董仲舒，《春秋繁露》。

8. 何休，《春秋公羊解詁》。

9. 康有為，《孔子改制考》。

10. 唐君毅，《中國哲學原論‧原道篇》，香港：新亞研究所，1976。

11. 徐復觀，《兩漢思想史》，臺北：臺灣學生書局，1976。

12. 奧古斯丁著，周偉馳譯，《論三位一體》，上海：上海人民出版社，2009。

13. 康德著，何兆武譯，《歷史理性批判文集》，上海：商務印書館，2007。

14. 唐君毅，〈西方之自由精神自由觀念之類型〉，《人文精神之重建》，香港：新亞研究所，1974。

15. 唐君毅，《文化意識與道德理性》、臺北：臺灣學生書局，1974。

16. 池田大作著，潘金生、龐春蘭、銘九譯，《我的人學》，新竹：理藝出版社；北京：北京大學出版社，1992。

17. 斯本格勒著，花永年編譯，《西方的沒落》，杭州：浙江人民出版社，1989。

18. 張京華，《中國何來軸心時代》，南寧：廣西人民出版社，2008。

19. 參艾思奇主編，《辯證唯物主義 歷史唯物主義》，北京：人民出版社，1978。

20. 《唐君毅先生紀念集》，臺北：臺灣學生書局，1979。

21. 唐君毅，《中國哲學原論‧原教篇》，香港：新亞研究所，1977。

22. 梁啟超，《中國歷史研究法》，臺北：臺灣中華書局，1972。

23. Needham, Joseph, *Time and Eastern Man*, London: Royal Anthropological Institute of Great Britain and Ireland, 1965.

24. 唐君毅，〈哲學科學意識與道德理性〉，《文化意識與道德理性》，臺北：臺灣學生書局，1978。

25. 唐君毅，〈中國歷史之哲學的省察〉，《中華人文與當今世界》，臺北：臺灣學生書局，1975。

26. 唐君毅，《道德自我之建立》，臺北：臺灣學生書局，1978。

27. 唐君毅，《人生之體驗》，臺北：臺灣學生書局，1979。

28. 《陸九淵集》，北京：中華書局，1980，卷三十六，〈年譜〉。

29. 唐君毅，《中國文化之精神價值》，臺北：中正書局，1974；初版於 1953。

30. 彭紹升編，《居士傳》。

31. 維科著，朱光潛譯，《新科學》，北京：商務印書館，1989。

32. 唐君毅，《心物與人生》，香港：亞洲出版社有限公司，1953。

33. 唐君毅，《愛情之福音》，臺北：正中書局，1977。

34. 唐君毅，〈精神上的合內外之道〉，《中國人文精神之發展》，臺北：臺灣學生書局，1974。

35. 陳獻章，《陳獻章集》，北京：中華書店，1987。

36. 中美聯合編審委員會，〈唐君毅〉，《簡明不列顛百科全書》，北京、上海：中國大百科全書出版社，1986，卷 7。

37. 唐君毅，《中華人文與當今世界》，補篇上冊，《唐君毅全集》，臺北：臺灣學生書局，1991，卷九。

38. 牟宗三，《現象與物自身》，臺北：臺灣學生書局，1975。

39. 唐君毅，《哲學哲論》，香港：友聯出版社，1974。

40. 唐君毅，〈王陽明之良知學之時代意義〉，《中華人文與當今世界》，補篇下冊，《唐君毅全集》本。

41. 王守仁，《傳習錄》。

42. 黎靖德編，《朱子語類》。

43. 黃宗羲、全祖望，《宋元學案》。

44. 黑格爾著，王造時譯，《歷史哲學》，上海：上海書店出版社，2008。

45. 牟宗三，《歷史哲學》，香港：人生出版社，1970。

貳、唐君毅先生的歷史形上學：
論歷史發展之規律及其他歷史形上學問題❶

提　要

一、首先必須指出者為，唐君毅先生乃係一道德的理想主義者、人本主
　　義者、人文主義者。

二、為保住此一道德理想（道德理性）之恆存不墜，而永為人世間之一
　　至高價值，唐先生認為並深信宇宙間存在著一形而上的實體（中國

---

❶　本文原為應中國上海大學歷史系、上海大學古代文明研究中心之邀請在該校
　　舉辦之「中國傳統學術的近代轉型國際學術研討會」上發表。會議日期：
　　2009 年 10 月 17-18 日。初稿始撰於 2009 年 9 月 15 日，完成於 10 月 11 日。
　　修訂完成於 10 月 13 日。再修並增加第五節則完成於 11 月 25 日。12 月中下
　　旬復作進一步修訂。最後之修訂日期為 2010 年 3 月。唐先生認為歷史哲學中
　　的歷史形上學所處理的課題計有四項。詳唐君毅，《哲學概論》（香港：友
　　聯出版社，1974，初版 1961 年），頁 149。其中一項為歷史變遷背後的形上
　　本體問題。此問題，筆者在〈唐君毅先生的歷史形上學：論人類歷史行程之
　　形而上之本體〉一文中已有所處理；該文今一併收入本書內。至若人類歷史
　　變遷之背後之動力問題，則為今文處理之重點。至於餘下之二項課題，據唐
　　先生，乃係：⑴一時代之文物文化所共同表現之時代精神為何？此時代精神
　　對於後一時代之文化，或對整個人類文化可有之意義為何？⑵歷史變遷與自
　　然環境變化，或與上帝之計畫，或與人生自然心理要求，或與精神要求之關
　　係為何？今文針對此二項課題，亦略作闡釋。本文題目所指稱的「其他歷史
　　形上學問題」，即指此而言。

人名之曰「天道」、「天理」、「天心」；此即相當於基督宗教之「上帝」、印度教之「梵天」、伊斯蘭教之「阿拉真神」）；而此形上實體，根據唐先生，乃一具有道德性格者。唐先生更指出，此形上實體乃係人類一切行為（含歷史上所表現之行為，特別是人類自覺之文化活動之行為）之支柱、基礎。此形上實體當然是超越的，但同時也是內在於人的（中國人名之為「仁心」、「良知」、「道德心靈」、「道德精神」；唐先生有時稱之為「道德自我」）。如上所說，唐先生是一人本主義者、人文主義者。是以唐先生進而認為此形上實體必以人本身之道德心靈為基礎、為根據。

三、此形上實體因具備道德性格，是以其主導下之人類行為皆循一道德理性（合乎人之道德要求、合乎人之價值理想）之軌跡而前行；這便成了唐先生所說的歷史之必然。過去人類歷史之違反理性者皆人類行為之一時歧出、一時陷溺而已。然而，人類之歷史行為，以至未來之行為，其主流發展，尤其終極發展，總是能夠從歧出中轉進，從陷溺中超拔而出，以邁向理想之境域者。

四、唐先生認為中華民族生命、中華文化生命在過去歷史發展中，雖偶有離異而未能結合為一之情況出現（如蒙元、如滿清，其統治下之中國，統治者為異族，然而主流文化則為固有之中華傳統文化），但此並非常態。中國人之理想，且歷史之必然，則為中華民族與中華文化相結合而匯流為一之發展。此外，先生尚期許中華民族文化與當前之世界文化能相互通接，以創造更偉大之文化。

五、根據唐先生，歷史之必然不是指人類是被動的被牽著鼻子走，而係指人類在自作主宰之情況下而自覺的實踐真善美等等之價值，並據以創造未來的歷史。換言之，人類自主自覺的創造其未來乃係歷史之必然。

六、唐先生不幸仙逝於 1978 年 2 月 2 日，即逝世於第十一屆三中全會決議通過推動改革開放政策之前夕。先生在不少文章中、不少專著中對唯物主義，甚至對共產主義作言詞激切之批評，正因為先生不及

目睹近三十年來中國改革開放政策之故。是以吾人對唐先生之相關
文字必須賦予同情之諒解，否則便無法體會唐先生「恨鐵不成
鋼」、「愛之深責之切」而對中共善意批評的用心所在了。

關鍵詞：唐君毅　道德形上實體　歷史規律　歷史之必然　中華民族
　　　　　中華民族文化

　　筆者在〈唐君毅先生的歷史形上學：論人類歷史行程之形而上
之本體〉一文中，❷特別指出唐先生深信宇宙間有一形而上本體之
存在，並闡明此形上本體在唐先生心中乃係一具有道德性格的形上
實體。❸文中並指出此形上實體乃係人類歷史行程之超越根據之所
在。換言之，此實體為人類歷史發展之基礎、發展之原動力，且此
實體乃貫注於一切自覺的人類文化活動之中而成為其支柱。以上拙
文所論述者乃總持而為說，至若此形上實體與人類歷史之具體關係
為何，譬如此形上實體是否促成人類歷史按照一定之規律來發展，
又是否有不同的規律，或不同地域、民族、國家是否均受同一規律

---

❷　該文發表於國立臺灣中央大學文學院儒學研究中心等單位所舉辦之第八屆當
　　代新儒學國際學術會議上。會議主題如下：「百年儒學與當代東亞思潮——
　　紀念唐君毅、牟宗三先生百年誕辰國際學術會議」。會議日期為 2009.09.25-
　　28。該文今收入本書內（即第一文）。

❸　此超越之形上實體／形上本體，依儒家義，乃可謂亦內在於人者；所謂「超
　　越地為其體，復內在地為其性」也。就扣緊此實體既內在於人而又具備道德
　　性格來說，唐先生乃借用以下的名稱命名之：「心」、「仁心」、「道德自
　　我」、「精神自我」、「道德理性」、「良知」等等。若就其超越義來命
　　名，傳統儒家恆稱之為「道體」、「天心」。此相當於基督宗教之「上
　　帝」、印度教之「梵天」、伊斯蘭教之「阿拉真神」。詳參上揭拙文，不
　　贅。

之支配等等問題，則以上一文並未多所揭示。筆者閱讀唐先生全集各篇章，以上各問題之「答案」實散見多處。今茲乃彙整、闡釋如下。至若唐先生眼中的歷史形上學的其他問題（此等問題計有二項，參上註❶），亦一併附論及之。

一、前言

前文所說的道德形上實體乃可謂係一永存不朽之實體。茲先引錄唐先生之相關意見如下。先生 1940 年時年 31 歲時即如是說：「一度存在的東西在宇宙歷史中永遠存在，然而自現實上看則一切無不銷亡。」❹連一度存在過的東西都永遠存在而不會銷亡，那麼道德形上實體，依唐先生，必為永遠存在而不會銷亡者，便不必多說了。然而，對於某些人來說，所謂永遠存在，或永不銷亡，乃唐先生之個人信念而已。當然，這個說法亦有其理據在。但如果明白唐先生是一個道德理想主義者，而絕非一自然主義者、現實主義者、唯物主義者，則所謂「個人信念」而已，在唐先生、牟先生等師長看來，便是一絕對的真實，而絕非只是一廂情願的個人信念或看法而已。❺

---

❹ 語見 1940.05.03 唐先生給謝方回女士（即後來的唐師母；唐先生 1943 年始與謝女士共偕連理）的一信，收入《致廷光書》（「廷光」為唐師母另一名字），《唐君毅全集》（臺北：臺灣學生書局，1991），卷 25，頁 74。

❺ 行文至此讓筆者想起三十年前上牟宗三先生課時，牟先生有一次相當激動的說：「……吾人（依性善）而成就之善行不是一個擺在眼前的事實嗎？何來只是一假設？！」（大意如此）三十年眨眼已過，但老師發聾振聵的獅子吼，言猶在耳。如果說「性善」、「良知」、「道德形上實體」之存在只是一假定，只是一個人信念，且會銷亡者，則唐、牟二先生恐死不瞑目！筆者

永遠存在而不銷亡，即「不朽」之謂也。1935 年唐先生時年
26 歲時即嘗撰文論不朽。其言曰：「不朽要求之正當，不朽要求
之正當可分為二：一為自道德言為正當；二為自論理言為正
當。……」❻上面說到「信念」問題。其實，從「不朽要求之正
當」一語，尤其從「要求」二字，吾人即察覺到唐先生並非不知
道，「永遠存在」、「永不銷亡」，以至「不朽」，只是吾人之一
信念而已，而事實上並非必如此者，蓋如事實上早已如此，則唐先
生不必自覺的要提出「要求」了。上引文中唐先生已非常明白的
說，自現實上看，沒有東西是永恆不朽的。此固然；然而，吾人仍
可按吾人之理想而提出「要求」，且吾人之要求依唐先生看來是有
其正當性的。本此，則吾人該有如下一信念：一念乾坤，天地易
位。用今天的話來說，即所謂「主觀能動性」是也。如能發揮主觀
之意志力，則旋乾轉坤何難之有？果爾，則「永遠存在」、「永不
銷亡」，以至「不朽」，豈非事有必至，理有必然者哉？！蓋事在
人為而已。

　上文說得稍為玄遠了一點。我們現在扣緊現實歷史來說「不
朽」好了。唐先生在上揭〈論不朽〉一文中嘗舉出五項證明以論證
不朽之可能；並指出說：「……此數證雖不出自一派哲學，且或為
心理之證明或為論理之證明，然在我觀之，蓋有顛撲不破之理存，

1976 年入讀新亞研究所，迄今 34 年了。34 年來不敢不相信人性本善者，即
以深受唐、牟二師之啟迪、感動故。

❻　唐君毅，〈論不朽〉，《中西哲學思想之比較論文集》，《唐君毅全集》，
　　卷 11，頁 443。

而可配入一思想系統」❼。果爾,則不朽蓋實存無疑;至少唐先生是堅信如此的。❽然而,世間所說之不朽又存在哪裡呢?一言以蔽之,存在於人類歷史進程之中是也。是以不朽之存在,即蘊涵歷史之存在。不朽既永存而不銷亡,則歷史亦永恆持續存在(持續發展)而不銷亡也。下文即將論述歷史發展之規律問題之前,吾人得先說明、承認歷史乃不朽者(歷史是不朽的)這個看法如上。蓋若無所謂不朽,那便談不上所謂歷史發展,更談不上所謂歷史發展之規律了。❾

---

❼ 上揭《中西哲學思想之比較論文集》,頁 444-446;上引語見頁 446。

❽ 唐先生於文中並未明白表示有此確信,且提請讀者針對八個條件來建立一套完善不朽論的學說。縱觀全文,唐先生撰文之時(26 歲),其實已篤信世間、宇宙間確有不朽者,只不過其個人未能針對彼所定下來之八條件建立一完整的學說,乃因而謙虛的呼籲讀者努力建立之而已。

❾ 當然,這裡的不朽不是指個別事物之不朽,尤非指世間上的事物或人肉身之不朽。有謂:「變幻才是永恆」(意謂世上沒有甚麼東西是不變的;變幻/變化才是人類歷史發展的永恆的真理;此語似乎是香港歌星羅文所主唱《家變》一曲中的一句歌詞),現實上或現象界哪有不朽之可言呢?在上文中所說的不朽,乃指變幻或變化之背後,總有一不變的精神在。而正是這個精神保住了這個不朽。其實,現實上無所謂不朽,唐先生是再清楚不過的。先生即如是說:「……然而,從現實存在眼光去看宇宙事象的流轉,人類歷史的變遷,我們亦當說過去的便永遠過去永不會再來。人類文化的不斷成就的歷史,亦即人類文化之不斷向過去之無底壑流注而消失之歷史。」上引語見唐君毅,〈述本刊之精神兼論人類文化之前途──《理想與文化》代續刊辭〉,1950 年 5 月 1 日;收入《中華人文與當今世界》,補編下冊,《唐君毅全集》(臺北:臺灣學生書局,1991),頁 74。唐先生另一相關說法如下:「凡一切特殊有限之物,皆本無不毀,然如有限之物而能真自覺的體無限之精神於其自身,則無能毀之者。故將人類文化視作一特殊有限之物,而置定之於宇宙以觀之,則無一民族之文化不可毀,而人類與其文化之在宇

　　「一度存在的東西在宇宙歷史中永遠存在」（上引唐先生語）的
信念，或所謂「不朽」的信念，唐先生一輩子都堅信不渝。先生成
書於晚年的《生命存在與心靈境界》一書亦嘗揭示斯義。其相關語
句如下：

> ……此生者對死者之繼志述事，乃謂死者實有其志其事。此
> 可依上陳華嚴宗之義，以說其一有而永有者也。……昔有問
> 程依川者，謂「堯舜至今幾千年，其心自今在，何謂也？」
> 伊川曰：「此是心之理，今則昭昭在面前。」程明道亦謂：
> 「堯舜事業，何異浮雲過太空。」……謂其事業如浮雲，其
> 事業即不存在，其心已不在，只其理重現於我之心，則非究
> 竟之談也。實則堯舜之心理，即見其事業。其心之理在，其
> 心亦在，其事業亦在，以一有者皆永有故也。❿

宙，亦終不免於毀。然因人復能自覺的體無限之精神，則人類可不毀，文化
可不毀，吾人亦當力求其不毀。」唐君毅，《文化意識與道德理性》（臺
北：臺灣學生書局，1974；本書 1958 年由香港友聯出版社初版；自序撰於
1957 年），下冊，頁 351-352。

❿ 唐君毅，《生命存在與心靈境界》（臺北：臺灣學生書局，1977），下冊，
頁 1078-1079。此「一有永有」的說法，讓人想起奧古斯丁（354-430）《懺
悔錄》中的一句話。奧氏嘗對天主說：「你的今天即是永恆。」按：對天主
而言，根本沒有過去、現在和未來這個時間上的東西。唐先生「一有永有」
的說法應與奧氏「今天即是永恆」同一思路下的產物。但其中有一根本的
差別：在奧氏心中只有天主才具有此種特性；但就唐先生來說，則凡物莫不
如此。奧氏說見《懺悔錄》（北京：商務印書館，2009），卷 11，節 13，頁
241。又：奧氏討論時間的問題（見卷 11），很有哲學深度。且其說見諸
1600 年前（《懺悔錄》約成書於公元 400 年），尤其難得。

上引文所說的「一有永有」，義同前文所說的「不朽」。文中指出
「心之理在，其心亦在，其事業亦在」。究其原因乃在於凡存在過
的皆一有而永有也。所以「堯舜事業，何異浮雲過太空」之論，唐
先生乃指為非究竟之談。唐先生此論斷所顯示之玄智玄思，非今所
擬論述者。筆者以上所陳乃旨在揭示，先生自 26 歲撰〈論不朽〉
一文開始至逝世前半年（時年 69 歲）所完成並出版之《生命存在與
心靈境界》一書為止，畢生（超過四十年）皆相信「一有永有」乃係
顛撲不破的真理。⓫其前後各文所揭示的「不朽」、「一度存在的

⓫　一般人把時間分為過現未前後三段單純的序列。近日偶讀傅偉勳的文章，傅
氏指出海德格則能破除這個通俗的時間觀，但仍未能了悟「所有過現未的時
刻時點一律顯現之為『永恆的現在』，於此『永恆』（『存在』根源）與
『時間』在每一生命時點始終交叉融合。……」傅氏對此更有進一步的申
論，其大意為，中國禪宗的時間論（如雲門禪師所說的「日日是好日」）及
日本曹洞宗創始人道元禪師所說的「有時之而今」（「有」指存有、存在，
「時」指時間），皆可謂係「永恆的現在」的古代版本。換言之，在海德格
出版《存在（「有」）與時間（「時」）》一書的七百年前的道元，及更早
的中國的禪宗，他們早已了悟到「永恆的現在」這個觀念了。至於莊子所說
的「有真人而後有真知」《莊子·大宗師》，其根本義蘊也在於此。傅氏更
進一步指出說：「……祇有大徹大悟之後才有資格宣說，生命每一時刻
（『時』）與此『時』的每一存在方式（『有』）原本無二，每一『有時』
即是涅槃解脫的『有時』，於此已無所謂存在的本然性與非本然性之劃分
了。莊子那句「有真人而後有真知」的根本義蘊即在於此。」唐先生「不
朽」及「一有永有」等概念，吾人透過中日禪宗及西哲海德格的相關論說，
應能得進一步的確解。唐先生對禪宗及海德格皆有研究（其所著《中國哲學
原論·原道》卷三對禪宗有所論述；《哲學概論》之附編又有專文論海德格
之存在哲學），其相關說法或即源自此耶？上述傅偉勳的說法，見所著《學
問的生命與生命的學問》（臺北：正中書局，1993），頁 95-103。
今茲轉說另一問題。唐先生為儒者，此不必多說。儒學／儒家／儒者，固重

東西在宇宙歷史中永遠存在」、「一有永有」等等的說法便是最好
的明證。

二、歷史之必然：國家為歷史發展之必然產物、歷史發展之升降起伏、一治一亂、中國歷史發展之動力與動向、中西精神理想之差異

　　按照唐先生的看法，歷史之發展是有其必然的規律的，其中國
家之出現乃為一顯例。唐先生之相關說法如下。先生說：

> 人類社會中，如只有分別並存之構成團體與自然團體，乃不
> 能成就人之多方面的理性活動之貫通的統一的發展與客觀化
> 者。……此統率包括一切團體，而能配合規定限制各團體之
> 活動，以多方面的貫通的統一的完滿成就人之各理性活動客
> 觀化之團體，即為國家。**⓬**

視現世者也。而現世之根源則為歷史（現世源自歷史——過去）。是以儒者
必重視歷史，唐先生固不為例外。然而，據上文，唐先生又相信「永恆的現
在」。讀者於此或會產生疑惑：唐先生是否自相矛盾？非也。照筆者的理
解，可稍作說明如下：唐先生「不朽」、「一度存在的東西在宇宙歷史中永
遠存在」、「一有永有」等觀念，乃就存在於過去之相關事物之客觀存在之
情況來說。然而，此等存在，相對於吾人來說，則必待吾人主觀上具備認知
能力（並由此而生起歷史意識）而始顯其存在性（具「能」始能顯
「所」）。此歷史意識既為生起此意識之「今人」所擁有，則一切過去者，
皆成為一「永恆的現在」而存在於今人之意識中也。一言以蔽之，「永恆的
現在」與「歷史性」絕不相互矛盾、相互排斥。其關鍵（溝通之橋樑）乃在
於人之具備意識（認知心），尤其歷史意識也。

⓬ 唐君毅，〈政治及國家與道德理性〉，上揭《文化意識與道德理性》，上

換言之，國家之出現乃一當然必然之事。先生又進一步說：

> 縱使今日之一切國家完全破壞毀滅，而人類只須有其統一的
> 理性自我之存在，將仍本於其客觀化之意志，而重新建立國
> 家。此乃一必然之命題。⓭

國家的出現及其遭毀滅後而仍能重新建立，其原因乃在於以形上實
體為根據之人之道德理性⓮之不容自已地必使國家建立起來，及遭
毀滅後亦必使之重新建立起來之故。換言之，道德理性為國家建立
及重建之形上根據所在。既有形上根據，則國家之建立及永恆地存
在（含毀滅後之重新再建立）乃獲得充份的保證。⓯

冊，頁 196。

⓭ 上揭《文化意識與道德理性》，上冊，頁 204。

⓮ 其實，「道德理性」之本身即一形而上之實體；吾人亦可用另一表達方式來
說明此義：按照儒家說法，此形上實體乃一具備道德性格之形上實體。今乃
為說明上之方便，讓讀者知悉吾人之道德理性非一主觀的東西，而係有一形
上基礎的，因此便說出：「以形上實體為根據之人之道德理性」一語。但讀
者勿誤會以為「人之道德理性」之上有另一個與之隔閡或彼此獨立的形上實
體。一言以蔽之，此兩者是一而二，二而一的。蓋此形上實體既超越地為吾
人形而上之本體而外在於人，而復為吾人之性而內在於吾人者。牟先生即恆
言：「超越地為其體，復內在地為其性也。」詳參上揭拙文〈唐君毅先生的
歷史形上學：論人類歷史行程之形而上之本體〉，第四節〈餘論：三位一體
論——人類歷史乃主觀精神根據絕對精神而客觀化其自己而成者〉。

⓯ 國家之背後有一道德理性之形上精神為支柱而此支柱必促使國家建立於世界
者，此說法與黑格爾視國家為世界精神（其背後或其上即為絕對精神）發展
其自我而得以出現者的說法是很相似的。唐先生很鍾愛黑格爾而受其影響相
當深。兩者的意見有其相近相似處，這是很值得玩味的。黑格爾的相關說
法，可參上揭拙文〈唐君毅先生的歷史形上學：論人類歷史行程之形而上之

　　然而，必須要補充說明的是，保證國家建立及使之持續發展之道德形上實體❶並非盲目地促使人類必建立其國家，即非僅為了建立而建立。此形上實體之促使國家建立並使之持續發展，乃可謂此形上實體之盡其性之當然而然而必如此而已。何以言之？蓋因為此形上實體乃可謂一具備「生生之德」❶ 之道德實體（可簡稱為「道體」；而「天理」、「天道」、「天心」、「良知」等等乃異名而同實之概念）；而國家之出現／建立，既有其必然之價值，則此道體何能不促成之耶？我們試看看唐先生的說法便可明白此中之關鍵。先生

本體〉，註釋❷之第三項論述黑氏國家的成立與世界精神部份。除黑氏之外，西方近現代哲學家中對唐先生產生一定影響者，可數懷德海氏（A. N. Whitehead, 1881-1947）。其《歷程與實在》（*Process and Reality*）一書，指出每個歷程都是實在的呈現。此與唐先生的歷史哲學思想可有互參之處。廖俊裕、王雪卿嘗論述二人之思想。參廖、王所著〈雜思唐君毅先生之學的本質與當令〉，《鵝湖》月刊，2009 年 9 月，總第 411 期，頁 62-64，尤其頁 63 下；劉國強，〈從懷海德到唐君毅——通過西方看心靈九境哲學的智慧〉，發表於 2009.09.19-20 香港新亞研究所舉辦之「唐君毅、牟宗三先生百周年誕辰紀念國際學術研討會」；劉國強，〈從現代西方自我的失落與自我實體確立之困境到心境不離的思考〉，發表於 2009.09.25-28 中央大學中文系、中央大學哲研所等單位所舉辦的「百年儒學與當代東亞思潮——紀念唐君毅、牟宗三先生百年誕辰國際學術會議」。又：*Process and Reality* 一書，初版於 1929 年；乃懷氏 1927-28 年間在英國愛丁堡大學主持研究自然神學的吉福德講座（Gifford Lectures）時所完成者。今有如下中譯本。楊富斌譯，《歷程與實在——宇宙論研究》（北京：中國城市出版社，2003）。該書凡五編，含〈附錄：主要概念和人名對照〉，共 687 頁，可謂鴻篇鉅製。

❶　按照唐先生，此形上實體乃一具備道德性格的形上實體。詳參上揭拙文第三節之（七）「人類歷史行程之形而上之本體——具道德性格的形上實體」。

❶　此形上實體生生之德的性格，參上揭拙文。

說：

> 國家為國中一切個人之國家意識所涵蓋，故為普遍存在於各
> 個人之意識中者。然國家又為包括一切個人，而有其自身之
> 一歷史的發展者，故又為縱貫時間而超越特定個人之客觀存
> 在。個人之國家意識，為至善至淨而無染者。國家在其歷史
> 之發展中所實現者，乃各個人之行為活動之逐漸融和貫通，
> 而使衝突之意志相抵銷，故亦為至善至淨而無染者。❸

吾人可謂，人類間之融和通貫乃道德理性所必然提出之要求，且亦
必使此融和通貫實現於世間者。而國家作為人類活動之一有效而無
法被取代之組織而言，既依其發展歷程而為一至善至淨而無染者，
則亦必可實現並促進人類間之融和通貫。❹夫然，則依於人類道德
理性之要求，國家在人類發展史上乃必出現、當出現無疑者也。唐
先生並進一步指出，國家可具體實現真善美與神聖之價值。所以其
出現及建立便更有理據了。先生說：

> 吾人亦可說國家包含真善美與神聖之價值。直接自國家為道
> 德意志之客觀化，以完成吾人道德意志而言，即至善者。自
> 道德意志皆本於一理性自我之普遍理性活動而言，則道德意

---

❸　上揭《文化意識與道德理性》，上冊，頁 243。

❹　有關國家，而不是別的團體之能促進人類和融通貫之問題，上引唐先生文字
　　中已有所說明。其最關鍵的語句為：「……此統率包括一切團體，而能配合
　　規定限制各團體之活動，以多方面的貫通的統一的完滿成就人之各理性活動
　　客觀化之團體，即為國家。」語見上揭《文化意識與道德理性》，上冊，頁
　　196。

> 志之客觀化為國家，即普遍理性之實現於人群，而為至真
> 者。自國家之包括各種團體個人之不同活動，及在其歷史之
> 發展中，恆歸使此諸活動之發自私欲而相衝者，皆相抵銷，
> 而歸於和融貫通，而合於不同時代地位之人之理性自我道德
> 意志所共同要求言，則為一種美之具體實現。自其可視作超
> 越個人之精神實體普遍人格為個人之理性自我道德意志所肯
> 定為包括諸個人而縱貫時間以存在者言，則含神聖之性質，
> 為超越而現實之神聖事物。因國家非只是一謀人民福利之工
> 具，乃吾人可於其中發現真理美善與神聖之價值者。**⓴**

一般人總以為國家之建立，其功能僅在於謀取人民之福利。謀取福
利，此固然，但唐先生進一步指出，真善美與神聖之價值亦可藉賴
國家之存在而得以具體實現。此則比較少人注意及。唐先生之指
示，對無政府主義者、對反對建立國家者，尤其對馬克思主義者之
認為國家乃由階級社會而產生，並隨階級之消失而國家亦必然消亡
的看法**㉑**，不啻一當頭棒喝。吾人復可進一步指出，唐先生《文化
意識與道德理性》一書之主旨乃在於說明人類一切自覺的文化活動
（國家之建立當然涵括在內）皆有道德理性貫注其中而充當其支柱、基

⓴　上揭《文化意識與道德理性》，上冊，頁 234-235。

㉑　此看法詳見恩格斯，《家庭、私有制和國家的起源》。按：美國考古學家摩
爾根（L.H. Morgan, 1818-1881）曾撰著《古代社會》（1877）一書。馬克思
（1818-1883）曾對該書作過詳細的摘要和評論，並補充若干材料。恩格斯乃
於 1884 年以該書的素材、若干結論和馬氏的評論等等為依據，而撰成《家
庭、私有制和國家的起源》一書。參中共中央著作編譯局譯，《家庭、私有
制和國家的起源》（北京：人民出版社，2009），頁 187。

礎。而道德理性必蘊涵真善美與神聖之價值，否則不成其為道德理性。所以我們固然可以說國家促進了此等價值之落實，但亦可反過來說，真善美神聖這些普世價值作為道德理性這個形上實體所必蘊涵之價值，乃推動歷史之發展而成就國家者。於此即可見歷史發展之必然規律之所在。

　　以上指出，就唐先生看來，國家之出現及其所實現之價值實有其形而上之理據在。現今則闡述唐先生對歷史發展所持之看法。此看法為：人類歷史之進程恆升降起伏地前進。唐先生在說明西方歷史，尤其說明西方文化精神之演進時，即持此看法。撰著於 1951 年 2 月的〈西洋近代文化精神之省察〉一文便大體揭示斯義。❷❷文中唐先生並嘗作出總結。茲列述其要點如下：

　　㈠由希臘，而羅馬，至基督教興起，乃表現一不斷之向上性。

　　㈡文藝復興，宗教改革固可促進人之良心與人格之尊嚴之自覺；然而，亦使個人自然的本能，自然的權力意志，因無嚴肅的宗教精神之約束，而導致放肆其自身。其結果為：神聖之事業，亦成為撒旦之事業。❷❸

　　㈢近代文化精神之發展可說已接上西方文化之向上的正流，亦使我們站在一更高的歷史發展之階段。

　　㈣然而，近代文化精神一直為要實現理想滿足理性之要求，而

---

❷❷　文載唐君毅，《人文精神之重建》（香港：新亞研究所，1974；初版則在 1955 年），頁 147-173。其中頁 165-169 為唐先生總結性之判斷，非常值得參看。

❷❸　十字軍東征失敗之啟示及宗教改革之使人爭得自動自覺的直接信仰耶穌上帝之權，先生論之甚詳，參《人文精神之重建》，頁 140。

　　一往向下放，向外展開，終於趨於物化。

㈤要自拔於目前之漩流，以開拓新局面，必須一面保持近代精
　神，而一面由自覺古典精神，而真涵攝古典精神中之深度的
　向上提之超越精神於其內（所謂返本以開新）❷。唐先生稱此
　種精神為包含超越精神之大內在精神。

㈥西方人為求其文化精神之提升，則必須把古典精神與近代精
　神予以綜合，此可並補其仁教智教之不足，亦更接近中國儒
　家所謂內聖外王之道之全；而中國儒家所謂內聖外王之道之
　全部的展開，正亦當涵攝整個西洋文化之重分途發展之精
　神。

㈦一切綜合，都同時是一創造。唐先生在這裡所說的綜合，蓋
　指涵攝西方向上提升、向前開拓，並同時涵攝中國向內凝斂
　的精神而言。夫然，即成就一文化上之創造。

以上之要旨不外指出，人類歷史之進程恆有升有降。換言之，人類
歷史即在升降起伏的過程中發展。❷此中之關鍵乃在於人們必須掌

---

❷　詳參《人文精神之重建》，頁 21。

❷　這裡可以順便一談的是，人類歷史是否真如唐先生所指出的，是在升降起伏
　　的過程中發展是一回事，這種發展是否史學家或哲學家相信其確係如此又是
　　另一回事。前者是事實問題，後者則為信念問題。就後者來說，唐先生相信
　　東方人是認為歷史確是在升降起伏的過程中發展的。先生說：「在東方之哲
　　學中，則蓋自始缺乏一直線發展或直線退降之世界觀，亦無亞氏式之以永恆
　　之形式定類，而類不變之哲學。反之，以宇宙為進退升降之反復循環之歷
　　程，蓋東方之印度與中國之哲學之常。」引文說到的「直線發展」，不少西
　　方人所相信的神意史觀可為代表。至於「直線退降之世界觀」，史賓格勒
　　（Oswald Spengler, 1880-1936）把歷史發展視為好比植物之有榮枯生長周

握、攝取其上升之各階段之文化精神而予以綜合（含攝納其他文化之
所長而來一個大綜合），否則人類只有向下滑落而趨於物化之一途而
已。

　　歷史發展過程中之升降起伏，其中之升起，即成治世；降伏，
即成亂世。而治亂常相循環。針對這方面，唐先生嘗舉中國歷史之
發展以作說明。先生說：

> 依中國歷史傳統，凡帶游民農民打天下者，成功以後，恒亦
> 即使軍人解甲歸田，或殺戮功臣與同黨，而偃武修文；轉而
> 與在天下大亂之時，散在天下，俟機待時而能知民生疾苦，
> 如中國社會之神經細胞之知識分子結合，以走上中國歷史大
> 流，人文傳統之文治政府的道路。故亂世之山林中之知識分
> 子，亦恒為開國之能臣。而戰亂的破壞之社會經濟亦一二十
> 年莫不自然恢復繁榮，此即中國歷史傳統中由亂而治之老
> 路。由此老路而返治之後，亦恒繼而有若干深觀禍亂根源，
> 而欲立千年之人極，定天下長治久安之基之大儒出世，以倡
> 明教化。此則為中國文化慧命之真正所寄之人，比上述之俟

期，則可為代表。上引文中，唐先生認為東方人視歷史為進退升降之反復循
環之歷程。唐先生所指出者蓋為事實。然而，我們千萬不要誤會唐先生，以
為他本人是百份百的相信歷史的發展也是如此。蓋唐先生本人所確信者可說
是歷史循環發展觀的一個「修正版」。細言之，先生所確信者乃歷史在反復
升降循環之發展中而仍不妨礙其不斷向上、不斷超越其先前之一階段也。換
言之，在唐先生看來，歷史的發展，乃係一螺旋式的不斷向上發展的過程。
即雖反復循環，但總方向仍係持續向上者。上引文見唐君毅，《哲學概論》
（香港：友聯出版社，1974；自序：1959），頁 857。

機待時之機會主義之知識份子又更高一格。但依已往歷史事
實看，則此由亂而治之後，昇平日久，人習于宴安酖毒，人
口繁殖而生產不足，又恒天災人禍再起，而天下又亂。此即
成中國歷史中一治一亂之循環。㉖

　　以上是唐先生針對西方文化精神發展情況所作的概述，其中扣
緊發展過程中之升降起伏而為說。至於利用此起伏升降以說明中國
之歷史者，則成一治一亂之循環。然而，唐先生對中國歷史之發展
又不盡以升降起伏的論點來作說明。蓋唐先生復以「歷史動力」、
「歷史動向」而為說。㉗其相關說法如下：

　　……綜上全文所說，我希望大家對於中國之文化精神之發展
　　之歷史階段，與歷史動力，歷史動向，有一整個的看法。此
　　歷史動力，是一民族生命與文化生命的動力。其動向，是此
　　二動力，原出於一本，故雖或分為二，終必歸向於一。依此
　　以看中國文化之歷史之過去之各階段，直到現在之一階段，
　　即皆分別有其特性、意義與價值。亦皆分別擔負表現此歷史

㉖　唐君毅，〈再論中國民族主義與馬列主義之矛盾，及中國之道路〉，《唐君
　　毅全集·中華人文與當今世界》（臺北：臺灣學生書局，1991）（補編下
　　冊），頁 418。據唐先生撰於 1974 年 2 月文末之按語，上文草於 1972 年，
　　為未刊稿。

㉗　其實，唐先生一治一亂之升降起伏說與「歷史動力」、「歷史動向」說，二
　　者至有關係，非必然截然為二者。蓋歷史發展之不同動力能結合為一者，則
　　中國恆治而不亂；反之，則恆亂而不治。是以，唐先生之二說（治亂說、動
　　力說），不必然各為一說，而係有一定關聯者。上文只是為了說明上之方
　　便，故釐析為二矣。

動力，以完成此歷史動向的使命與責任。今如要用標題來表示中國文化歷史之各階段，我們可姑說：一、由上古至三代，乃「中國之民族生命自然生長出其文化，成為有具備原始的文化精神的民族生命」之時期；二、由秦至漢，是「中國民族文化生命對其外之四夷，真實樹立」的時期；三、由魏晉至唐宋，是「同化入侵之北方民族，並回應亞洲之印度文化之挑戰，而加以超越轉化，更反省民族生命之病痛，以求真實成為一真正健康的民族文化生命」的時期；四、元至辛亥革命，為「由北方民族之入主於中國，而使民族生命與文化生命之發展受壓抑而相分離，以求再整合」的時期；五、由清末至民國以來，為「應付中國以外之西方與日本侵略勢力，以求中國民族之文化與世界文化相通接，而不失其自作主宰之主體的地位，而待於綜合以前各時期之應付挑戰的諸方式，以創造一對當前之大磨難的挑戰之回應方式」❷❽

---

❷❽　一民族、一國家（或一文明）在發展的過程中，恆遭遇內內外外之眾多挑戰。如該民族、該國家（或該文明）能作出適當並相應之回應，則可繼續生存下去，甚至其發展蒸蒸日上；反之，則走下坡，甚至走上衰亡一途。此方面，英國史家、歷史哲學家湯恩比（A. J. Toynbee, 1889-1975）論之最詳。唐先生此處「挑戰」與「回應」的說法，蓋源自湯氏。其實，唐先生嘗撰文特別論述西方文化對東方之挑戰及東方之回應的問題。此見氏著〈西方文化對東方文化之「挑戰」及東方之「回應」（提要）〉，《中華人文與當今世界》（臺北：臺灣學生書局，1975），下冊，頁 771-775。文中唐先生特別提到「挑戰」與「回應」兩概念乃湯氏 Challenge 和 Response 二詞之中譯。先生泛論中國來自內外之挑戰及相應之回應者，則可參〈中國文化之原始精神及其發展〉，《中華人文與當今世界》，下冊，頁 687-708。

的時期。此即我們現在所在之時期，亦即中國文化歷史之動
力與動向之當前所在之地。❷

按上文，中國歷史之發展，其動力有二，民族生命與文化生命是
也。動力雖分為二，且中國歷史發展之過程中，此二動力時有分別
發展之情況，但動向「終必歸向於一」（上引唐先生語）❸，而務使

---

❷　唐君毅，〈中國文化之原始精神及其發展〉，《東西風》，第七期，1973 年
　　（此文未注明出版資訊；今轉據《唐君毅先生紀念集·著作目錄》而知悉
　　之）；收入上揭《中華人文與當今世界》。上引語見頁 705。

❸　然而，何以中國歷史之發展，其動向「終必歸向於一」？據上引文，唐先生
　　的說法是：「……是此二動力，原出於一本」，故「故雖或分為二，終必歸
　　向於一。」然而，為甚麼「原出於一本」？此一本又何指？簡言之，此「一
　　本」乃指先生所深信的「具道德性格之形上實體」，或簡稱為「道德形上
　　實體」是也。此形上實體既具備道德性格，則必不忍見一國家發展之過程
　　中，其民族生命與文化生命分離而各自發展。是以「雖或分為二，終必歸向
　　於一」乃必然之歸趨。民族生命與文化生命「終必歸向於一」之外，先生亦
　　指出在中共統治下，中國人之文化精神與其社會政治生活之分離為二之情
　　況，最後亦合而為一的。先生說：「……從深一層看，中國人之文化精神
　　與其社會政治生活，仍然是循其歷史的道路而合一的。暫時失寄之古先聖哲
　　之靈魂，必定要回到他的子孫身上去的，中國民族之身體與精神亦必然要以
　　其獨立自主之氣概完全站起來的。這應當是一與世界之其他國家和平共處，
　　並與世界之其他優良文化可融會貫通之中國，而決非偏激狹隘橫衝直撞之馬
　　列國。這一點是我們大家應該深信不疑的。」先生以上的文字發表於 1958
　　年。先生這個先知性的「預言」終於在二十年後的 1978 年的第十一屆三中全
　　會中得到落實下來。改革開放政策的成功及最近數年來大陸多位領導人多次
　　重視中華傳統文化精神的講話的得到重視，可說是充份反映了中華民族與中
　　華文化相結合、當前社會政治生活必須與傳統文化精神相一致的作法，是最
　　符合中國人的要求和期許的。上引文見唐君毅，〈國慶、校慶、月會〉，
　　《新亞生活雙週刊》，卷一，期一，1958 年 10 月；收入《唐君毅全集·中

二者相結合而成就中華民族文化之發展也。逮清末以來至現階段，則吾人企盼二者相結合之外，尚期許中華民族文化與當前之世界文化能相通接，而其間中國不失自作主宰之地位。上引文更顯示唐先生特別希望吾人要了解和掌握中國歷史發展之動力和動向並肩負其相應之責任。在此尚須稍作補充的是，上述一治一亂周而復始之循環雖係中國歷史發展之常態，但此循環又恆為以上所述說之民族與文化二動力之終必趨向於一之「總匯歸而成之合力」所引領而前行，故一治一亂之環循即不真成其循環，而實係成其螺旋式之往上發展者。（詳參上註㉕。）

　　綜上中西歷史之發展而論，無論唐先生以升降起伏之走勢以說明西方文化精神之發展也好，或以歷史動力、歷史動向，復輔以一治一亂之循環以說明中國歷史之發展（含文化精神之發展）也罷，皆顯示唐先生有一形而上學的理念／信念存乎心中，而認為中西歷史之發展有一規律或法則存乎其間且扮演一主導之角色者。

　　先生尚特別撰文指出中西歷史之發展，如以學術思想來說，實有其相類似之處。至於為甚麼有此類似，則唐先生認為「似偶然而非偶然」。先生並進而羅列種種不同的原因／理由來解釋何以有此相類似。㉛然而，類似歸類似，就學術思想背後之精神理想而言，

華人文與當今世界》（臺北：臺灣學生書局，1991），補編上冊，頁 496。

㉛　先生說：「通常對於西方學術思想之三階段之分，是希臘之哲學科學一階段，中古基督教神學哲學一階段，近代之文藝復興以後之學術，為又一階段。如果以中國學術之發展階段相比，則春秋戰國之諸子思想好比希臘思想。魏晉六朝隋唐之佛學，好比中古基督教思想。宋明之儒學復興，正好比文藝復興以後之西方學術。此當是一最簡單亦最自然的比較法。這個比較法

則中國人與西方人自不同。蓋前者乃自覺的求實現其精神理想，而後者乃自覺的求表現其精神理想也。唐先生相關論述之重點如下：

　　(一)所謂自覺地求實現之精神理想，必須先全自覺此精神理想為

之所以最簡單而又最自然，因為我們可以說人類的問題，首先是從自然中創造人文。其次是由人之精神之一往上升，而求上達超人。再次至人文，重返至人文，人間與自然。在第一階段，人在學術上，必要求能別人於自然之他物，如禽獸，而對「人」之尊嚴，及「文化」價值，直接加以肯定。然當人發現其所造文化，不能滿足人內心之無限的精神要求，人覺人自己與自然物之現實存在，成為其無限的精神要求之異時，於是人即求達於超人超自然之境界，並要求超人超自然之學術思想。遂由第一階段之學術思想，轉至第二階段。……不能不由第二階段轉至第三階段。……以平視的眼光，去看中西學術思想之幾個發展階段中，大概情形的類似。至於為甚麼有此類似，則似偶然而非偶然。人可說(1)由於上帝之意旨；(2)由東西文化過去之交通；(3)亦可說由於人類歷史之發展，本有其一貫之目的與律則或方向；(4)或人之思想，原有若干定然的可能型式。(5)亦可說由於人類之歷史，雖為客觀之事實，而人類之歷史知識，則是後代人所次第建造。人類之建造其歷史知識，必（筆者按：用「必」字似乎重了一點，宜改為「或」字）要求其所知的歷史之發展，為合「目的」、「律則」、「方向」之觀念的。因而其所不斷地選擇為重要之歷史事件，與歷史人物，即不自覺的受此「方向」、「目的」、「律則」之觀念所裁定。但是關於此問題，不能在此討論。我認為四者（筆者按：據以上之開列，似為五者；或唐先生一時誤算？）皆可說，說到最後，四者，亦或可會通為一。」（引文中之編碼為筆者所加，以醒眉目故。）以上引文(1)至(5)之五項，其中第(5)項，最值得注意。此一項之性質與其前四項之性質很不同。其前之四項乃就史事之可能如此來說；這可說是第一序的問題。但第(5)項則是史家針對相關史事建造其歷史知識來說的；這可說是第二序的問題。唐先生能夠從不同層次（第一序外，尚提出第二序，即共二序——二層次）來作出解釋，這是很能開拓吾人之視野而甚富啟發性的。上引文見唐君毅，〈人類精神之行程〉，《人文精神之重建》（香港：新亞研究所，1974；本書初版於 1955 年），頁 521-522。

內在於人的，而人自覺的依其精神主宰其自然生命力，以成
就人類社會文化各領域之活動，並轉而直接以文化滋養吾人
之精神生命、自然生命。（筆者按：換言之，吾人之精神理想與文
化生活產生一互動互助的關係。）而此所謂自覺地表現的，即吾
人之精神先冒出一超越的理想，再另表現「一企慕追求理
想，求有所貢獻于理想」之精神活動，以將自己之自然生
命，耗竭其力以追求此「超越的理想」，以成就一精神之光
榮，與客觀人文世界之開拓，而不直接以文化滋養吾人之精
神生命、自然生命。

㈡基於中國人與西方人上述自覺方向之不同，唐先生認為中國
文化乃能悠久長存，而西方文化無論希臘、羅馬，皆一時極
顯精彩，惟一逝不返。❸❷

㈢先生遂作出以下結論：吾以為西方文化欲求悠久，必學中國

---

❸❷ 先生此論述似讓人覺得先生對西方文化之發展抱持一悲觀的看法。然而，事
實則不然。先生即嘗謂：「……我在此不對西洋歷史之前途取悲觀的看法。
亦不如黑格耳之以絕對精神已實現於普魯士。我相信人類文化中之西方文
化，依其本身發展的理則，亦應當有其前途。這前途在我心目中：是對其古
典精神中之哲學、藝術、宗教精神之本原，與近代精神中之科學政治經濟之
精神之本原，皆加以重新自覺後之大融通，同時與東方之印度中國文化之精
神之相應合。這將形成人類文化之一大諧樂，為『人類之超越自己而又內在
於其自己之精神』所主宰者。」先生意謂，只要西方人產生以下之自覺：融
通西方之古典精神與近代精神，並與東方之文化精神相應合，則自可形成人
類文化之一大諧樂，其前途亦隨之而無可限量。上引文可讓吾人清晰的察
覺，先生是相信文化本身的發展是有其理則的（先生本人即於上文中用上
「理則」二字）。此點下文將進一步論述。上引文字見唐君毅，《人文精神
之重建》（香港：新亞研究所，1974；本書初版於 1955 年），頁 128。

文化此精神。而中國文化欲求充實，則必須由其原來重「自覺地重實現」精神中，開出一「自覺地重表現」之精神。

（筆者按：此可謂乃唐先生為中國文化未來發展所作之構思；於此可見唐先生非以中國固有文化自限，而必欲借重西方文化以求中國文化之進一步開拓者。）

㈣最後，唐先生並針對「自覺地重實現」與中國人最重視之「心性」問題的關係，作以下的陳述：自覺地求實現之精神，乃吾人之心性上先具足一「文化理想全體」，並視人文世界一切，唯是此心性之實現或流露，同時為此心性所包覆涵蓋。是以恆不偏執任何文化理想，以推類至盡。㉝

三、中國民族文化精神之發展
——元、亨、利、貞、仁、義、禮、智

　　唐先生討論中國文化之精神或討論中國文化之發展，鮮少單就文化之本身作討論，而恆為扣緊民族而論述其文化。㉞換言之，唐先生認為，此「文化」乃中華民族就其特有之情況下所開展出之文化。是以唐先生各著作中，凡「民族」與「文化」合為一詞而成

㉝　詳參《中國文化之精神價值》（臺北：正中書局，1974；初版於 1953 年），頁 362-363。

㉞　以下一語即可為證：「……宋明理學家則自覺是要建立民族之生命，民族之文化生命。」先生不說「民族之生命，文化之生命。」；而係說：「民族之生命，民族之文化生命。」此即可見先生非抽象或憑空而說「文化生命」，而恆具體的扣緊中國或中國人而言其「文化生命」也；於異族入侵或統治下之中國，先生之用語更是如此。上引語見〈中國清代以來學術文化精神之省察〉，收入《人文精神之重建》（香港：新亞研究所，1974），頁 109。

「民族文化」者，乃針對中華民族所開啟之文化而言，而非分別針對中華民族及針對中華文化而言。這方面，吾人必須先察悉，否則無以透視先生之中華文化論述之旨趣。**❸**

　　先生論述中國民族文化精神之發展，嘗以《易經》元、亨、利、貞、仁、義、禮、智之序以為說。其言曰：

> 吾嘗以《易經》元、亨、利、貞、仁、義、禮、智之序，言中國民族文化精神之發展。則孔子承中國民族古代文化之精神，而立仁教，所開啟之先秦文化之生機為元。秦漢之建立大帝國之政治，為禮制之實現，為亨。魏晉隋唐之藝術、文學、政治、宗教等文化，多端發展，旁皇四達，為文化中之義道，如元亨利貞中之利。則宋元之精神為智，而欲由貞下起元者也。惜乎，元清異族入主中夏，盜憎主人，而中國文化精神之發展，乃不免受一頓挫。宋明理學之發展，由朱子

---

❸ 其實唐先生同時代或年輩稍長的中國學人，亦經常關注中華民族和中華民族文化的問題。如錢穆先生在其《晚學盲言》、《雙溪獨語》中便經常把「歷史」、「文化」、「生命」串連起來予以論述。參《晚學盲言》（臺北：東大圖書公司，1987），上冊，頁 55；《雙溪獨語》（臺北：臺灣學生書局，1981），頁 171-172。此外，唐先生的老師熊十力先生和先生摯友牟宗三先生的相關論述（其用語如「宇宙的大生命」；「民族生命與文化生命之合一」；以至「生命的學問」等等）亦相當多。參鄭家棟，〈當代新儒家的道統論〉，陳明主編，《原道》，第 1 輯，中國社會科學出版社，1994。大陸學人張京華甚至以「文化大生命」一個概念來描述錢穆先生晚年的相關理念。張氏此用語很有創意。其實，用此語以描繪唐先生畢生關注之重點所在，亦非常恰當。張氏說，見所著《中國何來軸心時代》（南寧：廣西人民出版社，2008），頁 74-75。

　　之重理至王陽明而重心，至晚明而重氣，由講宇宙人生，而
　　講歷史文化之精神之自覺。如顧炎武、黃梨洲、王船山等，
　　皆欲由歷史文化精神之自覺，以上追三代，而起民族之生
　　機，以建制立法，為萬世開太平者也。**㊱**

把天道的「元亨利貞」與人德的「仁義禮智」並舉，甚或一一對列
而為說，古今前賢所在多有。**㊲**然而，進一步扣緊史事而對舉論述

㊱　唐君毅，《中國文化之精神價值》（臺北：正中書局，1974；本書初版於
　　　1953 年），頁 54。先生以元、亨、利、貞、仁、義、禮、智之序以言中國民
　　　族文化精神之發展，其言論概見於本段引文。惟其後元清以異族入主中夏，
　　　中國民族文化精神之發展乃成一歧出。然而，先生恆抱持樂觀之態度看問
　　　題，而認為大體上，中國文化之發展，乃依一和貫通圓滿的人文精神而漫
　　　步前進者。其言曰：「中國文化之發展，除了改朝易姓之際的混亂，大體一
　　　貫相仍，如長江大河，一瀉千里。確不如西方文化之波濤起伏，翻天覆地。
　　　在中國的人文精神中，道德精神，藝術精神為主，而宗教政治之精神，皆融
　　　於其中，而環繞於其人性即天道之哲學理念。中國文化之歷史，大體上，可
　　　說是一和融貫通充實圓滿的人文精神之慢步前進。」唐君毅，〈中國社會人
　　　文與民主精神〉，《人文精神之重建》（香港：新亞研究所，1974；本書初
　　　版於 1955 年），頁 408。

㊲　如程頤在其《易程傳·乾卦》中便認為：「元者萬物之始」、「萬物資
　　　始……言元也」、「元者眾善之首也」；又認為：「四德（元亨利貞）之
　　　『元』，猶五常之『仁』。」「元」既為眾善之首而又相當於「仁」，則吾
　　　人不妨稍作推論，其下之「亨利貞」猶「禮義智」也。然而，伊川並未作此
　　　明示（至少乾卦之傳文中未見）。然而，一轉手到朱熹，朱氏則明言：「仁
　　　義禮智，便是元亨利貞。」上引伊川的說法除對朱熹外，對呂祖謙，甚至對
　　　熊十力先生亦產生相當大的影響。上引朱熹之說法，詳黎靖德編，〈性理
　　　三·仁義禮智等名義〉，《朱子語類》（北京：中華書局，1994），卷 6，
　　　頁 107；此說法，並見卷 68，〈易四·乾上〉，頁 1689 以下各頁。又：友人
　　　毛炳生先生近著《易程傳集校》（臺北：花木蘭文化出版社，2008）校訂精

者,則似乎甚罕見。為求明晰,茲表列先生上述之說法如下:

史事	乾之四德	人之四德
孔子承中國民族古代文化之精神所開啟之先機	元	仁
秦漢大帝國所建立之政治為禮制之實現	亨	禮
魏晉隋唐之藝術、文學、政治、宗教等文化,多端發展,旁皇四達,為文化中之義道	利	義
宋元之精神為智,而欲由貞下起元者也	貞	智

其中可稍加說明者如下:

㈠「天不生仲尼,萬古如長夜」❸。孔子又可謂係仁體之化
身。是以唐先生乃以「大哉乾元,萬物資始」之「元」及
「仁」稱許孔子。

㈡先生所說秦漢之「禮制」,蓋就「禮」之廣義面來說。其義
相當於「社會規範」(Social Norm),以至一切人生日常之制
度儀文。就此義來說,則秦漢朝廷所重視之「法」當然涵括
其中。是以人不得以此而質疑唐先生為何不論述秦漢人所最
重視之「法」!

㈢「……多端發展,旁皇四達,為文化中之義道。」《中
庸》:「義者,宜也。」人世間之一切言行舉措,凡稱得上

審,且句讀(應用新式標點符號)極費思量,洵為伊川之功臣。

❸ 此語見《朱子語類》,卷 93,〈孔孟周程張子〉。然而,朱熹在這句詩後緊
接著說:「唐子西嘗於一郵亭梁間見此語。」按:唐子西名唐庚(1069-
1120),字子西,北宋時人。然則此語至遲北宋時已出現矣。上引語見上揭
黎靖德編,《朱子語類》),頁 2350。

　　　　為義者，必正確合宜無疑。文化多途並進之發展，乃人文化
　　　　成天下之具體表現；魏晉隋唐之文化蓋得之矣。是以一輩子
　　　　強調並劍及履及要落實人文精神於天下的唐先生乃以「義
　　　　道」稱譽之。

　㈣宋元人開出理學，立人極，天人不二之樞極亦隨而確立，而
　　　　後中國文化精神，復歸於貞定。此可謂係宋元人貞定人之精
　　　　神所展現出之理智方面之表現。是以唐先生以「貞」及
　　　　「智」定位宋元也。

尚可進一步指出者，漢族人之江山之明室覆亡於異族。是以顧、
黃、王等人乃從宋明人重理、重心、晚明重氣之講宇宙人生之傳統
而轉為側重講述中國歷史文化之精神。唐先生視之為一種自覺，藉
「以上追三代，而起民族之生機，以建制立法，為萬世開太平者
也」。

　　　一言以蔽之，無論以元、亨、利、貞、仁、義、禮、智之序以
描繪宋元前之文化發展也好，或以自覺之說以定位明清之交志士仁
人本乎使命感而來之義舉也罷，皆顯示唐先生確信中國歷史之發展
有一規律或一法則（其實亦可謂一精神）存乎其間且扮演主導之角色
者。吾人於此復可指出，唐先生以元、亨、利、貞等等之秩序以描
繪歷史之發展，正可反映先生相信，中國某一歷史時段，以其文物
文化恆有其本身之獨特性而形成別異於其他歷史時段之一種時代精
神。換言之，不同歷史時段恆有其不同之時代精神也。然而，必須
指出的是，時代精神容有不同，但不得謂不同之時代精神乃互相隔
閡，甚或彼此排斥而無所承續者。上引文中，先生即指出：「宋元
之精神為智，而欲由貞下起元者也。」又云：「……由講宇宙人

生,而講歷史文化之精神之自覺。」再云:「……皆欲由歷史文化精神之自覺,以上追三代,而起民族之生機,以建制立法,為萬世開太平者也。」由貞下而起元、由講宇宙人生轉為講歷史文化、由歷史文化精神之自覺以建制立法等等,均可見一時代精神(文物文化有共同之表現而產生同一時代精神),對於後一歷史階段之時代精神,所可產生之意義或可生起之影響也。❸

上如所述,歷史之發展固有其自身之規律,然而,亦恆有偶爾之歧出,或一時之陷溺❹,是以歷史非以(至少非全以)人們之意志(理性)為導向、為轉移者❹。歷史上非理性情事之發生(如蒙元、滿

---

❸ 一時代精神對於後一時代之文化,或對整個人類文化之意義等問題,根據唐先生,乃歷史形上學所處理之課題。參詳唐君毅,《哲學概論》(香港:友聯出版社,1974,初版 1961 年),頁 149。

❹ 歷史發展中偶爾之歧出、陷溺可說是規律外之情況。但此等歧出、陷溺似乎必然發生在歷史進程之中,然則吾人亦不妨說,歧出與陷溺亦規律中之一環矣。要言之,視為規律外之狀況也好,視為規律內之一環也罷,依唐先生,此歧出與陷溺雖可「得勢」於一時,然終為歷史之洪流(主流)所唾棄無疑。然則種種歧出與陷溺,亦不妨視為上天給吾人之一種磨練而已。此點可詳參下文。唐先生的歧出陷溺說,使人想起康德的相關說法。康德認為,自然(Nature)有必要把各種與理性相敵對之「物」(此即人之「私欲」或所謂「惡」;筆者按:用宋儒的話,也就是人的「氣質之性」的表現)置入人的日常生活中,藉以磨練人而使人步步趨於完善——即步步踐履其理性。由此可見,私欲/惡也有其功能而成為了歷史進步的必要條件。詳參上揭拙文〈唐君毅先生的歷史形上學:論人類歷史行程之形而上之本體〉,論述康德歷史哲學的相關註釋,即註釋❷。

❹ 短暫之歷史時段尤其如此(如偶爾之歧出、一時之陷溺之得以發生便可說是不以人們之意志為導向、為轉移之例子,否則不應發生)。至於長時段或所謂總體、總方向之發展,則另當別論。先生即嘗指出人據其道德理性而來之

清之入主中夏、馬列主義 1949 年後之征服中國等等）即為其例。面對歷史
上之歧出、陷溺，先生唯有「蒼茫望天，臨風隕涕」而已。先生
1950 年代前後之述作很可以反映此種心境；其以悲憫情懷撰就於
1951 年之《中國文化之精神價值》對整個中國文化之精神價值有
入木三分之體認及描繪。❷其中末章最後一節〈中國文化之回顧與
前瞻〉乃可謂全書之結穴，亦可謂係唐先生針對自古至今整個中國
文化之精神發展，依時代先後，作一充滿慧解及睿見之鳥瞰式之省
察。其心境雖悲愴荒涼，然亦不失其樂觀、進取之態度，並藉以鼓
勵鞭策人心。今茲不厭其繁，依次綜述各要旨如後（大體依唐先生原
有之文字語句）：

　　㈠敦篤、厚重、樸實之唐虞夏商之精神❸乃可謂中國文化精神
　　　求信實之肇始。

　　㈡禹平水土和萬邦，而尊鬼神。

　　㈢周文盛，洪範皇極之規模立；至孔子而周衰。

意志可以主宰，或至少可以主導歷史之發展。相關論述，詳下文。

❷　該書 1953 年 4 月由臺灣正中書局出版（初版）。惟作者〈自序〉撰就於
　　1951 年 9 月。據此可知該書必成書於 1951 年 9 月前，乃係未刊書稿《論中
　　西文化之精神價值》之後半部。「蒼茫望天，臨風隕涕」，語見《中國文化
　　之精神價值·自序》，頁 3。

❸　此種精神或可謂源自中國人重視勞動而來，或至少可說與中國人重視勞動有
　　一定的關係。先生對勞動與文化之關係即有如下的論說。先生說：「吾人即
　　知中國民族之文化，亦可謂始於重勞動，首重人對自然之治理。」在科技方
　　面無重大發明之前，上古之人為「戰勝」自然界以獲得其生存空間，不得不
　　重視勞動。由上引文可知恆日以繼夜胼手胝足的勞動精神對創造文化所作出
　　的貢獻，唐先生絕不否認。上引語見上揭《中國文化之精神價值》，頁 18。

㈣孔子立內聖外王之道；教仁教孝，而期人之與天合德。孔子
以六藝垂教，而古之道術，乃散為諸子百家之學。諸家之學
影響雖大，唯皆未嘗分顯為不同之學術文化領域。**❹❹**

㈤孔子之後，游士之談說起。百家之學，往而不返，道術乃為
天下裂。**❹❺**

---

❹❹ 唐先生非常看重國史發展中先秦一階段，蓋認為漢以後中國文化精神，皆可
謂只是實現先秦之文化理念之所涵而已。其言曰：「……然以此今日文化之
多矛盾衝突之眼光，看中國過去歷史文化之精神之發展而謂其亦如是，則蔽
於今而不知古者之言。實則中國過去文化精神，不特有一貫之歷史線索可尋，
而漢以後中國文化精神，皆可謂只是實現先秦之文化理念之所涵。漢唐宋明清
之文化精神之發展，雖自成段落，然皆可謂次第升進，亦皆表現中國文化之
不重抽象之理性，不重一往之超越，不重絕對個體之自由意志之精神。……
中國以後文化之進展，皆罕假手於戰爭。而戰爭之事，多只是亂。此亦與西
方戰爭之或為宗教戰爭，或為主義戰爭之恆有一意義，戰爭中因兩面各有文
化理想，而戰爭之結果，恆可促進文化理想之綜合者，實不同。故整個中國
文化之發展，皆表現中國文化之特殊精神者也。」上引文除指出先秦文化精
神與漢以後文化精神之承傳關係外，尚有以下三重點值得注意：㈠今日中國
文化之多矛盾衝突非中國歷史發展之常態。㈡中國過去文化精神之發展有一
貫之歷史線索可尋，且其發展不斷次第升進。㈢中國文化之進展，皆罕假手
於戰爭；此與西方殊異。上引文見上揭《中國文化之精神價值》，頁 54。值
得指出的是唐先生之重視先秦時期之文化理念（筆者按：唐先生順上下文脈
而使用「理念」一語；其實，先秦文化之表現及成就蓋亦涵括其中。）與雅
斯培（或譯作雅斯貝爾斯，Karl Jaspers, 1883-1969）之重視公元前 800 年至
公元前 200 年的世界各文明古國之文化發展而倡言的歷史軸心期的理論若合
符節，可並參。雅氏說見其名著 *The Origin and Goal of History* (Taipei,
Rainbow-Bridge Book Co., 1971)，尤其 Part One，第一單元，"The Axial
Period"（軸心時期）。亦可參上揭拙文〈唐君毅先生的歷史形上學：論人類
歷史行程之形而上之本體〉，論述雅斯培歷史哲學的相關註釋，即註釋**❷❻**。

❹❺ 在這裡必須作一點補充的是，「道術」如理解為「學術」的話，則唐先生不

(六)秦以力兼併六國，使天下具形式之統一。

(七)儒家人文精神，至漢乃產生文化效用。其具體成就為：堅凝社會，建制立國。**46**

(八)兩晉六朝之文化精神，不生根於地上，乃盤旋於空闊，以顯為文學、藝術，而歸於宗教。

(九)隋唐之政治規模、疆域之開拓、對外交通、文藝才情之富麗華采及宗教之致廣大而納眾流，皆可謂極一時之盛。

(十)中國文化精神之氣，膨脹至極，外拓展而中反空。故終衰散

可能不贊成學術多元化的分途發展的。所以「道術乃為天下裂」（學術多元化的分途發展），先生是不會反對的。先生所反對的是失其宗主的「往而不返」。換言之，即反對學術互不相干的各自發展。果爾，則會之無宗，統之無元；文化之大統由是不得復見矣！這才是唐先生所擔心的、所反對的。先生以下的一段話甚具慧識卓見，且正可證成上述的說法。先生說：「……反（筆者按：「反」通於「返」）本復始，乃使故者化為新，而新者通於故，古今之變通，歷史之發展，有一中心之支柱，而文化之大統見。文化之大統見，則學術文化中之萬類不齊者，皆如一本之與枝幹花葉。枝幹花葉相異，而可不視為矛盾，而皆可視為同一本之表現也。唯如此而人乃真可有於殊途見同歸，於百慮見一致之胸襟與度量。人之學術文化之活動，乃非只為向上以求超越，向前以求創造；而重在向內以求容受涵攝，向上以致廣大。而此皆待於內心之和平與社會之和平。唯有內外之和平，而後個人有深厚之文化修養，以承先啟後，民族之文化生命乃得悠久無疆，以向前擴展也。」上揭《中國文化之精神價值》，頁 12。此中「和平」二字，尤其「社會之和平」數字，最值得玩味；蓋特與中共所強調之「鬥爭」、「階級鬥爭」別異矣。

46 對漢以後之國家與社會，唐先生又進一步以「凝合與廣被」描繪之。先生說：「漢以後，中國即可謂純為一所謂文化國。歷代皆賴儒家精神之普遍貫注於社會，提高人民之文化生活，以為佐治太平之要道矣。漢代文化之形成可謂由於凝合與廣被。……」上揭《中國文化之精神價值》，頁 49。

於晚唐，頹敗於五代。**⑰**

---

⑰ 中國文化精神之氣在晚唐及五代之衰散、頹敗，唐先生乃以其前「膨脹至
極，外拓展而中反空」說明之。「外拓展而中反空」，究其緣由，蓋以其文
化精神本身墮落之故也。唐先生於論述一般文化精神所以崩壞之由時，即嘗
以「人類文化精神自身之墮落」說明之。先生說：「至於文化崩壞之故，吾
人將同情斯賓格勒之論，謂其主要原因在人類文化精神自身之墮落，而不在
其外之自然。」人類文化精神自身墮落、由此而被宇宙毀滅、人類自盡其道
以挽之使上升，以至於其間所顯示人格精神之價值等等問題，唐先生皆承接
上文而續有所論。其言曰：「人類文化精神自身之墮落，即其罪。罪大而
毀，則毀之價值亦可高於存在。……而文化之墮落，終招致毀滅，則宇宙所
以滌除湔洗人之罪惡之一種，使人類精神得救於永恆之世界，其本身並不純
為悲劇，而亦為喜劇。此天地不與聖人同憂也。唯吾人如生於某一文化之
中，則雖明知其罪惡已成，吾人仍當力求其長存不毀，而挽之以上升，此個
人之所以自盡其道。……宇宙一切人之有價值之人格精神，無不被保存於天
地。然亦唯力求現實世界之文化之保存與進步者之人格精神，為真有價值。
此即人之所以可於任何危難之世，皆有所以自慰，而亦當有以自奮者。此君
子之樂天知命故不憂，而唯念念在立命以與天爭順逆者也。」上引文最值得
注意者有二點。㈠唐先生認為：宇宙以人類文化精神之墮落而終至毀滅之，
其原因乃在於滌除湔洗人之罪惡。果爾，則「毀之價值亦可高於存在」。唐
先生並以「此天地不與聖人同憂也」來解釋何以宇宙毀滅人類之文化。唐先
生，至仁者也。何以竟認為「毀之價值亦可高於存在」？細察其意，蓋認
為：聖人本其仁心，故不欲見任一既成之物之滅毀。然自天地（神、上帝）
觀之，則所觀視之範圍廣大無限，不以聖人之視野為圍限也。其觀視固超越
聖人之局限者，是以不與聖人同憂。若聖人之觀視發乎仁，則天地之觀視乃
可謂大仁。聖人或所謂婦人之仁而已！上引語，其中「使人類精神得救於永
恆之世界」一語絕不可輕忽滑過。人類現實世界上已成之文化及其背後之精
神固可毀，但此精神既「得救於永恆之世界」，則天地不惟非不仁，且係至
仁者也。㈡宇宙（天地）本乎至仁而毀滅人類已然崩壞、墮落之文化，則吾
人亦只得「承認」（acknowledge）之而無可如何也。然而，自人類自身而
言，則「吾人仍當力求其長存不毀，而挽之以上升，此個人之所以自盡其

㈠宋代理學家不得不重新收攝以立二極，惟較不重文化之表現，亦暫薄霸術與事功，而重心性理氣之闡明。由是天人不二之樞極立，而後中國文化精神，復歸於貞定。

㈡然理學之影響，初及於社會，尚未能見於治道與禮樂刑政；諸儒以理生氣之事業未竟，民氣未能重得昌達之道，而國祚已移於元。

㈢明儒繼宋學之功，開闢新知，頗尚才氣。❹

道」也。君子固樂天知命，然而，當有以自奮；故念茲在茲者唯在於與欲毀滅文化之此一宇宙力量（此力量之展示，亦可說是歷史發展的一種必然）相頡抗，欲逆其勢而扭轉之也。唐先生由此而進一步指出，有價值之人格精神，無不被保存於天地；且人格精神之所以真有其價值者，正在於其力求保存與促進現實世界之文化也。「力求」、「挽之」、「自盡其道」等語，皆可見先生知其不可而為之之強哉矯及仁者胸懷之道德使命感之所在。讀先生文，真可使「頑夫廉，懦夫有立志」。其振奮人心有如此者。上引語見上揭《文化意識與道德理性》，下冊，頁352-353。

❹ 唐先生認為學術思想之發展是有一定的法則或所謂律則（含發展過程中必然碰上之遭遇、逆境）運行其間的。茲以本條明代儒學之發展為例作說明。唐先生固然看重明儒，尤其賞識明人開闢新知之功；對陽明學及其後之王學尤其關注（《中國哲學原論·原教篇上、下篇》十二至十七章皆為相關研究）。但王學末流則不能無弊。學術發展乃歷史發展之一端。若謂學術發展有其律則、理則，則不啻是說歷史發展即有其律則、理則。至於王學末流必然衍生出弊端（即弊端何以必然出現），先生有如下的說法：「晚明東林顧憲成、高攀龍之學，世皆謂其起於對陽明與王門之學而有之評論。此則原於王學之滿天下，而流弊亦隨之以起。然必溯其弊之原於陽明，固未必是；即溯其弊之原於王門諸子，亦未必是。大率天下之學術，既成風氣，則不免于人之偽襲而無不弊，不只王學為然。昔人言『教學者如扶醉人，扶得東來西又倒』。而興學立教，以匡扶世運，亦恆是扶得東來西又倒；故皆不能無弊；則王學自不在例外。」上引文之要旨有二：㈠王學末流之流弊，其致之

　　㈩明末諸儒彰禮樂刑政之全體大用，以立民族文化之生命。而
　　　皆志在立皇極，由道德之實現，而重社會文化之表現。
　　㈤清學重考據訓詁之學（此可謂廣義的考古學）。以此而求自信，

者，固非陽明，甚至非王門諸子；蓋學術既成風氣，則必有偽襲之徒而弊亦
隨之而生。換言之，學術之發展有其必然遭遇之境況。而先生所謂之「偽
襲」，如以中性的用語來說，其實亦可謂只是一「歧出」。夫然，則歧出便
是學術發展所必然出現者；而所謂必然者，易言之，即上所說之法則、律則
矣。而此法則、律則既係學術本身發展過程中所必然依循而出現者，即無疑
是說此乃學術發展之本身之內在理路（Inner logic）矣。㈡當時世運已如飲醉
酒之醉人，王學出而救之，則如同扶持醉人一般，正是扶得東來西又倒也。
綜合而言，即大環境本身已糜爛不堪救治，王學於其間固無能為力，況其中
又摻有偽襲之徒哉！上引語見唐君毅，《中國哲學原論·原教篇下》（香
港：新亞研究所，1977），頁 442。先生論說學術而透露其發展有一定法
則、理則的言論，其實相當多，以下多舉三例。㈠先生說：「周文之弊，使
孔子重質，使墨子反禮樂，使莊子要游於人世之外，終於有商鞅韓非李斯之
反人文思想。……」（上揭《中國人文精神之發展》，頁 33）。㈡先生又
說：「……韓非之言，可稱為一標準之法家言。周秦思想至韓非，而儒墨道
法之學派皆立。然實皆循思想發展之流，而次第衍成，……。」（《中國哲
學原論·原道卷一》（香港：新亞研究所，1976），〈自序〉，頁 11。）㈢
又說：「郭象之注莊之趣向在通真俗為一圜、或一層次之義理工夫而說，則
王弼之注老，已是如此。當時之談玄者，亦皆是如此。此亦原是道家之學之
發展中，應有之形態，亦人類之思想中所應有之一形態。」（《中國哲學原
論·原道卷二》，頁 379。）以上三例，首例論說周文衍生弊端後而有孔子
及其他諸子次第繼起之相應之作法；此即可見學術發展有其不得不如此的一
條內在理路。次例中「皆循思想發展之流而次第衍成」一語更可證明在唐先
生心目中，思想發展有一內在理路。第三例則指出道家思想發展之過程中，
甚至所有人類思想發展過程中，有一必然出現之形態。本註文頗長，其主旨
不外是說明，就唐先生來說，學術思想之發展，如同人類歷史之其他發展一
樣，是有其本身必然之規律或法則的。

非求精神自信於內也。至於民族精神（筆者按：蓋指漢族之民族精神而言），則不能頂天立地以挺立。是以本此精神而開出之文化（所謂立皇極）終不能真有所成就。

㈥清末內憂外患交至。清亡而文化上歐風美雨，決民族文化精神之堤防。

㈦晚清至民初之學者大本不立，惟重科學，尊民主與自由，然皆統之無宗，會之無元。

㈧其貢獻生命精神於客觀理想者，惟表現向外而不知向上。此僅增其驕盈。至於實踐道德而先向外，以求諸他人，唯增其恣縱。

㈨以俄為師之馬列主義，則崇尚唯物。不復見性質與價值之差別，與個性人格之尊嚴。

以上十九則皆源自唐先生《中國文化之精神價值》一書末章最後一節。[49]唐虞夏商周至中共建國前後各朝代或各重要時期之中國文化之精神發展及相應之意義與價值皆內涵其中。其中值得指出的是，唐先生之用語，如第一項「中國文化精神求信實之肇始」之「求」字，第四項「孔子立內聖外王之道；教仁教孝，而期人之與天合德」之「立」字、「期」字，第十一項「宋代理學家不得不重新收攝以立二極」之「不得不」三字，第十三項「開闢新知」之「開闢」二字，乃至第十四項「立民族文化之生命」之「立」字，皆係唐先生本人之用語。筆者所以特別予以指出者，蓋以此等用語實可反映唐先生心中有一非常關鍵之認定。此認定為：所陳述之各

---

[49] 　上揭《中國文化之精神價值》，頁 405-407。

相關史事乃係促成此等史事之歷史人物❺❿之據其自覺而成就之者、表現之者。如非自覺成就之、表現之，則「求」、「立」、「期」、「開闢」、「不得不……」等用語便成「虛詞」，而非所關涉之歷史人物之有意義之行為舉措矣。此明非唐先生使用此等詞彙之本意所在。然則此等用語所關涉之史事，以至上述十九則無此等用語之其餘若干史事（如第三則指陳周文盛，洪範皇極之規模立及第九則指陳隋唐之規模及成就等等），皆為中國人所自覺之表現者，殆無疑問。然而，十九則中亦有非中國人自覺促成之或非中國人意欲如此而竟如此發生者，如滿清之入主中夏、歐風美雨之決民族文化精神之堤防等等即是其例。由此說來，則歷史之發展，或至少歷史發展中之個別史事或某些史事，確如上文所言，似非必以人們之意志為導向、為轉移者。唐先生即嘗如此說：「夫自自然宇宙以觀人，則天地不與聖人同憂，人在世界之命運，亦實有不能期必處。」❺❶此顯示唐先生之無可奈何處，甚至可謂悲觀處。以政權而言，中國一亡於蒙元、再亡於滿清；以文化精神而言，則歐風美雨、北俄霜雹之決民族文化精神之堤防，皆非唐先生樂見之事，但歷史之進程又竟「容許」此等非理性情事之發生，奈何！

然而，唐先生非消極悲觀之人也。滿清入主中夏，尤其晚清民

---

❺❿ 除孔子外，以上各史事之促成人或所謂行為人，皆為一群人／一團體，而非一人。當然，孔子之立內聖外王之道亦係根據固有之傳統而來者。就此來說，其表現亦不宜定位為純係個人行為所產生之結果，而可謂係孔子及其前中華民族之先聖先賢共同努力而創造之成果也。

❺❶ 唐君毅，〈孔子精神與各類之自由〉，《人文精神之重建》（香港：新亞研究所，1974；本書初版於 1955 年），頁 362。

國以降，吾人薄高遠之理想，忘固有之人文，至使歐風美雨、北俄霜雹之壞固有文化之堤坊，馴至乎馬列唯物主義席捲中國而國人陷入最屯蹇艱困之窘境時，先生仍能看出其中之契機與轉機。先生之言曰：

> 薄高遠之理想，忘固有之人文，昧自然之人性，中國文化精神之高明敦厚而廣大之德慧，乃皆平沈於地下；世唯見自然生命暴力之泛濫，與理智冷輝之流行。勢之至此，天也，非人也。民族精神之癱瘓腐爛，終不免此文化自殺之事也。然舍表面以觀底層，則中國文化精神之潛流，固當順晚清諸儒立皇極之精神以發展。化清儒之學重專精，為社會文化並行不悖之分途發展，而期於民族精神之旁皇周達，以揚升而高舉。必將能轉百年來被動接受西方文化衝擊之態度，而自動加以攝受，宏納西方學術文化之眾流，以充實此皇極。而展開分途充量發展之中國人文世界。則歐風美雨，北俄霜雹，壞固有文化之堤坊，蓋亦天之所以滌蕩中國文化中之塵垢與虛飾，使中國民族精神，將吞吐百川於大海之開始。先聖先賢之英靈永在，中國文化真精神，亦終將重自混沌中昭露以出，而光輝彌以新。則吾人於此剝復之交，獨握天樞，吾人未嘗不可悲而不失其樂。知吾人今日之責任，唯在透至底層，直接中國文化之潛流，去其土石與沙礫，重顯其源泉混混，不舍晝夜，健行不息之至德，於光天化日之下。則承孔孟立太極，宋明理學家立人極，與明末至今企慕皇極之精神；依太極人極以繁興大用，實立皇極於天下。使吾人一切

精神活動，皆一一得其直升而不受委屈，積諸直而並行不悖，參伍成文，成大方之直。依樞極以周流，而大方無隅，斯謂圓而神。是正吾人今日貞下起元之任也。……天行健，君子以自強不息。地勢坤，君子以厚德載物。雲雷屯，君子以經綸。經綸于雷雨之動中，即人生之所息。吾人以此心存此志，則皇極已立于吾當下之心中透過吾此心以顯。則此雷雨之動之世界，亦即皇極之理想人文世界正向之而立之世界。又豈遠乎哉。直下承擔，見諸行事，是待善學者。❷

針對上引文，吾人可進一步作如下的指陳：

㈠先生為道德的理想主義者：先生於描繪世人「唯見自然生命暴力之泛濫」後，指出說：「勢之至此，天也，非人也。」筆者首先要指出的是：此蓋唐先生無可奈何之情況下所發出的慨嘆。其實，此語所針對之各相關史事，正係人為之結果，唐先生豈不知之！蓋其本意旨在指出，依中國人向來重視人文人道之精神，則按道理，本不該至於此者。但其結果竟至於此，殆天意矣；非中國人之歷史發展宜至於此者。然而，中國人之歷史發展又確然至於此！事實俱在，不容或泯。吾人對此又作何解釋？！唐先生，道德理想主義者也。先生視上述違反人道人文，違反中國固有文化精神之歷史發展／歷史事件，皆為表面之情況、表面之現象而已。中國文化精神之潛流固非如此者也。然則其潛流❸又如何？先生明

---

❷ 上揭《中國文化之精神價值》，頁 407-409。

❸ 此「潛流」使看似瀕臨衰亡之文化精神得一再生。然則此潛流猶一再生質。

確指出說：「固當順晚清諸儒立皇極之精神以發展。……宏
納西方學術文化之眾流，以充實此皇極。」所謂「皇極」，
一言以蔽之，乃指人文化成（含西方已實現數百年之民主、自由、
人權等等價值，也含肯定科學與宗教之客觀地位）之現實世界。於此
正可見唐先生「於此剝復之交，獨握天樞，吾人未嘗不可悲
而不失其樂」之所在。

㈡先生認為負面因子有其正面作用、貢獻：歐風美雨、北俄霜
雹，以其毀壞中國固有文化之堤防，故為一破壞力量（負面
因子）無疑。然而，唐先生轉從另一角度，甚至可說更高的
度角來看此問題，而指出說，此等負面因子「蓋亦天之所以
滌蕩中國文化中之塵垢與虛飾」，乃因而介入中國文化傳
統。❺當然，人們可說唐先生很阿 Q，或以臺灣現時相當流

先生即嘗謂：「……中國文化不斷臨近衰亡，而又再生之事實，不能純是一
偶然，而當是賴一文化精神中之再生質。今日印度，能出甘地、泰戈爾、阿
羅頻多等，即證明其文化精神並未衰老。這亦當有其文化精神中之再生質作
基礎。」再生所以非「一偶然」者，以有再生質之基礎（潛流）存乎其間故
也。此非中國獨然，印度亦莫不然！上引文見唐君毅，〈孔子精神與各類之
自由〉，上揭《人文精神之重建》，頁481。

❺ 負面因子必然介入中國歷史之進程中的說法尚見以下文字。唐先生說：「中
國古代儒家精神，原是即宗教，即道德，即哲學者，亦重利用厚生者，本當
涵攝科學與宗教。然後代儒者，因要特重人而不免忽略其中之宗教精神，並
忽略對物界之了解與加以主宰之事；乃未能充量發展此儒家原始之精神。如
充量發展之，顯天地人三才之大用，正須在社會文化上肯定科學與宗教之客
觀地位。此一肯定，完成了中國文化之發展，顯示出人文化成之極致；此與
西洋未來文化將以宗教之再生，理想主義之發揚，救治人類物化之趨向，兩
相湊泊。正是人類文化大流，天造地設的自然匯合之方向所趨。由此以看一

行的俚語「硬拗」（意謂：強辯、胡扯、以曲為直、文過飾非）來說唐先生。但如果我們明白唐先生一輩子都在追求一理想價值，並從「知其不可而為之」的精神來看唐先生，則人們便不至於以天真、幼稚，甚至以阿 Q 精神來貶視唐先生了。

㈢先生勉中國人直下承擔以建構皇極之理想人文世界：上引文，先生以「天行健，君子以自強不息。地勢坤，君子以厚德載物。雲雷屯，君子以經綸。……又豈遠乎哉。直下承擔，見諸行事，是待善學者。」等語總結全書，則先生對吾人之期許、勖勉，及其關懷中國文化精神以至中國未來命運之情，亦可見一斑矣。

在這裡，必須順帶指出的是，辛亥革命前，中國一人天下之帝制施行二千餘年。在一人天下的情況下，握有政權者（皇帝）便似乎可以決定一切；而文化、教育、學術等等活動，恐怕只成為政治之附庸而為其所制限、操控，甚至其存在亦只為政治服務而已。在

時橫決之唯物主義，其在西方文化史之發展上，便不過近代機械文明下之一必經變態。而中國現在之唯物主義，不過中國文化過去忽略對物界之安排之一報復。」上引文除指出唯物主義在中國近現代史之進程中之必然出現，以作為彌補（報復）過去對物界之安排之不足外，尚指出中國傳統社會對科學與宗教之客觀地位之體認及肯定亦有所不足。是以此方面亦有待中國人予以補強。上引語見唐君毅，〈宗教精神與現代人類〉，1950 年 3 月（缺出版刊物；蓋為《民主評論》）；收入《人文精神之重建》（香港：新亞研究所，1974；本書初版於 1955 年），頁 22。先生針對西方歷史之進程亦有類似的看法。其大意為：近代西方之歷史表現為對過去人類所犯罪惡之報復，然其背後乃隱含正面價值之勝利。詳參〈西洋近代文化精神之省察〉，1951 年 2 月，《民主評論》，卷二，期十五、十六；收入上揭《人文精神之重建》，頁 152-153。

這種情況下，所謂民族文化精神之發展，何元、亨、利、貞、仁、義、禮、智之可言？本此，人們或疑惑上述唐先生所言，蓋言過其實之大話，甚至虛誕之謊言而已！茲先引錄先生一段話如下以作說明。先生說：

> 中國民族經四五千年文化的陶養，一般說是「服理不服勢」、「服德不服力」、「服王不服霸道」、「服聖賢不服英雄」……中國過去政治誠然不免君主專制之種種弊害。但在文化思想上，限制君權的東西還是很多，如依「天命」觀念、「民本民貴」觀念、「師道與君道並立」之觀念、「親」與「君」、「師」並尊之觀念，而有之「經訓」、「祖訓」，皆可在文化意義上，限制君權。考試制度、御史制度、宰相制度，亦多少在政府內部限制君權。❺❺

據上引文，先生絕非不肯認中國過去二千餘年乃一君主專制之政體，更非不知其帶來種種弊害。當時之君主固無今日民主國家運作所依據之國家大法——憲法，予以制衡。然而，亦絕非無任何機制可以制肘君主之權限。先生所舉出之「天命」、「親君師並尊之觀念」、「經訓」、「祖訓」之祖宗家法、考試制度、御史制度、宰相制度等等，皆可說在意識型態上及實際作用上對君主產生一定的影響。換言之，即在一定程度上限制了君權，使之不致於過度膨

---

❺❺ 唐君毅，〈中國文化與現代化問題答問〉，《明報月刊》，100 期，1974 年 3 月，收入《中華人文與當今世界》（臺北：臺灣學生書局，1975），下冊，頁 717。

脈，人君乃不致於為所欲為或胡作非為。此可見唐先生絕對不是一個只會說理想性的大話，徒藉「空言」來鼓勵後學的哲學家而已。他的睿見是有歷史事實為支持，為根據的。❺ 據以上機制，再專斷的人君，其權力亦不至於無其上限。果爾，則中國民族文化精神仍可有其相當健康而成就元、亨、利、貞、仁、義、禮、智之發展也。

根據上文，可知再專斷之人君亦有其制限而不能為所欲為。是以中國文化精神總能夠有其健康的發展。但讀者也許會問：縱使人君不阻撓其發展，但此精神之得以推動和落實，不是要依靠從事中華文化活動的國人嗎？寬泛一點說，不是要依靠全體的中國人嗎？如國人不予以推動，或非理性的「亂推動」（含方向錯誤：如順隨自然生命之人欲往下推動（追求）；或耗竭其生命力而一味向外推動（追求）等等），此精神豈不是無法獲得其健康之發展？這個提問是有一定的道理的。我們下文再回答好了。現今先看看唐先生是如何看待這個精神；即這個精神，在唐先生看來，到底是一個甚麼性質的東西。個人認為，在唐先生來說，這個精神好比一個有機體。他是有生命的；因此他不屬於任何一私人，或一政黨。他會尋找自己的道路，完成其自身的發展，而向前邁進的。先生即如此說：

---

❺ 余英時對歷史上君權的約制有非常相類似的說法，如指出天、理、教育、祖宗家法及官僚制度對君主權力之制限即是。參余英時，〈君尊臣卑下的君權與相權〉，《歷史與思想》（臺北：聯經出版事業公司，1977），頁 50-53。按：余文撰成於 1976 年 3 月 15 日。唐先生〈中國文化與現代化問題答問〉一文則發表於 1974 年 3 月。余文乃參觀唐先生而得出相關之觀察耶？抑中國歷史事實，明白俱在，只要不存偏見，則凡人皆可得出相同之觀察耶？

> 但是必須了解，這個精神（按：指「中國文化精神」）只是一客觀的存在於整個民族社會歷史文化中，並通過全中國之人心而存在於今日者，他絕對不屬於任何一私人，或一政黨。他只是一浩浩的長流在尋求他自己之道路，完成其自身的發展，而無聲無息向著他之自然且合乎當然的方向流。順天者存，逆天者亡。他即是中華民族的上帝。人要以私心利用他、佔有他、違反他，總是心勞日拙。而只以一度敬心，虛心認識他、相信他的人，他可以對之加福。真是鬼神之為德其至矣乎，洋洋乎如在其上，如在其左右，體物而不可遺。❺

假若讀者至今仍未能體認或了解「精神」作為一道德形上實體乃一實然之「存有物」的話，則上引唐先生文便似乎有點玄，不容易理解。精神怎麼會「尋求他自己之道路」？又會完成「自身的發展」？且會「向著他之自然且合乎當然的方向流」呢？上文曾提出疑問說：一種精神之得以推動和落實，其背後不是人嗎？如人本身不動，或非理性的亂動，則這個精神哪有健康的發展可言呢？

要回答這個問題，我們必得先了解以下二點（其實，上文早有所說明）：

㈠唐先生是一個理想主義者。

㈡唐先生相信世界上有一形而上的**實體**運行其間而這個形上**實體**是具備道德性格者，是以其「主導下」之人類行為（含文化活動及其相應之文化精神）皆循一道德理性（合乎人之道德要求、

---

❺　唐君毅，〈中國文化精神與其潛在力量〉，1952 年 3 月華國出版社初版，上揭《中華人文與當今世界》，補篇下冊，頁 197。

　　　　合乎人之價值理想）之軌跡而前行者；這便成了唐先生所說的歷史之必然。

上段引文中所說到的中國文化精神，很明顯便是具備道德性格的形上實體所主導下的「產物」。這個「產物」既出自這個道德形上實體且為其所導引，則它當然不會被負面之他物（譬如上文唐先生所說的「任何一私人，或一政黨」）所影響、所左右便再明白清楚不過了。❺❽當然，我們可以說，這個說法乃係唐先生道德理想主義下的一個信念。然則唐先生這個信念，所指為何？吾人不妨簡單的做以下的回應：中國文化精神全然「聽命」於這個形上實體而「行事」——依自然且合乎當然的方向前行。唐先生為了突出此精神之不受任何私人或政黨的人為的影響而能夠自作主宰地勇往直前，且可能為了避免侈談形上問題而節外生枝，因此在上段文字中便逕謂此精神「尋求他自己之道路」、完成「自身的發展」、且「向著他之自然且合乎當然的方向流」了。其實，按照唐先生之思想，此精神的背後是有一超越的道德形上實體為其根據的。（這便是唐先生的信念）因為非如此，不足以保障此精神必「向著他之自然且合乎當然的方向流」去的。但在這裡，我們必須作一點補充。這個形上實體固係超越者，但亦係內在於人者；所謂「超越地為其體，復內在地為其性」是也。是以所謂形上根據，其實即吾人之內心（即根據於吾人一己之心）而已。「天視自我民視，天聽自我民聽。」所以說到最後，所

---

❺❽　其實，一私人，一政黨，以至其他負面的力量，是會影響、左右此精神的正常發展的。這便成了以上所說的歷史發展中的歧出、陷溺。唐先生上文是要策勵人心，故不談歧出、陷溺問題。所謂「言亦各有所當」，讀者於此千萬不要誤會唐先生，以為先生自相矛盾。

謂中國文化精神有其生命，可以自作主宰而有其流向，不啻是說，中國人自作主宰而有其當然而合乎理性之流向之謂。此流向即歷史發展。然而，在發展之途程上又何以有逆流、亂流？依唐先生理想主義的說法，此乃吾人一時之歧出，偶爾之陷溺，或所謂歷史發展之表面現象而已。但其潛流、大方向總是理性地向前邁進，而任一私人或任一政黨是不足以構成影響，或至少不足以左右大局的。所謂「不廢江河萬古流」❺❾；黃河九曲，終必朝東是也。

四、中國現代史之省思
——中華民族、中華文化必相結合的發展

1949 年山河變色，大陸易幟。感時傷世，憂家患國，唐先生對民族、對國家、對文化，發表了極多省思性的文字。今特別擷取其與歷史、與文化相關者析述如下，以見先生對現代歷史進程之省察。

先生一輩子反對唯物主義，因此亦不能接受唯物主義辯證法。然而，辯證法之本身則恆為先生看歷史所依從之取徑。先生撰寫於1972 年的一文即明確揭示斯義。其言曰：

> ……總上所說，中國大陸社會二十年的變遷，不能用唯物論去理解，但可用辯證法理解。此共黨之表面統制中國大陸，而此中國倫理意識，被壓服至底層，但仍不能加以滅絕，即

---

❺❾　語出杜甫，《杜工部集・戲為六絕句》：「……爾曹身與名俱滅，不廢江河萬古流。」

此內在矛盾依然存在。**⑩**

識者咸謂先生論證問題之取徑蓋受黑格爾及華嚴宗之影響。此大抵指辯證法而言。本文於此不擬深論。然而，共黨統制下，中國民族之倫理社會仍然可以幸存者，則先生自謂可用辯證法予以理解，蓋以兩股力量相互矛盾衝突（此即一辯證關係）的角力下之一必然出現之結果也。

　　如上所述，先生反對唯物主義。同時，先生亦反對馬列主義；且不認為中共之得以建國乃係依於馬列主義之理想，而認為乃係依於時勢之機會。先生說：

> ……實際上，對於民主政治之精神與制度，有真正的了解與信心者，亦莫有客觀的社會力量，來支持與幫助政府之憲政。由此而行憲的開始，即成人心大崩潰的開始。共黨即以此而據有中國大陸。其據有大陸，實依於時勢之機會，而非

---

⑩ 唐君毅，〈再論中國民族主義與馬列主義之矛盾，及中國之道路〉，上揭《中華人文與當今世界》（補編下冊），頁 429。本篇為手稿；作者按語如下：「草於一九七二年，未發表。其內容多已別見於近二年之其他時代問題之文中。君毅　一九七四年二月」。除「中國民族之倫理社會與共黨統制之社會，原有一內在的根本矛盾」外，先生在同一文中亦指出說，中國大陸之民族主義與馬列主義亦有一內在的矛盾。先生說：「中國大陸之民族主義與馬列主義原有一內在的矛盾，中國之前途繫於此矛盾之展開，而以其民族主義揚棄馬列主義，此決不會錯。只要馬列主義在思想上被揚棄，自然有的下文，是真正中國之道路自然會出現。」（同上文，頁 403-404）所謂「真正中國之道路自然會出現」指的是甚麼？唐先生在同一文章中已給了答案。即「所說之中國現代社會政治文化之方向，是中國民族與其文化之一齊站立」（頁 403）是也。

依於馬列主義之理想，真為中國人心所要求，彰彰明甚。從
中國民族百年來，政治意識之發展各階段之趨向說，他明是
要建立一真正中華的，民族的，民主的國家。**❻**

---

❻ 唐君毅，〈百年來中國民族之政治意識發展之理則〉，《祖國周刊》，卷十
二，期七，1955 年 11 月；收入《中國人文精神之發展》（臺北：臺灣學生
書局，1974；香港：人生出版社 1958 初版；本書旨趣則撰於 1956 年），頁
182。有關中共之勝利「實依於時勢之機會，而非依於馬列主義之理想」的相
類似的說法，尚見他文。唐先生說：「中共在大陸上之軍事勝利，原自始非
真賴馬列主義，其勝利亦非馬克思所謂歷史的必然。如上述之四條件，有一
不備，中共亦不會有其在大陸上之軍事勝利。而在馬克思之理論中，亦從無
帶農民打天下或革命，以走到社會主義，為歷史的必然之說。此中共之由製
造階級鬥爭，而有特定民眾力量以獲得勝利，不論其動機與最後理想如何偉
大神聖，而說是為大多數人民，與昔日打天下之為一家者不同，但至少在方
法上仍只是走中國歷史上之帶游民農民打天下之一傳統老路。」上引文有二
重點：㈠唐先生深信有所謂歷史的必然，但認為「中共在大陸上之軍事勝
利」，則「非馬克思所謂歷史的必然」。中共之勝利實有他故。㈡先生以事
實為據而雄辯地指出中共之勝利，「至少在方法上仍只是走中國歷史上之帶
游民農民打天下之一傳統老路」。上引文見〈再論中國民族主義與馬列主義
之矛盾，及中國之道路〉，收入上揭《中華人文與當今世界》（補編下
冊），頁 417-418。至於中華民族與中國文化的問題，唐先生的相關論說甚
多。其中更有特別指出中華民族和中華文化必然要站起來，且必然會站起來
的。唐先生認為此乃歷史的當然與必然。先生說：「從中華民族深心的要求
看，他根本上決不要信馬列主義。而中國共產黨則弄假成真，以為中國民族
與文化真可馬列主義化。實際上中國民族要站起來，中國文化亦必然要站起
來，中國人亦要個個站起來，成為頂天立地的自由人。此是理論的當然與必
然，亦是一歷史的當然與必然。」上引語見〈讀張君勱致丕理教授書有
感〉，《自由人》，1956 年 6 月 16 日，第五五二期；又收入上揭《中華人
文與當今世界》，補篇下冊，頁 299。

筆者對上引文唐先生的看法（指中共得以擄有中國大陸「非依於馬列主義之
理想」的觀點）稍有保留。但這是一個很值得研究的問題：馬列主義
的意識型態在中共建國方面到底扮演了多大角色，占何比重？就民
族一項來說，當然馬列主義以蘇俄為祖國的思想應該不是當時大部
份中國人所樂意接受的。國民政府，在當時的情況下，固然談不上
民主。其實，共產黨亦無民主──至少西方式的民主可言。然而，
其所倡言的民主集中制，並對當時人數雖少但相對的擁有不成比例
的資源的資產階級實行專政（對資產階級進行鬥爭、進行革命），以實現
資源共產化的理想並依此而建構其相應之制度，則可能是當時一般
民眾（含不少知識分子）所最樂見而共產黨可藉此而成就其建國大業
的有力的利器。當然，甚麼唯物主義、馬列主義，則恐怕不是一般
老百姓所了解，或所關注的對象。當時的老百姓（其實古今中外的一
般老百姓），其首要關注者是填飽肚子的問題而已。其他恐怕都是
次要的。總體來說，個人認為，共產主義對於中共建國來說，在相
當程度上是扮演一定的角色的。所以如果說馬列主義、唯物主義對
中共之建國能夠產生一定的作用，乃是指共產主義之核心價值（資
源共產化，非由少數人所壟斷）在建國之過程中產生一定的作用而言，
則筆者是同意的。

　　當然，上引文中唐先生總結性的看法：「中國民族百年
來，……，他明是要建立一真正中華的，民族的，民主的國家」，
是非常有睿見的。筆者全然同意外，尚要焚香祝禱，望其早日全面
並充量的實現於中國。然而，問題是，以他國為祖國（工人階級無祖
國，而以無產階級共產主義老大哥蘇俄為祖國），並以專政為最高統治原則
的中共，又如何「建立一真正中華的，民族的，民主的國家」呢？

　　這個問題是難不倒為中國的未來尋找出路而無時無刻不在思索的唐先生的。先生甚富慧解，並深具卓見的給我們提供了一個「答案」：中共必然會走修正主義之路。因為非如此，不足以真正的建國，亦不足以落實民主。先生說：

> 照我看，中共政權如存在下去，必然會向修正主義走，而逐步放棄馬列主義。否則馬列主義之鬥爭、矛盾之理論，必使中共政權從核心一直鬥起，永無寧日。無論任何有利之國際情勢，皆不能阻止其政權中心之核子爆炸。馬列主義之鬥爭、矛盾之理論，是中國人民的禍害，亦是中共的禍害之總根原。中共一朝覺悟到此，而拋棄它，以至放棄共產黨的名稱，中共的人即可變成道地的中國人，不是半人半馬的人頭馬。這只是隨便作一文字上的玩笑。中共的人，亦原是中國人所偶然變成的，不是如列寧所說，「共產黨」是一種「特殊材料」做成的、世界「第一因」。❷

---

❷　唐君毅，〈中國現代社會政治文化思想之方向，及海外知識分子對當前時代之態度〉，《明報月刊》，七十八期，1972 年 6 月；又收入《中華人文與當今世界》，下冊，頁 649。中國必會走修正主義之路，唐先生這個預見亦見諸他文。先生說：「中共如果早走修正主義的路線，自謂經其二十年之統治，國內已無階級，而走到馬克思所謂建立超階級社會的階段，而重視到人的文化之復興與創造，本可加速走到二十一世紀的新時代。此事我亦曾寄與希望。但其文化革命，卻利用文化知識極缺乏的中學生，為紅衛兵，以掀起此革命，將修正主義加以摧毀，以延緩此歷史的發展。此只是一逆流。但我的預斷，是縱然無外力之加入，此修正主義之潮流必然再起。……所以當其內部之修正主義再起時，再莫有力量，能夠對付的。這時內部之變亂，是必

上引文見諸唐先生 1972 年 6 月所發表的文章。而中共改革開放政策是 1978 年年底第十一屆三中全會決議通過後才實施的。改革開放政策很明顯是修正主義下的一個政策（當然，中共領導人不見得會承認）。換言之，在召開會議的六年半之前，唐先生便非常準確的預測中共「必然會向修正主義走」了。中共領導人說要走具有中國特

然產生的。而加施若干外力之促進其變化，則是海外中華兒女之責任。而變化以後之中國文化政治之方向，則必然向人的文化之建立之方向走去。此上之所說，自然是一歷史大方向的預斷。在細節處不能亦不須一一預斷。但歷史總是不重複，亦不能停于現階段，而要向前進行的。」唐先生在上文中所作的預斷，特別是「必然向人的文化之建立之方向走去」的預言，衡諸 1978 年以後的情況，尤其是最近幾年的情況，可說是百份百實現了。這是非常可喜的現象。更可喜的是，在推動改革開放政策這個修正主義路線時，雖然確曾出現過唐先生所說的「內部之變亂，是必然產生的」的現象，但維時甚短，且不劇烈。（1978 年十一屆三中全會改革開放政策拍板定案前後，的確有過不少雜音、異議。如果這些雜音、異議，可以視同「變亂」的話，則唐先生的預言，便真的可說百份百應驗了。）「歷史總是不重複，亦不能停于現階段，而要向前進行的。」其「向前進行」的方式，便是推動修正主義的政策：始於經濟上的改革開放，而終於中華民族及民族文化之被重視。而後者乃唐先生一輩子終極關懷之所在。上引文見唐君毅，〈海外中華兒女之發心〉，《天風月刊》（日本），1971 年 3 月；又收入上揭《中華人文與當今世界》，上冊，頁 62-63。除修正主義為唐先生所預斷必然會在中國發生外，唐先生亦預斷東方在二十世紀必會升起、興起，並期許海外之中華兒女要多少擔負此世運轉移後之責任。其言曰：「東方在二十世紀之升起，顯然見一世運之轉移。……何以世運會如此轉移，可有不同的解釋。今不必討論。但世運既已如此轉移，則東方人之要興起，海外之中華兒女將多少擔負此世運轉移後之責任，正可說有一歷史之必然。」同上書，頁 60。按：唐先生此文是針對海外之中華兒女而寫的，且發表於日本，因此便特別指出東方人之興起（而不只是中國人之興起，或任一國家之興起）乃一歷史之必然。

色的社會主義之路。所謂「具有中國特色」即不以馬列主義的傳統為特色。既不以馬列主義的傳統為特色而要中國的特色，即不啻是要修正之而走中國本身的路了。在文革進行得如火如荼之際的 1972 年而唐先生竟然能夠作出這種深具前瞻性的預測，真的讓人不得不佩服先生的睿見。

中華民族自主獨立，傳統文化承傳弘揚，政治舉措民主開放，唐先生視為理論上的當然與必然（換言之，中國之發展理當如此）；此外，亦係歷史上的當然與必然（先生的說法，詳參上註❻❶及下段引文）。我們現今要問的是，為甚麼唐先生認為這是歷史發展上的當然與必然呢？換言之，唐先生憑甚麼能對此深具信心而作出上述的判斷呢？個人認為，唐先生所以作出上述的判斷是其本身深具自信的一種表現。果如是，則現今我們要問的是，為甚麼唐先生能有此自信？他到底憑甚麼？個人認為唐先生憑的是他對道德理性的信心及他對中國近現代史的認識。道德理性或所謂道德形上實體在歷史進程中所扮演之角色，上文談得很多，今不贅。至於尅就歷史知識來說，先生是縱觀中國近現代史的發展才作出上述的判斷的，所以絕非信口開河、憑空杜撰。從清末至近現代，中國人囫圇吞棗，病重亂服藥。先後學日本、學德意、學英美、學蘇俄。幾乎甚麼國家都學過了。然而，最後的結果又如何？唐先生很感慨的說：

> ……學到頭來，想學蘇俄的沙皇，而學中國之秦始皇。這些只是中國社會政治文化思想之變遷之一大曲折、大迷途、大漩流。從此大漩流中，漩出去的流水，其正當的方向，仍只是順中國民族生命與文化生命原有的道路，如黃河之歷九

曲，而依然東流到海，以向前生長發展，以成為一精神開
放，學術自由，政治民主，而能獨立自主的存在於當今世界
的現代國家。此未來之中國必然到來，亦如暴秦之必然過渡
至大漢，此事我認為乃絕對無疑，但我們須自信得及。㊿

㊿ 唐君毅，〈中國文化與現代化問題答問〉，《明報月刊》，100 期，1974 年
3 月；又收入上揭《中華人文與當今世界》，下冊，上引語見頁 718。上段引
文中，唐先生談到「我們須自信得及」的問題。個人認為，是否能自信得
及，端賴人之自覺。如能自覺，則馬列主義何足懼哉？暴秦又何足懼哉？先
生以下的一段話很富啟發性。先生說：「……所以我在本書，隨處說明中國
文化精神之決不同于馬列主義。同時我們將說明，中國數十年之混亂，所表
現之一切文化意識上之矛盾，皆可由中國文化精神之自覺的充量發展，而加
以化除，由此而同時通接于世界文化精神之有價值的方面，如科學精神，民
主精神之類。」語見唐君毅，〈中國今日之亂的中國文化背景〉，《人文精
神之重建》（香港：新亞研究所，1974；初版：1955），頁 275。至於秦始
皇的問題，在發表上文（〈中國文化與現代化問題答問〉）的同一年的年
底，唐先生也進一步批判秦始皇（其實是批秦始皇的效法者毛澤東）。先生
說：「……而共產主義的極權世界，正是一步一步的，在內部解體。一切想
當秦始皇的叫囂，無論對外、對內，皆只是內部解體，而不能不走到民主
化、自由化前的絕望的呼號。我想，如果羅素今還在，亦絕不會主張投降馬
列主義了。馬列主義的時代，已決定地過去了。」中國走修正主義之路而進
行改革開放是 1978 年以後之事，柏林圍牆拆毀及兩德復合分別是 1989 及
1990 年之事，蘇聯解體是 1991 年事。唐先生上文則發表於 1974 年底，但竟
斷言「馬列主義的時代，已決定地過去了。」這是何等前瞻性的睿見！而現
今仍然在相當程度上實施馬列主義者，恐怕只有北韓和古巴了。但個人深
信，唐先生的預斷定會在不久的將來在該兩國實現的；兩國人民的解放為時
不遠了。吾人不妨拭目以待。上引文見唐君毅，〈現代世界文化交流之意義
與根據〉，《明報月刊》，108 期，1974 年 12 月；又收入《中華人文與當今
世界》，下冊，頁 809。但在這裡，吾人不妨問：然而，沒有了秦始皇，或

沒有了君主，那怎麼辦？廣東人／香港人有一句老話說：「無王（皇）管！」（閩南語／臺灣話是：「無人管」；國語似乎是：「家中無大人」）那是廣東人／香港人最擔心的。但唐先生給了我們一劑靈丹妙藥。此即「開放的心靈」是也。先生說：「我相信世界仍將有政治經濟上之由分而合之天下一家之局面，會在未來出現。但這決不當是、亦不能是秦始皇式之以武力統一天下之事。這只是由世界人各以其開朗的心靈，一面有學術文化的交流，一面互相涵攝其生命存在，所成人與人互為主體之倫理的人文世界之天下一家、大同世界、太和世界。……而我們這一代的人，只要能真抱此一大同世界，太和世界的理想，使此理想充實於其生命心靈之中，則每一人亦皆同可見大同世界、太和世界，在一義上，即在目前，而存在於我們每一人當下的內心的主體的世界中。今所需要的，只是將此充實於內者，更表現之實踐之於客觀外在的世界。故亦用不著為此理想之尚未實現於客觀外在世界，而感到絕望與悲哀，則能常『憂以天下』，而亦常『樂以天下』，以『無入而不自得焉』。」語見上引文，頁 828-829。一言以蔽之，只要持續不斷開放吾人之心靈、心量，並抱持樂觀的態度，則理想終歸是會實現而成為現實的。唐先生在上引文中沒有明言民主制的核心價值：民主、法治、人權等等在政權、治權上絕對可以取代君主制及對治君主制所衍生的種種問題。但其實上引文已隱含此意。蓋開放／開朗的心靈，絕對合民主與法治的精神的。只是由於上文主要講的是：「世界文化交流之意義與根據」的問題，所以唐先生便沒有直接談論政治上民主與法治的問題而已。如國人要從「有王（皇）管」這個固有心態調整過來，能夠在政治上，以至日常生活上，以開放的心靈，一切以人為本而培養出民主意識、民主素養，乃至於最後達致「人與人互為主體之倫理的人文世界」，我們便不用擔心所謂「無王（皇）管」的問題了。又：以民主制取代君主制，這個論調在今天顯得好像有些落伍，因為世界各國不是早已實施民主政制（含君主立憲）了嗎？甚至奉行馬列主義、共產主義的國家，譬如大陸，都說民主集中制了，不是嗎？說是這麼說。究其實，一般中國人的心態還是很保守，很「傳統」的。從「領導說了算」一句話，我們便知道「人治本位」的意識其實在中國大陸還是非常根深蒂固的。於此亦可見唐先生所說的「開放的心靈」，在今天還是有其時代意義和價值的。

我們要指出的是，唐先生恆具備開放的心靈；見諸對人對事，便是廣納百川、包容眾流的開放的態度。所以先生絕不反對國人向外國學習。然而，學習不能無所宗主。你自家必須能夠自作主宰。否則再維妙維肖的學習，其結果也只能使你成為一個外國人而已，或所謂假洋鬼子而已。唐先生特別指出囫圇吞棗的學習外國只是中國歷史發展上的一大曲折、大迷途、大漩流。換言之，只是一歧出而已。然而，黃河九轉，依然朝東；大道之行，終將有日。中國的民族、文化、政治，必有其健康的發展的。唐先生自謂他對此「絕對無疑」。唐先生更要我們亦不應有疑；而「須自信得及」。果然如先生所說的，他無疑之事，在 1978 年之後便漸次得到落實了。我們能不佩服先生的睿見和前瞻嗎？能不佩服先生所帶給我們對國家的一種希望，以至對人性本善的一個肯定嗎？

由唐先生起草，復經牟宗三、徐復觀、張君勱三先生反覆研商、修訂而聯署發表於 1958 年的〈中國文化與世界——我們對中國學術研究及中國文化與世界文化前途之共同認識〉（簡稱〈中國文化宣言〉）是一篇大時代的大文章。**❻❹**該〈文化宣言〉對中華民族及民族文化之論述甚多。就二者未來發展之必然性而言，該〈宣言〉

---

❻❹ 筆者嘗針對此〈文化宣言〉之草擬、修訂及刊行經過，以至此〈宣言〉之聯署發表及共同參與撰寫之意義，撰就二論文。首文發表於李瑞全、楊祖漢主編之《中國文化與世界——中國文化宣言五十週年紀念論文集》（中壢：中央大學儒學研究中心，2009 年 9 月）一書上，名〈〈中國文化與世界〉宣言之草擬及刊行經過編年研究〉；次文則發表於香港新亞研究所所舉辦的「唐君毅、牟宗三先生百周年誕辰紀念國際學術研討會」上，文章名〈〈中國文化與世界宣言〉之啟示——論聯署發表及共同參與撰寫之意義〉。會議日期為本年（2009 年）9 月 19-20 日。後文也收入本書內，可參看。

便有如下的斷言：

> 我們亦可認識在中共之集體組織之專政下，若干集體的實用
> 技術性之事業，可暫表現若干成績；然對整個文化之發展
> 言，對人之普遍的人性，與依於此普遍的人性，而建立之一
> 切人類文化言，此專政乃不當長久，事實上亦必不能長久
> 者。……馬列主義思想本身，總是要歸於被否定，而中國文
> 化之客觀的精神生命，必然是向民主建國之方向前進，則是
> 我們可以斷言的。⑥

上引文只有一百多字，而最後預言性的斷語或對未來的期許更只有
數十字。但這數十字中，便迭次出現「必」、「必然」、「斷
言」、「總是要歸於」等等的非常肯定的用語。此正可見以唐先生
為首的四位「民族鬥士」、「民族文化鬥士」⑥對中國未來歷史發
展的必然歸趨的肯定了。

　　針對我國的民族與民主問題，先生以下根據近現代史而來的論

---

⑥　〈為中國文化敬告世界人士宣言──我們對中國學術研究及中國文化與世界
文化之前途之共同認識〉，《民主評論》（香港），1958 年元月號；《再
生》雜誌（香港），1958 年元月號。收入上揭《中華人文與當今世界》，下
冊，頁 909-910。

⑥　事實上，不止唐、牟、徐、張四位先生，因為兩年後（即 1960 年）該宣言的
英譯本在中國文化學院（即現今之中國文化大學）所出版之 *Chinese Culture-
A Quarterly Review*（卷三，期一）刊登時，謝幼偉先生（Hsieh Yu-wei）亦列
名其上；該文名 "A Manifesto on the Reappraisal of Chinese Culture"。此外，方
東美、陳康、吳康等先生在該宣言撰寫的過程中，亦給予過意見。詳參上揭
拙著〈〈中國文化與世界〉宣言之草擬及刊行經過編年研究〉。

述亦非常值得參考。先生說：

> ……後來國民黨中一部份人之嚮往法西斯，則更是國民黨原
> 始精神之一違反。這是由上說之曲折而生之一歧路。至於汪
> 精衛後來之求中日和平，忘卻當時民族抗戰之神聖意義，則
> 是原於錯置傳統之天下一家之觀念於當時，之再一種思想上
> 之歧途。但這些歧途的思想行動，畢竟皆一一被否定，而終
> 於有三十七年國民政府之正式行憲。此行憲是直接接上民國
> 之所由建立之原始精神，而為此三十年中上述「一切政治思
> 想上行動上一切曲折歧途」之總超越。這在理論上，應當是
> 中國真走上民主憲政之道路的開始。國民政府今雖退處臺
> 灣，其推行民主憲政之成績如何，是另一問題。但是整個中
> 華民族終將順此道路而行，以使中華民國成名符其實的中華
> 民國，則沒有任何東西能加以阻撓。因這是百年中國人政治
> 意識各階段的發展之內在目標之所在。❻❼

實現中華民族自主及民主建國，「使中華民國成名符其實的中華民
國」，可說是近「百年中國人政治意識各階段的發展之內在目標之
所在」。唐先生在文章近結尾之處寫上「內在目標」這個判語，很
明顯乃為呼應文章之標題〈……發展之理則〉中「理則」二字。所
謂「理則」，蓋指事物發展，按道理該如何如何之規則、法則、律
則而言。此「理則」結合上述之「內在目標」，即明確表示唐先生
認為某些現象／事像之不足為據、不足信持，而只是一表面、一暫

---

❻❼　上揭《中國人文精神之發展》，頁 183-184。

時的現象、「由曲折而生之一歧路」而已。蓋事物之遷流發展，有
其自身必然之歷程。此即上文所說過的，歷史之發展有其「潛
流」、「基礎」、「再生質」作為主導，使歷史之發展必會對應曲
折之歧途來一個「總超越」（上引唐先生語），而使得歷史之進程或
該有之結局必係如此如此，而非如彼如彼者。❻❽

但這裡必須要作補充說明的是，我們絕對不要誤會唐先生，以為既
有「潛流」、「基礎」、「再生質」作為歷史發展的主導力量，而
促使歷史按一必然理則或內在目標前進，則吾人被動的、消極的順
從此「天意」便可了事，而不待人們自身的努力了。其實，所謂

---

❻❽　先生既抱定歷史之發展有一必然的理則、一內在的目標為潛流，則過去不如
此發生、不如此出現，乃一歧出而已；而該出現的遲早必然出現的。先生甚
至以此自持之信念而勉勵 1970 年代香港的中學生。先生說：「以中國大陸之
政治的情形來看，能代表中國人民之真正要求，而承繼中國文化，以求發展
出民主而非極權的政治，遲早必然出現，今亦尚未能出現，然而無論如何，
不出二三十年，我相信中國人不只能找出自己之政治，社會文化發展的路
向，亦可能為世界人類提供一共同達到天下一家的道路。去掉一切民族的偏
見，以觀『世運』的結論是：十五世紀，在西方是意大利的；十六世紀，到
了西班牙、葡萄牙；十八世紀，到了法國、德國；十九世紀，到了英國；二
十世紀到蘇聯、美國。二十一世紀，是中國的世紀的話，早有人說過。英國
歷史家湯恩比，及前港督葛量洪亦承認。這『世運』之方向，何以會如此轉
移？說來話長，但大體上不會錯。所以二十世紀七十年後三十年，應當是中
國青年準備擔當『世運』的時期。」上引文中，先生深信並指出說：「二十
一世紀，是中國的世紀。」現今為二十一世紀的第十年（2010 年），衡諸
1978 年第十一屆三中全會中國推動改革開放政策以來的諸多發展，唐先生當
時的話是非常具前瞻性，且在今天來說已在相當大的程度上應驗了的。上引
文見唐君毅，〈對香港學生的期望〉，《中學生》，1970 年 7 月；收入《中
華人文與當今世界》，補編上冊，頁 451-452。

「理則」或「內在目標」，說到底，還不是人自身的努力！捨人而外，哪有甚麼「天意」（此指「理則」、「內在目標」）可言？！先生對民主在中國出現的條件的相關論述，便很清楚的揭示斯義。先生說：

> 由上面之討論之最後一節，使我們知道民主與個人自由之實效條件，實在社會文化力量，社會人文組織之存在。便知我們如要在今後中國實現真正的民主，首待於我們對中國過去與西方社會之歷史文化，先加以考察，看其所具備之人文精神，政治以外之各社會文化力量如何，社會文化組織之分別發展之情形如何，其合乎民主之理想，與所具備之實現此理想之實效條件何在。由此即見中國數十年來，只因對這些條件，都不具備或喪失，所以才最後落到共產黨之極權。由此亦知關心中國今日之政治民主的，都應先放大眼光，從廣大的中國社會人文上著眼，從承繼發揚中西的社會人文精神上著眼，以求自盡其責之地，才能建立中國以後民主之基礎。[69]

上引文中，「首待於我們……」、「應先……」、「從……著眼」等等用字及相關語句，即可見唐先生絕非要我們一切放任無為，便以為可以扭轉中國近代史上極權專制之事實。反之，吾人盡最大的努力才可以實踐民主、落實民主。所謂「理則」或「內在目標」，其實其背後豈非人自身之努力？如真有所謂「天意」，則「天助自

---

[69] 唐君毅，〈人民與民主的基本認識〉，《民主評論》，卷三，期二十四，1952 年 10 月；收入上揭《人文精神之重建》，頁 395。

助者」！如人本身不努力、不發憤，則天又何能為力哉！

以下一段話，更明確揭示唐先生深悉「奮鬥求建國」、「不斷求掙扎向上」乃國人近百年來努力之所在。先生說：

> 我們論百年來，中國民族之政治意識之發展中之理則，是預備從整個中華民族百年來，奮鬥求建國之歷史中，看其政治意識之向上發展的方面。如純從現實上看，這一百年中華民族之奮鬥求建國的歷史，可以說整個是一個悲劇。❼但是如從其奮鬥的精神與意識方面看，則我們仍不能不承認中華民族之始終未嘗屈服，而不斷在求掙扎向上。❼

上引文最值得注意的是：唐先生指出，從現實上看，一百年國人奮鬥求建國的歷史是一個悲劇！但從精神與意識方面看，則國人始終未嘗屈服，而不斷在求掙扎向上。唐先生所看重者，就是國人的精神與意識。所謂「人心不死」正是從這方面看的。所謂「理則」，

---

❼ 為甚麼是一個悲劇呢？唐先生以下的描繪給了我們一個答案。先生說：「……共黨之革命不只為政治的，乃澈底之社會文化之革命。共黨視中國過去文化為封建文化，近百年中國文化，為半封建半殖民地之文化。此皆依其歷史哲學，不得不加以揚棄者。由此以觀，則中國近百年之文化，至少在表面上可謂之為西方文化，次第征服中國傳統文化之歷史，或中國文化在西方文化之衝擊前，一步一步的退卻，而至於全然崩潰之歷史可也。」依唐先生，文化為歷史發展之核心。近百年來中國文化發展之步步退卻，甚至全然崩潰，那當然是中國發展的一個悲劇了。上引語見上揭《中國文化之精神價值》，頁 346。

❼ 唐君毅，〈百年來中國民族之政治意識發展之理則〉，上揭《中國人文精神之發展》，頁 163。

也是從這方面看的。說到精神與意識，則民族自主和民族文化自覺這兩項，是研治唐先生的思想必須要特別注意的，因為這正是先生畢生奮鬥的目的所在。所以下文擬進一步舉例說明。

面對 1978 年改革開放前的中國（唐先生不幸仙逝於 1978 年 2 月 2 日，無緣目睹中國的改革開放，真的非常可惜！），其間民族既不能自主（50 年代以共產主義老大哥蘇聯為祖國），民族文化又不能自覺（不能自覺承傳以人文精神為核心、為主軸之中華傳統文化），先生發出不知多少次沈痛的呼聲。其間為駁斥大陸報章誣衊孔子誅少正卯一文❼，先生乃對相關歷史事實進行最嚴謹、最認真的考察，並進而對民族問題、民族文化問題發出獅子吼。先生指出天道的大輪、歷史的大輪的運轉是不以人們主觀而違理的意志為轉移的。其論說如下：

> 秋冬不能殺盡萬物，權勢法術亦不能永遠把持天下。此即儒道諸家的信念。因孔子之名望太大，在秦漢之際關于孔子的傳說，不可勝數，什麼奇奇怪怪的都有。如大家都願相信，則緯書中有孔子的讖語「不知何許人，自謂秦始皇。入我房，坐我牀，顛倒我衣裳，至沙丘而亡。」此預言之造作，只是因人們始終相信：書焚不完，儒坑不盡。……法家之政，最多只能暫用，不能長用。此是天道的大輪，亦是歷史的大輪。……天地間只有「道」為至尊。……天仍然有由秋冬至春夏之爭，本道德理性尚人文教化的政治，仍將代以崇尚政治權力，而虐殺人文教化的政治而再興。因最嚴酷的秋

---

❼　1971.01.04 中國大陸署名唐曉文的作者在《人民日報》發表〈孔子殺少正卯說明了什麼〉一文。

冬，而只能殺過去的春夏所生之物，而不能殺：依天道流行
而有之來年的春夏所生之物。現在中國大陸，不能「一面
倒」于蘇聯，是中國民族意識不能壓抑之證明。此亦未嘗不
可亦算是孔子所謂「齊一變，至于魯」。下一步必然是中華
民族之尚人文教化的政治文化精神的覺醒，進而反唯物的馬
列主義思想的奴役與封閉。中國大陸的未來，必當由所謂反
封建而「反封閉」，由所謂「解放」而轉求人心的「開
放」。此一方向，千萬個秦始皇，亦阻止不了。必由此才有
孔子所謂「魯一變，至于道」。……我今亦願學菩薩心腸，
先為大陸想當秦始皇者及隨聲附和而批孔擁秦之一切人士，
指點迷津，當知孽海茫茫，回頭是岸，以免再有千千萬萬的
中國知識分子與其他人民，像在所謂文化大革命中之再無辜
受難。❼❸

上引文頗長，其要點如下：

　　㈠本道德理性、尚人文教化的政治終將取代極權政治。這是天
　　　道的大輪，亦是歷史的大輪。

　　㈡過去中國一面倒向蘇聯的政策已翻然改圖；下一步必然是國
　　　人崇尚人文教化的政治文化精神的覺醒。先生更預言，中國
　　　大陸的未來，必定是由所謂「解放」而轉求人心的「開
　　　放」。此一方向，千萬個秦始皇，亦阻止不了。

---

❼❸　唐君毅，〈孔子誅少正卯傳說之形成〉，《幼獅》，39 卷 2 期；《明報月
　　刊》，98 期；《中華月報》，1974 年 3 月號；收入上揭《中華人文與當今世
　　界》，下冊，頁 757-759。

㈢為大陸想當秦始皇者及隨聲附和而批孔擁秦之一切人士，指
　　點迷津，當知孽海茫茫，回頭是岸。

以上三點，首點顯示唐先生相信人間歷史乃以道德理性（天
道）為其形而上之根據，是以其進程必定循此道德理性而前行。此
即成了一歷史演進之法則。唐先生在上引文中稱之為「歷史的大
輪」。第二點可說是唐先生的預言。衡諸 1978 年後改革開放的事
實，先生預言之命中率已臻於百份百之境域；且唐先生已用上「開
放」一詞。第三點是先生仁者心懷之呈現。孔子之地位及對人類之
貢獻，絕非文革時期批孔揚秦之文化打手可以否定得了、抹殺得了
的。彼等的表現真的是「蚍蜉撼大樹，可笑不自量」而已。筆者以
為，如果不嫌刻薄的話，杜甫「爾曹身與名俱滅，不廢江河萬古
流」❼的詩句用以描繪「想當秦始皇者及隨聲附和而批孔擁秦之一
切人士」，倒是十分貼切恰當的。

文化大革命導致近現代中國遭受了前所未有的十年浩劫，其間
人格、人心、人性、人道、人倫、人才、人情、人文、人命、人權
（幾乎凡是與「人」拉上關係者），一概予以摧殘破壞無餘，死人數千
萬。中國人早已家不成家、國不成國、人不成人、中國人不成中國
人！唐先生對帶來十年浩劫的文革人士儘管痛心疾首無以復加，然
而，先生一輩子宅心仁厚。他當然不忍心套用上述杜甫的二詩句來
評斷這些十惡不赦、喪盡天良的民族罪人、民族文化罪人、中國人
的罪人、人的罪人的。反之，先生對這些罪無可逭的人士尚且要給
他們「指點迷津」，並且希望他們在「孽海茫茫」的大海中「回頭

---

❼　杜甫，《杜工部集‧戲為六絕句》。

是岸」。其仁者胸懷，古之聖人蓋亦無以過矣！然而，「菩薩心腸」，必要時亦得輔之以「金剛手腕」，給迷途之士來個「當頭棒喝」，否則無以使之回頭是岸，亦無以振奮人心，更無以啟迪後世。先生所為文章，其針對文革人士，甚至針對一般之共黨人士，從彼等立場看，先生之行文或有過激之處，其遣詞用字亦容有過當之處，甚至視先生為資產階級文化打手而誣衊之；然而，吾人自宜從「恨鐵不成鋼」、「愛之深責之切」之立場去理解。如吾人明白先生「仁以為己任，不亦重乎；死而後已，不亦遠乎」之用心，乃所以力挽狂瀾於既倒而發為悲願弘深之獅子吼也。明乎此，則先生所為之一切文章及其中之遣詞用字，吾人自當衷道原情而接受之、肯定之、體諒之。至於以誣衊之言以詆毀先生之用心、立場者，我們就不必隨之起舞而予以回應了。

　　1976 年毛澤東走了，四人幫垮臺了，文化大革命亦隨之結束了。那中國的文化又往何處去呢？其實早在 1952 年時，唐先生便給我們指示了一個方向。先生說：

> 中國未來立國之文化思想，必須有待於吾人一面在縱的方面承先啟後，一面在橫的方面，作廣度的吸受西方思想，以為綜攝的創造。此創造並不能期必某一個人或某一時期完成，但是祇要大家先能提起精神，擴大胸量，去掉一切虛怯，卑屈，羨慕的情緒，而有一頂天立地的氣概，便能逐漸完成。**⑮**

---

⑮　唐君毅，〈論接受西方文化思想之態度〉，《民主評論》，1952 年 6 月號；又收入上揭《人文精神之重建》，頁 292。

一言以蔽之，縱的方面要承先啟後，橫的方面，要廣度的吸納西方
思想，來一個綜攝的創造。中國未來立國之文化思想，便在於是
矣。唐先生五十多年前的指示，在今天來說，還是很合宜的。

五、歷史發展與人之自作主宰

　　本文主旨在於討論唐先生對歷史發展之必然法則、必然理則的
看法的問題。但我們不妨探討一個也許更根本的問題。此問題是：
客觀的歷史世界到底是否存在，如存在，又存在哪裡？根據唐先
生，歷史世界存在於吾人的歷史意識之中。而歷史意識之背後即為
人之道德意識。先生嘗撰一文對「歷史事實與歷史事實的意義」的
問題作過深入的探討。❼該文發表於 1963 年 12 月。半年後即
1964 年 8、9 月間，先生的另一文對這個問題亦有所探討，且進一
步指出歷史意識之背後有一道德意識為其基礎。❼該文之相關論述
言簡意賅。茲引錄如下：

　　　我們之意是：至少在我們之歷史意識中，我們總可肯定歷史

---

❼　唐君毅，〈歷史事實與歷史意義〉，《民主評論》，卷 14，期 12，1963 年
　　12 月；收入上揭《中華人文與當今世界》上冊。

❼　按：歷史意識之對象乃歷史事實。按時間順序來看，一切文化活動之表現即
　　人類歷史事實之呈現。簡言之，縱貫來看，乃歷史；橫通來看，即文化。是
　　以唐先生《文化意識與道德理性》一書處處論文化意識與道德理性之關係，
　　籠統言之，亦可謂處處論歷史意識與道德理性之關係也。是以欲明瞭先生論
　　歷史意識與道德理性之關係，則可細看上書。至於特別扣緊歷史事實（指狹
　　義的）及其背後之歷史意識與道德理性之關係而為論者，則可參該書第五章
　　第八節〈理解歷史事物之心之超越性〉及第十四節〈文化哲學與歷史哲學意
　　識〉。

事實之有價值意義。此乃本于歷史中之事實與其價值意義，
雖其自身為不斷升起沈淪者，然吾人曠觀千古之歷史意識，
則為能同時把握此一切沈淪與升起者。再因吾人之歷史意識
之後，可有一道德意識為之支持，而由此道德意識為之支
持，吾人復可自求創造歷史。由此而歷史之事實與其價值意
義，雖若為不斷升起而沈淪者，吾人仍將珍愛其中具有價值
意義之事物，而厭棄其中具反價值意義之事物，並本此珍惜
與厭棄之情，以規定吾人自求創造歷史之行為之方向。又因
有價值意義之事物為吾人所珍惜，則此事物與其價值意義，
即保存于吾人之創造歷史之行為中而得復活。反之，因具反
價值意義者，為吾人所厭棄，則此事物與其所具之反價值意
義，即為吾人之行為所排棄，求在吾人之意識與吾人之行為
中加以超拔化除。……無論如何，歷史世界只能在歷史意識
中存在，而歷史意識乃可以道德意識為之支持者。故吾人只
須能時時建立其道德意識，亦即能時時保存歷史事物之價值
于不墜，並時時去作超拔具反價值意義之歷史事物之事。**❼⑧**

上引文之主旨有二：

　㈠為道德意識所支持之歷史意識可促使吾人自求創造歷史。而
　　創造歷史之過程中，過去歷史上有價值意義之事物既為吾人
　　所珍惜，則此事物與其價值意義，即保存於吾人之創造歷史

---

❼⑧　唐君毅，〈文學意識之本性（下）〉，《民主評論》，卷十五，期十四、十
　　五、十六，1964 年 8 月、9 月；收入上揭《中華人文與當今世界》，上冊，
　　頁 272-273。

之行為中而得以復活。

㈡故吾人只須能時時建立其道德意識，亦即能時時保存歷史事
物之價值於不墜，並時時去作超拔具反價值意義之歷史事物
之事。

此中，吾人或可生一疑惑。「反價值意義之事物」，就某一意
義來說，猶常識中之所謂「魔」也。諺謂：「道高一尺，魔高一
丈。」則吾人之道德意識又何能為力哉？猶記得先生嘗謂：「……
道亦可以高十丈。」（一時未能查得此語出處；但此語對筆者極具震撼
力。）此顯示出先生之樂觀精神，尤其顯示先生深具以下信念：道
德意識、道德精神可以戰勝一切。這信念便是歷史之進程（至少進
程之終極階段、終極歸趨）必朝正面發展、正向發展（蓋「邪不勝正，正能
勝邪」）的最大原動力及究極根據之所在；而先生所相信之歷史進
程之必然法則亦在於是矣。

上論道德意識與歷史事實、歷史意識之關係。所謂「道德意
識」，簡言之，乃吾人自覺的向上、自我超拔的一種精神。而這種
精神則正係吾人創造文化、創造歷史的一種精神。唐先生之相關論
說如下。先生說：

> 我並不忽視或否認人類之創造文化之精神，與人所處之自然
> 環境及人之自然本能、自然欲望有關係。但此關係只是一規
> 定的關係，而非決定的關係。此規定的關係，亦內在於人之
> 向上精神之自身。我亦不否認人類之向上精神可以墮落，不
> 否認人類文化之發展至一階段，可以產生弊害。人亦有時當
> 有一求返於自然之意識。但我們以為人之向上精神之墮落，

　　均由於人之精神之陷於其自然的本能欲望。**⓮**而人文發展之
弊害所自生，則由於人文之「自然的」發展，亦即由於我們
之不能隨時提起吾人之向上的創造精神，自覺人之文化活動
之本原之清淨，而返本以成末。人如果順精神之本性發展，
則他只有向上而無向下。即向下後，人只要一念自覺其向下
之故，即可重歸向上。**⓯**

上文雖論文化，但相關論旨其實與歷史，尤其與歷史發展之根本動
力，有一定的關係。茲細釋如下：「人類之創造文化之精神」，其
具體落實下來，便成歷史。所以唐先生上文所說的：「人類之創造
文化之精神，與人所處之自然環境及人之自然本能、自然欲望有關
係」等等，便等同是說，「歷史（之生成、發展）與人所處之自然環
境及人之自然本能、自然欲望有關係」。唐先生嘗謂歷史形上學所
探討之主題之一便是：歷史變遷之根本動力是否源自自然環境之變
化？源自人生自然心理之要求？源自人類精神之要求等等？**⓰**根據

⓮　「陷於其自然的本能欲望」即唐先生於他處所說的「歧出」、「陷溺」，如
　　此即成人世間之「惡」。對於罪惡之根源及從中超拔的問題，唐先生在〈人
　　類罪惡之根源〉一文中有非常深刻細膩的探討。該文收入氏著，《病裏乾坤》
　　（臺北：鵝湖出版社，1984），頁 115-127。相關問題，亦可參〈人生之顛倒
　　與復位〉，《人生之體驗續編》（香港：人生出版社，1961），頁 125-157。
　　唐先生的看法，鄭宗義嘗有進一步的開展，參所著〈惡之形上學──順唐君
　　毅的開拓進一解〉。鄭文發表於臺灣國立中央大學文學院儒學研究中心等單
　　位所舉辦之第八屆當代新儒學國際學術會議上。會議日期為 2009.09.25-28。

⓯　唐君毅，上揭《文化意識與道德理性》，〈自序〉（二）頁 15。

⓰　詳參唐君毅，《哲學概論》（香港：友聯出版社，1974，初版 1961 年），頁
　　149。

上文，吾人可以說，唐先生不否認歷史之發展，甚至歷史變遷之根本動力，實與自然環境之變化、人生自然心理之要求有一定的關係。但最要者為，唐先生特別指出，這種關係非一決定性的關係；且指出這種關係，亦內在於人之向上精神之自身者。換言之，歷史之根本動力，乃在於人之精神之要求，且此精神為向上奮進者。但我們有一疑惑：此向上奮進之精神，其「慣性」到底如何？其果為始終不渝、向上奮進而無歧出歟？果爾，則吾人又如何解釋人世間之惡之出現（存在）？其實唐先生在上文中已給予了答案。我們可以肯定的是：先生雖為道德的理想主義者，但先生絕非不食人間煙火而空談心性的哲學家、空想家。所以先生說：「不否認人類之向上精神可以墮落，不否認人類文化之發展至一階段，可以產生弊害。」人類之所以有惡，文化之所以產生弊害，以精神之墮落故也！然而，因為先生絕對肯定性善，上引文「人如果順精神之本性發展，則他只有向上而無向下」一語可為明證。❽❷所以「即向下後，人只要一念自覺其向下之故，即可重歸向上。」自覺之重要性，於茲可見。陳白沙云：「人爭一個覺。纔覺便我大而物小。物盡而我無盡。」❽❸吾人必得三復斯言。

---

❽❷　先生更有直言人性本善的文字。先生說：「所以我們說人性根本是善的。……我們必需相信人性是善，然後人之不斷發展其善才可能。」語見《道德自我之建立》（臺北：臺灣學生書局，1978；初版：商務印書館1944），頁131。

❽❸　陳獻章，《陳獻章集》，卷三，書二〈與林時矩〉書。摯友黃明同教授撰有《陳獻章評傳》（南京：南京大學出版社，1998）一書，對白沙子有全般論述，可參閱。

　　吾人又可指出者為：上引文可見唐先生對現實世間違反道德理性而出現之情事，雖然有點無奈，但基本上，仍是相當樂觀的。蓋人總可重歸向上故。

　　就一個人來說，其自覺及道德意識之實落即可使其人之行為向善。就過去之眾人來說，其集體之自覺及集體道德意識之實落即可使歷史正義得以實現、得以伸張。❽然而，人今日可自覺，明日則可失之而不再覺；今日可具道德意識，但明日亦可歧出而陷溺。是以必須不斷奮進，不斷修養也。修養行善固首賴人之自動自覺，然而後天之教育、師友之挾持扶掖，亦絕不可少；蓋人非大聖，故鮮有決心，尤其鮮有毅力貫徹始終而不懈怠者。孔子最欣賞之弟子顏回亦不過三月不違仁而已，其餘則日月至焉。於此可見持續自覺、持續守住道德意識使之不陷溺、不歧出之不易易矣。唐先生嘗論述一國家向另一國家動武、侵略之行為。其論述正可揭示上述諸義，故引錄如下。先生之言曰：

　　　　今日如有一國家，欲利用其人民之權利欲以統一世界，亦必循同一之途徑以失敗。……自歷史上觀之，人類之武力之相抵銷，固所以使人逐漸消滅對武力本身之崇信，以引發其超權利欲之精神意識者。此為使人類向上之歷史上之曲線。然此歷史之曲線，唯在事後，可與以肯定為合理而承認之。然事前，則不能肯定為合理而希望之。蓋在事前，人當知此曲

---

❽　當然，這是就原則及就理想情況來說；就具體情況來說，一強人之自覺而行善（或一人天下的皇權時代，皇帝一人之自覺而行善）亦或足以使歷史正義得以實現／伸張。

線，並非於人為必須者。人既知武力侵略無效於人類和平相
處之意識之培養，武力終必自毀，則人無道德理由，以主張
由武力侵略，以建立世界國家。吾人唯一所當努力於世界和
平或天下國家之建立者，唯是以文化教育道德之力量，節制
人之權利欲，超化其侵略意志，而武力之為用，只用以抵銷
他人之武力侵略。而此種以武力抵銷武力，是為保護自己，
亦所以實現歷史之正義，縮短歷史之曲線。……吾人決不能
希望由武力以征服他國，以使天下一家。此之謂由行一不
義，殺一不辜而得天下不為。……而吾人之責任，亦唯在相
信歷史的正義之必然逐漸實現，相信人心之必然逐漸回頭，
而以吾人今日之道德意志之努力接近之。❽❺

上引文弘旨甚多，今僅指出三點：

　　㈠「以文化教育道德之力量，節制人之權利欲，超化其侵略意
　　　志」。此中「道德之力量」實源自人之自覺，因此是先天
　　　的；即侵略的發動者經反省後自覺其行為之不義、不當而停
　　　止發動侵略，或雖發動，但發動後而停止之。但此「道德之
　　　力量」亦有來自後天的可能，因為他人可對發動侵略者給予
　　　道德勸說而使之終止其侵略。至於「文化教育」之力量則可
　　　說全是後天的人為努力。於此可見唐先生非只強調人先天的
　　　道德意識、道德理性的一面而已，後天文教之功亦係唐先生
　　　所重視者。（就個人之主觀面而言，其改弦更張，亦可謂來自其後天

---

❽❺　唐君毅，〈政治及國家與道德理性〉，上揭《文化意識與道德理性》，頁
　　　274-275。

之個人修養。）

㈡唐先生非全面排斥使用武力；換言之，在一定情況下，唐先
生是贊成使用武力的。上引文中「以武力抵銷武力，是為保
護自己，亦所以實現歷史之正義，縮短歷史之曲線」一語即
為明證。先生於 1937 年 11 月及 1938 年元月，即抗日戰爭
爆發後不久嘗撰文二篇大力鼓吹抵禦外侮，其中一文甚有文
宣意味，與先生平日為文殊不類。**❽**面對民族危難艱困時，
先生雖為匹夫，焉能置身事外？豈只作客觀學術上不痛不癢
之呼籲而已。視先生為書呆子者，乃一天大的誤會！

㈢先生最後指出，道德意志之努力必可促使人心逐漸回頭，而
歷史的正義亦必然逐漸實現。此乃先生一輩子所堅守之信念
也。

然而，從客觀上看，則人類未來的歷史，何有必然定然之走
勢、方向可言？其事變之流，若作為一客觀之所對來看，亦儘可隨
時斷滅。**❽**針對這個觀點，唐先生有截然不同的看法。吾人道德意
志之努力之可以改變客觀之歷史或將歷史導向於一定然而必然的方
向的信念，唐先生篤信不疑。在膾炙人口而傳播甚廣的〈花果飄零

---

❽ 唐君毅，〈抗戰之意義〉（文撰於 1937 年 11 月）；〈宣傳民眾者應有之認
識──再論抗戰之意義〉（文撰於 1938 年 1 月）。分別見上揭《中華人文與
當今世界》，補編下冊，頁 20-25；頁 26-31。原載《重光月刊》，第一期，
1938 年 1 月；《重光月刊》，第二期，1938 年 2 月。

❽ 唐先生嘗從常識義，或所謂客觀的觀點，提出這個問題。因為這類問題是常
人最容易產生疑惑而提出者，所以唐先生先代之設問。此可見唐先生最善解
人意而恆從素人觀點切入問題也。詳見〈花果飄零及靈根自植〉，《祖國周
刊》，卷 44，期 4，1964；收入《中華人文與當今世界》，上冊，頁 44。

及靈根自植〉一文中，先生有相當深入而發人深省的闡釋，其言曰：

> 至於人類之歷史之未來，如當作一客觀的所對來看，當然無一定之必然方向，而一切皆不可必。然而我之理想，豈無一定之方向？我依我之理想而有之實踐行為，豈無一定之方向？我真愛一理想，即可決定有一相緣而起之實踐，此豈非一當下之必然？如果我所真愛真信之理想，同時為一具有公共性普遍性之理想，則一切中國人以至全世界之人，又豈不可有一大體上之共同的實踐，而將歷史導向於一定然而必然的方向，以實現此公共普遍的理想？因而一切中國人在臺灣、大陸、海外之努力，以及全世界之人之各色各樣的努力，豈不可皆有此看不見之一定然的方向，為其超越而內在的指導，以曲曲折折導向於此理想之實現？則我們豈不仍可於此寄託希望與信心？⋯⋯如果是普遍大公之理想，則凡你能愛能信者，他人亦原必能愛必能信；凡你必去實踐者，他人亦必去實踐。因而凡你將走向之方向，亦即一切中國人與全世界的人，必然將曲曲折折走向的方向。此中即有歷史的定然與必然，以昭天下之大信。⋯⋯依我的意見，人不必否認上帝之存在，然上帝必需內在于我們之生命精神之自身。上帝的命令，乃直接昭顯為我們內心之普遍大公之理想的實踐。唯由我們之實踐，而後有天命之流行。⑱離此實踐而只

---

⑱ 唐先生認為歷史形上學探討之課題計有以下一項：歷史變遷之根本動力與上帝之計劃之關係。（詳見上揭《哲學概論》，頁 149。）就唐先生本人來

　　回頭祈禱，可說有一時的寧靜自心之用，實不知何謂上帝的
　　命令。而不事實踐，只事祈禱者，儘可是一高級的自私。**❽❾**

　　參合以上引文之重點及據先生一貫之信念，唐先生之旨意大抵
如下：

　　㈠先生深信一超越而內在的形上實體存乎宇宙間。據此形上實
　　　體的導引，則人類歷史之行程，豈不可以曲曲折折之途徑而
　　　導向於理想之實現？

　　㈡其理想果為普遍大公之理想，則凡你能愛能信者，他人亦原
　　　必能愛必能信。

　　㈢唯有吾人把此大公之理想付諸實踐，而後有天命之流行。離
　　　此實踐而只回頭祈禱，儘可是一高級的自私。唐先生此話說
　　　得比較重。但其意是要人明確知道，「天命」（相當於西方基
　　　督宗教之「上帝」）雖為一形而上之超越之實體，但此形上實
　　　體之得以流行於世間（即西方神學所說的上帝意旨之實現、上帝計畫
　　　之展現），成為人類之歷史現實者，必須人把它付諸實踐而

說，他是相信歷史變遷之根本動力是源自道德的形上實體的。（參詳上揭拙
文：〈唐君毅先生的歷史形上學：論人類歷史行程之形而上之本體〉）然
而，上帝在其間可扮演一定之角色否？根據上引文，唐先生意謂，縱使承認
上帝（含上帝之命令；即所謂神意）之存在，其存在亦是「內在于我們之生
命精神之自身」者，則可知就唐先生來說，我們之生命精神之自身才是歷史
變遷之根本動力。當然，為使得此一「我們之生命精神之自身」具絕對意
義、客觀意義（藉以超顯其性格為不受任一個人主觀意志所左右、影響），
則吾人恆以「超越的道德形上實體」稱之。其實這是一而二，二而一的同一
個精神實體；所謂「超越地為其體，復內在地為其性也」。

❽❾　上揭《中華人文與當今世界》，上冊，頁 51-52。

後可。換言之，此中之關鍵是人──人之道德實踐，所以此
「天命」雖超越地為人以外／以上的一個本體，但必內在地
為人之性。上引文中先生甚至說不必否認上帝之存在，但先
生必扣緊人而言此形上實體。先生為人本主義者、人文主義
者，於此正可見一斑。

㈣本文嘗多次指出，據唐先生，此形上實體為一具備道德性格
者。是以其流行（其實是吾人把它之內涵付諸實踐而成就世間之道德
行為、道德生活），則必為「善者」（正面者、光明者、理想者、具
價值者）之實現於世間無疑。至於其反面者之出現，乃由人
行為上一時之歧出、偶爾之陷溺而已（此點上文已詳）；此固
無礙人類歷史行程之終極歸趨也。

上引文中，唐先生多次針對人類過去的遭際而談到人類的未來
問題、理想問題。人類過去之遭際，乃可謂一實然問題；而人類未
來可有、該有之境遇則為一理想問題、應然問題。吾人不應以過去
之為如何如何，便認定未來即必如何如何，否則便是實然與應然之
混淆，把事實與理想混為一談了。先生嘗論述人類過去的戰爭問題
及國家的興亡問題。其相關論旨正好揭示斯義。其言曰：

　　……但是我們縱然對這些（筆者按：「這些」乃指依黑格爾之意見
　　承認人類歷史上各次戰爭的價值）全部加以承認，仍只證明過去
　　或已成之人類世界中，國與國之戰爭與一切歷史上國家之興
　　亡之有價值，一切為國家之興亡而盡忠之英雄人物，忠臣義
　　士之有價值；只證明此已成之人類世界，皆為人之道德理
　　性，人之精神價值之客觀化，人類已成之歷史世界，即上帝

之行程而已。但是這卻不能證明人類之未來歷史，仍當如過去；不能證明，人類之國與國之上，不能有天下一家之更高組織；不能證明人之道德理性，人之精神價值，在將來不可有更高更偉大的客觀化之表現；亦不能證明，人類社會在將來，亦必須要在戰爭場合中，才能表現其承擔生死而超生死之德性。換言之，即黑格耳國家哲學歷史哲學，縱全幅皆是，他亦只是把已成世界，全部神聖化，合理化，把其中之一切人類組織形態，一切歷史事實，一切戰爭與毀滅，皆能發現其神聖價值與理性而已。此一切縱然皆對，都只是哲學理性，在已成世界之事已成之後看出來的。這整個哲學，只是一事後之哲學。……而此問題之解決，仍只有以未現實化具體化之當然理想為先導。**❾⓪**

以上引文很可以看出唐先生論證的進路及特色：反映先生對他人觀點予以包容及處事圓融的態度。吾人當然樂見一國家之興起。然而，恆不樂見一國家之衰亡。更不願意看到戰爭的發生。然而，就黑格爾來說，他看到了三者皆有其神聖價值及理性之存乎其間而樂意全般承認之、接受之。這是一般素人難以理解，更難以接受的；其相應的作法便是批判黑氏、撻伐黑氏，甚或鳴鼓而攻之。唐先生之作法則迥異常人。先生指出說，縱然黑氏所指陳者皆有其價值，但是這卻不能證明人類之未來歷史，不能在國家之上有天下一家之組織；不能證明人之道德理性在將來不可有更高更偉大的客觀化之

---

❾⓪ 唐君毅，〈西方哲學精神與和平及悠久〉，《民主評論》，卷四，期十五，1953 年 7 月；上揭《中國人文精神之重建》，頁 467-468。

表現；亦不能證明，人類社會在將來，亦必須要在戰爭場合中，才能表現其承擔生死而超生死之德性。

一言以蔽之，過去之實然縱使真的已有不錯的表現，但絕不意味著人類未來之表現、未來之成就，所謂應然，也只有如此，且只有如此，蓋人類自可有更高更偉大之使命與理想在也。而且根據再上一段引文，則只要時時堅定及強化吾人之道德意志，以努力追求人類之理想，即必可促成一相緣而起之實踐，此豈非一當下之必然？❹果爾，則未來之歷史將導向於一定然而必然的方向。❷吾人

---

❹ 說到理想可以成為當下之必然，唐先生絕非放高論（即絕非「空口說白話」）！因為這是有歷史事實為根據的。唐先生說：「人類自始是以其精神上創發的理想，開拓世界，形成文化，建造歷史。而二十世紀之人類歷史上之大事件，亦明顯是少數人先自覺的形成理想，以之感召鼓舞大多數人心，而後成為驚天動地之歷史上之大事。孫中山先生之理想之于中華民國之建立，甘地之理想之于印度之獨立，馬克思列寧之理想之于俄國之革命，同樣證明二十世紀尚是人類能自覺的憑其理想，以真實的主宰其未來歷史之命運的時代。」孫中山、甘地自覺的憑其理想所追求之事實皆及身而見，真可說是彼等之「理想成為了當下之必然」。馬克思、列寧的理想雖來不及及身而見，但亦於逝世後二三十年即成事實矣。在上引文中，唐先生說「當下之必然」，但本註的引文中，先生則說「未來歷史」。讀者或懷疑唐先生是否自相矛盾？其實，我們不要因辭害意。若吾人走極端，則吾人亦可說，針對此刻（這一秒鐘、這一剎那，甚至更短之時段）來說，乃可謂「當下」；針對下一刻（下一秒鐘、下一剎那）來說，即為「未來」。果爾，則「當下」與「未來」又何以異？所以我們在這裡不必把二者作嚴格的區別，否則便是鑽牛角尖了。按唐先生意，其本旨是，人之理想可以當下實現，亦可下一刻實現，甚至在歷史的行程中經歷經過千千萬萬的曲曲折折而在千百年後始得以實現，但只要人心不死，道德意志尚存，人自強不息自作主宰的道德勇氣尚在，則理想終必有實現於人間之一日者。此豈非歷史之必然法則、必然律則者哉？！上引文見唐君毅，〈人類的創世紀〉，《民主評論》，卷三，期

一，1952 年；上揭《人文精神之重建》，頁 175。

說到中國未來發展有其必然之歸趨，唐先生 1956.10.13 寫信給好友時亦嘗揭示斯義。先生說：「遵翩吾兄道右：……然弟內心亦有極樂觀之處，即弟雖不信馬列主義足為中國政治社會文化之指導原則，然中國共產黨之信馬列主義者，其人仍是中國人。吾反對其所信，然吾並不反對其為中國人與人。中國人終自覺其為中國人，人終當自覺其為人，此為必然之真理。則中國共產黨人亦終有自其為中國人與為人處用心，以求中國民族自立之道者，此亦為將來之歷史發展之必然。此事在何時實現，則不可知。……中國之前途，捨豹變無由。國內亦必有由清算斯太林而清算馬列主義之一日也。」此信所顯示最重要之訊息為，唐先生深信，相信馬列主義之中國人永遠是中國人，亦永遠是人。而作為人的中國人終必自覺的追求民族之自主與獨立。唐先生視此為「將來之歷史發展之必然」。上引語見《唐君毅全集》，卷廿六，《書簡》，頁 242。

❷ 說到未來定然、必然之方向／發展，唐先生之相關論述相當多。今只摘要開列如後。㈠針對中國在未來世界之位階，先生自謂「以一種宗教信仰之忱，來相信二十一世紀極可能便是中國的。」語見〈在北大同學會「五四」運動座談會上的發言〉，《萬人雜誌》，第 134 期，1970 年 5 月；收入上揭《中華人文與當今世界》，補編下冊，頁 382。㈡針對中國未來之政治來說，「必然是向民主建國之方向前進，則是我們可以斷言的。」語見〈中國文化與世界〉，《民主評論》；《再生雜誌》，1958 年 1 月；收入《中華人文與當今世界》，下冊，頁 910。㈢針對馬列主義之後之中國，則「馬列主義被修正、超化、而死亡以後的中國，將是一以人之科學知識、藝術、文學、宗教、道德的文化生活，領導社會政治事業，社會政治事業領導經濟事業的，而表現人文精神的中國。」語見〈書生事業與中國文化〉，《明報月刊》，第 11 卷，第 1 期，1976 年 1 月；收入上揭《中華人文與當今世界》，補編下冊，頁 505。㈣針對中國，以至針對世界之學術思想來說，未來「當是為馬列主義所反之一切學術思想互相融合的局面。無論從中國說，從世界說，都是當如此。」語見〈中國人文精神之發展〉，《周國周刊》，卷 10，期 9，1954 年 5 月；收入上揭《中國人文精神之發展》，頁 40。㈤針對中國與世界文化之關係來說，「我們相信中國文化經充實發展，與世界未來文化之

豈必以過去已實現之價值為最高之價值而自設囿限不求上進耶？！

在結束本節之前，我們必須指出一點：以上之陳述，皆旨在揭示唐先生認為歷史之發展有其必然律則、必然法則存乎其間的問題。其實，唯物論者亦有相同的信念：歷史之發展有其必然律則、必然法則在。唐先生亦充份意識到這點。先生即如是說：「他們（筆者按：指唯物論者）只講歷史的必然，只講存在的事實之定律。我們則要講歷史的創造，辨別何者為當然，為有價值，為真正合理者，以表現人類的良心的判斷。」❸根據這個引文，則唯物論者只講歷史之必然，而唐先生則講歷史的創造。其實，根據本文以上各相關論述，唐先生豈不講歷史之必然？果爾，則二者又何以異？一言以蔽之，唐先生深信人類是根據其自覺的心靈，即根據其道德意識、道德意志、道德理性而自作主宰地創造其未來。唐先生是扣緊他這個信念來講歷史之必然。（即歷史之進程中必含人類自作主宰之創造，此乃歷史之必然）❹換言之，人類自作主宰以創造其未來，就是歷

新方向，可有一天造地設之自然吻合而互相成就之處。」語見〈述本刊（按指《理想與文化》）之精神兼論人類文化之前途〉，《理想與文化》，第 9 期，1950.05.01；收入上揭《中華人文與當今世界》，補編下冊，頁 95。(六) 針對人類整體的文化歷史來說，「……由此我們當說人類文化歷史又是悠久無疆、永恆存在的。」語見〈述本刊（《理想與文化》）之精神兼論人類文化之前途〉；收入上揭《中華人文與當今世界》，補編下冊，頁 75。由上述六項可見唐先生對中國政治、中國文化（以學術思想為例）、中國文化與世界文化之關係，甚至對人類整體的文化歷史之未來，都認為有一定然、必然之方向或發展。

❸ 唐君毅，〈人類的創世紀〉，上揭《人文精神之重建》，頁 184。

❹ 牛頓講自然界有其必然法則（必然規律），盧梭則講人（人文）的世界有其自由法則（即人是自由的，譬如可為善，亦可為惡）。康德的歷史哲學則通

史發展中之必然。「逆來順受的」、被動的、盲目的、順乎自然之人性、以實然等同當然、違反人道立場、悖離人文精神、乖舛人倫道德的一切人類相關表現，唐先生絕不視之為人類歷史之必然，更不視之為歷史之當然。要言之，承認歷史之有其必然，唐先生與唯物主義者一也，無以殊異也。然其所憑藉之理據❾❺、精神❾❻、價值取向❾❼、對人類前途所抱持之看法❾❽，以至背後之用心❾❾，則千差萬別矣。差之毫釐，謬以千里。讀者於此，不可不察而妄視為同一者也。

貫二者為一而予以綜合的處理。唐先生的立說與康德甚相似。我們要指出的是，人之所以能夠創造，以人有自由故。所以吾人不妨說，唐先生所強調的「創造」，即等同盧梭及康德所說的「自由」。所以，唐先生以上的說法，吾人不妨約之為以下一句話：自由與創造即人類歷史發展的必然。此可見，必然與自由（創造）絕不相矛盾牴牾，蓋人之創造乃一歷史必然也。有關康德歷史哲學的簡介，可參何兆武，〈再版譯序〉，康德著，何兆武譯《歷史理性批判文集》（北京：商務印書館，2007），頁 6-10。

❾❺ 要言之，即認為宇宙有一道德形上實體存乎其間以作為人類一切活動之基礎、支柱；認為人能自覺、人性本善。

❾❻ 人本精神、人道精神、人文精神等等。

❾❼ 以促成人間之至善至福為依歸。

❾❽ 相信人類的前景是光明的，社會是和諧的。

❾❾ 冀盼一切有價值之事事物物皆能實現於人間，即凡真善美神聖等等之價值最終必能落實；人能自作主宰，且能自強不息不斷自我超越、自我提昇，所謂超凡入聖是也。

六、餘論：唐先生絕非只是哲學家、哲學史家，而係偉大的理想主義者、人類未來行程之策勵者

業師唐君毅先生是一個偉大的思想家、理想主義者、人文主義者、文化意識宇宙中的巨人（後者為業師牟宗三先生悼辭中對唐先生的稱頌語）。其學問既精且博，固無論矣。其道德使命感之強，其淑世情懷之厚而落實之以奮鬥不懈之精神而成就百年樹人之教育事業，尤使人欽佩。先生的學術專業是哲學，但先生的學問絕不以哲學為囿限。文學、史學、教育學、藝術、宗教，以至一般的社會科學及人類文化諸大端，唐先生都有相當的認識和研究。各專著中慧解通識盈篇，尤使人讚嘆莫名。筆者雅好諷誦唐先生的著作。⑩惟先生才大學博，中西印等各哲學問題，皆極深研幾。筆者如鼴鼠飲河，惟充其量而已。顧以研治史學之故，唐先生之相關論述，個人尤其珍好；所先後發表之文章，聊示讀後之心得而已；文章粗鄙，固無當於撰述也。

先生對歷史必然性之問題及其他歷史形上學問題，如同對歷史發展上之其他問題，皆深具慧解；其論述至為允當不易；惟相關意旨，散見於先生各大著中。筆者不自量力，肆意蒐尋鉤稽，並據以粗成上文。先生本於仁厚之心懷而深信宇宙間存有一超越而具備道德理性之形上實體，並認為此形上實體乃人類行為之根源所在。人類過去之行為，即歷史也。是以先生深信人類過去之歷史進程，其背後之主宰（動力）即此形上實體也。以此實體深具道德性格，是

---

⑩ 先生的著述收錄於《唐君毅全集》，共三十冊，約一千萬言；其中最後二冊，則為紀念集及年譜等等非唐先生本人之著述。

以必以實現人世間真善美神聖等等價值及理想，俾達致人文化成於天下為目的，為歸宿之所在。此即構成歷史發展之必然進程也。其間之曲曲折折，譬如就中國來說，民族生命與文化生命在蒙元、在滿清時期之分離為二而各別發展，又如歐風美雨、北俄霜霓之幾決我數千年文化之隄防，皆中華民族悠悠千古之生命史上偶爾之歧出、一時之陷溺而已，固不足以阻撓歷史進程之理性發展，尤不足以妨礙其終極歸趨之達致也。

先生對歷史必然性之看法，尤其所謂形上實體之存在，所謂此實體具備道德性格而能促使歷史之進程如何如何之看法，一般讀者不必然接受之、相信之。此筆者亦不能相勉也。惟先生本仁者心懷對過去人類歷史進程所噴薄而出之慧解卓見，尤其對未來歷史發展所懷抱之仁心大願：永遠從正面、光明面、美好面、積極面、進取面觀察人性，並據以闡釋其相應之行為舉措，並藉以指陳人類必有其光明美好之前景等等之仁者心懷，乃係筆者最「不能贊一詞」之所在。先生之道德文章，仰之彌高，鑽之彌堅，雖不能至，而心實嚮往之。

徵引書目 (按徵引先後為序)

1. 唐君毅，《哲學概論》，香港：友聯出版社，1974。
2. 唐君毅，《致廷光書》（「廷光」為唐師母另一名字），《唐君毅全集》，臺北：臺灣學生書局，1991。
3. 唐君毅，〈論不朽〉，《中西哲學思想之比較論文集》，《唐君毅全集》，卷 11。
4. 唐君毅，〈述本刊之精神兼論人類文化之前途──《理想與文化》代續刊辭〉，1950 年 5 月 1 日；收入《中華人文與當今世界》，補編下冊，《唐

君毅全集》。

5. 唐君毅，《文化意識與道德理性》，臺北：臺灣學生書局，1974。

6. 唐君毅，《生命存在與心靈境界》，臺北：臺灣學生書局，1977。

7. 奧古斯丁，《懺悔錄》，北京：商務印書館，2009。

8. 《莊子》。

9. 唐君毅，《中國哲學原論·原道》，卷三，香港：新亞研究所，1977。

10. 傅偉勳、《學問的生命與生命的學問》，臺北：正中書局，1993。

11. Whitehead, A. N. *Process and Reality*（《歷程與實在》）, New York: Free Press, 1957.

12. 廖俊裕、王雪卿，〈雜思唐君毅先生之學的本質與當令〉，《鵝湖》月刊，2009 年 9 月，總第 411 期，頁 62-64。

13. 劉國強，〈從懷海德到唐君毅──通過西方看心靈九境哲學的智慧〉，發表於 2009.09.19-20 香港新亞研究所舉辦之「唐君毅、牟宗三先生百周年誕辰紀念國際學術研討會」。

14. 劉國強，〈從現代西方自我的失落與自我實體確立之困境到心境不離的思考〉，發表於 2009.09.25-28 中央大學中文系、中央大學哲研所等單位所舉辦之「百年儒學與當代東亞思潮──紀念唐君毅、牟宗三先生百年誕辰國際學術會議」。

15. 恩格斯著，中共中央著作編譯局譯，《家庭、私有制和國家的起源》，北京：人民出版社，2009。

16. 唐君毅，《人文精神之重建》，香港：新亞研究所，1974。

17. 唐君毅，〈再論中國民族主義與馬列主義之矛盾，及中國之道路〉，《唐君毅全集·中華人文與當今世界》，補編下冊，臺北：臺灣學生書局，1991。

18. 唐君毅，〈西方文化對東方文化之「挑戰」及東方之「回應」（提要）〉，《中華人文與當今世界》，下冊、臺北：臺灣學生書局，1975。

19. 唐君毅，〈中國文化之原始精神及其發展〉，《東西風》，第七期，1973 年；收入上揭《中華人文與當今世界》。

20. 唐君毅，〈國慶、校慶、月會〉，《新亞生活雙週刊》，卷一，期一，1958 年 10 月；收入《唐君毅全集・中華人文與當今世界》，補編上冊，臺北：臺灣學生書局，1991。

21. 唐君毅，〈人類精神之行程〉，《人文精神之重建》，香港：新亞研究所，1974。

22. 錢穆，《晚學盲言》，臺北：東大圖書公司，1987。

23. 錢穆，《雙溪獨語》，臺北：臺灣學生書局，1981。

24. 鄭家棟，〈當代新儒家的道統論〉，陳明主編，《原道》，第 1 輯，中國社會科學出版社，1994。

25. 張京華，《中國何來軸心時代》，南寧：廣西人民出版社，2008。

26. 唐君毅，《中國文化之精神價值》，臺北：正中書局，1974。

27. 程頤著，毛炳生集校，《易程傳》，臺北：花木蘭文化出版社，2008。

28. 黎靖德編，《朱子語類》，北京：中華書局，1994。

29. Jaspers, Karl, *The Origin and Goal of History*, Taipei, Rainbow-Bridge Book Co., 1971.

30. 唐君毅，《中國哲學原論・原教》，上、下篇，香港：新亞研究所，1977。

31. 唐君毅，《中國哲學原論・原道卷一》，香港：新亞研究所，1976。

32. 唐君毅，《中國哲學原論・原道卷二》，香港：新亞研究所，1976。

33. 唐君毅，〈孔子精神與各類之自由〉，《人文精神之重建》，香港：新亞研究所，1974。

34. 唐君毅，〈宗教精神與現代人類〉，1950 年 3 月（缺出版刊物；蓋為《民主評論》）；收入《人文精神之重建》，香港：新亞研究所，1974。

35. 唐君毅，〈西洋近代文化精神之省察〉，1951 年 2 月，《民主評論》，卷二，期十五、十六；收入上揭《人文精神之重建》。

36. 唐君毅，〈中國文化與現代化問題答問〉，《明報月刊》，100 期，1974 年 3 月；收入《中華人文與當今世界》，下冊，臺北：臺灣學生書局，1975。

37. 余英時，〈君尊臣卑下的君權與相權〉，《歷史與思想》，臺北：聯經出版事業公司，1977。

38. 唐君毅，〈中國文化精神與其潛在力量〉，華國出版社初版，1952 年 3 月；收入上揭《中華人文與當今世界》，補篇下冊。

39. 杜甫，《杜工部集・戲為六絕句》。

40. 唐君毅，〈百年來中國民族之政治意識發展之理則〉，《祖國周刊》，卷十二，期七，1955 年 11 月；收入《中國人文精神之發展》，臺北：臺灣學生書局，1974。

41. 唐君毅，〈讀張君勱致丕理教授書有感〉，《自由人》，1956 年 6 月 16 日，第五五二期；又收入上揭《中華人文與當今世界》，補篇下冊。

42. 唐君毅，〈中國現代社會政治文化思想之方向，及海外知識分子對當前時代之態度〉，《明報月刊》，七十八期，1972 年 6 月；又收入《中華人文與當今世界》，下冊。

43. 唐君毅，〈海外中華兒女之發心〉，《天風月刊》（日本），1971 年 3 月；又收入上揭《中華人文與當今世界》，上冊。

44. 唐君毅，〈中國今日之亂的中國文化背景〉，《人文精神之重建》，香港：新亞研究所，1974。

45. 黃兆強，〈〈中國文化與世界〉宣言之草擬及刊行經過編年研究〉，李瑞全、楊祖漢主編之《中國文化與世界──中國文化宣言五十週年紀念論文集》，中壢：中央大學儒學研究中心，2009 年 9 月。

46. 黃兆強，〈〈中國文化與世界宣言〉之啟示──論聯署發表及共同參與撰寫之意義〉，發表於香港新亞研究所所舉辦之「唐君毅、牟宗三先生百周年誕辰紀念國際學術研討會」上，會議日期為本年（2009 年）9 月 19-20 日。

47. Hsieh Yu-wei *and others*, "A Manifesto on the Reappraisal of Chinese Culture ", *Chinese Culture-A Quarterly Review*, Oct., 1960, Vol.3, no.1, pp.1-71.

48. 唐君毅，〈對香港學生的期望〉，《中學生》，1970 年 7 月；收入《中華人文與當今世界》，補編上冊。

49. 唐君毅，〈人民與民主的基本認識〉，《民主評論》，卷三，期二十四，1952 年 10 月；收入上揭《人文精神之重建》。

50. 唐曉文，〈孔子殺少正卯說明了什麼〉，《人民日報》，1971.01.04。

51. 唐君毅，〈孔子誅少正卯傳說之形成〉，《幼獅》，39 卷 2 期；《明報月刊》，98 期；《中華月報》，1974 年 3 月號；收入上揭《中華人文與當今世界》，下冊。

52. 唐君毅，〈論接受西方文化思想之態度〉，《民主評論》，1952 年 6 月號；收入上揭《人文精神之重建》。

53. 唐君毅，〈歷史事實與歷史意義〉，《民主評論》，卷 14，期 12，1963 年 12 月；收入上揭《中華人文與當今世界》上冊。

54. 唐君毅，〈文學意識之本性（下）〉，《民主評論》，卷十五，期十四、十五、十六，1964 年 8 月、9 月；收入上揭《中華人文與當今世界》，上冊。

55. 唐君毅，《病裏乾坤》，臺北：鵝湖出版社，1984。

56. 鄭宗義，〈惡之形上學——順唐君毅的開拓進一解〉，發表於臺灣國立中央大學文學院儒學研究中心等單位所舉辦之第八屆當代新儒學國際學術會議上。會議日期為 2009.09.25-28。

57. 唐君毅，《道德自我之建立》，臺北：臺灣學生書局，1978。

58. 陳獻章，《陳獻章集》，北京：中華書局，1987。

59. 黃明同，《陳獻章評傳》，南京：南京大學出版社，1998。

60. 唐君毅，〈抗戰之意義〉，《重光月刊》，第一期，1938 年 1 月；收入《中華人文與當今世界》，補編下冊。

61. 唐君毅，〈宣傳民眾者應有之認識——再論抗戰之意義〉，《重光月刊》，第二期，1938 年 2 月；收入《中華人文與當今世界》，補編下冊。

62. 唐君毅，〈花果飄零及靈根自植〉，《祖國周刊》，卷 44，期 4，1964；收入《中華人文與當今世界》，上冊。

63. 唐君毅，〈西方哲學精神與和平及悠久〉，《民主評論》，卷四，期十五，1953 年 7 月；收入上揭《中國人文精神之重建》。

64. 唐君毅，〈人類的創世紀〉，《民主評論》，卷三，期一，1952 年；收入上揭《人文精神之重建》。

65. 唐君毅，《書簡》，《唐君毅全集》，卷廿六。

66. 唐君毅，〈在北大同學會「五四」運動座談會上的發言〉，《萬人雜誌》，第 134 期，1970 年 5 月；收入上揭《中華人文與當今世界》，補編下冊。

67. 唐君毅，〈中國文化與世界〉，《民主評論》；《再生雜誌》，1958 年 1 月；收入《中華人文與當今世界》，下冊。

68. 唐君毅，〈書生事業與中國文化〉，《明報月刊》，第 11 卷，第 1 期，1976 年 1 月；收入上揭《中華人文與當今世界》，補編下冊。

69. 唐君毅，〈中國人文精神之發展〉，《周國周刊》，卷 10，期 9，1954 年 5 月；收入上揭《中國人文精神之發展》。

70. 何兆武，〈再版譯序〉，康德著，何兆武譯《歷史理性批判文集》，北京：商務印書館，2007。

參、唐君毅先生的史學價值論❶

提　要

　　本文除〈前言〉及〈餘論〉外，正文共三節，分別闡述先生以下三個論點：

一、人之立身行己、應世接物、為政施教，以至人之精神生活、文化生活之提昇，皆可從人（史家）之史學研究中獲取資鑑。先生更提出一個「過學歷史之生活」的概念。這使得史家之治史與其生活合一無間。這治史與生活相結合的構想，恐怕很多專業史家，尤其僅視治史為職業者，所不曾想過或思索過的問題。唐先生雖非史家，而能有此睿見，可謂迥異時賢。

❶　本文原發表於《東吳哲學學報》，第二期，1997 年 3 月，頁 49-74。2007 年 8 月、2008 年 11 月、2009 年 12 月分別對本文作出不同程度之修改；最後之修訂日期為 2010 年 2 月。按：這裡所說的「史學價值」，即一般人所說的「歷史的價值」。而素人恆關心的、追問的「歷史的價值」，細究之，即猶同：知道歷史（認識歷史、具備了歷史知識）可對吾人有何價值的一種追問。換言之，世人恆關心、追問的，不是已然逝去了的歷史，其本身可對吾人有何價值；而實係關心、追問此已然逝去了的歷史，吾人對之具備知識，此歷史知識到底對吾人今日之生活所提供、具備之價值為何？又：大體上來說，吾人可說，歷史知識得之於歷史研究。歷史研究，即「史學」也。是以為求嚴謹，今逕名之為「史學價值」，而不以素人常用的一概念「歷史的價值」稱之。當然，若從俗，並取「歷史」一詞之廣義用法，則以「歷史的價值」視之亦未嘗不可。果爾，則本文題即等同：「唐君毅先生的歷史價值論」。

二、唐先生肯定現實之政治、社會，以至民族存亡等等的問題，皆可資
　　取借鑑於人之史學研究或人之歷史意識。職是之故，史家選題研
　　究，便不能「無所重輕，而必求其當務之為急者而為之。」先生不
　　贊成「為學問而學問」之態度，由此可以概見。

三、歷史學除上述兩價值外，尚有一更深邃、更崇高的價值。此即依於
　　人光明正大的存心以充量發現並創造歷史的可能意義與理想意義，
　　並藉以創造現今及未來的歷史，使促成、創發人格世界人文世界是
　　也。

　　綜上所述，可知唐先生的史學價值論與其整體思想──始於道德心
之涵植，終於人格世界、人文世界之完成──實相互融通一貫也。

關鍵詞：唐君毅　歷史學　史學　歷史哲學　史學價值論　歷史意義

> 「……人若無之（指：學歷史之生活），……人之心靈將只局
> 限於平面之現實，而無其生命之厚度，亦將無以自別於禽獸
> 矣。」（唐君毅：〈歷史事實與歷史意義〉）

一、前言

　　唐君毅先生生命博厚，其治學雖以哲學為主軸，但其實人類學
術文化之各領域，先生皆嘗注目究心❷；文學、史學、藝術、民
族、教育、宗教等等各方面，皆曾撰文加以探討究治❸。就史學方

---

❷　唐先生摯友牟宗三先生即以「文化意識宇宙中之巨人」一語稱許唐先生。語
　　見牟著，〈哀悼唐君毅先生〉，馮愛群編，《唐君毅先生紀念集》（臺北：
　　臺灣學生書局，1979），頁 149。

❸　此稍一翻閱〈唐君毅著述年表〉即可知之。〈年表〉收入《唐君毅全集》編

面來說，雖然這只是唐先生整體思想之一端，但這一端其實也很可以反映他整個思想的。換句話說，依筆者之見，這一端與其整體可說全然和協無間；是以藉此一端實未嘗不可概見先生的整個思想。

一般哲學家不大理會歷史或史學研究，西哲羅素（B. Russel, 1872-1970）、桑他耶那（G. Santayana, 1863-1952）即其例❹。唐先生則與此正相反，並曾就此問題提出他個人看法。先生說：

> 世之言哲學與言歷史者，恆相視為殊科。言哲學者之以究心於宇宙之普遍之大理為目標，或以名言概念之解析為事者，皆輕歷史之為物。……哲人能觀宇宙之大，其心可謂大矣。然此心終屬於此哲人之為人，而此人因存在於歷史文化社會中也。則徒騁此心以思宇宙之大者，不如兼能反省此心之屬於此人，此人所在之歷史文化社會，而兼於此運其哲思者，其所思之尤大也。❺

上引語確係的論。唐先生治學與一般學者頗不同，在此容筆者順帶

委會編，《年譜、著述年表、先人著述》（臺北：臺灣學生書局，1990），頁 3-71。唐先生的高足李杜先生曾撰著《唐君毅先生的哲學》一書，對先生生平、學術的若干面向有所述介，唯篇幅不多，稍嫌簡略。對唐先生之平生及學問各端作全面並深入研究之中文專著，迄今未見。李著 1982 年由臺灣學生書局出版，正文 138 頁，附錄 54 頁。

❹ 參唐君毅，〈中國歷史之哲學的省察——讀牟宗三先生的《歷史哲學》書後〉，收入牟宗三，《歷史哲學》（香港：人生出版社，1962），〈附錄一〉，頁 3。

❺ 上揭〈中國歷史之哲學的省察——讀牟宗三先生的《歷史哲學》書後〉，收入牟宗三，《歷史哲學》，頁 3-4。

提出：先生胸襟極廣、治學面亦極博，因此常能融攝吸納各種學問領域及派別，一一承認各自之價值並給予定位。先生雖為哲學大師，但承認首肯史學之研究即其一顯例。筆者最愛誦讀先生之著作，正以其胸襟及學問極廣博故。此外，先生在著作中常先導引出一觀念、意見。此觀念、意見，看似不合理，但當吾人不知如何作出反駁回辯而陷於困苦疑惑之際，唐先生恆能提出最適切之指點而解除吾人之疑惑。這往往給人柳暗花明、峰迴路轉的喜悅，並從而明白唐先生所提出者乃係確然不可更易之的論❻。上所引錄的一段文字即如此。蓋依恆常之見，哲學家既觀察、審視宇宙間之大是大非、大義大理，是以必不暇、亦不必兼顧、探討人類歷史文化之個別事物，尤其社會、人生所謂瑣屑之事事物物（即小傳統之庶民文化之各種表現）。史學家對於哲學家之鄙視小傳統之庶民文化，以至看輕人類在歷史上之種種表現，必不能苟同。然而，不見得能夠馬上反應過來而作出有力的反駁。換言之，霎時間不克為史學專業本身之價值據理力爭。唐先生在此乃充當調人，於承認哲學家所研治者係宇宙間之大道理後，即下一轉語謂：若能於歷史文化社會，兼運其哲思，則「所思之尤大也」。這一方面不失哲學家之立場，肯定哲學所研治之領域；他方面亦能涵攝接受其他學術（史學之專業領域由是得以被肯定），並認為此涵攝接受更能擴大哲學家之心量。此一說法在理論上更見周延縝密。吾人於此亦正可見唐先生之胸懷、治

---

❻　當然，亦有看似很合理的意見、觀點，但經唐先生進一步解說後，始知原係似是而實非之論者。如唐先生指出吾人初步反省中所理解之歷史事實之四項性質即其一例。參先生著，〈歷史事實與歷史意義〉一文，收入《中華人文與當今世界》（臺北：臺灣學生書局，1975），頁 112-130。

學態度,以至思辯之轉折涵融之一斑。

　　先生又說:

　　　……故凡為哲學而不歸於歷史文化之哲學者,其哲學必不究
　　竟。❼

哲學研治之領域至廣,知識論、價值論、形而上學等等皆隸屬焉。
而唐先生以為必歸結於歷史文化之反省研究,則史學在先生心目中
之地位可以想見。❽

　　唐先生不僅重視人類的歷史及重視對此歷史所作之研究,並且
亦相當重視由歷史進路(historical approach)以掌握、研究哲學問題。
茲先引錄唐先生的一段話如下:

　　　……此所思索之過去人所留下之哲學思想與問題,所以如此
　　如此發展,則又恆為兼具理論的秩序,與歷史的秩序者。此
　　即黑格爾之所以說哲學即哲學史之故。至於吾人之治哲學,
　　若注重在歷史文化之哲學,則吾人更當重歷史的秩序中之事
　　物,更不必論。……故我們之讀哲學書,無論是以哲學問題
　　為中心,或以一家一派之哲學為中心,我們都兼須注意到一

---

❼　上揭〈中國歷史之哲學的省察──讀牟宗三先生的《歷史哲學》書後〉,收
　　入牟宗三,《歷史哲學》,頁5。

❽　按對歷史作哲學的反省研究(歷史哲學)很明顯是第二序的研究;第一序乃
　　係對歷史之本身作研究(史學研究)。第二序的研究必先仰賴第一序的研究
　　以為基礎。本此,唐先生既重視第二序的研究,即無疑涵蘊了重視第一序的
　　研究。

哲學思想在歷史中之地位，其所承於前，所啟於後者何在？❾

上引語所謂「歷史的秩序」及引文中所接述黑格爾「哲學即哲學史」的說法，在在顯示先生之重視歷史。至於「吾人之治哲學，……更當重歷史的秩序中之事物，更不必論」一語，更隱涵先生之重視歷史研究了，蓋如不重視此種研究，則「歷史的秩序中之事物」，何由得而知之？最後，所謂須注意「一哲學思想在歷史中之地位，其所承於前，所啟於後者何在」，很明顯是一種由歷史進路以切入、探討所研究的主題的方法。為給予一哲學思想在歷史中定位，則了解此思想本身承前啟後者何在固然重要，但更重要的是要對整個大環境及相關涉之各事物有所了解，始可在有前後脈絡可循的關係網中給予一適切的位階。此則非賴歷史進路以研究問題不為功。先生之重視歷史、歷史研究（史學），並重視由歷史視角以切入研究主題，上段引文是再清楚不過了。

二、歷史學對個人的價值

唐先生固然承認學術研究有其自身的價值，❿但先生不是一個

---

❾　唐君毅，《哲學概論》（香港：友聯出版社，1974），頁 170。

❿　學術研究之價值，或至少價值之一，乃在於探求真理，獲得真知識。至於真理與真知識之價值之關係，唐先生曾如是說：「……從知識之內部看，我們可說一切真知識所實現之價值，即真理。真理本身是人求知時所欲獲得的，亦人所認為當獲得的，而獲得之是好的，悅我心的。故真理是有價值的。」（唐君毅，《哲學概論》（香港：友聯出版社，1974），頁 642）。歷史知識，除本節所論述之可對個人及下節所論述之可對社會、政治與民族產生一定之價值外（唐先生稱這是從知識的外部看其價值），從知識的內部看，歷

關在象牙塔裡，視客觀研究之本身為圓具自足、為人生之終極歸趨即在於是矣的學者。先生做學問，是要闡發人之精神價值，提昇人的道德情操，條順民族之生機，光暢文化之慧命為職志的。先生之重視歷史研究（重視史學）亦正因為這種研究很可以讓人達至上述的目標；或至少吾人可以說先生對史學是存有如此的一個期許的❶。

現今先說史學對於個人的幫助。先生說：

> 歷史學之所以為歷史學，亦即只在成就人之歷史意識或學歷史之生活，而此歷史意識與學歷史之生活，則屬於人之整個的存在，為人之精神表現一方式，所以成就人之整個精神生

史知識之為物，其價值是極高的。唐先生嘗從符合說、自明說、融貫說及實用立場等等來說明何謂真理。（說見上揭《哲學概論·知識論》第十七、十八章）而一歷史知識是否為真，則視乎此知識是否符合相關之客觀對象而定。由此可見，知識理論中之符合說是最可作為衡定歷史知識是否為真的一種學說。唐先生即如是說：「一切關於歷史地理之知識，與對各種個體事物及各種類事物之知識，都可說是必須與一些客觀對象有某一種符合，乃為真者。」（同上書，頁 604-605）說遠了，我們回來再說在唐先生心目中歷史知識價值高低的問題。先生說：「依符合說之真理論……，而最後必歸至：或以對個體事物之紀載之歷史性地理性一類之真知識，為一切知識之基石，為具第一義之真理之價值，是最確定而不容疑，兼為一切真知識賴之而真者。」（上揭《哲學概論》頁 643。）然則在唐先生心目中，史學所建構之歷史知識，其價值之高，是毋容置疑了。

❶ 唐先生在說明歷史科學與歷史哲學不同時，曾如是說：「……歷史科學恆只順時間先後的順序，以了解歷史事實為目的，……」這是指出歷史科學（即本文所說的史學）研治的對象是歷史事實；吾人不要因為「目的」二字而因辭害意，以為唐先生視歷史事實之研究便是史學之終極目的！上引語見唐君毅，《文化意識與道德理性》下冊，（臺北：臺灣學生書局，1978）頁 69-70。

活文化生活之充實與提高，……❷

要言之，歷史學之功能，對個人而言，是「成就人之整個精神生活文化生活之充實與提高」。在這裡，值得注意的是，唐先生特別提出一個「學歷史之生活」的概念，並認為這種生活對人類是有其正面價值的。筆者個人認為專業史家雖然以研究歷史為終身職志，但多半只視之為一種工作而已，很少會意識到要過一種「學歷史之生活」。這種把專業學習融貫到生活上去的看法，是很有識見的。其實，要成為一個成功的偉大史家，非自覺的過這種「學歷史之生活」不可。❸

　　上面說到充實與提高人之精神生活文化生活，這可說是就精神境界而言。其實，過學歷史的生活❹，何嘗沒有實際的效益呢？唐

---

❷　唐君毅，〈歷史事實與歷史意義〉，收入上揭《中華人文與當今世界》，上冊，頁118。

❸　牟宗三先生常說「生命的學問」。對於史家而言，他的生命必須要時時刻刻在過「學歷史之生活」，使歷史意識永遠保持一個活躍的狀態、「警覺的狀態」，甚至是「備戰的狀態」。如此他的生命與學問才可以結合為一；史學始可以成為他「生命的學問」（即與其生命、安身立命息息相關的一門學問）。只有如此，他的現實生命與古人的當時生命（其實亦古人的現實生命）始可以契合無間，此所謂尚友千古也。其實，只有尚友千古（此採其廣義用法，即神入古人之心，與古人之心相感通而認識之、體悟之）才可以下開百世。如此古今才可以貫通起來，否則歷史只是人類各個活動的片段，而歷史研究只成為一份糊口的工作，史家之研究成果恐怕不過是「斷爛朝報」而已。

❹　所謂過「學歷史的生活」，簡言之，即時時刻刻關注人類之過去；對人類之現狀，其淵源及其後之發展如何，要經常意識及。即經常要以「讀史」、「治史」之心態來過生活。

先生即如是說：

> 我們之讀史，而如史之真而了解之，亦即同時為幫助我們之
> 如何立身行己，而應世應物，為政施教者。此即中國古人之
> 學史之最後之目標，即清代只重考史之史家，亦從未加以否
> 認。❶

至於史學如何可使人「立身行己」、「應世應物」、「為政施
教」？唐先生則有如下的指點：

> 史學之用，則直接在使人精神收攝於具體之史事。而返求當
> 前事變，與吾人之生，所自來之本。……史學使人心，向內

---

❶ 上揭《中華人文與當今世界》，上冊，頁 155。清中葉的學風，無論治經或
研史，皆以考據為尚。此學人早已知之。然而，當時學人實未嘗全然乖脫明
末清初顧、黃、王等大儒經世致用的學風。此義則並非前賢治清代學術史者
所全然了解。唐先生雖治哲學，但能有此識見，殊屬難得。乾嘉史家，好針
砭時弊而與考證派史家殊途異趨的章學誠不必說；即以考證歷史聞名的錢大
昕及趙翼來說，彼等治史，實極重視致用的精神。可參司仲敖，《錢大昕之
生平及其經學》，中國文化大學博士論文，1984，第五章，〈治學記略〉；
黃啟華，《錢大昕經史之學研究》，香港大學中文系碩士論文，1990，第四
章，〈論史學功用〉部分；杜維運，《趙翼傳》（臺北：時報出版公司，
1983），頁 227-229；黃兆強，《清人元史學探微——清初至清中葉》（臺
北：稻鄉出版社，2000），第二章〈錢大昕・《元史考異》中所見大昕之思
想〉，頁 107-112；牟潤孫，〈錢大昕著述中論政微言〉，香港，《明報月
刊》，1981 年，第十二期，1982 年，第一期；黃兆強，《廿二史劄記研究》
（臺北：臺灣學生書局，1994），頁 36-38，45，註 32。此註 32 同時指出民
國初年的學者，如梁啟超等人，即不太了解清中葉學者治史其實恆抱持經世
致用的精神。

　　而向後。……史學使人回顧，人乃多情。❶

要言之，史學使人回顧過去具體之史事。但此回顧只是一手段，其目的則在於返本開新，藉以回應當前事變。「應世應物」、「為政施教」皆仰賴此回顧反省而汲取索引前人各種成敗得失的經驗。至若「立身行己」之資取借鑑於前人的經驗，那就更明顯了。

　　人之能回顧、回憶，是歷史產生／重現之基石。而回顧、回憶，則必賴人之自覺而後可。而人之所以為人而異於禽獸者，其關鍵乃在於人能自覺。由此可見人之自覺之重要性及自覺對歷史意識之生起的關鍵地位了。唐先生論人之歷史意識亦由此而切入；其論至為精闢不可易。其言曰：

　　　　人之所以異於禽獸，即在其有自覺的回憶，而不斷融所回憶
　　　　者於當前之經驗，以增生命厚度；於變知常，在時間之流
　　　　中，站立起來。❷

至於充實並提高人之精神生活方面，唐先生則有如下的說明。先生說：

　　　　重歷史知識，一方可使人培養出：超越個人直接經驗，而貫
　　　　通古往今來之人，所經驗之世界的廣大心量，而又可使人不
　　　　致落入抽象的理智觀念，而保持中國人之重具體整全的觀點
　　　　看事物的智慧，此智慧亦為人具充量的仁心者之所必當具

---

❶　唐君毅，《人文精神之重建》（香港：新亞研究所，1974），頁 544。
❷　上揭《人文精神之重建》，頁 289。

有。⓲

要言之，超越個人直接經驗，逕與古人精神往來的歷史研究必使人培養出廣大的心量並自整全的觀點察看事物變化的智慧。⓳

然而，治史並不完全是有百利而無一害的。唐先生智慧圓融周至，嘗指出其可能產生的弊端如下。先生說：

> ……但人過重具體的歷史知識，亦有一大流弊。即在歷史知識中，人所知之對象，皆為局限在某一特定時空之人物事件等的。此人物事件等，只分別佈列於時空之系統中。……此種歷史之事之分離性獨立性，即同時為使人之研究歷史的心靈，不免於一程度之破碎或支離者。⓴

上文所說歷史知識可培育出人察看事物的具體整全觀點的智慧。現今則說「不免於一程度之破碎或支離」。這顯為矛盾耶？其實，不然！因為「具體整全的觀點看事物」是指此事物之各面相層位皆被觀照到，而不會失諸見其一而不見其全的一偏之見。然而，此事物與他事物，恆各自獨立分離（雖其間或不無相通之處）。因此，一一針對個別史事而展開之研究，則恐不免陷於唐先生所說的破碎或支離

⓲ 唐君毅，《中國人文精神之發展》（臺北：臺灣學生書局，1974），頁149。

⓳ 本節上文主旨之一是從治史之能汲取歷史經驗教訓而增益個人行事處世的智慧方面來闡明唐先生的觀點。其實，這個鑑戒觀點不必然能夠成立。唐先生對此亦有所論說。這擬留待下文交待。先生的論說，見上揭《中華人文與當今世界》，頁153。

⓴ 上揭《中國人文精神之發展》，頁149。

之蔽。以歷史考證為治史重心的史學家,最容易陷溺其中。「大歷史家能知史事之源流,固較可免於此病。」**❷**然而,不是每一位史學家都可以像太史公司馬遷的能夠「究天人之際,通古今之變」的。然則如之何?唐先生承認一切學術皆有其價值,並能照察不同門類之學術之可以互補共濟。「道術將為天下裂」的「百家往而不反,必不合矣」**❷**的窘境,唐先生是有其解決之道的。**❷**此即科學知識是也。科學知識「有普遍性,而能貫通於各種不同時空之特殊事物,與各種特殊經驗者。」**❷**因此,正「得免於上述之心靈陷溺於個別歷史知識時,所致之破碎支離之病。」**❷**

在終結本節之前,筆者要再度指出的是,唐先生雖然肯定各門學術皆有其貢獻,但同時亦察悉陷溺其中任一時,皆可衍生流弊。融涵通貫,交流互濟似乎是唯一解決之道。在強調重視科際整合的今天,唐先生的指點,更是饒有深意。

三、歷史學對社會、政治、民族之價值

歷史研究不僅對個人精神生活、文化生活、行事處世、開拓心量等方面有所助益,並且對政治、社會、民族等等方面,亦有其貢獻。唐先生在他的好幾種著作中皆嘗闡發斯義。先生說:

---

❷ 上揭《中國人文精神之發展》,頁 149。

❷ 《莊子·天下篇》。

❷ 此問題,可參本書〈史學現代化〉一文。

❷ 上揭《中國人文精神之發展》,頁 150。

❷ 《中國人文精神之發展》,頁 150。

> 一切歷史之研究，不能不直接間接照顧吾人今日之存在狀態
> 中所感之社會政治文化之問題，不能不求有助於此類問題之
> 解決方案之提出，並見諸行事，而達我們之精神生活、文化
> 生活之充實與提高之目標；人不能於一切史學之研究，無所
> 重輕，而必求其當務之為急者而為之，亦不待辨而可明矣。❷⑥

上引文可以看得出來，史學致用的意識，唐先生是很強烈的。正因
為有此認知，因此便認為史家選題，不能「無所重輕」，而必須照
顧當務之急的社會政治文化之問題。其實，不少史家選題研究，都
是以時代所關注的大問題為指標的。這個現象，法國史家 Henri
See 即曾指出說：

> 我們而且要更進一步說，現在的事實是激起了史家研究的對
> 象。為什麼半世紀以來經濟史和社會史得到重大發展呢？為
> 什麼人們存心地去研究勞動組織史，工商進化史，及資本主
> 義的起源呢？這是由於現在社會中經濟的和社會的事實一天
> 天地重要，資本勞動間的問題，到處都發生。大戰後兌換的
> 混亂及價格的提高，引起了歷史家的研究十六世紀的錢幣革
> 命，得到更確切的了解。❷⑦

Henri See 的意思是說，為了說明今日社會、經濟的重大問題仍不
得不乞靈於過去相關的歷史。以上 Henri See 所描繪的史家的具體

---

❷⑥　上揭《中華人文與當今世界》，頁 157。
❷⑦　Henri See 著，*Science et Philosophie de l'histoire* (Paris, 1928)，黎東方譯，
　　《歷史之科學與哲學》（臺北：臺灣商務印書館，1963），頁 84。

研究情況，顯然是針對歐戰（第一次世界大戰）前後的歐洲來說的。當然就今天來說，已與八九十年前的情況有很大的差異。然而，史家（至少不少史家）的治史精神──溯源於過去以說明今天社會所出現的重大問題，在原則上總應該是千古如一的。已故中央研究院院士業師嚴耕望先生亦指出「目前一般觀點言，國家大計，社會動態，人民生活，思想潮流是最為大家所關注的問題」❷❽。嚴先生並沒有明說史家之所以關注這四類歷史問題是出於現實政治、社會的需要。然而，很明顯，這些問題確係現代人所特別感興趣的。因此史家之所以研究這些問題，當亦係基於現實的考量。

可是，並不是所有史學家都以現實考量為選題導向的。業師《史學與史學方法》的撰著者許冠三先生便指出說：

> 但，科學派史學家卻很少注意大規模往事間的相互關係，更不去解釋歷史的變動，特別是大規模的變動。也不願寫作以大規模往事為題材的史著。小規模事實的確定對於史學研究本身以及有關科學研究，雖有重大的意義，但對於整個社會的直接用途卻微不足道。事實蒐求派的史學家顯然取消了一些問題，並規避了對社會大眾直接服務的責任。❷❾

過去，中央研究院歷史語言研究所的治史方向確實是以小規模史事重建為原則。大問題或通論性的問題比較不受注意，選題研究亦不

---

❷❽　嚴耕望，《治史經驗談》（臺北：臺灣商務印書館，1981），頁 72-73。

❷❾　許冠三，〈引言〉，《史學與史學方法》（臺北：萬年青書廊，缺年份），上冊，頁 5-6。

甚考慮政治、社會的當務之急。歷史語言研究所首任所長傅斯年先生所撰寫的〈歷史語言研究所工作之旨趣〉的大文可說在相當程度上規劃了，並反映了該所數十年來治學的方向。**❸⓪**唐先生認為選題不能「無所重輕」，而要照顧現實狀況。這個意見不必然是衝著史語所的治史方向有感而發，但研究歷史，「必求其當務之為急者而為之」，不要關起門來做學問，當是先生的肺腑之言。

唐先生一輩子生於困頓憂患、黍離之悲的動亂時代。中華民族及傳統文化均受到前所未有之災劫。職是之故，先生無時不以民族挺拔自立、文化光暢弘揚為終身職志。發為文章，亦必以斯二旨為主軸。其論史學亦然。先生說：

> 史學之使人知當前事變，與吾人之生，所自來之歷史文化之本源之共同，則人與人情意相通，將益助人之求其民族之和融凝翕。此即中國自漢以來，所建設之古史系統，與各時代之偉大歷史著作，所以有助於中國民族和融凝翕與國家之統一者。……在中國學人，則由唐宋以來，感北方夷狄南侵之壓迫，乃更求民族內部之和融凝翕，而益邁力於史學。自宋而私家修史者益多，考史論史之風，更邁越於漢唐。由宋至清之學者，疑史疑經之風，亦由求史實真相之動機以興起。**❸①**

史學使人回顧吾人祖先創業之艱難及生存奮鬥一步一腳印之業績，而更使人升起並堅定「求其民族之和融凝翕」的意志。這對於民族

---

❸⓪　該文載《史語所集刊》，第一本，1928。
❸①　上揭書《人文精神之重建》，頁 545。

正處於風雨飄搖的年代來說，特別見其效用。宋代外患交侵，為歷代之冠。然史學之發展特盛，此與國家、民族之處境不無關係。唐先生雖非史家，但能指出兩者之關係，可謂甚具史識；與專業史家相比，實不遑多讓。臺灣大學歷史系王德毅教授曾撰專文探討宋代國家處境與史學發展的關係❸❷，甚具創見，並可以證成唐先生的說法。宋人重視史學，迄宋亡亦然。元兵入臨安，董文炳主留事，即曰：「國可滅，史不可沒。」❸❸文炳固非宋人，其重視宋代史館所記，雖自云藉以「備典禮」❸❹，似與國家、民族處境無涉。但於此亦可見宋人重史之風，其影響遠及於元人統治下之漢人也。

其實，國家危亡傾滅之際，志士仁人恆重視史學，此非獨國人為然，洋人亦莫不如此。普魯士人費希特（J.B. Fichte, 1762-1814）於拿破崙大軍席捲歐洲而普國瀕臨滅絕之際，乃於 1807-08 年發表著名的《對德意志國民的演講》（Reden an die deutsche Nation）。費氏雖為專業哲學家，但演講中仍不免借用日爾曼民族過去圓具自足、獨立自主的歷史事例，以說明並強調該民族之原創意識。其於振拔人心，鼓舞士氣方面，助益匪淺。史學之為用，豈不大哉！❸❺

---

❸❷ 王德毅，〈宋代國家處境與史學發展〉，《世變‧群體與個人：第一屆全國歷史學學術討論會論文集》，臺北：國立臺灣大學歷史學系主辦，1996 年。

❸❸ 參金毓黻，《中國史學史》（臺北：鼎文書局，1974）頁 126。文炳事，見《元史》，卷一五六，本傳。

❸❹ 《元史》，卷一五六，本傳。所謂「……其太史所記，具在史館，宜悉收以備典禮」，是指參酌宋代史館所記者作為元代未來典禮之借鏡也。

❸❺ 馬英九擔任臺北市市長時嘗涉嫌公款私用而被公訴。該案乃於 2008.08.14 一審宣判。判決書中即有引用宋代公使錢以為佐證者。此即可見千年前之史事服務於今日社會之一例。歷史豈為無現實社會效用之一門學問哉？然而，歷

　　上文主要是就狹義的史學——歷史研究，來指出這門學科的價值。其實，就寬泛義來說，史學可指人之歷史知識，甚至人之歷史意識而言；不必僅指專業史家之歷史研究。以下即嘗試依此義而闡發史學的價值。

　　歷史意識可以促使國人人文精神的發展。唐先生特舉漢代為例以作說明。先生說：

> ……漢代秦興，原來被壓伏的思想，得重新表現時，人之不雜迷信的回顧過去，以復活之於現在之精神，則為漢代人求通古今之變的歷史精神❸❻。此「通古今之變的歷史精神」，亦即形成漢代人文精神之進一步發展。❸❼

　　史知識及由此知識而建構之歷史學科愈來愈不受重視已可說是大勢所趨；作為人文學科或社會科學之一的歷史學科，長久以來與其他人文社會學科遭遇著同一的厄運。今以大學歷史科為例稍作說明。約 1992 年前，中國通史及中國現代史乃係中華民國全國各大學之共同必修科，共六個學分；後減至四學分，兩科合併為一科，並易名為「本國歷史」，後並簡稱為「歷史」。1995 年，以所謂違憲故，是否開授歷史課，教育部乃開放各大專院校自主。民國 85 學年度，各校可落實此自主權。換言之，要否開授此科、係必修、選修、學分多少，全無定著！古人謂：滅其國，必先滅其史。史既滅，則人之歷史意識便無其對象可施。換言之，對自己之國家便無歷史意識／歷史知識可言矣！對自己國家之歷史意識既不存，則其國雖存而猶亡也。蓋國史既滅，國人即無民族、文化之認同可言。本此，則所謂異族之入侵、異族之統治，亦只不過一新政權之勃興以取代舊政權而已；何有亡國、亡天下之感可言！

❸❻　這裡的「歷史精神」，指的是人對歷史加以了解、察悉的一種認知精神。這與黑格爾就形上學意義所指的歷史絕對精神，截然不同。為避免混淆，本節擬以「歷史意識」一詞取代之。

❸❼　《中國人文精神之發展》，頁 28。

然而，漢代人通古今之變的歷史意識，如何促成漢代人文精神之發展？唐先生對此進一步解說云：

> 真正的歷史精神，應當是一種由現在以反溯過去，而對古今
> 之變，沿源溯流，加以了解的精神。這種歷史精神只在中國
> 人文之發展，經了秦之一頓挫，漢代人再來加以承續時，才
> 能真正顯出。此秦之一頓挫，對中國人文之發展言，如依辯
> 證法說，是由正面轉至反面。漢之反秦，是一反之反。此反
> 之反，同時即回抱回顧原先之正面。……而司馬遷之《史
> 記》，即一劃時代歷史著作，而表現漢人之歷史精神最好的
> 一部書。❸

人文精神，在先秦時代，已有長足的發展。惜暴秦橫加斬截！漢代
秦興，人文精神重獲生機。重現的生機得來不易；當時人比先秦人
更珍惜之、矜憐之、並進一步發展之，這是很可以理解的。唐先生
說此精神在漢代得以進一步發展，即本此而為說。然而，對漢代人
而言，先秦時代早已過去，其人文精神之大傳統經秦人之統治，早
已頓挫斷喪。其殘存者幾希矣！其最後之所以能復活，且能進一步
發展者，無他，以人之有歷史意識故也！若視逝去即為逝去，不復
加以追憶，不屑回顧環抱之，則先秦時代縱使孕育過再偉大的人文
精神，以至其他更崇高的精神，那亦是枉然。因此，人之願意回憶
過去，重視過去，是一切過去人類偉大崇高的精神之得以再現、再
發展之關鍵所在。非此不足以語發展，不足以語人類之未來。人之

---

❸　《中國人文精神之發展》，頁 28。

歷史意識之可貴，正在此矣！而此中司馬遷更以其個人稟賦之卓異，使命感之強烈，氣魄之雄偉，展現其涵蓋萬殊、包吞千有的通古今之變的歷史意識，撰成《史記》一傑作❸，於是先秦人文精神得以具體彰顯；而漢代人文精神亦得以進一步發展者，史公與有功焉。

其實，一切人類過去偉大精神之得以重現、發展，歷史意識乃係必要條件。上述藉人文精神之說明以概其餘；其他精神恕從略。

---

❸ 唐先生以「史記」一名指司馬遷所為書，乃取該詞後世之通用義；司馬遷本人並未命名己所撰者為《史記》。按：《史記》原稱《太史公書》，間或稱《太史公記》、《太史公》、《太史記》。逮乎東漢末荀悅《漢紀》乃有指稱《太史公書》為「史記」者，然相關語句云：「司馬子長既遭李陵之禍，喟然而嘆，幽而發憤，遂著史記，始自黃帝，以及秦漢，為《太史公記》。」（《漢紀・孝武皇帝紀五卷第十四》），是可知荀悅仍以《太史公記》稱遷書也。蓋文中之「史記」猶或同於今語「歷史」、「史書」而已，而似仍非司馬遷所為書之專稱。范曄《後漢書・班彪傳》載：「武帝時，司馬遷著史記，自太初以後，闕而不錄。」按范曄為宋人，且「司馬遷著史記」中之「史記」，與上引《漢紀》中之「史記」，其義應相同；換言之，不必然係史遷所為書之專稱；而或同於「歷史」、「史書」等語而已。果爾，則「司馬遷著史記」猶同於「司馬遷著歷史」而已。以「史記」專指遷書者，實不知始於何時。錢大昕則云：「……『史記』之名，疑出魏晉以後。」（《廿二史考異》，卷五，〈太史公自序〉條）意謂以「史記」獨稱遷書而成為該書之專有名稱者，蓋魏晉以後事也。以大昕史學功力之深、學問之博，而仍不能確指以「史記」專稱遷書始於何時，則吾人存疑之可也；或籠統言之，謂出自魏晉以後即可，而不必確指出於何時。相關問題或可參程金造：《史記管窺・史記名稱解》（西安：陝西人民出版社，1985）。

四、歷史學之性質及其「終極價值」

　　史學之有其價值，上文已有所論說。其中唐先生指出，立身行己、應世應物、為政施教，皆可仰仗於史學（參上文二）。然而，若深入反省，史學不必然對此皆有正面的幫助。唐先生撰寫於一九六三年的〈歷史事實與歷史意義〉一文的論述顯然更有進於前者❹，而對相關問題作出更周延，然或稍異於先前的說明。

　　本節在處理唐先生論述史學之「終極價值」之前，擬先據〈歷史事實與歷史意義〉一文對史學可資鑑戒（立身行己、應世應物……）的論點，作一補充性（然表面看，似稍異於前文）的論述。唐先生說：

> ……人之是否學忠學賢，畢竟是人自身的事。我們亦不能由歷史上之賢者恆受其福，不肖者恆受禍，以使我們必知鑑戒。因歷史中之賢者亦不必受福；不肖者之受禍，亦非不旋踵而至。……故一人之對古今歷史人物之知識之多，明不必然關聯於其人之為如何，而記誦之多，以使人只重其所知之對象之人物之為如何，儘可使人更忘其為人之當如何。……故人對其任何行為，皆可自運用其歷史知識，以古人為先

---

❹　唐先生各著作而內中涉及史學的功用、價值者，如《哲學概論》、《中國人文精神的發展》、《人文精神之重建》、《文化意識與道德理性》等書，皆初版於 1961 年之前，可說係唐先生中年前的著作。其中專論史學的文章〈歷史事實與歷史意義〉，則發表於唐先生的中晚年──1963 年 12 月，內中卓見睿識盈溢篇章。所述義理亦更圓融周至，有非前此各文可及者。吾人可視之為先生之思想與時俱進、演化更新之表現，而不宜以「前後矛盾牴牾」視之。

例，以自文飾。**❹**

先生本段文字的說明相當合理，且亦合乎歷史事實。君不見秦始皇、毛澤東之壽終正寢乎？又不見岳飛、袁崇煥之冤死乎？如吾人直以此為鑑，則捨棄剛毅忠義，崇尚巧詐奸宄必矣！歷史事例何可資於鑑戒哉？立身行己、應世應物，歷史果可資取借鑑乎？果無可仰仗憑依乎？吾人於此焉得不惑？！

唐先生對此困惑提出了一個很好的解決方案：先涵養培植一個光明正大的存心，並以此為判準以衡斷篩選過去一切人物的正負面行為**❷**。本此，則何者宜取，何者當棄，便了然於胸，而無所疑惑了。先生說：

> ……我們既已能在第一步開始以光明正大存心，而有多少之道德上之覺悟之後，再來看歷史上之史家之史德，與其他人物之德行，則此時我們所知於此歷史人物之德行，亦即可真成為我們之模範，而為我們知所嚮往。……而一切反面之人物之記載，亦有資我之警惕，而戒懼之用，……而一切史事中之成敗禍福，治亂興衰，亦皆可在人既已光明正大存心之

---

❹ 唐君毅，上揭書《中華人文與當今世界》，頁 153。

❷ 光明正大的存心，即人之道德心，此唐先生所極重視者。唐先生甚至把人類的一切文化活動都收攝歸納到這上面去講。參《文化意識與道德理性》一書即可知。此書 1978 年臺灣學生書局再版。孟子說：「先立乎其大者，則其小者弗能奪也。」（《孟子・告子上》）此所謂「大者」，人之道德心也。個人認為只要人本其正大光明之道德心，以衡斷篩選過去一切人物的正負面行為，以為一己行事做人之鑑戒，則一切抉擇去取自可遊刃有餘。

後，加以如實了知，並試設身處地於其境，以自思其所以處
之之道。由此而皆可以使吾人更識取如何處成處敗，受福受
禍，振衰起弊，撥亂反治之道。❸

唐先生這個指點極其重要，蓋充份說明，並可謂保住了史學（歷史
知識）的價值，尤其史學對吾人的切身功用。朱熹詩〈觀書有感〉
云：「問渠那得清如許？」自答謂：「唯有源頭活水來」。記得以
前聆聽牟宗三老師講課時，宗三師恆謂科學是中性的，沒有方向
的。其能締造人類之福祉，或帶來災難，它負責不了。要負責的是
人。其實史學亦然。歷史知識如同科學知識，以至其他知識一樣，
同為中性的。用之善則善，用之惡則惡。然而，吾人不能因為歷史
知識可以用在惡方面，便否定它的價值，猶不能因噎而廢食的道理
一樣。此中最關鍵的是人──人的存心！唯有光明正大的存心始可
保住歷史知識不偏離、不迷失正確方向！這就是人立身行己、應世
應物的源頭活水。歷史知識，末也；光明正大的存心，本也。本清
末清、本濁末濁。然則朱熹詩所涵的義理，放諸四海而皆準。然
而，末也並非不重要。本提供了方向，末則提供了材質。無方向則
失、亂；無材質則虛、空。必相補互濟始可底於成。於此，則可見
史學之為用，亦大矣！

　　上文是說明光明正大的存心為人之歷史意識提供了方向。其
實，在獲得此存心提供穩固之基礎並正確之方向後，此歷史意識
（歷史知識、歷史學）又返過來貢獻其力量於此存心，而使此存心更

───────────────

❸　唐君毅，上揭書《中華人文與當今世界》，頁 154-155。

充盈周至。人文世界及人格世界之建立，亦有以是賴。此問題，下面將再論及。現今擬先說明歷史學（歷史研究）之性質／目的。

歷史學之性質或目的，可於「歷史學」一詞之定義見之。簡單來說，歷史學乃重溯過去（通常僅指人類之過去）的一門學問。至於說歷史學可資鑑戒之用，這可說是此詞的引伸義。❹然而，唐先生對歷史學的性質、目的則有更深一層的理解。此可說迥異，並更有進於前賢者。此為：歷史學乃求吾人歷史意識之安穩並發現歷史的可能意義、理想意義之學❺。茲先說明前者。先生說：

> 我們之歷史意識所涵蓋統攝之歷史的世界中之一事物之有
> 無，如在疑似之間，便不能安穩的存在於吾人之意識中，吾
> 人乃必求對之有一決定之道。此決定之道，則不外看有與
> 無，孰為與我們所知於事物之常情常理或事物之一般意義，
> 而對史料之所作之解釋，更能相貫通，以去除此歷史意識中
> 之疙瘩或糾結，以求其心之所安，即求吾人之歷史意識之安

---

❹ 史學方法的經典之作——梁啟超的《中國歷史研究法》首章第一句即依此二義來界說「歷史」一詞。梁氏說：「史者何？記述人類社會賡續活動之體相，校其總成績，求得其因果關係，以為現代一般人活動之資鑑者也。」《中國歷史研究法》（臺北：臺灣中華書局，1972），頁1。

❺ 筆者在大學開設史學方法一課，前後幾二十年。坊間所見之史學方法的著作，以至史學理論的專著，皆嘗瀏覽，然對史學之討論，就以對「史學」一詞的理解來說，似無以勝於唐先生者。先生以哲學家之睿智，加上觀察能力特強，並融貫其廣博的歷史、文化方面的知識以立論，是以其論斷持說恆超邁前賢，豈偶然哉！

穩而已。**⑥**

嚴耕望先生在談到史學研究這門學問時，指出說：「任何學問總不外是個『理』字。」**⑦**史學研究當然也不例外。唐先生所說的「常情常理」以為治史之資，正與嚴先生之說相同。許冠三先生說到歷史知識時，有如下的卓見：「……對於那些可信性既不能否定亦不能肯定的『僅有的供證』，於必要時，史學家得暫信為真，這是基於社會的需要，史學家和讀者都希望歷史知識的空白愈少愈好」**⑧**。許先生所說的「供證」，乃史料的一種；「歷史知識的空白越少越好」，目的即在於求「吾人之歷史意識之安穩」。唐、嚴、許三先生的意見，若綜合通貫之，其意即為：藉常情常理以貞定、衡斷史料之可信度，並藉此史料所建構之歷史知識以形成吾人之歷史意識者，得以安穩於吾人之心中。嚴先生研治歷史，偏重具體史事本身之研究；上所述義，不克觸及。許先生對此義引而未發，不及深入討論。唐先生以天縱之資，能見人所不見，能道人所不能道。其史學理論所展示之智慧，夐乎尚矣！

　　然而，「求其心之所安」，「求吾人之歷史意識之安穩」，猶不免只是個人主觀之事。歷史學對客觀之社會、文化又到底有何幫助、價值？上文云唐先生指出歷史學乃發現可能意義與理想意義之學**⑨**。此認定正可以對這個問題揭示了一個可能答案。而此答案使

---

⑥　唐君毅，《中華人文與當今世界》，頁 147。

⑦　嚴耕望，上揭《治史經驗談》，〈序言〉，頁 1。

⑧　許冠三．上揭《史學與史學方法》，下冊，頁 36。

⑨　唐先生在〈歷史事實與歷史意義〉一文中特闢一節暢論斯旨。見《中華人文

歷史學之價值更有進於上節（二）所陳述者。

　　唐先生之〈歷史事實與歷史意義〉一文主旨之一，即在於說明歷史學之目的乃在於發現歷史事實之可能意義與理想意義。❺⓿此旨頗深奧。然宗趣不外乎說明：吾人不能抱持「過去之世界是如何即如何」的看法。蓋過去世界之為如何，其客觀存在之實況，恐怕只有上帝始能盡知之。就人之認知上來說，過去世界之為如何，全視乎吾人歷史意識所能涵攝、汲納之程度而定。而歷史事實之所以能夠被吾人意識所涵攝，而構成吾人之歷史知識，正以此等事實有意義故也。換言之，若此等事實無若何意義，則吾人之意識即對之不感興趣而不加以汲納涵攝。此時，此等所謂歷史事實即不存在於吾人的意識中！然則在吾人之認知上，其存在猶不存在也！於此即可見歷史學之目的、功用便在於充量地發現歷史之可能意義與理想意義。非此則歷史學作為學科之價值便頓失；以至該學科之存在，亦沒有任何意義可言了。

　　上文云歷史學乃發現歷史之可能意義與理想意義之學。❺❶此兩

與當今世界》，頁 139-121。

❺⓿　〈歷史事實與歷史意義〉一文發表於 1963 年 12 月。兩個月後（即 1964 年 2
　　月），先生發表另一文時亦持同一看法。先生說：「我們說歷史學是由歷史
　　事實，而求發現歷史意義之學。」語見〈人文學術與自然科學社會科學之分
　　際〉，《民主評論》，十五卷三期，1964 年 2 月；上揭《中華人文與當今世
　　界》，頁 200。

❺❶　「發現可能意義與理想意義」乃可謂歷史學之目的。而歷史學之目的可以說
　　只是「歷史學」這門學科所應具備之部份內容而已。而對「歷史學」，唐先
　　生是有如下的慧解的。這或可視之為先生對此詞的定義。先生說：「對歷史
　　學，我們可說是：緣於人自覺反省其已經驗之事，加上『安排之於一時間秩

意義固不同而各有關涉。要言之，就歷史學之性質言，當以充量發現歷史之可能意義為旨趣；就其功用、價值言，則當以全面搜尋歷史之理想意義為歸趣。蓋理想意義似更可直接啟導指引人之行為，成就唐先生念茲在茲的人文世界人格世界也。❷於此，又可見歷史學對於現實社會、文化的功用。

　　回顧、綜述上文所言，可知人光明正大的存心使人之歷史意識得以充份發揮，藉以發現歷史的可能意義與理想意義。而此等意義又返過來潤澤人之存心，而最後必以充量成就、開發人文世界、人格世界為終極歸宿也。

　　順著上文，我們轉談另一義。歷史學所研究或人的歷史意識所施的對象，無論是過去的歷史世界之本身也好，過去的歷史世界的意義也好，都只是扣緊過去來說的。然而，唐先生加以擴充。先生

序』，『以文字記錄其事』，再加以『解釋及了解歷史意義』等事，而如此『由事生事，於事上加事』之所成。」換言之，歷史學乃對一連串史事進行「研究」、「處理」的一門學問。而「研究」、「處理」之得以生起，或得以生起之先決條件，乃由人對往事有所覺而來。繼後則人在其腦海中依時序而安排此等往事之先後順序。再者則筆載記錄之。而筆載記錄可有廣狹兩義。就狹義來說，則所謂單純的客觀紀錄是也。（其實這只是理論上如此。就實際情況來說，很難有所謂單純的客觀紀錄的。）就廣義來說，紀錄其實必含解釋，此即唐先生所說的「解釋及了解歷史意義」之謂。而歷史意義之了解可因人（史家）而異。而史家之責任則在於對各種意義作充量之了解；此即先生在〈歷史事實與歷史意義〉一文中所說的充量的「發現可能意義與理想意義」是也。上引唐先生語，見〈人文學術與自然科學社會科學之分際〉，《中華人文與當今世界》，頁203。

❷　唐先生之〈歷史事實與歷史意義〉一文到處暢論斯義。本段乃綜述之，並稍加發揮引伸而已。其詳可參本書〈唐君毅先生的歷史知識論〉一文。

說：

> 我們之真正的歷史意識，亦即須涵蓋此天網❸之全體，以往
> 來於此兩頭❹，以看此諸種意義之網線之如何貫穿於此兩
> 頭；而不能只視歷史事實之世界，為已成過去，而彼此獨
> 立，各為唯一無二的一一事實之和；或只去膠固於一事實之
> 自身，而求其所具有之意義。❺

歷史意識為要充量發現歷史世界之可能意義與理想意義，必須資取
於現今的世界，以至未來世界之各種可能情況。觸角必須敏銳，否
則無以察悉當前的世界；想像力必須豐富，不然未來世界全不可
知。網線之展佈，必須往來於過去、現在與未來之兩頭，始克盡歷
史意識的任務；歷史的可能意義與理想意義由是始得以充份彰顯呈
現。史家謂古今雙向互動、古今可以對話❻，實與唐先生所論若合
符節。以古知今，借古喻今，這種古為今用的情況，眾人皆喻曉，

---

❸ 順上下文意，按指人世間諸事物之各種關係網絡。

❹ 已成之歷史事實為一頭，現在及未來之事實為另一頭。

❺ 唐君毅，《中華人文與當今世界》，頁 128。

❻ 有關本問題，史家討論甚多。法國年鑑學派創始人物之一的馬克·布洛赫即
曾暢論斯義。M.Bloch, *Apologie pour l'histoire* (Paris: Armand Colin, 1974),
pp.44-50。又可參本書之英譯本 *The Historian's Craft* (N.Y.: Random House,
1953) ,pp.39-47。中譯本至少計有兩種。周婉窈譯，《史家的技藝》（臺北：
遠流出版社，1989），頁 43-50。張和聲、程郁譯，《歷史學家的技藝》（上
海：社會科學出版社，1992），頁 32-39。前者譯自英文版；後者逕譯自法文
版。後者的相關章節，其名稱是〈由古知今〉及〈由今知古〉。古今之雙向
互動，光是看這兩個標題便知其梗概。

不必多說；但反過來，如何可由現今之政治社會等等的實況以知悉／理解／推敲過去歷史上存在過的情況呢？這就比較難以想像。其實亦不盡然。我們試舉一例作說明。

中國古代堯舜禪讓的情事，有視之為是儒家不瞭解當時實情而想像出來的。然而，魏曹丕篡位時，說了句「舜禹之事，吾知之矣」❺❼的話，則是把古代的「禪讓」視為如同他自己當時篡位的行為一樣。這無疑醜化了這件事情。儒家美化之，曹丕則醜化之！然則事實該當如何？！嚴耕望先生認為兩者皆不對；指出謂：「堯舜禪讓只是部落酋長的選舉制」。❺❽他是看了人類學家摩爾根（L. H. Morgan, 1818-1881）的《古代社會》（*Ancient Society*）才悟出這個道理來的。而摩爾根則是由於觀察當時美國印第安人的原始政治、社會現象而推想古代理當如是的。換言之。摩爾根是由今以推知古，嚴先生又借以推知中國堯舜之事。這都可以證成唐先生網線兩頭互通的說法：古今雙向互動，由古固可知今；由今亦未嘗不可知古。且為要發現歷史的可能意義與理想意義，憑藉現今以至未來乃必須者。

「發現歷史的可能意義與理想意義」的問題，唐先生更有進一步的解說。所謂「發現」意指東西已擺放在那裡，只等吾人發掘而呈現之、彰顯之之謂。然而，就歷史之可能意義與理想意義來說，到底有多少？「擺放」在哪裡？此全無定著。因此，所謂發現，猶

---

❺❼ 語出《魏氏春秋》，轉引自《三國志‧魏書二‧文帝紀第二》。此載「漢帝以眾望在魏，……改延康為黃初，大赦。」一段話之後的裴注。按：此段話之後的裴注計一萬多字。《魏氏春秋》：「舜禹之事，吾知之矣」見裴注近末尾處，乃文帝登極升壇禮畢後所說的話。

❺❽ 嚴耕望，上揭書《治史經驗談》，頁 4-5。

同創造。唐先生即如是說：

> ……故吾人說，史家對史事之意義之發現，亦即史家之一創
> 造，而一切史事之意義，亦皆在繼續被發見而被創造之歷程
> 中，而非可預定其有多少者也。❺⁹

又說：

> ……我們當先說人之學歷史之生活之價值，……不能說只是
> 去發現歷史事實原已具有之意義，無所謂創造之可言者。而
> 當說此發現，同時有創造，此反映重現過去者，同時是使之
> 復活再生，而使之存在於現在與未來。❻⁰

發現也好，創造也罷，這都是就歷史學對過去的歷史世界所當肩負
的任務來說。這是歷史學科本身的貢獻或價值所在❻¹。然而，就歷
史學之創造來說，它不僅創造過去世界的意義；更重要的是，它同
時協助創造人類未來的歷史！先生說：「我們今尚可進而說明之一
義，則人之歷史學，……使人成為歷史之創造者……。」❻²

又說：

> ……然此諸分工之事合起來，仍只有以於史事識史義，而使

---

❺⁹　唐君毅，上揭《中華人文與當今世界》，頁 141。

❻⁰　上揭《中華人文與當今世界》，頁 149。

❻¹　當然，歷史學也有其他價值。此上文二、三兩節，以至本節中的若干段落已
　　作過說明。

❻²　上揭《中華人文與當今世界》，頁 155。

歷史之學助成人類歷史之創造，為最後之唯一之目標。故無論我們個人之工作如何專門，我們之器識，仍必需能照顧到此最後之唯一之目標，而由此以照顧到他人之工作，以使之直接間接配合，以共達此目標為準**❻❸**。

上面引錄的最後一段話，是唐先生總結〈歷史事實與歷史意義〉一文時，所說出的；是先生總結全文的肺腑之言。該文哲理性相當強，是討論歷史學科之性質的不可多得的文章。然而，最後以該學科之價值及功能所在為結穴，則先生之終極關懷可以概見。吾人治史之不能「只是為知識而求知識」，不亦明白彰著如日月乎！歷史學之終極價值，正在於是矣！

五、餘論

筆者在這個餘論中要指出數點：

㈠唐先生雖為哲學家，但絕不輕視歷史本身之研究；並認為哲學家之反省如能兼及於歷史、文化，則正可見其心量之宏大。唐先生之學術取向正係如此，則先生本身心量之宏大，可以概見。然而，先生特別強調的是，歷史研究不得固步自封，以求所謂純粹的客觀歷史知識為滿足，其中尤不可只埋首於小考據、小發覆，而無視於歷史學更有其廣闊之天空在，亦有其更崇高之理想在。

㈡歷史學之理想或價值極多，其中奠基於人光明正大的存心，

---

❻❸ 上揭《中華人文與當今世界》，頁 158。

藉以積極充量發現過去世界、創造過去世界之可能意義、理想意義，並依此以創造現今及未來之歷史，以促成人格世界、人文世界，乃係歷史學的究竟意義，並係人類終極歸趨所在。唐先生此等識見，可謂發前人所未發，而更能光大暢發歷史學之價值者。

㈢唐先生暢論歷史學之性質及其價值，然先強調人本身光明正大之存心之關鍵地位及作用，則歷史學或人之歷史意識所施展者，必以人之德性為基準、為先決條件，不亦彰著昭明乎！於此亦見先生論歷史學，猶同於論其他學術，以至於論說人類所有行為，之必以道德為先存基礎也。《文化意識與道德理性》一書所論述者，正係演繹斯義而最能彰明先生之用心者也。

　　綜上所論，則先生雖僅止於闡發歷史學之真義，惟其旨意實與先生整個思想極相吻合。然則先生思想雖極廣博，似無涯涘，然貫通融涵、圓至周備，不亦可概見乎！先生之成就，卓然偉矣！

<h2>徵引書目 （按徵引先後為序）</h2>

1. 馮愛群編，《唐君毅先生紀念集》，臺北：臺灣學生書局，1979。
2. 《唐君毅先生全集》委員會編，《年譜、著述年表、先人著述》，臺北：臺灣學生書局，1990。
3. 李杜著，《唐君毅先生的哲學》，臺北：臺灣學生書局，1982。
4. 黃兆強著，〈唐君毅先生的歷史哲學〉，香港《華僑日報・人文雙週刊》，1980 年 2 月 5 日。
5. 黃兆強著，〈唐君毅先生的歷史知識論〉，發表於鵝湖雜誌社等主辦，「第四屆當代新儒學國際學術會議」，臺北，1996 年 12 月 22-24 日。

6. 牟宗三著，《歷史哲學》，香港：人生出版社，1962。

7. 唐君毅著，《中華人文與當今世界》，臺北：臺灣學生書局，1975。

8. 唐君毅著，《哲學概論》，香港：友聯出版社，1974。

9. 唐君毅著，《文化意識與道德理性》，臺北：臺灣學生書局，1978。

10. 司仲敖著，《錢大昕之生平及其經學》，中國文化大學博士論文，1984。

11. 黃啟華著，《錢大昕經史之學研究》，香港大學中文系碩士論文，1990。

12. 杜維運著，《趙翼傳》，臺北：時報出版公司，1983。

13. 黃兆強著，《廿二史劄記研究》，臺北：臺灣學生書局，1994。

14. 唐君毅著，《人文精神之重建》，香港：新亞研究所，1974。

15. 唐君毅著，《中國人文精神之重建》，臺北：臺灣學生書局，1974。

16. 王夫之著，《莊子解》，香港：中華書局，1976。

17. 黎東方譯，《歷史之科學與哲學》，臺北：臺灣商務印書館，1963。

18. 嚴耕望著，《治史經驗談》，臺北：臺灣商務印書館，1981。

19. 許冠三著，《史學與史學方法》，臺北：萬年青書廊，缺年份。

20. 中央研究院，《史語所集刊》，第一本，1928。

21. 王德毅著，〈宋代國家處境與史學發展〉，《世變‧群體與個人：第一屆全國歷史學學術討論會論文集》，臺北：國立臺灣大學歷史學系主辦，1996。

22. 金毓黻，《中國史學史》，臺北：鼎文書局，1974。

23. 宋濂、王褘著，《元史》，北京：中華書局，1976。

24. 司馬遷，《史記》。

25. 程金造：《史記管窺‧史記名稱解》，西安：陝西人民出版社，1985。

26. 唐君毅著，《中國人文精神之發展》，臺北：臺灣學生書局，1974。

27. 梁啟超著，《中國歷史研究法》，臺北：臺灣中華書局，1972。

28. Bloch, M., *Apologie pour l'histoire*, Paris: Armand Colin, 1974.

29. Bloch, M., *The Historian's Craft*, N.Y.: Random House, 1953.

30. 周婉窈譯，《史家的技藝》，臺北：遠流出版社，1989。

31. 張和聲、程郁譯，《歷史學家的技藝》，上海：社會科學出版社，1992。

32. 張君勱著，《菲希德對德意志國民演講》，臺北：臺灣商務印書館，1970。

33. 摩爾根著，楊東蒓、張栗原、馮漢驥譯，《古代社會》，北京：商務印書館，1972。

34. 陳壽，《三國志》。

肆、唐君毅先生的歷史知識論❶

提　要

　　本論文計分六節，除〈前言〉及〈結語〉外，中間的四節分別闡釋唐君毅先生對以下各問題的看法：1.「歷史」、2.「歷史學」、3.「歷史知識之獲取」4.「歷史事實」如何「轉化」為「歷史事實的意義」。

　　「歷史」的一節，旨在指出在唐先生的理念中，所謂「歷史」，乃特指或特重人類過去之變化發展而言。其他非人類活動之變化發展，則非先生所重視者。

　　「歷史學」的一節指出唐先生扣緊人類文化之承前啟後之精神而論述歷史學所關注，或吾人歷史意識所施之對象，便是各種相承相續的人類活動。此外，本節更指出唐先生極為重視歷史意識之承載負戴之精神。換言之，歷史意識除建構吾人之歷史知識外，尚孕育人之道德使命感、擔當感，以承載負戴吾人祖先過去至現在人文發展之一切成果。

　　「歷史知識之獲取」一節指出在唐先生的理念中，歷史知識乃一概念知識。又吾人必須憑藉「同情之智慧」、「超越現實世界之心」、「正大光明之存心」等等方能把握、建構歷史知識。此外，歷史事實之考證與歷史大趨勢大變化之探究，乃分別由循規矩、具法度及辯證法等之不同研究途徑進行之。

　　暢談「歷史事實的意義」一節乃唐先生歷史知識論之要義所在。先

---

❶　本文發表於鵝湖雜誌社等機構所舉辦之第四屆當代新儒學國際學術會議上。會議舉辦日期：1996.12.22-24。今經以下各次修改後，納入本書內發表。各修改日期如下：2009.07.24、2009.12.03、2010.01.29、2010.02.21。

生把一般學人視為客觀自存的歷史事實收歸涵攝到吾人之主觀認知上立論。因此，所謂歷史事實，實即吾人據歷史意識而產生之歷史意義所規定下之歷史事實。捨此而外，別無歷史事實可言。換言之，針對人類的認知領域來說，我們所獲悉的並非歷史事實之本身，而是歷史事實的意義而已。

關鍵詞：歷史　歷史學　歷史知識論　歷史事實的意義

一、前言

　　筆者原先是企圖對唐先生史學思想的各方面分門別類作一系統性並概括性的探討。後來以篇幅所限，並時間緊逼，故只好把其他部份割愛，而先論述唐先生歷史知識論方面的思想。❷

　　唐先生博厚閎識，所學無所不涵。因此縱使就其史學思想作全面之論述，恐仍不免陷於割裂斷滅之嫌、執一廢百之譏，蓋先生對人類學術之各領域，以至人類之各活動皆嘗究心注目。其大著雖不乏論述史學的文字，但史學並非其治學要點，歷史知識論更只是先生的哲學體系中的一個小環節而已。況且即以歷史知識論來說，下文所論，或亦不免僅見其一偏而未見其全體；且就此一偏來說，亦不敢保證所理解者全然確當，盡契合唐先生之本意。然而，筆者最愛誦讀唐先生之遺書，則以其最能啟迪人之智慧，提撕振拔人之精

---

❷　這段話是筆者十年前在相關會議上發表本文時的原文，今為保留「歷史原狀」，不作任何更動。至於唐先生史學思想的其他方面，業已另文闡述，今茲一併收入本書內而成為本書的組成部份。

神生命外，實以其用心精誠惻怛，悲憫感人至深故。近年新儒家雖頗受學人，以至社會重視，但究其真際，在社會上所生起之影響，委實有限。而新儒家人物中，個人認為以唐先生對人類文化之研究及省察❸，最具深度、最富識見，尤其最能藉其悲天憫人之懷懷以消弭、融攝人類文化之衝突及不同之理念者。個人之酷愛並獨鍾情於唐先生即以此故。彰明、探究新儒家及其思想，筆者目前不作第二人想，亦以此故。至若忝列門牆，藉文章以弘揚師說，則其次焉者矣。

　　唐先生學問固廣，著書立說恆左右采獲，似不見涯涘邊際。然其中心思想、旨意，實相當單純精一。一言以蔽之，乃以人文精神及儒家之道德理想主義為主軸，藉以彰顯並融涵統攝人類各方面之活動及其價值，並一一給予定位是也❹。本論文旨在論述唐先生之歷史知識論。此與唐先生學問大旨，似無關涉。然而先生認為史學致知之最終目的仍不外乎契合人生之終極理想，成就德性主體；並「助成人類歷史之創造，為最後之唯一目標。」❺果爾，則論述先

---

❸　牟宗三先生〈哀悼唐君毅先生〉一文即以「文化意識宇宙中的巨人」稱許唐先生。此語一方面是稱許，一方面是為唐先生定位。先生對人類文化活動及其價值領悟之深、反省之切，可謂古今獨步。

❹　杜牧嘗云：「丸之走盤，橫斜圓直，計於臨時，不可盡知，其必可知者，是知丸不能出於盤也。」唐先生之學問廣博，不可方物；然必可知者，是先生必以儒為宗是也。先生統攝人類各方面之活動於道德意識中；其鉅著《文化意識與道德理性》一書最可為代表作。上引杜牧文，見《杜牧全集》（上海：上海古籍出版社，1997），卷十，〈注孫子序〉，頁 96。上引杜牧語，亦見諸黃宗羲，《明儒學案・發凡》，唯缺「計於臨時」一語。

❺　唐君毅，〈歷史事實與歷史意義〉，《中華人文與當今世界》（臺北：臺灣

生之歷史知識論，實未嘗捨離、違反其學問大旨，更未嘗乖脫其思想宗趣也。

　　以下所論，如上文所言，未知能否確當不誤地闡釋唐先生歷史知識論之微旨。惟竊念「動之於悲心」、「發之於誠敬」❻，有過非過也；但望多藉一文以彰顯弘揚新儒家，尤其唐先生之學說，則於願足矣。「知我罪我」，非所問也❼。

　　研究一門文化哲學，比方歷史哲學來說，我們大抵可從三方面著手進行。唐先生在其大著《哲學概論》❽中即如是說：

　　……吾人如了解上文之所言，則知在任一部份之文化哲學及

　　學生書局，1975），頁 158。順便一提的是，「史學致知」一用語乃筆者三十多年前閱讀許師冠三先生《史學與史學方法》（臺北：萬年青書廊，缺年份）一書中所看到的常用語。其意乃指：透過歷史研究活動而獲取歷史知識之謂。

❻　轉借唐先生描述牟宗三先生之用語。語見唐君毅，〈中國歷史之哲學的省察〉，牟宗三，《歷史哲學》（香港：人生出版社，1970），〈附錄一〉，頁 19。

❼　三十年前，筆者為紀念唐先生的逝世，曾於香港一日報（《華僑日報》，〈人文雙週刊〉，1980 年 2 月 5 日）上發表論述唐先生的歷史哲學的短文：〈唐君毅先生的歷史哲學（一）——紀念業師唐君毅先生逝世二周年〉。今茲所論，其宗趣雖與往昔無大差別，然論述要旨及內容，顯與前文不同而可互補共濟。該短文已作為〈附錄〉收入本書內，可並參。

❽　本書雖名為《哲學概論》，但全書（香港：友聯出版社，1974）共 1220 頁（附錄尚且不算），哲學之各大領域，如知識論、形上學、價值論等，皆有深入探討，且內中經常貫注著唐先生對問題的個人慧解。哲學概論一類的基礎性讀物而能夠如此「成一家言」的，實未多見。其地位猶如錢穆先生《國史大綱》在中國通史教科書中的地位。

總的文化哲學，與歷史哲學中，皆各同時包涵邏輯、知識論、存在論或形上學，及價值論或人生論，三方面之問題。❾

下文擬僅就歷史哲學中的知識論方面闡述唐先生的相關思想。所謂「知識論」，據唐先生的看法，指的是「為討論知識之所以為知識之一種哲學。亦可說是對於我們之知識，加以反省，而欲對我們之知識本身，求有一種知或知識之哲學。」❿循此理解，所謂「歷史知識論」，當指對歷史之為知識，加以反省，了解其性質並循何種途徑可獲致歷史知識之謂。然而獲取任何知識之前，似應對相關的名言概念先作了解，否則所獲致的知識或為不相關、不對題的其他知識了。以下先論說「歷史」一詞之涵意，即以此故。

二、何謂「歷史」？

「歷史」，簡單來說，就是過去發生過的事情⓫：同時也是人類對過去發生過的事情所重建的結果。換言之，既指過去之本身（The past itself），亦指史家筆下之過去（The written past）。這兩義是現今「歷史」一詞最普遍地為人所接受的。至於共產主義者把「歷

---

❾　上引《哲學概論》，頁149。

❿　上引《哲學概論》，頁239。

⓫　從文字學的觀點來說，「史（按：原文為篆文；電腦上無法顯示），記事者也；从右，持中；中，正也。」這是許慎《說文解字》對「史」字的解釋。依此，則古代所謂史，指的是人、記錄事情的人；與今天指事情的本身，大異其趣。按：拉丁文"historia"乃指對事情作探究而言，此猶如今天的歷史學。這與中國古代之「史」特指史官（人）或與現今第一序意義下所指的事情之本身，顯有不同的涵意。

史」界定為「人類鬥爭史」，這一方面犯上循環論證的謬誤：定義項中包含了被定義項中的名詞（史），他方面也是意識型態偏見下的產物：人類過去的活動，難道只有鬥爭？宗教家（如基督宗教）把「歷史」界說為「神的計畫在地上的展現」（所謂神意），則又不是無宗教信仰之人士所能接受的一個定義。至若黑格爾（G.W.F. Hegel, 1770-1831）之把「歷史」說成是「絕對精神之自我展現」的過程❷，則仍不免是其個人的一種「信仰」而已。其他如後現代主義者把「歷史」約化為只是一個「文本」，而無所謂客觀存在過的歷史可言，則又失諸「虛無」、「悲觀」。總之，上述共產主義者等人對「歷史」所下的定義，都是不周延，且係在一定成見或既有信仰背景底下的「一家之言」而已，難以喚起所有人或大多數人認同的。

　　唐先生對「歷史」一詞，則有如下的看法。先生說：

> 通常所謂歷史之涵義有四：一為指過去之如此如此。二為指現在所原之過去。三指時間中事物之變化，或專指人類與其社會文化文明之變化與命運❸。四指傳統之交到現在者。故歷史之意義中涵過去、現在、及其間之關係與發生之變化。只有能具時間性而能通現在、過去、將來之人生，能有真歷

---

❷ 詳參其所著《歷史哲學》（上海：上海世紀出版集團，2008），〈緒論・哲學的歷史〉部份。

❸ 這裡談到的「命運」問題，頗與歷史演變是否具有法則相關。其牽涉範圍頗廣，可參本書〈歷史發展之規律及其相關問題〉一文。

史性。⓮

以上四涵義（亦可謂四「定義」），其中第一義為「歷史」一詞最常見之定義，乃指過去之本身（The past itself）而言。第二義乃在於凸顯現在之所以成其為現在乃由於有過去，可謂旨在扣緊現在以言過去。第三義則強調時間中事物之變化發展，尤其人類本身之變化發展。第四義「傳統之交到現在者」，語句稍欠明晰。但「傳統」一定是指過去的而言。此義即可見唐先生之重點仍在於凸顯過去與現在之交涉。唐先生的四定義中，其中二義與「現在」相關，可見在先生心中，歷史非僅過去之陳蹟而已。上引文最後二句又二度凸顯「現在」，並進而語及將來，且扣緊人生而談「歷史」之涵義，則先生對「歷史」之期許及其所下定義之蘊涵其個人之終極關懷，以至經世致用之意圖之隱涵其間，亦可知矣。

唐先生嘗對「歷史學」一詞下過定義。此定義與以上四定義中之第三義（時間中事物之變化）有相當關聯，茲引錄如下，或可視為乃係此第三義之補充說明。唐先生說：

> 吾人欲求對於任何客觀個體之知識，即必須於此客觀個體所具體的關聯之事物，與其自身之變化發展之歷史，有所了解。而專以研究一個體對象之歷史為目的者，為歷史學。故天文學地質學人類學中皆有關於天體地球之歷史之一部。⓯

⓮　唐君毅，〈述海德格之存在哲學〉，〈附錄〉，上揭《哲學概論》，頁104。

⓯　唐君毅，《文化意識與道德理性》（臺北：臺灣學生書局，1978，三版），

這段話並沒有直接對何謂「歷史」作相關的說明，而是對「歷史學」有所陳說。但歷史學既係以客觀個體事物變化發展之自身作為研究之對象，則「歷史」當指客觀個體事物本身之變化發展而言，這該是毋容置疑的。這裡我們應該特別說明的是「變化發展」是歷史之所以為歷史的本質**❻**；至於唐先生這裡提到的「客觀個體」，我們倒不必拘泥。唐先生是為呼應「吾人欲求對於任何客觀個體之

下冊，頁 34。

❻ 「變化發展」必是「前有所承，後有所續」的。歷史事物不可能是無中生有而蠻然冒出來的（此即佛家所說的緣起：必先有緣而始能生起）。是以「變化發展」義同「前承後續」。有關歷史上前承後續的問題，唐先生有如下的說明。其說明可以增進吾人對「歷史」一詞的了解，是以引錄如下。先生說：「吾人了解一事由其他諸事之緣會或配合而生，即知一事之承他事而生之承續性。承續性者，承而後能續之性。然所承又有所承，續之者又有續之者，由是而有歷史。對一事之所承者與續者之研究，即史事之線索之研究。而此史事線索之研究，亦即對一一史事所以成之理之研究。」上引文有二重點。一為歷史乃由事物不斷之承續（發展）而來。換言之，無承續發展，則無歷史。上引文另一重點則牽涉歷史學的問題。一般來說，歷史學乃針對歷史（過去事物物，尤其人類之事事物物）做研究的一門學問。然而，唐先生特別指出：針對史事之線索做研究。換言之，即針對史事之因果關係、來龍去脈，即針對史事之發展脈絡做研究。而所謂發展脈絡也者，即史事發展之理路是也。何以有如此如此之發展，而非如彼如彼之發展，其理路何在，甚至理據何在？此研究歷史者，必當究明者也。要之，唐先生重視事物發展之理，而非僅重視個別史事之本身。而研究歷史者，亦當以史事發展之線索、理路為重，藉以獲悉其承承續續間之變化及變化之所由，亦可知矣。有關歷史學之性質，下一節更有進一步的說明，此從略。上文筆者所說之「理路」，或可稱之為「軌蹟」；甚或可稱之為「法則」。英文則所謂 inner logic 是也。上引文，見唐君毅，《中國哲學原論·導論篇》（香港：新亞研究所，1974），頁 59。

知識」這一句話，所以下文便順著它續說「客觀個體」、「個體對象」之變化發展。其實，個人認為，一切事物之變化發展都可稱為歷史。這當不違背上引文的精神，且亦當是唐先生所首肯者（參看本節第一段引文）。其實上引文的主旨在於說明欲對任何客觀個體有所了解，則對其自身之變化發展（歷史）具備知識乃係先存必要條件。此中我們察覺到唐先生的歷史意識（Historical Mindedness, Historical Consciousness）是很濃烈的。他對天文學、地質學等學科的說明，更充份證實這點。研究天文學、地質學，其重點乃係針對此等學科所涉及的對象之本身作探討，不必然非研究天文發展史、地質發展史不可。但唐先生則認為在此等學科的研究中，皆必須兼涵天文、地理之歷史之研究，蓋此等歷史乃天文學地理學本身所必然涵攝而成為其中的組成部份者。

各事物皆存在於時間的流程中。換言之，各事物皆有其歷史。然而，人之精神體力有限，明明不可能以其有涯之人生窮盡一切事物之變化發展！然則歷史研究之對象又如何取捨？一般來說，歷史學以研究人類自身之發展為要務。最常見的理由是歷史學家關注人類之自身恆過於關注其他事物，所以研究人的歷史過於其他歷史，乃情理之常。唐先生對此問題，則另有睿見。上段引文之後，先生接著說：

> 唯愈表現連續之變化發展之存在，吾人對其歷史之了解乃愈感重要。故生物之歷史之重要，過於地理之歷史。而人類之歷史之重要，所以過於生物之歷史，則在人類之兼為而能自覺其連續之變化發展之存在。而通常之歷史學則限於研究人

　　類之歷史。**⓱**

「變化發展」乃可謂「歷史」之同義詞。此點上文已有所說明。但以人類「連續之變化發展」之程度及以人類之能自覺其自身之發展，以說明何以人類之歷史比較重要，則一般人似並無此覺識。現經唐先生提示標舉，便頓覺合理周至；其說理透剔明白。蓋一事物若千萬年無若何重大變化發展，則其變化發展之情況，便幾無可說！然既存在於時間流中，固不能謂此事物無歷史。惟既無變化發展，則其歷史，又不知從何說起。今唐先生從人自身認為重要、次重要等等出發，則各事物皆可各得其序位而皆有其歷史，唯在人心目中之重要程度有差別而已。如此而言，似可化解「歷史」與「變化發展」雖為同義而可各有所指之矛盾：雖為同義詞，然其為用，則可各有相切合之領域。此所謂語意雖同，然語用則可別異之一例。**⓲**

　　又從上段引文中可見雖然所有的變化發展都可稱為歷史，但因為人類本身之變化發展又遠在死物以至其他生物之上，所以「通常之歷史學則限於研究人類之歷史。」換言之，一般之所謂「歷

⓱　上揭《文化意識與道德理性》，下冊，頁34。

⓲　三十多年前，即 1970 年代中後期，筆者嘗涉獵邏輯、記號學等等學問；亦在中文大學校外課程上過若干門當時任教於中文大學哲學系的何秀煌教授的課。語義學、語用學、語法學等等的概念及相關知識便是在 70 年代中後期學到的。筆者的專業固然是歷史，但亦稍涉獵哲學（含上文說過的邏輯、記號學等等）；而後者在史學方面嘗給予筆者不少啟發及相應的輔助知識。何教授是一位很優秀，很照顧學生的好老師。惜自中文大學退休後，便無法再聯絡上，甚可惜。但筆者對何教授永遠有說不盡的感念。真經師、人師也。

史」，乃特指或特重人類之變化發展而言。下文講「歷史」，便扣緊人類而為說，不泛指天地萬物的歷史。

以上各段文字是就事物之演化（變化發展）來指出「歷史」一詞的涵意。人物事理，昨天有其演化；明天、後天亦未嘗無後續之演化。演化無窮，歷史亦無窮。然而，歷史學所處理之演化，乃係存在於過去之人物事理之演化，而不兼涵未來之演化。蓋人物事理之演化之能構成吾人之知識，成為一門學問——歷史學，乃特針對過去已然發生之實際情況來說。未來可演化發展之方向不定，內涵變易亦無窮、難料，吾人原則上無法對之構成可靠的知識。因此歷史學雖係探討變化發展的一門學問，但所探討的對象則特指過去之演化來說，未來不與焉。

人物事理之過去發展在此時此刻之前已成一實然、已然之狀況，故可稱之為一事「實」；其性格則為已過去者，故又可稱為「過去之事實」；又此過去之演化發展，依上文，乃係歷史學所研治之對象，故又可逕稱為「歷史事實」。

上文主要是從「演化」、「過去」、「實然已然之事」等概念導引出「歷史事實」一觀念。現今我們便來闡述在一般史家的意識中，以至唐先生所說的在一般人的初步反省思考中，「歷史事實」一詞之涵意。唐先生說：

> ……至於所謂一客觀的自己存在的歷史事實，在一歷史家的初步反省中，則除此客觀的自己存在之第一性質外，尚可兼具下列的第二性質；即歷史事實之為客觀自己存在，乃在一已成的過去的世界中之某一時間之地域中，自己存在的，此

可稱為歷史事實之過去性。又緣此第二性質而有第三性質，即一歷史事實，皆是一在特定時間地域之唯一無二或單獨的事實，此可稱為歷史事實之唯一無二性。再緣此而具第四性質，即任何自己存在唯一無二而單獨的歷史事實，其本身之真相是如何，便絕對是如何，並非相對於後人之解釋之為如何而如何。我們後人亦只能就其為如何之絕對的本然的真相，而求加以了解，加以記述，此可稱為歷史事實之絕對性。大約循此四種性質，以看歷史事實之所以為歷史事實而研究之，乃不特為一般歷史家之所持，亦為一般常識所共持之歷史事實觀，或史實觀。❿

簡單來說，歷史事實具備四種性質：

㈠乃一客觀的自己存在者；

㈡乃已成過去者；

㈢乃唯一無二者（單獨的事實）；

㈣乃一絕對者（本如何即如何）。

然而，唐先生並不全然認同這種看法，而認為「這一種歷史事實觀，乃我們之初步反省所謂史實之本性之所成。此中亦非無其真理，然而只是真理的一半。」❷至於真理的另一半在哪裡呢？原來唐先生是從人對歷史事實之認知（此緣乎人具歷史意識）的觀念出發；

---

❿　唐君毅，〈歷史事實與歷史意義〉，上揭《中華人文與當今世界》，頁113。

❷　上揭《中華人文與當今世界》，頁114。

不用歷史事實之在其自己（history in itself）❹的觀念——其本身乃為一客觀自存者的觀念出發，而係扣緊「歷史事實之意義」來權衡貞定歷史事實的性質。換言之，乃把歷史事實收歸到人的主觀認知上立論，而不全然視之為一獨一無二的存在於過去的本如何即如何的一個客觀絕對本然實體。唐先生〈歷史事實與歷史意義〉三萬多字的長文便旨在闡釋申論這一觀點。這文章哲理性較強，且與唐先生論述相關主題的其他文字之著眼點不盡相同；擬留待本文之末節始加以析述探討。然而，把歷史事實視之為具備上述四種性質的看法，既已是說對了真理的一半，且又是一般歷史家及常識所共許的觀點，則我們在本節中加以介紹述說，自無不可。以下兩節則進一步從這個「客觀外在」的歷史事實如何轉化而成為吾人的歷史知識來論述唐先生的歷史知識論。

三、歷史學——歷史學之地位、歷史知識之性質及歷史意識所施之對象

　　唐先生嘗以某學問之具體性（即該學問與人之存在關聯之緊密度）之高低來定位該學問之高下。依此，則最高者為「為人之學」，次為歷史學❷，再次則為文學藝術之學、哲學、社會科學、自然科學、

---

❹　受康德物自身（Ding an sich selbst）的觀念的啟發，今茲筆者乃自創「歷史事實在其自己」一語。但康德的物自身是本體界、形上界的東西。今「歷史事實在其自己」則仍為現象界的東西。二者性質截然不同，讀者幸勿誤會。

❷　順帶一提的是，歷史學這門學問，中國大陸蓋視為社會科學；臺灣則視之為人文學科，在大學中蓋歸入文學院，或人文學院，或人文社會科學院。在西方，歸入何學院，則更無一致性。至於唐先生，則視之為人文學，或精神科

形數之學與邏輯。❷歷史學之地位之所以僅次於「為人之學」，唐先生有如下的說明：

> 我們之所以把歷史學置於為人之學之下，而仍居其他一切學問之上者，則因歷史學所依之歷史意識，縱然暫無自作主宰的道德精神，為之支持，以成為一承先兼啟後的歷史精神，而即只就此歷史意識之能承先；而一切「先」皆原則上為其涵蓋之量之所及；一切未來之事在其現實化時，皆為「先」，而皆可納於其涵蓋之量中言；則歷史意識仍為包舉萬彙，而亦可承受、涵蓋、包舉「我以外之一切人之道德精神之表現，所開創一切歷史事件之秩序」之一意識。我們如說道德精神是開創一歷史事件之秩序，亦開創一歷史之世界者，為乾元。則歷史之意識之可承受一切，即為坤元。歷史之概念之全幅意義，即包括一已成之其他有真實存在意義之一切學問之歷史，而歷史意識與歷史學之全幅意義，即包括

學，而不以社會科學視之。先生之論據為：「此成就歷史學之記憶、再解釋，及追溯重構過去之活動，皆與自然發生的記憶之心理活動等有本質上之不同，而為人之一種精神活動之表現。……而人之歷史心靈、歷史意識及此諸精神活動之價值，亦即在使此消逝了的存在再存在，以挽救此世界之沈淪。而此處亦即顯出歷史之為一精神科學，與社會科學及自然科學有本質的不同。」先生之論說，詳見〈人文學的性質與目標〉，《中華人文與當今世界》（補篇），上冊，收入《唐君毅全集》（臺北：臺灣學生書局，1991）。上引文，見頁 266-267。

❷ 詳見〈人的學問與人的存在〉，《民主評論》，九卷四期，1957 年 2 月，又收入《中華人文與當今世界》（臺北：臺灣學生書局，1975），上冊，頁79。

　　一切已成之學問，與其歷史於其中。即歷史學內有史學史，
　　即亦在歷史中。❷

個人經常認為先生最不可及之處，乃在於恆能從別人不注意、甚至
從未思考及之角度來看問題的睿智。上引文可見一斑。就唐先生上
述所開列的各種學問來說，近現代學人恆把自然科學，或社會科學
放在首位。先生則不然；除了不認為此等學科應居首外，先生身為
哲學家，而尚且不把哲學置諸首位，這可說是非常能夠擯棄本位之
見的一種考量。當然，我們不必一定同意先生以上的排序，也可以
完全不同意某居首、某居次的看法。這些都是見仁見智而換另一角
度看則可有截然不同的結果的。但先生能夠跳脫時下流俗之見而啟
人以「另類思考」，且又如此看重歷史學的地位，這是使我這個念
歷史的人，格外興奮而增強治史的自信心，甚至自尊心的。

　　其實，先生之重視歷史（含歷史知識、歷史學），見諸不同文章。
嘗謂：「人之一切學術，始於歷史之記載。」又謂：「……故歷史
學初即學術之全體，一切學術皆出於史。」❷

　　至於歷史學或歷史知識或歷史事實之為何物，則撰寫於一九六
三年的上揭文〈歷史事實與歷史意義〉可謂係唐先生對相關問題進
一步反省的結果。其先前所寫的文字，如自序於一九五九年，出版

❷　上揭《中華人文與當今世界》，上冊，頁 80-81。
❷　唐君毅，〈世界之照明與哲學之地位〉，《人生雜誌》，三十九卷，五期，
　　1964 年 8 月；收入上揭《中華人文與當今世界》上冊，頁 350-373。上引語
　　見頁 358。〈世界之照明與哲學之地位〉一文嘗闢一專節（第五節〈人文學
　　術之照明〉）來闡述歷史學在人文學術照明上的功能及貢獻。先生之重視歷
　　史學可見一斑。

於一九六一年的《哲學概論》，出版於一九五七年《中國人文精神之發展》及撰寫於一九四七年的〈文化哲學與歷史哲學意識〉❷❻，均大體上從常識義闡述「歷史」或「歷史學」的問題。以下即據此等文字論說唐先生的觀點。

唐先生指出歷史及地理之知識乃「時空中分佈之事物之知識」，「此種對時空中分佈之事物之知識，有某一種之必然性或定然性。」❷❼又說：「……純從其與他物之現實的空間關係上說，則其是如何即如何，此中即無其他之可能，而為定然及具一義上之必然性者，由此而吾人對一切時空分佈中之事物，皆同有此種定然必然之知識。」❷❽

唐先生這裡說到歷史知識乃有其定然性、必然性者。這個論點似曾相識。原來這正是上節吾人初步反省中，歷史事實的第四個性質。這個性質，連同其他三個性質，唐先生認為都只是說對了真理的一半。換言之，出版於一九六一年《哲學概論》中論述「歷史」問題的論點，被兩年後即寫於一九六三年的文章〈歷史事實與歷史意義〉所推翻，或至少可說被大幅度修正。❷❾在此，與其說是唐先生前後兩觀點相予盾，吾人寧可說是唐先生思想上的進步，與時俱

---

❷❻　該文乃《文化意識與道德理性》的第十四章。該書應初版於 1957 年，此可參〈自序〉，頁 1。本文所據者乃臺灣學生書局 1978 年之第三版。

❷❼　上揭《哲學概論》，頁 324。

❷❽　《哲學概論》，頁 325。

❷❾　個人認為〈歷史事實與歷史意義〉一文最富哲理性，對問題反省亦更圓熟。《哲學概論》中的論點猶不脫常識之見。這很可以顯示唐先生思想更趨成熟與時俱進的一面。

新。其實，唐先生在《哲學概論》中的言詞，並沒有說得太死。一說「有某一種之必然性或定然性」、再說「具一義上之必然性者」。「必然性」、「定然性」被「某一種」、「具一義」所拘束圍限，那必便必不到哪裡，定亦定不到哪裡。這可說是為這兩性（必然性、定然性）預留空間，亦可說為它們提供了轉圜的餘地。可惜唐先生沒有對這「某一種」、「具一義」作出進一步的解說。這「一」是一到哪裡，便無定著。先生智慮周延備至，寫於兩年後的〈歷史事實與歷史意義〉一文便為這個懸而未解的問題提出了答案。這點我們留待本文末節（即結語前之一節）再予申述。本節擬仍從《哲學概論》、《中國人文精神之發展》及《文化意識與道德理性》三書闡釋唐先生歷史知識論的觀點。

《哲學概論》嘗扣緊文化承先啟後之跡以論歷史。唐先生說：

> 至於歷史學之異於一般所謂專門之文化科學或文化哲學者，則在其不重以橫剖面論文化，而重在順時間之流行，以縱論人類文化之歷史的發展。在歷史中，吾人所注目者，乃文化之變遷中，承前啟後之跡。於是吾人當注目於其一時代各方面之參伍錯綜之關係，在此參伍錯綜關係中之人物，如何從事於各種文化活動，及其他活動，所成之種種事件之相繼相承之跡。❸⓿

人類活動橫剖面即為文化，縱切面即為歷史。故論歷史，即論文化之演變發展是也。唐先生特用上「承前啟後」一語，則變化發展過

程中各關鍵肯綮之環環相扣、節節相連之因以生果,果以承因的關係便凸顯出來。光是「承前啟後」一語,便很可以窺見先生的歷史意識。蓋「變化發展」（寫於一九四七年,後成為《文化意識與道德理性》第五章〈理解歷史事物之心之超越性〉第 34 頁便用此語）,猶不免只是浮泛的描述客觀歷史演進之跡;「承前啟後」便透顯出人類有意識的,甚至自覺的要求相承相續的意味了。文化活動固各具領域,但亦相互關聯。藝術自藝術、教育自教育、宗教自宗教,此固不同類。但教育之內容必涵藝術一科,而藝術活動又恆寓教化之精神;宗教則更可教化、貞定人心;藝術作品又常蘊涵、展現宗教精神。文化活動之其他領域實大多類此。各種文化活動既係彼此繩繫、相互連結,則以研究文化、展露文化承前啟後之跡的歷史學,其能不以「注目於其一時代各方面之參伍錯綜之關係」為職志乎?唐先生本文化活動之相互關聯性質以論歷史學,則其論點固宜乎如上文所示也。文化活動之主角是人物。上段引文以人物為結穴以導引出歷史事件之生成,此乃揭櫫人文主義大旗以論歷史,論文化的唐先生必然之論也。

　　人類之關注其跟前之各文化活動,此義很容易理解。但人類過去某一時代之活動,恆被視為與後此時代之人類無切身之關聯;故過去文化活動之被注目乃非必然者。這必有待人形成歷史意識、具備歷史意識,始產生轉機。這種歷史意識,唐先生或稱之為歷史精神。唐先生說:

真正的歷史精神❸，應當是一種由現在以反溯過去，而對古今之變，沿源溯流，加以了解的精神。這種歷史精神只在中國人文之發展，經了秦之一頓挫，漢代人再來加以承續時，才能真正顯出。此秦之一頓挫，對中國人文之發展言，如依辯證法說，是由正面轉至反面。漢之反秦，是一反之反。此反之反，同時即回抱回顧原先之正面。此回抱回顧，即真正的歷史精神，所以為歷史精神之本質所在。而司馬遷之《史記》，即一劃時代歷史著作，而表現漢人之歷史精神最好的一部書。❷

中國人的歷史意識起源甚早，且殷商時期，即有史官之設❸。孔子的《春秋》則更係歷史意識之充份流露。唐先生則認為「孔子作《春秋》，亦只是就事論事。」❹此意謂生當於春秋時代的孔子尚

---

❸ 這裡的「歷史精神」，指的是人對過去欲有所了解、察識的一種認知精神；與黑格爾所說的歷史絕對精神之為一種形上學意義下的形上實體，截然不同。為免混淆，筆者認為可用「歷史意識」一詞取代之。

❷ 唐君毅，《中國人文精神之發展》（臺北：臺灣學生書局，1974），頁 28。

❸ 當然，殷商史官，以至周代史官，其職掌並不全然負責紀事；而尚負責人神之間的溝通。這與巫祝的職掌沒有太大的分別。天文曆法等的學問，也是古代史官所專司。《文選・司馬子長報任少卿書》史公自述「文史星曆近乎卜祝之間」，固不必係漢朝實況，但殷周史官的職掌則確係如此。可參張家璠、耿天勤、龐祖喜主編，《中國史學史簡明教程》（桂林：廣西師範大學出版社，1992），頁 14-19；尹達，《中國史學發展史》（臺北：天山出版社，缺年份），頁 9-14。

❹ 《中國人文精神之發展》，頁 28；亦可參本書〈唐君毅先生論春秋經傳〉一文。

未能充份意識到沿源溯流、對古今之變加以了解的重要性。唐先生這個說法，個人認為稍欠周延。其實殷周史官，尤其孔子的《春秋》，已充份流露歷史意識。唐先生這句話是在〈漢人之通古今之變之歷史精神〉一節中所說的。為凸顯漢人的歷史意識之超邁前人，唐先生是以有上述稍欠妥貼之論。然而，先生所論，又或有更深的道理在。孔子生當春秋時代，就政治及禮樂教化言，其時已為衰世，人文精神雖已不如往昔，但比起後來的暴秦，猶優勝千萬倍。蓋嬴秦實無人文可言，一切尚法！經此頓挫，漢人於斷港絕潢後，重新撿拾，加以環抱回顧，於是更覺先秦人文精神之可貴。司馬遷之《史記》雖非盡記漢初及先秦人文精神之流變及各種人文活動，但其紀錄上自黃帝，下迄漢武，上下三千年，此紀錄之本身則明係一種人文精神之表現。此窮古今之變，沿源溯流的對往事加以了解的精神，唐先生即名之為歷史精神。就此而言，其歷史精神的展露，當然遠勝於僅記錄魯隱公元年（公元前 722）至魯哀公十四年（公元前 481）二百四十二年史事的《春秋》了。是以從歷史意識所施之對象之長度（一為三千年，一為二百四十二年）言，並從重拾早已斷絕之人文精神言，就見諸二書而論，史公之歷史意識，固遠勝孔子多矣。視孔子之《春秋》，只是就事論事（似意謂無濃厚之歷史意識），此或不免失實；但謂其歷史意識在漢人（如司馬遷者）之下，則妥貼穩當之論也。

歷史精神，據上文所論，乃可謂一種認知意識，欲求對過去文化有所了解。但歷史精神又不僅是一種認知意識而已。唐先生說：

> 歷史精神是一回顧過去，復活已逝去之人文世界人格世界，

> 同時亦即一承載負戴：過去至今人文發展之一切成果的精
> 神。承載負戴，乃中國易之哲學中所謂地道。漢人之厚重、
> 樸實、敦篤，正處處表現地德。……㉟

復活過去的世界，如純從欲求建立知識的角度來說，乃可謂只是一種認知活動、是人的一種認知意識的表現。但唐先生認為歷史精神之流露尚有另一層義蘊。此即人之道德意識的表現是也。復活過去的世界，不光是為了要滿足人的認知方面的好奇心，而更是要彰顯人對過去的一種責任感。過去祖先的各種業績、成就，我們作為他們的後嗣，實有義務，有必要給予彰顯表白。這可說是作為後嗣該有的一種道德責任，義之所當為。唐先生以承載負戴之地德精神稱呼之是極穩當、且富啟發意義的。

在這裡我們應該特別留意的是，過去人類的表現是多方面的。人之歷史意識所施的對象亦宜相應地各方面都照顧到。但唐先生不及其他，而特別指出所施的對象是「逝去之人文世界人格世界」、「過去至今人文發展之一切成果」。這不該理解為唐先生不重視人文世界、人格世界以外之其他人類活動，而寧可視為唐先生是把所有活動都收歸到人文世界、人格世界中來講㊱。這講法，我們認不

㉟　上揭《中國人文精神之發展》，頁 28-29。

㊱　這情況與唐先生把一切文化活動都收歸到道德意識下來講，實有異曲同工之妙。唐先生在說明《文化意識與道德理性》一書的宗趣時即如是說：「本書之內容十分單純，其中一切話，皆旨在說明：人類一切文化活動，均統屬於一道德自我或精神自我、超越自我，而為其分殊之表現。」（頁 3）霍韜晦先生對這個問題曾撰專文探討，可並參。霍氏：〈唐君毅先生的文化哲學體系——以《文化意識與道德理性》一書為中心〉，《唐君毅思想國際會議論

認同是一回事,但唐先生的用心則是很明顯的。或至少我們可以說:唐先生一輩子念茲在茲的,是以闡述人類文化、弘揚人文精神,並彰顯人格世界為職志。因是之故,當縱目過去的歷史世界時,便不期然而然的把目光全幅投射到這上面去,並視之為人類形形式式各種活動的主軸了。

綜上所論,我們可以說人的歷史意識(唐先生稱之為歷史精神)成就了歷史知識,並建構了歷史學。**❸❼**然而,根據唐先生上述的另一看法,歷史意識亦兼負承載負戴的任務。換言之,成就歷史知識、建構歷史學之外,歷史意識尚使人承擔一種道德使命,使人肩挑承續吾人祖先文化發展之一切成果。由此來說,緣於歷史意識而建構之歷史學便不同一般自然科學,如物理學、化學,之為一種「純客觀」、無價值意涵的學科;而是兼具孕育吾人道德承擔意識的一門學問。然而,這方面便關涉到歷史學之價值論、目的論等問題;此不擬在本文述論。**❸❽**

四、如何獲取歷史知識

人如果沒有了歷史意識,則歷史知識便不必談。換言之,前者

文集 I》(香港:法住出版社,1992),頁 97-111。

❸❼ 歷史意識的關鍵地位,雅斯貝爾斯(另一譯法是:雅斯培,Karl Theodor Jaspers, 1883-1969)的說法與唐先生很接近。可參所著《歷史的起源與目標》(*Vom Ursprung und Zeil der Geschichte*,1949 年初版)一書。韓震對雅氏的歷史哲學學說有相當精要的介紹。參所著《西方歷史哲學導論》(濟南:山東人民出版社,1992),頁 332-373,尤其頁 364-373。

❸❽ 本書〈唐君毅先生的史學價值論〉一文即處理此問題,宜並參。

乃後者之必要條件。但光有歷史意識，似亦不能保證必能獲得歷史
知識。本節的重點便具體地論說獲取歷史知識之各相關問題。唐先
生對於獲取歷史知識的「各種管道」，都有直接或間接的說明。現
先引錄先生論讀歷史書的相關言論。唐先生說：

> 讀歷史書，則如志在研究考證歷史，亦對愈古而愈是第一手
> 之材料者，愈當注意。但如目標在了解他人研究考證之成
> 績，則愈近之歷史考證之著作，常為總結前人研究之所成，
> 而愈當注意。**㊴**

歷史知識之獲取，在文字發明前之古早時期，乃靠口口相傳；其後
靠結繩記事、歌謠（史詩）、歷史圖畫等等。今後，或靠電腦、光
碟、網路資訊等等現代科技產物；但二三千年來，主要的還是靠閱
讀歷史書籍**㊵**。唐先生雖為專業哲學家，但對歷史研究之具體作
業，絕不外行。先生之博識閎通，上述言論可以概見一斑。業師故
中央研究院院士嚴耕望先生治史數十年，其踏實專精的治史態度，
早已享譽士林。其為引導後學而寫之《治史經驗談》論研究歷史時
便特別指出說：「儘可能引用原始或接近原始史料，少用後期改編
過的史料。」**㊶**唐嚴二先生的觀點可說是完全一致的，只是用語上
稍有差別（一用「第一手之材料」，一用「原始史料」）而已。至於「目標

㊴　上揭《哲學概論》，頁 168。

㊵　當然，就廣義來說，上古的甲骨彝器，中古的碑銘石刻，以至今日之電腦光
　　碟及影視器材，凡可以提供吾人歷史知識者，亦未嘗不可以「歷史書籍」視
　　之。此「書」字不必看得太死板。

㊶　嚴耕望，《治史經驗談》（臺北：臺灣商務印書館，1981），頁 49。

在了解他人研究考證之成績……」的論點，雖為老生常談，但亦係顛撲不破之至理。

文學恃才、哲學仗識；治史則重學❷，尤重循序漸進的功夫，歷史考證工作更係如此。唐先生說：

> ……唯大體上，我們可說，在科學之研究中，比較更接近科學之歷史考證工作中，與哲學中之邏輯知識論與宇宙論之研究中，人最須循序漸進，逐步的用功夫，並宜先自一專門之問題下手。尤須先求思想之有一定之法度，或循前人已成之規矩，以求自己之進步。❸

唐先生上文雖然不光是針對歷史研究來說的，但其說理之精，一般治史者，以至史學方法論的專家恐亦無以過之❹。嚴耕望先生嘗申論論文題目的大小與治史者年歲的關係，認為「青年時代，應做小問題，但要小題大做；中年時代，要做大問題，並且要大題大做；

---

❷ 這只是相對的就三門學問各有所偏重來說。其實，治史又何嘗不重視才、識？才、識之外，尤重視德。唐劉知幾對本問題有所論述發揮。參兩《唐書》，本傳。清章學誠對史德一目，論述尤深邃。參所著《文史通義·史德篇》。按：史德也者，史家之心術也。然則元儒揭傒斯早已暢論史德之義。其言曰：「修史以用人為先，用人先論心術。心術者，修史之本也。心術不正，其他雖長不可用。」見歐陽玄，《圭齋文集》，卷十，〈揭公墓誌銘〉。

❸ 上揭《哲學概論》，頁169。

❹ 筆者在大學任教「史學方法」一科目，前後幾二十年。史學方法各專著，皆嘗瀏覽。論述之精微或有過唐先生者。然就識見來說，實無以過之。

老年時代，應做大問題，但不得已可大題小做。」❹唐先生認為「人最須循序漸進，逐步的用功，並宜先自一專門之問題下手」，這就與嚴先生所說的「青年時代，應做小問題，但要小題大做」，如出一轍；亦與嚴先生下文所論有一定的關係。嚴先生說：青年人「學力尚淺，但精力充沛，小問題牽涉的範圍較小，易可控制，不出大毛病，但也要全副精神去大做特做。這樣可以磨練深入研究的方法，養成深入研究的工作精神，為將來的大展鴻圖作準備。」❹至於所謂「先求思想之有一定的法度」，這就與業師許冠三先生論述史事重建必有賴「以邏輯知識為核心的方法學知識」❹的論點，若合符節。

又「循前人已成之規矩，以求自己之進步」，這點可稍作申述。治史有所謂「兩條腿」走路。一是必須研讀仰仗第一手資料，否則論據無踏實之基礎；二是必須參閱前人研究之成果，否則無以超越勝過之❹。二者交相為用，治史方有成。

唐先生不光是對歷史考證工作，作出如上引錄的一番卓見而已。實際上唐先生對中國歷史若干問題亦展現出他考證學方面的才華。別的不必說，只需要稍一翻閱收錄在《中華人文與當今世界》中〈孔子誅少正卯傳說的形成〉一文或甚至略一披覽同書〈歷史事

---

❹　上揭《治史經驗談》，頁 78。

❹　上揭《治史經驗談》，頁 78-79。

❹　許冠三，《史學與史學方法》（臺北：萬年青書廊，缺年份），上冊，頁 27。

❹　當然尚有其他原因使治史者必須參閱前人已成的規矩的。可參 Louis Gottschalk, *Understanding History* (N.Y.: Random House, 1969), p.116。

實與歷史意義〉（下）考證顏回卒年的數頁（144-147），便使人驚嘆唐先生歷史考證工夫的素養。因此筆者過去經常發一奇想：老師若不當哲學家，而轉行當史學家，他亦必定有同樣高的成就的。❹

考證一歷史問題，唐先生已指出必須「循序漸進」，「求思想有一定的法度」，筆者上文嘗借用許師冠三的相關論述釋讀這個「法度」的問題。然而，要綜觀人類歷史的發展、趨勢，而不是某個別歷史事件的重建、考證，則須另一更有效的方法。此辯證法是也。唐先生說：

> 其（黑格爾）早年之《精神現象學》，與晚年之《歷史哲學》，均重由人類精神發展之歷史，以展示其哲學之全貌，其哲學中所用之辯證法，為一透過正反合之思維歷程，以理解諸真理之關聯；而歸向絕對真理，絕對精神之把握，即一徹始徹終之歷史方法。❺

此所謂「歷史方法」，與一般的「史學方法」不同。後者偏重把握個別具體的史事，或規模並不太大的史實重建。前者側重綜述全體人類之發展歷程，或至少個別民族、國家較長時段中之發展變化。猶記得三十年前聆聽牟宗三老師講課時，老師亦嘗指出，綜述統覽歷史變化發展，須用正反合的辯證法，可知以辯證法描繪詮釋歷史發展，乃中外大哲學家之共識。

---

❹ 其實，先生天份之高，實不能僅以學問之某一家圍限之。用「家」字稱呼，已不對！稍翻閱《愛情的福音》、《致廷光書》，則當今之世的文學創作又何能過之！若必以家稱之，先生亦偉大的文學家也。

❺ 《哲學概論》頁35。

　　上文指出個別歷史事實之考證與大歷史（Macro-history）之發展變化之詮釋係用不同的方法來進行。然而，無論是小事件或大演變，史學方法或歷史方法所施之對象皆已成過去者。而吾人須先了解，凡對過去（The past）所構成之知識，乃係一概念知識，係吾人對永不再現之過去作理智重建之結果。其為真或偽，不能如自然科學之可憑藉經驗、實驗之重複而加以證實或推翻者。唐先生即如是說：「凡對一個體事物之變化發展，有一歷史的概念知識，皆對於已成過去事實之概念知識。」❺❶這個說法與英哲 R. G. Collingwood "All history is the history of thought" ❺❷有所不同，但不無相通之處。按柯氏意謂：人類的各種理性活動，其背後皆有行為者的思想為指導、為原動力。因此，歷史研究，其關鍵即在於探討、重建古人的思想。本此，上引柯氏語可翻譯為「所有歷史即（古人）思想重建史」。換言之，即要求史家設身處地的重建古人腦海中的概念（換言之，即使之如其本來面目的重現於腦際），否則無以領悟、體會古人當時之行為（即史事）。上引唐先生語所指稱的「……概念知識」乃指今人（史家）本身對歷史所構築之概念知識而言；此顯與柯氏所指者異其旨趣。然而，行為者思想層面之活動當係唐先生所必重視者。本此，吾人可大膽的說，先生雖未明言過去事實乃係古人之思想指導其行為所產生之結果，然此意當不違悖唐先生歷史知識論之宗趣。上文云唐先生的說法可通向柯氏之說法，即本此。然而，尅就唐先生所說的「概念知識」而言，吾人可說若無思想重建以構成

---

❺❶　《文化意識與道德理性》，下冊，頁 36。

❺❷　R.G. Collingwood, *The Idea of History* (Oxford: O.U.P., 1970), p. 215.

吾人之概念知識，則歷史知識乃無存在、產生之可能。由此來說，「過去」（the past）縱或存在，但在吾人之認知領域內，猶如不曾存在。此義頗深奧，擬留待下節再探討。

至謂歷史知識之為一種概念知識，吾人又如何獲得認取之？唐先生說：

> ……而歷史知識所對之歷史事實，永不能再現，乃吾人所確知為已過去，乃非現實存在，亦不能再成現實存在者。故當吾反省吾對歷史事實之了解力，乃向一非現實之歷史事實而施，吾即有一念超越現實之精神之呈現。歷史事實，人唯通過觀念而知其存在，則了解歷史，即了解一唯通過觀念乃知其存在之物，亦即了解一在本性上即為觀念所間接，在認知上不通過觀念，絕對不能認知之物。❸

先生文繁不殺，然意義至為簡易。上引語是在《文化意識與道德理性》第五章〈理解歷史事物之心之超越性〉一節中所說。先生旨在指點，吾人欲了解非當前現實世界，而為過去歷史世界中之事物時，則吾人必須具備一超越現實世界之心靈；並認取不通過觀念對過去世界作理智的重建，則過去的世界便不能被吾人所認知。

了解歷史除一方面必須具備超越現實世界、不陷溺當前世界之心靈外，還必須設想自己是古人，使自己生活於歷史之中。唐先生即如是說：

---

❸ 《文化意識與道德理性》，下冊，頁37。

……此諸義要點，在言看歷史與看外在之自然不同。看歷史
須透過歷史之文字記載，如溺身千載上，而自己生活於歷史
之中。❺❹

看歷史，自然當如是；了解歷史亦然。不超越個人現實生活而設身
處地的了解歷史，則所了解者絕不究竟。此外，尚須透過同情心
（同理心）以達致一種同情的了解（Sympathetic Understanding），始可神
入過去的世界、深徹透悉古人行事背後之精神。❺❺古語有謂「論古
尚恕」，此即今語「同情的了解」同一涵意。若先存一「古不如
今」、「古人落後保守，今事事先進創新」之觀念，則古人必百無
一是，無一可稱道者。此則落入進步史觀這個一元論歷史詮釋法的
泥淖中去了。如此，則歷史之真相頓失❺❻。唐先生對此亦有所論

---

❺❹ 唐君毅，〈中國歷史之哲學的省察〉，牟宗三，《歷史哲學》（香港：人生
出版社，1970），頁 10。唐先生這個說法與牟宗三先生的說法如出一轍。牟
先生在《歷史哲學》第一章劈頭第一句話便說：「吾人看歷史，須將自己放
在歷史裡面，把自己個人的生命與歷史生命通於一起，是在一條流裡面承續
著。」牟宗三，《歷史哲學》，頁 1。

❺❺ 唐先生在不少著作中慣用「感通」一語。個人認為，此語用在這裡亦妥貼。
蓋透過同情心（同理心）始可對過去之世界有所感，有所感才可以通徹於古
人行事背後之精神。先生晚年鉅著《生命存在與心靈境界》（臺北：臺灣學
生書局，1997），第一部，第五章〈依類成化境——觀類界（中）〉便談及
心靈感通於物的問題。

❺❻ 歷史之真相到底如何？歷史到底有沒有真相？這當然是一個很值得探討的問
題。但針對歷史之真相（假如歷史真的有真相）來說，我們為了獲悉之，其
先決條件恐怕是先不要預存任一史觀。當然，如某一史觀之觀照力特強，在
廣度及強度上都足以察悉歷史之「全般真相」者，自另當別論。然而，這個
恐怕很困難，蓋既名為「史觀」，則自然只是以某一個觀點來看歷史而已。

述。他說：「……而史學則須從同情的智慧，理解事理之得失，不能不用人生文化價值概念，以從事評價。」❺如何評價的問題，本文暫且不談。❺但用「同情的智慧」以理解歷史，則是必須的。這所謂「同情」，不必理解為先存一諒宥寬恕之心來對待古人，而宜理解為設想自己與古人遭遇「同一的情境」時，自己該如何處事應物？為求解答這問題，史家必須超越個人現實的世界，而跳進、飛躍到古人的世界，而自為當事人，或至少自為當時人方可。不具備這種同情的了解的恕心，則無法參透古人行事背後之精神、動機；而吾人所了解的歷史世界由是只是一浮面表層的世界而已。

由「同情的了解」、「論古尚恕」，我們可進一步論說人的整個的存在狀態，實可決定、左右吾人歷史認知程度的多寡。換言之，吾人歷史知識之多寡，以至歷史知識之真偽情況，皆由吾人的整個存在狀態所決定。上段就人之恕心（同情的了解）以說明人對歷史所能了解的程度。恕心只是人之整個存在狀態之一端；一端即可以影響人對歷史之認知，則人的整個存在狀態對歷史認知所產生的決定作用，便不必多說了。唐先生說：

> 人之整個的存在狀態，決定歷史之認識之方向，唯對人之能以光明正大存心者，歷史學乃有其充量的真實存在的意義。我們在本節所要歸宿到之義，是：必須人之整個的存在狀態，是依於一光明正大之心，然後人能多方面的發現歷史事

試問從某一個觀點來看，又如何可以看盡、看透歷史呢？！

❺ 唐君毅，《人文精神之重建》（香港：新亞研究所，1955），頁 544。

❺ 相關問題，可參本書〈唐君毅先生的史學價值判斷論〉一文。

實之理想的意義與可能的意義。❺

這裡所說的「歷史事實之理想的意義」、「可能的意義」，我們暫
且不加以探討。蓋僅從歷史事實被認知的角度出發，上引文已足以
說明問題所在。簡單來說，上引語中「之理想的意義與可能的意
義」可先刪去。相關語句便成：「……是依於一光明正大之存心，
然後人能多方面的發現歷史事實。」所謂「光明正大之存心」，即
道德心也。但「道德心」或稍嫌抽象籠統，於是唐先生便易之以
「光明正大的存心」。由光明正大的存心所孕育而成的人之整個存
在狀態必然是各方面都美善的。由此美善的存在狀態始可如實地獲
知過去的史事。這說得有點抽象。其實，意思是很清楚的，且是顛
撲不破的真理。因為如果史家先有成見，預存立場，無一開放之心
靈，則你能期盼他可如實地獲知過去之真際嗎？此理思之便明。

　　一般來說，知性與德性是兩回事。人之道德情操表現不佳、存
心不良，應與知性之發展、知識之獲取無關。然而，知性所施的對
象若為人（含古人）的世界，則情況便有所不同。設想一個終日鑽
營、唯利是圖的小人，他可以了解莊子的精神面貌嗎？一個賣國
賊、漢奸，他可以了解文天祥、史可法的捨生取義的精神嗎？恐怕
是很難吧！古人恆論史家須具備史德，即以此故。唐先生哲學體系
以人之道德心之自覺為主軸。然則其論述歷史知識之獲取之以人之
正大光明的存心為樞機、為關鍵，便是必然之論了。

　　歷史知識之獲得恆與史事之因果關係相關，蓋因以生果，果以

---

❺　上揭《中華人文與當今世界》，頁 152。

推因,則吾人因以知悉一連串相承相續之史事之內容及前後史事間之相互關係也。⑩唐先生於闡述小說文學中的因果關係時,嘗一併論說歷史中之因果關係,以為對照比觀。其論說頗值得注意。茲引錄如下:

> ……我們由此例,便知小說文學中所講之事物之因果關係,比一般歷史中所講之因果關係,實更嚴格。歷史中之因果關係,只說到事之相繼而發生之實然,而不能說出事之相涵而發生之當然。實然者,有因不必有果,而果之繼因為偶然。當然者,有因必有果,而果之繼因亦為必然。此文學與歷史二意識中之因果觀念,所以有此差別,則在我們對歷史中之人物之本性,不能先知,而至多只能本於已有的對相繼之史事之記載,而加以解釋,以推知。我們亦只有對此相繼之史事,經次第之了解後,乃能有更確切之推知。

上引文有二點須稍作說明。

---

⑩　然而,史事因果關係一問題,至為複雜,不是三言兩語可以說明清楚的。有謂只有相承相續,或所謂前起而後繼之一連串之史事而已,甚至有謂所謂史事之因果其實只是史事時序上先後有別而已,或所謂只有一前一後個別獨立的史事而已,何有前後事之因果關係之可言?這種說法,自某一義意來說,亦可謂言之成理。然而,就常識義來說,則史事固有所謂因也。有關因果法則的問題,可參 Patrick Gardiner, ed., Explanation and Laws, Recent Views concerning Historical Knowledge and Explanation, *Theories of History* (London / New York: the Free Press, 1959), pp. 344-475;William Dray, "Causal Laws and Causal Analysis", *Laws and Explanation in History* (Taipei: Rainbow Bridge Book Co., 1971), pp. 86-117.

㈠唐先生說：「實然者，有因不必有果，而果之繼因為偶然」。實然與當然相對。當然者，則前因必涵後果。實然者，則前因不必然涵後果；此即唐先生所說的「有因不必有果」之意。其實，嚴格來說，既無果，則因便不成其因。蓋果之為果，以有因故。若無果，則因便不成其為因。是以唐先生說的「有因不必有果」，只是籠統的就因果關係而作的泛說。嚴格來說，此語便得改易為「一事不必有其果」。「果」由「因」生，「因」以「果」成。是因果相待而成，猶「前」、「後」二概念之相待而成也。此不必細說而可知也。

㈡上文唐先生又說：「我們對歷史中之人物之本性，不能先知」。其意謂，在任一史事發生之前，吾人斷不知其將如何發生也。以上引文，本係針對小說中之人物來說，是以唐先生便只舉「人物之本性」為例以作說明。但吾人不必以史家不能先知之事，僅「人物之本性」而已；其實史家不能先知之事，尚有其他。上引文中，「推知」一觀念甚值得注意。唐先生意謂，未發生之事，吾人無法先知之而認定其為如此如此。然而，不能先知、不能確知，並不意謂（更不排斥）吾人可憑既已發生之事，經了解、經解釋之後而推知其未來可有之情況。如未來情況，或所謂人類未來之發展、人類之未來，為完全不能推知者，則人類便完全不能為明天，甚或為下一秒鐘作任何的規畫。其實，我們應該如是說：吾人不能完全知悉未來之為如何如何，或吾人無法確知未來之必為如何如何；然而，吾人憑過去人類之表現，當可推知，甚至可

預知人類未來之發展當為如何如何。不能完全預知與完全不能預知，其間的差別是極大的。不能完全預知是事實。然而這正是世界美妙之處。蓋世界未來之發展（含人類的一切行為、表現）如果能夠完全被預知的話，則蘊涵人類之一切行為早被安排、被設計而斷不可改易了。那是多麼可怕的事啊？！至於另一極端──完全不能預知，那也是同樣的可怕，甚至更可怕。此點讀者想想便知。而歷史（其實應係歷史知識）的可貴之處，正在於其所提供的資訊，對未來而言，是：可預測，但不能完全預知之。唐先生非常重視歷史（含歷史之本身及歷史知識），蓋與歷史知識這種特性是分不開的。

歷史知識之獲得又恆與人觀看、探究歷史所應用之觀點（所謂史觀）有莫大的關係。其視角相應且幅度廣者，則所獲得的知識較正確、較豐富（較全面）；所作出的解釋更周延、更合理、更能夠為多數人所接受。❻❶唐先生對史觀及不同史觀的優劣的問題，嘗作

---

❻❶ 從實證主義或科學主義的治史態度來看，史學家或歷史哲學家以某一單一觀點來說明、解釋歷史的發展，都是危險而不可取的。無論是西方的神意史觀、進步史觀、唯物主義史觀（歷史唯物論）、挑戰與回應史觀、訴諸理性精神實體為主導之史觀、人類發展猶如植物生成變化之史觀，或中國的環循史觀（含三統史觀、五德終始說史觀、善惡報應史觀、合久必分分久必合史觀）、退步史觀等等，可說都是成一家之言，但亦可說只是見仁見智的歷史觀點而已。但以上種種史觀，以其觀照面之廣狹有別，或解釋之周延性之幅度不同，故仍可有優劣之分。如以唐先生來說，則馬列唯物主義史觀（歷史唯物論）乃最不能說明中國歷史發展之行程者也。以上中西各種史觀之說明，可參本書〈唐君毅先生的歷史形上學：論人類歷史行程之形而上之本體〉一文，第二節，〈中外古今史觀概說〉。

出精闢但又深入淺出而甚具啟發性的說明。先生說：

> ……除此（筆者按：指唯物史觀）以外，我們還可以自中國歷史
> 之各階段之主導的文化力量之所在，其中之知識分子的地位
> 之如何，政治制度之如何等，以說明中國歷史。而歷史之發
> 展，亦尚不只有由挑戰而回應之一方式，如湯因比所說；更
> 有不經挑戰，而由自然繼長增高，以形成發展之方式。湯氏
> 之史觀，還可批評。須知所謂史觀，只是一歷史觀點。如照
> 像，須在一觀點照。此中不必只有一觀點。至於此觀點之優
> 劣，則當以其能否將歷史之各階段之特性，皆清楚照進去為
> 定。如對團體照像，要將一一個人皆照進去，才合理想。如
> 觀點不同，而都能照進去，則二觀點亦可並存，而其價值，
> 亦可相等。依此標準，以看馬克思唯物史觀，則對中國歷史
> 各階段之特性，如或今天所講者，即已全照不進去，而成一
> 片糊塗像。❷

以上值得注意者有數項：

　㈠史觀非一，吾人不能執一而廢百。此可見唐先生之博學閎
　　識。

　㈡史觀有優有劣，此以其是否能把歷史各階段皆清楚照進去為
　　斷。史觀乃用以觀察、說明、解釋歷史之進程者也。是以孰
　　優孰劣，概以其勝任此等任務之程度為斷。

　㈢馬克思唯物史觀以其全不能把中國歷史照進去（即不能使人獲

---

❷　上揭《中華人文與當今世界》，頁 707-708。

得與中國歷史相應之真知識（即不能獲得歷史真相）或作出與中國歷史相

應之合理解釋），故為史觀中之最劣者也。❻❸

在本節的最後，我們嘗試說明一個較抽象的歷史知識論的問

題。上文不斷說到獲取歷史知識，這似乎意涵人之認知能力可以完

全讓人獲得歷史事實的真相。但唐先生對這個問題是持否定態度

的。唐先生的〈歷史事實與歷史意義〉上篇的附論中曾特別處理這

個問題。相關標題是：〈純客觀外在的歷史知識之真相，為歷史知

識之極限，而不能為衡定歷史知識之真理之標準〉。❻❹這個附論二

千多字，但不外舉例進一步說明這個標題的涵意而已。現在嘗試摘

要簡述如下。唐先生的意思是說：

純客觀外在的歷史事實之真相，其本身縱或存在，但吾人的認

知能力明為不能達致而掌握之者❻❺（唐先生即用「歷史知識之極限」來道

說這個情況），故吾人不能持之為基準，用以衡定吾人之歷史知識是

否為真理。（按唐先生這裡所謂的「真理」，或可用「有效」❻❻、「被接

---

❻❸　此點唐先生未明確道說出，但觀上下文意可知也。

❻❹　唐先生在標目下特別加上如下一註：「此節哲學意味稍重，故列為附論。」

❻❺　但人之認知能力（認識心）不能達致，不表示人之任何能力或人之任何意識
　　不能達致。唐先生在其名著《哲學概論》的相關陳說提供了另一思考方向。
　　先生說：「……在唯識宗之答覆，是：當吾人眼識與意識不起時，此霞彩自
　　應為對此眼識意識為不存在，然不存在於前六識者，可仍存在於阿賴耶識。
　　此存在者乃一功能或種子。此功能種子，對阿賴耶識存在，而非對前六識存
　　在。唯識宗之以在意識外之存在，乃存在於阿賴耶識中，此頗似巴克萊之以
　　觀念之不存在於吾人之主觀心者，乃存在於上帝心。然此中有一不同，即巴
　　氏之上帝心為一，而唯識宗之阿賴耶識，則每一眾生各有其一。」唐君毅，
　　上揭《哲學概論》，卷下，頁1006。

❻❻　許冠三先生曾指出凡通過合理、有法度之重建過程而獲得的歷史知識，皆可

受」、「符合過去之實然情況」之詞取代之似更明晰。）然而，這純客觀外在的歷史事實之真相，對吾人言，亦非絕對不可能呈現（存在）。唯其呈現有待於吾人三心俱顯之時方可❻。故吾人與其謂此真相可呈現，倒不如說吾人之三心可呈現。換言之，吾人說由此真相來衡定吾人之歷史知識是否為真理，不如轉說由三心來衡定歷史知識是否為真理似更妥當。然三心之呈現有待時間之倒流方可，而時間實不能倒流。故如實言之，所謂三心可呈現，亦只是一理想而已❻。由此來說，所謂以客觀外在的歷史事實之真相作為衡斷歷史知識是否為真理（即吾人之歷史知識是否符合過去之實然情況），實隱涵以下一義：吾人之歷史意識之發展，恆嚮往一超越之理想境，而力求達致之而已。捨此而外，實無所謂在吾人認知領域內之純客觀外在的歷史事實之真相存在之可能，蓋此真相明係吾人之認知能力所未能逮及者也！

視為客觀、有效之歷史知識，雖然這種知識不一定完全符合過去歷史之原貌、本來面目。許先生在上揭書中所說的「一定」，即是唐先生所指稱的歷史事實之「真相」。參許冠三，上揭書，第四章，〈歷史知識的客觀性〉，尤其第五節，〈客觀、有效、一定〉。

❻ 唐先生以「堯舜之相貌畢竟像什麼」來舉例說明三心的問題。三心指：「對此相貌之感覺心」、「說其是什麼之心」、「觀此二者是否配合和諧之心。」見《中華人文與當今世界》，上冊，頁137。

❻ 唐先生指出這三心俱外在，「為吾人之現在之心，所未能發展，此真理（按指吾人歷史意識所對之真理：純客觀外在的歷史事實之真相），方成外在。」語見《中華人文與當今世界》，頁137。

五、歷史事實乃由歷史意識衍生之歷史事實的意義所規定，並依此而被了解

　　唐先生〈歷史事實與歷史意義〉一文是一篇很重要的反省歷史學的性質的文章。其中卓見偉論極多，發前人所未發。該文並不是特別針對歷史知識論來寫的。但其中說到「歷史事實的意義」之處，實未嘗不可以歷史知識論的觀點解讀之。以下即嘗試就這方面論說唐先生的歷史知識論。唐文的主旨或可先由以下一段話說起。唐先生說：

> 凡「通過其意義以了解或由意義以規定」之歷史事實，亦皆由「其他之歷史事實之存在或後來之歷史事實之相繼產生」，而變化生長的。因而一切已成的，屬於過去世界的歷史事實，乃同時在一方生的、現在的、未來的世界中。世間根本莫有所謂只是已成，而只屬於過去世界之單獨自己存在之一件一件之歷史事實之絕對的真相，可分別為歷史學所研究之一一對象。⑲

---

⑲　《中華人文與當今世界》，頁 121。上文指出，唐先生在《文化意識與道德理性》中曾經說過另一番似與上引文並不相一致的話。先生說：「……而歷史知識所對之歷史事實，永不能再現，乃吾人所確知為已過去，乃非現實存在，永不能再成現實存在者。……」（下冊，頁 37。）唐先生的話，就常識義來說，並沒有說錯。但這段話，與上正文所引的一段話相比，則顯稍嫌「過於常識」了一點。〈歷史事實與歷史意義〉寫於 1963 年（本註所引的一段話則應寫於 1947 年），顯係唐先生思慮更趨成熟周延後的一個反映。於此亦可見先生思想雖自謂三十多歲後便大體定型，但其實仍是有發展轉進的。

這段話,看似很難懂,但仔細閱讀一兩遍後,其意義還是相當清楚簡明的。根據這段話,及上文所綜述的唐先生的觀點,先生實沒有否定歷史事實之本身係客觀地存在於過去,並構成過去的世界。然而,就吾人的認知立場來說,過去世界的真相,實無法被知曉!唐先生更扣緊歷史事實的意義而指出歷史事實是無定的、是可以不斷生長的。換句話說,唐先生是把客觀地存在於過去的事物,完全收歸到吾人主觀的認知上立論。這是上引文,以至整篇文章的核心、旨趣所在。吾人之認知或吾人之意識決定了歷史事實之為如何;歷史事實之意義又係人據其歷史意識所賦予的。於是一歷史事實的意義的大小、增減,便全由人所決定。至於過去世界的本然實況既係由人之歷史意識所產生的歷史事實的意義所規定,於是過去的世界(歷史)之為如何,便不一定是如何,而係有其變化生長的。

上引文及筆者據之而作之綜述及引伸,乃係唐先生歷史知識論的奧義、菁華所在。下文則擬具體地進一步加以分析說明。所據者仍係以〈歷史事實與歷史意義〉一文為主。

唐先生認為選取某些事實而紀錄之,必須有一自覺之標準,否則所記者或不免成為無意義之事實。而此一標準必使人從面向重視歷史事實之方向改為重視歷史意義之方向。而此轉向必使歷史事實在初步反省下之四性質有所改易。(此四性質,可參上文第一節)其改易情況如下:

㈠已成過去之歷史事實→其意義由新生之事實所決定。

㈡客觀的自己存在→相對於主觀的歷史意識而呈現其各方面之真相。

㈢歷史事實之唯一無二性→歷史世界中,只有具各種普遍意

義,而在一關係的全體中存在之事實。

㈣絕對的本然真相→相對於主觀而呈現之各方面之真相;此真
相亦由此而被了解、被紀錄。❼

現依次說明上述四轉變如下:

第一點很簡單。歷史事實既由吾人通過其意義而了解、而規
定,則此歷史事實便不純然是一已成過去之事實,蓋意義乃由後人
所賦予,而後人之所以產生此意義又明顯地與其所接觸之新生事物
有關。換言之,新生事物促使人(歷史家)賦予歷史事實可有的各
種意義。而歷史事實既係人依其意義規定下之事實,而此人乃係後
人而非當事人或當時人,故歷史事實便不是,或至少不僅是已成之
過去者。

第二點則可說是唐先生相關理論之核心:把客體的歷史世界全
然收歸到人之主觀歷史意識,即人之歷史認知上立論。由此來看,
歷史世界可說是由人之歷史意識所次第建構而成的世界❼。反過來
說,吾人之意識如不對過去世界予以建構,則過去之世界縱或存
在,然吾人之意識中,或認知領域內即為不存在者。唐先生說:

> 若謂一物不待他物為比較之背景,而一物所具之一切性質,
> 皆自始永在,而為上帝之所知,或早已為人心之所虛涵,固
> 亦可說。然無論如何,對人心之自覺而言,此諸性質,總不

---

❼　《中華人文與當今世界》,頁 117-118。

❼　《中華人文與當今世界》,頁 130。

能一時俱顯。❷

外物必被吾人認知始能顯其存在，唐先生在這裡說得猶婉轉。下一段話就說得非常明確了。先生說：

> 我們已說過歷史事實必有其意義，而意義由人之所發現，亦由人之所創造。而我們今可進而說者，即我們縱謂「歷史事實之曾存在」，永不可毀，然其不被人所知，即其不毀，只在一潛伏之狀態，而非一呈現之狀態。一呈現之狀態，與潛伏之狀態，畢竟天地懸殊。❸

有關歷史事實的意義之被創造的問題，唐先生更有如下的申論。先生說：

> 畢竟一史事之全幅意義有多少？此意義是否可由一史事本身求之。依我們上列之論，則我們將說一史事之意義，亦不能預定其有多少。……史家對史事之意義之發現，亦即史家之一創造，而一切史事之意義，亦皆在繼續被發現而被創造之歷程中，而非可預定其有多少者也。❹

說歷史事實的意義被發現也好，說被創造也罷，總之，我們非常清楚的一點是唐先生是把客觀外在的歷史事實，完全收歸到人的主觀自覺、主觀意識上立論。即所謂以意義來規定歷史事實，並了解、

---

❷　《中華人文與當今世界》，頁 124。
❸　《中華人文與當今世界》，頁 150。
❹　《中華人文與當今世界》，頁 141。

認知歷史事實。

上文第三點在於指出歷史世界中無所謂唯一無二的歷史事實，蓋歷史事實皆可謂存在於史事的關係網中，其意義亦賴此而得以生成變化。唐先生說：

> 一歷史事實意義，皆實是由其關連於其他歷史事實而變化，而生長，以見凡「通過其意義以了解或由意義以規定」之歷史事實，亦皆由「其他之歷史事實之存在或後來之歷史事實之相繼產生」，而變化生長的。❼❺

上文指出在吾人意識中根本沒有客觀自存的歷史事實；而只有透過意義以了解或由意義以規定之歷史事實。說得更明白一點，其實在吾人的認知上，就只有「歷史事實的意義」，而沒有「歷史事實」❼❻。或者可以說，一說到「歷史事實」，其實指的就是「歷史事實的意義」。此歷史事實之意義，如上所述是可以生成變化，並且不由歷史事實之自身所決定的。唐先生在下引文中說得很清楚。他說：

> 一事實之意義，雖似只屬一事實之自身，卻並不由一事實之自身而定，而是由其與「為其因、為其果，具同類或不同類之性質之事物、時空中其他事物，有其他數量之事物」之種

---

❼❺　《中華人文與當今世界》，頁 121。
❼❻　這與後現代主義之史學觀念若合符節。讀者於此不妨參伍並觀。

　　種關係，所合成之全體而定。**⑰**

由此來說，如果沒有種種上述的關係，一史實根本沒有意義可言。
上文不斷談史實之意義，但到底這個意義指的是什麼？唐先生認為
可涵以下四義，或可說可分為四種意義：

　　㈠時空數量之意義

　　㈡性質之同類不同類之意義

　　㈢因果關係之意義

　　㈣對目的或一價值標準之價值意義**⑱**

這四項與上引文一對比，前三項全同；只有最後一項是上引文所缺
的。筆者認為這只是漏寫，或因為上引文只是舉例，故不必盡寫。
然則所謂一史事之種種關係，實即是一史事之種種意義。

　　就一史事之意義來說，我們試舉鴉片戰爭為例以說明一史事之
意義並不由史事之自身所決定。譬如一歷史學家作如下的記述：
「鴉片戰爭爆發了。」就這個記載來說，我們完全不知道這個戰爭
的意義在哪裡！如扣緊上述四項意義來追問，則我們必須作如下的
陳說：發生時間是公元 1840-42 年、1856-60 年；地點是中國，數
量是二（一發生於 1840-42 年，第二次鴉片戰爭則發生於 1856-60 年）；並須
研究探討這戰爭之性質是商業貿易、是帝國主義霸權擴張侵略、是
民怨衝突，抑其他性質。由其性質之定位而了解它跟其他戰爭是否
同一類型。此外，尚必須明瞭探究此戰爭何以爆發（尋因），且其
後續之發展又如何（問果）。最後並須評估此戰爭對交戰國各方面

---

⑰　　《中華人文與當今世界》，頁 128。

⑱　　《中華人文與當今世界》，頁 119。

之影響,如對戰敗之中國之國計民生、民族士氣、傳統價值觀念、海防國防等等方面之影響;又對戰勝國經濟收益、國會中主戰派、主和派之權力結構、帝國主義之擴張等等之影響;以至對整個世界均勢、中國在鄰國中之地位威望等等都可逐一研究考查。這種研究評估即上述第四項──史事之價值意義所在。**⓹**

　　至於上述最後的一點(第四點:絕對的本然真相→相對於主觀而呈現之各方面之真相;此真相亦由此而被了解、被紀錄。)似乎不必贅述。因為這一點與第二點之性質全同,只是第二點只及歷史之真相乃相對於吾人之主觀認知而得其呈現,而這第四點乃就此真相之被了解、被紀錄作進一步之說明而已。

　　〈歷史事實與歷史意義〉一文,寫成於唐先生的中晚年,最能彰顯表現唐先生的歷史知識論圓融通透的慧見。一言以蔽之,如同上文所說的,先生是把客觀存在的歷史事實收歸到人之歷史意識中來講。人是有價值取向、追求並實踐價值理想的一個存在體(依唐先生之哲學,更必如是)。於是以人本身出發、以人為中心而認知察悉過去之歷史世界時,必不視此歷史世界為如何即如何而研究探討之;反之,必係就其意義(可能意義、理想意義)之為如何而認識之。

　　總之,吾人或可稍為大膽的說,唐先生不談歷史事實之自身,而逕說歷史事實的意義!經過上文陳說分析,可知所謂歷史事實的

──────────────

⓹ 以鴉片戰爭為例以說明一史事之意義是筆者所舉的一個例子。唐先生所舉之例子尤多,見《中華人文與當今世界》,頁 122-128。各例皆在說明一事實之時空、數量、因果關係、與其他事物之同類不同類,並兼及此事實之價值(即後人之評估)來說。

意義（先生分為四類），實猶吾人常識中之歷史事實。⑳蓋描述、研究一歷史事實時，譬如上舉鴉片戰爭一例，絕不會不指出發生之時間、地點、前後之有多少次、其因果關係等等方面的項目的。這可說是一史事之基本資料。假使這方面都不具備，或不被吾人所陳述，則此歷史事實根本不成歷史事實。至於此戰爭之與其他戰爭比較，以明其類別；並進一步研究指出其價值意義之所在，則明係史家稍有志對史事作深入研究分析者之必然作法。如此來說，先生把「歷史事實」「改易」為「歷史事實的意義」，或以「歷史事實的意義」規定之、了解之，是否毫無必要？此又絕不然，蓋此「改易」及相關之析論，正係給一般史家之誤以為過去之歷史世界之為

---

⑳　當然，嚴格來說，或就理論上來說，歷史事實固異乎歷史事實的意義。然而，就事實層面上來說，此兩者很難有所區別。唐先生便如此說：「……於是一些史家，便仍不喜歡講事實的『意義』，退而只講客觀事實本身。但存在的事實，剝掉了意義之後，此事實本身之存在，究應如何說法？存在事實本身與其意義之分別，畢竟何在？二者間是否有絕對的界限？如一事實之性質、所屬之類，與他事實之時空關係、因果關係及價值，都是一事實之意義，則全離此一切意義，如何講一事實之存在呢？再如歷史家只講事實，面對萬千事實，將從何著手，如何選取？如以價值意義或其他意義之大小為準，於是又回到意義之問題了。」唐先生意思是說，理論上來說，歷史事實固不同於歷史事實的意義，而各有其指涉範圍。然而，離開了意義，則歷史事實是否仍可獨立自存，則不無疑問。簡言之，吾人所說之歷史事實，歸根究柢，猶歷史事實之意義而已。上引文，見唐君毅，〈事實之意義之主觀性與客觀性〉，《中華人文與當今世界》（補篇），上冊，收入《唐君毅全集》（臺北：臺灣學生書局，1991），頁 257-258。上揭〈歷史事實與歷史意義〉一文比較抽象難懂；〈事實之意義之主觀性與客觀性〉一文則說得比較扼要簡明，其中說到歷史事實的「意義」，「不只是主觀的，亦自有其客觀性」一說法，尤深具啟發性，值得治史者參閱。

如何即如何者，一當頭棒喝；使彼等別再迷惑以為有一客觀自存的歷史世界擺放在那裡，而只等待歷史家發現之、重建之而已！且先生所指出的歷史事實的意義之無定量，而實隨人之發現或創造而增減**⑧**，乃更使人認識清楚人在歷史認知上之主導地位。就此來說，唐先生「歷史事實的意義」這命題的提出及相關之精闢疏析，已足以充份呈顯先生在歷史知識論方面的貢獻。

六、結　語

　　唐先生並沒有就歷史哲學或史學哲學的問題出版過專書。先生對相關方面的論述，只寫過一兩篇專文而已**⑧**。然而，先生論述歷史，以至論述史學之文章，則並非不多見。其中論述史學者雖較少，並散見若干專書之零散章節中，但彙輯而統整之、疏析而闡發之，則仍可見先生之史學思想所在。本文乃就先生歷史知識論一端予以闡述，其他方面則見本書其他文章。

　　在這個〈結語〉中，筆者最想指出的一點是，唐先生本人的思想是與時俱進、有所發展變化的。先生寫於中晚年的〈歷史事實與歷史意義〉一文，對相關問題之論述，則明係更有進於前者，蓋析理更透闢深入。以前之文字雖析理自有可取，並優於前人之處，唯其大端仍係就「歷史」、「歷史學」等等之常識義立論、申說。〈歷史事實與歷史意義〉一文則一切統攝於心；雖不否認歷史事實

---

⑧　《中華人文與當今世界》，頁 141、150。

⑧　此即收錄於牟宗三先生，《歷史哲學》中所附錄的一文及以上屢次徵引之另一文：〈歷史事實與歷史意義〉。

之可以客觀地存在於過去之世界，然就吾人之意識上、認知上來說，此所謂可以存在者，以其有意義故，而此意義又明係認知主體之人所賦予者；故歷史事實之所謂得以存在者，乃實係依於人之有歷史意識故。如此來說，歷史世界之得以存在，實由於吾人之存在故；或更明確一點說，實由於吾人之心之存在並對之產生意識、攝納之而使之成為吾人之歷史知識故！

　唐先生此一指點極為重要，蓋對一般史家之視歷史事實為純客觀之外在存在體，其為如何即如何的看法，無疑給予一當頭棒喝❸。而此點亦正係唐先生歷史知識論之最大貢獻所在。

附識：

歷史家之起死回生：
歷史事實之得以長存人間世界者乃緣乎人之能繼志述事

　近重閱唐先生《生命存在與心靈境界》一書。其中第三十一章談及「人間世界之大緣起，乃依人所歷之實事之回憶追念」等問

---

❸　當然亦有不少學者指出歷史事實之研究、重建，不可能百分之百客觀地恢復史實之本來面目。但這只是就史實重建之不可避免地受到史家個人情緒、知識多寡、認知能力強弱、價值取向或宗教信仰等等之影響來說，尚不是收歸涵攝歷史事實於吾人之意識中來立論。故唐先生之論說，可說與一般學者之意見不同，或至少可說析理透徹過於彼等遠矣。有關歷史重建之結果之不能全然符合過去史事真相的問題，可參 C. Beard, "That Noble Dream" 一文。此文收錄在 Fritz Stern, ed., *The Varieties of History* (N.Y.: Vintage Books edition, 1973), pp.314-328。

題。❽其意似謂人間世界之得以生起者,乃緣乎人對歷史之實事(即所謂史事)之能回憶追念也。竊意以為人之所以能夠回憶追念者,乃緣乎人之有歷史意識。歷史意識之對象乃係歷史,此由「歷史意識」一詞分析而知之;而回憶追念之對象亦係歷史。是以吾人亦可逕謂回憶追念,即人之歷史意識也。而歷史意識乃人得以重現過去、認識過去之必要條件;甚至可視為關鍵條件。過去了的並非真的已然過去,絕非所謂一了百了者,乃以人有歷史意識故。換言之,歷史意識具有復活歷史世界之功能;其關鍵地位,於斯可見。歷史意識固然重要,然可謂乃一必要之「啟動條件」而已,而非「達陣條件」。唐先生於此提出「繼志述事」一概念。歷史事實之真得以復活而長存人間世界者(含歷史人物之得以超越生死),正以吾人對已然逝去之歷史世界之有繼志述事之行為故也。茲引錄唐先生之相關言說如下。先生說:

> 東西文化民族,固未有如中國民族之重歷史者也。重歷史,
> 即重人之回憶追念,與人對此所回憶追念者之一切繼志述事
> 之回應也。佛家能言前生後生之事,互為緣起,及佛與眾生
> 之事互為緣起矣。然未知當今之生人,對死者之繼志述事,
> 即人間世界之大緣起也。此人間世界之大緣起,乃依人所歷
> 之實事之回憶追念;而不同於佛家所言之前生後生之事,與
> 佛及眾生之事,互為緣起,乃多依於想像與推理者。故前者
> 為陽道,而居實;後者為陰道,而居虛。若人之生者對其所

---

❽　《生命存在與心靈境界》(臺北:臺灣學生書局,1977),頁 1078。

知之死者，尚不能繼志述事，感奮興發，則於普度眾生之情，更何有哉。此生者對死者之繼志述事，乃謂死者實有其志其事。此可依上陳華嚴宗之義，以說其一有而永有者也。**⑧⑤**

以上所述，一言以蔽之，人依於其歷史意識而對過去世界生起回憶追念，並繼之以繼志述事之行為。過去之歷史世界由是被人認識而得以復活。換言之，即唐先生所說的「一有而永有」，而非過去了的便只成其為過去也。

明道先生嘗云：「泰山為高矣，然泰山頂上已不屬泰山。雖堯舜之事，亦只是如太虛中一點浮雲過目。」**⑧⑥** 如此而言，則過去即成過去矣！是耶？非耶？依以上所言，此蓋為謬論無疑！唐先生對此問題，其看法如下。先生說：

> 蓋事事無礙，事皆一有而永有，此即可與人之回憶追念之情中謂之有者，如實相應；而一切先聖先賢，若祖若宗，若師若友之遺事遺德，莫非一有而永有矣。昔有問程伊川者，謂「堯舜至今幾千年，其心自今在，何謂也？」伊川曰：「此是心之理，今則昭昭在面前。」程明道亦謂：「堯舜事業，何異浮雲過太空。」伊川只說堯舜之心之理在，意在使人直由其心之理，以知堯舜之心。明道說其事業如浮雲，乃意在言事業乃其迹，其心更有超於事業者。此皆可說。然謂其事業如浮雲，其事業即不在，其心已不在，只其理重現於我之

---

⑧⑤　《生命存在與心靈境界》，頁 1078。

⑧⑥　程顥、程頤著，朱熹編，《二程遺書》，卷三。

心，則非究竟之談也。實則堯舜之心理，即見其事業。其心
之理在，其心亦在，其事業亦在，以一有者皆永有故也。謂
今不見其事業，此求昔之有於今之言，非就其昔之有，而觀
其有之義也。謂其心不在，只理在吾人之心，尤不可說。吾
人之心，固有知堯舜之心、之事業，至今仍在也。若其不
在，則後人又焉能於堯舜之心、之事業，有所感奮興起乎
哉。❽

就常識義來說，上引二程弟兄之言比較好懂，即比較合乎常識。蓋
堯舜事業早成過去而不復存在於今也。反之，唐先生之立論則不易
懂而難被人接受。蓋堯舜事業早已不存在，正所謂猶浮雲之過太
虛，一去永無踪影也。唐先生何得謂「其事業亦在，以一有者皆永
有故也」？又謂「一切先聖先賢，若祖若宗，若師若友之遺事遺
德，莫非一有而永有矣。」此等言論皆違反人之常識，蓋其有（存
在）乃過去之有（存在於過去之世界）；如今安在哉？！筆者初看，亦
頗不能接受唐先生的立論。但三復先生言後，頓悟先生言反為至確
不易之真理。何以言之？其關鍵乃在於上文所說過的：人有歷史意
識，並依此歷史意識而對業已逝去之歷史世界予以回憶追念，並進
而繼志述事也。換言之，史家能妙手回春，其繼志述事之行為乃具
有「起死回生」之功效，使已然逝去者得以復活而重現於今世。❽

---

❽　上揭《生命存在與心靈境界》，頁 1079。

❽　個人治史三十餘年。今以唐先生言而頓悟史家治史對業已逝去之歷史世界，
　　具有起死回生之功能，則治史之事業亦可謂偉大之極矣！華佗針膏肓，扁鵲
　　起廢疾。史家起死回生，其功正同。是以史家也者，華佗也，扁鵲也。而使

唐先生所以說「一有者皆永有」，正以此故。

　　然而，吾人仍可有疑惑的是，依繼志述事而得以復活重現者，乃就人之認識心之所對而言而已；而其事實本身早已不復存在也。淺言之，即此等復活重現之事實僅存在於人之意識中（腦海中），或進而存在於歷史書籍中而為一文本而已，其事實本身早已不復存在也。但吾人於此可給予回應而說：所謂事實本身之存在，非依吾人之認識心（意識）以為定準耶？若無認識心對所謂客觀的事實產生意識，則此等事實縱或存在，但可謂只存在於上帝那裡；就吾人之認識心來說，實未嘗存在。然則其所謂存在者，對吾人來說，猶不存在也。若然，則歷史事實之一有永有、一在永在（含現今仍在），何異乎眼前事實之存在於今世也？吾人若承認眼前事實之確為存在於今時今世，則何得否認歷史事實之一有永有而同為存在於今時今世者哉？

<h2 style="text-align:center">徵引書目（按徵引先後為序）</h2>

1. 黃宗羲，《明儒學案》。
2. 杜牧，《杜牧全集》，上海：上海古籍出版社，1997。
3. 唐君毅，《中華人文與當今世界》，臺北：臺灣學生書局，1975。
4. 許冠三，《史學與史學方法》，臺北：萬年青書廊，缺年份。
5. 唐君毅，〈附錄一：中國歷史之哲學的省察〉，牟宗三，《歷史哲學》，香港：人生出版社，1970。
6. 黃兆強，〈唐君毅先生的歷史哲學（一）——紀念業師唐君毅先生逝世二周年〉，《華僑日報・人文雙週刊》，1980年2月5日。

人知史家猶華佗、扁鵲者，唐先生也。然則先生於史學之貢獻，居功厥偉！

7. 唐君毅，《哲學概論》，香港：友聯出版社，1974。

8. 許慎，《說文解字》。

9. 黑格爾著，王造時譯，《歷史哲學》，上海：上海世紀出版集團，2008。

10. 唐君毅，《文化意識與道德理性》，臺北：臺灣學生書局，1978，三版。

11. 唐君毅，《中國哲學原論・導論篇》，香港：新亞研究所，1974。

12. 唐君毅，《中華人文與當今世界》（補篇），上冊，收入《唐君毅全集》，臺北：臺灣學生書局，1991。

13. 唐君毅，《中國人文精神之發展》，臺北：臺灣學生書局，1974。

14. 張家璠、耿天勤、龐祖喜主編，《中國史學史簡明教程》，桂林：廣西師範大學出版社，1992。

15. 尹達，《中國史學發展史》，臺北：天山出版社，缺年份。

16. 司馬遷，〈司馬子長報任少卿書〉，蕭統，《文選》。

17. 霍韜晦，〈唐君毅先生的文化哲學體系——以《文化意識與道德理性》一書為中心〉，《唐君毅思想國際會議論文集 I》，香港：法住出版社，1992，頁 97-111。

18. 韓震，《西方歷史哲學導論》，濟南：山東人民出版社，1992。

19. 嚴耕望，《治史經驗談》，臺北：臺灣商務印書館，1981。

20. 劉昫等，《舊唐書》。

21. 歐陽修、宋祁，《新唐書》。

22. 章學誠，〈史德〉，《文史通義》。

23. 歐陽玄，〈揭公墓誌銘〉，《圭齋文集》，卷十。

24. GOTTSCHALK, Louis, *Understanding History,* N.Y.: Random House, 1969.

25. 唐君毅，《愛情的福音》，收入《唐君毅全集》，卷 2，臺北：臺灣學生書局，1991。

26. 唐君毅，《致廷光書》，收入《唐君毅全集》，卷 25，臺北：臺灣學生書局，1991。

27. COLLINGWOOD, R.G., *The Idea of History,* Oxford: O.U.P., 1970.

28. 牟宗三，《歷史哲學》，香港：人生出版社，1970。

29. 唐君毅，《人文精神之重建》，香港：新亞研究所，1955。

30. 唐君毅，《生命存在與心靈境界》，臺北：臺灣學生書局，1997。

31. 唐君毅，《人文精神之重建》，香港：新亞研究所，1955。

32. GARDINER, Patrick, ed., *Theories of History,* London / New York: the Free Press, 1959.

33. DRAY, William, *Laws and Explanation in History,* Taipei: Rainbow Bridge Book Co., 1971.

34. BEARD, Charles. A., "That Noble Dream", in STERN, Fritz, ed., *The Varieties of History,* N.Y.: Vintage Books edition, 1973, pp.314-328.

35. 程顥、程頤著，朱熹編，《二程遺書》，臺北：臺灣商務印書館，1983。

伍、唐君毅先生的史學價值判斷論❶

提　要

　　史學上的價值判斷及價值判斷所據之價值意識，唐先生之論述至為允當精審；惟散見於先生各大著中，筆者不自量力，肆意蒐尋鉤稽，並

---

❶ 本文原為應天津南開大學之邀出席該校舉辦之「中唐以來的思想文化與社會學術研討會」而撰寫。會議日期為 2006.08.16-18。大會建議之主要議題有五，其中含「現代新儒學及其評價」。唐君毅先生為現代新儒家無疑；然其史學思想實有過人之處，此則非一般人所注意及，此所以筆者以先生之史學思想作為論說之議題以回應大會之邀請，其中尤著重闡釋先生之史學價值判斷論部份。論文宣讀後，乃稍作修改而發表於《中國歷史學會史學集刊》第39 期，2007 年 9 月。拙文得兩位匿名審查人「非常樂意推薦」刊登，並給予不少寶貴意見，謹申謝忱。本文再修而完成於 2009.11.30。其後又經過多次修改，而最後的一次為 2010 年 2 月。

唐君毅先生為筆者在香港受教育時期之業師。筆者所研治者為史學。唐先生則為哲學家、思想家、新儒家、人文主義者、理想主義者；所研治及教授之領域則為哲學。然而，先生學問廣博無涯涘，可謂淹貫四部。除傳統之文史哲外，現今學術分類之政治學、教育學、藝術，以致一般社會科學及人類文化表現之各大端，先生皆有所省思、探研。筆者尤其欽佩者，乃唐先生惻然儒者之人文關懷及淑世抱負。是以自唐先生逝世後迄今，除紀念性文章外，筆者嘗發表多篇學術性文章以闡釋及弘揚師說。其中大部份今已收入本書內。又：有關唐君毅先生的不同稱謂，可參唐先生高足李杜教授，《唐君毅先生的哲學》（臺北：臺灣學生書局，1989），第十章，第五節，〈對唐先生哲學的不同稱謂及不應有的誤解〉。

據以粗成拙文。茲開列其重點如下：

一、前言：天氣報告員預測翌日天氣時，於預測異常高溫及異常低溫之後，通常會進一步以「非常炎熱」及「非常寒冷」來提醒聽觀眾，藉以使聽觀眾作適當之預防。而「非常炎熱」及「非常寒冷」，乃可謂天氣報告員依個人感覺或設想當地聽觀眾可有之感覺而作出的價值判斷。如吾人接受（至少不排斥）此等用語，則吾人應本同一心態而不當排斥史學上的價值判斷。

二、中國史學傳統中的價值判斷：筆者縱觀二三千年的中國歷史，得悉史家恆喜作價值判斷（史評、史論）。其原因至少有兩方面：

　　㈠如同一般素人，史家總是喜歡議論。

　　㈡史家有道德使命感，希望藉以提供後世作為行事做人的參考。

三、唐先生論史學上的價值判斷：

　　㈠「史評」、「史論」乃「史學上價值判斷」之異稱：筆者為避免讀者產生疑惑，文中先指出此三名詞在拙文中實同一涵義；而前兩名詞為一般的慣用語。

　　㈡歷史哲學含對史事予以價值判斷，且其為中國人素所重視之學術傳統。

　　　據唐先生，歷史哲學有三義：

　　　1.對歷史進程之本身進行反省並作出解釋；此等解釋，一般稱為史觀。如唯物史觀、進化史觀、神權史觀、循環史觀等等便是。

　　　2.對史事及歷史人物作價值判斷。中國人所重視者，恆為此第二義。唐先生對此亦特別關注。（筆者按：以上一二兩義，籠統言之，又可視為同一類，蓋均係對歷史之進程或史事之本身作反省也。）

　　　3.對史學致知活動進行反省，此包括對致知過程及致知方法之效限作探究及批判。

　　㈢史學上的價值判斷為必然且應然者：

　　　1.必然：史家不異乎常人，而同為有血有肉之人，故自然而然的
　　　便會對歷史上的是非、善惡、得失、利害，加以價值判斷。
　　　2.應然：(1)史家為使世人之讀其書者成就聖王事業，或使後世移
　　　風易俗，而不容自已地作出價值判斷；(2)史家為使史事更明
　　　晰，且為使讀者之思想得以開通，亦不容自已地作出價值判
　　　斷。（此史家之應然行為，唐先生是非常贊成的。）

㈣史家不作價值判斷非蔽於事而不知理，即心存取巧以卸責而已：
　　　1.蔽於事而不知理：若認為人所作成之史事記錄為客觀，則同為
　　　人所作成之價值判斷應同樣客觀。只認為前者為客觀，而不承
　　　認後者為客觀，是蔽於事而不知理。
　　　2.心存取巧卸責：若藉口留待天下後世之公論而自己不作價值判
　　　斷，這是自逸、取巧、無擔當。

㈤史學上之價值判斷／價值意識促進並創造人世間有價值意義之事
　　物及排棄反價值意義之事物（從反價值意義之事物超拔而出）：
　　史學上的價值判斷／價值意識不只幫助史家執行、貫徹「誅奸諛
　　於既死，發潛德之幽光」的使命感而已，兼且在人類所創造的未
　　來的歷史中，會使人珍愛有價值之事物，排棄反價值的事物。

㈥施加價值判斷應在建立相關知識之後：傳統中國，道德意識／價
　　值意識，恆為首要者。但面對今天知識經濟為主導的情況下，為
　　求國家永續的生存發展，知性主體應先建立，然後再施加價值判
　　斷。

四、餘論：筆者從智慧及仁德兩方面，總論唐先生之史學價值判斷論；
　　認為唐先生發乎智的學識及本乎仁的修養使他的史學價值判斷論既
　　富創意，亦充份反映其惻然儒者的人文關懷。

關鍵詞：唐君毅　歷史　史學　史學價值判斷　價值意識　史評　史論

一、前言

　　史學家撰寫歷史，宜否於史事記述外，尚需進一步施予價值判
斷❷，作出褒貶，此為古今中外史家恆爭論不休的問題。❸個人治

---

❷　史學上的「價值判斷」（Value judgment）一詞，筆者採其廣義，凡異於事實
　　陳述（Factual statement）或事實判斷（Factual judgment），而係對歷史人
　　物、事件，作出善惡、美醜、是非、得失等等的評價者，筆者一概稱之為
　　「價值判斷」；下文或順前後文脈而偶爾用「道德判斷」一詞取代之。筆者
　　必須在這裡補充說：價值判斷的表達方式可以是多樣性的。至少可有明示式
　　的（explicit）或隱喻式的（implicit）兩種。明白的寫出來，或隱含於事實的
　　判斷中都可以。如為後者，則該事實判斷便同時扮演了價值判斷的角色了
　　（事實判斷而同時具備價值判斷的功能），可謂二者合而為一的一種陳述方
　　式。然而，下文為求說理上的清楚，當用「事實判斷」一詞時，除另作說明
　　外，大抵指純粹事實上的陳述而言，而不兼指其或具有價值判斷的成份。

❸　被西方學者譽為以科學態度及科學方法治史的第一人而為蘭克學派的創始人
　　德國史家蘭克（Leopold von Ranke, 1795-1886），其治史精神被視為以「如
　　實敘述」為旨趣。其第一部歷史名著且為成名之作的《拉丁和條頓民族史，
　　1494-1535》（撰於 1824 年，蘭克時年三十）的序言中便說：「歷史之目
　　的，僅為陳述過去實際發生之情況而已。」無獨有偶，同時而稍早的中國學
　　者，如乾嘉時期的大學者錢大昕（1728-1804）和王鳴盛（1722-1797）便有
　　類似的論述。前者序梁玉繩《史記志疑》說：「史家以不虛美不隱惡為良，
　　美惡不掩，各從其實。」又於所著《十駕齋養新錄·唐書直筆新例條》云：
　　「史家紀事，唯在不虛美，不隱惡，據事直書，是非自見。若各出新意，掉
　　弄一兩字，以為褒貶，是治絲而棼之也。」王鳴盛所著《十七史商榷·序》
　　之說明尤其明白。他說：「大抵史家所記，典制有得有失，讀史者不必橫生
　　意見，馳騁議論，以明法戒也。……其事蹟則有美有惡，讀史者亦不必強立
　　文法，擅加與奪，以為褒貶也，……而若者可褒，若者可貶，聽之天下公論
　　焉可矣。」（按：王氏的說法，吾人不宜照單全收。他說歸說，其實他在
　　《十七史商榷》一書中，不知作出了多少含褒貶意涵的價值判斷！）至於在
　　言語上贊成或實際修史行動上落實價值判斷者，以中國而言，則自孔子、司

史，主要的研治領域為明清史學史及學術史，其中尤好探研清乾嘉之際史家之表現。❹乾嘉學者治學尚徵實，所謂無徵不信也。其治史尤以據實直書為貴，不尚空談、虛發議論。錢大昕、王鳴盛之言最可為代表。（參註❸之相關引文。）個人受清人治學風氣的影響，過去很長的一段時間，皆主張治史宜據實直書，是非自見；不必口舌雌黃，馳騁議論。在東吳大學教授史學方法一課前後幾二十年，恆向諸生揭示斯義。然近年則「幡然改圖」，別有主張，轉認為史家於史事記述之外，不妨，且應該施加價值判斷。其轉變之契機得之於電視媒體之天氣預告。

茲以臺北夏冬二季之氣溫為例作如下說明。臺北夏天七八月間最高的日間氣溫大概是三十六七度，冬天一二月間最低的夜間氣溫大概是四五度。❺天氣報告員於預告翌日最高氣溫是三十七度或最低氣溫是四度之後，絕對不會馬上說：「謝謝各位收看，明天再見。」他通常會補充說：明天天氣非常炎熱，大家外出請注意防曬措施，以避免中暑。或說：明天天氣非常寒冷，大家外出要多穿大衣，以免著涼等等的忠告。我們要指出的是：溫度（37°C／4°C）是一個事實判斷❻；而「炎熱」、「寒冷」則是一個價值判斷，是天

馬遷以下之史家，皆大不乏人，不盡舉。

❹ 所成專書計有二種：《廿二史劄記研究》（臺北：臺灣學生書局，1994；臺北：花木蘭文化出版社，2010 年增訂重版）；《清人元史學探研——清初至清中葉》（臺北：稻鄉出版社，2000）。

❺ 臺北相當潮濕，所以三十六七度在臺北算是很熱、很難受的；同理，四五度則算是很冷、亦很難受的。

❻ 當然，上例只是一個預測性的事實判斷，所預測的翌日是否確為 37°C 或 4°C 尚是未知之數。

氣報告員依臺北夏冬季的一般溫度情況，並據其經驗心得及專業知識而作出的判斷。（然而，冷、熱，皆可謂個人感受；乃係一價值判斷）然而，我們很需要這麼一個價值判斷，否則對溫度的數字敏銳度不夠的人（譬如很多老年人或知識水平較低的民眾）來說，37°C／4°C 到底是高還是低便不見得有甚麼概念！所以天氣報告員補充一句「非常炎熱」或「非常寒冷」，是很有必要的。隨後加上一句「注意防曬」、「多穿大衣」的建議性的說話，亦是很關緊要的。

如果接受上述天氣報告員預測天氣所作的價值性的判斷，並認為其判斷是必須的，有貢獻的，有建設性的，則我們沒有理由於史學家撰寫史著時，基於善意而給讀者提供更多有用的資訊，俾幫助讀者更認識相關史事，並可據以作為日後行事做人的借鏡、參考，而不接受彼等施加價值判斷這個行為。其實，史家撰史的目的（或至少目的之一）便是要幫助讀者認識史事。這是史家的義務，也是他的本份。他具備，或至少理當具備，比一般人（讀者）更豐富的史學專業知識。所以作價值判斷是他責無旁貸的份內事。至於說，他的價值判斷會否無意中誤導讀者，或進而提供了他故意引導讀者往某一特定方向思考的一個使壞的機會，則我們不必多想。❼因為我們談的是原則問題，我們要肯定的是作價值判斷這個精神，這個原則。只要原則、精神是對的，我們便當表示贊同。一般臺北居民既然可以接受在臺北「37°C 是非常熱」的一個價值判斷❽，而「4°C

---

❼ 其實，無意間誤導讀者或有意引導讀者往某一特定方向思考，這當然是有的，甚或可說經常發生的。但我們不必因噎廢食。

❽ 其實對若干人，譬如對剛來臺北旅遊／洽商的非洲人來說，37°C 跟本不算甚麼；所以跟這些人說「非常炎熱」，很可能便是誤導人家的一個價值判斷

則是非常冷」的價值判斷❾，並不以此而認為該天氣報告員有誤導之嫌，則我們又有甚麼理由排斥而不接受史學家基於其專業知識及善意的出發點而作出價值判斷呢？

二、中國史學傳統中的價值判斷

有謂：「誰人背後無人說，哪個人前不說人？」❿又有謂：「有人就有是非。」而臺北的計程車司機因為與乘客閒談時總是喜歡評論時政，則更是被冠上「政論家」的雅號。這現象反映出凡人總是喜歡在人前人後說長道短，評三批四的。對現實人事、物理的批評、評論，如轉為對歷史人物、歷史事件的評論，那便是史評。而所謂史評，那便是上文所說的史學上的價值判斷。

中國史學上的價值判斷，二千五百年前便很發達。其表表者，孔子是也。⓫《春秋》一書，恆被視為以「書法」（書、不書、如何書──所謂以特定的遣詞用字），來對人物史事進行褒貶。⓬孟子很明

了。但我們不必因噎廢食、「斬腳趾避沙蟲（「沙蟲」蓋指子孓）」（筆者年幼時香港流行的廣東諺語），想到或許有誤導之嫌而不作價值判斷。

❾ 同理，4℃ 對若干臺北人（更不要說對剛來臺北旅遊／洽商的北歐或冰島的居民了），根本不算甚麼。所以「非常寒冷」的一個價值判斷也可能有誤導之嫌的。

❿ 語出《增廣賢文》。

⓫ 其實，早在孔子之前，如西周末年幽王之世，史伯針對時為司徒之鄭桓公的問話所作出的回應，便含有不少價值判斷之言詞；又：與孔子同時並世的晉國史官史墨針對趙簡子的問話的回應，亦含不少價值判斷的用詞。史伯及史墨之回應，分別見《國語·鄭語》及《左傳·昭公三十二年》。

⓬ 茲舉數例以概其餘。㈠莊公四年，不書「齊滅紀」，而書「紀侯大去其國」。據《公羊傳》，齊襄公的九世祖齊哀公因紀侯譖而為周天子所烹，裏

確的指出說：「王者之跡熄而《詩》亡，《詩》亡然後《春秋》作。……其事則齊桓晉文，其文則史。孔子曰：『其義則丘竊取之矣。』」❸所謂「其義則丘竊取之矣」中的「義」，一般理解為「褒善貶惡的大義」。「《春秋》，天子之事也」❹，孔子以匹夫而為《春秋》，故謙稱竊取（私底下採納、採用、借用）其義。❺孟子又說：「孔子成「《春秋》而亂臣賊子懼。」❻亂臣賊子之所以懼，絕對不是緣乎《春秋》中之「事」與「文」。彼等之所以懼，肯定是由於孔子所施之「義」。其實，孔子喜歡評論歷史人物，《論語》中也找到不少例子。如孔子以「古之賢人也」及「求仁而

公為哀公報仇而滅紀。然而，滅人之國明為不義，是以《春秋》乃書作「紀侯大去其國」。⑵閔公二年，不書「狄滅衛」，而書「狄入衛」，蓋為齊桓公諱，以衛為華夏之邦；如書其為狄所滅，則以尊王攘夷相號召之桓公，其顏面何存？⑶僖公廿八年，踐土之會，晉文公實召天子。以諸侯而召天子，非禮也。故孔子轉書「天王狩於河陽」。此外，《春秋》又以特定的個別字眼，如「侵」（潛師掠境）、「入」（造其都城）、「伐」（聲罪致討）、「戰」（兩軍相接）、「滅」（毀其宗廟社稷）等等以表示戰爭（或戰爭結果）的不同狀態，又如以「殺」（處死無罪）、「弒」（臣子殺君父）、「誅」（殺有罪）等等字眼以表示終結人生命者及被終結生命者誰對誰錯的問題。

❸　《孟子·離婁下》。

❹　《孟子·滕文公下》。

❺　蘭州大學中文系孟子譯注小組所作的《孟子譯注》（北京：中華書局，1960）便作如下的翻譯：「他（孔子）說：『《詩》三百篇上寫褒善貶惡的大義，我在《春秋》上便借用了。』」按：此蘭州大學中文系所之《孟子譯注》蓋即楊伯峻之《孟子譯注》。筆者以未親見楊氏書，故乃據所引版本之版權頁而作相關標示。匿名審查先生惠予指出此乃楊氏書；茲特致謝。

❻　《孟子·滕文公下》。

得仁，又何怨」❶來描述伯夷、叔齊便是一例。這可以說是孔子對二人的褒頌。至於晉文公，孔子則以「譎而不正」貶之；於齊桓公，則以「正而不譎」褒之。❶對管仲的評價，則褒貶皆有。在器度及私生活上，既視之為「器小」、「不知禮」❶；但在政治的表現上，則認為「桓公九合諸侯，不以兵車，管仲之力也。如其仁，如其仁。」❷對於保存維護華夏文化於不墜，則更是功不可抹。孔子的稱頌如下：「管仲相桓公，霸諸侯，一匡天下，民到於今受其賜。微管仲，吾其被髮左衽矣。」❷以上各例皆足以佐證孔子喜歡對歷史人物作出價值判斷。

　　《春秋三傳》之一的《左傳》，其褒貶史事人物而作出的價值判斷，其形式更是多樣化。或以「君子曰」、「君子謂」、「君子以為」等等起首；或描述一史事後，便直接發表議論，如作出「禮也」、「非禮也」之價值判斷；又或引用他人之言論以代一己之價值判斷，又或論證先前預言之得以實現以作為價值判斷。

　　與《左傳》詳略互見而同為記載春秋時事的我國最早的國別史《國語》，對歷史人物亦多有褒貶之詞，如對齊桓公、晉文公、管仲、范蠡等人物之評論即是。研究戰國史事而不可或缺的重要史籍《戰國策》，其對戰國時代辯士的說辭的褒揚，很明顯亦是一種價值判斷。下逮秦漢，則史評之作更見蓬勃，陸賈之《新語》、賈誼

---

❶　《論語·述而》。

❶　皆見《論語·憲問》。

❶　《論語·八佾》。

❷　《論語·憲問》。

❷　同上註。

之〈過秦論〉、《史記》中的〈太史公曰〉、㉒《漢書》的〈論贊〉及荀悅《漢紀》的史論,皆其表表者也。

荀悅以降,歷代史家施諸史事或施諸人物之價值判斷,代不乏人。大陸史家瞿林東先生以「歷史批判意識的產生和發展」的標目對相關問題作了很扼要的論述,茲轉錄如下:

> ……如荀悅、虞世南、魏徵、司馬光的君主論,魏徵的秦隋興亡相較論,李百藥、柳宗元的封建論,柳宗元和劉禹錫的天說、天論,杜佑的「中華」、「夷狄」同源、同風論等等,都是歷史批判意識深入發展的突出表現。又如劉知幾、鄭樵、胡三省、王世貞等人,於史學批判中包含了歷史批判的豐富內容,……李贄對舊的倫理觀念的批判,黃宗羲對君權的批判,顧炎武對君主專制主義政體的批判,王夫之對歷代腐敗政治統治的批判等等,都是歷史觀念中從未有過的最深刻的批判。㉓

瞿林東所說的歷史批判意識,即上文所說的史評、史論、史學價值判斷。

姑無論是基於人性本身之「八卦」（此廣東俗語;意謂過份好奇,好多方打聽,好說長道短、批三評四,有如長舌婦般）也好,或由於史家的道德使命感、憂國憂民的意識也罷,總之,史家撰史時,總喜歡作

㉒ 按:《史記》中之〈太史公曰〉不盡係史評之作;其中不少是正文的補充資料。此世人多知之,不具論。

㉓ 瞿林東,《中國簡明史學史》（上海:人民出版社,2005）,頁 306-307。

出價值判斷。其下焉者，或流於信口雌黃，空發議論，無補國計民生；上焉者，如王夫之之《宋論》、《讀通鑑論》之能評析史事之關鍵肯綮處，使讀者從中總結歷史經驗，汲取教訓，以為鑑戒；洵為史評中之傑作無疑。❷

三、唐先生論史學上的價值判斷

㈠「史評」、「史論」乃「史學上價值判斷」之異稱

梁啟超曾說過：「中國於各種學問中，惟史學最為發達。」❷唐先生亦深悉我國為史學甚發達之國家；嘗云：「中國史學之發達，亦可由西方一成語，謂中國為歷史家的天堂以證之。」❷所謂歷史家的天堂，蓋指史家有極大的生存空間，並指可盡情發揮之謂。而盡情發揮，蓋指針對過往之史事作所謂純客觀之描述外，尚

---

❷ 摯友宋小莊博士嘗研治王夫之的思想，從《讀通鑑論》一書中，分析出王夫之的歷史觀、政治思想、軍事思想、民族思想、倫理思想、經濟思想及法律思想等等。此各種思想，蓋從王夫之史評／史學價值判斷中得之也。宋小莊，《讀《讀通鑑論》》（昆明：雲南人民出版社，1991）。

❷ 梁啟超，《中國歷史研究法》，第二章，〈過去之中國史學界〉。中國之各種學問中，是否「惟史學最為發達」，這當然可以討論。但以中國史籍之豐富（數量、種類）、古代史官之盡責、修史機構之嚴整及制度之完善等等而言，梁氏之判語，是有一定根據的。是以即使洋人，如研究中國科學史的巨擘英人李約瑟氏（Joseph Needham）在《時間與東方人》一書中便說：「在中國傳統文化中，歷史（史學）乃萬學之母（后）。」語見所著 *Time and Eastern Man* (London: Royal Anthropological Institute of Great Britain & Ireland, 1965)，頁 9。

❷ 唐君毅，《人文精神之重建》（香港：新亞研究所，1974），頁 543。

應含史家可肆意的對史事、對歷史人物等等作評論及批判。唐先生嘗撰一深具啟發性的歷史哲學的文章；指出一切所謂歷史事實，究其實，乃歷史事實之意義而已。而意義乃人所賦予者或發現者，甚至可謂發明者。如無此發現或發明，則所謂歷史事實，就人之認知立場來說，根本可說不存在。❷而歷史義意，可總結為四項，其中與本文相干者乃以下一項（即原文第四個意義）：「對目的或一價值標準之價值意義」。❷此語之涵意不太明晰，其意當為：「史家依一目的或本乎其價值標準（價值觀、價值取向、價值認定）而指出（賦予、發現）一史事之價值意義。」而所謂指出一史事之價值意義，乃作價值判斷之謂。而價值判斷之載體為史評史論。此語之確切涵意及筆者以上之詮釋是否確當，或可由唐先生以下的一段文字知其底蘊。唐先生說：

> 依第四意義，我們可說一切志書中之對一時代之禮樂政教之得失之評論，及後人之一切史評史論之評論歷代人物之善惡，行事之是非，歷朝政治措施之仁暴、得失、利害，以及地理志論天下郡國之利病，皆是依其價值意義而說。❷

所謂「依其價值意義而說」，是指針對史事作史評史論時，史家指出其（「其」乃「此等史事」之代名詞）價值意義之謂。所謂指出其價值意義，仿若其意義早已客觀地存在著，而史家所為者乃據實指出之

---

❷ 說見〈歷史事實與歷史意義〉，《中華人文與當今世界》（臺北：臺灣學生書局，1974），上冊，頁 110-158。

❷ 同上註，頁 119。

❷ 同上註，頁 121。

而已。實則不然,所謂指出之,其實是史家本一定之目的或依一己之價值標準而作價值判斷之謂。要言之,唐先生上文「史評」、「史論」的用語,即等同「對史事(含歷史人物等等)作價值判斷」。

(二)史評之種種

王船山學術表現之面向極廣。就史學來說,船山對歷史之評論最具慧解卓識,因而亦最堪注意。其論說見諸《讀通鑑論》及《宋論》。此人皆知之。唐先生嘗撰文闡述船山之學術思想,於其史論部份,亦多所著墨。先生針對船山之史論作解讀前,嘗詳說史論之種種。此中正可見先生本身之慧解精識及對問題分析之細緻。茲引錄如下。先生云:

> 歷史中,有人物焉(人物包含個人、社會、民族)、有人物之互求其精神內容之普遍化,而相感應以成之文化焉、有人物之相互關係,所成之史事焉、有一史事所以成之時勢、一史事對以後之影響焉。故評論歷史,即或為評論歷史上之人物應事之方,利或不利于一事之成,而有之此(1)歷史上之利害得失之評論、或為評論人物應事之方,合不合道德,而有之(2)歷史上人物是非之評論、或為觀一史事所由成之時勢與影響,而有之對(3)一事之是否合理,與(4)對歷史文化之價值之評論、或為觀各種文化如學術、宗教、禮樂、政治、經濟之制度,在歷史上之盛衰顯晦,對當時人群與人類歷史文化生活之全,為得為失,于是有(5)世界升降之評論。至于論一史

> 事與創造支持此歷史文化之統緒之人群民族之關係，則有(6)
> 歷史事件與民族種族之存亡絕續關係之評論。凡此等等歷史
> 之評論，皆吾人承認歷史之所以為歷史，承認歷史構成之成
> 份中，有文化，有史事，有人物，而吾人又有反省歷史批評
> 歷史之能力，即必有者也。❸（本段(1)至(6)之編碼，為筆者所者，
> 旨在使讀者更清楚唐先生歷史評論所列出之項目。）

人類在歷史上之表現既有多種面向，則史家依其反省意識而作出相
應之批判者固亦有多種。唐先生即據此而開列如上也。

㈢歷史哲學❸含對史事予以價值判斷，且其為中國人素所
　重視之學術傳統。

───────────────

❸　唐君毅，《中國哲學原論·原教篇（下）》（香港：新亞研究所，1977），
　　頁 653。

❸　「歷史哲學」，要言之，即對歷史作反省是也。「歷史」既指過去之本身
　　（the past itself），也指歷史這門學科（史學，historical scholarship，the
　　science of history）。因此對歷史作反省而產生的「歷史哲學」，便隨之而分
　　為兩類：一為玄思式的（speculative），一為批判式的／分析性的（critical /
　　analytical）。前者指對人類整體的歷史進程作探究、解釋（interpretation）；
　　而此等解釋，一般稱為史觀。如唯物史觀、進化史觀、神權史觀、循環史觀
　　等等便是。後者指對史學的致知過程及致知方法之效限作探究及批判。區分
　　為以上兩類，乃一般學者所作的分類。唐先生對這個問題亦有研究，但唐先
　　生更細分為三類。唐先生稱對歷史進程之反省為歷史學上的形上學問題，稱
　　對史學的反省為歷史學上的邏輯知識論問題。而第三類，唐先生稱之為史學
　　上的價值論人生論的問題。唐先生從價值論人生論切入而多增一類，尤可見
　　唐先生之重視價值及人生的問題。此則異乎流俗純從知識角度思慮而只分歷
　　史哲學為兩類之識見也。唐先生的分類法，見所著《哲學概論》（香港：友

　　唐先生肯定史學上價值判斷的價值及重要性；並認為中國人對史事作價值判斷乃歷來的學術傳統。唐先生說：

> 吾人言歷史哲學之異於一般之歷史學者，在歷史哲學之重明歷史發展之統貫之理，並對史事加以價值判斷，且求此價值判斷之成為有客觀性的價值判斷。自此而言，則中國過去之歷史哲學，乃即包含於中國經史之學中。蓋中國固有之學術精神，皆重即事言理之義，故事實之判斷，恆與價值之判斷相俱。據春秋家言，孔子修《春秋》，其或書或不書，或諱或不諱，皆是以對人或事之價值之不同，而異其敘述事實之文字。……司馬遷著《史記》，……其書之〈本紀〉、〈世家〉、〈列傳〉重述事，而其後之〈贊〉，即明顯之價值判斷也。大率後之修史者，皆寓其對歷史之價值判斷於史書之作法，史傳之〈序贊〉之中。後世更有史論，……而顧炎武、黃梨洲之倫，或亦有即史事以明道，據道以衡史事之精神。……中國昔亦非無歷史哲學，唯融於經史之學中矣。……㉜

上段引文乃唐先生閱讀其摯友牟宗三先生《歷史哲學》一書後所撰寫之讀後感。是以文中數言「歷史哲學」一義。顧牟先生《歷史哲學》一書之重點乃在於對史事作價值判斷，是以唐先生便歷述中國

聯出版社，1974），卷上，頁 149。歷史哲學以上三類問題，唐先生皆有所論述。筆者亦嘗予以闡釋；相關文章收入本書內（即本書第一、第二、第三、第四，共四文），可並觀。

㉜　唐君毅，〈中國歷史之哲學的省察〉，《中華人文與當今世界》，上冊，頁165-166。

自孔子以來迄有清一代經史典籍上的價值判斷，藉以揭示牟先生之大著實續承中國學術之優良傳統。引文中，吾人特別需要指出的是，唐先生云：「……重即事言理之義，故事實之判斷，恆與價值之判斷相俱。……即史事以明道，據道以衡史事之精神。」此引文之前半，意謂價值判斷固然重要，然離事而言理，則理不易懂，是以中國人素重即事而言理之義。孔子深諳斯義，司馬遷即嘗引錄其言如下：「我欲載諸空言，不如見諸行事之深切著明也。」❸❸司馬貞〈史記‧索隱〉云：「孔子之言見《春秋緯》，太史公引之以成說也。」司馬貞最得司馬遷之意，所謂「成說」者，蓋指史公本有此意，乃引孔子之言以證成己說也。孔子，至聖也，且亦史家也；司馬遷，不世出之大史家也；皆深諳即事言理之義：意謂非藉著人類過往之具體行事（史事），則義理便流於空言而無法使人對之產生深刻的認識。而所謂「義理」，即上引文後半之「道」。然而，道是抽象的，不易明，故必賴史事；惟史事之是非對錯又必賴道以為衡定。換言之，事與理必相互依賴、相互支援，相輔相承始得究竟也。唐先生為哲學家，但絕不迂腐，於重視理外，上引文之重視事可為明證。

㈣史學上的價值判斷爲必然且應然者

唐先生說：

---

❸❸ 轉引自《史記‧太史公自序》。見諸趙岐《孟子趙註‧題辭》者亦同，惟文字微異。其言曰：「仲尼有云：『我欲托之空言，不如載之行事之深切著明也。』」

・256・

歷史家之自謂能捨當然價值之觀念，純就客觀事實以觀歷史，亦實不免於自欺。夫歷史中之事，皆為往事。夫往事析而觀之，乃無窮之事也。則事事而述之，非人力之所能。歷史家何以選此事而敘述之、考訂之，不選他事而記述之、考訂之，豈無歷史家個人內心之權衡？此權衡，豈能不依於一重要不重要之價值標準？❸❹而歷史家之敘述歷史，其於國家之成敗興亡，世道之顯晦升沉，君子小人之消長，又豈真能無價值判斷之存，或廢書而嘆之事？自歷史家之亦為一有血有肉之人而言，乃絕不能無者也。此不能無，則其所為之客觀之敘述，其輕重疏密之間，亦不能逃其主觀意見之蔽也。❸❺

以上引文，唐先生指出史家不異乎常人，而亦為有血有肉之人。於是，其從事史學致知活動，便不可能無價值觀念／價值取向存乎其中。而此價值觀念／價值取向，根據上文而細析之，可見諸以下三項（其實，可說是三個不同的層面）：一、見諸題目之選擇及史事之考訂中；二、透過文字或文脈上輕重疏密之安排而達致所謂客觀敘述而隱含之；三、藉著價值判斷而明白的彰顯之。以上第一項，或係自覺或不自覺的；第二項為自覺的，但作者故意不明示之，而企圖

---

❸❹ 唐先生類似之言論，恆見其他著作。如最能揭示唐先生成一家之言的晚年鉅著《生命存在與心靈境界——生命存在之三向與心靈九境》（臺北：臺灣學生書局，1976）即嘗云：「人有所關心，則亦有所不關心；有所記憶，則亦有所不記憶。或紀載或不紀載，即為一選擇。此選擇，必依於一不自覺或自覺之價值標準。由此價值標準之存在，人之史地意識在事實上對一切事物，即只有一選擇的紀載，而必不能為無窮之紀載。」（上冊，頁 57-58）

❸❺ 上揭《中華人文與當今世界》，上冊，頁 164。

透過所謂「據實直書，是非自見」的方式暗示之、隱含之（implicit 的）；第三項為自覺的，且作者故意明示之（explicit 的），藉以清晰而明確的彰顯、宣示其價值取向之所在。

　　以上是指出唐先生認為史家不異乎常人而必有其價值觀念，而該等價值觀念必自覺或不自覺的落實於所撰寫之史著中。此可謂唐先生對相關問題的實然的描述。然而，史家把個人的價值觀念施之於史著上，甚至以價值判斷彰顯之，到底是否應當的問題，則以上各段引文並未明顯的呈示唐先生本人的意見。其實，唐先生是非常明確的贊成史家應當作價值判斷的。先生說：「……史學則須以同情的智慧，理解事理之得失，不能不用人生文化價值之概念，以從事評價。」**㊱**「不能不……以從事評價」，即不能不作價值判斷之謂。唐先生的意見，下文更見其梗概。先生說：

> 一切記錄，都是一選擇，一切選擇後面都有一價值標準，則必然有新聞之評論。一切評論，皆有褒貶，而意在指導人心，亦即皆同於孔子作《春秋》寓褒貶的旨趣。則新聞記者真能依正當的價值標準，去選擇新聞來記錄，加以評論，即指導從事其他專業者之社會人士之人心，以移風易俗的聖王之業。其工作涵有道德的意義，是不成問題的。**㊲**

上文是針對新聞報導來說的。然而，歷史乃過去的新聞，所以文中所說的選擇後面都有一價值標準、對記錄加以評論、指導人心、指

㊱　上揭《人文精神之重建》，頁544。
㊲　上揭《中華人文與當今世界》，下冊，頁488。

導其他人士以成就移風易俗的聖王之業、其工作涵有道德的意義等等的性質，歷史記述的性質可說與之全然相同，扮演同樣的角色。從上文不難看出唐先生是充份肯定新聞記者在記錄上施加價值判斷的，然則與新聞記錄性質全然相同的歷史記述，我們沒有理由說唐先生是不贊成史家施加價值判斷的。

　　史家對史事施加價值判斷既然具備指導人心、移風易俗等等的道德意義，則一輩子以提撕、闡揚人之道德意識而奮鬥的唐先生，當然是予以贊同的；此上文已有所申述。❸唐先生為道德的理想主義者，所以一切有助於道德意識之醒覺、提升及道德行為之促進、落實者，唐先生必然予以正面的肯定，這是不必贅說的。然而，唐先生絕非「腐儒」、「迂儒」，只憑空而不切實際的天天談道德、喊人文、講理想。唐先生其實是非常重視事實的認知的知性問題的。其贊成史學上施加價值判斷，其中重要的原因之一，正是藉以使人對史事的本身達致進一步的瞭解。先生說：

---

❸　史家施加價值判斷，其最要者在乎先提出德性之本原。唐先生說：「中國哲人之論文化，開始即是評判價值上之是非善惡，並恆是先提出德性之本原，以統攝文化之大用。所謂明體以達用，立本以持末是也。」這段引文出自《文化意識與道德理性》一書，所以文旨便在於討論「文化」；但其實「歷史」之情況亦然（簡言之，文化乃人類橫向的表現，而歷史乃縱向的表現；故所指涉之內容無所不同）。所以引文中「文化」二字，假使改易為「歷史」二字，其所描述者亦全然契合。如果同意筆者這個解釋的話，則史家施加價值判斷，其最要者便在乎先提出德性之本原；蓋統攝歷史，以達致明體達用，立本持末的大用的，便在於是。明乎此，便知悉史家施加價值判斷，絕不能憑一己之好惡，否則全無方向，亦無定準；而必以「德性之本原」為指導，唐先生之提點，發聾振聵，空谷足音也。筆者於此不得不再三致意焉。

> ……又如研究歷史，中國的傳統史學有史論，史論是史家對
> 歷史事實的見解，歷史講事實，史論則就其事實以論其是
> 非，對史實提出解釋批評，即使史實更易為人所了解。如寫
> 劉項相爭一段史實，加入了漢高祖、項羽論，不論其見解是
> 高是低，對或不對，卻可以幫助開通思想。**㊴**

唐先生非常明確的點出史論（史學上的價值判斷）的功能是「使史實
更易為人所了解」。這一指點非常重要。蓋史論（在此指理想的史
論）非史家之信口雌黃、非史家之說長道短、非史家之無病呻吟；
且也不只是史家權充道貌岸然的道德家板起面孔以道德信條來教訓
人。史論除彰顯史家之價值理想外，是兼具史實的補充說明這個知
性上的功能的。正如同本文前言所說的，天氣報告員於氣溫報告
外，經常會進一步提點是否炎熱、是否寒冷。「炎熱」、「寒冷」
這類價值判斷是使天氣的具體情況，「更易為人所了解」的。史論
之「使史實更易為人所了解」，其情況正相同。上引文「……不論
其見解是高是低，對或不對，卻可以幫助開通思想」這幾句話亦非
常重要。這是進一步肯定史評史論在原則上是有其存在的必要的。
所謂「開通思想」，剋就上文所述及的劉、項二人來說，蓋指可提
供讀者思考、想像劉、項可以是怎麼樣的一號人物。推而廣之，則
又可以想像作為政治人物的一個人，或任何一個人，又可以達致怎
麼樣的各種表現。是以讀者的思想應可由此而得以開通的。史學上
價值判斷之知性功能及可以進一步啟發人智慧的啟迪功能，不是很

㊴　唐君毅，〈研究中國學術的態度〉，《中華人文與當今世界》（補編上
　　冊），《唐君毅全集》（臺北：臺灣學生書局，1990）卷九，頁 288-289。

清楚嗎！這個我們得感謝唐先生給我們的指點。

㈤史家不作價值判斷非蔽於事而不知理，即心存取巧以卸責而已

唐先生非常感慨的指出說：

> 歷史家之所以恆自秘其價值判斷，蓋亦意曰，吾既陳此事實，是非善惡之價值，留天下後世之公論耳。然果天下後世而有公論，則是非善惡之價值，亦當有客觀普遍之標準。則歷史之世界中，非徒有一一之史事人物為客觀之實在，此一一史事人物中所表現之普遍價值，亦為客觀之實在。夫事不離理。價值者理也。事客觀，而理亦客觀。⋯⋯然則奈何於考訂史事之真相之史學，則稱之為學，而求明辨史事之客觀價值意義之歷史哲學，即不名之為學乎。毋亦因其原不深信史事之價值意義之亦客觀；其所謂留之天下後世之公論云云，乃以既不敢自陳其價值，以求貌合於冷靜無私；而又實不相信天下後世之有公論，而只有人各一論之私論，故視論之者為可有可無也？⋯⋯人之為學，自限於史事之考訂或敘述可也。專門之業，自足名家。然人自限於史事之考訂與敘述，於史事之價值，既以待天下後世公論之言，為自逸之計；又謂凡本哲學以衡斷史事之價值意義者，皆主觀之意見，為拒人之計，則此亦治史學者之陋見也。故凡言歷史學為客觀，而詆歷史哲學為主觀之議論者，其所謂客觀，皆限於客

觀之事實，而忽客觀之價值，是蔽於事而不知理，……❹

唐先生這段描述甚為重要，故筆者不厭其繁引錄之。其要旨如下：
（甲）如歷史學為客觀之學，則施加價值判斷之歷史哲學亦為客觀之
學。❹

「夫事不離理。價值者理也。事客觀，而理亦客觀。」史事為
客觀之存在，至少過去曾客觀的存在過，其理好懂，可謂賢不肖皆
知之。然而，史學上的價值判斷，如指出史事、人物之得失、利
害、善惡、美醜、仁暴等等，則明為依史家個人的價值標準以為
判，其所謂客觀，實非常啟人疑竇。以人物而言，如秦始皇帝，依
傳統說法，其為暴君無疑。然而建長城，於保護漢民族及其文化之
免於外族侵略，甚或被摧毀，功勞可謂大矣。統一文字度量衡，於
維護大一統，居功厥偉。大陸文革時搞批孔揚秦的運動，則始皇固
係「明君」或「仁君」無疑。若以史事而言，今試舉陳水扁 2004
年競選連任而再度當選總統為例作說明。以選票計，當時臺灣人民
半數以上是支持他的。是以陳水扁之當選，對他而言，固為得，對
臺灣人民恐亦為得。然而曾幾何時，第一家庭及總統府百端弊案纏
身，臺灣人民仍會認為陳水扁的當選對臺灣為得耶？答案恐怕無待
龜蓍了。是可知秦始皇為仁抑為暴？陳水扁當選為得抑為失，固時
移世易，人言人殊矣。豈有千百世不易之所謂客觀之定準耶？所以

---

❹　上揭《中華人文與當今世界》，上冊，頁 164-165。

❹　引文出自唐先生為牟宗三先生之大著《歷史哲學》撰寫之讀後感，故文中特
別強調歷史哲學之價值。其實文中意旨在於說明史學上價值判斷實有其價值
在，故吾人可不必再提歷史哲學之價值，而逕行肯定價值判斷之價值即可。

唐先生「事客觀,而理亦客觀」的說法,一般讀者恐怕不容易理解、接受。這個問題不是很好解決,今筆者嘗試從兩方面作出回應。

⑴唐先生畢生信奉道德的理想主義。而道德的本源,依儒家的說法,無論稱之為仁體、太極、天心、道心、天道、良知、性、理等等都可以;要之,皆為形而上之絕對普遍者,絕非因時因地而相對者;亦不以個人主觀之意志而轉移者。以此為基礎而作出之道德判斷、價值判斷,乃亦為絕對普遍之恆真者;依上文,此價值判斷即為唐先生所說的客觀者,而非「主觀之意見」或「人各一論之私論」而已。

⑵上文云:「價值者理也。事客觀,而理亦客觀。」「事客觀,而理亦客觀」一語說得稍嫌簡約籠統,其意當謂「如果(根據客觀存在的史事而作成的)歷史紀錄是客觀的話,則針對此等史事(或針對根據此等史事而作成的紀錄)而給出的一個道理(價值判斷),亦同樣是客觀的」。簡言之,唐先生之意是,既肯定人所作之歷史紀錄為客觀,則沒有理由懷疑同為人所作之價值判斷為不客觀。其實唐先生於此是有一伏筆的。史事紀錄不可能全然等同發生過之史事。紀錄與史實,兩者之間是不能劃上等號的。這是史學上的常識(common sense)。就史學知識的建構而寫成史著而言,新史料的出土、新理論的出現與借用、史學方法本身的更新,以致讀者的新需求等等的因素,都會導致史事紀錄(簡言之,即歷史書)的更動、改寫。易言之,不是如一般常人所認為的有一樁史事擺放在那裡,史家只需要如實的、或所謂客觀的加以紀錄便可了事

而得其真實的反映或真實的寫照的。由此來說，史事紀錄何有所謂永恆的客觀可言。❷其實，所謂歷史事實，其本身也是「變動不居」的。蓋吾人所指稱的「歷史」，其實早已不存在。故所謂「歷史」，實乃吾人借用史料、運用方法、藉著邏輯推理而予以重建，然後再予以紀錄的一種人為的結果而已。所謂「歷史」云云，何所存在哉！❸由此來說，「歷史」固不存在；其存在者，唯歷史紀錄而已。而歷史紀錄，依上文，亦為變動不居的，何客觀之可言？！然而，史家既認為人為之史事紀錄為客觀，則同為人為之史學上的價值判斷，豈得為不客觀？唐先生「事客觀，而理亦客觀」一判語，我們必須從此處領悟方得其確解。若史家仍然堅持事客觀，但依理而施加之價值判斷為不客觀，則可謂「蔽於事而不知理」也。

(乙) 歷史家不作價值判斷乃為自逸之計、為拒人之計，實取巧卸責而已

首先要指出的是，上段引文中的「歷史家」，不是一全稱命題，而是偏稱命題，是說「有些歷史家」之意，特指不作價值判斷的歷史家而言。依唐先生意，其實這些歷史家不是不知道是非善惡之價值是有客觀普遍之標準的。只不過恆自秘其價值判斷；認為陳述歷史事實可矣，價值判斷則留給後人施加可也。表面上，這些史

---

❷ 當然，吾人也不必走到極端而認同後現代主義史家的說法，把歷史約化為只是一個文本而已。

❸ 唐先生對此有充份的認識，讀者只要稍一翻閱收錄在上揭《中華人文與當今世界》（上冊）〈歷史事實與歷史意義〉一文便知梗概。

家很中肯，很客觀，或所謂很超然。究其實，乃「不敢自陳其價值，以求貌合於冷靜無私」，「為自逸之計」，「為拒人之計」而已。此等史家可謂既無膽識、亦逸惰，更藉口所謂留待天下後世公論而排拒他人對其有所要求、對其有所責成；實可謂取巧之至、無擔當之至。

綜合言之，以上（甲）及（乙）分別指出歷史家不作價值判斷，其原因有二：一為不知價值判斷實與事實判斷相同：皆同樣客觀也。另一為知之，但藉口所謂留待天下後世公論而不作之。前者可謂知識上之不足，後者則攸關德性。但無論是前者抑後者，要之皆無堅實之理據以排斥史學上的價值判斷也。

㈥史學上之價值判斷／價值意識促進並創造人世間有價值意義之事物及排棄並超拔反價值意義之事物

唐先生說：

> 在我們之歷史意識中，我們總可肯定歷史事實之有價值意義。……吾人之歷史意識之後可有一道德意識為之支持，而由此道德意識為之支持，吾人復可自求創造歷史。由此而歷史之事實與其價值意義，雖若為一不斷升起而沉淪者，吾人仍將珍愛其中具有價值意義之事物，而厭棄其中具反價值意義之事物，並本此珍惜與厭棄之情，以規定吾人自求創造歷史之行為之方向。又因有價值意義之事物為吾人所珍惜，則此事物與其價值意義，即保存於吾人之創造歷史之行為中而得復活。反之，因具反價值意義者，為吾人所厭棄，則此事

> 物與其所具之反價值意義，即為吾人之行為所排棄，求在吾
> 人之意識與吾人之行為中加以超拔化除。❹

上引文可注意者有以下兩點：

(甲)歷史意識含價值意識，而價值意識可藉由價值判斷彰顯之，或
由事實判斷隱含之

文中雖不及「價值判斷」一詞，所以看似跟本文主旨不相關。
然而，文中數度提及「價值意義」、「道德意識」及「歷史意識」
等詞彙；而道德意識可謂即價值意識，或至少可說道德意識必含於
價值意識之中。而人之歷史意識又必含對歷史事物之價值意識（此
緣乎歷史家為一有血有肉之人，故對歷史事物不能不生價值好惡也。相關說明可
參見上文㈢）。而價值意識之明白呈現則為價值判斷也。價值判斷緣
乎價值意識，其理至明。其實「據事直書，是非自見」之據事直書
之中亦已具價值判斷之意涵，或至少隱含／潛藏價值意義在其中，
否則是非何能得而自見？要言之，價值意識之表現可有顯隱二途，
其顯者為史家明白的作出價值判斷，其隱者為潛藏於事實判斷（據
事直書）之中。總結來說，上引文雖不及「價值判斷」一詞，所用
者為「價值意義」、「道德意識」等詞彙。其實，該等詞彙，在精
神上及所指涉的核心範圍上是相通的。所以下文(乙)，筆者即視之
為同一物，而籠統的應用之。

(乙)史學上的價值判斷／價值意識可指導人創造未來歷史的方向，
並對事物作出適當的取捨

---

❹ 唐君毅，〈文學意識之本性〉（下），上揭《中華人文與當今世界》，上
冊，頁 272-273。

　　上引文有「歷史事實之有價值意義」、歷史中「具有價值意義之事物」的用語；恰似歷史事物之本身即有其價值意義者。其實，這是就常識義來說。剋就本文以上各種說明來說，或剋就更嚴謹的意義或學理上的意義來說，歷史事實或歷史事物之價值意義，其實是人（史家）所賦予的。而史家之得以賦予之，乃緣乎史家之價值意識（該意識為顯性的表現，或為隱性的表現，皆不拘；此顯隱問題，上文已及之）。上引文最值得注意的是，原來史家的價值意識，其「功用」不僅是判斷歷史上之事物之是否有價值而指出其價值意義（即作價值判斷）而已。史學價值意識最可貴之處，乃在於本此價值意識而生起的「珍惜與厭棄之情」之可以「規定吾人自求創造歷史之行為之方向」。上引文唐先生不厭其煩的述說，歷史事物之有正面價值意義者，吾人珍惜而保存之；其具反價值意義者，吾人厭棄而超拔化除之。這主要是就歷史事物來說的。其實統觀上下文脈，「珍惜與厭棄之情」既可以「規定吾人自求創造歷史之行為之方向」，則史學上的價值意識，剋就現實上的事物來說，亦深具意義；其有價值者，必珍愛而保存之，其反價值者，則厭棄而超拔化除之。是史學上的價值意識，其功用不僅在於「誅奸諛於既死，發潛德之幽光」❹❺的對歷史事物具備批判的意義而已，而更在於吾人創造未來歷史之過程中，可據史學上的價值意識而知所遵循之方向：凡有價值者，必珍惜寶愛之，凡反價值者，必揚棄化除之。是史學價值意識／價值判斷／道德意識之為用，亦可謂大矣！

---

❹❺　唐韓愈，《韓昌黎集》，〈答崔立之書〉。

㈦施加價值判斷應在建立相關知識之後

筆者以上各段文字旨在闡釋唐先生有關史學價值判斷之各相關論述，最後（即上文第㈤）並特別析述本於道德意識而生起之史學價值判斷／史學價值意識在吾人創造歷史之行為上所可具備的功能。然而，強調功能是一回事，但不能因為強調、重視其功能，便把史學的第一要義——建構史學知識（認識史事），拋諸腦後！唐先生說：

> ……由是而中國人真要建立其自身之兼為一認識的主體時，此道德主體，須暫忘其為道德的主體。而此道德主體，須暫退歸於此認識主體之後，成為認識主體的支持者。直俟此認識的主體，完成其認識之任務後，然後再施其價值判斷，從事道德之實踐，並引發其實用之活動。❹

---

❹ 唐君毅，〈中國文化與世界〉，上揭《中華人文與當今世界》，下冊，頁899。該文為唐先生起草，並徵得牟宗三、徐復觀、張君勱三先生之同意及修訂後而共同署名發表於 1958 年；為闡述中國文化的一篇極其重要的文章。筆者對上文之撰著過程及發表過程有所探討，並嘗揭示其相關意義。相關論文收入本書內，可並參。上引文中，唐先生說：「此道德主體，須暫忘其為道德的主體。而此道德主體，須暫退歸於此認識主體之後……」此語與牟先生「良知之自我坎陷」的論說，實如出一轍。面對科學與民主（前者代表知性領域，後者代表政治領域、人權領域；所謂新外王之兩要素也），牟先生的適應方案是很斬截的，即「良知自我坎陷」是也；不意唐先生亦有類似的構思，惟方式／用語較溫和婉轉。作為道德的理想主義者，唐先生當然看重人之「道德主體性」。然而，人之知性主體的活動，唐先生亦絕不輕視。除上段引文外，唐先生在其晚年鉅著《生命存在與心靈境界》（臺北：臺灣學生

唐先生這段描述雖然不是特別針對史學上的價值判斷來說的，但依
筆者之見，這段話縱使全然應用在史學價值判斷上應該是唐先生可
以贊同的。唐先生太認識中國人的性格了。傳統中國人作為一道德
主體來說，可說表現得淋漓盡致，永遠都是道德掛帥，「德成而
上，藝成而下」，道德實踐永遠是第一義。在道德掛帥的情況下，
知性主體，並不如何發達。成就道德，當然很重要。但這不應是唯
一的重要，尤其以知識經濟為主導，各國為促進經濟而生存競爭已
到白熱化的程度的今天，吾人尤不能不承認知識之重要。唐先生對
時代問題獨具隻眼，最具慧解。唐先生畢生奮鬥者，乃在於點醒、
提撕人之道德意識。然而，上段話竟要人把道德主體暫退歸於認識
主體之後，俟認識主體完成其認識任務後，道德主體始再施其價值

書局，1977）一書中，亦有類似的說法。其言曰：「人在哲學之途程中，若
缺乏此知識論之反省與訓練，而圈不住此現實事物之世界，則其哲學思維至
於超此世界之時，此世界中現實事物，還將冒出，以擾亂超此世界之哲學思
維之進行。故此一知識論之反省與訓練，為人之行於哲學之途者，所不可
少，亦必須具有者。……人在有知識論之反省與訓練，求知此知識世界與現
實事物，有此內在的邊際之後，人即可將知識世界中現實事物之世界，圈在
此邊際以內。人於此再還觀此邊際外之理想界，而欲去除其虛懸於上之感，
更須知此理想尚非可只視為一觀照之所對，而更當如實知其生起之原，在吾
人之生命存在與心靈自身之性情，則此理想便當同時視為實然的存在於此心
靈與生命存在之內，而非只為所知所對之事物之上之一當然。」（〈後
序〉，頁 1166-1167）此段引文中，「知識世界與現實事物」外之「理想
界」，吾人不必細究。今姑且借用之以指唐先生恆最重視之「人之道德理
性」可也。然則吾人為要達致此理想界，以成就人之為一道德主體、德性主
體，則知識論之反省與訓練為相當重要的途徑（或至少是重要途徑之一），
不亦彰彰明甚乎？一言以蔽之，唐先生之重視知性主體之活動，上引〈後
序〉的文字可以概見了。

判斷，則不免使人感慨繫之。然而，危機即轉機。唐先生雖為道德的理想主義者，但生當今世，又決不能不從務實之立場著眼，否則中華民族如不能在各經濟強國之環伺下生存，則所謂道德，實亦無從談起！「皮之不存，毛將焉附」？！是以先成就其認知之主體，乃為當今之要務。此固無可奈何，然不得不爾也。

寫到這裡，讓人想起梁啟超的一句話。任公畢生所關注者在於用世、應世，經世致用。其治史亦以此為急務。然而，他竟會說：「……必先去其致用之念」，則以為以致用之念為主導以治史，必會影響史學致知之客觀性也。所以必須以超然的態度、客觀的方法以重建史實之真相（當然，史實之真相是否可以獲得，乃是另一問題），藉以獲得歷史知識為要務。得其知識後，始再思考運用之以達乎致用之功能可也。致用之目的在於經世，而經世致用之念必緣乎人之道德意識。是任公史學致用之念與唐先生之重視道德意識／史學價值意識以用世，實係同一思考模式。唐先生與任公同具孤懷閎識，宜乎二人言詞之若合符節也。吾人豈能不三致意焉。

四、餘論

唐先生通體是智慧，全身是仁德。發乎文章，其智也，則透闢深閎，辨析毫芒；其仁也，則真誠惻怛，覆載萬物。斯論史學上的價值判斷，正可見其既仁且智。茲據上文各檢舉數例以見一斑。

先言智者：

㈠先生指出一切所謂「歷史事實」，語其真際，乃「歷史事實之意義」而已。而意義乃人所賦予者或發現者，甚至可謂發明者。先生此論，異乎流俗之見之以為歷史事實是如何即如

何；而不知實乃人為化之結果而已。

㈡先生謂，中國學術，「皆重即事言理之義，故事實之判斷，恆與價值之判斷相俱。」此事以載理，理寓於事之謂也。先生又謂：「即史事以明道，據道以衡史事。中國昔亦非無歷史哲學，唯融於經史之學中矣。」中國之經史，究其極則，皆言理也。其所異者，經離事以言理；史則即事以言理；豈有二哉？！然而，史之即事以言理（此即先生所說的「即史事以明道」），其蔽也，或流於順從事勢之實然而違背義理之當然；其糾之者，在乎「據道以衡史事」。如此方可無失。唐先生對事、理相輔相承、相交為用之關係，析論周延通透。

㈢先生之贊成史學上施加價值判斷，其中重要原因之一，正係藉以使人對史事的本身達致進一步的瞭解。此即指出價值判斷非純粹只是價值上的判斷而已；且兼具知性上的功能也。

再言仁者：

㈠先生說：「歷史家之敘述歷史，其於國家之成敗興亡，世道之顯晦升沉，君子小人之消長，又豈真能無價值判斷之存，或廢書而嘆之事？自歷史家之亦為一有血有肉之人而言，乃絕不能無者也。」此明為發乎仁心而體悟史家價值判斷之源也。

㈡先生說：「史學則須以同情的智慧，理解事理之得失，不能不用人生文化價值之概念，以從事評價。」唐先生本人必須先具備仁者的心懷，始能察悉史家須以同情的智慧，以理解事理之得失也。

㈢先生指出：「新聞記者真能依正當的價值標準，去選擇新聞

來記錄，加以評論，即指導從事其他專業者之社會人士之人心，以移風易俗的聖王之業。其工作涵有道德的意義，是不成問題的。」上語看似簡單，然字字鏗鏘，必亦本乎仁心始可道說出者也。❹

以上仁智各舉三例。其實，乃為文理清晰而故作區分耳。仁且智，就先生而言，實一體之兩面。先生既仁且智，又奚待贅言哉！

徵引書目 （按徵引先後為序）

1. 李杜，《唐君毅先生的哲學》，臺北：臺灣學生書局，1989。
2. 梁玉繩，《史記志疑》，《百部叢書集成》本，臺北：藝文印書館，1965-1971。
3. 錢大昕，《十駕齋養新錄》，臺北：臺灣商務印書館，1968。
4. 王鳴盛《十七史商榷》臺北，廣文書局，1960。
5. 黃兆強，《廿二史劄記研究》，臺北：臺灣學生書局，1994。
6. 黃兆強，《清人元史學探研──清初至清中葉》，臺北：稻鄉出版社，2000。
7. 《增廣賢文》
8. 《國語》

---

❹ 有謂臺灣之亂源有三：法官也，政客也，媒體也。法官（至少部份法官）判案過寬，此無形中助長罪惡之滋生；政客敗壞政治及社會風氣，罄竹難書，不必多說；媒體（至少部份媒體）「以文亂法」，譁眾取寵，顛倒是非，報導失實、失格，此眾人皆知。媒體之所以如此者，一言以蔽之，失其自律也。所以失其自律，乃緣乎道德意識闕如、價值標準混淆也。上引唐先生文有謂：「新聞記者真能依正當的價值標準，去選擇新聞來記錄，加以評論，……。」今茲企望媒體能三覆唐師言，作出深刻反省，全盤改弦更張；否則臺灣之政治、社會風氣，繼續往下沉淪必矣！

9. 《左傳》

10. 《公羊傳》

11. 《春秋》

12. 《孟子》

13. 蘭州大學中文系孟子譯注小組，《孟子譯注》，北京：中華書局，1960。

14. 《論語》

15. 瞿林東，《中國簡明史學史》，上海：人民出版社，2005。

16. 宋小莊，《讀《讀通鑑論》》，昆明：雲南人民出版社，1991。

17. 梁啟超，《中國歷史研究法》，臺北，里仁書局，1984。

18. Needham, Joseph, *Time and Eastern Man*《時間與東方人》, London: Royal Anthropological Institute of Great Britain & Ireland, 1965.

19. 唐君毅，《人文精神之重建》，香港：新亞研究所，1974。

20. 唐君毅，《中華人文與當今世界》，臺北：臺灣學生書局，1974。

21. 唐君毅，《中國哲學原論・原教篇（下）》，香港：新亞研究所，1977。

22. 唐君毅，《哲學概論》，香港：友聯出版社，1974。

23. 司馬遷，《史記》。

24. 趙岐，《孟子趙註》。

25. 唐君毅，《生命存在與心靈境界——生命存在之三向與心靈九境》，臺北：臺灣學生書局，1977。

26. 唐君毅，《文化意識與道德理性》臺北：臺灣學生書局，1975。

27. 唐君毅，《中華人文與當今世界》（補編上冊），《唐君毅全集》本，臺北：臺灣學生書局，1990 卷九。

28. 牟宗三，《歷史哲學》，香港：人生出版社，1962。

29. 韓愈，《韓昌黎集》。

陸、史學現代化：

從唐君毅先生論漢代史家學術思想之分類所獲得的啟示❶

提　要

　　唐君毅先生認為，中國至漢代，史學始真正成為一門學問。漢代史家，如司馬遷／司馬談及班固分別於《史記》及《漢書》論述先秦學術者，均充份展示一種綜合論說之精神。然而，所以能作綜合，即意謂其前必有散殊或各獨立自存之「物」在，否則綜合便無從談起。針對先秦學術而言，此「物」非他，乃司馬談及班固相關論說中之六家及九流是也。

　　唐君毅先生指出先秦學術思想中六家九流之內容，乃大體上相當於

❶　本文初稿乃為接受天津南開大學歷史學院國際多元文化綜合研究所所舉辦之「中國史學現代化問題國際學術研討會」之邀請（地點：天津南開大學；時間：2008.04.12-13）而撰寫。始稿於 3 月 4 日，完稿於 4 月 4 日；修改於 4 月 5 日；三修於 4 月 26 日；再修於 2009 年 2 月上旬。經二位匿名審查人賜示寶貴意見後，乃於同年 5 月 11 日再予修訂並發表於《東吳歷史學報》，第二十一期，2009 年 6 月。2010 年元月又作若干修訂。最後修訂日期是 2010 年 2 月。

出席上述會議，承蒙臺灣東吳大學歷史學系提供往返機票，謹此致謝。

又：本文第三節〈二十世紀中國史學發展述評〉中有關中共史學部份，承蒙東吳大學歷史學系傅可暢教授提供寶貴意見惠予指正，謹致謝忱。

現今人文學術之各門類；而各門類則各有其自身之價值、領域、範圍及應用上該遵守之節度。然而，此看似相反、對立之各學術領域，其實亦可謂相反而相成，亦相生而共長；由此推拓恢張必達致人文化成於天下而成王治（王者之治）而後已。司馬談及班固即據此而有綜持之論。

　　談、固二史之先秦學術分類及從綜合之觀點以闡述各學術間之相生共長、相輔為用之論說，唐先生最為欣賞讚嘆，並由此而指出此等分類、觀點及相關論說實可促進人文化成於天下。個人認為唐先生這個論說對史學現代化實係一極大之啟示。要言之，中國史學界，過去數十年來，有所謂「要紅」抑「要專」、「重史」抑「重論」、「求真」抑「致用」等等之爭論；就全球史學界而言，亦有所謂現代、後現代之分；又有所謂重敘述、重詮釋之別；又有微觀、宏觀之對立；更有唯物、非唯物之爭。蓋真莊生所謂「道術將為天下裂」也。唐先生之學問性格最富包容性、最能融攝一切異端且承認其價值，並進而為總持之論。此所以唐先生能深契漢代史學綜持為論之精神，並進一步指出學術之多元發展正係促進人文化成於天下之關鍵。個人即以此而認為史學現代化之途徑固然可有多端，然吾人於承認上述中國史學及全球史學之研究重點及相關觀點、論說、取徑之各有其自身之價值外，吾人必得擴大心量，綜合總持之，使得各種史學研究可相生共長、相輔為用，俾充份展示人文學術之固有精神，並進而促進史學之現代化；否則無以擺脫、超越「道術將為天下裂」之嚴分此疆彼界，甚至入主出奴之局限。明乎此，則可察悉唐先生對史學現代化所給予的啟示之偉大貢獻之所在！

關鍵詞：唐君毅　史學　史學現代化　漢代史學　司馬遷　司馬談
　　　　　班固　九流　九流十家　先秦諸子　中共史學

一、前言

《莊子‧天下篇》針對天下學術各自為方、自以為是之情況，嘗發出以下沉痛的慨嘆：

> 天下大亂，聖賢不明，道德不一，天下多得一察焉以自好。譬諸耳目鼻口，皆有所明，不能相通；猶百家眾技也，皆有所長，時有所用。雖然，不該不徧，一曲之士。……天下之人各為其所欲焉以自為方。悲夫！百家往而不返，必不合矣！後世之學者，不幸不見天地之純，古人之大體，道術將為天下裂。

筆者二十多年前嘗草就一文以闡述唐君毅先生之生命情懷及治學精神。其中頗可窺見唐先生之見解與上引莊子文互相呼應之處，且與本文亦有其相通之處。讀者不妨參看。❷

上引莊生「道術將為天下裂」之慨嘆，唐先生最能體認。彼論述各種文化、學術問題，恆能跳脫「一曲之見」之囿限，於肯定各門學術，以至各種學說，各有其自身之成就與貢獻外，而更能從高一層次看問題，善作解人及調人。是以恆能綰統融攝各家異說。此唐先生胸懷之寬廣有以致之也。真孫卿子所謂「宗原應變，曲得其

---

❷ 黃兆強，〈唐師的「深淘沙，寬作堰」精神——植根於道德心靈、理性心靈之人文精神，為融攝一切學術文化及民主建國的不移基石〉，臺灣《書目季刊》，卷14，期4，1981年3月，頁56-58。1980年9月杪，筆者負笈法京巴黎，乃得切身體認中西文化之差異，並由此而對君毅先師之教誨，深有所感；遂於同年12月草就該文，藉以抒懷並弘揚師說。該文又收入《唐君毅全集》（臺北：臺灣學生書局，1991），卷三十，頁559-564。

宜」、「恢然如天地之苞萬物也」❸。先生針對漢代史家先秦學術思想分類及功能之論說，正可以示例。下文邃闡述先生之相關論說。

當今史學研究之面目，細析之，或所謂研究之側重點、所藉賴之理論、切入點（即所取之視角）、方法，以至詮釋方向等等，史家各有不同。如有所謂現代、後現代之分，又有所謂敘述（含考據）、解釋（詮釋、解讀）之別，又有微觀、宏觀之對立，更有唯物、非唯物之爭；蓋真莊生所謂「道術將為天下裂」也。

唐先生之學問性格，如上所述，最富包容性、最能融攝一切異端❹而承認其價值，並進而為總持之論。漢代史學，以司馬談及班固所論述之先秦學術思想而言，頗能據綜持之觀點而為說。唐先生向所秉持者正與此不謀而合，其所以能深契並欣賞此漢代史學精神者，亦正以此。先生並由此而進一步指出漢代人即以此而人文化成於天下。由是言之，個人認為今人治史，須互相承認各家各有其成就及貢獻外，且亦應進一步相互交流切磋，以期達致相輔為用、相生共長之效。作為人文領域之一端，不同史學各有其領域而各顯特色外，亦宜交光互照、流輝相映，而最後相濡以沫而相忘於天下。人文化成於天下者，實有以是賴。然則唐先生對史學現代化之啟示不可謂不大！

---

❸　《荀子・非十二子篇》。

❹　此所謂「異端」，無貶意，乃指相異之各端而言，非「異端邪說」之「異端」。

二、唐君毅先生針對司馬談及
班固先秦學術思想分類所作之闡述

㈠總說

　　先生之相關言說，主要見諸《中國哲學原論‧原道》卷二❺。先生為哲學家、哲學史家，然先生之學問素以浩博綜貫著稱。即對史學（含歷史進程之本身及史學理論等等）亦素有研究，並甚具卓識慧解❻。下文於述說先生對司馬談及班氏先秦學術思想分類之前，茲先引錄彼對中國史學之出現之論說，以見其卓識之一斑。先生云：

> 中國史學之真成一專門之學，亦在漢世，此當先說。茲按中國固早有史官，《尚書》之為史官所紀，其原甚遠。至周代而各國皆有國史之紀載。孟子亦言孔子作《春秋》，然皆非專門之史學。《春秋》之《三傳》本《春秋》所載之史事，而言其義理上之是非，以成其經學或哲學，亦非史學。然《三傳》學者之本史事，而言其義理上之是非，已與先秦諸子之論學，唯舉史事，以證其所立義理者，不同其學術之道路，而見一較重視史事之旨。❼

---

❺　按：《中國哲學原論‧原道》共三卷。相關論說見卷二（臺北：臺灣學生書局，1976），第二編，第二章〈秦漢學者之言學術之類別與節度，以形成學術人文之領域之道〉之第一節〈漢世學者之歷史精神，及司馬談班固對學術思想之類別與節度之論述，及學術人文領域之形成〉：即頁190-199。

❻　可參本書各相關文章。

❼　上揭唐君毅，《中國哲學原論‧原道》，卷二，頁190-191。

這段文字是說，先秦至漢代，中國史學之發展，可有不同之階段或型態。先秦諸子乃以史事證成其義理者也。換言之，史事只扮演一工具性之角色。亦可謂義理是本，史事為末。至於《春秋》，固非純粹之史書；然《三傳》言義理者，必本諸《春秋》上所載之史事，則《三傳》未嘗離事而言理者也。此較諸先秦諸子，史事顯見更受重視。逮乎炎漢，則史學正式成為一專門之學矣！換言之，唐先生以史事被重視之程度、所扮演之角色，或史事與義理相較，以其孰輕孰重之比例，來衡定史學已然成為專門之學術否。重史事，故為史學；重義理，故為經學／哲學。❽此中涇渭分明，不容淆

---

❽　其實，在近代史學出現前，數千年來中國之史學，皆經學也。經史之別，個人認為，經言其理，史紀其事。此經史之大別也。又：經以經世致用為依歸，史則以求真為旨趣。此又經史之另一大差異。依此二標準，中國數千年之史書，其實皆經書也；史學，皆經學也。蓋雖紀事，然大旨仍在說理；雖求真，但宗趣恆在致用。又：國人恆言：「文以載道。」其實，中國之史學（史書），又何嘗不載道（言義說理），或何嘗不以載道為依歸呢？惟載道之份量輕重有別耳。譬以史著中最著名之《史記》、《通鑑》而論，何人敢否認其為中國史學之代表作家？然前者謂：「太史公曰『先人有言，自周公卒五百歲而有孔子。孔子卒後至於今五百歲，有能紹明世，正《易傳》，繼《春秋》，本《詩》、《書》、《禮》、《樂》之際？』意在斯乎！意在斯乎！小子何敢讓焉。」又謂：「……為《太史公書》。序略，以拾遺補藝，成一家之言，厥協《六經》異傳，整齊百家雜語，藏之名山，副在京師，俟後世聖人君子。」（均見《史記・太史公自序》）《通鑑》亦有謂：「……專取關國家盛衰，繫生民休戚，善可為法，惡可為戒者，為編年一書，使先後有倫，精粗不雜。私家力薄，無由可成。伏遇英宗皇帝，資睿智之性，敷文明之治，思歷覽古事，用恢張大猷，爰詔下臣，俾之編集。臣夙昔所願，一朝獲伸。」（司馬光《資治通鑑・進書表》）蓋雖紀事，然言理致用之旨昭然若揭也。又：「文以載道」之理念及其落實雖早已有之，但此一命題之

亂。唐先生之卓識有如此者。

漢代史學，其最著者班馬是也❾。二人論說先秦學術思想家派之分類，蓋後世之所本❿。彼等亦實有所見，唐先生亦以此而肯定之。惟班馬之分類不同，對各流派之評價亦不一。今表列如下以比觀焉。

先秦諸子班馬評價一覽表

	司馬談之意見（只摘錄要點）	班固之意見（只摘錄要點）
陰陽家	**負面**：陰陽之術，大祥而眾忌諱，使人拘而多所畏。 **正面**：序四時之大順，不可失也。	**正面**：蓋出於羲和之官。敬順昊天，歷象日月星辰，敬授民時。 **負面**：拘者為之，則牽於禁忌，泥於小數，舍人事而任鬼神。
儒家	**負面**：博而寡要，勞而少功，是以其事難盡從。儒者以六藝為法。（就此語之本身來說，	**正面**：蓋出於司徒之官，助人君順陰陽明教化者也。游文於六經之中，留意於仁義之際，

正式出現，似以周敦頤《通書》之記載為最早。其〈文辭〉篇即如是說：「文所以載道也，輪轅飾而人弗庸，徒飾也。況虛車乎？文辭，藝也；道德，實也。……」文以載道，或道為主，文為次，或所謂先道而後文的說法，周敦頤而外，在北宋亦見歐陽修《歐陽修全集》，〈答吳充秀才書〉、〈答祖擇之書〉。曾鞏似亦有相類似的說法。

❾　本文針對班馬之史學，旨在論說二人對先秦諸子之討論，是以只及《史記・太史公自序》及《漢書・藝文志》二文，其中班氏之《漢書・藝文志》，其原本乎劉向《別錄》及劉歆《七略》；然班氏既採納之，則吾人籠統稱之為班氏之意見可也。

❿　司馬談及班固之意見，分別見《史記・太史公自序・論六家要指》及《漢書・藝文志・諸子略序》。下引錄兩家文字，除特別聲明外，皆源於此。

		不宜歸為正面或負面。但其後之進一步描繪，則純為負面者，是以今視「儒者以六藝為法」為負面之意見。）		祖述堯舜，憲章文武，宗師仲尼，以重其言。於道最為高。
	正面	序君臣父子之禮，列夫婦長幼之別，不可易也。	負面	惑者既失精微，而辟者又隨時抑揚，違離道本，苟以譁眾取寵。
墨家	負面	儉而難遵，是以其事不可徧循。墨者亦尚堯舜道。（就此語之本身來說，不宜歸為正面或負面。但其後之進一步描繪，則純為負面者，是以今視「墨者亦尚堯舜道」為負面之意見。）	正面	蓋出於清廟之守。貴儉、兼愛、上賢、右鬼、非命、上同。
	正面	彊本節用，不可廢也。	負面	蔽者為之，見儉之利，因以非禮，推兼愛之意，而不知別親疏。
名家	負面	使人儉而善失真。	正面	蓋出於禮官。古者名位不同，禮亦異數。孔子曰：「必也正名乎！名不正則言不順，言不順，則事不成。」（筆者按：孔子之言見《論語‧子路》。）
	正面	正名實，不可不察也。	負面	譥者為之，則苟鉤析亂而已。
法家	負面	嚴而少恩。	正面	蓋出於理官。信賞必罰，以禮制。《易》曰：「先王以明罰飭法」。
	正面	正君臣上下之分，不可改矣。	負面	刻者為之，則無教化，去仁愛，專任刑法而欲以致治，至於殘害至親，傷恩薄厚。
道家	正面	使人精神專一，動合無形，贍足萬物。因陰陽之大順，	正面	蓋出於史官。歷記成敗存亡禍福古今之道。知秉要執

	采儒墨之善，撮名法之要，與時遷移，應物變化，立俗施事，無所不宜，指約而易操，事少而功多。	本，清虛以自守，卑弱以自持，此君人南面之術也。合於堯之克攘，《易》之嗛嗛（筆者按：嗛，同謙），一謙而四益。 **負面**：放者為之，則欲絕去禮學，兼棄仁義。
從橫家		**正面**：蓋出於行人之官。孔子曰：「誦詩三百，使於四方，不能專對，雖多亦奚以為？」又曰：「使乎，使乎！」言其當權事制宜，受命而不受辭。（筆者按：孔子之言見《論語・子路》。） **負面**：邪人為之，則上詐諼而棄其信。
雜家		**正面**：蓋出於議官。兼儒墨，合名法，知國體之有此，見王治之無不貫。 **負面**：盪者為之，則漫羨而無所歸心。
農家		**正面**：蓋出於農稷之官。播百穀，勸耕桑，以足衣食，故八政一曰食，二曰貨。孔子曰：「所重民食」。（筆者按：孔子之言見《論語・堯曰》。） **負面**：鄙者為之，以為無所事聖王，欲使君臣並耕，誖上下之序。

小說家		正面：蓋出於稗官。街談巷語，道聽塗說者之所造也。孔子曰：「雖小道，必有可觀焉。」（筆者按：孔子之言見《論語·子張》。） 負面：致遠恐泥，是以君子弗為也。
備註	一、司馬談把先秦諸子只分為六家。 二、司馬談對各家之評價，先說負面，後說正面；對道家，則無負面評價。	一、班固對各家之評價，先說正面，後說負面；此與司馬談正相反。 二、班固認為各家皆出於古代某官。 三、班固指出，先秦諸子，合其要歸，亦六經之支與流裔。

司馬談把先秦學術思想只分類為六家，見諸上表。其順序為陰陽、儒、墨、名、法及道家❶❶。除對道家外，餘皆有褒有貶；談最為賞識道家，不亦昭然若揭乎？班固則分之為十家，其順序為：儒、道、陰陽、法、名、墨、從橫、雜、農及小說；其家數與順序，皆與談異；惟談之六家，班氏因之，成為十家分類中之前六家，則異中有同可知矣❶❷。班氏對各家皆褒貶兼下，惟最後指出「諸子十家，其可觀者九家而已」，則小說一家固未嘗獲其青睞。

---

❶❶ 此順序為司馬談概述六家時之順序；其後逐一細析時，則先述法家，後述名家；秩序稍異於是。

❶❷ 司馬談位置六家，不悉有優先順序之考量否？然以班氏而論，則似乎最受重視者先排；反之，則排最後。班氏固儒家之徒也，故先儒家。以小說家為不足數，故殿諸末端。其餘八家，其順序蓋亦主次有別；然不能細究耳。

先秦諸子，到底有多少家？或該分為多少家才合理❸？司馬談

---

❸　其實家派之類分，其事本無一定；且有其家（不同學術流派），亦不必有其
名。唐先生即指出云：「實則先秦唯有儒墨二家之名，餘家之名，皆秦漢人
所定。」上揭《中國哲學原論·原道》，卷二，頁 193。所謂「秦漢人」，
乃順乎文脈之泛稱；蓋實指司馬談而言。先是，梁啟超亦有同一說法。梁
云：「……其驟括一時代學術之全部而綜合分析之，用科學的分類法，釐為
若干派，而比較評騭，自司馬談始也。」（《飲冰室專集·中國古代學術流
變研究·司馬談論六家要指書後》，上海中華書局。〈中國古代學術流變研
究〉未見，今轉引自馮天瑜等編，《中國學術流變——論著輯要》（湖北人
民出版社，1991），頁 69。）唐先生意謂，先秦已有各家之學說，然除儒墨
二家而外，時人未以某家命名某學人或命名其學派。按：《韓非子·顯學
篇》云：「世之顯學，儒、墨也。」此蓋為上引唐先生言論之所本。《莊
子·天下篇》則謂：「……其數散於天下而設於中國者，百家之學時或稱而
道之。……天下之人各為其所欲焉以自為方。悲夫！百家往而不返，必不合
矣！後世之學者，不幸不見天地之純，古人之大體，道術將為天下裂。」此
雖不以某家之名指某一學派，惟已用「家」一名以泛指學術家派。同篇隨後
述說當時各種學術思想，均開列代表人物之姓名，如墨翟禽滑釐、宋鈃尹
文、彭蒙田駢慎到、關尹老聃、莊周、惠施、桓團公孫龍。以上乃七個類
別，猶七家也，共有學者十三人。如以司馬談或班固之類別衡之，則約略相
當於墨家、道家、名家三家而已。所可怪異者，乃不見最著名之儒家。惟細
按之，則不然。上引〈天下篇〉云：「……道術將為天下裂」。蓋以「不見
天地之純，古人之大體」而導致此「分裂」也。至於分裂之前之概況，莊生
嘗揭露一點消息。〈天下篇〉云：「……其在於《詩》、《書》、《禮》、
《樂》者，鄒魯之士、縉紳先生多能明之。《詩》以道志，《書》以道事，
《禮》以道行，《樂》以道和，《易》以道陰陽，《春秋》以道名分。其數
散於天下而設於中國者，百家之學時或稱而道之。……百家往而不反，必不
合矣。後世之學者，不幸……。」《詩》、《書》、《禮》、《樂》、
《易》、《春秋》，非儒家之聖經乎？是以上引莊子之言實已隱含儒家一學
派。吾人據此尚可進一步指出，莊子稱頌儒家，且重視儒家過於上述墨翟禽
滑釐等等「七家」。在這裡，吾人必須指出，六經實中國文化源頭之所在，

及班固之分類，何者較優？是否能充份反映當時學術思想之特色？司馬談未言諸子之源頭出處，班固則必溯其源於王官。是耶，非耶？先秦諸子出現及形成之原因為何？此種種問題，皆可深入探討鑽研。顧前賢已多論述❹。唐先生亦有其個人之意見，茲以下文

非儒家所能獨據。本此，則莊子亦不過溯沂百家之學於儒家出現前中國固有之文化傳統而已。而此文化傳統，莊子極為重視，蓋以「天地之純，古人之大體」即在是矣！得不重視乎？此旨雖逾數百年而學者猶持之毋失。司馬遷即其最著者也。《史記》列傳首篇之〈伯夷列傳〉云：「夫學者載籍極博，猶考信於六藝」一言即可為證。又：除上述《韓非子·顯學篇》及《莊子·天下篇》外，孟子亦嘗論及先秦學術思想。其〈滕文公下篇〉有云：「聖王不作，諸侯放恣，處士橫議。楊朱、墨翟之言盈天下。天下之言不歸楊，即歸墨。」然亦未嘗明言楊墨為學派。至於荀子，固非議十二子（它囂、魏牟、陳仲、史鰌、墨翟、宋鈃、慎到、田駢、惠施、鄧析、子思、孟軻），然亦未嘗以某家某派命名之。荀說見〈非十二子篇〉。至若《呂氏春秋》及《尸子》雖分別於〈不二篇〉及〈廣澤篇〉述論先秦學術，但亦無家派之名目。惟《淮南子·要略》所論述者，則頗值得注意。該篇舉述學者之相關學術或兼及其相關之書籍者計有六人：孔子、墨子、管子、晏子、申子，商鞅。此外，又說到「儒者之學」、「縱橫修短」、「刑名之書」等等。按：「縱橫修短」，即縱橫家也。「刑名之書」，蓋法家所本。此中最可注意者為「儒者之學」一語。此則《韓非子·顯學篇》之後明確以「學」指稱孔子之遺教者。由是言之，則《淮南子》可說是先於司馬談及班固（兼及其前之劉向、劉歆）而稍以家派概念指述先秦諸子者。

❹ (1)分類問題：梁啟超以為限某隸某家，其事憂憂乎難矣。然仍認為司馬談之分類較理想，蓋以其頗能代表戰國末年思想界之數大潮流也。又指出云，劉歆以六家之分不足以賅先秦群籍，故從目錄學角度切入而補苴為十家。梁氏云此劉氏之求便利而已。梁說見《飲冰室專集·中國古代學術流變研究·漢書·藝文志·諸子略考釋》。《專集》中〈司馬談論六家要指書後〉亦有相同之說法。〈諸子略考釋〉及〈司馬談論六家要指書後〉未見，今轉引自馮天瑜等編，上揭《中國學術流變——論著輯要》，頁 74-

76；頁 69。

(2)評騭問題：至於班馬評騭各家派之判語，梁氏認為司馬談有斷制，漢志則「率多浮光掠影語」。

(3)出於王官問題：某派必出於某官之說，梁氏尤不以為然。任公意見，詳上揭〈漢書・藝文志・諸子略考釋〉一文。胡適與任公意見相同，指出「九流無出王官之理也」；又云：「〈藝文志〉所分九流，乃漢儒陋說」；並認為章炳麟辯諸子出於王官之說詞，「其言亦頗破碎不完」。詳見胡適，〈諸子不出王官論〉，《胡適文存》（上海：亞東圖書館，1921），第一集，卷二，頁 254-261。

(4)名家自成一家問題：胡適以名學為整理思想之方法，各家各有其相應之名學，不能以「名」專立一家。任公則以為名家「不僅以辯論名實為治學之手段，而實以為彼宗最終之目的」，故專立為一家，理有固然。筆者以為，任公說在適之說之上，蓋手段與目的固異，不能混為一談。任公說見上揭〈司馬談論六家要指書後〉。

(5)諸子興起之問題：此問題前賢論辯尤多。其中即有沿襲談、固之說者。前者曰：「夫陰陽、儒、墨、名、法、道德，此務為治者也，直所從言之異路，有省不省耳！」後者則曰：「諸子十家，其可觀者九流而已。皆起於王道既微，諸侯力政，時君世主，好惡殊方，是以九家之術蠭出並作，各引一端，崇其所善，以此馳說，取合諸侯。」蓋皆針對時局而有所獻替也。羅振玉即如是說：「孔子生周室東遷以後，於時王室式微，政教陵替，臣弒其君者有之，子弒其父者有之。孔子有德無位，然傷人道之漓，乃祖述堯舜，憲章文武，刪《詩》、《書》，正《禮》、《樂》，以待後王之取法，又因魯史而作《春秋》，褒貶善惡，以垂法戒。……春秋以降，逮於七國，世衰道微，學者競起，謀矯社會之弊惡，以時君苛暴擾民，而莊老清淨之說興。因世風薄賊民興，而申韓刑名之說起。憤世人之自私自利，而墨氏唱博愛。憤世人之同流合汙，徇人阿世，而楊氏唱貴我。」王國維亦有類似之說。其言曰：「外界之勢力之影響於學術豈不大哉！自周之衰，文王、周公勢力之瓦解也，國民之智力成熟於內，政治之紛亂乘之於外，上無統一之制度，下迫於社會之要求，於是諸子九流，各創其學說，於道德、政治、文學上，燦然放萬丈之光焰。此為中國思想之

能動時代。」羅說見所著《本朝學術源流概略》（上海：上海書店，1991；此據羅振玉遼居雜著乙編本 1933 年版影印），第一章，〈古今學術之遞變〉，頁 2a-b；王說見《靜庵文集‧論近年之學術界》，收入《續修四庫全書》（上海：上海古籍出版社，2002），冊 1577，頁 653 上。以上司馬談、班固、羅振玉、王國維皆以王道衰微、時局紛擾而導致諸子之勃興。其中司馬談認為諸子之出發點為「務為治者也」，羅、王亦以為諸子的用心在於謀矯時政或社會之弊端。這方面可說三人意見皆相同。但班固的說法便稍異。彼云「……以此馳說，取合諸侯。」「取合諸侯」，乃「搏取諸侯之歡心以迎合之」之意。這與當時的事實恐怕有所出入而貶損了諸家的精神。唐先生之言最可為參考。先生說：「當諸子百家學術分流之際，正戰國諸雄競長之時。然諸子中，除法家、縱橫家之人物外，皆未嘗特與現實之政治勢力結合。故文化學術思想之分派，與現實社會政治勢力之分裂，未嘗互相結納，以加深世界之分裂，如今日之歐洲然。此皆由諸子百家之原出一本，而同嚮往天下之一統之故也。」唐先生以仁者之心懷及祖國宜一統之情懷而認為百家「同嚮往天下之一統」。衡諸事實，恐未必盡然。惟指出除一二學派外，他家皆為救治當時的客觀環境而努力，實未嘗結納、迎合現實社會政治勢力，此則頗能揭示諸家之理想情操。於此亦可見唐先生為道德的理性主義者、理想主義者及政治的理想主義者。唐說見所著《中國文化之精神價值》（臺北：正中書局，1974），頁 45。

附識：說到這裡，似乎牽涉到一點學術研究上的弔詭。吾人常說對某問題予以顯微發覆或發其微闡其幽。意思是說，被研究的東西的性格（nature）／特質（characteristic）／精神（essence），本來是業已存在的，只是過於微末／精微，或潛藏在幽暗之處，甚或被覆蓋著，而未被發現而已。吾人做研究，其要旨乃在於竭力發掘之、闡發之。此中則牽涉三個問題。一、所闡發出來的「東西」，是否真的是原已有之，只是以前未被開發／未被發現，而現今吾人始發現之或始開發之？二、所謂有所發現，其實就文獻方面的研究來說，亦可謂係研究者對文本所作的一種解讀／詮釋，或對文本作解讀／詮釋後所得出的一種研究成果。三、如研究者本身無相關知識、素養，或無相關認同、關懷，則可否仍有相關之發現？此最後一問題又牽涉到研究者是否一廂情願地把一己所認同／所鍾愛的理念或價值，投射到被研究的對象上去，

而視之為對象本身原有的東西的問題。如真的只是研究者一廂情願下所得出的結果，則所謂研究成果便無客觀性可言，而只是個人主觀之見，或所謂一家之言而已。若就上文所謂唐先生頗能揭示諸子百家之理想情操來說，則此情操果為諸子百家本身所具備乎？抑班固所賦予之？或唐先生所賦予之？抑或係唐先生據班固所言而賦予之？此則似牽涉詮釋學中之詮釋層次問題。亦牽涉到所謂詮釋符合度的問題（如過度詮釋（over interpretation）或詮釋不足（under interpretation）的問題）。筆者對此無涉獵，故無法解答。然而，必須指出的是：諸子百家本身是否具有唐先生所說的理想是一回事，但如唐先生不是道德的理性主義者、理想主義者及政治的理想主義者，則無論如何似不會有如上的解讀結果。近日（2009年初）重讀唐先生《中華人文與當今世界（補篇）》一書，以上種種疑惑，可謂得其懸解。唐先生於論述孔子之偉大時，有如下的看法。先生云：「……如果有人一定要問：究竟孔子之偉大，那些是屬于孔子自身的？那些是由後代的人的崇敬而賦與的？則此一問題，可以問，而難有一定答案。只視各人的認識而定。但亦可以不必問。因在孔子自己，與崇敬孔子者，皆可不發生此問題。後世人對孔子之崇敬，次第積疊，以形成此孔子之崇高的地位，有如疊土已成山，則一切土結為一體，而可更無須再加以分別。我們只須綜括的說，孔子之地位之形成，乃由孔子自己之偉大，與後世之一切崇敬孔子之歷史人物之偉大之合力而形成。我們固不能說孔子之偉大，只是崇敬孔子的人之嚮壁虛造。……」明乎此，則上文所說的先秦諸子的理想情操，乃先秦諸子自身所有者，抑班馬所賦與之者，抑唐先生讀二子書乃進而賦與之者，吾人亦可以不必多問。蓋逕視之為先秦諸子固有之，而馬、班、唐積疊合力而形成之可也。其實，吾人可作如下折衷之結論：此理想情操，先秦諸子固有之，然潛藏而未彰著，馬、班、唐等人則先後彰顯恢宏之而為其功臣者也。換言之，馬、班、唐等人的詮釋，只要分寸拿捏得準，不會有過度詮釋之嫌，便有其貢獻。其實，研治古人之思想學說，永遠都有過度詮釋，或詮釋不足的問題存在（只是過去學人比較不自覺，或不用「過度詮釋」、「詮釋不足」等等的述語來描繪而已），此又何獨馬、班、唐等人為然？！但吾人不會因噎廢食，所以詮釋可以說永遠是「合法」的，且亦是需要的，否則古人思想何以得到彰顯昭明？上引唐先生言，見《中華人文與當今世界（補篇）》，收入《唐君毅全集》

㈡、㈢、㈣三項分別闡釋之。

㈡唐先生對談固分類的看法及所以特別欣賞班固相關論說之原因

首先該指出的是，唐先生是相當欣賞談、固之能對先秦諸子作類分並能進一步以綜持縮合之精神作總體論述的。茲先分別引錄二人之相關論說如下。

司馬談說：

> 《易大傳》：「天下一致而百慮，同歸而殊塗。」夫陰陽、儒、墨、名、法、道德，此務為治者也，直所從言之異路，有省不省耳。

班固說：

> 諸子十家，其可觀者九家而已。皆起於王道既微，諸侯力政，時君世主，好惡殊方，是以九家之術蠭出並作，各引一端，崇其所善，以此馳說，取合諸侯。其言雖殊，辟猶水火，相滅亦相生也。仁之與義，敬之與和，相反而皆相成也。易曰：「天下同歸而殊塗，一致而百慮。」今異家者各推所長，窮知究慮，以明其指，雖有蔽短，合其要歸，亦《六經》之支與流裔。使其人遭明王聖主，得其所折中，皆股肱之材已。仲尼有言：「禮失而求諸野。」方今去聖久遠，道術缺廢，無所更索，彼九家者，不猶瘉於野乎？若能

（臺北：臺灣學生書局，1991），卷九，頁 336。

> 修六藝之術，而觀此九家之言，舍短取長，則可以通萬方之
> 略矣。

二人當中，唐先生更欣賞的是班固的說法。然而，欣賞歸欣賞，唐
先生並沒有完全贊同班氏的說法。先生指出云：

> 此班固於九流十家之說，謂其所自出之王官，其學之宗旨所
> 在，與其所合之六藝孔子之言，皆不必盡當。然班固於此九
> 流之學，能更推本其原於古代之官師合一之學，明其義之合
> 於六藝與孔子之教，而見其可相輔為用，以成王治。此自是
> 較司馬談之六家之說，未明及此等等者，更為備足。**⓯**

唐師意謂，就具體的細部論說而言，班氏不免有瑕疵。但就精神、
架構而言，班固之論說是可取的，且比司馬談之論說更周延。可注
意的是，就諸子是否出於古代王官之學的問題，唐先生不作細論，
而僅云「不必盡當」。就這方面來說，唐先生與梁啟超及胡適之意
見大體相同（梁、胡之說法，詳見上註⓮）；然而，就談、固分類的緣
由，或針對其分類的眼光來說，唐先生不作任何論述；任公則是談
而非固。如前所述，任公的著眼點是，歆、固是為了容納、**囊**括當
時的群書而從目錄學角度來作分類的；任公認為這只是圖一種方便
而實際上不符合戰國末年的思想潮流的。（參上文）細觀上引唐
文，可注意的是唐先生乃是固而非談，異乎任公之是談而非固。當
然，二人的著眼點不相同。任公乃就戰國末年思想界之潮流而為

⓯ 上揭唐君毅，《中國哲學原論·原道》卷二，頁 195。

論，此如上所說。而唐先生特別欣賞班固之處，吾人以為，其著眼點乃在於班氏能賦予先秦諸子更豐富、更理想的意涵。上引唐文云：「班固於此九流之學，能更推本其原於古代之官師合一之學，明其義之合於六藝與孔子之教，而見其可相輔為用，以成王治。此自是較司馬談之六家之說，未明及此等等者，更為備足。」❶要言之，班氏能推本、明義、有所見，並能指出九流對王治（王者之治、促成王業）之貢獻。這四方面可說是唐先生從班固總論諸子之學術的論說中所讀出的意涵。這種意涵可說是蘊涵（隱涵）於班氏的言論中，而班氏本人不必然對此有所覺。現今唐先生則予以揭示、發覆或所謂讀出之❶。其實，唐先生所讀出的意涵，或吾人從唐先生的相關論述中所獲得的學術意涵，或所謂學術訊息，又不止於此。此下文細述之。

㈢唐先生從班固總論先秦諸子學術的論說中所讀出的意涵

　　唐先生所讀出的意涵，細析之，可有下列四項：

---

❶　細言之，班氏之相關論說，既溯諸子源頭於古之官師合一，其義又確合乎六藝孔子之教，是以唐先生云：「更為備足」。尤有進者，班固指出各家學說可捨短取長、相輔為用，以成王治。唐師心胸廣，包容萬物，最擔心的是「道術將為天下裂」。班氏說法正可避免此失，唐先生很可能是因為這個原因而認為其說法比起司馬談「更為備足」的。

❶　吾人謂此意涵乃班氏所賦予先秦諸子者固可，謂此意涵乃唐先生賦予班固者，或由唐先生而此意涵始得以表白、彰顯，似亦無不可。又：唐先生比較欣賞班固，個人有一點想法。司馬談論述六家，其中除對道家完全持正面之意見外，對他家（含儒家）皆褒貶兼下。唐先生以儒為宗，這可能就是唐先生比較不欣賞司馬談的原因。當然，筆者這個說法，不免流於以小人之心度君子之腹。唐先生本人未有明說，姑存疑可也。

(1)先秦諸子學術既被分類，即意謂各類之自身各有其一定之範圍疆域，而效用上亦應各有其不相踰越之節度。

(2)班固指出各範圍疆域未嘗各自為方、相互排拒；反之，相滅而實相生，相反而恆相成。❶唐先生指出此乃本於一綜持之精神而為論者也。唐先生特別欣賞這點。

(3)唐先生認為司馬談及班固所類分之學術思想家派，實可相通於當今之學術文化領域之各門類。

(4)談、固之類分乃意涵各人文學術之俱存並在而可各有其發展。唐先生乃指出，於此「以見漢代學者之蔚成人文之道者也」❶。

以上第二點論述各家相反相成、相滅相生，此班固已明言之，所以不能算是唐先生的發明。但唐先生本此而進一步指出班固具有綜持之精神；此外，再加上其他三點學術訊息之揭示，則吾人不能不說是唐先生獨具隻眼、慧解精識下始有的發明、創見。此固唐師的學識超卓、眼光獨到有以致之。然而，個人倒認為唐先生本身廣包萬物之心胸、融攝百川之雅量，乃係彼所以能有以上發明、創見之最關鍵之原因。以下引錄唐先生的若干論說以佐證其「四大發明」。先生說：

> ⋯⋯依吾人之意言之，則此司馬談班固之論六家、九流之各有所長、所得，亦各有所短、所失，實乃本在依一綜持之精神，以對先秦各家學術思想之義理，分別為之劃定種類範

---

❶ 馬列主義學說有謂矛盾的統一、對立的統一，蓋此之謂乎？

❶ 以上四點，概見《中國哲學原論・原道》，卷二，頁 195-199。

圍，以見其言之互相制限，使用其說者，有一節度，以配合
之為用。此先秦所傳之學術思想中之義理，其所以有此六家
九流之分，又正是與人文化領域之分，其他專門學術之分，
大體相應，而可由之以見漢代學者之所以蔚成人文之道者
也。❷

上段文字乃可謂一總論，此大體上呼應以上⑴、⑵、⑶、⑷各
點之內容。其實先生嘗反覆申述此意，而論述有更明確精審者。先
生說：

> ……上來所論，乃意在說明漢之學者能為六家九流之諸子所
> 言之義理，辨其應用之範圍與制限，使之相輔為用，咸有其
> 節度，即能於人文之領域或專門學術，使之並行不悖，而皆
> 肯定其價值。故至漢代而天文、律曆、醫學、農業之學、財
> 政之學（如管子輕重九府篇❷，及《鹽鐵論》等書所述）、詩賦之
> 學、文字之學（如由李斯之作〈倉頡篇〉、趙高之作〈爰歷篇〉，至
> 許慎之分五百部首❷為《說文解字》）等皆立。諸子之學之所自本
> 之六藝之經學，亦有師法、家法，以各成一專門之學。故中
> 國人文世界與學術世界，形成一包涵多方面之全體，亦實始
> 於漢；其根本精神，則唯是能綜合諸子之學以為用，而知其

---

❷　《中國哲學原論·原道》，卷二，頁 195。按：「蔚」，原為草名，後引申
　　而指草木茂密；「蔚成」乃「蔚」然「成」風、繁茂生發而形成之意。
❷　《史記·管晏列傳·索隱》：「輕重謂錢也。今《管子》有〈輕重篇〉。」
　　九府則藏錢之所也。今唐先生乃籠統稱之為〈輕重九府篇〉。
❷　《說文》實為五百四十部首，唐師乃就其整數言之。

> 制限與節度之所存，以為道而已。……秦亡而漢廢挾書之
> 令，民間之學術皆起，而漢所設之學官亦多。然後漢之學
> 者，能對先秦之學術，為綜持之論，而分別觀其性質、種
> 類、範圍、制限，亦更能開出種種之專門學術之途也。❷

是漢人依綜持之精神，指出諸子各有領域節度、各有其價值，並能
相輔為用。本此精神漢人並進而開發出人文領域之各專門學術；中
國人文世界與學術世界亦由此而得以形成。漢人渾厚持載之文化精
神，唐先生是相當欣賞的。以上闡述唐先生之意見，大抵本諸《中
國哲學原論・原道》一書，此為其晚年之鉅著。其實，彼中壯年之
著作已蘊涵此意。先生云：

> ……是故漢代文化精神之形成，實如上天下地之渾合而升降
> 相涵。既能凝合而又能廣被，此蓋亦即漢代思想，又為陰陽
> 家之成份所貫之故。陰陽家喜言天覆地載，與陰陽之升降，
> 及五行四時之依四方而運，而中心之土不動之理。正所以象
> 徵漢代文化之精神。❷

其實，一家學說中綰統參合他家之言，其事不限於陰陽家。漢代學

---

❷　《中國哲學原論・原道》卷二，頁 197-199。

❷　上揭《中國文化之精神價值》，頁 50。此書初版於 1953 年，師時年四十四
歲，在學術上可謂壯年。學術上以己意為主軸而綰合結納前人之學說，或進
而為融通綜合之論者，其事不始於漢，蓋先秦已有之矣。《禮記》、《管
子》、《莊子》、《呂覽》，其最著者也。即就漢代而言，司馬談之前亦已
有之。劉安《淮南子》、陸賈《新語》、賈誼《新書》是也。大抵與司馬談
同時之董仲舒，其《春秋繁露》中亦見綰統綜合之說。

者大抵皆如此。唐先生即明言之：

> ……而在中國之漢代之為諸子之義理之學者，則大皆已不偏
> 限在九流六家之一以立論，而於各家之說，視為各有其用，
> 故於其所通及之專門之學，亦能使之並行不廢也。❷❺

漢代在政治上為大一統之時代，宜乎學術思想亦凝合渾含而有類似
之表現❷❻。

㈣對四意涵之進一步闡述

　　唐先生就談、固之學派分類及相關論說所讀出之四意涵（即以
上㈢之⑴、⑵、⑶、⑷），上文已有所論述。今擬進一步細說之，其中
特別針對先秦思想學派至漢代而得以人文化成於天下及此等學派之
相通於現今人文學術領域各門類的問題❷❼，多作闡述。茲先整理表
列唐先生之意見如下，以醒眉目。

---

❷❺　上揭《中國哲學原論·原道》卷二，頁 196。

❷❻　個人認為，當時學者之資取他家義理思想以為綜攝融合之論，且不失一己之
　　學說宗旨者為上；銷融綜貫統合各家，而無一己之思想者，次之；如只是湊
　　合、雜合，而非綜攝融合，且無一己之宗旨意趣，或宗旨意趣由是而失落
　　者，則其下矣！由此筆者想到唐先生之作法正係前者，雖廣攝包容百家，然
　　究竟以儒為宗、以人文主義為宗、以理想主義為宗也。唐師之使人無限景仰
　　者即以此故。

❷❼　此中所謂「人文」乃取其廣義；不以文史哲及社會科學為限。

先秦諸子與人文學術門類對應表❷❽

先秦諸子	人文學術門類 (唐先生所擬出者)	對應原因 (唐先生所開列者)	備註
道家	醫學、神仙修鍊之學；史學	重養人之精神，此為君者所最當學。	左第二欄「；」（分號）前後之意涵，參註❷❽。又：對應原因「重養人之精神，此為君者所最當學」乃針對「醫學、神仙修鍊之學」來說。
陰陽家	天文曆法之學、地理學、占卜術數之學	重依四時中自然物之情形，以定人在四時中之生活之規律。	
法家	法律學、兵家之學	重以法律治國，以兵強國。	
縱橫家	外交專門之學		唐先生不作解釋。
儒家	詩文、藝術之學	重明人倫之德、人倫之禮，而禮必連於樂，禮樂則通於左列之學。	
墨家	祭祀之禮之專門之	重強本節用，重經	唐先生在文中未有用「經濟

---

❷❽　本表乃根據《中國哲學原論‧原道》卷二，頁195-196。表中先秦諸子之順序為唐先生書中之順序。先秦諸子與現今人文學術門類之對應，司馬談與班固不盡相同。以道家來說，司馬談所言，唐先生視為對應於醫學、神仙修鍊之學；依班固所言，則對應於史學（《漢志》原文為：「道家者流，蓋出於史官。」）。唐先生文中是作出區別的。本表「人文學術門類」欄位下之各項則以「；」（分號）區分之，分號前之學術門類對應於司馬談所言，分號後之學術門類則對應於班固所言。無「；」號者，則統合二家而言之。

	學、經濟學、宗教學	濟生活之意義；重明鬼（宗教意義）。	學」、「宗教學」作為墨家所相通之學門。然而，文中實含此意，蓋未用其名而已。
農家	農藝之學、貨殖之學、工技之學、財政之學	重經濟生活。	班氏所言農家所重之經濟生活，依唐先生意，乃司馬談六家中墨家之所重者。
名家	語言文字之學	以正名位、名實為事。使名當於其義，以名釋名之義。	談、固所言之名家與墨辯、惠施之重辯及公孫龍之堅白論、白馬論不同科；如為後者，則相當／相通於今之邏輯學。
雜家			唐先生認為此綜合各家之說以為學，可不必論。
小說家			唐先生根本不提此家。

唐先生一一具體指出先秦諸子之學之相通於人文領域中之各學門之後，並作以下之綜述。先生云：

> 本上所言，已見諸家所重義理之不同，乃由其所關聯之人文領域與專門學術之不同。今言人文之領域，不出倫理、宗教、對自然之知識、技術、歷史、政治、經濟、語言文字、文學、藝術之範圍，而專門之學術亦即涉及不同人文領域之專門之學。能知各人文領域、與各專門學術之各有其範圍，而互相制限，其效用皆自有其節度。今更使之並在而俱存，相生而共長，即為使人文化成於天下之大道。而在中國之漢代之為諸子之義理之學者，則大皆已不偏限在九流六家之一

以立論，而於各家之說，視為各有其用，故於其所通及之專
門之學，亦能使之並行不廢也。㉙

上段文字最可注意者，首為唐先生之屢次言及「人文」及「人文化
成」。諸子百家，析言之，乃相當於今之倫理、宗教、歷史、政
治、經濟、文學、藝術等等學科。此等固係專門學科，然皆逮人文
領域，故亦人文學科也。而諸子百家所以被關聯至深具人文性之當
今各學術門類，乃可謂係談、固本身深具人文意識始可致之者。當
然，談、固不必然自覺而察悉其學派分類及相關論述可有此人文意
涵。今茲唐先生乃「代為」揭示之。此人文意涵，吾人亦可謂係唐
先生解讀、詮釋談、固之分類及相關言論後所「讀出」者；吾人亦
可謂此乃唐先生賦予之者。談、固之論述（含分類，因所作之分類亦以
言詞表達之）固係一歷史事實㉚，然歷史事實如非吾人賦予之以意義
／意涵，則歷史事實之存在猶不存在也㉛。是以所謂賦予意義，或

㉙　《中國哲學原論‧原道》卷二，頁 196。

㉚　這裡所謂「歷史事實」，不是說談、固的論述符合歷史事實。是否符合歷史
　　事實，本文不擬深論。這裡所謂「歷史事實」是指，談固的論述，其本身是
　　一歷史事件（歷史行為）而言。

㉛　此問題頗弔詭而深奧難明。唐先生〈歷史事實與歷史意義〉一文曾作相關論
　　述。唐文見所著《中華人文與當今世界》（臺北：臺灣學生書局，1975），
　　上冊，頁 110-158。筆者十多年前嘗撰〈唐君毅先生的歷史知識論〉一文（今
　　亦收錄在本書內，可並參），對唐先生的相關意見有所闡述，論文發表於第
　　四屆當代新儒學國際學術會議上（1996 年 12 月）。其實唐文之要點是要人
　　認識，所謂歷史事實，並不是如一般人所認定的是客觀自存的、是已然成為
　　過去的、是獨一無二的、是絕對的；反之，歷史事實，其實即歷史事實之意
　　義而已。而意義是人所發現的、發明的或所謂賦予的、創造的。簡言之，就

所謂針對文本而讀出其意義，猶不啻謂發現此意義，甚至亦可謂發明此意義。

　　上段引文之另一可注意者為「人文化成於天下」一項。先秦諸子之學術思想各有其自身之範圍、應用上之效限及該遵循之節度。然班氏本綰合綜持之觀點又指出，此等學派各有其價值，乃相反相成、相生共長、相輔為用者。此上文已析述之。唐先生則由是而進一步指出，此關聯於後世人文學術領域之先秦學派既並行而不悖、相生而共長，則其道（發展）必至乎人文化成於天下也❸❷。惟戰國

人之認知來說，無意義之歷史事實，其存在猶不存在也。近日偶讀李大釗（1889-1927）之《史學要論》一書，發現唐先生以上言論與這個馬列主義思想家的相關言論如出一轍。李氏云：「所謂歷史的事實，便是解喻中的事實。解喻是活的，是含有進步性的；所以歷史的事實，亦是活的，含有進步性的。只有充分的紀錄，不算是歷史的真實；必有充分的解喻，才算歷史的真實。」所謂「解喻」，便是今人所說的解讀、詮釋。而解讀、詮釋猶賦予意義之謂。李氏云「所謂歷史的事實，便是解喻中的事實」，猶等同唐先生所說的所謂「歷史事實」乃指「歷史事實（被發現、被賦與）之意義」；非此便無所謂歷史事實可言。而意義是可以不斷增加的、增長的。這便等同李氏所說「活的，含有進步性的」。上引文見李大釗，〈史學要論〉，收入《李大釗全集》（北京：人民出版社，2006），第四卷，頁403。

❸❷ 《中國時報》（2009.02.12）其中一則有關羅馬天主教教廷的報導吸引了我極大的注意。該條新聞的標題是：「一改敵意　教廷：達爾文進化論符教義」。新聞內容是：「天主教廷梵蒂岡『宗座文化委員會』主席拉瓦西總主教表示，……拉瓦西總主教承認，過去天主教會對達爾文並不友善，原因是他的理論，表面上與舊約聖經《創世紀》的描述有所衝突。但拉瓦西十日表示，生物演化論與基督教的神創萬物觀點，其實互補不悖。」如眾所周知，基督宗教在過去是相當保守，且亦相當排外的。長久以來，教義中的神創萬物論與代表近現代觀點的進化論恆不能相容。兩者一百五十年來勢同水火的對立，現今則來一個大逆轉，被視為可互補不悖！世人皆知，人之宗教信

紛擾，天下分崩離析，尚不足語此。秦漢肇建，天下一統，人心思治，學術思想縮統合縱之勢成矣。先秦諸子之學術思想正可有其用武之地。談、固綜持之論，固然係個人意見，然亦可謂大勢所趨之反映。順乎天下之一統，學術亦融合互濟而並進；是「人文化成於天下」在漢代乃得以全幅展現並落實❸。

　　唐先生從談、固對先秦諸子相關論述中讀出其人文意涵❸。此

仰、宗教觀念是最難改變的。接受別人之另一套說法，尤其難上加難。現今以天主教總主教之尊，且應該在相當大程度上可以代表教廷立場的拉瓦西竟然接受「異端」，並認為可以互補不悖，則宗教以外的其他人文領域之達致相互包容，互補並濟，那更是不成問題了。由此可見唐先生的說法絕對不是天荒夜譚；反而是非常切實可行，且深具現世意義的。上述有關拉瓦西的報導，見《中國時報》（2009.02.12），A3 國際新聞版。

❸　然吾人復須認知者，此人文化成之精神固獲得漢人之全面重視及體認，然不得謂此精神在漢代之前未嘗獲得相同之際遇，蓋先秦時早有之矣。其體認實踐之者，孔子是也。唐先生即明言之，其言曰：「……漢興以後，乃實現先秦諸子所嚮往之文化凝合之理想。雜家所代表之文化精神，漸去雜以成純，而顯為董仲舒、司馬遷之精神。彼等體孔子重全面人文精神，而再現之。漢文化即先秦諸家之學術思想，相匯合而實現於社會之所成；而使中國民族之統一，不止於如秦之只成一抽象的形式統一，而成為真有文化內容之具體的統一者也。」是漢代所開展之人文精神乃孔子所原已重視體認者之再現而已。上引唐先生的立論可謂係其對人文精神之歷史進展的說明，亦可謂係其歷史哲學的一部份。先生畢生以弘揚人文精神為職志，其言論散見多種論著。其中論說中國人文精神之發展，則概見〈中國人文精神之發展〉一文。該文收入氏著《中國人文精神之發展》（臺北：臺灣學生書局，1974），頁17-44。上引唐文則見上揭《中國文化之精神價值》，頁48。

❸　唐先生的學術知己牟宗三先生嘗以「文化意識宇宙中的巨人」一語來說明唐先生學術上的特色，並可謂給唐先生定位。語見牟宗三，〈哀悼唐君毅先生〉，收入《唐君毅先生紀念集》（臺北：臺灣學生書局，1979），頁

即唐先生之偉大發明。其以人文精神為主軸，自一更高之勝義處立根，廣納萬殊、包吞千有、首肯各端、匯通眾流、融貫百家，其雅量、氣度、識見，固非常人所可及者❸❺。此即唐先生對當代人類最

151；牟師文又收入《唐君毅全集》（臺北：臺灣學生書局，1991），卷三十，頁 22-28。頁 28 後則附錄牟先生另一文：〈「文化意識宇宙」一詞之釋義〉。該文乃緊扣「人文」一詞而言文化。要言之，乃指出唐先生所言之文化乃「人文化成」一義下之文化。是以筆者以為，逕稱唐先生為「人文意識宇宙中的巨人」或更貼切！又「人文」中，唐先生重「人」過於重「文」。是以此語亦可考慮改作「人意識宇宙中的巨人」。此其意妥貼固然，然「人意識」三字則稍嫌不詞矣！詳細論述，參本書相關文章。

❸❺　行文至此，讓筆者想起莊子的兩句名言。《莊子·德充符》：「自其異者視之，肝膽楚越也；自其同者視之，萬物皆一也。」（近日讀東坡文，深覺其論變與不變之說法，可謂上承莊生之言變化而出者；亦頗發人深省。東坡蓋深契乎莊生者也。《蘇軾文集》，卷 1，〈前赤壁賦〉云：「蓋將自其變者而觀之，則天地曾不能以一瞬；自其不變者而觀之，則物與我皆無盡也。」）套用在這裡，吾人可以說，自人文精神為主軸視之，凡百學術，莫不一也。當然，為求各門學術自身之精深發展，吾人不得不在技術上先作此疆彼界之區分，而人亦各依其性之所近而作學術上相應之研習。然而，筆者以為，這種「各據珍域」、「各自為戰」而自成區塊的模式的發展，在人類學術進程中只應扮演一階段性或過渡性的角色而具備其價值而已。各學術之自成區塊固然，然而既同為人文學術，則必有其相通之處；而人類學術之終極發展，亦必以形塑成一整全之體為其究竟：其間各學術交流通貫、相容互動，並進而相互為用而最後鎔鑄成一有機統一體。吾人自其相通（相同）處著力，引接而申之，觸類而長之，則何患乎不可互補共濟而相忘於道術哉？莊生之言，其啟示可謂大矣！筆者補充一句：我們可承認各門學術自有其獨立圍地而當有各自獨立發展之空間。但吾人必須有如下的自覺，並永遠自我提醒：絕不應過份強調這個此疆彼界、各自為戰之發展，否則各自獨立必演變成相互對立：入主出奴、己是人非、己貴人賤、勢成水火，恐不可免矣！是以莊生有「道術將為天下裂」之嘆也。筆者又欲再進一言：顧學術必有其

同異。是以，就實際上的操作面來說，吾人又如何處理此同異問題呢？唐先生嘗云：「同異二範疇乃互為基礎。惟感其異乃舉其同，知其所同，乃能辨異。重小同者忘大異，重大異者則捨小同，以小同在大異中，則以關聯之異，而同亦不同矣。惟知其大異者，乃能進而求其更大之同。」一言以蔽之，即知異而求其同是也。異中尚可求其同，則異中求其通，並進而交融共濟，那更應該不成問題了。其關鍵，個人認為，惟在學人能否秉持開放之態度以袪除其堅拒自閉之私曲而已！豈有他哉？苟能本乎理一分殊、殊途同歸、百慮一致之精神以對待各門學術，則凡百學術皆可相融共貫矣！上引唐先生言，見唐君毅，《中西哲學思想之比較論文集・自序》，《唐君毅先生全集》，卷十一（臺北：臺灣學生書局，1991），頁 5。關於同異的問題，唐先生尚有如下說明；頗有趣。茲開列如後，以供讀者參考。先生云：「當我們的心重在同一面，則小同亦看作大同或全同；當我們反轉來注重異的面，又覺小異亦成大異或全異。」要之，全端視吾人心中一念之取向而已。上引語，見唐君毅，《中西哲學思想之比較論文集・論中西哲學問題之不同》，頁 91-92。上引文中「惟知其大異者，乃能進而求其更大之同」一語，筆者認為最值得玩味，亦最值得吾人深切省思。一般來說，彼此既有大異，則何同之可言？憶三十多年前上牟先生課時，牟先生嘗謂，基督教（佛家？）與儒家，爾為爾，我為我。其意蓋謂彼此絕不相同也。牟先生之言固是，蓋兩家之精神、義理宗趣及價值取向絕相異也。惟自唐先生視之，就事實而論，兩家之大異固然；然自吾人主觀上言之，則轉而可求其相通，甚至求其大同。舉此一例，亦或可見唐、牟二師之治學態度，以至對事事物物之看法之差異矣。上引唐先生「惟知其大異者，乃能進而求其更大之同」一語，對筆者來說，更有更深之意義在。其一可使人窺見唐先生之思路「峰迴路轉」的特色。此可謂係唐先生運用辯證法之思路以處理問題的絕佳的例子。蓋二物既大異矣，則必無相通融合之可能。但唐先生則能從事物之客觀事實面轉易而從人之主觀理想面來看待該問題，並據以瓦解事物相別異，甚且相對立的狀況。此外，唐先生廣納百川、包容萬有之胸懷，亦可以概見。當然，自另一心態視之，則或以唐先生為鄉愿也未可知！是耶，非耶？近日（2010 年元月）讀傅偉勳《學問的生命與生命的學問》（臺北：正中書局，1994）一書，其中常談到的是「辯證的開放性（Dialectical open-

偉大的啟示。就上文來說，要非唐先生一輩子念茲在茲的心繫「人文」，則中國自古迄今之讀書人多矣，何人不讀《史》、《漢》？何人不讀〈太史公自序〉、不讀〈漢志〉？然而，從未見有人能就二文之論述先秦諸子而讀出其人文意涵者❸❻！由是言之，則此非唐先生之偉大發明乎？非其啟示乎？再者，唐先生把先秦諸子之各學派，依其學術內涵之差異而分別聯繫貫串至後世人文領域之相關學術門類，一一為之對應，並指出人文化成之精神，經暴秦頓挫之後，在漢代又全幅重現而展開，此亦可謂係唐先生之另一卓見。非深具「通古今之變」之卓識慧解如唐先生者，則何能成此一家之言也❸❼？

---

endedness）」的問題。唐先生本乎開放胸懷及相應的治學態度而來的獨特思路，吾人蓋可以「辯證的開放性」一語稱之。

❸❻　「蓋有之矣，我未之見也。」此以個人之寡陋而未之見歟？

❸❼　唐先生把古代學術貫通至後世之人文學科而立論，並一一為之並列對應，其所舉之古代學術又不僅限於先秦諸子而已。先秦諸子，按劉歆目錄學之分類，僅《七略》中之一略而已（班固《漢志》即本乎《七略》）。其中〈輯略〉為群書之總述而非專指某一學術門類之書籍。其他〈六略〉，則除上開〈諸子略〉外，尚有〈六藝略〉、〈詩賦略〉、〈兵書略〉、〈術數略〉、〈方伎略〉。針對此〈六略〉，唐先生皆一一以現今之學科為之對應，或至少指出該〈略〉之書籍之重點所在。茲簡述唐先生之意見如下。唐先生認為：六藝中之《書》與《春秋》，即歷史也；《詩》、《樂》為文學藝術；《禮》即倫理政制；《易》屬術數之學，含人對自然宇宙之基礎知識。至於針對〈諸子略〉，則上文已有所述及，茲從略。〈詩賦略〉即詩、樂之流。〈兵書略〉屬兵家之書。〈術數略〉中之各書，則論述天文、曆法、五行（金木水火土）之形氣、五音六律、占卜、九州形勢、城廓室舍、人與他物之度數者也。〈方伎略〉之書則言治病、節男女之欲、長生、養生等等，皆類同於今之自然科學與技術科學者也。上說詳《中國哲學原論·原道》卷

三、二十世紀中國史學發展述評

　　為闡述唐先生以上的立論對當代史學所產生的啟示之前，我們得對二十世紀中國史學的發展情況及其特色先作一些回顧㊳。二十世紀中國史學面貌所呈現的多樣性及歧異性是讓人驚訝且目不暇給的。以下所述，則大體上以各時期的史學思潮㊴或史學特色為主

　　二，頁 197。當然，《七略》中〈兵書略〉、〈術數略〉、〈方伎略〉諸略，或不盡然符合人文精神之旨趣。唐先生亦未明言其爲人文學科。然而，若就「人文」一詞之廣義言之，亦未嘗不可涵括三略中之各書籍。是以筆者深信，該三略隸屬於人文領域範疇下，應亦唐師所許者。

㊳　相關著述（含專書及期刊論文）可謂汗牛充棟，就筆者所藏並閱讀過的來說便有下列各種：顧頡剛，《當代中國史學》（香港：龍門書店，1964）；蕭黎，《中國歷史學四十年》（北京：書目文獻出版社，1989）；張劍平，《新中國史學五十年》（北京：學苑出版社，2003）；王學典，《二十世紀後半期中國史學主潮》（濟南：山東大學出版社，1996）；王學典，《20 世紀中國史學評論》（濟南：山東人民出版社，2002）；中國史學會秘書處、陝西師範大學歷史文化學院編，《中國歷史學研究現狀和發展趨勢——中國史學界第七次代表大會學術研討文集》（北京：中國社會科學出版社，2006）；鄒兆辰、江湄、鄧京力，《新時期中國史學思潮》（北京：當代中國出版社，2001）；曹家齊，《頓挫中嬗變——20 世紀的中國歷史學》（北京：西苑出版社，2000）；彭明輝，《疑古思想與現代中國史學的發展》（臺北：臺灣商務印書館，1991）。

㊴　大陸學者嘗對「史學思潮」一語作過描述，頗值得吾人參考，下文所說的各種史學思潮，即大體本此。朱政惠、林慈生云：「所謂史學思潮，指的是史學界某種思想的流行，某種理論的傳播，某種心理的共鳴，集中反映了史學界工作者們的願望、要求、思想傾向、諸種工作的打算。」上引語見二氏所著：〈當代中國史學思潮散論〉，《歷史教學問題》，第三期，1993 年。王學典亦有所論說。王云：「……所謂的史學思潮，主要是指那些因倡導某種史學主張、史學方法、史學觀點而形成的一股潮流。並非所有的史學觀點、

軸，各家的具體貢獻從略。

二十世紀初年承接十九世紀史學的風貌，其表現計有三項。(1)
清中葉乾嘉考據史學在清末民初，即 19、20 世紀交接之際，仍有
其相當活躍的空間。吾人或可以史學實證派命名之❹。(2)面對列強
瓜分中國、國家存亡危如累卵之際，經世史學乃有相當蓬勃的發展
❹。(3)不滿意傳統的舊史學並在西方史學的啟迪下，「新史學」
（含歷史進化論及反對僅以帝王將相作為治史的重點）便成為了時代的寵兒
❹。此外，亦有如下的表現：二十世紀二十年代由於國人對中國上

方法、主張都能形成潮流。形成潮流的，主要是那些在特定時間內掌握了相
當一部分學者、而且又衝擊了某種已在史壇很有影響的思想或對衝擊者進行
反衝擊的某種史學方法、主張和觀點。」王說見上揭書《二十世紀後半期中
國史學主潮》，頁 1。

❹ 此時期實證派史家，以下人物或可為代表：王國維、梁啟超、陳寅恪、陳
垣、胡適、顧頡剛、傅斯年、錢穆、張蔭麟、呂思勉等等。當然，這些史家
中，除繼承乾嘉考證的學風外，也有受西學影響者，如陳寅恪、傅斯年即為
顯例。

❹ 王韜、鄭觀應、黃遵憲、康有為、梁啟超等等可為代表。

❹ 晚清今文派學者，如康有為、梁啟超等等可為代表。此外，章太炎亦極力提
倡進化史觀。20 世紀初年夏曾佑出版了章節體《最新中學中國歷史教科書》
（後更名為《中國古代史》）。全書貫穿了歷史進化論的觀點。中國進化史
觀的蓬勃發展，蓋與 1898 年嚴復翻譯、出版赫胥黎（T.H. Huxley, 1825-
1895）的《天演論》（Evolution and Ethics, 1893）有相當大的關係。（按：
《天演論》為嚴譯西方八大名著之一。）其實，唯物史觀／歷史唯物論也是
進化史觀之一。進化史觀與中國傳統的退化史觀（視上古三代為歷史發展的
黃金時代，後世一切發展皆不如過去），適成一對反的學說。此外，一治一
亂、五德終始說、五百年必有王者興的循環史觀在傳統中國亦至為流行。其
實，進化史觀很容易使人產生厚今薄古的思想，退化史觀則必會使人厚古而
薄今，甚至崇古而賤今。各據一端，甚至各走極端，皆非求真務實的史學研

古史產生了極度的懷疑，疑古辨偽的史學，所謂古史辨運動，由是而生起❸。此其一。馬克思列寧思想於同一時期進入我國，唯物史觀／歷史唯物論於焉形成❹。此其二。二十年代末期國人因對中國社會史有不同的解釋而引起了社會史論戰❺。此其三。以上六項蓋

究（還歷史於歷史）之福；抱持此等觀念以追求史學現代化，猶緣木而求魚而已。

❸ 其實針對古代史的探究來說，民初可細分為四派：信古、釋古、考古、疑古是也。其中前三派的治史方向為傳統史學早已具備者，所以不會引起人們特別注意。疑古則不然。當然國人懷疑古代史的真實性（即見諸經史的古史記載是否全然等同、充份反映古代史的真實情況），其事不始於民國。《孟子·盡心下》即云：「盡信《書》，不如無《書》；吾於〈武成〉，取二三策而已。」可知懷疑古史記載之真實性，至遲戰國時已出現。然而，其懷疑程度如民初之甚、其涉及面向如民初之廣，且能予以一相當合理的解釋（如層累造成說），並引起幾乎所有中國學者的關注而形成一思潮、一運動者，蓋未之有也。古史辨運動大抵由顧頡剛「層累地造成中國古代史」的觀點所引起。相關著作，其最要者見諸《古史辨》一書；其書共七冊，首冊出版於1926年，末冊出版於1941年，收錄文章三百多篇，字數三百多萬字。除顧頡剛外，民國二三十年代不少著名學人皆參加論戰，如胡適、錢玄同、錢穆、羅根澤、容庚、童書業、柳詒徵、繆鳳林、傅斯年、陸懋德、劉掞藜、胡堇人、李宗侗、魏建功等等即是其例。古史辨運動，亦可以說是史學現代化之一例，蓋攻難問疑、相互究詰正可以使學人進一步反省其既有觀念、方法，以至反省，甚或修正、推翻既有之研究成果也。

❹ 馬克思主義進入中國而促進史學界產生「具體成果」者，大抵可以由上海商務印書館1924年李大釗《史學要論》的出版算起。該書標誌著馬克思主義史學在中國的萌芽。之後，郭沫若、范文瀾、翦伯贊、呂振羽、侯外廬等學者均從唯物主義／歷史唯物論的角度切入以研究歷史、解釋歷史。

❺ 1920年代末陶希聖先後發表了〈中國社會之史的分析〉（1928年）一文及出版了《中國封建社會史》一書。郭沫若不認同其內容，乃於1930年出版《中國古代社會研究》一書（論文集），中國社會史論戰於焉生起。郭書可視為

為十九世紀末及二十世紀前半葉中國史學發展的概況❹⑥。當然，其間因為新史料的出土（如甲骨文、漢晉簡牘、敦煌卷子、古器物等等）、元史及西北史地之研究等等❹⑦，都在不同程度上豐富了 19、20 世紀

係以馬克思主義解釋中國歷史進程的一個里程碑，且對馬克思主義史學在中國的發展影響深遠。土耳其美籍學者 Arif Dirlik 並且說：" ... the scheme which he popularized achieved the status of orthodoxy by the late thirties and has presided over Chinese Marxist historiography since then." Arif Dirlik, *Revolution and History: Origins of Marxist Historiography in China, 1919-1937* (Berkeley and Los Angeles: University of California Press, 1978), p.140。翁賀凱翻譯該書為中文，名為《1919-1937 革命與歷史：中國馬克思主義歷史學的起源》（南京：江蘇人民出版社，2005）。以上引文譯作：「他的歷史分期模式在 30 年代晚期取得了正統的地位，而且從此以後就一直主導著中國的馬克思主義史學。」（頁 115）該論戰始於 1928 年，約終於 1934 年。

❹⑥ 上文雖細析為六項，但這六項並不是全然「各自為方」，「不相往來」的。如第二項的經世史學及第三項的新史學，便有重疊的現象，梁啟超即為一例。其所倡議的史學革命固為新史學無疑，但其目的（至少目的之一）便在於經世。又：社會史論戰之一方（如郭沫若）所引用的思想武器便是馬列主義／唯物史觀。可見兩者亦有重疊之處。1930 年出版的《中國古代社會研究》可說是郭氏這方面最早的代表作。錢穆把中國近世史學區分為三派：傳統派（記誦派）、革新派（宣傳派）、科學派（考訂派）。其中革新派（宣傳派）相當於上文所說的新史學、經世史學及唯物史觀派史學；科學派（考訂派）即上文所說的史學實證派。錢穆所說的「近世」，意指清季至 1930 年代。錢說見所著《國史大綱·引論·二》（臺北：臺灣商務印書館，1985），頁 3-4。

❹⑦ 清末元史學的表現，可參黃兆強，〈前言：清代元史學概論〉，《清人元史學探研》（臺北：稻鄉出版社，2000），頁 1-29。清代西北邊疆史地之學，則可參侯德仁以博士論文為基礎而改寫之《清代西北邊疆史地學》（北京：群言出版社，2006）2008 年 4 月中下旬，筆者講學於蘇州大學。侯博士乃以上述著作餽贈，高誼隆情，特此致意。

之交中國史學的風貌。

　　1949 年中華人民共和國成立迄 1966 年文化大革命出現之前的十七年間，中國史學的園地基本上是由馬列主義所獨佔的❹。1966 年至 1976 年的十年文革時期，影射史學充斥了學術界❹。1978 年

---

❹　此十七年的史學發展特色如下：一、以五朵金花為主要研究的對象。（此外，亞細亞生產方式、中國封建社會長期延續的原因及歷史人物評價問題，亦引起不少史家的關注）二、以階級鬥爭為綱的左傾路線相當嚴重。（其實即使以唯物主義的觀點來解釋歷史，亦不必然純粹堅持，以至過份強調階級鬥爭作為歷史進程的唯一動力，蓋吾人亦可以從生產力與生產關係的互動來解釋歷史。）馬列主義教條化、公式化、絕對化及簡單化的情況日趨嚴重。三、中國現代史、中國史學史及世界史的相關研究、著述亦有一定的表現。按：「五朵金花」一名乃史學家趙儷生（1917-2007）所提出者；指當時中國史學界所普遍關注的五個基本理論問題：(1)中國奴隸社會、封建社會分期問題；(2)封建土地所有制問題；(3)中國封建社會的農民戰爭問題；(4)中國資本主義萌芽問題；(5)漢民族形成問題。趙氏著作，主要者計有《中國農民戰爭史論文集》（與夫人高昭一合著）、《中國土地制度史論要》等書。建國後十七年的史學發展，其特色固然以唯物主義的階級分析觀點為主軸，但同時亦有強調另一觀點以研究歷史者，此所謂歷史主義是也。可參張劍平，〈歷史主義和階級分析爭論評述〉，《新中國史學五十年》（北京：學苑出版社，2003），頁 125-143。

❹　所謂「影射史學」乃指四人幫（江青、張春橋、姚文元、王洪文）及其同路人或文化打手（如關鋒、戚本禹、林聿等人，或北大、清華及上海市委寫作班子以「梁效」、「唐曉文」、「羅思鼎」等名字命名的人）所發動的借古批今的一個運動。彼等利用歷史、歪曲歷史，甚至偽造歷史以進行不倫不類的古今類比以批鬥他人。歷史學成為十年文革，所謂十年浩劫期間最有「價值」的顯學、「經世致用」之學：歷史學全然成為政治鬥爭的工具。當時著名史學家，如翦伯贊（1898-1968）、陳寅恪（1890-1969）、吳晗（1909-1969）等等皆相繼被整死，或含恨以終。文革末年，四人幫對人們的迫害及隨意扣帽子、胡亂貼標籤的情況更是變本加厲。四人幫之首的江青曾說：

「……我還要放一炮。凡是儒家都是賣國主義，凡是法家都是愛國主義。」儒家竟然與賣國劃上等號，法家又竟然與愛國劃上等號！天下間的褒貶任情、牽強比附，莫此為甚。江青的說法，見中國社會科學院歷史研究所編，《歷史的記錄──四人幫影射史學與篡黨奪權陰謀》，頁 263。轉引自上揭《新中國史學五十年》，頁 246。

其實，江青等人純粹是放空論、濫用史料、歪曲史實、「消費歷史」，其作法可說是以論代史的「典範」。說到「論」與「史」的組合，大陸嘗流行「以史帶論」、「重史輕論」、「以論帶史／以論代史」、「論從史出」、「史論結合」等等各種論調及相應的實踐。個人認為理論（含史評、褒貶：價值判斷）在史學上應有其地位。但在應用上，必須有分際，若過了頭，便不再是歷史學之為歷史學了。這與史學現代化是背道而馳的。

此外，江青等人的作法也是要紅不要專無限上綱的最極端的表現，歷史學可說完全被糟蹋踐踏了。這更是史學現代化的蟊賊。一般來說，文革是從 1966 年 5 月 16 日，所謂「5.16 通知」算起的。1976 年 9 月毛澤東過世，10 月四人幫垮臺，影射史學隨即告終。據悉，毛澤東過世後，官方嘗以「七分功勞三分過」給毛澤東定位。然而，一般老百姓談到四人幫時總是豎起五個指頭，則毛氏在人民（至少部份人民）心中的地位可知矣，蓋與四人幫並列而居首無疑。毛澤東所帶給人民的災難，在彼過世三十多年後，人們還是記憶猶新。過去官方刊物比較不太會直接對他作負面的評價，但近日偶翻官方色彩相當濃厚的《炎黃春秋》雜誌，赫然發現其上載有一文，其標題為〈毛澤東號召『開展全國全面的階級鬥爭』〉。作者為中央辦公廳幹部，且曾任江青秘書的閻長貴先生（根據文末的說明）。該文第一段對毛澤東即有如下的判語：「文化大革命的理論，被總結成「無產階級專政下繼續革命的理論」。這個理論，按照文化大革命的實際進程，即按照毛澤東在文化大革命中的所言、所行，其內容概括為：開展全面階級鬥爭，進行全面奪權，實行全面專政。這「三個全面」（或曰：「三全」）是文革災難的思想理論的根據。」（中華炎黃文化研究會出版，《炎黃春秋》，第五期（北京：2008年），頁 10。）至於文革對史學所造成的傷害，大陸史家曹家齊有以下的描繪：「1966 年至 1976 年的「文化大革命」，使中國歷史學遭受了空前的浩劫。歷史學尊嚴盡失，被踐踏、被濫用，是非顛倒，黑白不分。影射史學流

12 月第十一屆三中全會迄今三十年間，中國史學的發展仿如雨後
春筍，百花齊放、百家爭鳴的盛況全面展開❺。三十年中，馬列主
義史學仍鰲頭獨佔，依然係史學主流：馬列主義、毛澤東思想在
歷史進程的解釋上是官方刊物，乃至不少民間史家一再堅持的指導
思想❺。80 年代中期，中國史學界針對所謂史學危機問題作出探

行，全民批林批孔，學習儒法鬥爭，批《水滸》、批宋江，歷史學成為政治
鬥爭的工具，給國家和人民帶來巨大災難。」曹家齊，上揭書《頓挫中嬗變
——20 世紀的中國歷史學》，頁 8。

❺　其實在十一屆三中全會召開的半年多前，即 1978 年 4、5 月間，人們對四人
幫的批判已從政治層面發展到學術層面了。就史學而言，開啟了 70 年代末至
80 年代初所謂「撥亂反正」的局面。依鄭兆辰、江湄、鄧京力的說法，此時
期的史學，其要點有四：一、清算四人幫對中國史學的破壞；二、重建歷史
科學的靈魂；三、理論與實證研究的重新啟動；四、歷史研究的重新定向：
部份史家開始對唯物主義史觀產生疑惑，甚至有返回乾嘉考據史學去的傾
向。鄭、江、鄧的說法，見所著上揭書《新時期史學思潮》，頁 1-13。

❺　然而，此一態勢並不能夠全面地壟斷「史學市場」。即使在 80 年代初期，我
們已看到不同的發展重點和方向。1981.03.18《光明日報‧歷史研究需要加強
馬克思主義的指導》的言論可看出一點端倪。該文說：「（現今有一種傾
向，）不願意再依靠馬列主義，而是用西方實證主義的煩瑣考據和史料學來
替代馬克思主義的歷史科學。」1982 年《史學集刊》第二期，李時岳〈馬克
思主義的再學習和歷史的再認識〉一文亦有類似的說法。該文說：「歷史界
『重史輕論』的現象有所抬頭，以史為實，而以論為虛，著力於史料的搜集
和整理而忽視理論的概括和探求，有意無意貶低馬克思主義對歷史研究的指
導意義，甚至認為理論指導有損於歷史學的客觀性、科學性。」1983 年《中
州學刊》第三期，尹達〈堅持用馬克思主義指導社會科學研究〉一文即嚴厲
批評「有了史料就有了一切」及批評「回到乾嘉去」的主張。以上堅持以馬
列主義治史並以此而批評對手的三篇文章，正好充份揭示了文革結束後不久
的 80 年代初期，學人治史的務實作風和不完全依附、堅持馬列主義的作風。
然而，官色彩比較濃厚的中國史學會在 1998 年通過的《中國史學會章

討❺❷。同期或稍後，歷史理論或史學理論，如受西方影響的歷史知識論（歷史認識論）、年鑑學派的治史理論、總體史（Histoire totale; Total history）理論❺❸、科學界的三論（系統論、控制論、信息論）用之於解釋

程》，在學會指導方針方面，仍有如下的規定：「以馬克思列寧主義、毛澤東思想、鄧小平理論為指導，遵守憲法、法律、法規和國家政策及社會道德風尚。團結全國史學工作者，開展學術活動與進行中外交流，促進歷史科學的發展和繁榮。」個人認為如能把此規定中所提到的相關主義、思想及理論擱下，則該會的工作方針似更富彈性、更務實及擁有更寬廣的活動空間。當然，在顧及客觀大環境的情況下，該會在相關規定上有其自身的考量及堅持，這是很可以理解的。筆者身處臺灣，對大陸的具體情況不甚了解，考慮未免仍欠周延妥當。個人又想到，如《中國史學會章程》在 2001 年以後才草擬、通過，則江澤民在該年 7 月 1 日講話中所堅持的「三個代表」的重要思想，很可能繼「鄧小平理論」之後亦被納入其中而成為指導原則之一的。又：如該《章程》在 2007 年 10 月 17 大以後才通過的話，則國家主席胡錦濤在 17 大閉幕典禮上所強調並被列入黨章的「科學發展觀」，恐怕亦必會被納入《中國史學會章程》內的。

❺❷ 史學危機大抵發生在 1983-1988 之際，乃係針對如何始可真實地認識歷史事實並合理地解讀歷史進程，以至歷史學的社會功能是甚麼及如何扮演好社會功能，作出反思。換言之，其要點為：一、對應用馬列主義以認識歷史及解釋歷史進程產生疑感。此可謂係對史學本身的內部癥結的反省。二、對歷史學與現實的關係，及如何為現實服務，甚至改造現實的問題，作出反思；這可說是 80 年代中期計畫經濟向市場經濟邁進之時，歷史學該如何適應此一新形勢的一種反思。以上兩種反思可說是史家依其存在感受而對其所從事的志業及史家該有之社會職能、責任所作出之反省。這是改革開放後非常可喜的現象。危機就是轉機；史學要邁向現代化，危機意識恐怕是最重要的動力之一。

❺❸ 總體史乃指在較大的時空範疇內梳理歷史進程的脈絡，甚至揭示其相關表象下更深層次的脈動。這也可說是年鑑學派治史的特色之一。為呼應當今全球化的發展，史家對歷史上的過去作總體史式的研究正係最相應的史學實踐；

歷史，❹乃至其他史學理論／史學主張，如跨學科研究或科際整合

亦可謂係史學現代化之一端。

❹ 科學界的三論應用於解釋中國傳統社會（大陸一般稱之為「封建社會」）之為一超穩定系統，是由從事化學研究的金觀濤及劉青峰夫婦 1980 年發表相關論文而獲得注意的。此學說流行於 1983-1987 年間。相關言論，主要見諸撰成於 1981，然 1984 年始出版的《興盛與危機——論中國封建社會的超穩定結構》（長沙：湖南人民出版社，1984）。此書的縮寫本《在歷史的表象背後——對封建社會超穩定結構的探索》（成都：四川人民出版社，1983）則率先發表。金、劉夫婦的三論及其他歷史進程的理論和史學知識論等等的理論熱潮／思潮，在邁入 20 世紀 90 年代之後，漸呈消退之勢。大多數歷史學者重新埋首於實證之學，從現實社會關懷中淡出。紮紮實實做學問成為了史學的主流。參上揭《新時期中國史學思潮》，頁 51。筆者以為紮紮實實做學問的態度是對的、是可取的，最符合史學求真的旨趣。然而，亦不能走得太極端，視求真為史學的唯一目的。蓋求真之外，還應該力求致用。史家總應對社會、對國家擔負一點責任。當然，亦不應反過來為了擔負責任、為了所謂服務社會、服務黨、服務國家而歪曲歷史、竄改歷史，如文革時期之為政治鬥爭而任情濫用歷史！換言之，無論如何，吾人總應該堅持史學本身的自主性。否則史學現代化只是可望而不可及的一個高貴的夢想而已！然則，史學難道永不能盡其社會責任？此又不然。任公嘗言：「必先去其致用之念。」（按：此語一時間未能覓得其出處。十九世紀德國史學界泰斗蘭克及二十世紀英國歷史哲學家湯恩比亦有類似的說法。詳見范書林在「中思網」上的文章：〈關於歷史（十）——我們為甚麼研究歷史〉（發表日期：2009.09.11）。個人認為梁氏此言非常富於啟發性，並可作為史家的指導原則。換言之，史家永遠不應放棄史學致用的念頭。但這是終極理想、終極目的。吾人不能以此而先拋棄史學本身的自主性、科研的客觀性。水到渠成，獲致客觀的研究成果後，吾人再致其用可也。事情是不能躐等或本末倒置的。鄔兆辰、江湄、鄧京力亦談到「現實關懷」與「現實參與」的問題。彼等說法，見上揭書《新時期史學思潮》，頁 43-51。個人認為歷史學家（其實所有從事人文學科的學者，甚至所有知識分子亦然），都應該關懷現實，但是否一定要參與現實，則似乎不盡然。史家參與現實，其效果可能適得其

的言論❺❺，及重視人文精神人文素養人文關懷的論調❺❻，在八十年代之後相繼出現。在實際的操作面來說，過去比較不受重視或不是歷史研究主要對象的文化史❺❼、非唯物史觀解釋下的社會史、經濟

反，弄巧反拙；倒不如與現實保持一定距離，仰仗其「通古今之變」的歷史知識，以高屋建瓴之勢縱覽全局，反而能夠對現實情況提出「對症下藥」的建言或作出相應的批判。

❺❺ 跨學科研究或科際整合恐怕是當今史學現代化必然要走的道路。但是這條路並不是很暢順舒坦的。人們總有「事不關己，高高掛起」的惰性。中國人民大學清史研究所教授中國史學會第七屆理事會會長李文海先生嘗呼籲：「打破學科分割，實現學科交叉、學科滲透、學科融合、克服學科分割帶來的種種弊端，需要廣大史學工作者共同努力，採取切實措施，促進歷史學內部以及歷史學與其他學科之間的學科交叉、滲透與融合。」李文海並作出以下四點建議：一、開闊眼光視野，轉變觀念；二、營造有利於學科交叉融合的學術大環境；三、改進人才培養模式；四、借鑑應用相關學科的研究方法。對於史學現代化來說，李氏的建議是相當可取的。李氏主張，見〈打破分割，促進融合──對歷史學學科建設的一點思考〉，收入上揭書《中國歷史學研究現狀和發展趨勢──中國史學界第七次代表大會學術研討文集》，頁 29-31。針對學科分割和學科隔絕的問題，侯建新亦有類似的論調。見所著〈經濟──社會史：開拓史學研究新領域〉，《中國歷史學研究現狀和發展趨勢──中國史學界第七次代表大會學術研討文集》，頁 161。

❺❻ 透過歷史教育以培養大學生的人文素養、人文關懷的言論，多次出現在 2004 年 4 月在陝西召開的中國史學界第七次代表大會的論文中。以「人文」為歷史學的重要訴求，這可以說是中華人民共和國建國以來從未有過的「新生事物」；這是非常可喜的現象。相關論說見邵鴻，〈中國史學的第三期發展和當代大學歷史教育〉及陳剩勇，〈全球化、族群認同與歷史教育〉等文章。二文均收入《中國歷史學研究現狀和發展趨勢──中國史學界第七次代表大會學術研討文集》。詳見頁 200-201；217。鄔兆辰、江湄、鄧京力對歷史學的人文性問題亦有所探討，見上揭書《新時期史學思潮》，頁 146-151。

❺❼ 近十年來，中國史家對文明及文化的研究相當熱絡。學者對文明、文化與其

——社會史❺❽則日益受到學者的青睞。作為寫史方式的敘事史體亦重新獲得肯定。其他方面，如中國近代史❺❾、世界史、中華人民共

他人類活動的關係及人類不同文化間之相互尊重、相生共長的問題，嘗予以探討論述。茲引錄潘光的論點如下以見一斑。潘光說：「新世紀的中國世界史研究應重視對文明、文化問題的研究。……政治、經濟與文化當然有密切的聯繫，但文化對於政治、經濟而言又具有一定的獨立性。應承認人類一切優秀的文化均有其普遍的意義，世界應朝多種文明共存、相互取長補短的方向發展，而不應排斥、貶低某種文化，或將政治、經濟的成敗簡單地歸於文化優劣，將政策問題與文化因素刻意相連。」潘說見所著〈關於中國世界史學科發展的幾點看法〉，上揭書《中國歷史學研究現狀和發展趨勢——中國史學界第七次代表大會學術研討文集》，頁 158-159。

❺❽ 中國大陸改革開放以來，尤其最近十多年來（即 20 世紀和 21 世紀之交的一二十年），大陸學人已漸次注意到國外學者史學研究的最新趨勢，甚至國外大學的課程特色亦有所關注。茲舉侯建新所注意到的牛津大學課程特色為例以見一斑。侯說：「以牛津大學經濟——社會史專業碩士核心課程為例，我們可看到該學科知識結構所涉及的範圍，內容包括哲學與方法論，涉及認識論、客觀性和因果性以及後現代等問題；經濟學，涉及芝加哥學派、科斯理論、『白搭車』概念等；社會學和階層社會學，涉及家庭、財產、性別，以及馬克思、韋伯和圖爾幹等理論；人類學、認知心理學和計量方法等。」二三千年來，我國學術最足以傲人者為史學上的表現與成就。惟清中葉以降，我國百技不如人，史學亦不為例外，悲夫！諺謂：「借西學之光以照我中學之晦」。中國史學現代化實有以是賴。拜 1978 年以來改革開放之賜，大陸學人乃得認識西方史學可有提供吾人仿效學習之處。（改革開放迄今已屆滿三十年。）國人因之而急起直追，則再過二三十年，中國史學必再執世界史學之牛耳無疑。此不待龜著而可知也。上引侯說見所著〈經濟——社會史：開拓史學研究新領域〉，上揭書《中國歷史學研究現狀和發展趨勢——中國史學界第七次代表大會學術研討文集》，頁 167。

❺❾ 中國近代史研究與背後的指導思想，乃至以何種範式作為研究的模式等等問題，也是二三十年來國人關注的焦點。張海鵬說：「在繁榮階段，近代史研究撥亂反正，糾正了學習馬克思主義過程中的教條主義、形式主義傾向；同

和國史，清史，以至西夏史等等，在發展上均有長足的進步。

　　至於臺灣及香港方面的史學發展，其比較能夠成為一時氣候的，主要是在 1949 年之後。1949 年大陸易手，山河變色。不少史家乃轉赴臺灣或香港。五〇年代的臺灣，史學研究大體上以繼承國民政府統治大陸時期的中央研究院歷史語言研究所的治史方向為特色。換言之，「考史而不著史」的史料學派的治史精神或所謂考據史學仍是史學界的主流。大抵 60 年代中期以後的四五十年間，史學開啟了新貌。其表現為：⑴運用社會科學理論／觀點以治史❻；⑵以統計技術（量化研究法）及電腦作為治史的輔助工具；⑶社會史、文化史（含民俗史、生活史、生命史、醫療史、婦女史、兒童史等等）日受重視；⑷臺灣史成為顯學；⑸歷史教育的討論及國家認同的因素

時又出現淡化意識型態、輕視唯物史觀、輕視階級分析方法的傾向；出現了用現代化的方法研究中國近代史的主張和研究實踐，研究領域大大拓寬，研究專題大大加深。」張說見所著：〈20 世紀中國近代史學科體系問題的探索〉，上揭書《中國歷史學研究現狀和發展趨勢——中國史學界第七次代表大會學術研討文集》，頁 99-100。張海鵬所說的「繁榮階段」，蓋指改革開放以來的二三十年間。張氏所說的各項，皆係史學上的進步表現；個人認為，其中尤其重要者為意識型態的淡化一項。回歸史料、實事求是、不尚空談、不摻雜意識型態才是史學研究的根本要義。以某一（或單一）主義、思想、理論作為指導原則，都只會使得史學成為附庸而喪失其獨立自主的地位而已。文革時期的影射史學最足為吾人之鑑戒。張海鵬又談到中國近代史研究的「革命史範式」、「現代化範式」等等問題。見上揭書，頁 114-129。其實，除上述兩範式外，個人認為以其他範式，如帝國主義入侵範式或英人湯恩比（A.J. Toynbee, 1889-1975）的挑戰與回應（Challenge and Response）範式來研究中國近代史亦未嘗不可。

❻　這大抵是受到不少放洋（尤其美國）回臺學人治史風氣的影響所致。

注入歷史學研究中。❻

　　香港方面，由於歷史研究人口較少，雖然仍有不少史家，如許地山、錢穆、羅香林、簡又文、左舜生、嚴耕望、全漢昇、徐復觀、王德昭、孫國棟、許冠三、章群等等及此等史家的學生輩作出不少貢獻，但大體上來說，仍無法形成一代風潮，在數量上及影響上，亦無法跟大陸甚至臺灣媲美❻。

四、唐君毅先生對史學現代化的啟示

　　總上文第三節所述，中華人民共和國建國五十多年間，史學的發展可以分為三個時段。每一時段皆有其主流思潮或主流意識型態，然而與之相抗衡或至少不同調或不盡同調的歧見，甚至「逆

---

❻　有關臺灣史學近今五十年的發展概況，可參考王晴佳，《臺灣史學 50 年（1950-2000）》（臺北：麥田出版社，2002）；杜正勝，〈新史學之路——兼論臺灣五十年來的史學發展〉，《新史學》，卷 13，期 3，2002；許倬雲，〈錦瑟無端五十弦——憶臺灣半世紀的史學概況〉，《慶祝中央研究院歷史語言研究所成立七十五週年演講會文集》（臺北：中央研究院歷史語言研究所，2003 年 12 月）。按：中研院史語所無疑是上世紀下半葉臺灣史學發展的中流柢柱。《……成立七十五週年演講會文集》除收錄上揭許倬雲先生的演講稿外，尚收錄杜正勝、刑義田、何漢威等先生的演講稿。彼等演講稿皆在不同領域或不同觀點下揭示上世紀中研院史語所史學研究的面貌；甚具參考價值。

❻　當然，香港史家，如錢穆、嚴耕望、全漢昇、徐復觀等等，在史學上的表現及成就是完全可以與大陸及臺灣的一流史家媲美的。然而，以上史家皆嘗在臺灣工作相當時日，且彼等之出生地皆在大陸，其中錢穆在大陸時已極有名氣，是以不必然以香港史家視之。若把以上數人排除在外，則香港史家更是勢孤力單而無法跟大陸或臺灣史家相提並論了。

流」，亦不時出現。今稍述如下：

(1)共和國肇建後的十七年（1949-1966）是馬列主義的唯物史觀大行其道的時期；其間馬列主義教條化、公式化、絕對化及簡單化的情況日趨嚴重；階級鬥爭的觀點佔據史壇。然而其間仍有歷史主義與之相對立或至少稍作平衡，儘管微末荏弱不足左右大局❻❸。

(2)文革十年（1966-1976）影射史學充斥整個學術界；歷史學的「經世致用」功能發揮至最高極限。在只要紅不要專，全般以論代史的情況下，史學園地荒腔走板，完完全全成為了政治鬥爭的工具。史學求真的訴求早已拋諸腦後，成為天荒夜譚。然而其間仍有高風亮節如陳寅恪、治史務實且剛正不阿如吳晗、被稱為良史及戰士的翦伯贊❻❹等等史家的出現。

(3)改革開放後的三十年（1978 迄今），馬列主義的唯物史觀仍為史學主流（至少官方立場或比較接近、反映官方立場的史學著作是如此）。然而，歧異的支流，甚至逆流，則甚為紛繁雜出。異於唯物史觀的其他歷史理論或史學理論，如上述金觀濤、劉青峰的三論、年鑑學派長時段研究或總體史理論、跨學科研究或學科整合理論等等相繼出現。馬列主義一言堂、唯物史觀一家獨霸天下的情況漸呈消退之勢，或至少可以說其力道已大不如前。

---

❻❸ 有關歷史主義與階級分析觀點的爭論與對立，可參上揭《新中國史學五十年》，頁 125-143。

❻❹ 王學典，〈良史的命運：翦伯贊之死的文化意味〉，《20 世紀中國史學評論》（濟南：山東人民出版社，2002），頁 368-376。

現在我們再回過頭來，針對上述唐君毅先生的論點對史學現代化產生何種啟示的問題，作一闡述。茲分為四項：

㈠各理論、史觀應嚴守本身之分際，不宜越界侵入其他領域

唐先生說，司馬談的六家及劉歆班固九流十家的分類，可以使得先秦思想學派，各有其範圍，且相互制限，其效用皆各有其節度 **⑥**；然而，亦並在而俱存、並行而不悖、相生而共長。同理，筆者認為，史學研究之各領域（尤其解釋歷史進程之歷史理論及反省歷史研究之史學理論），就其效用而言，亦應各有其節度及不相踰越之疆界。綜觀古今中外用以說明歷史進程的歷史理論（史觀）實極為繁富，**⑥**而唯物史觀／歷史唯物論只不過是其中之一而已，其本身在效用上自應有其節度，且不宜溢出自身之疆界無疑。是以，吾人自不宜執一而廢百，視之為萬靈丹、放諸四海而皆準之金科玉律，以為據此即可以充份並合理地解釋、說明古今中外人類各階段之歷史發展！退一步來說，若吾人不反對，甚至非常贊成用之以解釋人類發展史，則其他歷史理論或其他史學觀點亦應享有相同的地位或至少與之相當的地位。在歷史研究上，我們沒有理由相信，更沒有理由堅持任何一種史觀不可。

任何理論居於至高無上唯我獨尊的地位時，最後必會走上教條

---

⑥ 按：所謂學說／學派之「節度」，唐先生意謂各學說／學派有其自身之範圍、領域、疆界；而此學說／學派不得踰越本身之疆域（所謂撈過界）越俎代庖而入侵掺入至其他學派領域中。

⑥ 詳參本書以下一文：〈唐君毅先生的歷史形上學：論人類歷史行程之形而上之本體〉，第二節，〈中外古今史觀概說〉。

化、公式化、絕對化、簡單化、極端化的路上去。學術亦必會因此而窒息，甚至被利用、扭曲、歪曲！文革時期史學完全失去了自我（自主性），被利用成為政治鬥爭的工具便是最好的反面教材。三十年過去了，我們應當繼續不斷從中記取教訓並絕對要避免重蹈覆轍❻❼。唐先生針對司馬談及班固之學術分類，並據以指出各學派在應用上應有其節度的立論，正可以刺激、啟迪吾人體認任一主義、史觀，恐怕只有相對的有效性，或一定程度的有效性而已；換言之，在效用上，應有其節度。任何壟斷性、排他性的史觀恐怕對史學現代化來說，都是有百害而無一利的。

㈡綰合各端、統一各「矛盾」

班固對先秦諸子作分類之後，並能以綜持之精神給予一總體之論述；指出各學派各有其範圍領域，然而相滅而實相生，相反而恆相成。唐先生最欣賞這點。「道術將為天下裂」是廣納異流、融通百家、有容乃大的唐先生最不能接受的。是以漢代史家能跳脫各學派間之局限，從高一層次看問題，並以綰統綜持之精神而為論，此唐先生是至為賞識的。中華人民共和國建國六十年來的史學發展是極其多樣性的。這點我們上文早已論述過。其間出現過不少相互對立、矛盾的各種爭議。譬如「要紅」抑「要專」、「重史」抑「重

---

❻❼ 拜改革開放之賜，現今大陸史學界是比以前開放多了。仍然堅持馬列主義、唯物史觀為歷史解釋唯一指導思想的史家恐怕不多。若礙於大環境或由於自身之信念，而確認為此史觀為唯一真理，是以不得不予以堅持的話，則此等情況吾人自是可以理解並應予以尊重的，筆者不至於昧於時勢（大環境）強人所難，更不至於否定他人之信念而自以為是。

論」、「求真」抑「致用」，甚至「堅持階級觀點」抑「尊重歷史主義」等等問題皆為一一對反、矛盾的論點❻。但矛盾未嘗不可以統一。若從高一層次看問題，皆並行而不悖，相反而相成，實可相輔為用無疑❻。在今天自由、開放、改革、多元化的時代，我們必須具備包容性、前瞻性；「實踐是檢驗真理的唯一標準」❼，以任

---

❻ 這裡「矛盾」一詞是採廣義用法（大陸上所說的「人民內部矛盾」、「夫妻之間鬧矛盾」等等，此中「矛盾」一詞即採廣義用法），意謂「不同」、「相異」、「相衝突」而言，如 a 之與 b 為不相同的東西即其例。邏輯學上的「矛盾」則意指兩項不相容的東西，此可以 a 與～a 來做說明。肯定前者，即蘊涵否定後者；反之，亦然。

❻ 提出「要紅」抑「要專」、「重史」抑「重論」、「求真」抑「致用」、「堅持階級觀點」抑「尊重歷史主義」等等的對立觀點，我們只是藉以舉例來說明史家該有廣納百川、兼容並包的雅量而把對立的觀點予以統一而已。就唐先生來說，恐怕無法接受「要紅」及「堅持階級觀點」兩項。當然，針對「紅」及「階級觀點」，我們不妨作寬泛的解釋，視之為一象徵性的東西，而不必然是實指。依此，「紅」意謂理論指導，「階級觀點」則意謂持某些觀點（視角）。做歷史研究，有理論、有觀點，那是可取的，甚至是必須的。沒有觀點，史學研究便會失焦，突顯不出問題之所在，甚至只是資料的拼湊；沒有理論，那恐怕最多只能寫成小考證、解決小問題的小文章而已。要寫成有架構、具系統的史學鉅著，那非得有理論（參考、援據理論）不可。尤其今日治史，經常得參考、援據社會科學的相關理論，恐怕早已是常識了。如「紅」與「階級觀點」是可以作如上寬泛的解釋的話，則相信唐先生是絕對不會反對；反之，必會欣然接受的。

❼ 根據網路上的《維基百科》，「實踐是檢驗真理的唯一標準」一語實原自〈實踐是檢驗真理的唯一標準〉一文，是由南京大學哲學系教師胡福明所作，經多人修改後，最終由胡耀邦審定的一篇文章。該文之發表，意味著鄧小平等人對華國鋒等人主張的「兩個凡是」的理論進行抨擊。該文於 1978 年 5 月 10 日首次發表於中央黨校內部刊物《理論動態》第 60 期上。翌日，全文轉載於《光明日報》。當日，新華社又予以轉載。12 日，《人民日報》和

何「某某主義」、「某某思想」作為學術上的唯一指導原則的,只會使史學退步而已❼。同理,就世界各地的史學而言,其中有所謂現代、後現代之分,又有所謂重敘述(含考據)、重解釋(詮釋、解讀)之別,又有微觀、宏觀之對立,更有唯物、非唯物之爭。我們本乎兼容並包之雅量,以縮統綜持之精神對待之,則各看似相互對立、彼此矛盾之各端,實莫不可相融共貫、互補交濟。

(三)學科合作、科際整合

唐先生認為司馬談及班固所分之學術思想家派,實可相通於當今之學術文化領域之各門類。唐先生並針對十家中的八家(儒、道、墨、法、名、陰陽、縱橫、農),舉出當今之學術文化領域一一與之相對應(詳上文〈先秦諸子與人文學術門類對應表〉),如以「詩文、藝術之學」及「醫學、神仙修鍊之學、史學」分別對應儒家及道家即是其例。

今天學術門類各求專精,分得極細,此疆彼界,實有不得相踰越的態勢。然而,「人」是一整個的;各種學術,其目的亦不外乎是使人活得更美好,使人之精神能向上提昇,使人文化成於天下;

《解放軍報》同時轉載。數日之內,該文傳遍全國。

❼　在這裡,讓我說點題外話。臺灣某些政客任情肆意地操弄意識型態,前年(2008)1 月 12 日立法委員改選、3 月 22 日總統(大陸稱為臺灣地區最高領導)改選,民主進步黨慘敗。操弄意識型態過了頭恐怕是失敗主因,或至少是重要原因之一吧。人們應從中汲取教訓、深切反省。選舉時,臺灣人民喊「臺灣不能輸」、「臺灣一定贏」;身為史學工作者的我們,則一定要喊「史學不能輸」、「史學向前行」!針對唯物史觀獨霸天下,我們一定要喊「逆轉勝」!(幸好,其獨霸天下的局面早已被打破了。)

或說得簡單一點，旨在使人真真實實的成為人而已。學術分得太精細，各是其是，以至互不相通而相非，恐怕與「人必須活得像個人」及「人文化成於天下」是背道而馳的。在學術區分得如此細碎的今天來說，歷史學要相通於其他學術，憂憂乎其難矣！然而，說難是難；說易也可以是很容易的。所謂一念乾坤，天地易位。事在人為，在乎人一念之翻轉而已。

西方凡百學術，其源頭莫不始自哲學；就中國而言，則莫不始自史學。此昔人早有定論⓱。吾人數典忘祖，不省而已。換言之，中國凡百學術皆史學之支與流裔⓲。史學既為後出的各學術的始

⓱ 中國古代學術溯沂自史學的問題，龔自珍的斷語很值得參考。龔說：「周之世官，大者史。史之外無有語言焉；史之外無有文字焉；史之外無人倫品目焉。史存而周存，史亡而周亡。」龔之議論乃係就史官而發，非逕指史學。然而，史學即源於史官。然則吾人逕視其所言為對史學之描繪亦未嘗不可。龔說見所著，〈古史鈎沈論二〉（又作〈尊史〉、〈尊史二〉），《龔自珍全集》（上海：上海人民出版社，1975），頁 21。又洋人中以研究中國科學史而享譽士林的英人李約瑟氏（Joseph Needham）亦嘗謂：「在中國傳統文化中，歷史（史學）為萬學之母（后）。」其說見 *Time & Eastern man* (London: Royal Anthropological Institute of Great Britain and Ireland, 1965), p. 9.

⓲ 當然，在廿一世紀的今天如果我們仍說，凡百學術皆史學之支與流裔，這是昧於時世的大話。然而，據中國流行一千多年的群書四部分類法，則學術亦不過分為經史子集四類而已。依《四庫全書總目》，其中以史部之書為最多。然則，吾人至少可以說，四分之一以上的學術皆隸史學，為史學之支與流裔。依《四庫全書總目》，史部分為十五類，此為：正史、編年、紀事本末、別史、雜史、詔令奏議、傳記、史鈔、載記、時令、地理、職官、政書、目錄、史評。依今天學術分類來說，時令、地理、職官、目錄等門類，皆與史學有別，亦非一般史家所要兼顧之學術領域。然而，古人隸之於史部下，則治史者宜兼通之可知矣。今人談史學現代化，則回歸此傳統，使史學

祖，則史學與之相通，豈不易哉！此猶子孫回歸其祖父母，何難之有？蓋本一家也。當然，吾人亦不應說大話，說過頭話。學術門類至廣，上自天文，下至地理。文、理、工、農、商、醫等等及其下之二級學科更僕難數（如加上三級學科，則更是數不勝數），如史家必要貫通之始可治史，則天下間無人可成為史家無疑。所以上文所言，只是一理想，或理論上當如此而已；實際上，吾人可另有變通之作法。茲舉兩端。

一為宜作篩選。就人文學科及社會科學中，不同史家應針對其自身治史之特色，作出相應之選擇。如治經濟史者，則應學點經濟學、統計學；治社會史者，宜修習社會學、群眾心理學；治上古史者，則宜進修考古學、文化人類學、古文字學；治學史、思想史者，則必須懂點文獻學、哲學便是其例。作為歷史學的輔助學科來說，當然，我們懂得越多越好、越深入越好。以上是就史家個人以單打獨鬥的方式做研究來說。

另一做法則為史家與其他領域的學者合作來從事某一歷史課題之研究。換言之，建立一研究團隊以學科合作、科際整合的方式來做歷史研究。

總之，在共謀人類的福祉的大前提下，並秉持學術本一脈相通的理念，且充量開拓兼容並包的心量及精神，則各學術無不相生共

兼通他學，以促成學科合作、科際整合，亦史學現代化之一端也。由此可見史學現代化，非必要與傳統切割；反之，更應從中汲取養份。棄傳統而開口閉口談現代化者，非愚即妄也。（幸好，把此二者對立起來的情況，現今比往昔（上世紀 60、70 年代）已大為改善，而不再是零和遊戲了。）唐先生之相關意見，吾人實可從中獲得最大的啟示。

長、相反相成、相輔為用。本此，則學科合作、科際整合的歷史研究，豈遠乎哉！遠乎哉！

㈣人文化成、關懷社會、服務國家、熱愛祖國

唐先生一輩子談「文化」、談「人文化成於天下」的大道理。此為其畢生念茲在茲的核心價值所在。先生指出，談、固「六家九流之分，正是與人文化領域之分，其他專門學術之分，大體相應，而可由之以見漢代學者之所以蔚成人文之道者也。」（詳上文第二節之㈢及㈣）唐先生在這裡說得稍斬截、籠統。但意思是很清楚的。其主旨不外是點出，談、固對先秦學術思想所作之分類正可反映其心念中已隱涵後世「文化領域」之概念（或「人文學術」之概念）。換言之，「人文化成於天下」之概念已涵攝於漢代人（在這裡以談、固為代表）心中，依此而推廣之即可蔚成（繁茂生發而形成、廣泛地促成）人文之發展。我們在這裡必須指出的是，古今天下讀書人多少人讀過《史記·太史公自序》及《漢書·藝文志》。但從中讀出六家九流分類中的人文意涵者，恐怕只有唐先生一人而已！如不是一輩子念茲在茲的心繫於此，則能讀出此意涵乎？

就史學來說，其為人文學科無疑（此取「人文」一詞之廣義）❼❹。

❼❹ 依照中國大陸的學科分類，則稱之為「社會科學」。筆者以為此稱呼亦無妨。總之，其研究總是以人及其表現為核心、為對象之一門學問是也。方志遠說：「關於歷史學科的定性，到底是社會科學還是人文科學，我想沒有必要爭論，當相互包容，正如歷史學科也應包容各種學術流派，海納百川，有容乃大。作為社會科學，向精深處發展；作為人文，向大眾化發展。」方說自有所見。但筆者則認為，歷史學如何予以定性，那是比較次要的。最要者為必須視之為對人文性有所研究並有所貢獻（含提升人文精神，使人文化成

既係「人文學科」，則史家研究的主旨，於求真之外，必須以彰顯人之所以為人之核心價值為依歸、為不二法門。否則，所謂「史學致用」、「史學經世」便無從談起。離「人文」而談「致用」，則史學只有被「利用」而已，例如文革時期史學即全然被利用作為政治鬥爭之工具而成為影射史學即其顯例，則此種「致用」，吾人又何所貴乎哉！人類之表現，固有其負面、黑暗的一面。但人之所以可貴，而成為萬物之靈者，以其有崇高的道德情操、道德理性的表現而已。明乎此，則史書之唯以揭示人之陰暗面、過份強調人類間之衝突鬥爭，甚至視之為人類之唯一表現者，其去乎史學現代化遠矣！唐先生從談、固之學術分類而讀出其人文意涵，此正可使人回過頭來反省史學的人文意義及貞定吾人治史以此核心價值為依歸、為不二法門之信心。

　　唐先生又指出說：「……班固於此九流之學，能更推本其原於古代之官師合一之學，明其義之合於六藝與孔子之教，而見其可相輔為用，以成王治。」❼❺唐先生意謂，班固闡發了、彰明了九流之學對治國方面的偉大貢獻。此為：促成王者之治（促成王業）。用今天的話來說，可引申為：「促進偉大領袖成就太平盛世／盛世大業」。換言之，九流之學「為國家作出了服務，為祖國作出了奉獻」。說到這裡，我們或許要問：先秦諸子（即唐先生所說的九流之學）對先秦時君世主或對當時的現實政治，事實上是否真的作出了

於天下）的一門學問，這才是該學科核心價值之所在。方說見所著〈省屬高等師範院校歷史系的現狀與出路〉，《中國歷史學研究現狀和發展趨勢——中國史學界第七次代表大會學術研討文集》，頁207-208。

❼❺　上揭《中國哲學原論·原道》卷二，頁195。

貢獻？然而，這個事實問題，我們也可以不必問。我們要注意的倒是，在班固的解讀下，或在唐先生對班固相關言論所作的解讀下，先秦諸子是可以促成王治的。換言之，我們可以說，是班固（或唐先生解讀下、理解下的班固）賦予了先秦諸子一個理想的意涵、一個偉大的意義。作為史學家，就上例來說，班固扮演了身為史學家該扮演的角色。因為他闡發了歷史的可能意義、理想意義❼❻。他把人類光明的一面、理想的一面予以發現了、予以發皇了。發微顯幽是史家的職志。班固做到了。依照他的解讀詮釋，諸子百家是能對時代盡其使命的；換言之，即可對現實作出貢獻的。班固之所以能夠注意到這個面向（對諸子之學能夠作出如是的解讀），定然是由於他平素對現實即有所關注而來。由此來說，史學不是（或至少不僅是）研究死人的一門學問，而史學家也不是（不應是）只關注死人而已。他必須也關注到現實、關注到社會、關注到國家。否則史學便會與現實脫節、與社會脫節❼❼；史學家也不配稱為史學家。班固對九流之學的解讀是活化了史學，把歷史與現實關聯起來、貫串起來了❼❽。作

---

❼❻ 歷史事實的可能意義與理想意義，唐先生嘗作很詳細的討論，見上揭先生所著〈歷史事實與歷史意義〉一文，尤其頁 118-130。亦可參上揭筆者〈唐君毅先生的歷史知識論〉一文。該文今已收錄於本書內。

❼❼ 上世紀 80 年代中期中國大陸曾出現史學危機，我們必須時加反省、經常自我提醒，否則危機永遠會再出現。

❼❽ 當然，班固作為現實皇權的擁護者，不敢像司馬遷的批評時政以至批評時君，是受到後世非議的。班固這方面的表現，我們不必為他諱。然而，現今只扣緊他對諸子百家的解讀來說，而並非全面考察、評價他的史學。憶三十多年前在碩士班上徐復觀先生「《漢書》研究」一課時，徐先生便對班固擁護皇權的表現很不以為然。徐先生一輩子反對君主專制政治；可稱為有為有

為史家，我們也應有同一的使命感：關注現實、關懷社會、服務國家、熱愛祖國。唐先生對班固「九流之學」與「以成王治」的關係的解讀，正好使人深切反省史家的職志與該承擔的責任。

唐先生畢生為文化奮鬥、為民族奮鬥。其愛護祖國之心昭如日月。其生前對中共所統治的中華人民共和國縱使有所批評指責，亦愛之深，責之切的表現而已。用今天的話來說，是恨鐵不成鋼。我們與唐先生一樣，身為炎黃子孫，我們誰人不愛祖國，誰人不想祖國繁榮、和諧、安定？身為史家，我們更是責無旁貸。如史學家只是關起門來做學問，「事不關己，高高掛起」，既不為現實奉獻，甚至連關懷現實都談不上，那我們便不配稱為「史學家」，頂多只是「史學工作者」或「史學從業員」而已❼❾。要使得史學邁向現代化，我們必須要有使命感。中國作為史學大國已有二千多年的歷史，為了不忝斯名，我們甘願只做「史學工作者」或「史學從業員」嗎？

守的民主鬥士，故宜其非議班固也。徐先生的人生取向、價值取向，可參牟宗三，〈徐復觀先生的學術思想〉，《徐復觀學術思想國際研討會論文集》（臺中：東海大學，1992 年 12 月），頁 1-13；杜維明，〈徐復觀先生的人格風範〉，上揭《徐復觀學術思想國際研討會論文集》，頁 15-28；翟志成，〈儒門批判與抗議精神之重建──徐復觀先生對當代新儒學之貢獻〉，上揭《徐復觀學術思想國際研討會論文集》，頁 437-458；翟志成，〈《徐復觀最後日記》代序〉，徐復觀著，《無慚尺布裹頭歸──徐復觀最後日記》（臺北：允晨文化實業有限公司，1987），頁 1-19。

❼❾ 余英時把學者分為「知識份子」與「知識從業員」兩類。如套用在史學研究者身上，則正好相當於「史學家」及「史學從業員」（或「史學工作者」）。其說見所撰〈自序〉，《歷史與思想》（臺北：聯經出版事業公司，1976），頁 3。

五、結論

唐先生不是歷史學家，甚至不是哲學家（西方意義下的哲學家，或狹義下的哲學家）。**⑧**但他比歷史學家（至少比一般歷史學家）更歷史學家、更關注歷史，且更能道出歷史學的真諦：揭發歷史事實的可能意義與理想意義**⑧**。

歷史研究，在唐先生來說，恐怕最要者在於展示人類歷史行程中的人文化成的過程；也可以說是在於展示，人如何在人文化成的過程中不斷自我超越、自我提升以成就其自己的一個過程**⑧**。

---

⑧ 唐先生是否哲學家，與唐先生「相處數十年，知之甚深」的摯友牟宗三先生便有如下的說法：「他博通西方哲學，並時以哲學思考方式出之，只是為的『適應時代，輔成其文化意識，引人深廣地悟入此文化意識之宇宙』之設教的方便。因此，若專狹地言之，或以西方哲學尺度衡量之，他可能不是一個很好的西方式的哲學家，雖然他有深遠哲學性的玄思。……中國人沒有理由非作西方式的哲學不可。」牟宗三，〈哀悼唐君毅先生〉，《唐君毅先生紀念集》（臺北：臺灣學生書局，1979），頁 151。

⑧ 筆者從事歷史研究，少說已三十多年了（當然說不上有若何成就）。但翻閱唐先生談歷史、談史學或談文化的文章，總感覺到他的歷史知識極其豐富，此不必多說。最能夠使筆者震撼的是他識見高、慧解卓。再者，以其用心之醇厚及人文關懷之篤切，每能顯微闡幽，發皇人性之光明面、理性面，發現／發明歷史事實之可能意義與理想意義。

⑧ 先生晚年成一家之言的兩大冊力作《生命存在與心靈境界》（臺北：臺灣學生書局，1977），其終極目的便在於闡發以下旨趣：人的精神行程乃在於不斷求自我超越而已。《簡明不列顛百科全書》（即原《大英百科全書》）即有如下的描繪：「在兩卷本《生命存在與心靈境界》（1977）中建立了一個新的哲學體系，將宇宙萬事萬物看作都是求超越的過程，生命存在不僅是為存在而存在，乃是為超越自己而存在；心靈的活動也是在這個基礎上，從現實的生活逐漸向上求更高的價值，最後止於天德與人德一致的最高價值世

　　《史記·太史公自序》及《漢書·藝文志》，古今天下讀書
人，無人不讀、清以前學人甚至無人不背誦。然而，⑴誰人能讀出
其人文化成之意涵？⑵讀出先秦各學派在應用範圍上應有其制限及
節度？⑶讀出各學派相反而實相成，且相生共長、相輔為用以促成
王治（貢獻社會、服務國家）❸？⑷再者，何人能從人文學門分類之角
度切入，把今天之各相關學術門類通貫至此等先秦家派而為綜持之
論？若非唐先生具備深邃之人文素修、不執一而廢百的開放心靈、
海納百川兼容並包的雅量及天下古今學術本相互融通一貫之識見，
實不足以致之也。本此，唐先生便能人之所不能、見人之所不及
見，全幅而充量地闡發了司馬談及班固六家九流之分類及相關論述
中的可能意義與理想意義。

　　唐先生以上的闡發正好對史學現代化深具意義。針對上一段之
四問題，吾人從唐先生的立論中，可一一獲得以下的啟示：

　　⑴重視歷史進程中人文化成之過程（含人文精神之發展及開拓出眾
　　　多人文領域之專門學科），並應進而厚植吾人之人文素養以關懷
　　　社會、服務國家、熱愛祖國。

　　⑵各歷史理論、史觀應嚴守分際，不應相踰越，而各在其自身

界。」（北京、上海：中國大百科全書出版社，1986，第七卷，頁 677。）

❸ 這一項，可說班固已道說出，非全係唐先生的發明。但唐先生能夠更詳細的
　予以闡發。這裡順帶一提的是，傅偉勳把「詮釋學」或「創造的詮釋學」，
　分為五個層次，依次為實謂、意謂、蘊謂、當謂、創謂。唐先生對談、固針
　對先秦諸子所作出的學術分類及相關論說的詮釋，可說是創謂層次的一種詮
　釋；是講活了（也可說是深化了）談、固的思想。借用傅氏的說法，唐先生
　是「特為原思想家完成他所未能完成的創造性思維課題」。傅說見上揭《學
　問的生命與生命的學問》，頁 137、228、239。

之範圍、領域中對歷史作相應之解讀、詮釋。

⑶綰合包容對立或相異之各端、統一各項「矛盾」❽。

⑷聯繫通貫至其他人文學科或社會科學，攝取汲納其知識，以
　推廣及深化史學之研究。

以上四項，其詳見上文第四節。要之，唐先生博學弘識，其三
十鉅冊之遺著可供史學界資取，藉以開拓心量、增廣識見，以至貢
獻於史學現代化者至多。上文只是舉談、固論先秦諸子之一端以示
例而已。

茲為更明確揭示唐先生的立論對史學現代化所產生的啟示，今

---

❽　如：要紅抑要專、重史抑重論、求真抑致用、堅持階級觀點抑尊重歷史主
　　義、重現代抑重後現代、重描繪敘述抑重解讀詮釋、重微觀抑重宏觀、重全
　　球史重抑區域史（含國別史）等等，便是其例。當然，這些「矛盾」，其實
　　並非真矛盾，蓋矛盾不能並真／並存，而只可二者擇一。今乃取「矛盾」一
　　詞之寬泛義（即大陸所常用之含義）。嚴格來說，這些所謂「矛盾」，其實
　　只是不同之二物而已，而非截然對立而不能並存的。
　　寫到這裡，我們不妨引錄唐先生的一段文字，以見所謂學術上的矛盾，實學
　　人之未喻而已。先生說：「……反（筆者按：即「返」）本復始，乃使故者
　　化為新，而新者通於故，古今之變通，歷史之發展，有一中心之支柱，而文
　　化之大統見。文化之大統見，則學術文化中之萬類不齊者，皆如一本之與枝
　　幹花葉。枝幹花葉相異，而可不視為矛盾，而皆可視為同一之本之表現也。
　　唯如此而人乃真可有於殊途見同歸，於百慮見一致之胸襟與度量。人之學術
　　文化之活動，乃非只為向上以求超越，向前以求創造；而重在向內以求容受
　　涵攝，向上以致廣大。而此皆待於內心之和平與社會之和平。唯有內外之和
　　平，而後個人有深厚之文化修養，以承先啟後，民族之文化生命乃得悠久無
　　疆，以向前擴展也。」唐君毅，《中國文化之精神價值》（臺北：中正書
　　局，1974），頁12。

嘗試針對上文四項，草擬一對應表如下以總結全文❽。

唐先生相關言論 （出處已詳見上文第二節，今不贅）	左列言論對史學現代化的啟示
漢之學者，能對先秦之學術，為綜持之論，而分別觀其性質、種類、範圍、制限，亦更能開出種種之專門學術之途也。 　此先秦所傳之學術思想中之義理，其所以有此六家九流之分，又正是與人文化領域之分，其他專門學術之分，大體相應，而可由之以見漢代學者之所以蔚成人文之道者也。 　班固於此九流之學，能更推本其原於古代之官師合一之學，明其義之合於六藝與孔子之教，而見其可相輔為用，以成王治。	重視歷史進程中人文化成之過程（含人文精神之發展及開拓出眾多人文領域之專門學科），並應進而厚植吾人之人文素養以關懷社會、服務國家、熱愛祖國。

❽　我們從唐先生的論說中所獲得的相關啟示，如上文所述，可彙整概括為四項。但現今要從此等論說中摘取若干語句，藉以一一對應這四個項目，則其結果（對應性）或不必全然相互符合而不免使讀者失望；再者，同一語句（或類似之語句）亦可對應二項啟示（即使人獲得二項啟示）而不必然只對應一個項目。此中之原因乃在於：相關語句既只係「啟示」，則語句與啟示間恐無法獲得一一對應而全然相符之結果。換言之，其關係或不免失諸籠統，或所謂以意逆之而已。（要言之，筆者謂由唐先生之論說而獲得之啟示，他人亦可全然不認同或不全然認同；此中不無見仁見智之差異在。）然而今特意製作一對應表者，絕非有意使讀者橫生疑惑；實企圖以簡馭繁，俾讀者獲取一簡約之概念而已。然而，簡約必欠周延而失諸籠統。讀者若有疑惑，恐必得覆按上文始可獲悉全貌以袪除疑惑，而不應僅以此數百字的對應表為準。

……上來所論，乃意在說明漢之學者能為六家九流之諸子所言之義理，辨其應用之範圍與制限，使之相輔為用，咸有其節度。 ……能知各人文領域、與各專門學術之各有其範圍，而互相制限，其效用皆自有其節度。	各歷史理論、史觀應嚴守分際，不應相踰越，而各在其自身之範圍、領域中對歷史作相應之解讀、詮釋。
……實乃本在依一綜持之精神，以對先秦各家學術思想之義理，……以配合之為用。 諸子之學之所自本之六藝之經學，亦有師法、家法，以各成一專門之學。故中國人文世界與學術世界，形成一包涵多方面之全體，亦實始於漢；其根本精神，則唯是能綜合諸子之學以為用，…… ……今更使之並在而俱存，相生而共長，即為使人文化成於天下之大道。	綰合包容對立或相異之各端、統一各項「矛盾」。
……本上所言，已見諸家所重義理之不同，乃由其所關聯之人文領域與專門學術之不同。今言人文之領域，不出倫理、宗教、對自然之知識、技術、歷史、政治、經濟、語言文字、文學、藝術之範圍，而專門之學術亦即涉及不同人文領域之專門之學。 並參上文二之㈣：〈先秦諸子與人文學術門類對應表〉	聯繫通貫至其他人文學科或社會科學，攝取汲納其知識，以推廣及深化史學之研究。

徵引書目（按徵引先後為序）

1. 黃兆強，〈唐師的「深淘沙，寬作堰」精神──植根於道德心靈、理性心靈之人文精神，為融攝一切學術文化及民主建國的不移基石〉，臺灣《書目季刊》，14：4（臺北：1981 年 3 月），頁 56-58。

2. 唐君毅，《唐君毅全集》，卷三十，臺北：臺灣學生書局，1991。

3. 《荀子》。

4. 唐君毅，《中國哲學原論·原道》，卷二，臺北：臺灣學生書局，1976。

5. 司馬遷，〈太史公自序〉，《史記》。

6. 司馬光，〈進書表〉，《資治通鑑》。

7. 班固，〈藝文志〉，《漢書》。

8. 梁啟超，〈司馬談論六家要指書後〉，《飲冰室專集·中國古代學術流變研究》，上海：中華書局，1941。

9. 韓非，〈顯學篇〉，《韓非子》。

10. 莊周，〈天下篇〉，《莊子》。

11. 司馬遷，〈伯夷列傳〉，《史記》。

12. 孟軻，〈滕文公（下篇）〉，《孟子》。

13. 荀卿，〈非十二子篇〉，《荀子》。

14. 呂不韋，〈不二篇〉，《呂氏春秋》。

15. 尸子，〈廣澤篇〉，《尸子》。

16. 劉安，〈要略〉，《淮南子》。

17. 梁啟超，〈漢書藝文志諸子略考釋〉，《飲冰室專集·中國古代學術流變研究》。

18. 胡適，〈諸子不出王官論〉，《胡適文存》，上海：亞東圖書館，第一集，卷二，1921 年，頁 254-261。

19. 羅振玉，〈古今學術之遞變〉，《本朝學術源流概略》，1930。

20. 王國維，《靜庵文集·論近年之學術界》，收入《續修四庫全書》，上海：上海古籍出版社，2002，冊 1577。

21. 唐君毅，《中華人文與當今世界（補篇）》，收入《唐君毅全集》，卷

九，臺北：臺灣學生書局，1991。

22. 司馬遷，〈管晏列傳〉，《史記》。

23. 《禮記》。

24. 《管子》。

25. 陸賈，《新語》。

26. 賈誼，《新書》。

27. 董仲舒，《春秋繁露》。

28. 唐君毅，〈歷史事實與歷史意義〉，《中華人文與當今世界》，臺北：臺灣學生書局，1975，上冊，頁 110-158。

29. 黃兆強，〈唐君毅先生的歷史知識論〉，發表於第四屆當代新儒學國際學術會議上（1996 年 12 月）。

30. 李大釗，〈史學要論〉，《李大釗全集》，北京：人民出版社，2006，第四卷。

31. 潘勛綜合報導，〈一改敵意　教廷：達爾文進化論符教義〉，《中國時報》（臺灣），2009.02.12，A3 國際新聞版。

32. 牟宗三，〈哀悼唐君毅生生〉，《唐君毅先生紀念集》，臺北：臺灣學生書局，1979；又收入《唐君毅全集》，卷三十，臺北：臺灣學生書局，1991，頁 22-28。

33. 牟宗三，〈「文化意識宇宙」一詞之釋義〉，《唐君毅全集》，卷三十，臺北：臺灣學生書局，1991。

34. 傅偉勳，《學問的生命與生命的學問》，臺北：正中書局，1994。

35. 顧頡剛，《當代中國史學》，香港：龍門書店，1964。

36. 蕭黎，《中國歷史學四十年》，北京：書目文獻出版社，1989。

37. 張劍平，《新中國史學五十年》，北京：學苑出版社，2003。

38. 王學典，《二十世紀後半期中國史學主潮》，濟南：山東大學出版社，1996。

39. 王學典，《20 世紀中國史學評論》，濟南：山東人民出版社，2002。

40. 中國史學會秘書處、陝西師範大學歷史文化學院編，《中國歷史學研究現

狀和發展趨勢──中國史學界第七次代表大會學術研討文集》，北京：中
國社會科學出版社，2006。

41. 鄒兆辰、江湄、鄧京力，《新時期中國史學思潮》，北京：當代中國出版
社，2001。

42. 曹家齊，《頓挫中嬗變──20 世紀的中國歷史學》，北京：西苑出版社，
2000。

43. 彭明輝，《疑古思想與現代中國史學的發展》，臺北：臺灣商務印書館，
1991。

44. 朱政惠、林慈生，〈當代中國史學思潮散論〉，《歷史教學問題》，第三
期，1993 年。

45. 孟軻，〈盡心（下篇）〉，《孟子》。

46. DIRLIK, Arif: *Revolution and History:Origins of Marxist Historiography in
China, 1919-1937*, Berkeley and Los Angeles: University of California Press,
1978.

47. 翁賀凱翻譯，《1919-1937 革命與歷史：中國馬克思主義歷史學的起
源》，南京：江蘇人民出版社，2005。

48. 錢穆，〈引論·二〉，《國史大綱》，臺北：臺灣商務印書館，1985。

49. 黃兆強，〈前言：清代元史學概論〉，《清人元史學探研》，臺北：稻鄉
出版社，2000，頁 1-29。

50. 侯德仁，《清代西北邊疆史地學》，北京：群言出版社，2006。

51. 張劍平，〈歷史主義和階級分析爭論評述〉，《新中國史學五十年》，北
京：學苑出版社，2003，頁 125-143。

52. 閻長貴，〈毛澤東號召『開展全國全面的階級鬥爭』〉，中華炎黃文化研
究會出版，《炎黃春秋》，第五期，北京：2008 年。

53. 網路 google 所看到之《維基百科》有關「實踐是檢驗真理的唯一標準」的
說明。

54. 龔自珍，〈古史鉤沈論二〉（又作〈尊史〉、〈尊史二〉），《龔自珍全
集》，上海：上海人民出版社，1975。

55. 永瑢，《四庫全書總目》，北京，中華書局，1987。
56. 余英時，〈自序〉，《歷史與思想》，臺北：聯經出版事業公司，1976。
57. 《大英百科全書》，北京、上海：中國大百科全書出版社，1986，第七卷。
58. 唐君毅，《中國文化之精神價值》，臺北：中正書局，1974。

柒、
唐君毅先生論中華民族之生存發展
及中華文化之承傳弘揚問題：
以先生論述清代學術思想爲例❶

提　要

　　近現代大儒唐君毅先生學問既精且博；舉凡中西印哲學、儒釋道耶回等等思想皆極深研幾。人類文化之各大端，如宗教、科學、文學、史學、藝術、政治、經濟，以至體育、軍事等等領域，亦皆有廣泛且深入的鑽研。至其論清代學術，亦恆有匠心獨運，異乎常人之處。如論說清

---

❶　本文之初稿原爲呼應東海大學文學院及佛光大學人文學院 2008.10.24-25 假東海大學舉辦「經世與考據：清代學術思想研討會——紀念牟潤孫教授百年冥誕」而撰寫；其題目爲〈唐君毅先生（1909-1978）論清代學術〉。香港中文大學哲學系於去年（2009 年）5 月 18 至 21 日舉辦「中國哲學研究之新方向——中大哲學系創系六十週年紀念、唐君毅百歲冥壽暨新亞書院六十週年院慶國際學術研討會」。筆者應邀出席會議並發表論文。茲以上揭〈唐君毅先生（1909-1978）論清代學術〉一文爲基礎，並特別援據及扣緊唐先生論述中華民族與中華文化之生存發展弘揚等等問題之卓見慧解，大幅修改、增訂該文而草成本文，藉以發表於上述香港中文大學哲學系所召開之國際研討會上。會後續有修改、增訂；最後修訂日期爲 2010 年 3 月。所增加者共計一萬字以上，總字數約 38,000 字。今茲收入本書內發表。

人反對宋明理學乃由於清人誤解宋明理學、論說清末學術思想未能重視民族生命文化生命、並以七種型態析論清人之學術（費密唐甄弘揚儒者之道於民間為第一型、顏元李塨之重視六德六行六藝為第二型、戴震反宋明理學而至謂宋儒以理殺人為第三型、戴震阮元等倡言訓詁明而後義理明為第四型、章學誠論六經皆史及論三人群居而成道為第五型、康有為今文之學流為以尊經始而以化經為偽史終為第六型、章太炎之古文學派開薄孔非孔之先河為第七型）等等，皆為具相當卓識睿解之慧見。然而，最值得吾人佩服者為，唐先生恆扣緊民族與文化兩大端而析論清人之學術。筆者蒐羅、排比先生論述清人學術之文字，蓋不下十餘文獻。其第一文撰於 1950 年，即中共建國，以蘇俄為祖國，並擬批鬥推翻中華傳統文化，而先生逃難寄居香港之次年。感時傷世，困心衡慮；該文之論述宗旨，與其說是就學術觀點析論清人學術，那寧可說是藉此而論說、而彰顯、而貞定、而發皇中華民族生命與傳統文化生命。此二生命猶人之兩足也。無兩足則人不能站立；無此二生命，國家固不能自存。以他人之國為祖國，以反中華傳統文化之唯物主義、馬列思想為立國精神、為指導原則，則國家雖生猶死，實無法自存於天地間。唐先生文中一再強調者正在於此。其餘八九文，雖內容不盡相同，然大義宗趣實無以異。最後一文撰成於 1976 年，即先生仙逝前一二年。其旨趣亦猶前此之各文也。然則民族生命、文化生命為先生畢生關注之樞軸核心亦可知矣！

唐先生生命圓融博厚。人類文化思想學術各方面之表現，縱先生認為有問題者，亦必在一義上予以認同肯定，絕不全盤予以否定。先生對清人考據之學與顏、李、戴、焦等人義理之學之論述即可以示例，蓋雖明言此等學術有其流弊，然亦必指出其價值與貢獻所在。然則先生圓融博厚、廣納百家，甚至包容異端之胸懷闊識亦可見一斑矣！

關鍵詞：唐君毅　中華民族　中華文化　清代學術思想

一、前言

當代學界人物中，個人最佩服者乃係為教育事業、為文化理想、為弘揚中華傳統文化、為人文化成天下而畢生努力奉獻的當代大儒業師唐君毅先生。唐先生本人的著作暨研究唐先生並悼念唐先生的文章在先生仙逝後彙整成三十鉅冊，命名為《唐君毅全集》，都一千萬言❷。三十鉅冊中所處理的問題，除中國哲學及廣義的中國哲學史的問題外，更有不少篇幅是討論一般的中國學術問題和文化問題的❸。其中討論清代學術問題獨具隻眼，能畫龍點睛而道說

---

❷　由臺北之臺灣學生書局出版於 1991 年。廣西師範大學出版社 2005 年從該版本中選取了若干種書而出版了簡體字的版本。惟凡涉及批評中共政權或批判中共唯物主義等等的所謂違礙文字，在該版本中均一律刪去。是以欲觀唐先生著述之全貌，恐必得參閱臺灣學生書局之版本。

❸　唐先生對文化問題的各大端，如教育、宗教、科學、文學、史學、藝術、政治、經濟，以至體育、軍事等等領域皆有廣泛且深入的研究。其悲天憫人及內恕孔悲的人類偉大情懷每瀰淪充塞其間，且分析問題透闢深入而獨具隻眼。筆者每諷誦一次，內心必震撼一次。宇宙間竟能孕育滋潤而誕生如此偉大的心靈，誠屬不可思議者也。吾能不愛宇宙而讚嘆其美妙乎！牟宗三先生觀人於微，看問題能見其大，在唐先生逝世的悼念會上，嘗以「文化意識宇宙中之巨人」來稱頌唐先生，則唐先生對文化問題關注之深廣及文化意識之濃烈，以至經世致用意識之濃烈，可以概見了。然而，個人以為「文化意識」一詞稍失諸籠統，非細讀牟先生之悼文及其後之另一文章（詳下文），則恐怕失焦而未能確實掌握唐先生生命情懷及終極關懷所在，是以筆者不揣譾陋而撰寫了一篇小文，以闡述說明唐先生之「文化意識」乃係以「人文意識」為核心、為主軸者。拙文名〈人文意識宇宙中之巨人──唐君毅先生〉。該文乃應「中國文化與世界宣言五十週年紀念國際研討會」主辦單位（臺灣中央大學中文系、哲研所、臺灣師大國際與僑教學院、東方人文學術研究基金會、《鵝湖月刊》社均為主辦單位；會議日期：2008.05.02-04）之

出其精神及優缺點所在。一般研究中國學術史，甚至研究清代學術史之學者專家，所見固深入透闢；然而，能夠統觀、籠罩整個中國學術發展史，兼能運用哲學之睿智，藉以指陳清代學術之關鍵樞軸，並深中其肯綮者，恐不多見。再者，能夠藉著論說清人學術而寓光暢民族精神與弘揚文化理想於其間者，恐更是鳳毛麟角。❹是以筆者不揣譾陋，嘗試爬梳勾稽唐先生著作中的相關文字，冀一睹先生論述之要旨，並藉以弘揚師說焉。❺

邀請而在會議上發表者。牟宗三先生悼念唐先生之文章名〈哀悼唐君毅生生〉，收入《唐君毅先生紀念集》（臺北：臺灣學生書局，1979），頁 146-151。該文又收入《唐君毅全集》（臺北：臺灣學生書局，1991），卷三十《紀念集》。文後附錄另一文：〈「文化意識宇宙」一詞之釋義〉（撰於1978 年 8 月，即唐先生仙逝後半年）。該文又收入牟宗三：《道德的理想主義》（臺北：臺灣學生書局，1990），修訂六版，〈附錄〉。

❹ 本文初稿於上揭東海大學及佛光大學聯合舉辦之研討會發表時，特約評論人成功大學博士生陳麗惠小姐曾請求筆者說明，「中華民族」與「中華文化」二概念，不知唐先生有下定義或說明其內涵否？筆者當時的回應比較簡短，今特稍作如下補充。唐先生所說的「中華民族」，蓋指生長於中國境內，以至移居海外之一切族群而言。如以現今大陸的說法來說，乃指 56 個民族而言。「中華文化」大抵指堯舜禹湯文武周公一脈相傳下來而以人文精神為核心之文化而言；此或相當於中國古人所說的「道統」。其實，「中華民族」與「中華文化」這兩個概念，尤其後者，可說是中心意涵很清楚，但周邊範圍相當模糊的概念。據記憶所及，唐先生似乎沒有特別針對這兩個概念下過定義。希望以上的說明及當日在研討會上的說明，沒有太過乖違唐先生心中的意旨。

❺ 前成功大學中文系唐亦男教授嘗對相關問題作過研究，內容相當紮實細密，值得參看。唐亦男，〈唐君毅先生對清代學術文化精神之省察〉，收入《中華文化論壇》（四川省社科院，1995 年 12 月 25 日出版，第四期），頁 42-47。該文約八九千字，共分四節，標題如下：〈前言〉、〈有關清學的各種

據閱覽所及，唐先生論述清代學術之文字，大抵見諸以下九種
文獻。今以撰文先後開列如下：

㈠〈中國清代以來學術文化精神之省察〉，收入《人文精神之
重建》（香港：新亞研究所，1974）一書（原載《民主評論》，一卷
二十四期，1950 年 5 月），頁 105-126。此文為唐先生論述清代
學術之各相關文章中佔篇幅最多者。

㈡〈孔子以後之中國學術文化精神〉，收入《中國文化之精神
價值》（臺北：正中書局，1953；自序 1951）；為該書第四章，頁

不同觀點〉、〈唐先生對清代學術文化精神之省察〉、〈結論〉。第二節主
要是討論清學備受爭議的各論點。這包括以下三方面：清學的緣起、清學的
內容和學人對清學的評價。其間，亦男教授列舉了顧炎武、黃宗羲、顏元和
近現代學人，如余英時、熊十力、侯外廬、張君勱等人的說法。其中有關余
英時的論點，亦男教授主要是引錄《中國思想傳統的現代詮釋·清代學術思
想史重要觀念通釋》和《論戴震與章學誠·自序》二文的說法。其實，余氏
《歷史與思想》（臺北：聯經出版事業公司，1976）所收入的〈從宋明儒學
的發展論清代思想史〉、〈清代思想史的一個新解釋〉等文章，對清代思想
與宋明儒學傳統的關係等等問題的探討，其討論更見深入；宜兼看。第三節
則含以下三點：清學與宋明理學、清代哲學之價值及其限制、清代訓詁考證
之學的價值及其流弊。亦男教授第二節所處理的課題，大皆為前賢早已有所
論述者，是以本文不擬重覆；讀者參看上揭余英時〈從宋明儒學的發展論清
代思想史〉、〈清代思想史的一個新解釋〉等文章，即知其詳。至於第三節
所處理之問題，則與本文所處理者相同，但精神上各自別異。蓋本文欲處理
者，為藉著唐先生本人對清學之論述而彰顯著明先生對民族生命及文化精神
之關注。此則與亦男教授文第三節之重心有所不同。整體來說，筆者之論述
重點，以至論述進路，均與亦男教授文有所不同，甚至所憑藉之資料亦不全
然相同。拙文所採取的「論述進路」，主要是按照唐先生相關文章撰寫時間
之先後（如未悉撰著時間，則以出版時間算）來引錄及闡述先生之意見，藉
以揭示先生思想演進變化之概況。

45-55。論清學部份佔頁 53-54。

㈢〈中國人文精神之發展·清代學術之重文物文字，及人文世界與自然世界之交界〉，收入《中國人文精神之發展》（臺北：臺灣學生書局，1974），頁 1-44。（原載《祖國周刊》，十卷九期，1954 年 5 月）論清學部份佔頁 35-37、42。

㈣〈中國現代社會政治文化思想之方向，及海外知識分子對當前時代之態度〉，《中華人文與當今世界》（臺北：臺灣學生書局，1975），頁 628-662。論清學部份佔頁 631-633。（原載《明報月刊》，七十八期，1972 年 6 月，是演講稿。）

㈤〈事勢之理在中國思想中之地位及三百年來之中國哲學中「道」之流行：清學與宋明之學；清學之方向及其七型〉，《中國哲學原論·原教下》（香港：新亞研究所，1977），頁 694-708（此部份，唐先生於文末註明寫於壬子年（1972）除夕。）此〈事勢之理〉的一章討論清學問題是唐先生相關論述中佔篇幅比較多的。其中〈清學與宋明之學〉的部份，先生在其他相關文章中亦多有涉及。然而，〈清學之方向及其七型〉的部份則為其他相關文章沒有處理過的。這部份很值得參考。

㈥〈中國文化之原始精神及其發展〉，《中華人文與當今世界》（臺北：臺灣學生書局，1975），687-708。論清學部份佔頁 699。（參該文首節，知本文約寫於 1970 年之後一二年間，乃演講稿。）

㈦〈孔子在中國歷史文化的地位之形成〉❻，《中華人文與當

---

❻ 本文旨在說明孔子在中國歷史文化中的崇高地位乃緣於其弟子及後世讀書人

出於內心之崇敬推重而形成，與帝王、官方之尊崇無關係；且縱使有關係，帝王、官方之尊崇亦只是一外在的助緣而已。文中第六節〈孔子在清代學術文化中之地位，及清末以來之貶抑孔子地位之說之衍成，與其說之謬誤〉是以清代學術為背景來談孔子的。然而，清代學術的闡述實非該節之重點所在，且唐先生的相關論點亦無殊上開其他文獻，是以下文不擬多徵引該論文。今茲列出者，謹供讀者參考。唯該文論述孔子的地位，曾提出以下的問題：「究竟孔子之偉大，那些是屬于孔子自身的？那些是由後代的人之崇敬而賦與的？」（頁 336）這個問題是相當有意義的問題，也是很值得關注的問題；也許亦是詮釋學上的一個問題。吾人皆知，研治歷史，最重要者或最基本者為還原歷史真相或追索歷史真相。如其為自身之偉大，我們當然應該予以肯定。如其為後人添油加醋而賦予之者，則史家似乎有義務要把它釐析、抉剔出來，不能與本有者混為一談。然而，筆者在這裡要指出的是，這個「史學常識」看似理所當然；細究之，則其實不然。原因乃在於：所謂本身之偉大，其實也是他人（不管是當時人或後代人）所賦予的。所謂「賦予」，我們不妨借用唐先生以下的話來做說明。先生說：「孔子之思想、精神、人格之各方面的意義，在後來各時代之歷史人物的心靈中，次第展現，或次第被重視，被欣賞、被讚美、被崇敬、被發揚光大。而此孔子之思想、精神、人格之各方面的意義，展現于何時代之何人心目中，孔子亦即存在于何人之心目中。」（頁 337-338）然而，唐先生這個說法，可能使人產生以下的想法：這麼說，那孔子本身根本不偉大嘛！其所以被視為偉大，原來是好事者添油加醋的結果而已！唐先生可能早已想到會被人質疑，所以他給了如下的「答案」。先生說：「……我們只須綜括的說，孔子之地位之形成，乃由孔子自己之偉大，與後世之一切崇敬孔子之歷史人物之偉大之合力而形成。我們固不能說孔子之偉大，只是崇敬孔子的人之嚮壁虛造。……」（頁336）個人則認為，一切所謂的偉大，其實都是他人所賦予而始有的。唐先生又何嘗不如此想呢？但若果唐先生只是如此說，則容易使人產生誤會，以為孔子本人無偉大之處可言；其所謂偉大者，乃後人主觀好事之結果而已，那便糟糕了。所以唐先生不得不提出上述的一個折衷的說法，或所謂綜括的說法。唐先生曾撰文說過，所謂歷史事實，其實乃歷史事實之意義而已，而意義為後人所賦予者。（「意義」一詞在這裡相當於英文的"significance"，甚

今世界》，補編，上冊，收入《唐君毅全集》，卷九（臺北：臺灣學生書局，1991；原刊於《中華月報》，1974 年 3 月，702 期。）論清學部份佔頁 328-333。

㈧〈上下與天地同流〉，《中華人文與當今世界》，補編，上冊，頁 392-402。其中頁 396-397 談論清代學術。此文原刊於《幼獅月刊》，卷四十，期五，1974 年。

㈨〈後序——當前時代之問題，本書之思想背景之形成及哲學之教化的意義·中國文化之過去與現在〉，《生命存在與心靈境界》（臺北：臺灣學生書局，1977），頁 1131-1202。論清學部份在頁 1141（序文撰寫年份是 1976 年）。

至在某種程度上相當於"implication"（義蘊）；而不是英文的"meaning"）由此引申來說，則所謂歷史人物本身之偉大，其實即歷史人物被賦予的一種偉大。由此進一步來說，則所謂歷史事實之為如何如何者，其實即歷史事實之如何如何的被解讀，及由此解讀而得出的一種結果而已。但這個說來很抽象，且弔詭。筆者所知很膚淺，恕不能深論。可詳參唐君毅，〈歷史事實與歷史意義〉，《中華人文與當今世界》（臺北：臺灣學生書局，1975），上冊，頁 110-158。又：上引唐先生一文中，先生談到「孔子之偉大，那些是屬于孔子自身的？那些是由後代的人之崇敬而賦與的」的問題。其實，這牽涉到對孔子的表現作如何詮釋的問題。傅偉勳所構思的「創造的詮釋學」，嘗針對儒道佛三家思想為主的中國「生命的學問」，建立了五個層次（實謂、意謂、蘊謂、當謂、創謂／必謂）的方法論，並指出現代儒學研究者尤應關注、探討涉及「當謂」及「創謂」兩層的詮釋學與思維方法論課題；並逕指出「於『當謂』與『創謂』兩大層次建立種種新說的，獨推牟宗三先生一人。」牟先生在相關方面的貢獻，自不必多說。其實，唐先生之表現恐亦伯仲之間。唐先生以上對孔子偉大問題的詮釋，即可視為一例。傅氏說法，見所著《學問的生命與生命的學問》（臺北：正中書局，1994），頁 50、137、228、255。

（以下引述唐先生之主張，凡不出以上九文獻者，只要不引起誤會，出版資訊一概從簡。）❼

二、清人反對宋明理學乃由於清人誤解宋明理學

唐先生論學之特色乃係恆作綰合綜持之論；絕不執一廢百而為孤高偏頗之論。恆以鑑空衡平之睿智，本乎衷道原情之用心來看待、來解讀一時代學術發展之特色及軌跡。依唐先生，清儒學術發展之「歧出」中國學術發展之正途（正常軌道）而不能順接宋明儒學之發展，乃緣乎清人之誤解宋明儒學。❽撰成於 1950 年之〈中國清代以來學術文化精神之省察〉一文，即有如下的論說：

> 清代學者，對以前之宋明理學或宋明理學之根本精神，有一點大誤解❾，因而對於其自身所代表之學術文化精神之限

---

❼　其實，除以上九文外，唐先生尚有其他文字論及清代學術的；然而，內容大體上無殊上述九文。茲舉〈赴意大利參加中國十七世紀思想學術會議後答問〉一文為例。該文見《唐君毅全集》，卷十，《中華人文與當今世界》（臺北：臺灣學生書局，1991），補編，下冊，頁 398-400。相關文字如下：「清代學術，雖非沒有價值，但已多不能承繼中國傳統學術思想之精神。五四時期如梁任公、胡適，以清代為中國文化復興或以清代學術有科學方法，可以上接西方學術，而看輕宋明思想，這是不正確的態度。以後中國學術文化思想如要發展，主要應承由宋至明末清初諸思想家而求發展。清代學者之考證文字訓詁工作，只可當參考之用。」（頁 400）

❽　當然，客觀大環境（滿清部族政權）是使得清人學術不能正常發展之另一重要原因。唐先生對此有深切的認識，下文詳。

❾　業師徐復觀先生對這個問題的看法與唐先生所持之意見相同，惟用詞比唐先生尖銳得多。在〈「清代漢學」衡論〉一文中以「清代漢學家在完全不了解宋學中排斥宋學」作為其中一節之標題即可為證。該文收入所著《兩漢思想

制，亦有未能深切自覺處。……

清代學者對宋明理學之根本精神之誤解，是以宋明理學為忽
略實際，其根本精神是虛玄不實的。❿此種批評，在清初對
理學末流而發，非無是處。⓫但以後之人，一直以此為理學
之詬病，則不免謬見流傳。⓬

然則宋明理學之精神到底又是甚麼？本文不擬從唐先生論述
心、性、理、氣，或所謂形上、形下等等問題或概念入手來作相關
的論述。〈中國清代以來學術文化精神之省察〉一文撰寫於 1950
年 5 月，即中國大陸易手後之半年。作為「亡國」，甚且「亡天

史》（臺北：臺灣學生書局，1979），卷三，頁 567-629。

⓾ 胡適等學者沿襲清人之說，亦認為宋明理學是「空虛的玄談」。唐先生此處
雖沒有指出胡適與清人有同一個看法，但唐先生這個說法很明顯是與胡適的
看法是相異的。胡說見所著，〈幾個反理學的思想家〉，《胡適文存》（臺
北：遠東圖書公司，1975），第三集，頁 56。

⓫ 顏元嘗謂：「……宋元來儒者，卻習成婦女態，甚可羞。無事袖手談心性，
臨危一死報君王，即為上品也。」顏氏所言，固不必特別針對明末清初之士
人而發。但清兵入關，明朝覆亡時，不少讀書人／理學家，尤其一般王學
（指陽明學）末流的讀書人，的確是以顏元所說的「臨危一死報君王」的消
極態度來「應戰」的。此則無待諱言者。（少數讀書人，如顧、黃、王固為
例外）。推顏氏之意，蓋認為明末之讀書人能自盡以報君王已算很不錯，等
而下之者早已唯恐不及的趕著去巴結奉迎新主子了。上引顏元語，見〈學辨
一〉，《存學編》，卷一，《顏元集》（北京：中華書局，1987），頁 51；
亦可參梁啟超，《中國近三百年學術史》（上海：中華書局，1937），頁 3-
5。

⓬ 上揭〈中國清代以來學術文化精神之省察〉，頁 106。

下」⓭之際的一個極具強烈使命感及經世意圖的知識分子的唐先生
來說，所關注的不是心、性、理、氣的書齋學問⓮，而是民族與文

⓭ 改姓易代是謂亡國；具偉大傳統的中華文化，尤其人文精神、道德意識之淪
喪，甚或被革掉，是謂亡天下。「亡國」、「亡天下」問題，語出顧炎武
《日知錄》，其言曰：「有亡國，有亡天下。亡國與亡天下奚辨？曰：易姓
改號謂之亡國。仁義充塞，而至於率獸食人，人將相食，謂之亡天下。」
（卷十三，〈正始〉）中共統治下的中國（改革開放前）雖不至於「率獸食
人」，但強調及推行階級鬥爭、打倒階級敵人，則不啻「人將相食」，且
「仁義充塞」——不承認道德有普遍性，又傳統的人文精神、禮樂文化早已
拋諸腦後；然則其與亭林先生所言之「亡天下」已相去不遠了。

⓮ 筆者這樣說，不是說唐先生沒有關注、處理這些問題。其實，先生是有處理
這些問題的；然而，那主要是 1960 及 1970 年代以後的事。完成於此一時段
的《中國哲學原論》的《導論篇》、《原性篇》、《原教篇》等即嘗予以充
份的討論、處理。當然，心、性、理、氣等等問題不純粹是書齋的學問。因
為說到最後，心、性、理、氣都是要落實下來才算數的，而不純粹是理論的
問題（蓋知而不行，只是未知）。因此，這些問題，其實都可說是生命的學
問，因此也可以說是人生最重要的學問。這些學問是要一輩子講的，是要時
時刻刻講的；然而也可以說，不是急著非要此時此刻講不可的。如有更緊迫
的問題要探討、要對治，則心、性、理、氣等問題便可以暫緩。譬如面對攸
關家國民族死存亡迫在眉睫的現實問題來說，心、性、理、氣等問題的探
討，便可以暫緩了。上文把心、性、理、氣等問題視為「書齋的學問」——
將之放入書齋內予以探討，乃係就此等問題作理論上的探討來說，不是就這
等問題的實踐面來說。如就這些問題的實踐面來說，則其重要性，當然不下
於家國民族死存亡等問題。其實，心、性、理、氣問題與家國民族生死存
亡等問題，非係兩類不相干而截然為二的問題，而寧可說家國民族生死存
亡等問題是涵攝在心、性、理、氣等問題之內的。當然，如必別異為二，亦
未嘗不可。但此二者，非不相干之二者。蓋談心、性、理、氣等問題必然會
談到家國民族等問題，甚至會談到其生死存亡的問題的，只是這種談法（取
徑）比較迂迴曲折了一點。為了對治現實時局而警醒世人，究不如直接談論
家國民族死存亡問題之來得使人明白受用。說來話長，這裡不一一細表

化是否得以生存和承續的大問題。此所以先生乃從文化史的角度來論述，而不是從哲學史、哲學問題或哲學概念的角度作論述。先生說：

> 我們如果真用一客觀眼光，從文化史來看，則宋明理學所代表之精神，實只是一如何自覺的求樹立民族真生命，民族文化真生命之精神。……所以一定要講性與天道，以深植本根，主靜主敬，以求凝斂精神，一定要闢佛老，以樹立儒學之統。理學家之不滿漢唐，非不知漢唐時代，民族生命力之充沛。但此充沛，乃以才質天資勝，只可謂之暗合於道。理學家要進一層自覺的求道：以人的工夫補天資氣質之所不足。理學家注重道德實踐。個人的道德實踐，無不在人倫中，社會中表現。其不能忽實際是必然的。而理學到陽明之講知行合一，動靜合一，更是現身說法，見學問於功業。王船山之重禮樂刑政，其精神正是宋明理學之一脈下來。從此看清學中之重視學術之實際社會效用，正是上接宋明，而當融攝於宋明學統之下的，根本無別立門庭之理由。❺

先生之如此強調民族生命、文化生命，乃當時時世政局（大陸易手）之激盪下致之者。先生即明言：「要使中國文化自唯物極權主義之統治救出來，必須回念清以前之精神，方能真開闢世界文化

了。
❺ 上揭〈中國清代以來學術文化精神之省察〉，頁 106-107。

與中國文化之新機運。」❶清以前宋明儒學之精神是否真能有此旋乾轉坤之神效，現今我們不必多問。然而，「中國自唯物極權主義之統治救出來」，則必然為使命感強烈及經世意識濃烈的唐先生當時最大的關注所在。在唐先生來說，他是深信宋明儒學是解救民族生命和文化生命的一劑靈丹妙藥。宋明儒學重視人，人落實在政治族群的現實上便成國家、民族。各國家、民族之能否「各正性命」❶，各彰顯、承續其故有之慧命，乃端賴人文化成（文化）之是否能有充盈且全幅之表現及開展。有相承相續之表現，乃所以成生命；就文化來說，便成文化生命。先生即如是說：

> 真正能鼓舞陶冶一民族之精神之思想，亦至少必須是重視人在宇宙之特殊地位，注重人之尊嚴、人之價值─因而必然是在原則上強調理想之重要、心之重要的。依心之理想，來提起精神，建立民族生命、文化生命，亦即是理生氣。然而這種意思，清代的思想家並不真了解。……
>
> 宋明理學家則自覺是要建立民族之生命，民族之文化生命。其精神便不只是橫的，只照顧實現社會的，而是兼澈上澈下，頂天立地的。……此心是超越個體之天心，或宇宙心，普遍心，這個理這個心不僅我有，人人都有。因為我不能私佔這個理這個心。你私佔之，他就離開你。故此理為天理，此心即天心。這個意思，在現代來講，須大費周折。清代人

---

❶　上揭〈中國清代以來學術文化精神之省察〉，頁 105。

❶　語出《易經・乾卦》；原文為：「乾道變化，各正性命；保合大和，乃利貞。」

便不懂。……

一定要談政治，談民族之自主；不能蜷伏於異族之壓迫之下，而只談社會改良。一定要尊敬自己之祖宗，自己之歷史文化。……這種意思，明末清初，王船山雖窮老荒山，猶念茲在茲。顧亭林、黃梨洲，已不能痛快說了。❶多次的文字獄，博學鴻詞科，把中華民族讀書人之志氣摧殘盡了。誰還能有宋明理學家之氣慨？顏李戴焦，能在民生社會上用心，已經很可貴了。我們何能多責？然而我們可不責他們個人思想之不能如宋明理學家之澈上澈下，從民族人類生命歷史文化生命之延續上用心；我們卻不能不說中國近代民族的生命精神之降落之始於清。善觀世運者，當知及今猶不能振拔之根原在此。❶

上引文最可注意者乃先生兩次指出清人不解宋明儒學精神，因而不知民族生命及民族文化生命之可貴。馴致乎中國大陸政權捨棄國人

---

❶ 明末清初三大儒，確以船山最堅卓。亭林先生奉母親遺命，始終不事二姓，但三個外甥徐氏：徐乾學、徐秉義、徐元文（所謂「三徐」；元文為順治 16 年狀元，長兄乾學為康熙 9 年探花，二兄秉義則為康熙 12 年探花），皆清朝顯宦。梨洲晚節多可議，亦不爭之事實。錢穆即嘗云：「梨洲制行不如船山、亭林諸人之卓，晚節誠多可議，《晚村詩集》中尚多涉及梨洲事，此不詳備。」錢說見所著《中國近三百年學術史》（臺北：臺灣商務印書館，1976），頁 72。三徐進士科考獲之名次及年份，參朱保炯、謝沛霖編，《明清進士題名碑錄索引》（上海：上海古籍出版社，1998），中冊，頁 950、957、979。三人生平事蹟，參 Eminent Chinese of the Ch'ing Period (Washington: US Government Printing Office, 1943), pp. 310-312, 327.

❶ 上揭〈中國清代以來學術文化精神之省察〉，頁 108-113。

最重視之人文精神而代之以唯物主義，兼之又倡言無產階級之工人無祖國，而以推動、落實唯物主義和階級鬥爭之老大哥蘇俄為祖國，則吾華夏民族及中華文化皆棄之如蔽屣而不復存在於天壤間也。❷⓿悲乎！痛乎！唐先生平素最樂觀，亦最自強不息。然而，面對此天崩地解，天下將亡之大災厄，其焉得不針砭清代學術，不對民族生命、民族文化生命而為獅子吼耶？！

自序於 1951 年而出版於 1953 年的《中國文化之精神價值》，其言論與上揭撰著於 1950 年的〈中國清代以來學術文化精神之省察〉一文，頗有相類似之處。該書第四章〈孔子以後之中國學術文化精神〉明確指出晚明大儒，如顧炎武、黃梨洲、王船山等，猶能上繼宋明理學之發展而重視民族之生機及文化精神之自覺，惜「清儒不能繼志」！❷❶由此可知唐先生在 1950 年及 1951 年對清人治學不能繼宋明儒學，甚至不解宋明儒學，其言論皆前後一貫者也。此實 1949 年赤縣神州淪陷於赤炎之手後有感於國家時局之災劫困厄

---

❷⓿ 　上揭陳麗惠小姐（參上註❹）評論本文時曾提出為何清代學術未能肯定中華民族與中華傳統文化？筆者當時的答覆大抵如下：清朝之統治者為外族（相對於原先之漢族政權而言，亦相對於「五族共和」之理念未出現之前而言）。中華民族之主要構成份子是漢人，且滿洲人是從漢人手中把政權攫取過去的，所以當時不能談民族問題，尤其不能談民族政權問題。至於「中華傳統文化」，滿清人亦不能多談、深談或廣泛的談。中國可能是世界上最重視傳統經籍的國家。所以談中國文化便不可能不談中國的經籍。然而，經書中的《春秋》，尤其是其中的義理，對滿清人來說便不好談。《春秋》重視夷夏之辨、夷夏之防。這個問題，試問以外族入主中夏之滿清人又如何來談？又如何容得別人來談？

❷❶ 　上揭《中國文化之精神價值》，頁 53。

而發之言論；非純自學理之探究而出之者也。

三、清學之價值及流弊

　　唐先生圓融博厚、廣納百川；其論學，以至對不同學派之學術取向、價值取向，永遠是優缺點都能兼顧並包容的。即使是先生最反對的唯物主義，乃至所深惡的馬列等人之思想，唐先生都能找出該主義及其人思想之優點所在，而絕不一筆抹煞、全盤否定。同理，先生論清學，亦能道出其優點所在。先生云：

> 此三百年中，中國學術文化精神之反宋明，乃一方表現進步之勢，一方亦表現退步之勢。……而要使中國文化自唯物極權主義之統治救出來，必須回念清以前之精神，方能真開闢世界文化與中國文化之新機運。
>
> 清代文化學術之反宋明精神，在代表清代學術之精神之學者心目中，是反虛入實，反師心自用，注重客觀之研究，注重學術之實際的社會效用。除掉清代學者在訓詁、校刊、考證、輯佚之成就，及顏習齋、李恕谷、戴東原、焦里堂等之思想上之成就不論，專就此種特重客觀之研究，注重學術之實際社會效用言，未嘗不可說是宋明儒學精神之一推進。對於宋明理學心學之流弊，亦不無補偏救敝之作用。清代學者之客觀的研究精神，實近乎西洋近代科學精神。其所以未發展出科學，乃研究對象之不同，而未必全是方法態度之不同。在民國之新文化運動中，胡適之等之一面提倡科學，一面推導清人治學之方法態度，梁任公諸人之以清學之興，比

胞，愛自己之生存，必愛自己與同胞共同所自來之祖先，必尊自祖宗傳來之歷史文化。❷

是先生除從學理上指出清人情欲論之非究竟義而終遜宋明儒一格外，最重要的是點出清人此種論說「於個人之向上憤悱而不安於流俗之情，對歷史文化民族國家之情，對宇宙人生之全體之情，不能真正講。」所謂「不能真正講」，是「根本談不上」、「實無從談起」、「接觸不到關鍵肯綮處」之謂。蓋不能契入而體認此種種個別之情其背後所依之普遍之理，則個人向上憤悱之志、上下古今之歷史文化、民族國家生命、宇宙人生之全體，便一概無從談起。其結果必然演變為「同胞為異族之牛馬，受異族之統治」而無所自覺了。唐先生因深悉此學理上之流弊對國人民族文化影響之深遠，故不得不為發聾振聵之獅子吼。

　　清人學術，尤其乾嘉期間，乃以訓詁考據為主流。此種客觀研究，固有其精神及價值在，此上文已及之。然而，其從事者所據以自圓其說之學理則甚為值得商榷。唐先生說：

> 至於清代之訓詁考證之學，誠然表示一種客觀研究的精神。……說必須先將書中之一切，考證訓詁清楚，乃能知古人之道，並不錯。但謂道在古人之書，無形中即否認了離書以直接求宇宙人生自然社會的精神。以道只在古人之書，則一日書未明白，便無道之可言。此全是孟子所謂義外之論。……此種態度，將不免訓練出一被動之心態或精

---

❷　　上揭〈中國清代以來學術文化精神之省察〉，頁108-112。

神。……宋明理學家，以道無不在，道在古人心，亦在自己
之心，讀書只是求啟發，要人自動求理，則縱不必能發展出
自然科學，亦必另重直接求道之學。而清代漢學家之精神，
則兩頭皆不著邊。不敢說為考證而考證，不說考證本身即有
真價值，而說為了道在古人之書；即既非為真理而求真理之
精神，亦限制了思想能力之運用。……清代漢學家之說道在
古人之書，以詆諆宋明理學，無形中斲喪了人之自動思想之
精神，狹窄了學者之眼界胸襟，使學術成私人之事，而不能
以樹立民族之公共精神為目的。這在效果上，是非常不好
的。此種空氣之餘毒，亦及於民國以來之一些以科學方法整
理國故者。❷❽

---

❷❽　上揭〈中國清代以來學術文化精神之省察〉，頁113-114。透過考證訓詁可以
　　求得（可以瞭解）中國古書上的學問（含道──義理），這方面恐怕無人可
　　以否認。但道（義理）是否僅由考證訓詁以得之，或是否僅由書上所載以得
　　之，這是探討這個問題時吾人最須要把握的關鍵所在，更是中國人欲成聖成
　　賢者所最須要把握的。這不容有半點含糊恍惚的。一輩子究心於這個問題的
　　唐先生當然對這個問題把握得極透徹。以上引文即可概見。這個意見，先生
　　摯友徐復觀先生的論述與先生幾乎如出一轍。茲引錄於此藉以比觀並增加吾
　　人對該問題的瞭解。徐先生云：「……使道德如何能在一個人的身上實現，
　　以完成一個人的人格的學問。此種學問固然要讀書，讀書固然要講訓詁；但
　　書之對於義理，只居於啟發裏助的次要地位，它不是義理的（道德的）直接
　　地根源所在。」徐先生又說：「清人的考據，較宋明人為精，是否清人講的
　　義理即比宋明人為精？在考據學未成立以前，是否即無義理之學？這都應在
　　文化歷史的客觀存在中找答案。」徐復觀，〈有關思想史的若干問題──讀
　　錢賓四先生〈老子書晚出補證〉及《莊老通辨‧自序》書後〉，徐復觀，
　　《中國思想史論集》（臺中：私立東海大學，1959），頁90、93。

此清代學者之思想方向，自其別于宋明理學家之向上向內而言，可說其為向外向下。然此非劣義之向外向下，此乃優義之向外向下。此向外向下之優劣二義之分，如逐物為劣義之向外；則成物為優義之向外。順私欲為劣義為向下，則由上達而反于下學，由極高明而道中庸，不只求上達，以自成聖成賢，而下同于民之情，以遂人之欲者，為優義之向外向下。整個觀之，則清代學者之思想方向，其趣于一優義之向外向下者，略共有七型態之殊。**❷**

個人必須再一次指出的是，唐先生論學，永遠是正面（優義）和負面（劣義），都能兼顧並陳的。此上文已有所說明。其中說到，撰寫於 1950 年的〈中國清代以來學術文化精神之省察〉一文，嘗指出云：「此三百年中，中國學術文化精神之反宋明，乃一方表現進步之勢，……」。唐先生所說的「進步之勢」，乃指清人注重客觀之研究而言。然而，〈中國清代以來學術文化精神之省察〉一文，以至其他稍後所撰著之文章，並沒有像上引文之能從向外向下的觀點來肯定清學。由此可見撰著於晚年的《原教篇》，其

於壬子年（1972）。

❷ 上揭《中國哲學原論・原教篇》，頁 696。上揭陳麗惠同學（參上註**❹**）嘗提出以下問題：唐先生分清人學術為七型態，不知以何為標準（為何有此七型態）？據記憶，筆者當時未有回答此問題。今略作說明如下。上引唐先生文有如下的語句：「整個觀之，則清代學者之思想方向，其趣于一優義之向外向下者，略共有七型態之殊。」換言之，唐先生是以「優義之向外向下」作為「標準」來疏理、統觀清代之整個學術的。凡符合此標準者，即吸納進來，並依其彼此之差異而區分為七型態。

論說確有進於以前各文之處。從成物之「向外」觀點肯定清學，這個容易理解。然而，就「向下」的觀點來說，一般人看到這個「下」字，恐怕自自然然會想到負面上去。唐先生能夠從「下」而想到正面上去、優義上去，這是很值得注意和玩味的。先生的思想是很富有辯證色彩的。**❸**個人誦讀先生書，經常碰到先生所提出的

---

❸ 就西方哲學家來說，先生似乎特別喜愛及推崇黑格爾（G.W.F. Hegel, 1770-1831）。黑氏的思維以辯證法最為著名。先生辯證式的思維方式蓋或源自黑氏。先生於 1956 年時嘗撰〈論黑格爾之精神哲學在其哲學系統中及近代哲學上之地位〉一文。文中對黑氏推崇備至。此文與先生論述海德格（M. Heidegger, 1899-1976）之存在哲學及析述諾斯羅圃（F.S.C. Northrop, 1893-1992）之文化哲學共三文一併收錄在先生兩大冊鉅著之《哲學概論》一書中。三文前有一簡短之「說明」，其中頗可窺見先生對黑氏之景仰。先生云：「此三文中論黑格爾一文最重要。黑格爾之哲學，以成就一對絕對實在之絕對知識為目標，而以對人類精神之自覺，為對絕對實在之絕對知識之本原，並本之以正面的論人文歷史之價值。此代表西方理想主義之傳統。……海氏之哲學系統未完成，啟發有餘，建立不足，其地位自不足與黑格爾比。至諾斯羅圃之地位，則又遜於海氏。」先生一輩子談道德自我之建立；而道德自我之建立必賴乎人之自覺。先生又一輩子談自我超越，談自我提昇。此可謂其理想之歸趨也。簡言之，道德自覺及追求理想（此當然含對民族獨立自主及對中華文化傳承弘揚之追求）為先生朝夕不可或忘者。據上引先生言，則黑氏所論與先生若合符節。是以知先生非推崇景仰黑氏不可。先生對黑氏之稱頌或可以下一言概括之。先生云：「由百世之後，等古今中西之哲，黑格爾要為一望道而能見之大哲。」以上兩引文，分別見〈附編：精神、存在，知識與人文〉，《哲學概論》（香港：友聯出版社，1974），頁 1；〈附編：論黑格爾之精神哲學〉，《哲學概論》，頁 53。按：賀麟和蔡仁厚二先生分別指出唐先生深受黑氏的《精神現象學》和黑氏精神哲學的影響。參賀麟，《五十年來中國的哲學》（瀋陽：遼寧教育出版社，1989），頁 46-47；蔡仁厚，〈唐君毅先生的生平與學術〉，《新儒家的精精方向》（臺北：臺灣學生書局，1984），頁 307。

問題，個人不知如何處理、如何解答的時刻。然而，順著先生的文章讀下去，問題便迎刃而解，時有「山窮水盡疑無路，柳暗花明又一村」之快感。❹當然，現今我們不必在這個「下」字上打轉。我的意思是，唐先生總是能夠正面看問題、從光明處看問題。再負面的東西，再負面的學說，唐先生總是能夠看到其正面的一面、有意義的一面。先生宅心仁厚、寬宏大量，彼對人對事固如此；其治學亦然。此所謂心量使然也。所以就解決問題的思維方式來說，就對人、處事、治學須自我擴大心量來說，唐先生都可以作為我輩的楷模的。

---

❹ 王維〈藍田山石門精舍〉詩云：「……遙愛雲木秀，初疑路不同；安知清流轉，忽與前山通。……」唐先生處理學術問題或人生問題，其取徑（義理敷陳、行文格局）相當特別：常會引領讀者先走過縱橫交錯的狹窄小路。這經常使人如墮五里霧中，好像入了迷宮一樣，不知究竟。然而，只要耐心的順著先生的文字讀下去，則雖千迴百轉，而曲徑自可通幽，清流未嘗不自轉；先生總會把你帶出來，讓你見山是山，見水是水而頓然開悟的。山水美景一一盡入眼簾之餘，桃花源即隨而朗現目前。先生這種敷陳義理的格局、取徑，頗為人詬病。不識其中理趣者，恆認為先生文章／文字難讀。其實先生文章／文字極有味道，且辯證式處理問題的過程（千迴百轉的過程）常能提供讀者眾多不同的相關知識及處理問題的各種可能途徑，使人增廣見聞，開闊眼界，甚至恢廓吾人做人做事之心量。筆者個人從中即獲益匪淺。唐先生說話行文，其取徑之千迴百轉、總括萬殊、包吞千有，亦可謂係一種仁者胸懷之展現。唐師母以下的說法可為佐證。師母說：「余覺外子缺點，即為仁厚有餘，而剛健不足，故對人姑息之處太多，嚴立規範，責勉人之意不夠，說話行文都要繞一個圓圈，此仁者之過，蓋惟恐傷人之意也。」唐師母謝方回女士，〈延光代筆（二）‧讀隱名信有感〉，上揭《唐君毅全集‧日記》，上冊，頁 321。上揭王維詩見王維著，陳鐵民校注，《王維集校注》（北京：中華書局，1997），冊 2，頁 460。

先生把清學的思想方向細分為七型，其論說如下**⑤**：

(一)此中之第一型態，為近人梁任公三百年學術史所嘗推尊之
費密《弘道書》、唐甄《潛書》所代表。……觀費、唐二
人所特重之問題，即儒者之道如何得弘于民間之問題。而
唐甄則儒而兼治生業。故更特感于「學與農工商之生業，
如何能實相輔為用，以合為一人之整個之生活」之問題
⑥。……在此點上看，西方之近代化社會，明更有此四民

---

⑤ 以下連續引文超過三千字，而只在段落間摻上一小段話作為上一段引文的簡
短說明而已。此與一般論文的引文情況稍不同。其原因有二。一為先生分別
論述七型思想，而每一型思想皆有其豐富之內涵，故唐先生本來之論述頗詳
細。是以筆者不容易對原文作進一步濃縮。二為企圖藉此使讀者多親炙唐先
生的文字。

⑥ 梁氏《中國近三百年學術史》談及費氏思想者，見單元一，〈反動與先
驅〉。《弘道書》計分上、中、下三卷。其中卷中〈吾道述〉一篇頗可窺見
作者費密經世致用的實學思想。其言曰：「……上古聖人為治，專以事：制
器立法，人習之，家傳之；無以言為也。中古漸變，治兼以教：事多而言
少。三代迭更。至周末，言與事俱多矣。……後世之儒，果偏之、浮之、雜
之。蓋通諸四民之謂中。信諸一己之謂偏。見諸日用常行之謂實。故為性命
怳忽之謂浮。偏浮之說盛行而先王之道亂矣。……乃分民為四焉。其人能學
樂、誦詩、歌舞、俎豆，以祀宗廟也；能善記、知書、理財、治獄，任事
也；能持弓矢、御車馬、以衛君上也；名之曰士。專力於稼穡，以充倉廩而
飽士女，其人名之曰農。百物之器足以裕內外也，其人名之曰工。通致貨財
於天下，使有無咸取足焉，其人名之曰商賈。士以上之，農以安之，工以豐
之，賈以濟之。如是則民有成業。閭閻勢定而後國立也。……」據上引文，
則費氏扣緊「中」與「實」以言聖王之道，並就此而申言四民之業。其意蓋
謂，離乎中與實，則聖王之道遠矣。《弘道書》，收入《子部・儒家類》，
《續修四庫全書》，上海古籍出版社，冊 946。至於唐甄之《潛書》，其所

之業之通流，以使知識分子之知識道德，表現于農工商之業之成就。費密、唐甄之書，于三百年前提出此問題，即其識見之不可及者也。

儒者之道如何得弘揚於民間之問題為唐先生所素重者；先生更身體力行，恆接受民間社團（含中小學）之邀約作講演及投稿至通俗雜誌刊物以弘揚儒學及中華文化即其證明。費、唐二人既有類似之理念，此所以唐先生特別欣賞二人也。

㈡其第二型態，即為世所共知之顏習齋、李剛主所代表之型態。……今欲說顏李學之特色，當說在其言格三物之六德、六行、六藝。但此中之六德、六行，乃宋明儒者所共重。唯重對「禮樂射御書數」之六藝之實行，乃顏李之學之真特色所在。**❹**……仁義之行之習，固只所以使仁義之

涵之篇章，其中不乏與「學與農工商之生業」相關者，如下篇下之〈教蠶〉、〈厚本〉，皆為其例。該書前有張廷樞序文一篇，其言曰：「……其言政治，則以返樸崇儉，棉桑樹牧富民為先，視蘭陵之果於大言，穿鑿聖人之道者大異。至於比物類情，或空語無實事，或俚談近事，皆供驅遣，率有得於漆園寓言。」清末李慈銘月旦人物、品評論作，最為嚴苛，其評《潛書》亦不為例外，但亦嘗云：「其書……多寓經濟於議論。」據張、李二人之評論，則《潛書》之性質乃大略可見。李氏之言，見所著《越縵堂日記》，第四十三冊，《荀學齋日記》，己集下，〈光緒十年十一月初八日戊申〉條。筆者所據之《潛書》收入鍾肇鵬選編，《續百子全書》（北京：北京圖書出版社，1998），第十三冊。

❹ 據李塨纂，王源訂之《顏習齋先生年譜》，〈戊申（1668）三十四歲〉條，顏元是年居父喪而始悟六德、六行、六藝及孔子之四教為正學；而程、朱、陸、王之學不與焉。該條年譜載：「茲哀殺，思學，因悟周公之六德、六

> 性充量表現也。然人之成其禮、樂、射、御、書、數等人
> 文活動之習慣,則別是一種習。……此諸人文活動,亦非
> 賴後天之習慣不得成。若無此後天之習慣,則人雖仍可說
> 在德性無虧,然其人文之事業,則可有虧欠。……然凡此
> 習齋所見者,船山多已先言,而弘闊精深,大過之。惜習
> 齋未能讀船山書耳。

顏、李二人特重在現實世界中落實人文活動,使之成為一種生活習
慣。人文化成天下,此固唐先生所素重者,是以頗能欣賞顏、李二
人,惟指出習齋所見,船山早已言之,惜習齋未讀船山書耳。唐先
生指出,如同宋明儒之重心與重理外,船山復特別重氣。一重氣則
歷史文化意識、宗教意識及其相應之客觀世界之各種人文社會活動
便益顯,如詩禮樂活動、政治經濟等等活動即是其例。唐先生更由
此而指出,船山有進於朱子陽明之處者,正在於此。❹

行、六藝、孔子之四教,正學也;靜坐讀書,乃程、朱、陸、王為禪學、俗
學所浸淫,非正務也。源按:先生自此,毅然以明行周、孔之道為己任,盡
脫宋、明諸儒習襲,而從事於全體大用之事,非二千年學術氣運一大關
乎!」顏元針對六德、六行、六藝之闡述,見所著《存學編》,尤其卷二
〈性圖〉末段之描繪。而《存學編》正撰於其「悟道」之翌年,即顏氏三十
五歲時(見《顏習齋先生年譜》)。其言曰:「……熟閱《孟子》而盡其
意,細觀赤子而得其情,則孔、孟之性旨明,而心性非精,氣質非粗;不惟
氣質非吾性之累害,而且舍氣質無以存養心性,則吾所謂三事、六府、六
德、六行、六藝之學是也。是明明德之學也,即謂為變化氣質之功,亦無不
可。」以上兩段引文分別見顏元著,王星賢、張芥塵、郭征點校,《顏元
集》(北京:中華書局,1987),頁726;頁32。
❹ 參上揭《中國哲學原論·原教篇》,下冊,第二十四章、二十五章,〈王船

㈢此第三型態，為戴東原所代表之說。此即反對宋明儒之以
理，為「得于天而具于心，以天理與人欲相對」，而主
「理在于物，而知于心」，以「理為情欲之不爽失」，
「自然而合必然之則」，以「同民之情，遂民之欲」為理
之說。此戴氏之反對「得于天而具于心」之性理與天理，
初無是處。……戴氏之謂理在物，並求理之字原，于物上
之文理條理，賴「心之察之幾微，區以別之，然後見」
者，則意在將此心知之活動，導向于外，以細察客觀物
理；更不由心之自具其性理天理，而專務自尊其心而自
大。則亦可謂有一直往向于客觀之科學精神，復可去人之
「以主觀之意見為天理，而更持此天理，由上而下以責
人，致以理殺人」之禍。……此依理為是非，在孟子乃屬
于四端之末之是非之心。……清帝之據權位，而用理判
罪；與昔儒之唯據理以抗勢者，正相顛倒，亦昔所未有。
東原見此以理殺人之事，本此以謂為政當先同民之欲，遂
民之情，將理置于第二義，更謂人當先求客觀之理，勿輕
言理在吾心，致以吾一人之意見為理，以違之者為大罪，
而有以理殺人之禍，則皆不為無見。

清帝高據權位以理判罪。東原倡同民之欲，遂民之情，籲毋以理殺
人，唐先生認為蓋東原針對清帝之文過飾非而有是論也。上引文可

山之人文化成論〉（上、下）。先生以人文化成為主軸以闡釋船山之文化哲
學、歷史哲學，其說極精闢深入，甚值參考。

見唐先生乃以衷道原情之仁者心懷而為戴氏辯解迴護。❹

㈣其第四型態，為承戴東原之疏證孟子，由訓詁以言義理，
更謂義理即在古人所傳之經傳文字之訓詁之中，則義理不
特不在天，不在心，以至亦不在客觀之社會，自然之事物
中，而唯存于此客觀存在之書卷文字訓詁之中，以唯治之
者方為實學。……焦循之學，不以一般之摭拾、據守、校
讎、叢綴之學為然，而務通核（《雕菰樓集·辨學》）。
❺……由其詁訓之功，而對儒家之義理，亦有所發明。如
其以通情言仁，亦足補宋儒專依性理言仁之偏是也。阮元

---

❹ 唐先生論述戴震之思想，主要見諸以下兩則文字：《中國哲學原論·導論
篇》，第十八章，第七節論「命」的部份。但此與上文「同民之情，遂民之
欲」、「以理殺人」之論述不相干。其相干者則見諸《中國哲學原論·原性
篇》，第十六章，第四節論「戴東原以血氣心知言性」的部份。唐先生指出
戴氏「評宋儒之言雖多有未當」，但彼「指出在人之日常生活中，其接人
物，乃內以其血氣為本，而外運其心知，亦可謂能補宋明儒之言之未備。」
（頁 502-503）此亦可證唐先生絕不全然抹殺戴氏之可取處。其有一義之價值
者，唐先生必首肯之。

❺ 〈辨學〉見《雕菰集》（臺北：臺灣商務印書館，1966）冊 2，卷八，頁
109。其相關語句云：「今學經者眾矣。而著書之派有五。一曰通核，二曰據
守，三曰校讎，四曰摭拾，五曰叢綴。此五者各以其所近而為之。……五者
兼之則相濟，學者或具其一，而外其餘，余患其見之不廣也，於是乎辨。」
「通核」，顧名思義，雖或在其他四端之上，然據上引文，則顧與其他四端
比肩平列而為其中之一而已。唐先生云：「焦循之學，……，而務通核」，
則似未能盡焦氏學之全幅義蘊。然上引焦氏云：「五者兼之則相濟，學者或
具其一，而外其餘，余患其見之不廣也，於是乎辨。」此與唐先生廣採百
家、兼容並包之為學態度實相一致。其所以特別欣賞焦氏者，蓋以此歟？

之為性命古訓，與《經籍纂詁》，亦于古訓之明，未嘗無功。唯若以此而謂義理唯在漢以前人之書籍文字之訓詁之中，後此之書籍文字，更無新訓詁，無新義理，而除在書籍文字訓詁所說之義理之外，更無「尚不為文字所陳述之人心與天地萬物之義理」，則萬不可說。今若只標「訓詁明而後義理明」❺❶，而不知必須人先于義理，亦有所明，乃能明訓詁。由此而排斥宋儒義理之學，亦無知而妄作。唯其言之意，若只在教人讀書，勿望文生義，以一字之今義為古義，當求如實知古人文字所表之意義，以知古人之心思，而即以擴大我人之心思，則其旨亦不可謂非。然若如此，則仍是為明古人心思中之義理，以使我之心思，多具義理，而後為此文字訓詁之業。此文字訓詁之業，仍只為手段，而非目的也。

視明訓詁為明義理之充份且必要條件（即唯一條件），此萬萬不可，蓋理存在於天壤間，人皆可得之，非僅讀書明訓詁始可得之也。且進一步說，若針對明理而言，則讀書只是手段而已。若道理已明，則無俟乎讀書。朱子即嘗云：「經之有解，所以通經。經既通，自無事於解。借經以通乎理耳；理得，則無俟乎經。」❺❷是以吾人可

---

❺❶ 錢大昕於嘉乾諸老中學識最廣博。然其嘉慶四年序《經籍纂詁》則曰：「有文字而後有詁訓，有詁訓而後有義理。詁訓者，義理之所由出，非別有義理出乎詁訓之外者也。」以錢氏之博識尚且如此，則等而下之者可知矣！錢序亦收入氏著，《潛研堂文集》（上海：上海古籍出版社，1989），頁 392-393。

❺❷ 黎靖德編，《朱子語類》（北京：中華書局，1999），卷十一，冊一，頁

以說，若東原等人視明訓詁之旨趣，其重點乃在於教人要認真讀書，不能望文生義，而其最後之目的仍在於使人明義理，則東原等人之說法自有其可取之處。

㈤其第五型態，為與戴東原等乾嘉諸老同時，而名不聞于當世之章實齋所代表之型態。❸章實齋之學，要在史學，其史學于史法外，兼言史意、及作史之才學識、與史德。❹……其言「三人居室而道形」❺，則代表其對道之根本

---

❸ 章學誠固不若戴震、錢大昕等乾嘉諸老之聞名於當世。然而，當時人知之者仍不少。唐先生有此看法，或係受胡適《章實齋先生年譜》的影響而來。胡說見該書〈自序〉（胡序）。胡說：「那班『學纘補苴』的漢學家的權威竟能使他的著作遲至一百二十年後方纔有完全見天日的機會，竟能使他的生平事蹟埋沒了一百二十年無人知道。」此問題，筆者嘗為文予以探討，指出章氏生前或確不若戴震、錢大昕等等漢學家之知名，但也絕不是如胡適所說的「生平事蹟埋沒了一百二十年無人知道」。黃兆強，〈同時代人論述章學誠及相關問題之編年研究〉，《東吳文史學報》，第九號，1991 年 3 月，頁103-136。

❹ 就史意、史才、史學、史識，以至史德等項目來說，唐先生在這裡的論述是頗有問題的。先生一方面是漏讀實齋的相關論說；再者，亦輕信了實齋之言。茲先言前者。《文史通義・史德篇》載：「劉氏之所謂才學識，猶未足以盡其理也。」據此，則章氏雖以劉說為未周延，但未嘗以才學識三端為一己自身之發明。唐先生此處則以此三端為章氏之發明，蓋漏讀上所引錄之文字；或雖讀，然粗心滑過。至於輕信實齋之言，吾人先引錄實齋相關文字如下。《文史通義・家書二》載：「吾於史學，蓋有天授，自信發凡起例，多為後世開山，而人乃擬吾於劉知幾。不知劉言史法，吾言史意；劉議館局纂修，吾議一家著述；截然兩途，不相入也。」其實，劉氏又何嘗只言史法，而不言史意呢？許冠三先生對此有相當深入的討論。至於史德一項，一般人

觀念。……此實齋所謂道，即專指人之群居之道而言。群
居而有政，則群居之道，以政道為要。實齋正本此而由六
經之初掌于王官，謂其皆先王之政典，亦即史官之所執
掌，故言六經皆史。❺其《文史通義》、《校讎通義》，
論中國學術原流，亦即本劉班之說，而謂中國學術之原于
九流六藝，即原于王官。又謂古之學者之言，亦皆為「不
離事而言理」之公言。其重各世代之政典，以言時風，重

以章氏撰有〈史德〉一文，大倡史德之說而以為史德為章氏之發明。其實，
此又不盡然。章氏固大倡其說，然不得謂史德之提倡乃始自章氏。折衷來
說，「史德」一概念（這個用語）或源自章氏，然不得謂史德之落實乃以彼
之大力倡導而始有。即以劉知幾來說，彼所重視之史識，其內容早已涵蓋史
德了。《舊唐書》，卷 102，〈劉子玄傳〉載知幾答禮部尚書鄭惟忠所問時
說：「史才須有三長。……三長謂：才也，學也，識也。……猶須好是正
直，善惡必書，使驕主賊臣，所以知懼，此則為虎傅翼，善無可加，所向無
敵者矣。」知幾雖未明言「猶須好是正直，善惡必書」及其下所論為針對史
識而發，然其前所論乃針對史才及史學而發，則今之所論，按上下文脈，必
係針對史識而言無疑。吾人復須進一步指出，此針對史識來說的幾句話
（「猶須好是正直，善惡必書」云云），其指涉之內容，細察之，非史德而
何？！夫然，則劉知幾之「史識」，就其內容來說，早已隱含史德了。可惜
的是，唐先生未嘗細察，以至輕信了章氏之大話，誤以為史德乃彼之發明！
此則唐先生一間未達也。許冠三的相關討論，見《劉知幾的實錄史學》（香
港：香港中文大學出版社，1983），〈劉章史學之異同〉一章，尤其頁 163-
174。又：《文史通義》之版本，筆者所據者為北京古籍出版社 1956 之版
本。香港太平書局 1964 年及 1973 年即據此而翻印。

❺ 語見《文史通義·原道上篇》。

❺ 詳見《文史通義·易教上篇》；又見《章氏遺書》（臺北：漢聲出版社，
1973），卷 14，〈方志立三書議〉。

各地方之方志，以觀土風❺⑦，皆意謂唯由此可以見人之群
居之道與政道。然此限道于人之群居之道與政道，于道所
見者實甚狹。……人在獨居之時，亦自知誦詩為樂。二人
相與即有禮。豈必三人群居乃有詩禮樂？亦非有政事，而
後有種種人文學術思想也。政事亦人文社會中一端之事
耳。即在中國古代，亦必政事與其他之人文學術思想，互
相影響，然後有六藝之文、九流之學。不可以六經唯是先
王政典，九流只出于王官所掌之藝也。由實齋以六經為政
典❺⑧，乃更謂唯周公之德位兼備，以政攝教者，為先聖，
孔子之承周公以設教于後世，只可稱先師。❺⑨此則不知聖
初是成德之名。聖為百世之師，即稱師。孔子未得位以政
攝教，何傷于其為聖？今必謂周公以政攝教，乃稱為聖，
即無異尚政而輕教、尚位而賤德。此則生心害事，其言之
流弊，可及于今日之禍者。又其論史能知時風土風之要，
而志在修史，固高于只以考史為史學者萬萬。然實齋論
史，而不見其重特立獨行、出乎其類、拔乎其萃之歷史人
物或偉大人格。此則不如馬遷之書，能及此者。……然實
齋之重人之群居之政道，則自表示其重客觀存在之群體，
而本之以觀學術文化之全體之思想態度；此態度，則足以
成其言學術源流、言時風土風之史學。則其所得，又足償

---

❺⑦　章學誠有關方志的論述，可參以下各文：《章氏遺書》，卷 14，〈方志立三
　　書議〉、〈州縣請立志科議〉、卷 15〈修志十議〉等。
❺⑧　詳見《文史通義·易教上篇》。
❺⑨　詳見《文史通義·原道上篇》。

其所失者也。

實齋以道唯見於人之群居之中及由群居而成之政道之中；又認為孔
子之表現及成就在周公之下，故只為先師，非如周公以政攝教、德
位兼備而為先聖。此論非唐先生所能苟同者。然實齋能重視人民群
居之政道，又能觀學術文化之全體，兼能從學術淵源流變、時風土
風以言史學，則係其可稱道之處。

⒃其第六型態為清嘉道以後之今文經學家之所代表。此清代
之今文經學，乃沿清初學者重注疏之學先上溯至東漢之馬
鄭、賈服之學，再上溯至西漢之今文學家之學而致。……
今文經學之傳，至龔定菴、魏源，則由說經而重說世事之
變，而連于史。故自珍〈古史鉤沈論〉，亦有九流六藝皆
出于史之論**⑥⓪**，頗同章實齋之說。然龔魏論史，而更評論
及于當今之政，則與章實齋之只意在成其史學，而未嘗評
及時政者不同。……此二人之論世變，皆于幾先著眼，而
不勝其憤與憂（魏源《海國圖誌·敘語》）**⑥①**。此即不同于昔

---

⑥⓪ 龔自珍曰：「周之世官，大者史。史之外無有語言焉；史之外無有文字焉；
史之外無人倫品目焉。史存而周存，史亡而周亡。……夫六經者，周史之宗
子也。……五經者，周史之大宗也。……諸子也者，周史之小宗也。……諸
子也者，周史之支孽小宗也。」龔自珍，〈古史鉤沈論〉二，《龔自珍全
集》（上海：上海人民出版社，1975），頁 21-22。

⑥① 按：魏源《海國圖志》有敘二篇，一名〈原敘〉，一名〈後敘〉。前者撰於
道光二十二年（公元 1842），後者則咸豐二年（公元 1852）之製作也。魏氏
之憤與憂，情見乎詞。其於〈原敘〉中云：「……而知〈二雅〉詩人之所發
憤；玩卦爻內外消息，而知大《易》作者之所憂患。憤與憂，天道所以傾否

之為奏議者，多就當今之事而言；……而與前此之為公羊
學者，尚止于經生之業者，大有不同。由龔魏之承此公羊
學，以論時政，再進一步之發展，則為康有為之本公羊之
學，以言變法改制。……至于康有為之思想，則由其《大
同書》以觀之，初蓋純為一慕在未來之政治思想，而以小
康之政為其過渡。此即兼與西方之社會進化之思想相結
合。康之受廖平之影響，而作《孔子改制考》，《新學偽
經考》諸書，則初承清代之考證學之風，而歸于謂孔子與
先秦諸子之言古代歷史政制者，皆是托古改制，又謂為古
文學之劉歆，則是造偽經，以助王莽篡漢者。循康氏之
說，則古文之經，固非信史；孔子之作六經，亦是托古改
制，而非信史。……于是此清之公羊家之學，遂無異以尊
經為史始，而以化經為偽史終。……誠如其說，六經皆孔
子之託古，則其經學之著，亦可被人視為託孔子，則皆可
疑而不可信。是不待民國以後之疑經廢經之論，而康氏已
自開此疑經廢經之幾于先矣。

龔、魏論經議史恆能兼顧時局世變，其經世致用之企圖至為明顯。
有為承襲而為非常異議可怪之論，《孔子改制考》、《新學偽經
考》諸書可以為證。就有為而言，古文經乃劉歆所造之偽書而非信
史；而今文經又皆為孔子托古改制而有之製作，故亦非信史。果如
是，則六經皆偽。是以唐先生得出如下的判語：「以尊經為史始，

而之泰也，人心所以違寐而之覺也，人才所以革虛而之實也。……」見《海
國圖志》（長沙：岳麓書社，1998），〈原敘〉，頁 1-2。

而以化經為偽史終。」按：唐先生未明言何以得出「以尊經為史始」一判語。推唐先生之意，似為：與經相較，有為大抵認為史書乃過去之實事之紀錄，故更為可靠可信，是以視經為史，其初意本在尊之也。然而，據其所說，則古文經乃劉歆所偽造，而今文經則孔子托古改制之製作，即無異皆為偽書。果爾，則六經非信史矣。是以其尊經為史之美意遂成泡影，故唐先生乃以「化經為偽史終」而為其歎惜也。

㈦至于清末之為古文經學者，則可稱為第七型。此中如孫詒讓為《周禮政要》，亦欲用之于為政。章太炎又駁劉逢祿《春秋左氏傳》之著，而以古文之《左氏傳》為信史，以劉歆與孔子，並為信而好古之史家。太炎于晚清，言義理以老莊、佛學、魏晉之名理為宗；並以孔子之功唯在佈文籍于民間，以平階級。以太炎與有為較，有為推尊孔子至于六經皆其改制之著，而孔子之大，遂空前，而前無所承。太炎以佈文籍言孔子之功，並本佛學以衡後世之儒學，至以《易》、《庸》為外道，以宋儒為鄉愿。而自謂其所見，「秦漢以來，未嘗睹是也」；則孔子之學遂絕後，而後無能繼。此即亦正開薄孔非孔之幾，而非太炎始料所及者也。然太炎治史而本明亡之痛史，與孫中山先生共倡言革命，既復漢民族之鸛。而五族共和之民國肇造，二千年之君主之制廢。此由清代之思想方向，向外之現實政治看，更轉而向下求社會民間之力量而成之革命，乃昔所未有，則正為此三百年向外向下之思想方向所獲致之一

大成果也。

太炎以孔子之貢獻唯在布文籍於民間，至以《易》、《庸》為外道，以宋儒為鄉愿；則孔子之學遂絕，而後無能繼之者。此正開後世薄孔非孔之幾，是其過矣。唯其思想學說能向外以求政治實現，向下以求結合社會民間力量，而卒有功於革命及民國之肇建，此則其貢獻所在。唐先生又說：

> 然此清末之古今文之經學家之思想，又兼與佛老之道合流。……然此儒佛之學之為用，僅在為達一時之現實政治之目標，而成仁取義處表現，亦即只為儒佛之道之一向下、向外之運用所成之表現，固不足為儒佛之學之本質所在。然中國近世學術思想中，自有此晚清之儒佛之學之合流之一段，然後更有學者之由佛再歸于儒。今由章太炎之崇佛抑孔，至歐陽竟無先生之孔佛並稱，再至梁漱溟、熊十力二先生由佛入儒[62]；亦可見中國固有思想之慧命之流之相續不斷者

---

[62] 梁漱溟、熊十力、歐陽竟無三先生，唐先生皆嘗親炙。1925 年先生在北京時嘗聆聽梁漱溟先生演講。1928 年熊先生任教於中央大學。1927 年至 1932 年，唐先生就讀於中央大學（即今之南京大學；1929 年至 1930 年，先生休學一年），其間即嘗親炙熊先生。1940 年，先生在南京時，經常赴支那內學院聆聽歐陽先生講課。歐陽先生及熊先生對唐先生皆有高度之期許而嘗欲先生傳承其衣缽，惟唐先生以另有考量，而皆婉拒二先生之雅意。唐先生逝世後，梁先生嘗撰文〈懷念哲人唐君毅先生〉以為悼念。以上諸事蹟，分別見《唐君毅全集》、卷廿九，《年譜》，頁 19、21、40-41、42、61。據《年譜》，三位先生中，梁漱溟及歐陽竟無二先生之學問及人格，為唐先生一生中最佩服者；熊十力先生則稍殿後矣。（頁 22-23）又：梁先生所撰寫之悼文

也。……

清末以來，儒釋道頗多交際互動而最後佛入於儒，此正可見中國固有思想之慧命之流行相續而不斷者也。先生又說：

> 一言以蔽之，則吾固不謂此數十年中中國思想之慧命更不流行，亦不以此數十年中之中國人，有眼皆盲。唯此數十年來中國人之學術思想方向，仍大體是順清學之所趨，循向外向下之方向而行，乃或唯見客觀外在之文物與文字，而不知文化與人物；或只唯重現實之社會政治之問題；乃皆不能如宋明儒之思想方向之向內、向上而用。……今能以「不薄今人愛古人」之道觀之，則更可見中國思想之慧命之流，自上古以至于今日，由今日以至來世，其道皆承先以成其富有，啟後以成其日新，而於穆不已，亦必將永不已。**⑥**

唐先生縱觀民國數十年來之中國學術思想，而指出其發展大體上仍是順清學之所趨，循向外向下之方向而行，此則不及宋明儒之思想方向之向內、向上用心之可取及純正。然而，唐先生永遠是從正面看問題，是以最後以「不薄今人愛古人」之精神勉勵國人持續弘揚光暢中國思想固有之慧命，俾此慧命日日新又日新，而於穆不已。

要言之，以上七型：㈠費密、唐甄所代表者為發明儒者之道如何得弘揚於民間，以及儒而兼治生業及儒學與農工商之諸業相輔為用的問題。㈡顏元、李塨所代表者為實踐「禮樂射御書數」之人文

收入《唐君毅全集》，卷三十，《紀念集》，頁 10-11。

⑥ 上揭《中國哲學原論・原教篇》，頁 696-708。

活動於現實社會,使之成為日常生活習慣之問題。㈢戴震所代表者為反對宋明儒之「得于天而具于心,以天理與人欲相對」的理學,而以「同民之情,遂民之欲」始為理的問題。㈣戴震、焦循、阮元所代表者為「訓詁明而後義理明」、道存乎古人之書中的問題。㈤章學誠所代表者為論史能知時風土風之要旨,並強調修史要具備三長、四長及認為道形著於眾人之群居之中的問題。㈥康有為所代表之今文經學派乃認為六經皆孔子為托古改制而成之製作的問題。㈦章太炎所代表之古文經學派乃以孔子為古之史家,以傳佈文籍為孔子之功的問題。

　　以上的引文,最值得注意的是,唐先生對於第一型學說,是比較能夠全面的予以肯定而不兼及其負面之處。至於其他六型學說,則除肯定其價值及貢獻外,必同時指出其不足之處,甚或謬誤之處。❻換言之,除第一型外,其餘各家學說之正負面、優缺點,先生都能兼顧到。唐先生論學恆持平中肯,即今所謂平衡之報導者,

---

❻　一般來說,先生對於清人學說,是正負面(優劣點)並陳的。但對費密、唐甄之學說則只持正面之意見,筆者實有點不明所以。顧二人學說之重點乃特重弘揚儒學於民間及儒學與農工商之生業相輔為用之問題。用現今流行的概念來說,後者其實就是今天學界所最重視之產學合作的問題。大抵唐先生特別能夠從經世致用的現實立場考慮問題,是以重視弘揚儒學於民間及重視產學合作之問題的唐、費之學說,唐先生便只作正面之肯定,而不道說其負面之處。上揭陳麗惠同學(參上註❹)特別提出:費、唐及顏、李之學說似甚相近,何以唐先生分為二型態而論說之?筆者當時之答覆大抵如下:此二型態之學說,固同為探討儒學實踐於民間之問題,然而前者特別關注儒學與農工商業之合作之問題,而後者則特就儒者本身之成就禮、樂、射、御、書、數等人文活動之問題而為論,故二學說實有差別。是以唐先生分別為之立論。

以上論述七型學術思想之言論即可以概見。

　　尚有另一要點必須指出的是，唐先生的學問非常廣博，以上引文可見一斑。茲舉七型學術思想中之第五型，即章學誠一型為例，以概其餘。在清代學術思想中，章學誠固為大家。然而，唐先生為哲學家、哲學史家及當代新儒家之代表人物。一般來說，章學誠是被定位為史學家、歷史理論家、歷史哲學家、文化哲學家、方志學家、目錄學家，而不被視為哲學家的。是以近現代哲學家或哲學史家的相關著作是不太會特別關注章學誠的。唐先生則不然。上所引相關論述只聊聊數百字。然而，章氏學術之各大端在唐先生獨具隻眼的燭照洞見下皆一一朗現明白而無遺餘：舉凡史家特重史德、三人居室而道形、六經為王官之學為政典並據以倡言六經皆史、視中國學術源流本乎劉班之說、古之學者之言皆為「不離事而言理」之公言、據時風土風以言史言方志等等的論說，唐先生都一一把握得非常穩貼妥當。筆者二十多年前所撰寫的博士論文就是研究章學誠的。一百多年來前賢對章氏的各種專文專書的相關研究，筆者敢說在撰寫博士論文時，絕大部份都看過了。但對章氏學術各大端能夠言簡意賅把握得如此妥貼的，則實在少見。大家即是大家，高手就是高手。個人對君毅先師佩服得五體投地即以此故。

五、清末學術思想未能重視民族生命文化生命

　　唐先生論述清末思想及民國初年之思想，極具洞見卓識。❻今

---

❻　詳參上揭〈中國清代以來學術文化精神之省察〉一文中〈論清末思想〉部份；上揭《中華人文與當今世界》，〈中國現代社會政治文化思想之方向，

只扣緊民族及文化兩端撮述之。茲先引錄先生之言如下：

> ……一切反動力可以革命，但皆不能建國。……縱然別一民
> 族把我統制得安居樂業，既富且強，有自尊心的民族，亦不
> 屑。不屑就是不屑，此外，不須說別的。此處方見真志
> 氣。……要維持一革命成功後，民族之積極的志氣與自尊心
> 以建國，全靠有一時之宣傳價值外之學術。而此學術，必須
> 是由社會直接生長出的，不能臨時製造。然而清末之學術，
> 從以前之文化風氣社會風氣中長出來，原不夠擔當建立民族
> 生命文化生命，以開創國家之使命。真正之建國思想，必須
> 能發揚鼓舞人民之生命精神；必須注重本於理性之普遍原則
> 之樹立，以求凝翕分散之個人的生命力精神力；兼必須能與
> 該民族過去之文化生命，涵接貫通。然後基礎深厚，力量乃
> 源源不窮。這個意思，先秦儒家了解，漢儒了解，宋明儒亦
> 了解，然而清人就不能了解。康梁譚章之才情人品，均極有
> 可愛可敬處。他們豈不亦講中國之歷史文化？但是他們當時
> 都不肯接上中國儒家之傳統。……他們只有橫的一切個體平
> 等之社會意識，與企慕將來之社會意識。而不重積極發揚充
> 實民族之生命力，精神力，及凝翕分散之個人之普遍原則之
> 建立。亦無對於民族生命，文化生命之客觀存在，積極加以
> 肯定，承前啟後以建立一頂天立地之國家之意識。……浪漫
> 之幻想，消極的批判，由反感反動而生之思想學術，終不能

及海外知識分子對當前時代之態度〉一文亦宜並參，尤其頁 631-633。

　　凝翕民族之精神，以建國，豈不令人悲嘆。**❻❻**

以上唐先生論說清末志士仁人雖才情意氣極豪邁超廓，但仍不足以承擔建國的使命。究其原因乃緣乎不能承接賡續傳統歷史文化之精神；民族生命力與文化生命力遂由是不得積極充實與恢張。建國遂成泡影。上引唐先生的論說，細析之，其要點如下：

　　㈠「一切反動力可以革命，但皆不能建國。」蓋一切反動力皆消極的力量，破壞有餘，建設不足。

　　㈡不屑外國人統治我國。「不屑就是不屑；此外，不須說別的。」唐先生雖仁柔忠厚，但於節骨眼處，是拿捏得非常穩當的。人必須要有人格，國家、民族亦然。國家生命、民族生命之自身必須要挺立自主，絕不容外人越俎代庖。

　　㈢民族能否挺立自主要靠國人之自尊心及志氣。此則必須仰賴與之相應且生根於故有傳統社會之學術與文化而後可。「基礎深厚，力量乃源源不窮。」然而，清人對此缺乏相應之了解。

　　㈣「康梁譚章之才情人品，均極有可愛可敬處。」然而，因為缺乏「承前啟後以建立一頂天立地之國家之意識」，故終不能凝翕團聚民族之精神以建國。這是非常可惜的。

上引唐文撰寫於 1950 年。當時大陸剛易手，唐先生有感於中共政權以蘇俄為祖國，國家民族遂名存而實亡；又以馬列主義、唯物主義為指導思想，傳統文化由是斲喪無餘。是中華民族、中華文化，

---

❻❻　　上揭《人文精神之重建》，頁 116-118。

皆無復存在於天壤間也。上引文字固係針對清末國人建國方面民族未能挺立、文化未能承前啟後而發；然而，蓋亦有感於赤炎橫流，乃回思逆溯過去之歷史，遂噴薄而出之時論也。處處言歷史，實亦處處言現實。果爾，則先生實未嘗一刻忘情於現實時局而不意存經世亦可知矣。論歷史必究極於時政，否則其論說即為虛發、為戲論。論時政必溯源於歷史，否則即為無根源、無本始。有眼光、有抱負之知識分子蓋當如是也。其實，先生一輩子治學、論史，未嘗不以光暢吾華夏民族之生命、弘揚吾炎黃文化之精神為畢生職志、為終極關懷。上引文撰寫於唐先生中壯年時期之 1950 年。**❻❼**然而，先生之心志至耄耋而未衰，其撰寫於晚年 1972 年之另一文**❻❽**，其中心意旨亦猶是也。其文云：

> 對中國近代之歷史文化思想的演變，我們可姑從太平天國之亂【說】起。太平天國之起，最初當然代表漢族的民族主義。但是其主導思想，卻是一變態的外來的基督教思想。由此而要廢棄中國傳統的倫理，以孔子之經書為妖書，造出上帝鞭打孔子的神話，到處焚燒孔廟、佛寺。此可以稱為最早之文化大革命。……曾國藩等所代表傳統的文化主義的觀點，雖然打平了洪楊，卻亦對中國後來之政治社會文化，不能有更多的建樹，仍無補於晚清之喪亡。此二者合起來，證明一件事：即中國文化與中國民族，必須兩足同時站起來，不能跛腳以站起來。此一大事件之教訓，即指示了以後中國

---

❻❼　先生出生於 1909 年。1950 年，先生年 42，故為中壯年無疑。

❻❽　先生壽終於 1978 年，享年七十歲；故 1972 年為先生之晚年無疑。

從西方之侵略中站起來的根本方向。**⑥⑨**

人要站起來必須兩條腿，否則無法平穩；要走路更須兩條腿，否則無法順暢。同理，國家要自存，並穩步前進，亦必須兩條腿。自家民族、傳統文化即國家之兩條腿也。唐先生以上所論，一言以蔽之，即此意耳。先生進一步說：

> 由此說到清末之變法與革命。變法派的康、梁思想，所注意的是政治制度的改變。……康有為之大同思想，本是超種族主義，亦超民族主義者。梁啟超初只主張變法，而反對革命；並認為如經革命，則中國必有長時期之混亂。他在清末有一文章，曾作此一預言，幾全部應驗。我後來讀了此文，曾十分佩服他之遠見，並曾以為如康梁之君主立憲能成功，更是中國之幸。但是在清末，中國民族與文化思想，必須同時站立起來之大方向已定，所以康梁終於失敗。孫中山、鄒容、章太炎、黃興之革命運動成功。我特提到鄒容、章太炎，因「中華共和國」之名，首見於鄒容之《革命軍》一書。鄒當時只是十九歲的青年，二十一歲死於獄中。此書是章太炎為他作序。……但在政治上說，孫中山與黃興，當然更重要。……孫中山先生的思想，並不以精深見長，但在晚清，與他人相比，則顯然最平正博大，所以才為人們所歸

---

⑥⑨ 上揭〈中國現代社會政治文化思想之方向，及海外知識分子對當前時代之態度〉，《中華人文與當今世界》，下冊，頁 631。（文章寫於 1972，乃演講稿。）

·389·

往。

在清末民初另有一思想，亦值得一提，即當時之無政府主
義。章太炎之五無論之一無，即無政府。民國初年孫中山的
同志朋友，如吳稚暉、李石曾皆是無政府主義者。民國二年
有劉師復，極力鼓吹無政府主義。前天到新亞來講演之黃文
山老先生，早年亦是信服無政府主義者的。❼

以上引文，其重點仍在於發揮民族與文化乃國家生存與發展之兩項
必要條件的問題，今不贅。惟值得指出的是，唐先生的學術專業為
哲學，但其歷史知識之廣博豐富絕不在一般史家之下。其中論述
康、梁、章、孫之處，固老嫗皆知之歷史常識。然而，其論說鄒容
（1885-1905），則揭示其卒年；語及「中華共和國」之名，則指出
首見《革命軍》❼；復知悉太炎先生為該書作序。凡此種種歷史知
識，蓋非深邃於中國近現代史不可。❼再者，知章太炎、吳稚暉、
李石曾、劉師復、黃文山等等之為無政府主義者，此又非嫻熟中國

---

❼　上揭《中華人文與當今世界》，下冊，頁 631-633。

❼　《革命軍》一書，1903 年 5 月出版於上海大同書局。該書約兩萬字，共計七
　　章，其中以〈緒論〉、〈革命之原因〉、〈革命獨立之大義〉為全書之重
　　點。

❼　唐先生一輩子極忙。筆者嘗細閱《唐君毅全集》中之《日記》。先生幾乎一
　　輩子從事教育行政工作，嘗為教務長、院長、所長、學系主任等要職，且因
　　深具經世致用精神，是以民間文教活動亦積極參與。中年以前因生活所需
　　（含照顧弟妹之生活）而兼課鐘點相當多。是以先生能靜下來讀書寫作的時
　　間並不太充裕。先生撰寫論歷史、論文化的通俗文章或作相關演講，恐不暇
　　細翻相關書籍以作準備。然而，先生學有根柢，且筆者懷疑先生讀書過目不
　　忘，是以其道述歷史、論說文化，皆能隨口而出，如數家珍焉。

近現代史不可。其實，以上只是隨文舉例而已。先生對國史，以至對世界史之嫻熟，只要稍一翻閱先生全集中論述歷史、論述文化之文章即可概見。史學（歷史知識）固為史家必須具備之要素。然而，此不足以成家。史家有所謂三長、四長，其中史識尤其關鍵。唐先生以哲學家之睿智，復輔之以正大光明之存心，恆能發明、發現歷史事實之可能意義與理想意義。[73]換言之，其史識尤其高卓，此則非一般史家所可企及者也。

六、餘論

　　唐先生論述清代學術之文字相當多，論點也不止上文所揭示之數項。蓋清代學術之面向本來就相當廣泛。唐先生對此亦有所察悉。彼云：

> 誠然，清代之學問方面很多，亦不止上文所說的顏、李、戴、焦之哲學與考證訓詁之學。此外有真正之史學、文學。如曾國藩、羅澤南，以理學為本，而平太平天國之亂。清代經學之趨向，乃由反宋明而宗漢唐，由東漢而西漢，以求孔子之微言大義。晚清倡今文學者如常州學派，更求明體達用，不安於文字訓詁之末，而關心國家政治。此亦未嘗不表現一愛護歷史文化而求探本溯源之精神，與對民族生命之延

---

[73] 歷史事實之可能意義與理想意義問題，可參筆者〈唐君毅先生的歷史知識論〉一文；今則收錄於本書內。該文發表於鵝湖雜誌社等機構所舉辦之第四屆當代新儒學國際學術會議上。該會議舉辦日期為 1996 年 12 月 22 日至 24 日。

續，有所負責之精神。然而代表清代學術之精神者，乃當是如顏、李、戴、焦之哲學與考證訓詁之學。❼

以上各節主要是闡述唐先生觀點下的清代理學、考據學、清人思想之七型、清末學術及清人不解宋明理學等等的問題。清代在經學、史學、文學等等領域，固有其成就與貢獻。此唐先生非不知之者，上段引文即可揭示一二。惟唐先生以考證訓詁之學與顏、李、戴、焦之哲學為清學精神之代表，是以其他領域之論述便相對的比較簡略。筆者今茲亦從略而不贅。然而，即使以上文所闡述之數端而言，已可概見唐先生學問之廣博無涯涘；且其識見高卓、愛國情懷淵深、經世意識濃烈，其中民族與文化兩端尤為先生畢生關注所在❼，則唐先生必永為吾等後學之楷模而與天地合其德，與日月合

---

❼ 上揭《人文精神之重建》，頁 114-115。

❼ 唐先生回答學生詢問治學計畫和對社會文化參與時，嘗特別強調彼對民族和文化的關注。先生先從彼之哲學著作分為三個階段談起。先生云第一階段為純哲學的著作，第二階段為通論中西文化社會文化的著作，第三階段為分析、確定和開展中國傳統哲學觀念的著作。先生進一步指出說：「我個人最關懷的，既不是純哲學的研究，也不是中國哲學的研究，而是關乎社會文化問題的研究和討論。……我最關心的，同時也寄望青年人都關心的，就是我們整個民族、社會、文化的大問題。……我們不要忘記：中國哲學素來以聖哲作最高境界，這可是要講求一套關懷民族歷史文化的大學問的。」由先生以上的自白及先生相關著作的內容來看，吾人便確知先生一輩子關注之重點所在。以上引文，見唐君毅，〈上下與天地同流〉，上揭《中華人文與當今世界》（補篇）上冊，頁 400-402。唐先生於〈再說希望、警覺與心願〉一文中對民族、文化問題，更發出了如下的激勵語：「我們之一切學問事業，都須是為中國之國家民族求出路，進而為全人類文化謀前途。如果連這一點良心都莫有，直是禽獸不如。」語見上揭《中華人文與當今世界》（補篇），

樂、令、語、故志、訓典；連同其前所開列之春秋，總共有九種。
此中之「春秋」，既與其他八種並列，則應同為教育的科目而已，
當是歷史──編年史的泛稱，而不是某書的專稱。此即後來所謂
《墨子》「百國春秋」之泛指當時各國的國史而言。❹「春秋」作
為某書的專稱，疑始自《孟子》。

　　孟子說：「王者之蹟熄而《詩》亡，《詩》亡而後春秋作。晉
之乘、楚之檮杌、魯之春秋，一也。」❺所謂「一也」，乃指異名
同實而言。而所謂實，蓋指同為國史。「春秋」一詞，在這裡，似
仍為一泛稱，意指魯國國史，不必然指孔子所修之《春秋》。然
而，孟子又說：「世衰道微，邪說暴行有作，臣弒其君者有之，子
弒其父者有之。孔子懼，作春秋。春秋，天子之事也。……孔子成
春秋而亂臣賊子懼。」❻在這裡，「春秋」仍不必然是一專稱；而
可指孔子作了一部使人知所懼的編年史而已❼。以「春秋」命名而

---

❹　學人常謂：「吾見百國春秋」乃《墨子》書中所言者。其實《墨子》一書中
　　無「吾見百國春秋」一語。《墨子・明鬼下》載：「子墨子曰：……著在周
　　之春秋。……著在燕之春秋。……著在宋之春秋。……著在齊之春秋。」據
　　此，則《墨子》所記載者僅得四國。今溯其源，「吾見百國春秋」一語實見
　　《隋書》，卷四十二，〈李德林傳〉。該傳載德林答魏收曰：「墨子又云：
　　吾見百國春秋。」德林之所以有是言，蓋以為除上開四國外，他國春秋當亦
　　為墨子所閱覽者，墨子特舉其四而已，故逕稱墨子「吾見百國春秋」歟？
❺　《孟子・離婁下》。
❻　《孟子・滕文公下》。
❼　吾人今日所見之《春秋》原為魯國國史，後來乃經孔子所修訂。孔子作《春
　　秋》或修《春秋》，這是一般的傳統說法，或所謂主流說法。此說法自《孟
　　子》、《公羊傳》、《史記》而下，歷來無異辭。逮乎唐人劉知幾及宋人王
　　安石，雖對《春秋》多所非議（前者所撰之《史通・惑經》及後者目《春

專指某人的著作的，先秦時計有《晏子春秋》、《李氏春秋》、
《虞氏春秋》、《呂氏春秋》等等。孔子所修之春秋，如以《孔氏
春秋》命名，則可視為一專有名詞（專稱）。不然，上引《孟子》
文中之「春秋」，仍可能只是一泛稱。然而，由於孟子特尊孔子，
所以「孔子懼，作春秋」及「孔子成春秋」等語中之「春秋」，在
孟子心中，亦有可能已是一專稱，甚至可謂一「崇稱」，不是一泛
稱，而以之特指孔子之製作。無論如何，「春秋」特指孔子所修者
而不作他指，在漢以後則無異議。此以孔子的地位在漢以後遠在諸
家之上故也。

秋》為「斷爛朝報」可為代表），然尚不至於否認《春秋》乃孔子之製作／
修訂。惟自五四（1919.05.04）以降，則學人持《春秋》非孔子所修或所作者
則日多。如錢玄同、顧頡剛、楊伯峻等等皆是其例。然而，其他學人，如范
文瀾、白壽彝、衛聚賢、蘇淵雷等等則仍認為《春秋》乃孔子所作或所修。
詳參上揭《春秋左氏學史稿》，頁 25-31。否定孔子嘗修《春秋》者，可再加
上曹聚仁一例。曹說見所著《中國學術思想史隨筆》（北京：三聯書店，
2003），頁 35-36。至於唐先生，他對《春秋》一書的作者問題沒有多所討
論，而逕謂：「《公羊傳》又載有不修之《春秋》，則孔子當有修《春秋》
之事。」（《中國哲學原論·原道篇》，卷二，頁 262）雖然語氣的表達上
並不是很斬截，但仍肯定孔子嘗修《春秋》。又：「斷爛朝報」一語，見
《宋史》，卷 327，〈王安石傳〉。該〈傳〉載：「黜《春秋》之書，不使
列於學官，至戲目為『斷爛朝報』」。又宋人陸佃嘗撮述王安石對《春秋》
相當正面之論述。其記載見陸佃，《陶山集》，卷 12，〈答崔子方書〉。
《陶山集》收錄於《四庫全書》；在相關論述下，四庫館臣有如下的按語：
「案安石不以《春秋》取士，至謂為『破爛朝報』，獨此論甚正，疑未必出
自安石或佃欲為師迴護其短耳。」又孫覺（莘老）《春秋經解》周麟之的跋
文亦謂安石詆《春秋》而廢之。此跋文，筆者未見，此安石詆《春秋》之言
論見諸四庫館臣為《春秋經解》所寫的提要。

二、《春秋》一書的性質：
史而經（據事直書以見義理）

上文（尤其最後兩段）的主旨在於指出，無論「春秋」一詞是泛稱當時各國的國史也好，是專稱孔子所修的也罷，指的都同是史書。然而，若是後者，則學者又以「經」稱之，為五經之一；那「春秋」到底是經抑是史？其實，五經可說既係經，亦係史。❸唐先生即如是說：「五經之書，原為有史事，亦有義理之文，在四部中為子史集之書之共原。」❾王守仁即謂：「以事言，謂之史；以道言，謂之經」❿。所以五經到底是經抑是史，那端視從哪一個角度切入來看。五經既言義理，亦載史事，所以可說兼具經史的性質。既言義理，又經過孔聖人所手訂，所以後世一概以「經」稱之。如先不理會其是否經過孔子手訂，而從其書之性質偏重記事，但亦兼具說理之功能而言，吾人不妨以「史而經」稱之，《尚書》即是其例；反之，如偏重說理，但又兼具記載史事的功能，吾人則可以「經而史」視之，《周易》（輔以《易傳》）即其例。

如剋就孔子所修的《春秋》來說，其性質本來就是史書。唐先

---

❸ 王守仁云：「《春秋》亦經，五經亦史。」見所著《傳習錄》，卷上（臺北：廣文書局，1994），頁 7b。章學誠《文史通義》開篇劈頭第一句話便說：「六經皆史也。」錢大昕《廿二史劄記·序》亦有經史非二學之偉論。其言曰：「經與史豈有二學哉？昔宣尼贊修六經，而《尚書》、《春秋》實為史家之權輿。」

❾ 《中國哲學原論·原道篇》卷二（香港：新亞研究所，1976），頁 260。（以下凡引錄本書，僅標示頁碼。）

❿ 《傳習錄》，卷上（臺北：廣文書局，1994），頁 7b。

生即說:「《春秋》一書,原為史籍。」⓫又說:「若只就今存春秋經之原文以觀,儘可只視為據事直書之史。」⓬然而,據事直書之史,亦不必然不含若干義理。否則,上文所云五經既係經(指含義理),亦係史(指記載史事)的說法便只是空話。唐先生以下的論述便透露了相關訊息。先生說:「今謂孔子實嘗修春秋,則此亦儘可只為一私人而修史之事。私人修史,以紀齊桓晉文之事,而自知其善否,即『丘取其義』,非必另隱其義於文字之外也。」⓭「私人修史,……文字之外也」一語說得太簡略籠統。其意當為:透過直書其事即可彰顯自己對該事是否為義(自知其善否)的看法了。而所謂「……非必另隱其義於文字之外」猶「據事直書,是非自見」⓮之謂。推唐先生之意,蓋謂:透過史文記載之本身,相關史事、人物,早已「善惡已彰,無待美刺」了⓯;孔子既不必在史文外再加上個人褒貶之詞,亦不必故意隱藏或曲折周納某些義理於一二字的史文之中。總上所言,唐先生是把《春秋》定位為史書的。但定位為史書不等同說它不含載若干義理而不能扮演經書的功能。依上所論,《春秋》可說是「史而經」的一部書。

　　上文說《春秋》是一部含有義理的史書。但說《春秋》含有義理不等如認同一般學者所說的該書隱含微言大義。⓰唐先生即如是

⓫　頁 261。
⓬　頁 263。
⓭　頁 262。
⓮　語出錢大昕,《十駕齋養新錄》,卷十三,〈《唐書》直筆新例〉條。
⓯　語見鄭樵,《通志·總序》。
⓰　「微言大義」一詞,蓋出自劉歆〈讓太常博士書〉。該書云:「及夫子沒而

說：

> 孔子修《春秋》，是否實有微言大義，口授弟子，傳至公羊
> 穀梁，乃筆之於書；公羊穀梁所筆之於書者，又是否皆孔子
> 所口傳，則皆大有可疑。❼

唐先生於是舉出十一項以上的「證據」以說明其疑惑之所本。茲彙
整臚列如下：

　㈠朱子（公元 1130-1200）說：「《春秋》，某煞有不可曉處，不
　　知是聖人真箇說底話否。」❽是唐師本朱子意以懷疑《春

微言絕，七十子喪而大義乖。」該書收入《文選》，卷四十三，〈書〉下。
所謂「微言大義」，我們借用皮錫瑞的話來說明。皮氏云：「《春秋》有大
義，有微言。大義在誅亂臣賊子，微言在為後王立法。」這個「定義」，是
唐先生首肯的。（參《中國哲學原論‧原道篇》卷二，頁 268。）皮氏的說
法，見其所著《經學通論》，卷四，〈春秋‧論穀梁廢興及《三傳》分
別〉。按：皮氏相關言論，尚見《經學通論》中論《春秋》之多個條目，不
盡舉。

❼　頁 262。

❽　《新校標點朱子語類》，卷八十三（臺北：華世出版社，1987）冊六，頁
2175。卷八十三共約一萬多字，針對《春秋》，分為〈綱領〉及〈經（附
傳）〉兩部份來論述。其中〈綱領〉部份多處指出《春秋》只是直載其事而
善惡自著的一部書，沒有許多義例，也非於一字上定褒貶。與朱子同時的鄭
樵（1104-1162）也不認為《春秋》有所謂一字定褒貶；嘗云：「凡說《春
秋》者，皆謂孔子寓褒貶於一字之間，以陰中時人，使人不可曉解。《三
傳》唱之於前，諸儒從之於後，盡推己意而誣以聖人之意。此之謂欺人之
學。」（《通志‧災祥略》）至於清人，其不認為《春秋》有所謂微言大義
或所謂書法者，更大不乏人。王鳴盛嘗云：「《春秋》書法，去聖久遠，難
以揣測。學者但當闕疑，不必強解，惟攷其事實可耳。」《春秋》書法到底

秋》有所謂微言大義。

㈡孔子曰：「知我者，其惟「《春秋》乎？罪我者，其惟
「《春秋》乎？」⓳然而，吾人不能以此即謂《春秋》一書
含有微言大義。唐先生指出謂：「古之史官，為王官世業，
則以私人而修史，即可罪。」是不必以微言大義而仍可獲罪
也。

㈢《孟子》載：「孔子成《春秋》而亂臣賊子懼。」⓴唐師
謂：「於亂臣賊子之事，直書無隱，亦固可使之懼。……則
孔子修《春秋》，亦不必別有隱於文字外之微言大義，而後
可使亂臣賊子懼也。」

㈣《公羊傳·莊公七年》：「《春秋》曰：『雨星不及地尺而
復。』君子脩之曰：『星霣如雨。』」唐師說：「此君子若
即孔子，……要見孔子若修《春秋》，亦可只修其文而
已。」

㈤唐師贊同朱子所說的《春秋》「只是直筆而書。」㉑

㈥唐師以《論語》「吾無隱乎爾」㉒來佐證孔子「似不必當別

如何，王氏上引說法頗含蓄；雖不見明言《春秋》一書無所謂書法，但其致
疑的態度是十分明顯的。錢大昕不認為《春秋》以一字定褒貶之態度尤其明
顯；嘗云：「《春秋》，褒貶善惡之書也。其褒貶奈何？直書其事，使人之
善惡無所隱而已矣」。上引王氏言論，見《十七史商榷》，卷七十一，〈李
昭德來俊臣書法〉條。錢氏言論，見《潛研堂文集》，卷二，〈春秋論〉。

⓳　《孟子·滕文公下》。

⓴　《孟子·滕文公下》。

㉑　《新校標點朱子語類》，卷八十三，冊六，頁 2155。原文為：「要之，聖人
　　只是直筆據見在而書，豈有許多忉怛。」

有秘密之例法，由口說而專傳授一二弟子者」。

㈦所謂獨得孔子之文外之微言大義之《公羊》、《穀梁》，其名皆不見於先秦典籍。

㈧《莊子》載：「《春秋》經世，先王之志，聖人議而不辯」。㉓唐師云：「（然）而《公羊》、《穀梁》之言，則皆甚辯。」是《公羊》、《穀梁》之言非《春秋》之本意也。

㈨唐師云：「《莊子・天下篇》又言『《春秋》以道名分』，亦未言變名分，以隱寓褒貶。」

㈩唐師云：「《荀子》亦未嘗言《春秋》別有微言隱義，而論之也。」

(十一)《左傳成公十四年》㉔：「君子曰：《春秋》之稱，微而顯，志而晦，婉而成章，盡而不污，懲惡而勸善，非聖人孰能修之。」唐師謂：「……其時孔子尚未生。……然此君子曰之言，大可只是後人所加，以預言孔聖之生而將修《春秋》者。」㉕

以上是唐師從「事證」（先秦文獻）、理證等方面來說明《春秋》是不含所謂微言大義的。然而，何以不少學人總說孔子所修的《春秋》是隱含種種微言大義呢？唐師云：

㉒ 《論語・述而》。

㉓ 《莊子・齊物論》。「聖人議而不辯」，或作「聖人論而不辯」。參王夫之，《莊子解》（香港：中華書局，1976），頁 23。

㉔ 頁 263 原作「成公十五年」；誤。今據《左傳》改正。

㉕ 以上十一證，見頁 262-263。

> 《三傳》學者之釋《春秋》年、月、日、時，皆謂其別藏微
> 言隱義，為孔子作《春秋》之本旨所存。……此固皆不必為
> 《春秋經》之本旨之所具，而只代表《三傳》學者之思想者
> 也。❷❻

唐師又說：

> 《公》、《穀》之家，更謂彼等所依之以評論之義旨，即具
> 於《春秋》原文之書法之中，為孔子修《春秋》之本旨。而
> 《春秋》遂成為聖人之褒貶之書，亦即聖人之藉史事，以見
> 其道德文化性之判斷者。❷❼

　　一言以蔽之，原來是《三傳》學者在「搞怪」(標新立異)；所
謂藉書法以一字定褒貶，並以見微言大義者，原來是他們自己的發
明而已。但在這裡，必須要再三說明一點：唐師雖然否認《春秋》
含所謂微言大義，有所謂一字定褒貶，然而，唐師並沒有否認其性
質為史書的《春秋》仍是載有義理的。針對這方面，唐師之論說嘗
透露一點消息。師云：「五經之書，原為有史事，亦有義理之
文。」❷❽《春秋》既為五經之一，則其載有義理，便再清楚明白不
過。再者，唐師又云：「……私人修史，以紀齊桓晉文之事，而自
知其善否，即『丘取其義』。……」❷❾唐先生這個說法原自《孟

---

❷❻　頁 263。
❷❼　頁 267。
❷❽　頁 260。
❷❾　頁 262。

子》。《孟子》原文是這樣說的：「……，孔子曰：『其義則丘竊取之矣。』」❸此意謂：孔子自稱，他私底下把義理採納（採取）進去《春秋》一書內。唐先生既引錄《孟子》言，即可知彼承認《春秋》含義理也。惟此義理，不含於見仁見智，使人猜不著、摸不透之一二字之所謂書法之中。依唐師上文意，此義理乃見諸「直筆而書」當中；❸即所謂「直書其事，是非自見」也。❸然而，唐師於他處則明言孔子於《春秋》中嘗作評論❸。師云：

> 春秋時之道德評論，即中國人自覺的道德智慧之流露之開始。其作用在貞定確立傳統仁義禮之道。中國春秋時，孔子之作《春秋》，亦不過擴大此評論，而為二百四十年史事作

---

❸ 《孟子·離婁下》。

❸ 唐師明言：「朱子嘗言孔子修《春秋》『只是直筆而書』，蓋得其實。」（頁 262）朱子語見上揭《新校標點朱子語類》，卷八十三，冊六，頁 2155。

❸ 筆者按：其實，直書其事，不見得是非便可以自見。如果我們不否認史家對讀者針對其所撰著之史書應盡其本份扮演最佳導讀的角色，則於直書其事外，仍應作出一定的價值判斷（即作史評），否則史事之是非不見得是昭然若揭而可以自見的。其實，唐先生也贊成，而且肯定史家應作價值判斷。詳參本書〈唐君毅先生的史學價值判斷論〉一文。至於《春秋》，其所含藏之義理（所謂微言大義）雖不必寓於一字褒貶之中，但我們不否認該書仍是存有褒貶和義例的。顧頡剛即認為《春秋》是有例的。可參顧氏答錢玄同書；收入《北京大學國學門周刊》，第一期，1925 年。此〈答書〉又收入《古史辨》，第一冊，顧氏答錢玄同所撰〈論《春秋性質書》〉之後。亦可參上揭《春秋左傳學史稿》，頁 46-49。

❸ 筆者按：凡評論必含褒貶。

系統的評論。㉞

綜上所言，可見唐先生是認為《春秋》是含有義理的（無論是藉著「據事直書，是非自見」的作法以表達之，或藉著評論來表達之）；只不過這種義理不像《公》、《穀》之家所說的是存在於一二字之書法中而已。㉟

三、《春秋三傳》的性質、異同及其成書的先後

《春秋三傳》，籠統言之，皆可謂解經之書。㊱唐師即說：

㉞ 唐君毅，《中國文化之精神價值》（臺北：中正書局，1974）頁 34。筆者按：《春秋》一書，於史事描述外，實不見以其他文字作為評論者。所以唐師這裡所謂「評論」，或唐師憑印象，一時記憶錯誤而將《論語》中孔子對史事人物之評論誤算在《春秋》上。筆者又想到：是否唐先生把「據事直書，是非自見」的作法視為另類的「評論」，蓋史家對史事所之「評論」已含藏於據事直書中？但這個說法比較難成立，因為唐先生明言「擴大此評論，而為二百四十年史事作系統的評論。」唐先生既認為《春秋》作出了「系統的評論」，則很難想像只是藉著「據事直書，是非自見」的作法來達到這種「評論」的。

㉟ 筆者個人則認為《春秋》確嘗以一二字定褒貶。如結束人之生命，則以「殺」、「弒」、「誅」等等字眼來表示行為人與被行為人誰該負責任的問題。此外，又以「侵」、「入」、「伐」、「戰」、「滅」等字眼來表示作戰雙方行為上誰對誰錯或表示戰爭的不同狀態。只不過吾人不應過份解讀某些字眼，如認為年、時、月、日等字眼均隱藏甚深之涵義，則其過也。

㊱ 就《左氏》而言，其為解經之書否，其實歷來學者之意見皆相當紛歧。其書或稱為《左氏春秋》（即左氏撰的一部《春秋》，與孔子所修者，為不同之二書），或稱為《春秋左氏傳》（傳注《春秋》者）即可見其端倪。唐師則傾向於後者。

由《三傳》學者，皆本義理以講《春秋》，遂皆成經學。三
傳經學家對史事之態度，亦與傳統之史官、道家及陰陽家對
史事之態度，皆有所不同，其所重之義理，亦彼此不同。此
即皆是屬於歷史哲學之觀點之不同也。**❸**

《三傳》之解經，其重點不盡相同。據上引文，唐師乃以歷史哲學
之觀點之不同視之。茲先扣緊微言、大義以言《三傳》之差異。皮
錫瑞云：

> ……大義在誅亂臣賊子，微言在為後王立法。惟《公羊》兼
> 傳大義微言，《穀梁》不傳微言，但傳大義。《左氏》並不
> 傳義，特以記事詳贍，有可以證春秋之義者。**❸**

對於《公》、《穀》之分別，唐師大體上首肯皮氏的說明，但認為
皮氏對微言大義之解讀，其範圍過狹。師云：

> 若自《穀梁》、《公羊》之內容言之，則皮錫瑞《經學通
> 論》嘗謂《穀梁》之春秋學，有大義而無微言，《公羊》則
> 兼有大義與微言。其所謂大義微言，乃以「大義在誅亂臣賊
> 子，微言在為來世立法」之語，加以界說。皮氏謂《春秋》
> 之大義，只在誅亂臣賊子，《公羊》、《穀梁》之旨，亦皆
> 只在此。其範圍過狹。當謂《穀梁》之旨，要在以道德文化
> 上禮義之原則，斷史事之是非善惡，使世人學善而棄惡，而

---

❸ 頁 263-265。
❸ 前揭《經學通論·春秋·論穀梁廢興及三傳分別》。

未能兼從「由今世以通來世之政治上之大經大法」著眼，以判斷史事之是非，與其可垂範來世之政治上之意義。此即謂《穀梁》以義斷事，尚只見其為道德文化上之理性主義者。此即昔胡安定所謂「義莫精于《穀梁》」也。至于《公羊》，則更為一政治上之理想主義者，而期為來世建制立法者。凡制法必有例。此即胡安定所謂「例莫明于《公羊》」也。是即足見《穀梁》、《公羊》之學之義理型態之不同矣。**㊴**

皮錫瑞為一經學家。其著眼點乃僅以「誅亂臣賊子」為《春秋》之大義及以「為來世立法」為《春秋》之微言。唐先生則為一哲學家，高瞻遠矚，乃本其對道德文化及政治理想之關懷與體悟，而更能從一較高之抽象層面觀看問題，宜乎能察悉《穀梁》為一道德文化上之理性主義者，而《公羊》則更兼為一政治上之理想主義者也。

　　唐先生為進一步闡釋上述問題，特舉《春秋》開篇首條資料「元年春王正月」六字為例作具體說明。《公》、《穀》二傳的解釋繁冗，今不擬轉錄，惟略述其本旨。《穀梁》之旨趣為：魯隱公既長又賢，不應行小惠，以完成先君惠公之遺志為由而讓位給異母弟桓公。《公羊》之旨趣則為：隱公依子以母貴之原則，桓尊而己卑，故讓位乃當然者。換言之，《公羊》乃從長治久安之禮制上著眼，而不雜以賢與長之標準。「賢與長」，理也；「尊卑」，禮

㊴　頁 268-269。

也。依乎前者而不讓，合理也；依乎後者而遜讓，合禮也。是可知
《穀梁》合理，而《公羊》則合禮也。魚與熊掌既不可兼得，則取
何者為是？唐先生說：

> 公羊家之從長久之禮制上著眼，依子以母貴之原則，分嫡庶
> 以定尊卑，更不雜以賢與長之標準，則可免于君王之本其私
> 愛，以擅定太子。此即可絕君位之紛爭，而安天下。則其在
> 政治之事上，所慮者更大且遠，而亦合乎立君之大義。觀此
> 《穀梁》與《公羊》之不同，亦即純道德理性主義之大義，
> 與政治下之理想主義之不同也。❹

我們都知道唐先生是道德理性主義者。但上引文更可以看出唐先生
更是政治方面的理想主義者。皮之不存，毛將焉附？若政治上未能
依於一客觀之制度（無論是禮制或法制）運作，以順利產生一接班
人，並由此以建構一長治久安的大環境，則文化道德亦無從談起。
於此實可見唐先生雖為一道德理性主義者，是近現代的新儒家，但
其實一點也不迂腐（時人每以新儒家之思想及相關言論流於迂闊、陳腐；此
實天大的誤會）。先生更扣緊當時（漢代）的大環境以說明《公羊》學
說出現的原因。先生說：

> 要之，《穀梁》之道德意識極強，可用之以修德，《公羊》
> 之道德意識，則即在其為來世立法建制之政治意識中。此乃
> 與漢之為大一統時代，最有待於建新制、立新法之需要，更

---

❹　頁 272。

為相應者，故公羊學遂為漢代最顯之春秋學。❹

《穀梁》以長、賢及不應成先君之惡為根據，而認為隱公不應讓位。這可說是以道德標準為根據而作出之判斷。是以唐師認為「《穀梁》之道德意識極強」也。然而，《公羊》乃以未來政治為考量而認為隱公之讓位為應當。此政治考量，唐師竟亦視為道德意識下之產物，何以故？乍看之，此實有點風馬牛不相及。其實，只要明白唐先生的哲學及其畢生終極關懷之所在，便可知曉何以唐先生有如是之判斷了。一言以蔽之，唐先生認為人類一切文化活動及其背後之動機，無不與人之道德意識相關，而可謂受其支配影響者。政治意識及其所衍生之行為、活動固不為例外。明乎此，便不會感到唐先生之相關判斷突兀而不知其用意了。❷

上引唐師文尚有一處必須作點說明。公羊學所以成為西漢一代

---

❹ 　頁 273。唐師注意春秋學作為一門學術，其與政治之有密切關係，更可於下文見之。師云：「……吾人觀此後世之春秋學者，著書如此之眾，亦恆與一代之學術政治，密切相關；則吾人亦不能不求知此春秋之經傳之書，所以為人所重視之故，而或緣此以知其所涵之微言大義，或哲學義理之所存也。」（頁 261）上引語之後半截，唐師說得稍籠統。其意當係：「春秋之經傳之書，所以為人所重視之故」，正以其與政治密切相關也。換言之，春秋經傳所以涵某些內容之微言大義（哲學義理），亦正係時代政治在學術上之一反映也。

❷ 　詳參師著《文化意識與道德理性》（臺北：臺灣學生書局，1978），尤其〈政治及國家與道德理性〉一章。唐先生哲學成一家言，此已早為定論。雖或不能說唐先生任一著作皆前無古人而為成家之作，然而，《文化意識與道德理性》，此撰就於中年之著作（〈自序〉寫於 1957 年 1 月，先生時年 48 歲），固已使先生卓然成家無疑。

之顯學，此以其內容最能符合當時政治上之需要有絕大關係。此可謂學術發展之外緣條件。唐先生絕不只扣緊理想層面而空談義理之發展當如何如何，且必進一步就實然面之事實上之是如何如何而作闡述。是以吾人不宜以不食人間煙火之陋儒腐儒來定位唐先生。

依上所言，《公》、《穀》解經固不同，以其價值取向或所謂終極關懷不同故也。除此以外，唐先生又兼能從地緣條件以說明二者差異之原因。先生說：

> 《公羊》、《穀梁》，重在據義以論事一點上雖同，其所據之義，又不必盡同；故對事之是非，對人之賢不肖有善惡之判斷，亦恆不同。《穀梁》早出，而為魯學，蓋更能固守儒者之學之傳；其言禮義，更為謹嚴，而不免於拘固。《公羊》後出，而為齊學，貫達已謂其雜有權變，即更能適應時代之變化。……❸

除以魯學、齊學之地緣關係以解釋《穀》、《公》二傳之不同外，唐師尚以二傳成書之先後作出解釋。先成者，猶存周禮之遺風，其言禮義則謹嚴；後成者，以時代關係，則雜有權變也。

其實，針對《公》、《穀》二傳，何者先成書（或所謂寫定）而行於世，學者之意見並不一致。❹唐師則以近千字的篇幅（含註文）來論述這個問題。師云：

> 此三傳之時間，蓋《左傳》先行，《穀梁》繼出，《公羊》

❸ 頁 268。
❹ 詳參上揭《春秋左傳學史稿》，頁 66-71。

> 後盛。而本義理以講《春秋》，則先《公》、《穀》學者，
> 而《左傳》學者為後。（原註：……三傳之本義理以講《春秋》，
> 乃以魯學之《穀梁》最先，齊學之《公羊》次之；而《左傳》則最後，乃
> 學《公》、《穀》而言義理者也。）由三傳學者，皆本義理以講
> 《春秋》，遂皆成經學。❹

唐師意謂，《三傳》成書行世之先後，其順序為：《左傳》、《穀
梁》、《公羊》。至於本義理以講《春秋》，其先後順序則為：
《穀梁》、《公羊》、《左傳》。

其意謂，以成書先後言，或以講義理先後言，就《公》、
《穀》來說，皆《穀梁》先，而《公羊》後。換言之，按任一標準
言，二書之先後，其順序皆相一致。惟其中可怪異者是《左傳》。
何故以成書先後言，則《左傳》居前；以講義理先後言，則又居於
後？其不相一致竟有如此者！針對這方面，唐師有如下的說明：
「……吾人亦可說，此《左傳》之成書，是先成記言記事之史，而
後再加以『君子曰』之辭，以表其本義理而施于史事之評斷，然後
《左傳》可說不只是史。」❹唐師這個說法，是否全然符合歷史事
實，吾人或可致疑。但至少這個說法，可以自圓其說，否則《左
傳》成書、闡理，一先一後之情況便自相矛盾了。

《公》、《穀》之差別，大體如上。至於《左傳》與二傳之異
同，及其性質如何，唐師有如下的說明：

---

❹　頁 263-265。
❹　頁 264。

今當說《左傳》如舍其「君子曰」下之文，則純是紀事亦紀言之史❼，連此君子曰之文，則宜如劉知幾《史通》之謂其

---

❼ 唐師之意似謂，就此紀事紀言的部份來說，乃與「君子曰」下之文之藉解經或藉評論以彰顯義理者不同，蓋前者不解經也。筆者於此不盡同意唐師的意見。即以隱公元年條來說，捨（不算）「君子曰」下之文（按：「君子曰」下之文乃係經解或評論之文；若不計算之，則其餘者，吾人今姑以「正文」稱之），正文便有「不書即位，攝也」、「不書，非公命也」、「段不弟，故不言弟」、「稱鄭伯，譏失教也。謂之鄭志，不言出奔，難之也」等等的文字。此明為釋經之用，故可謂就《左氏》之「正文」而言，已非如唐先生所說的純是紀事亦紀言之史，而已然為解經之傳矣。於此筆者又得作進一步說明。《公》、《穀》皆言義理之書也。此上文已及之。唐師今謂：「《左傳》如舍其「君子曰」下之文，則純是紀事亦紀言之史。」其意似謂，《左傳》舍「君子曰」之文，則純為史書而已，不似《公》、《穀》之為言義理之書也。其實，純是紀事紀言之史書，亦可含藏義理。如上文所述，「直筆而書」，亦可以是非自見的。而所謂「是非自見」，即史事人物之是是非非，讀者自可了然於胸，而不必假藉作者作任何價值判斷以為指導之謂。而讀者了然於胸之是非非，即讀者從中抽繹而得出之義理也。是純紀事紀言之史，亦可有義理存乎其間。（上文即嘗謂，某書之性質（基本性格）是史書，但亦可扮演經書（說理）之功能，筆者上文乃以「史而經」稱之，《通鑑》即為典型代表。）是義理可有不同之表達型式。其一為「直筆而書」即可；其二為明言之，此如《公》、《穀》是也。義理可有此不同之表達方式或呈現方式，唐師其實甚清楚。依上所言，「其事則齊桓晉文，其文則史」之《春秋》，唐師既承認在其中，「丘取其義」（頁 262），則可知純紀事紀言之史（《春秋》），唐師固肯定亦可有義理存乎其中，否則「丘取其義」一語便成贅語了。（此可參先生〈歷史事實與歷史意義〉一文，載於《中華人文與當今世界》）惟唐師於上文中特以史書之狹義面（僅紀言紀事）以言《左傳》，藉以彰顯其與明言義理之《公》、《穀》有所不同。其實，紀言紀事之文亦非必不言義理，此點上文已論說之。再者，加上「君子曰」其下之文字，則《左傳》為言義理（至少兼言義理）之書，更不待辯。

在經史之間。……其君子曰之文，更評論史事，不知何人所作。然要初是以有此君子曰之文，而得為《春秋經》之傳，乃不復只是紀言紀事之史。**❹**

換言之，依唐先生之意，《左傳》與《公》、《穀》皆為解經之傳（含兼言義理，非純粹文字上之解讀），此其所同也；然舍「君子曰」之文，則純係紀事亦紀言之史而已，此則與《公》、《穀》異也。

四、《春秋三傳》史評異同

《三傳》評論史事之態度各不相同，唐師於此亦嘗究心。惟個人最欽佩者，乃唐師之能綜觀學術傳統發展之脈絡而比觀他家，以指出《三傳》與其前他家論史事之差異。茲先引錄先生這方面之相關言論。師云：

此三傳之家對史事之態度，與傳統之史官及道家、陰陽家皆有不同。㈠在傳統之史官，對史事之態度，唯是據其所見所知之事以直書。此史官之道德，即表現於「對任何事皆據事直書，以忠於史職，寧犯死難，而不隱諱事實真相」之處。（此下唐師乃舉齊太史、晉董狐為例作說明；文繁，從略。）……㈡至於道家之對史事之態度，則要在由知史事，而知事勢之已然者，遂只靜觀其已然，而更無所為，或因之任之以成事。然

此唐先生固亦知之。先生即嘗謂：「由《三傳》學者，皆本義理以講《春秋》，遂皆成經學。」是唐先生亦承認《左傳》非不言義理者，惟所言之程度或其「明顯度」，不若《公》、《穀》二傳也。

❹ 頁266。

其因任此已然之事勢以成事，畢竟只是因之而順應之，或因
之而更革之，則亦可無一定之態度。至於對未來事勢之發
展，道家之徒亦可不求先知，以預為適應。㈢然陰陽家之對
史事之態度，則重對未來之事之先知。于未來之事不能據已
往之事，加以推知者，則本祥瑞災異等為占驗，以預為趨吉
避凶之謀。然又可不問此吉之是否當趨，此凶之是否當避。
㊾（筆者按：以上㈠、㈡、㈢為筆者所加，旨在使眉目更為醒豁。）

要言之，先秦三家，史家紀實，道家靜觀，陰陽則以先知並以預為
趨吉避凶之謀為其關注點。三家之異同，唐師又進一步從彼等對
「過」、「現」、「未」三世（三時段）之各有所側重以作出分
判。師言如下：

> 此三種對史事態度：史官重紀所見所知之當時現在之事，道
> 家重因已然之過去之事，陰陽家重知未來之事。㊿

先生由此而進一步綜合指出三家與《三傳》之別。師云：

> 然（三家）皆非以判斷已往史事之是非，示人以事之所當
> 然，為其所用心之焦點。此則共異于《三傳》之家，皆有對
> 已往史事之是非之判斷，以往事垂誡戒，而示人以事之所當

㊾　頁 265-266。
㊿　頁 266。筆者以為此三家之大較而已。其實，史官又何嘗不重視過去，而僅
　　重視紀錄所見所知之當時現在之事耶！

然，以使人自定其現在未來之事者也。❺

至於《三傳》評論史事，重點各有不同。就《左傳》而論，唐師云：

> ……此（《左傳》）君子曰之文，評論史事，多是就事之成敗
> 之結果，而更追溯其所以成敗之故，遂及於人之處事之方；
> 亦附及於行事之合禮與否，及人存心之正邪、善不善。故
> 《左傳》君子曰之文，兼有對人處事之方可致成致敗之功的
> 功利性的判斷，與對行事之合禮與否之文化性的判斷，及對
> 人存心之正邪善惡之道德性之判斷三者。而其中功利性的判
> 斷，又特多。❺

指出《左傳》具備不同性質的三種判斷而其中以功利性的判斷為多
之後，唐師更引錄朱子之言以佐證自己的說法。唐師說：

> ……故朱子謂「左氏是非而不本于義理之正，並引陳君舉
> 說，左氏是一個審利害之幾、善避就的人」❺，又謂「《左

---

❺ 頁 266。筆者則以為，陰陽家既重未來，則與誡戒（按：「誡戒」為唐先生
原文用語，作「鑑戒」——「以往事垂鑑戒」，或更合宜。）想必有相當關
係。先秦史家，以至道家，恐怕亦不能不與誡戒有一定關係。是以就「誡
戒」，以至就「示人事之所當然」而論，三家與《三傳》恐怕只是程度上
之差別而已。要言之，個人認為，三家與《三傳》就實然情況而言，皆未嘗
不與誡戒有一定關係；惟用心所在，則固有異。是以大體上，個人仍能同意
唐師的說法。

❺ 頁 266-267。

❺ 語出上揭《朱子語類》，頁 2149，惟唐師在文字上稍作濃縮／稍作刪節。

傳》「君子曰」最無意思」。❺⋯⋯為史事作評斷，自有此
《左傳》之君子曰之一型，而重此功利性之判斷者，如宋之
蘇氏父子之論史，以及朱子之友呂祖謙東萊《左氏博議》之
論史，即皆重功利性之判斷者也。❺

唐師獨具隻眼，以細密的分析眼光而指出《左傳》具備三種不同的
判斷。此於指導後學，尤其史家，以瞭解《左傳》史論之特色，最
有啟發性。現今針對上引唐文之其他問題稍闡述如後。

㈠朱子為理學家，既視「左氏是一個審利害之幾、善避就的
人」（即以左氏惟知重視現實，以利害、功利為考量），則宜乎以其
「『君子曰』最無意思」也。

㈡唐師所說的「君子曰」，蓋為泛稱，意指《左傳》除記述史
事外，亦嘗以「君子曰」等等方式作價值判斷者。按：與
「君子曰」相類者，尚有以「君子謂」、「君子是以知」、
「君子以為」等語起首而其下作判斷者。此外，尚有直接發
表議論，而不冠以「君子曰」、「君子謂」等語的方式，如
以「⋯⋯，禮也」、「⋯⋯，非禮也」作判斷者。又有引錄
權威性人物的言論以作判斷者，其中引錄最多的恐怕是孔子
的言論。又有依託他人奇驗的預言以作判斷者。再者，又有
《左傳》作者本人對一些事件作綜述以為判斷者。❺總之，

---

❺ 語見上揭《朱子語類》，頁 2150。

❺ 頁 267。

❺ 詳參尹達，《中國史學發展史》（臺北：天山出版社，不標出版年月），上
冊，頁 41。按：尹書原由河南：中州古籍出版社於 1985 年 7 月出版。

《左傳》之史評型式可說是相當多樣化的。

㈢唐師宏博通識，且對史評發展史亦能探驪得珠。由《左氏》
史評之功利性特質而指出宋代蘇氏父子及呂氏祖謙史論之源
頭即在於是。其識見固在一般哲學家之上。❺然而，呂氏之
史評、史論，亦非全係功利性之判斷（至少不全然係一般意義下
的功利性判斷）。茲舉二例。《左氏博議》，卷一，〈鄭伯克
段于鄢〉條，呂氏云：

……莊公（按：即鄭伯）雄猜陰狠，視同氣（按：指其異母弟共叔
段）如寇讎，而欲必致之死。……莊公之用心亦險矣。……
然後知莊公之心，天下之至險也。……將欲欺人，必先欺其
心。莊公徒喜人之受吾欺者多，而不知吾自欺其心者亦多。
受欺之害，身害也。欺人之害，心害也。哀莫大於心死，而
身死次之。受欺者身雖害，而心自若。彼欺人者，身雖得
志，其心固已斲喪無餘矣。在彼者所喪甚輕，在此者所喪甚
重。……故吾始以莊公為天下之至險，終以莊公為天下之至
拙。

要言之，呂氏認為受欺者（如本條之共叔段），只是身體受害，其所
喪者甚輕。反之，欺人者（如莊公）乃自害其心，其所喪者甚重。

───────

❺　筆者於此更深感慚愧。筆者治史學史有年，然惟悉呂祖謙史評之書，名曰
　　《東萊博議》；書肆所販售者，亦恆以《東萊博議》標目。今唐師竟稱之曰
　　《左氏博議》。細檢原書，赫見呂氏自序即以《左氏博議》標目。是知常見
　　書名《東萊博議》者，乃「東萊《左氏博議》」之省稱也。睹唐師史學史知
　　識之淵博，筆者能不汗顏！

呂氏之判語，與其說是功利性的判斷，那寧可說是道德性的判斷。

又同卷，〈齊魯鄭入許〉條，呂氏云：

> 伐許之際，先登者鄭之大夫，而齊魯之大夫無與焉。畢登者
> 鄭之師，而齊魯之師無與焉。……一金在野，百人競之，況
> 一國之利乎？今舉以與齊，而齊不敢受。舉以與魯，而魯不
> 敢受。卒歸之鄭，而鄭伯猶不敢絕許之祀、縣許之疆。嗚
> 呼，孰謂春秋爭奪之世，而復見群后德遜之風乎。……大而
> 共政，小而共財，推是心而居之，將無入而不自得也。

當然，吾人亦可謂此群后之所以德讓，且不敢絕人之祀、縣人之
疆，無非是為自己國家未來的利益著想。依此，實亦離開不了功利
性的考量。而據此而作出的判斷，則仍可謂功利性之判斷。然而，
若此而名為功利性之判斷，則至少這種「功利性之判斷」，與一般
全不本乎道德良心，而純從當前利益出發而作出的判斷，顯然大有
差別。此則不得混為一談者。上引唐師語謂：「朱子之友呂祖謙東
萊《左氏博議》之論史，即皆重功利性之判斷者也。」唐師此語蓋
籠統言之耳。總之，讀者宜察悉功利主義至少有上述兩型，而《左
氏博議》之論史，亦不必全然本乎當前利益出發而作出一般意義下
的功利性之判斷者。

至於《左傳》與《公羊》、《穀梁》史評上之異同，唐師則
云：

> 《公》、《穀》之異於《左傳》者，在《公》、《穀》多直
> 論事之合禮與否，及其是與非，以及於人之賢不肖，存心之

正不正，善不善。此則為文化性道德性之判斷，而更以道德
上之賢賤不肖、善善惡惡之義為本者。此種文化性道德性之
判斷，即據儒家所言之禮義之原則，以用之於史事之評論，
又無異儒家所言之普遍抽象道德文化之原理，落實運用於具
體特殊之史事，而成之評論。❺❽

其實，據唐師上所言，《左傳》亦不無道德性、文化性之判斷，惟
以功利性之判斷為特多而已。《左傳》舍君子曰之文，則史書而
已。此上文已論及。然則《左傳》史書性質之比重，遠勝《公》、
《穀》二傳。史書所據者，史事也。而「史事」也者，古人之現實
也。談現實，則不能不以功利（廣義的）為主軸。而經書之所以為
經書，以其所論說者，以理想為依歸也。中國人之理想，必以道德
為主軸；而其「載體」則為人類客觀表現之文化也。要言之，《左
傳》為史書，故其史評之重點偏重功利；《公》、《穀》為經書，
宜乎其史評乃以文化性、道德性之判斷為主軸也。❺❾此二者之大
較；唐師論之詳備矣！

五、結論

唐師非經學家，對《春秋》及對《三傳》並沒有特別作過甚麼

---

❺❽　頁 267。

❺❾　朱子之相關論述可謂一語道破之。朱子說：「以《三傳》言之，《左氏》是
　　史學，《公》、《穀》是經學。史學者記得事卻詳，於道理上便差；經學者
　　於義理上有功，然記事多誤。」（見上揭《朱子語類》，頁 2152。）朱子為
　　理學家，從理學立場論，文化性、道德性之判斷固優於功利性之判斷多矣。
　　是以朱子認為《左氏》道理上便差。

長篇大論的研究。然而，在《中國哲學原論·原道篇二·春秋學中之對善惡是非之褒貶之道》中則對不少春秋經傳之問題都有所析述。其慧解精識，頗可作為研治相關課題之津樑。是以筆者不揣譾陋，乃闡述如上。惟以學力所限，碎義繁言乃至盈篇而累牘，耗費讀者不少心力。為補此過，茲彙整臚列上文重點如次，藉以窺見唐師論述之要旨焉。

㈠孔子所手訂的《春秋》，其基本性格是史書。但其中亦不無義理存乎其間。惟此等義理，蓋寓於「直筆而書」當中，所謂「據事直書，是非自見」也。❻是以所謂藉書法以一字定褒貶、含有甚為深奧之微言大義的旨趣等等，實乃《三傳》作者自身之發明而轉謂《春秋》之原意是如此如此矣。

㈡《穀》、《公》二傳為解經之書。然前者重大義，後者則兼重微言。唐師云：「要在以道德文化上禮義之原則，斷史事之是非善惡，使世人學善而棄惡。」是所謂「大義」也者，乃依於理而作之文化性道德性之判斷是也。至於「微言」，唐師云：「由今世以通來世之政治上之大經大法著眼，以判斷史事之是非，與其可垂範來世之政治上之意義。」是所謂「微言」也者，乃依於禮法而作之政治理想上之判斷是也。唐師又從不同成書時代的不同氛圍及魯、齊大環境的差異以解釋何以《穀》、《公》二傳於解經的偏重上有上述的差別。

---

❻ 其實，唐師曾指出《春秋》亦透過評論以彰顯義理。參上文相關註釋。惟在〈春秋學中之對善惡是非之褒貶之道〉一文中，唐師則未嘗針對《春秋》據事直書外，是否尚作評論的問題予以探討。

針對成書來說，唐師認為其先後秩序如下：《左傳》、《穀
梁》、《公羊》。至於以義理解經，其先後秩序則為：《穀
梁》、《公羊》、《左傳》，蓋《左傳》中作為解經的「君
子曰」以下之文則為後人所加者。

唐師又謂，《左傳》中舍「君子曰」以下之文，則《左傳》
乃一紀事又紀言之史書，其與解經固無涉也。

㈢針對史事評論的態度，唐師指出《春秋三傳》與其前之三家
（史家、道家、陰陽家），皆有所不同。要言之，「《春秋》之
家，皆有對已往史事之是非之判斷，以往事垂誡戒，而示人
以事之所當然，以使人自定其現在未來之事也。」

至於《三傳》本身史評之差異，則《穀》、《公》二傳偏重
文化性道德性之判斷，而《左傳》雖不乏此種判斷，然究以
功利性之判斷為多。唐師進而指出宋人如蘇氏父子及呂氏祖
謙之史評之以功利性為主軸者，皆《左氏》之遺教也。❻

最後，筆者願意再指出唐師的貢獻。

㈠《春秋》中的微言、大義問題，歷代學人研治者甚多。然唐
師視二者分別源於文化道德的理性主義及政治理想主義。此
當係發前人所未發之偉論。一般經生之治《春秋》，僅知
「大義」旨在「討亂臣賊子」，而「微言」旨在「為來世立
法」。唐師則博學弘識，再加上哲學根柢極淵厚並深邃於現
代哲學之名言概念，故能運用「文化道德的理性主義」、

---

❻ 本文除〈前言〉及〈結論〉外，共分三節。本〈結論〉如上文共分㈠、㈡、
㈢三點，此三點之內容乃依次對應文中三節而作出之「摘要」。

沒有停止過。中華民族在他國人民面前也從來沒有抬起頭來過。
1940 年代之後，尤其太平洋戰爭爆發而不平等條約逐一廢除後，
情況漸見改觀。1949 年，中華人民共和國成立❷。然而，起首的
二三十年，由於種種國內外的因素及國內一波接一波的運動，❸我

---

❷ 1949 年 9 月 21 日毛澤東在中國人民政治協商會議第一屆全體會議開幕式上
說：「中國人民從此站立起來了」（這句話，後來被誤會為是毛澤東在同年
10 月 1 日出席開國大典時在北京天安門廣場城樓上的講話）；10 日後，即同
年 10 月 1 日，毛澤東在北京天安門廣場城樓上，向世界各國人民宣告：「中
華人民共和國中央人民政府成立了」。

❸ 筆者出生在香港。各種運動中，筆者孩童時，即聽聞有甚麼三反、五反、大
躍進等等運動。當然，最駭人聽聞的是文化大革命運動。最嚴重時，報載從
廣東的珠江口，每天都有五花大綁的屍體流入香港的海域。筆者好舞文弄
墨，猶記得當時嘗以「偏枯奴隸互鬥場」來對應「中華人民共和國」。
（按：唐君毅先生嘗用「偏枯階級互鬥場」來對應「中華人民共和國」。語
見〈再論中國民族主義與馬列主義之矛盾，及中國之道路〉，《中華人文與
當今世界（補篇，下冊）》，《唐君毅全集》（臺北：臺灣學生書局，
1991），卷十，頁 420。筆者當年想出「偏枯奴隸互鬥場」一語，相信是受
唐先生上述用語之啟發而來，惟今日不復能憶記其契機之詳細始末了。）不
偏不倚之謂「中」；「發榮」之謂華，「文采」之謂華；「人民」乃國家之
主人；「和衷共濟」、「和諧共進」以成「國」。可見以「中華人民共和
國」作為國號，是多麼響亮而又多麼符合我國傳統國情及對未來充滿期許的
一個美稱。然而，迭次的運動使「中華」成為了「偏枯」；權利義務理應一
律平等且身為國家主人的「人民」，成為了特權階級下的「奴隸」；「共和
國」則成為了以階級鬥爭為綱，以唯物主義為指導思想的「互鬥場」。人性
之斲喪扭曲，人文精神之摧殘撕裂，莫此為甚。幸好，文革只持續了十年，
但十年已經夠久了，夠長了，所謂十年人事不知幾翻身矣。運動之發動者及
隨聲附和者，午夜夢迴，或死後有知，其能不愧死乎？其對得起世界上勤勞
儉樸的中國老百姓乎？其對得起為人民共和國之建立而拋頭顱、灑熱血之革
命先烈乎？世界上人品純潔、心地善良的中國老百姓，為何竟遭逢此苦難？

國的發展猶如嬰兒學步，舉步維艱，跌跌撞撞的蹣跚前行，甚至匍匐前進。然而，轉機終於出現了。這得拜第十一次三中全會（中國共產黨第十一次中央委員會第三次全體會議）❹所推動的改革開放、實事求是的政策所賜。三十年來的改革開放，帶來了世人有目共睹的繁榮進步。中國不僅引進了市場經濟，還成功地創立了經濟特區。種種成就，不必筆者在這裡細表了。光是最近的表現已使世人耳目一新。譬如，前年（2008 年）8 月上、中旬，中國非常成功地舉辦了全世界數十億人民都在看的第 29 屆北京奧運會，且獲得歷年來最佳的成績❺；前年 9 月底，中國宇航員（港臺稱為太空人）又成功地作出了首次太空漫步，充份顯示中國在航天科技上踏出了一大步。這眾多例子充份說明並反映了中國在經濟上、在科技上的卓越成就。由此來看，中國人確實是站起來了。

然而，作為一個國家來說，作為一個民族來說，那到底該具備何種條件，有何種表現，才算是真真正正的站起來，真真正正的獨

余治史三十年矣，對此焉得不惑？其無動於衷者，殆非人也。是以筆者心中朝夕焚香祝禱，我們不要再搞鬥爭了，只有和諧奮進、包容共存才是中國唯一的生機。此外，別無他途！個人中學前之求學階段，皆懵懵懂懂，不明事理。愛國心蓋萌芽於上大學後，但亦只是感性上對國家有所鍾愛而已，學理上全談不上。上研究所後，追隨當世大儒徐復觀、唐君毅、牟宗三諸先生，遂了解民族與文化為國家得以挺立之兩根支柱，更進而了解人性與人文之可貴。睹吾華族奮進之途程，復見吾文化中人文精神之璀璨，久束心中之愛國心遂堅牢不可破。必須進一言：余所愛者為文化中國；此與誰主政，何黨為執政黨全無關係。任何以炎黃子孫之利益為最大考量，並熱愛中華傳統文化之執政黨，即余鍾愛之對象。

❹　1978 年 12 月 18 日至 22 日在北京召開。

❺　中國共獲 51 金、21 銀、28 銅共 100 枚獎牌的歷屆最好成績。

立呢？

二、一個民族是否真正的站起來
要端看其文化上的表現

　　唐君毅先生論述清末志士仁人之建國時，曾經這樣說：「中國文化與中國民族，必須兩足同時站起來，不能跛腳以站起來。」❻人要站起來必須兩條腿，否則無法平穩；要走路更須兩條腿，否則無法順暢前行。同理，國家要自存，並穩步前進，亦必須兩條腿。自家民族❼當家作主、傳統文化❽承先啟後，即國家之兩條腿也。唐先生以上所論，一言以蔽之，即此意而已。

　　以中國今天的情況來看，民族站起來，自家民族當家作主，或所謂民族自存、國家獨立，那已不再成為問題了。然而，曾幾何時，70 年前的 1930 年代、40 年代，我國出現了民族存亡前所未有

---

❻　唐君毅，〈中國現代社會政治文化思想之方向，及海外知識分子對當前時代之態度〉，此乃 1972 年之演講稿。後收入《中華人文與當今世界》（臺北：臺灣學生書局，1975），下冊。上引文見頁 631。上文為唐先生應香港中文大學新亞書院中國近代史小組之邀請而做的演講。演講稿由兩同學記錄而成。全文計分五節。其中第四節〈中國文化與中國民族兩腳俱立〉約七八千字；對民族及文化問題之闡發尤細膩，指出青年人必須要有守道不移之精神以迎接來自馬列主義之挑戰。

❼　包含漢滿蒙回藏等等 56 個民族。其中少數民族含臺灣高山族。其實高山族只是一個統稱，臺灣則稱之為原住民。細分之，乃含以下各族：阿美族、雅美族、泰雅族、賽夏族、布農族、魯凱族、排灣族、卑南族、鄒族、邵族、葛瑪蘭族、太魯閣族、撒奇萊雅族、賽德克族，共 14 族群。

❽　尤其是以堯舜禹湯文武周孔為主軸一脈相傳下來的重視人文精神的文化。這個文化統緒，中國傳統上，稱之為「道統」。

的大挑戰。鴉片戰爭前,甚至甲午戰爭前,我國從來不放在眼裡的一個蕞爾小國——日本,竟然以從西方帝國主義的欺壓中解放出來,以建立大東亞共榮圈為口號、為藉口,於 1930 年代發動侵華戰爭,其後更擴大為太平洋戰爭。我國當時在愛國主義為核心的民族精神的激勵下,面對這個「蕞爾小國」,全民精誠團結,人無分男女老幼,地無分東西南北,國共兩黨捐棄前嫌,在軍事委員會委員長蔣介石的領導下,結成抗日民族統一戰線,共赴國難。經過八年抗戰,我國犧牲了數千萬軍民的寶貴生命,財產損失無算,最後取得了得之極為不易的勝利。

　　抗戰前,我國政治、經濟、法治等等方面的發展,遠遠不如面積只有我國的三十分之一,人口不及我國四分之一的日本。當時日本又提出共榮共存等等的口號以作為統治我國的策略。這個漂亮的口號,再加上對抗戰勝利無望等等因素,亦確實吸引了部份政壇人士／野心家,如汪精衛等人,甘心充當日本人的傀儡。當然,從好的一方面看,吾人亦不妨視汪精衛或真的有意解救中國老百姓的苦難,甚至為老百姓求取美好的生活,所以才冒天下之大不韙,甘受千古罵名而寧願充當日人的鷹犬。就此意義來說,我們也許可以對汪精衛給予同情與諒解。然而,作為一個有自尊心、有志氣的中國人來說,日本人縱使真的能夠提供再美好的生活,我們還是不能,也不應接受其統治的。原因非常簡單。唐君毅先生說:「縱然別一民族把我統制得安居樂業,既富且強,有自尊心的民族,亦不屑。不屑就是不屑,此外,不須說別的。此處方見真志氣。」❾四五十

---

❾　唐君毅,《人文精神之重建》(香港:新亞研究所,1974),頁 116。「此

· 432 ·

年前，類似的情況又幾乎發生。這一次則不是外國（日本）主動的向我國發動侵略戰爭，而是中國在所謂無產階級工人無祖國的意識型態的支配左右下，乃以世界上最先實行共產主義的老大哥蘇俄為祖國，甘心受其領導而成為其衛星國！❿我綠野神州的中華大國的

外，不須說別的。」這句話非常關鍵。唐先生所謂不須說別的（原因、理由），這些別的原因、理由，可以有無限的多。就以時間來說，可以包括過去、現在及未來的種種考量。如說過去在歷史上，中國從來沒有受過日本人的統治，且過去我們從來都看不起她，所以我們今天也無法接受她的統治。以現在（指當時的抗戰時期）來說，我本人或我的親人正在受到她的凌辱，所以我誓死都不接受她的統治。以未來來說，她可能會戰敗，到時我也可能隨之成為階下囚，所以為了個人利益的考量，我不能接受她的統治。以上三項是分別就過去的感情上、現在個人／親人的慘痛經驗上、個人未來利益的考量上，來說明為何不能接受外人的統治。但就唐先生來看，這些都不成理由。惟一的理由是自家民族一定要自家人來統治。縱使外人把我們統治得好好的，但基於民族自尊心，不屑就是不屑。此外，其他一切所謂理由的理由，都是不必要的，都是藉口。所以唐先生說：「此處方見真志氣。」如果有其他考量才不接受人家的統治，那麼，個人的志氣、民族的氣概，便無從談起了。在這個節骨眼上，我們必須要把握得住。

❿ 天安門廣場城樓上掛了馬、恩、列、史四大巨像。四人儼然成為了國人的祖宗，成為了國人甘願頂禮膜拜的偶像。而我國數千年的偉人，如文武周公孔孟等等，則早已被拋諸腦後，甚至被鞭屍了。個人當時雖然年少無知，但心中總有莫名的不解與無限的悵惘。迄立世界舞臺數千年且人口最多的一個文明，怎麼可能一個偉人都沒有？自家的國家、自家的文化真的拿不出幾個比較像樣，比較有代表性的人物嗎？不然，為甚麼外國人的巨像要掛在首都的城樓上呢，且都是一般老百姓所不太認識的四個外國人呢？人類真的已經四海一家，早已無分彼此，世界大同了嗎？如果是的話，且又加上中國人真的不爭氣，「上窮碧落下黃泉，動手動腳找東西」都無法湊出幾個比起馬、恩、列、史更像樣的人物，那麼，我無話可說！不然的話，這不是國家的自賤、文化上的自我閹割，那又是甚麼呢？不解，真的不解！其實，由馬列主

民族自尊心真的不知道去了哪裡？幸好後來終於醒悟過來，否則，作為炎黃子孫來說，我們又如何對得起列祖列宗？如果相信靈魂不滅，那國人死後，又將魂歸何處？將長伴馬、恩、列、史左右，以其為吾人之祖先乎？❶《論語·為政》：「子曰：『非其鬼而祭之，諂也。』」馬、恩、列、史，亦不見得會收容中國的不肖子孫、無恥的馬屁精來作為其後嗣呢！

民族不受人欺侮凌辱、國家不被人侵略、國土保持完整，且主權在我，那麼，一個國家便算是獨立自存了。在此意義下，至遲從抗日戰爭勝利（1945 年），或從中華人民共和國成立（1949 年）算起，中國已然獨立自存❷。然而，一個民族能否真正昂首天地間，自主自立，能否真的在世界舞臺上佔有一席位，是否扮演一定的角色，以至是否能為世界做出一點貢獻，不是光看是否不被侵略、是否國土完整、是否主權在我，就作得了準的。換言之，民族不能獨

義衍生之世界主義與中國民族主義存在著一根本矛盾。參唐君毅，〈再論中國民族主義與馬列主義之矛盾，及中國之道路〉，《中華人文與當今世界（補編，下冊）》，《唐君毅全集》（臺北：臺灣學生書局，1991），卷十，頁 403-449，尤其頁 421。據文末編者按語，該文草成於 1972 年，為未刊稿。按：1972 年前後為文革發展得最熾烈、烈焰炙天的年代。唐先生絕對是有感而發而寫出上文的；是以文中最後要指出中國道路往何處去的問題。唐先生心懷祖國而撰著的「應世文章」非常多，上文只是一例。

❶ 唐先生嘗謂：「吾人必須使馬列主義之神位代之以中國之聖哲之神位。弟意中國人實同此人心，唯威脅於俄帝不敢說出，故代之說出，餘無所求也。」唐語見 1956 年 10 月 13 日致大陸友人張遵騮函。該函收入《書簡》，《唐君毅全集》，卷廿六，頁 239-245。上引語見頁 244-245。

❷ 如果從中國與英、美等大國廢除不平等條約算起，那 1943 年初，中國（中華民國）已然獨立。當然，當時部份領土仍在日本控制統治之下。

立自存,那當然甚麼都談不上。但只是表面上獨立,實際上一切仰人鼻息,視外國人為祖宗、為精神領袖、為導師、為舵手,那這種所謂民族已然獨立、國家業已自存,有志氣、有自尊的中國人是寧可不要,且亦絕對不會要的。經濟上及科技上的成就與貢獻,如上文所舉例的近三十年改革開放政策帶來的經濟起飛、奧運會順利成功、宇航員太空漫步等等,當然是非常重要及傑出的表現。然而,同樣重要,甚至更重要的是,一個國家必須有更豐富的精神內涵、有更為世人所尊重、所樂道,且可大可久的表現,甚至要看她是否能對世界其他國家的人民做出一定的貢獻才算數的。換言之,光是民族自主自立是不足夠的,光有經濟上與科技上的成就也是不足為憑的。那民族自主自立及經濟、科技之外,還要靠甚麼才能彰顯一個民族的存在意義與價值呢?個人的淺見是,我們還要靠文化,靠能夠喚起世人注意的中華文化,尤其是強調人文精神方面的文化。文化才是一個國家的靈魂,才是衡量她能否真正獨立自主的指標。民族猶軀殼而已。沒有靈魂而僅有軀殼,那存在是沒有意義的。說得嚴重點,其存在猶不存在也!沒有自家文化,不愛惜自家文化,不把自家文化看在眼裡,甚至踐踏自家文化的國家,則所謂民族獨立自存,恐怕也只是空殼一個而已,其與行屍走肉又何以異?!❸

---

❸ 唐先生即如此說:「我們須知,一個人的身體固然必須獨立的站起來;但一個人的思想與精神更其必須獨立的站立起來。一個國家民族亦然。一個國家民族必須自己的文化站立起來,方是真正的站立起來的國家民族。」唐君毅,〈國慶、校慶、月會〉,《新亞生活雙週刊》,卷 1,期 11,1958 年 10 月;又收入《唐君毅全集》,卷九,《中華人文與當今世界》(臺北:臺灣學生書局,1991)補編,上冊,頁 496。按:唐先生這裡講的國慶,是指十

文化既然如此重要，那麼現在讓我們先來述說一下「文化」一詞的意義。中國傳統文獻中，如眾所周知，「天文」、「人文」、「文明」及「文化」諸詞，皆源自《易傳》。《傳》云：「賁亨。柔來而文剛，故亨；分剛上而文柔，故小利有攸往；天文也。文明以止，人文也。觀乎天文，以察時變；觀乎人文，以化成天下。」❹後世「人文化成」一詞即本「觀乎人文，以化成天下」一語約化而來。但「文化」完全成為一詞，則疑始自劉向。❺

「文」有錯畫、交錯之義。「文」也有美也、善也的意思。❻合而言之，則交錯而產生美及善之謂。「文飾」一詞即大概本此義而來。❼若稍作引申，即成「人為加工（交錯）而使之美及善」之謂。既予以人為加工，則被加工者必與其原始狀態有別，或可謂加工而使之脫離原始狀態。而「化」，簡言之，乃指變，即變化也。❽合而言之，「人文化成」（文化）乃指經人為加工（即後天之人為努

月十日中華民國的國慶。校慶是指新亞書院同一天的校慶。

❹ 《易經·賁卦·象傳》。

❺ 劉向，《說苑·指武》：「凡武之興，為不服也；文化不改，然後加誅。」此「文化」乃指文治教化而言，與《易傳》原義不盡相同。

❻ 參《辭海》（香港：中華書局，1973），「文」條。

❼ 上文《易經·賁卦·象傳》言「人文化成」。而《易經·序卦》針對賁卦指出云：「賁者，飾也。」由此可知「文」與「飾」之關係：即由飾而成文也，或可謂以文而成飾也；統言之，即所謂「文飾」。

❽ 廣東話之「化」，亦指「變」而言。如稱某人不知變通，廣東話稱之為「唔化」（不化；國語／普通話亦有「食古不化」之諺語）。描述某人經某遭遇後非常想得通、想得開，廣東話則稱之為「而家化曬」（現在全想通了、全看開了）。

力）以改變原先之自然狀態❶，而使之美及善之謂。此自然狀態指的是人之原始狀態或所謂動物性之狀態（即宋儒所謂氣質之性），而經後天的努力「文化之」，即可謂改變其氣質之謂。或可謂使人從「自然人」（原始人）而變化成為「文明人」或「文質彬彬之人」。（以上為個人對「文化」一詞粗淺之了解。唐君毅、牟宗三諸大師對此詞更有慧解，不贅。）

　　現在再回過頭來，稍述說咱家的中華文化。中華文化，源遠流長。今天所說的「文化傳統」，以中國古語稱之，即所謂「道統」。此統緒，堯舜文武周公孔孟，下貫至民國，一脈相承，從無間斷。其內涵固豐富無匹。然一言以蔽之，乃以人為依歸之人文精神之相承相續而化開之各種表現而已，❷豈有他哉！所成就者約化之而稱之為「禮樂文化」亦可。《論語・陽貨》載孔子說：「禮云禮云，玉帛云乎哉？樂云樂云，鐘鼓云乎哉？」由此可見禮樂只是外在的表現。最重要的是禮樂背後的精神，此猶「繪事後素」也。此素又是甚麼？個人以為即以人為本（或可謂發乎仁）之人文精神是

---

❶　唐先生壯年即成一家之言的著作《文化意識與道德理性》一書（臺北：臺灣學生書局，1978），第一章開首第一句話便說：「文化非自然現象」，亦可證「文化」為後來人為努力之結果。上書寫成於 1952 年（參自序（一））；師年四十三，故可謂壯年。

❷　以人為依歸之表現，細析之，又有所謂人本、人格、人倫、人道、人性等等各項。綜合言之，依於人性，而在德性上作自我要求即成人格；依於人性而成就人與人之間合理的關係即成人倫；依於人性而成就天地萬物，所謂贊天地之化育即成人道。而所謂人性即人道德理性的本然之性、當然之性，亦即陽明先生所說的「良知」。

也。「薄高遠之理想，忘固有之人文」❷，則所謂「文化」又何所指而云哉？！

　　中國共產黨過去強調馬列主義、唯物主義（materialism）、階級鬥爭。物質的重要，三歲小孩皆知之，不必細辯。視物質為第一性，精神為第二性；物質為下層建築，精神為上層建築。這個見仁見智的說法，我們亦不必定然反對。但筆者不能接受的是「唯」字這個概念及其相應作法。把物質的重要性以「唯」字定位之，則精神豈止退居第二線而已，恐怕早已是名存而實亡了。所謂「精神為第二性」，恐怕只是一幌子而已。然則中國人數千年所重視、所踐履的以人文精神為依歸，以和諧社會為終極訴求、終極樂土的一個人文國度，恐怕早已拋諸腦後了。而實際情況則更糟，因為不只是拋諸腦後而已，實際上是要把它打倒，把它批臭，把它鞭屍，企圖使它永不復生。這個把「唯物主義」發揮到「淋漓盡致」的極端的作法，再加上在有心人士濫用階級鬥爭的理論以批鬥及剷除異己的情況下，過去給我國帶來海嘯般的大災難，說之令人悲痛莫名，實在不堪回首。幸好，這個千載難逢人為的大海嘯，隨著文化大革命的謝幕而退出歷史舞臺，否則中國可能已被歷史巨輪壓垮而遭淘汰了。中國能夠從十年浩劫中翻身，而不至於萬劫不復，真可說是不幸中之萬幸。

---

❷　語見唐君毅，《中國文化之精神價值》（臺北：正中書局，1974），頁407。

三、中華民族能夠從失敗中站起來
主要靠的是從自家傳統文化中汲取養份

鴉片戰爭的一百多年來，我們國家失敗了：政治失敗，經濟失敗，社會改革失敗，軍事失敗。碰到外國，我國幾乎無所不敗。但中華民族，是最擅於反省，最擅於從失敗中學習的偉大民族、從失敗中總結經驗的一個民族。❷❷我們不甘於失敗，我們不甘於在外國人面前抬不起頭來。作為炎黃子孫，作為曾經對世界作出過偉大貢獻的中華民族，我們無論如何不能對不起中華民族的列祖列宗。我們必須站起來，從新站起來，從失敗中站起來；在哪裡跌倒便要在哪裡站起來！那我們靠甚麼，我們憑甚麼能夠讓自己重新站起來呢？

一百多年來，我們乞靈於外國，靠的是向外國學習。用今天的話來說，就是把人家的東西引進過來。鴉片戰爭失敗後，我們曾經向日本學習（學其洋務運動）、向英美學習（學其政治上的民主代議制）、向德意學習❷❸、最後向蘇俄學習。可以說，甚麼國家，我們都學過

---

❷❷ 個人在這裡絕不是說空話。中華民族是世界上眾多民族中最關注歷史、最愛回溯追思過去的一個民族。如果不是唯一的一個民族，那至少是極少數中的一個。中國人關注自家的歷史，從重視史學可見一斑：中國有累世不斷的史籍（最有名的如廿四史，或把《新元史》、《清史稿》算在內而成為廿六史）、有多方發展的史體（最有名的如紀傳體、編年體、紀事本末體。《四庫全書總目提要》甚至把史體細分為 15 類），並因之而以史學聞名於世。中國人學習歷史，當然可有種種不同的動機，但知古以知今，從中吸取教訓，藉以為鑑戒，避免爾後重蹈覆轍，恐怕是最重要的一個考量吧！

❷❸ 國民黨 1927 年清共以後，尤其 1931 年 918 以後，有一以黃埔系精英軍人為核心所組成的一個名為中華民族復興社的組織，企圖走德意法西斯主義的道路。

了。❷然而,學習的過程是流於囫圇吞棗,不講究消化和吸收。處理問題的手段是頭痛醫頭,腳痛醫腳。更嚴重的是,不尊重傳統的文化❷、不本乎人民之好惡、不體察當時的國情,更不審視世界大勢、時代潮流。其換來的結果是,一次又一次的失望和失敗、再失望和再失敗、再三的失望和再三的失敗;致隳吾人精神上之自信和自持。真不知道是我們中華民族自己太笨,學不會人家的東西,還是外國的東西壓根兒就不對味,不是我們能夠學的、需要學的、應

---

❷ 唐君毅先生便說:「由中國向東方走,先到日本,再到英美,到德意,到東歐之俄國,正是繞世界一週。六十年中之中國人已將此諸世界大國立國之路,一一模倣而走盡。無論走那一條路的,其最原始之目標與動機在救中國而無不良善,此不應成問題。……」上揭唐君毅,〈再論中國民族主義與馬列主義之矛盾,及中國之道路〉,《中華人文與當今世界(補篇,下冊)》,《唐君毅全集》(臺北:臺灣學生書局,1991),卷十,頁 408。上引文是唐先生針對一般之情況來說的。然而,唐先生曾特別指出教育方面的情形亦是如此。先生說:「中國百年來的教育有過很大的變化:民國以前以日本的富國強兵為理想,國民黨國民革命運動以前以英美為理想,國民政府成立後,在抗戰以前,慢慢以歐洲為理想,到了後來共產黨又以蘇聯為理想。新亞書院向來都不會贊成這種種做法,學日本、學英美、學歐洲或學蘇聯也好,中國教育總應走一條自己的道路,這道路是屬於中國的、中國人文理想的,這包涵著中國過去的文化通過現在向將來的發展。」先生又說:「中國文化總要嘗試它自己的道路,從民國初年開始,中國已學遍別人。中國要來個創造,因此稱英美,稱日本,稱蘇聯,我都不贊成。」總結一句,就是中國應該走自己的路。幾千年來中國人文主義的偉大傳統、人文精神的豐富內涵是最應該為近現代中國人學習、繼承和發揚光大的。上引語分別見唐君毅,〈理想與現實──中文大學的精神在那裏?〉,《中華人文與當今世界(補編)》,上冊,頁 573、575。

❷ 舉例來說,英美民主是重量不重質,選舉純粹以票數多寡做決定;這與中國傳統文化中,選舉重視選賢與能便大相逕庭。

該學的。真的是所謂「橘逾淮而為枳」嗎？不管是自家兒笨，還是人家的東西不夠好，或易地之後水土不服適應不來；總之，學習的最後結果是，我們是徹徹底底的失敗了！然而，我們偉大的中華民族，五千年來，曾經經歷過無數次來自自身的，或來自外來的挑戰。而每一次我們都成功的回應過來。❷那我們靠的是甚麼？個人的愚見是，我們靠的是自己、靠自家兒的文化。所以我們必須要重新建立自信，並有以自持。❷

中華民族有源遠流長的偉大文化傳統。坦白說，外國有不少東西，甚至可以說有很多很多的東西是足資我們學習借鏡的。然而，我們列祖列宗五千年的文化積累，恐怕才是我們最先應該學習的對象吧，是我們最應該仿效的楷模吧，是我們的源頭活水吧！因此，我們應該回溯反思，回過頭來，在自家的文化上尋根、尋出路。我們何必騎驢尋驢呢❷？！我們要真真正正的站起來，民族獨立外，

---

❷　唐先生嘗為文以闡述中國文化在過去所經歷過的挑戰及中國人回應之道。讀該文可增加吾人之自信。唐君毅，〈中國文化之原始精神及其發展〉，《中華人文與當今世界（下冊）》（臺北：臺灣學生書局，1975），頁687-708。其中〈中國文化過去所經之七次挑戰之性質，及其回應之方式〉（頁693-699）和〈中國文化當【前】所遇之挑戰及其當有之回應之道路方向〉（頁700-708），尤其值得參看。

❷　唐先生即明白的揭示：「人之精神如不能提起而自作主宰，所謂學他人之長，不過閒話而已。」唐君毅，《書簡》，《唐君毅全集》（臺北：臺灣學生書局，1991），卷廿六，頁134。

❷　今天（2009.03.04）早上閱讀臺灣《中國時報 · 社論》，其中針對臺灣當前的經濟問題有如下的看法：「……在不斷焦急地向外國取經的同時，或許我們也該安靜下來，借鏡時也對鏡，仔細且公平地檢視臺灣的來時路，看看自己有些什麼優點與優勢，先別急著否定自己，往後看的目的是為了要往前

還必須文化獨立❷，還必須仰賴自家的文化。鄧小平推動改革開放、強調建設有中國特色的社會主義。❸胡錦濤十七大強調「弘揚

走。」以上的幾句話說得對極了。我們只要把文中「臺灣」二字改為「中國」二字，則這段話完完全全可用在中英鴉片戰爭後的中國近現代史上的。該〈社論〉的標題是〈為下一輪的盛世做好準備〉，載 A15 版〈時論廣場〉。在這裡，筆者絕不是說不要學習外國；但學習上應有主次之別。唐先生以下的說法，便很有啟發性。先生說：「中國未來立國之文化思想，必須有待於吾人一面在縱的方面承先啟後，一面在橫的方面，作廣度的吸受西方思想，以為綜攝的創造。此創造並不能期必某一個人或某一時期完成，但是祇要大家先能提起精神，擴大胸量，去掉一切虛怯，卑屈，羨慕的情緒，而有一頂天立地的氣概，便能逐漸完成。」據此，可知唐先生是非常贊成接受西方的東西的。然而，為求擴大心量，去掉一切虛怯，卑屈，羨慕的情緒，則優先考慮從自家的文化上取經藉以承先啟後，恐怕更有其必要，且亦符合上引唐先生語之要旨。上引語，見唐君毅，《人文精神之重建》（香港：新亞研究所，1974），頁 292。

❷ 必須指出的是文化獨立，絕不等同文化自我孤立。獨立是指其本身有一個主體而不必依附他體始得其存在而言。文化獨立是指以自家傳統文化為本位而建構的一個主體。然而，這個主體是一個有機的主體。它必須也是一個可以不斷吸收他國文化之所長而持續茁壯的一個體。中華文化在過去數千年的發展中，最符合這種情況。我們吸收西域文化、佛教文化，甚至基督教文化，並在一定程度上予以轉化而成為包容度極廣的一個大中華文化。換言之，我們必須固守自家的文化，但絕不排外。唯有如此，中華文化才可大可久。其實，中國人本身就是一個最富包容性的民族。外來文化，我們吸收學習唯恐不及，何排拒之有？！

❸ 鄧小平最強調實事求是。我們不要看輕「實事求是」這四個字，而視之為只是老生常談、了無新意。其實，就經驗法則來說，天下的大道理，或所謂硬道理，就在這四個字上。這四個字，視之為老生常談、了無新意，那也不算錯。但治國本來就是用最平實的道理就足夠。違反人性、乖離常道的標奇立異，別出新意，一天到晚搞理論建設、搞意識型態，那只有把國家、把民族帶入死胡同。二千五百年前中國老祖宗老子不是早就有先見之明嗎？他說：

中華文化，建設中華民族共有的精神家園」。**㉛**個人認為，兩位最高領導人一先一後所強調及推動的文化政策，正是歷史經驗的反省和總結的結果。兩位領導人異口同聲肯定中華民族源遠流長的偉大文化傳統之價值，個人不得不讚賞這是最有智慧的表現。其實，所以是一個最有智慧的表現，無他，因為他們所說的話，是最平實的

「治大國若烹小鮮。」（《道德經》第六十章）但你偏要把小魚翻來覆去，今天搞運動，明天也搞運動，後天也是在搞運動。今天唯物主義，明天階級鬥爭，後天打倒復辟。總之，無或已時。其實，那來這麼多復辟勢力？那有這麼多階級、這麼多階級敵人需要去門爭打倒呢？筆者真的是太笨了，這些高級而玄遠的理論，我想破了頭，也想不透、猜不著：奈何！

㉛ 2007 年 10 月下旬中國共產黨召開第十七次全國代表大會。在 10 月 24 日中國共產黨總書記胡錦濤所做的報告中，其中第七點〈推動社會主義文化大發展大繁榮〉第三項便特別提到「弘揚中華文化」的問題。其相關內容如下：「弘揚中華文化，建設中華民族共有精神家園。中華文化是中華民族生生不息、團結奮進的不竭動力。要全面認識祖國傳統文化，取其精華，去其糟粕，使之與當代社會相適應、與現代文明相協調，保持民族性，體現時代性。加強中華優秀文化傳統教育，運用現代科技手段開發利用民族文化豐厚資源。加強對各民族文化的挖掘和保護，重視文物和非物質文化遺產保護，做好文化典籍整理工作。加強對外文化交流，吸收各國優秀文明成果，增強中華文化國際影響力。」翌日，即 10 月 25 日胡的報告則提出了要充實和豐富「科學發展觀」。所謂「科學發展觀」，約言之，其內容包括四項：第一，以人為本的發展觀。第二，全面發展觀。第三，協調發展觀。第四，可持續發展觀。其中第一項「以人為本的發展觀」，很明顯是與中共多年來所強調的以物為本的「唯物主義」大相逕庭的。此以人為本的科學發展觀，其後並載入黨章內。要特別注意的是，我們不要被「科學發展觀」一詞所誤導，以為提出者是要發展科學，尤其是要發展自然科學。其實完全不是這回事。所發展者其實完全是扣緊人或扣緊人文來說的。提出者大概想到科學是近今一二百年來的顯學，所以便使用這個詞來做點包裝而已。

話，是來自民間的話，是任何一個中國人都可以說出，且應該說出的話。兩位領導人的話代表了全體中國人民的心聲，只是三十年前非理性的文化大革命把最平實的硬道理徹徹底底的打垮了，把任何流著中國傳統文化的血的中國人心中的話完完全全的粉碎了。這所以三十年後，胡錦濤（加上其前鄧小平）的一席話，便彌足珍貴而見其智慧所在了。

四、天不生仲尼，萬古如長夜：孔子是傳統中華文化的源頭活水及世界文化的瓌寶

我們絕不妄自菲薄，五千年的文化精華早已匯注合流而成為每一個中國人身上的每一滴血了。血濃於水啊！我們眾志成城，團結就是力量，我們還用擔心我們的傳統文化不足以讓中華民族站立起來嗎？還要擔心肩負不了時代使命嗎？一切擔心都是過慮的，都是多餘的。然而，文化這個東西是很抽象的，精神則更是抽象中的抽象。現代中國人要如何從傳統文化中挖寶取經、吸收養份呢？個人認為不必擔心。因為偉大的中華文化早已「道成肉身」；此道（精神）早已貫注在中國人的軀體上而此軀體又成為了能夠彰顯著明、發皇張大此精神的活生生的生命了。在五千年的歷史發展過程中，此精神早已孕育出數不勝數的偉大心靈、偉大人格了。政治天才、軍事天才、文學天才、甚至科學天才，中國無所不有，無所不存。然而，「天不生仲尼，萬古如長夜。」宋儒朱熹這句話猶如畫龍點睛，是給予孔子最恰當的定位，道說出了孔子的貢獻遠在他人之

上。❸

　　孔子開啟了我國民間講學的先河，是平民教育家。再者，其有教無類、因材施教的教育理論，縱使今天來說，也是很有智慧的。所以我們可以說孔子是偉大的教育家。孔子擔任魯司寇三月，成績斐然，魯國大治❸。再加上《論語》中孔子論政的眾多言說，孔子

---

❸　這句話，相傳是朱熹說的。但一時未能找到相關出處。

❸　《史記・孔子世家》載：「……與聞國政三月，粥羔豚者弗飾賈；男女行者別於塗；塗不拾遺；四方之客至乎邑者不求有司，皆予之以歸。」然則孔子之治績可以概見了。但是，孔子擔任魯司寇時，在他身上發生了一樁千古疑案。此即「孔子為相，七日而誅少正卯」之事。針對此事，《史記・孔子世家》有如下的記載：「孔子年五十六，由大司寇行攝相事，有喜色。……於是誅魯大夫亂政者少正卯。」《史記》既有此記載，後人便大多信以為真。其實，此乃以訛傳訛之誤。然而，此誤在文革時期，尤其在批林批孔最熾烈的時期，鬧得沸沸揚揚，幾有不可終日之勢；有心人士更必以坐實其說而後快。唐先生本乎知識分子的良知及歷史求真之精神，乃於 1974 年初二度為文予以駁斥。首文名〈孔子誅少正卯傳說之形成〉，收入上揭《中華人文與當今世界（下冊）》，頁 739-759；次文名〈孔子誅少正卯問題重辯——兼答四近樓主附答仲簡〉，收入《中華人文與當今世界（補編上冊）》，《唐君毅全集》（臺北：臺灣學生書局，1991），卷九，頁 295-304。其實，歷代學者，如宋代朱熹、葉適、王若虛，乃至清人崔述、梁玉繩等等對此事已有所疑惑，甚至有所辨析。即與唐先生同時之友朋輩，如錢穆、徐復觀等學人，亦嘗就此事之傳說，甚或進一步針對傳說形成之過程，考證其事之真偽。至於唐先生之考證，既有文獻為立論之依據；又本乎情理之必然。是以獲得之結論確然不可拔也。先生之文章蓋以說理論事占大多數。考證文章絕少。以上兩文則可見先生考證之功力；亦可證先生之學問非徒以義理見長者。錢穆的說法，詳〈孔子行攝相事誅魯大夫亂政者少正卯辨〉，《先秦諸子繫年》（臺北：東大圖書股份有限公司，1986），頁 25-26。徐復觀的說法，見〈一個歷史故事的形式及其演進——論孔子誅少正卯〉，《中國思想史論集》（臺中：私立東海大學，1959），頁 118-132。前人之相關研究，又可參唐君

之為政治理論家、實踐家，又是不待辯的。《論語》中的眾多慧
見，當然也可以讓他夠資格成為一個偉大的哲學家或思想家的。據
魯史舊聞而撰述《春秋》，他當然夠得上史家的稱號。刪詩書、訂
禮樂、贊周易，則文獻學家或「文化學家」也。然而，以上一大串
專家的稱號是不足以道說出孔子對世人貢獻之萬一的，尤其不足以
使萬古的長夜乍見光明。然則孔子之偉大處又在甚麼地方？

答：在於孔子指出：任何人都可以憑自己的能力來踐履道德。
換言之，任何人都是道德實踐的主人；任何人在道德實踐上都可以
當家作主。❸❹孔子說：「仁遠乎哉？我欲仁，斯仁至矣。」❸❺又

毅，上揭《中華人文與當今世界（補編上冊）》，頁 296-297。

❸❹ 當然，在孔子道說出人在道德實踐上可以自作主宰之前，人之能作道德實踐
固然早已為事實。然而，人皆習焉而不察、行焉而不覺。能夠把這個道理明
白的道說出來，把它提昇至自覺的層面的，就是孔子。

❸❺ 《論語·述而》。這個「仁」固然是指個人作道德實踐而言（所以「我欲
仁」，便是「我有意願作道德實踐」之謂），也可以說是個人道德實踐之主
軸。然而，可以進一步指出的是，當國家中每一個人踐履仁時，則這個仁便
成為這個國家的文化的一部份（一種構成元素）。其實，說到最後，這個仁
是一個形而上的實體（蓋可稱之為「仁體」、「仁道」），是有其超越的意
義的：即有其絕對的價值在而不可或缺的。是以一個國家之文化是否得以健
全的發展，這個仁是不可或缺的要素。換言之，國民之道德實踐乃國家文化
之主體。沒有道德實踐則文化上便是一個最大的貧乏、最大的缺陷；甚至可
以說等同沒有了文化。而國家之必要條件，或至少可說最關鍵的條件，便是
文化。由此來說，沒有作道德實踐的國家（即沒有道德的國家：沒有國格的
國家），便是沒有文化的國家；而沒有文化的國家，嚴格來說，便不成其為
國家。在政治學上，「國家」成立的要素／條件有三：領土、主權、人民。
其實，我們應多加一項：「文化」是也。而文化之內涵以道德為要素、為核
心。當然，我們不把「以道德實踐為核心之文化」視為獨立的一個項目來處

說：「為仁由己，而由人乎哉？」❸❻換言之，人可以自覺到其本人就是道德實踐的主人，踐仁成聖是完完全全可以為個人所掌握、所做到，而不假外求的。這種完全不假外求、不借外力而可以踐仁成聖、上齊天德的自覺❸❼，是孔子給人類揭示出來的。然則作為人之所以無比尊貴，其意義便可以立刻凸顯出來了。❸❽「人為萬物之

理也可以。其「替代物」則是：我們必須把它納入以上三項中「人民」一項下而視為人民一種不可或缺的素養便可以了。1952 年唐先生寄居香港時嘗致大陸友人錢子厚先生一函。該函就這方面來說，可以說給予了我們一個極大的啟示。先生說：「夫以吏為師，以生道殺民，治亂國用重典，古亦有之，弟何忍多責。唯弟能信國內一二年之進步皆昔華固有民族精神之樸實勤勞任俠一方面者之復蘇，而此復蘇之所向，必為一意識形態至社會生活之一頂天立地之國家。而國內知識份子之不崇朝，而願與無產階級共甘苦，其精神之基礎正為一超階級之仁，而此仁道終將被自覺而重立，然後中國文化乃得伸展，亦唯此中國文化之伸展，可免國家之沉淪於國際之漩流，以安頓好殺伐之西方世界。不知兄以為如何。」此中「此仁道終將被自覺而重立，然後中國文化乃得伸展」一語便明確的道說出仁在文化生存及發展上之關鍵地位。上引先生語見唐君毅，《書簡》，《唐君毅全集》，卷廿六，頁 248。

❸❻ 這是《論語・顏淵章》中孔子回答顏淵問「仁」時的回話。

❸❼ 由此來說，我們不宜妄自菲薄，因為我們每個人都可以成為上齊天德的一個聖人。換言之，我們應以「齊天大聖」自許。可見此尊號非專為孫行者一人而設也！

❸❽ 個人德性之自覺，匯同以前文武周公制禮作樂之歷史文化之精神之自覺，中國遂成為依於人性而上齊天德以踐履人文化成天下的一個國度。此「雙自覺」之精神自孔子以後從無間斷，惟或以大環境所限，如元清兩代異族入主中夏，則傳統禮樂文化之表現（即人文化成天下之表現）或稍遜而已。值得注意的是，此精神於明末清初土崩瓦解天下大亂之際，反而獲得非常蓬勃的發展，此則當時之志士仁人領袖經綸其間而致之也。舉其要者，如顧炎武、黃宗羲、王夫之等等大儒即為其魁傑；乃欲由歷史文化精神之自覺，以上追三代，而起民族之生機，以建制立法，為萬世開太平者也。孔子之貢獻，又

靈」由此便不是一句空話,絕對不是只就人在智慧方面高出其他動物之上而說的一句話。只有把這句話用來說明人是唯一可以作道德實踐,且自覺可作道德實踐的唯一生物,那麼這句話才有它最足稱道的意義。怪不得最能夠把握孔子精神且孔子最欣賞的學生顏淵對於孔子發出如下的讚嘆:「仰之彌高,鑽之彌堅。瞻之在前,忽焉在後。」❸孟子又說:

> ⋯⋯自有生民以來,未有孔子也。⋯⋯子貢曰:「由百世之後,等百世之王,莫之能違也。自有生民以來,未有夫子也。」有若曰:「豈惟民哉!麒麟之於走獸,鳳凰之於飛鳥,泰山之於丘垤,河海之於行潦,類也。聖人之於民,亦類也。出於其類,拔乎其萃。自生民以來,未有盛於孔子也。」❹

見唐先生以下的描繪。先生說:「孔子宗周攘夷,以興滅國,繼絕世,平天下,以為外王之道。教仁教孝,而期人之與天合德,為內聖之道。二者皆立人道之仁,以繼天道之仁,使天道之仁,流行於人道之中,而立太極於中國文化中之事也。」於太極及孔子等等問題,唐先生則有如下之說明。先生說:「吾意孔孟之功,在於見天命為人性,繼天體仁而立天道於人道,亦可謂之立太極於人極。而宋明儒學之復興,在由人性人道以立天道,可謂之由人極,以立太極。然中國文化中,尚有皇極之觀念。太極為絕對精神,人極為人格之主觀精神,皇極為客觀精神。」據此,則三極之為三,乃分析言之而已;綜合而言之,實一也,以三者同以道德精神(仁道)為核心,故可謂三位而一體者也。上引唐先先語,分別見唐君毅,《中國文化之精神價值》(臺北:中正書局,1974),頁 405;362。

❸ 《論語·子罕》。

❹ 《孟子·公孫丑上》。

孔子在中國，以至在世界的地位及貢獻，由此可以想見了。他是我們今天學習中最重要的源頭活水、最重要的資源，也可以概見了。❹其學說之為一具有普世價值的學說也可以概見了。

宋儒明道先生嘗云：「推拓得開，則天地變化，草木蕃；推拓不開，則天地閉，賢人隱。」❷所謂推拓得開或推拓不開，套用在大陸前些時候的情況來說，就是開放不開放的問題。不開放而固步

---

❹ 筆者對孔子的論述是很皮膚淺的，但求能彰顯其精神之萬一。孔子在人類歷史上的特殊地位及貢獻，唐君毅先生寫過不少文章予以述介；如〈孔子與人格世界〉、〈孔子精神與各類自由〉、〈至聖先師孔子二千五百年紀念〉等等即是其例。以上第一文把孔子與世界上其他五類偉大人物（如康德、蘇格拉底、貝多芬、莎士比亞、歌德、李白、劉邦、唐太宗、亞力山大、拿破崙、屈原、墨子、玄奘、魯仲連、荊軻、馬丁路德、穆罕默德、耶穌、釋迦、甘地、武訓等）作比較論述，最後以「圓滿的聖賢型」來稱頌孔子。唐先生本人自認為該文是寫得比較理想的一文；且筆者亦覺得此文把孔子的整個生命都剔透無遺地彰顯揭示出來了，比起筆者上文的描繪好多了，非常值得參看。以上一二兩文皆收入唐君毅，《人文精神之重建》（香港：新亞研究所，1974），頁 204-235；361-381。第三文則以孔子來和蘇格拉底、耶穌、釋迦、謨罕默德等對比而立論，亦相當值得參看。該文收入《中華人文與當今世界》（補編），《唐君毅全集》，卷九（臺北：臺灣學生書局，1991），頁 181-192。《中華人文與當今世界》（補編）中有數文是闡述孔子在中國歷史文化中的地位之形成的；主旨在於指出孔子之崇高地位乃緣於其弟子及後世讀書人本乎內心之崇敬推重而形成，與帝王、官方之尊敬無關係；且縱使有關係，帝王、官方之尊崇亦只是一外在的助緣而已。該數文甚富啟發性，值得參看。唐先生甚至指出說：「無孔子，則無中國文化。」（頁 359）然則孔子在唐先生眼中的地位可以概見了。

❷ 按：此乃明道先生根據《易·坤·文言》而進一步發揮之語。〈文言〉原文為：「天地變化，草木蕃；天地閉，賢人隱。」又可參黃宗羲，《宋元學案》，〈謝上蔡學案〉。

自封，則必天地閉，賢人隱。文革帶來的十年浩劫就是最忠實的寫照。換言之，不改革開放就只有死路一條。但改革開放也不能漫無依歸，不能中無所主，否則只成縱放或放縱，而不是開放。然則這個「主」又是甚麼？一言以蔽之，乃立基於人文精神之中華傳統文化是也；而集大成之代表性人物，孔子是也。是以必以「道成肉身」之孔子為楷模、為典範，藉以繼承並弘揚中華傳統文化，此又無待贅言者也。然而，說句持平的話，孔子也有他的時代局限、環境掣肘。換言之，他老人家的學說也有今天不盡適用的地方。所以我們也不必全盤的予以接受，把他的每一句話都視為金科玉律。套用臺灣的用語，就是不能照單全收；大陸的用語則為，我們要批判地繼承其學說。再者，我們更要創造地發展其學說。這樣說不是要貶低他老人家固有的學說的價值。恰恰相反，去蕪存菁批判地繼承之，並要創造地發展之（深化之、活化之），才能全幅彰顯其學說的真精神、真價值，也藉此而得以賦予其學說時代意義，並進而闡發其更高的理想意義。只有這樣做才是真真正正的愛護孔子，才算是他老人家的忠實信徒。

　　過去三十年來，中國推行和實施的一系列的政策和舉措，例如孔子得到平反、中國實行改革開放、儒家學說重新被重視、建構和諧社會、弘揚中華文化及建設中華民族共有精神家園等等（下詳），都使得筆者心中產生無以言表的興奮和感動。相對於文革十年浩劫時，耳聞目睹孔子被糟蹋、被踐踏，以至其他一連串極端非理性的表現，個人內心有著無限的悵惘、也有著無限的感慨。個人一輩子最佩服的經師人師當代新儒家代表人物之一的業師唐君毅先生在仙逝前一日，即 1978 年 2 月 1 日，閱報得悉大陸對孔子誅少

正卯一事已有翻案文章❸，而興奮莫名，認為旋乾轉坤、天地易位的契機終於出現了、蒞臨了。可惜他老人家走得早了一點，否則他看到今天國家之如此尊重孔子，如此重視傳統文化，他會是何等的高興、何等的興奮啊！

五、在開拓及弘揚以儒家人文精神及和諧思想❹為主軸的中華傳統文化上，中國大陸民間團體所扮演之關鍵角色

---

❸ 唐先生是充滿使命感的知識分子。得悉孔子被文革人士誣衊「為相七日而誅少正卯」後，便寫了一篇為此事翻案的文章。該文分別在港臺三雜誌上刊登。後收入所著《中華人文與當今世界》（臺北：臺灣學生書局，1975）一書中，見頁739-759。詳參上註❸。

❹ 按：《論語》無「和諧」二字。然而，《論語·學而》載有子曰：「禮之用，和為貴。先王之道，斯為美；小大由之。有所不行，知和而和，不以禮節之，亦不可行也。」《論語·子路》又載孔子曰：「君子和而不同，小人同而不和。」（《孟子·告子下》亦有類似的說法：「君子亦仁而已矣，何必同！」）可見「和」一字，《論語》是有的。至於「和」、「同」二字，我們不必細究此二字在上引《論語·子路篇》中意義上的差別。但在孔子眼中，「和」、「同」二字的意涵一定不一樣，否則不必以前者指君子，以後者指小人。此其一。再者，「和」，其意義一定是正面的，至少就孔子的用法來說一定是如此，否則他老人家不會用它來描繪君子。然而，「和」也不是毫無原則的。其原則就是，必須合乎禮、必須要用禮來節制之。由此可見，和不是為了要和而和（知和而和），否則便是「和稀泥」、瞎湊合；這便與「同」（無原則的和(合)）無所分別了。說到「同」，我們不得不提《墨子》的〈尚同篇〉。尚同是墨子十大主張之一，大意是說人們在政治、經濟、文化、思想、軍事等領域內，其是非善惡的意見皆以上級為標準，小自鄉里，大至天下，都要逐級上同，最後統一於天子。用現代的話來說，就是「要向上級領導看齊」。換言之，以上級的意見為意見、為依歸，而完全

沒有民主、多元、平等、存異、相互尊重可言了。這種「同」是很危險的
（在這裡，必須指出的是，《禮記·禮運篇》所說的「大同」則是另一境
界，此不可與《墨子·尚同篇》所強調的上同於上級領導混為一談。）〈尚
同篇〉所談的「同」，可說是獨裁意識下的產物。所以與其講「同」，那當
然是要講「和」了。因為後者是比較保險，比較穩重可行，且又合乎現代的
民主精神的。「和」這個古老觀念，因為必須節之以禮，由是乃蘊藏著協
調、妥協、容納異己、尊重對方等等的意涵；換言之，即可以開展出／契接
上近現代的「民主」精神的。至於「和諧」又是何義？我們可以說，「和」
即「諧」；「諧」即「和」。換言之，二字可以互訓。據《漢語大辭典》
（上海：漢語大辭典出版社，1997 年版），頁 1554，「和」字條下，按不同
音讀，分為五項。其中第一項之第二個解釋即云：「和諧，協調」，並引
《禮記·樂記》：「其聲和以柔」為證。至於「諧」字，《漢語大辭典》，
頁 6648 第一個解釋即云：「和合；協調」；並引《書經·堯典》：「八音克
諧，無相奪倫，神人以和」為證。總言之，「和」即「諧」，「諧」即
「和」也。《論語》雖無「和諧」二字，但「和」、「諧」二字既可互訓，
又由上引《論語》孔子曰：「君子和而不同，小人同而不和」的語句來看，
吾人可知孔子絕對是贊同和諧的。換言之，和諧必係孔子及其後之儒家所認
同、所追求的境界，則斷無可疑者也。由此來說，要弘揚中華文化，其落實下
來，必以追求和諧社會為終極歸趨，則可斷言者也。由此亦可見中共「弘揚
中華文化」、「建構和諧社會」的政策，乃一而二，二而一之一體之兩面；
實中華民族獨立自存，挺立於世界所不可或缺之要素也。既云「弘揚中華文
化」，則反人文精神之唯物主義終被拋棄；既要「建構和諧社會」，則違反
人性及違反中國人謙和精神的「階級鬥爭」亦必將銷聲匿迹無疑。附識：唐
君毅先生對「和」字和對「和」、「同」二字之差別的解讀，很有啟發性，
茲轉錄於此。先生說：「我們理想的世界，不是無異之人與人同之世界，而
是有異而相容，相感，相通，以見至一之世界。異而相感相通之謂和。所以
我們不名我們之理想世界為大同之世界，而名之為太和之世界。和與同之不
同，是我們所須認識的。」唐君毅，〈理想的人文世界〉，《民主評
論》，第一卷，第二期，1949 年 5 月。此文又收入唐君毅，《人文精神之重
建》（香港：新亞研究所，1974），頁 53-66；上引文見頁 66。上揭「中華

　　個人在非常重視傳統中國文化的寶島臺灣生活二十多年。1950、60、70、以至 80 年代的臺灣，由於政府的大力提倡，再加上民間的多位儒學大師，譬如錢穆先生、徐復觀先生、牟宗三先生等等以「化當世莫若口，傳來世莫若書」❹為南針的積極努力下，

文化與和諧社會建設國際研討會」（參註❶），有不少文章是針對「和諧問題」作討論的，對筆者啟迪良多。其中廣東省食文化研究會會長楊冠丰先生〈炎黃文化　和而不同〉一文從文字學觀點闡述「文」、「化」、「和」等字的意涵，尤其值得參看。順帶一提的是，中國人係歷史意識最濃烈，最看重歷史的民族。依唐先生的看法，歷史意識對於凝聚各民族，促進民族間之和諧扮演很重要的角色。唐先生說：「歷史意識非歷史學之意識，歷史意識只是由人類之記憶活動而發展出之一保存有價值之文化之意識，重在保存有價值之文化，即不重在探其源於何族也。……而歷史意識則純為使文化和融而消除民族間之對待者。故中國古代史官之發達，皆為一民族之凝合力量。」約言之，歷史意識必衍生而成為保存有價值之文化之意識。而為了保存有價值之文化，則必求民族間之和諧與共榮共存，而厭惡、排斥爭鬥和戰爭，否則有價值之文化便無法保存。順唐先生意，中國人的歷史意識既然特別濃烈，則可想見中國乃係一特別重視和諧、酷愛和平的一個國家。至若歷史上所發生之各種爭鬥或戰爭，乃可謂偶發性之歧出，非酷愛歷史及文化之中華民族固有之本性。上引唐先生語，見上揭《中華人文與當今世界（補編上冊）》，《唐君毅全集》，卷九，頁 142。歷史意識與保存有價值之文化，乃至消除民族間之對待的問題，個人的看法稍有保留。茲舉一例：秦一統天下後，恐六國遺民以思及故國之歷史而導致叛亂，故「非秦記皆燒之」（《史記・秦始皇本紀》語），則為破壞文物（史籍即文物之一）之一例；且恐怕亦不能消除六國族群與秦人之敵對意識。換言之，個人認為，歷史意識不必然能「使文化和融而消除民族間之對待者」。換言之，唐先生所言，大體上固是；然亦不可一概而論也。當然，筆者上舉一例固可視為歷史發展中之一歧出，非常態，非理想之狀態。然而，既係歷史中之一事實，固亦宜納入考量之。

❹　語出韓愈，《昌黎先生集・答張籍書》。

臺灣儼然成為中國傳統文化及儒學的重鎮。諸先生的成就及貢獻，不必我細表了。然而，好景不常，在種種因素的影響下，儒家文化被重視的程度早已大不如前；宋儒云：「儒門淡薄，收拾不住。」❻目前臺灣的情況，恰好如此。幸好，人心不死，在不少人的努力下，儒家文化還有一定的生機，但早已不絕如縷了！

　　然而，反觀中國大陸，則自 1978 年中共第十一次三中全會以來所推動的改革開放政策、2004 年中共第十六次四中全會所明確提出的構建社會主義和諧社會的重大戰略任務，再加上上文提及的2007 年中共第十七次全國代表大會所強調並要積極予以落實的弘揚中華文化的偉大使命等等，在在均充份顯示乃係高瞻遠矚，且非常務實可行，並給全國人民帶來希望與榮景的一系列的偉大構思與重大革新。1949-1978 三十年的固步自封，反對改革開放，復以階級鬥爭為綱，則中華傳統文化中最重視的兼容並包與和諧共生等等的理念和理想便全然談不上。幸好，那最不幸、極端非理性的三十年（尤其文革十年）過去了。而近三十年的推動改革開放、建設和諧社會，以至 2007 年提出弘揚中華文化等等的偉大理念，是中華民族得以茁壯成長及中華傳統文化得以發揚光大的關鍵樞軸及旋乾轉坤的新契機。❼以下相關單位所作出的貢獻，尤其值得特別一提：

---

❻　此語蓋出北宋張方平（1007-1091），乃張氏與王安石對話時所說者。

❼　順便可以指出的是，依吾人所見，不只人與人之間的鬥爭矛盾是表面現象，其實物與物之間的鬥爭矛盾，又何嘗不是表面現象。蓋上天有好生之德，天道必以生道為本也。唐先生言之備矣。其言曰：「……至於物之相爭相害之爭，固不得而抹殺。然其相爭相害，皆為求生存。求生存本身，在中國先哲視之，並不視為保存物質之身體之事，亦不視為中性的或罪惡的。而以為物

中國大陸之各民間文教團體、遍布世界各地之孔子學院、多所大學之儒學中心等等機構或單位，近年來以建構和諧社會為主要考量而推動並弘揚中華文化的各種舉措，皆甚為值得推崇。茲舉本人知悉之三例以見一斑：

㈠中華炎黃文化研究會長期辦刊物（出版《炎黃春秋》十八年，迄今（2009 年底）逾 200 期；河南省炎黃文化研究會又出版《炎黃天地》）、一屆接一屆的舉辦學術性的世界論壇（由 2000 年起，先後在北京、香港、澳門、臺北及廣州隔年舉辦）。

㈡以推動儒家思想及傳統中國文化為主軸之山東泗水尼山聖源書院成立於 2008 年 10 月，並擬推動一系列文教講學活動。

㈢香港中文大學為培訓大陸教育界人士認識中國傳統文化精神而迭次舉辦中華美德教育❹。以上三例都是極具前瞻性且極富使命

之求生存，即求有所創新發育。物之求生存本身，亦依物之自身有仁，而後可能。故中國人以物能之種子曰仁，如桃仁杏仁之名是也。知物之求生存之依於仁，則物之由求生存而相爭相害，亦依於仁而後可能也。吾人由物之相爭相害，而謂自然界處處表現鬥爭與矛盾，固非全無所見。然凡物之與其他物鬥爭者，其自身必先生存。而其生存必由仁於其自身。即其生命之內部必有一統一與和諧。否則，其與他物之鬥爭矛盾，亦不能有。夫然，自然界之鬥爭矛盾，即可說為自然界之表層，或萬物之生化歷程之末端之一險阻現象。而非自然界之本性。凡自然界之鬥爭、矛盾與險阻，依《易經》之教，又無不可由擴大各自所感通之物之範圍，以調協彼此之關係，而歸於並存並育之大和。……故由宇宙之不滅，萬物之存在，即證天道之必以生道為本，仁道為本，而自然界非不表現德性與價值，亦明矣。」唐君毅，上揭《中國文化之精神價值》，頁 83-84。

❹ 弘揚儒家文化最力且亦甚為推崇君毅先師的香港中文大學教育學院教授劉國強兄實為此活動最積極的推手。筆者對國強兄敬佩不已。

感的作法。個人欽佩不已。

個人更深信以上各民間團體，對今後弘揚中華文化，建設中華文化精神家園，尤其對深化孔子思想的研究、促進和諧社會的建設上，必會扮演舉足輕重的角色。中華文化慧命之相承相續及啟後開來，亦必如《詩經》上所說的「於穆不已」❹，亦必將永不已。個人在此引領企盼而焚香祝禱焉。願酷愛和平和諧的中華民族恆久長存、壽同天地，彰顯發皇人文精神的中華傳統文化永垂不朽、日新又新！❺

六、唐君毅先生的終極關懷

唐先生的終極關懷，說多可以說很多，說少也可以說很少。這完全端看我們是分殊的說，還是合一的來說。如一以貫之的來說，唐先生的終極關懷，甚至可以說只有一項。此即充量開拓吾人之道德意識（含自強不息的不斷自我提昇、自我超越，實現真善美神聖等等價值，藉

---

❹　《詩經·周頌·維天之命》。

❺　在這裡，筆者願意提出一個問題以就正於方家。中共最高領導人提出要建構社會主義和諧社會。筆者有一點感想。建設和諧社會到底是不是最高領導人的最終目的、最高理想，藉此來取代過去多年來所強調的以階級鬥爭為綱的社會型態；抑「和諧社會」這種提法只是一種手段，視之為一個過渡，藉以瓦解階級鬥爭，而目的仍然是要促成馬列主義所強調的社會發展五階段論的「理想的共產主義社會」這個最後階段的實現呢？當然，說到最後，是目的也好，是手段也罷。只要最後能夠建構成一個不以鬥爭為目的，也不以唯物主義為立國綱維，而以人文化成天下為目的的一個和諧理想家園，那我看中國人一定是欣然接受的。願共勉焉！

人文思想之落實便是上文說過的人文化成天下的問題。而此問題永遠是唐先生最終極的一個關懷。人文化成天下，具體落實到中國現代史上，便是對民族生命和民族文化生命的關注。先生在同一文中又說：

> ……其所歸之方向，只是一個。即：中國的文化與民族必兩腳俱立，而非只跛腳的勉強支撐。❺❾

撰寫於 1971 年與 1976 年之間❻⓿的〈中國文化之原始精神及其

族站立不起來時，甚麼都不必說。但一旦站立起來之後，文化便要有所發展，否則這個民族還不算業已完成其自我。上引語見：〈理想與現實——中文大學的精神在那裏？〉，《新亞書院學生會》，第三期，1972 年 8 月 15 日；又收入《中華人文與當今世界（補篇）》，上冊，頁 578。

❺❾ 《中華人文與當今世界》，下冊，頁 657。

❻⓿ 這篇文章收錄在《中華人文與當今世界》一書內，惟文章未標示撰寫日期或出版日期。我們據以下一段話，稍可推斷該文之撰寫年份。文章開頭第一段說：「……我二十年前所寫之《中國文化之精神價值》，及《人文精神之重建》，《中國人文精神之發展》等書，幾已將我個人要說之汎論的話，幾說盡了。」按：《價值》一書內含唐先生撰寫於 1951 的〈自序〉，《重建》一書內含撰寫於 1954 年的〈前言〉，《發展》一書內含撰寫於 1956 年的〈本書旨趣〉。據此，則三書成書之最後年份不出 1951 年至 1956 年的 5 年間。上引說「二十年前」，則 1956 年便是〈中國文化之原始精神及其發展〉一文撰寫時之「二十年前」的最後一年。而 1956 年之後二十年便是 1976 年。因此，〈中國文化之原始精神及其發展〉一文之撰寫日期最晚不過 1976 年，最早不過 1971 年。據〈唐君毅先生著作目錄〉所載，唐先生於 1973 年嘗撰有〈中國文化之原始精神及其所經歷之挑戰與回應而形成之發展〉一文（刊於《東西風》，第七期。惟今未獲睹此刊！）。而〈中國文化之原始精神及其發展〉蓋即同一文（兩文標題幾全同可以為證）。果如是，則〈中國文化之原始精神及其發展〉便是撰著於 1973 年了。〈唐君毅先生著作目錄〉收入

發展〉一文又有如下的說明：

> 綜上全文所說，我希望大家對於中國之文化精神之發展之歷
> 史階段，與歷史動力，歷史動向，有一整個的看法。此歷史
> 動力，是一民族生命與文化生命的動力。其動向，是此二動
> 力，原出於一本，故雖或分為二，終必歸向於一。……五、
> 由清末至民國以來，為「應付中國以外之西方與日本侵略勢
> 力，以求中國民族之文化與世界文化相通接，而不失其自作
> 主宰之主體的地位，而待於綜合以前各時期之應付挑戰的諸
> 方式，以創造一對當前之大磨難的挑戰之回應方式」的時
> 期。此即我們現在所在之時期，亦即中國文化歷史之動力與
> 動向之當前所在之地。**❻❶**

上段可注意者有二：㈠民族與文化是一體的，原出一本的。無民
族，或民族無法獨立自存，一切固然談不上。此正所謂「皮之不
存，毛將焉附？」但光有民族，而此民族早已失其固有的文化或傳
統文化，則此民族雖生猶死。其存在亦無多大意義。㈡中華民族與
中華文化之發展，由上古至清代，唐先生分為五個階段。除第一階
段之為自身之成長及發展外，針對其餘各階段，唐先生均旨在說
明，中華民族與中華文化在發展過程中，如何接受／回應外來挑戰
之問題。（為節省篇幅，上引文只舉出最後一階段以為佐證）此可注意者

《唐君毅先生紀念集》（臺北：臺灣學生書局，1979）頁 5-28。

❻❶ 唐君毅，〈中國文化之原始精神及其發展〉，收入《中華人文與當今世
界》，下冊，頁 705-706。

為：在接受／回應之過程中，中國必須不失其自作主宰之主體地位，否則中國之存在便只是一空殼子。其與行屍走肉又何以異？

以上依不同文章而轉錄的數段文字，可以注意的是，其最早者撰著於 1956 年，最晚者則成文於 1974 年。在這裡需要稍為指出的是，民族生命與文化生命兩足俱立的相關論述不見諸 1960 年代的任何一篇文章中（除非筆者在閱覽過程中有所遺漏）。❻為何會如此？筆者可以想到的可能原因是：50 年代大陸剛易手，唐先生有感於民族、文化之「雙亡」❻，是以不得不作獅子吼❻。60 年代則局勢已不可挽（已成定局），故不必多說了。同時，唐先生的關注重點乃稍轉易而為純粹學術的探研；《哲學概論》及多卷《中國哲學原論》等等大部頭的純學術性論著大抵皆成書於 1950 年代末至 1970 年代初，即可為證❻。然而，60 年代末迄先生仙逝前一二年，文革情

---

❻　這並不是說先生在 60 年代不再論述民族問題、文化問題。其實，在不少文章中，如分別撰於 1961 年及 1964 年膾炙人口的〈說中華民族之花果飄零〉及〈花果飄零及靈根自植〉兩文，便有不少地方是論說中華民族和中華文化的。筆者只是說，在 60 年代的文章中，比較找不到論述民族、文化兩足並立的文字而已。讀者幸勿誤會。

❻　無產階級工人無祖國而以蘇俄為祖國，國家民族乃雖生猶死；以馬列主義唯物主義取代中華傳統文化，傳統文化遂無復幸存。此上文已有所論述，可參看。

❻　當然，另一原因是：為回應友人徐復觀先生、張丕介先生所辦之《民主評論》及王道先生所辦之《人生雜誌》之投稿呼籲，又為現實生活上的考量，則針對民族、文化及針對當時人比較關注時局大勢的應世文章，亦不能不多寫。

❻　筆者再表明，這樣陳述並不是說唐先生對民族問題、文化問題已然熟視無睹；然而，關注上的比重乃明顯與 50 年代有所別異；且 50 年代末至 60 年代

況愈演愈烈，先生救民於水火之使命感再度燃起，且其時除新亞研究所所長一職外，先生不再兼其他行政職，因此稍得暇「重操故業」，再度對民族、文化兩足並立問題續發獅子吼。

㈡人類和諧、世界大同

如上所論，依人之道德意識之充量發展而人文化成天下，含促成人類和諧、世界大同之實現，乃唐先生之終極關懷所在。今茲按唐先生文章發表之先後，針對其中「協和」、「和諧」、「大同」等等問題之言說，擇其要者，引錄闡述如次。

發表於 1944 年 2 月唐先生時年 35 歲之〈中國文化中之藝術精神〉一文，其相關文字如下：

> 中國政治之最高理想是大同之世，協和萬邦，四海一家。……中國哲人欲以家庭之精神運用於政治，化國與天下中一切人之關係而成為父子兄弟的關係，這正是要使天下人好合如鼓瑟琴，令世界交響著無聲之樂，而化整個人類成為一部交響樂隊，這正是中國人的藝術精神之最廣大的應用。❻❻

初，乃係新亞書院加入中文大學之準備階段時期，相關行政事務極紛繁，唐先生恐已無暇多方兼顧了。

❻❻ 唐君毅，〈中國文化中之藝術精神〉，《文史雜誌》，卷 3，第 3、4 期合刊，1944 年 2 月；又收入上揭《中華人文與當今世界補編》，上冊。上引語見頁 49。中國傳統政治型態，為現代人所詬病者在於「家國同構」：國家組成的型態同於家庭。果爾，則只有上下尊卑的關係。借用牟先生語，此乃一隸屬（subordination）的關係，而非一平等對列（co-ordination）的關係。此則明與現代民主政治的理念相背反者。然而，唐先生看事物、看問題，永遠

中國的政治結構，素有「家國同構」的特色。國家之結構以齊同於家庭為最高理想。而家庭之結構固以父子兄弟夫婦之諧和好合為原則。本此原則，則國家亦必漸次而進至四海一家、協和萬邦、世界大同之境域。

　　一年後，即 1945 年 9 月〈中國原始民族哲學心靈狀態之形式〉一文又有相關論說：

> ……所以天地與人和協之感觸，可以是中國原始民族即有之感觸，……由種植植物而生之天地相感、天地人和諧之意識，在不以農業為主、不居於鄉村的創造希臘文化的城市人，與以游牧為主的諾爾曼人，都是不會真正有的。……於是覺天地為大父母，天地與人之和諧與父母及子女之和諧可以類比。子女間之愛出於原始之生物本能，據此原始生物本能中之愛以透視天地與人之關係，於是更加強天地與人和諧之信念，這一種意識我們也可以相信其早孕育於中國古代人之心靈中。而這一種意識在常常航海遠游至異邦城市國家中生活，或少過單獨的家庭生活的成群結隊之游牧者都是不易於引起的……《國語‧周語》說：「夫民之大事在農，上帝之粢盛於是乎出，民之蕃庶於是乎生，事之供給於是乎在。

能看出其正面意義。此真可謂道德的理想主義者、政治的理想主義者了。（亦可謂由其道德上的理想立場出發而賦與傳統政治型態一理想意義）上引語：「中國哲人欲以家庭之精神運用於政治，化國與天下中一切人之關係而成為父子兄弟的關係，這正是要使天下人好合如鼓瑟琴，……」，即可為證。

> 和協輯睦於是乎興，財用蕃殖於是乎始，敦厖純固於是乎
> 成」，由後二語更可見農業民族必較和協輯睦敦肅純固而缺
> 權力爭奪之意識。**⑥**

上文主要是說明城市人、游牧者、航海遠游者都比較缺乏天地相
感、天地人和諧之意識。相反，以農業為主要生產型態的鄉村人
（農業民族）則比較容易發展出此等意識。中國素以農立國。是以，
依唐先生，此等意識早孕育於中國古代人之心靈中。本此，吾人可
以說，強調人類間相互鬥爭之馬列主義，實非中國所宜。（當然，
亦不必為他國所宜。）唯此時中共尚未建國，馬列主義尚未大行其
道，是以唐先生在文章中未直斥馬列主義之非，且其文章之中心旨
趣亦不在於此。

　　1974 年 12 月在〈現代世界文化交流之意義與根據〉一文中唐
先生仍抱持上述的看法，且進一步以達觀（非僅樂觀）的心態以預示
人類之未來可進至大同世界、太和世界之境域。唐先生說：

> ……而我們這一代的人，只要能真抱此一大同世界，太和世
> 界的理想，使此理想充實於其生命心靈之中，則每一人亦皆
> 同可見大同世界、太和世界，……故亦用不著為此理想之尚
> 未實現於客觀外在世界，而感到絕望與悲哀，則能常「憂以

---

⑥ 唐君毅，〈中國原始民族哲學心靈狀態之形式〉，《中國文化》，第一期，
　　1945 年 9 月；又收入《中華人文與當今世界》，補編上冊。上引文見頁 57-
　　61。文中所引之《國語・周語》見《國語》（上海：上海古籍出版社，
　　1978），上冊，〈周語上〉，頁 15。

天下」，而亦常「樂以天下」，以「無入而不自得焉」。❻❽

按：上文發表於 1974 年 12 月。其時及其前之數年，文化大革命進行得如火如荼、高潮迭起；大陸人民正陷於水深火熱之中，先生之內心固極憂傷悲痛無疑❻❾。然而，該文刊登於《明報月刊》，為向普羅大眾發表之文章，故不得不多從正面立論，以激勵人心。再者，唐先生一輩子以天下為己任，任重道遠，其壓力必極大。然而，在理性上則恆能貞定守常、修持應變，自強不息而鞭策自己做到以達觀之心態面對之。以是能常「憂以天下」，亦常「樂以天下」，而「無入而不自得焉」。本此，唐先生在國家民族文化最困厄危難之時，仍能對未來充滿信心。茲徵引先生 1972、73、74 年之言論以見一斑。72 年 6 月，先生抱持如下的信念：

> 二十年來，中共之「一面倒」，既失敗於中國民族主義之前而反蘇；至多一二十年，中共之馬列主義，亦必然失敗於中

---

❻❽ 唐君毅，〈現代世界文化交流之意義與根據〉，《明報月刊》，108 期，1974 年 12 月；又收入《中華人文與當今世界》，下冊。上引文見頁 828。

❻❾ 文化大革命持續了十年（1966-1976）。這個運動對畢生以承傳弘揚中華傳統文化為己任的唐先生來說，其內心之煎熬痛苦是可以想像得到的。在文革進行得如火如荼的 1972 年，唐先生接受了程文熙先生的訪問，內容是談人的尊嚴及民族文化問題的。訪問後，程先生有如下的按語：「按唐先生兩次談話中，從未見其有任何悅愉之色，似有無限隱憂，而語多遲重者。對國是所說尚多，蓋盡是悲天憫人之言。如有知所以為哲人，並熟知君勱先生所嘆吾民為苦命民族者，則唐先生之愛國心情，可以知矣。」從程先生的按語，可知唐先生內心之悲痛。程文熙，〈唐君毅先生談人之尊嚴及民族文化〉，《再生》，臺字第二卷七月號，1972 年 7 月；又收入《中華人文與當今世界》，補編，下冊，頁 533-534。

　　國之人文社會的思想之前。這是我們今日之合理的希望，與
　　應抱的信心。**⑦**

上文唐先生說：「至多一二十年，……」1978 年第十一屆三中全
會後，中國一步一步的革新：改革開放。（詳上文第三節）唐先生
1972 年 6 月在以上文章中的預測，真的是準確無比，果在數年內
便有了天翻地覆的大轉變。

　　同年（1972）7 月，先生針對我國將來的學術思想，又有一番預
見及期許。先生云：

　　……若干年來，曾感於人才之成熟及續持之不易。然另在若
　　干處，亦見後起人才之多。我意果能有人之尊嚴及民族文化
　　之復興，則人人有其學術思想自由，人人有其自動自發，皆
　　有活力，想我國將來學術思想，必有另一新境界。**⑦**

大陸改革開放後，其學術思想及文教事業之自由蓬勃發展是文革時
期所絕不能想像的。果然真的是如唐先生所預測的：「必有另一新
境界」。

　　1978 年大陸才開始進行改革開放。原來五年前，即 1973 年唐
先生給朋友的一封信中早已提出了相關意見。其識見真可謂卓爾不

---

⑦　唐君毅，〈中國現代社會政治文化思想之方向及海外知識分子對當前時代之
　　態度〉，《明報月刊》，78 期，1972 年 6 月號；又收入《中華人文與當今世
　　界》下冊，頁 658。

⑦　程文熙，上揭〈唐君毅先生談人之尊嚴及民族文化〉，《中華人文與當今世
　　界》，補編，下冊，頁 532-533。

群！先生在該信說：

> 今之大陸以「反封建」、「解放」為口號，實今所當反者應
> 為「封閉」，所求者應為「開放」。能開放方可求進步。㊉

以上各段引文，唐先生談學術思想、談人文社會、談民族文化、談開放進步。而最後的歸趣，惟在於天下一家、大同世界、太和世界。1974 年 12 月所發表的一篇文章中，唐先生便明確的作了如下的表述。先生說：

> 我相信世界仍將有政治經濟上之由分而合之天下一家之局
> 面，會在未來出現。但這決不當是、亦不能是秦始皇式之以
> 武力統一天下之事。這只是由世界人各以其開朗的心靈，一
> 面有學術文化的交流，一面互相涵攝其生命存在，所成人與
> 人互為主體之倫理的人文世界之天下一家、大同世界、太和
> 世界。……而我們這一代的人，只要能真抱此一大同世界，
> 太和世界的理想，使此理想充實於其生命心靈之中，則每一
> 人亦皆同可見大同世界、太和世界。㊓

㊉ 唐君毅，〈致徐東濱〉函（1973.11.09 寫），收入《唐君毅全集‧書簡》卷
  廿六，頁 363。

㊓ 唐君毅，〈現代世界文化交流之意義與根據〉，《明報月刊》，108 期，
  1974 年 12 月；又收入《中華人文與當今世界》，下冊，頁 828。上引文中，
  「互為主體」一語極關鍵，極具啟發性。此揭示唐先生之開放心靈，絕不以
  自我為中心。在追求及落實全球化（Globalization）的今天來說，互為主體的
  互相尊重的精神恐怕是全球化得以成功的最大關鍵。

天下一家、大同世界、太和世界之實現，說難的確是很難；但說易也未嘗不至簡易。就唐先生來說，其關鍵在乎人是否能開放其心靈，並進一步充量向外推拓擴張而已。明道先生不是說過嗎：「推拓得開，則天地變化，草木蕃；推拓不開，則天地閉，賢人隱。」其旋乾轉坤之關鍵，非他，全端視每個人當下一念而已❼❹。

　　唐先生當然希望人與人之間的關係要和諧、要融和。1956 年發表的一篇文章即如此說：「中國人所希望的是，人與人的關係，融和，再融和，各不同的民族的關係，融和，再融和，以達天下一

---

❼❹　只要一念自覺，人即可自我超越，向上昇揚。然而，問題是人之自覺可以是很短暫的。此刻自覺；下一刻可失之而無所覺。即以孔子最鍾愛的學生顏回來說，亦只不過三個月不違仁而已。自覺情況正同，蓋可旋得而旋失也。然而失後又未嘗不可復得，吾人不必過份悲觀。其實，縱使努力於踐仁成聖之修行者來說，個人認為，其一生中恆在此得得失失中翻滾；一般人更無論矣！於此正見涵養、修持之工夫絕不可少。唐先生既肯定凡人皆有此自覺，又在原則上肯定失後可復得；人以此而仍可步步向上也。「凡人皆可為堯舜」正以此故。否則一失即永失而絕不可再復得，猶萬劫不復生焉，此非聖人立教之意，尤非至善之道德形上實體之性格。唐先生說：「……人如果順精神之本性發展，則他只有向上而無向下。即向下後，人只要一念自覺其向下之故，即可重歸向上。」要言之，凡人皆可有此覺；然而必須要經常自我惕勵，努力經營、涵養以「爭取」此自覺、維持此自覺。此自覺是使人別異於物（尤指禽獸）──人禽異路的至要關鍵。白沙先生即說：「人爭一個覺，纔覺便我大而物小，物盡而我無盡。」（陳獻章，《陳獻章全集》（北京：中華書局，1987），上冊，卷三，〈與林時矩〉，頁 243。）諺謂：「人爭一口氣，佛爭一柱香。」其實，人所爭取的、應立志要爭取的是使人自我超越而成為「神」的一個「覺」，而絕非世間爭強鬥勝的「一口氣」。上引唐先生語，見唐君毅，《文化意識與道德理性》（臺北：臺灣學生書局，1974；香港：友聯出版社，1958 初版）〈自序（二）〉，頁 15。

家。他不要分裂。」❼由此可見人與人關係上的融和，唐先生是極
其重視的。然而，唐先生的融和絕對不是沒有原則的。在必要時，
唐先生寧可讓中國整個毀滅。換言之，不能為了和而和便犧牲掉原
則。那麼，在甚麼情況下或根據甚麼原則，唐先生寧可讓中國整個
毀滅掉呢？該原則就是唐先生不容許分裂。先生非常明白的告訴我
們：

> 中國只能有一個中國。因為一切中國人是同一的中國人。孔
> 子在二千五百年前已說過「中國為一人」了。中國可以為俄
> 帝滅亡，世界人類亦可以毀滅，地球亦可以破裂。但是我們
> 寧願中國整個的滅亡，在世界人類與地球毀滅時，整個中國
> 同時毀滅，而存在於永恆的形上之世界，而我們不能容忍中
> 國之分裂為二，不能容忍外蒙古獨立。這是中國人的心情。
> 這是中國民族經數千年之歷史文化之陶冶所留下的心情。❼

唐先生說得非常斬截。國土分裂為二是萬萬不能接受的。不能為了
融和、和諧而犧牲中國一統的原則。站在今天來說，唐先生是定然
不會接受「兩個中國」或所謂「一邊一國」的。這和前一陣子大陸
最高領導人的理念是完全一致的：和平解決兩岸問題；但萬不得已
時不排除動武。作為中國人我們當然不願意看到兩地人民兵戎相
見。但我們更不願意看到國土一分為二。唐先生上面斬截的「宣

---

❼ 唐君毅，〈中國人的心情向世界宣訴的開始〉（代新年獻辭），《民主評
論》，第七卷，第一期，1956 年 1 月，收入《中華人文與當今世界》，補
編，下冊，頁 284。

❼ 唐君毅，《中華人文與當今世界》，補編，下冊，頁 285。

示」，個人是完全理解的。

　　唐先生針對現實上的政治問題，尤其有關國家的主權問題、國土完整問題、民族自主問題，其態度是相當斬截的，上文可見一斑。然而，唐先生之眾多言說，其宗旨只有一個，即民族之文化生命得以承先啟後的發展是也。而能夠達致此目的者，則非賴「和平」、「和諧」不為功。先生即明言道：

> 人之學術文化之活動，乃非只為向上以求超越，向前以求創
> 造；而重在向內以求容受涵攝，向上以致廣大。而此皆待於
> 內心之和平與社會之和平。唯有內外之和平，而後個人有深
> 厚之文化修養，以承先啟後，民族之文化生命乃得悠久無
> 疆，以向前擴展也。**❼❼**

人內心之和平和諧、社會之和平和諧與民族之文化生命發展之因果關係、先後關係，不亦昭然若揭乎？然則和諧之為義大矣哉！

七、結語

　　中國人素重內聖外王，兩端並建。就內聖面來說，道德自我、理性自我之建立最關緊要；就外王面來說，中華民族、傳統文化兩足俱立則至為關鍵。其實，內聖、外王，亦一體之兩面而已。若必分前後階段，則始乎道德自我之建立及擴充，進而中華民族之貞定與光暢，繼而以人文精神為核心之傳統文化之恢張與弘揚，再而和諧社會之落實，最後天下一家、大同世界、太和世界之極樂至福之

---

❼❼　唐君毅，《中國文化之精神價值》（臺北：中正書局，1974），頁 12。

促進與實現，此豈為遙不可及而僅係吾人所憧憬、所虛構之桃花源耶？明乎此，則可知唐先生本乎仁、發乎智之終極關懷及對中國，乃至對人類未來世界之察識及期許，豈非最值得吾人注意、景仰及讚嘆乎！

> 三十年來尋劍客，幾回落葉又抽枝；自從一見桃花後，直至如今更不疑。❼⓼

筆者在這裡輕心妄作，試把這首偈子的第三句改易四字。「自從一見桃花後，直至如今更不疑」便成為「自從親炙唐師後，直至如今更不疑」了。筆者一輩子最敬佩的老師便是唐老師。❼⓽其著作等身、身教言教固無論矣。先生一輩子對國家、對民族、對文化、對人文化成天下，對人類和諧協作，以共同邁進大同世界、太和世界的終極關懷及背後的悲心弘願，更是筆者最感動欽佩之所在。「大同世界」、「太和世界」，固為不易達至之理想境域，然而，事在人為。正所謂「我欲仁，斯仁至矣。」只要充份開拓吾人之道德心量，則何事不成❽⓿？所以唐先生依其悲心弘願而對世間的種種

---

❼⓼ 據說唐朝志勤禪師見桃花而悟道，因而寫下了這首偈子。

❼⓽ 當然，在親炙唐先生之前，筆者不曾尋劍（意指尋覓智慧）三十年，所以這偈子的前兩句，筆者不敢自大亂套。然而，其既為該偈子的一部份，所以筆者乃一併轉引下來而已。

❽⓿ 譬如三十年前，在文革進行得如火如荼之際，哪個中國人會想到中國的經濟會有今天的發展？社會又會有如今的開放程度？二十年前兩岸人民又豈會料到三通之實現？再舉一些不可思議但非常真實的例子：2008 年 8、9 月金融海嘯爆發之前，誰人會料到：美國雷曼兄弟公司會一夕破產？其基金投資者的商品投資額會一夕歸零？美國花旗銀行 1,800 億美元的資產竟會剩下不到

終極關懷，個人深信不疑，都必會如其關懷而遲早一一實現，並終將成為普世價值的。黃河九轉，終究朝東；大道之行，必將有日。

---

200 億？半年內全球各國股市跌幅超過六成？幾乎全球基金皆下跌五成以上？美元與韓圜兌換率從 1：＜1000（2008 年 5 月底 6 月初）變成了 1：1500（2009 年 2 月 23 日兌換率），即半年間韓圜貶值了五成？石油從 2008 年 7 月 11 日的 147.27 美元一桶在不到半年的時間下跌至 32.40 美元一桶（2008 年 12 月 19 日）？此可見世事不可逆料！人的行為豈不亦然？所以只要人心不死、宇宙恆存，則只要吾人心念一轉，何事不可成？唐先生固係理想主義者，但理想未嘗不可有落實的一天。本註各真實事例，在未發生前，皆好比天荒夜譚，但竟然一一發生了。所以唐先生終極關懷的各項理想必有其落實的一天的。

筆者在這裡絕對不是無的放矢。有關先生理想的得到落實，茲舉一例。1971 年唐先生曾預言，中共必會走修正主義的路線而「必然向人的文化之建立之方向走去。此上之所說，自然是一歷史大方向的預斷。在細節處不能亦不須一一預斷。但歷史總是不重複，亦不能停于現階段，而要向前進行的。」唐先生的預言，在改革開放的政策推出後不是隨即應驗了嗎？只不過在應驗前的歷史發展過程中，冒出了文化大革命的一股逆流，以致扭曲了並延緩了歷史該有的進程吧了。然而，歷史的發展不是隨人們主觀的意志而轉移的。唐先生預言的應驗不是最好的鐵證嗎？其實，唐先生這個預斷是其來有自的，不是一般人能夠作出這種預斷的。一方面，唐先生生性素來比較樂觀，不相信突如其來的文革會永久地改變中國人的命運；但最重要的是唐先生稟賦哲學家的睿智，並且具備了縱觀數千年中國傳統文化發展的一種異乎常人的洞悉力、透視力。這正好為先生準確地預見中國的未來提供了最關鍵的條件。然而，在文革發展得最熾烈的上世紀的 70 年代初期，即唐先生作上述預言的 1971 年，當時誰會相信先生的預言呢？在此真的不得不佩服先生的卓識及慧見。上引先生語，見唐君毅，〈海外中華兒女之發心〉，《天風月刊》（日本），1971 年 3 月，又收入上揭《中華人文與當今世界》，上冊，頁 59-64。語見頁 62。

此中之關鍵在乎吾人一念之轉而已❸。所謂「一念乾坤，天地易

❸ 此一念之轉，凡人皆有之（皆可致之）。猶如吾人之性之本善，乃凡人而皆
然。然而，性善無法保證行善：無法保證行為亦必隨之而善。能夠促使行為
亦善者，則有待後天繼續不斷之自覺與持續之修行。性本善乃源自人之自
覺。依儒家義，凡人皆有此自覺。然而，光有自覺不為功。蓋今日有此自
覺，明日又可失之！且雖覺而人不必行之也（即覺而不行。王陽明《傳習
錄‧卷上》載：「未有知而不行者；知而不行，只是未知。」依此，則覺而
不行，亦可謂未覺。今茲不細作討論；僅依常識義，把「覺」與「行」區分
為二。）此與上文所說的性善無法保證行善如出一轍。能保住此自覺（虛明
靈覺、仁體，或陽明先生所說之良知）而勿失者，非賴持續自覺及不斷修
行、修為不為功。而修行、修為則正係落實此自覺於現實生活上而成就道德
生活（即把道德付諸實踐）的不二法門。西哲謂：道德無休假之一日，蓋指
修行之工夫一刻不能鬆懈也，無時而可或忘也。一刻鬆懈或忘則覺猶不覺，
道德踐履之生活即有遺憾焉！於此亦可見踐仁成聖之工夫蓋永無止境之一日
也。說永無止境，亦確係永無止境。但既肯定「我欲仁，斯仁至矣」，此與
「放下屠刀」而可「立地成佛」實無以異。本此，則任一刻踐仁，同一刻即
可成聖矣！「永無止境」，其目的在於自我期許並期許他人要不斷的自我超
越。說「立至」乃在於肯定凡人皆可踐仁成聖之原則；旨在示人以希望及必
然之轉機。踐仁成聖既「可立至」，但又說相應之工夫永無止境而「永不能
至」。其事究竟如何？下引唐先生語或可使吾人得到一點啟示。先生云：
「⋯⋯天地之量實無量，對上帝亦實無全體部份之分，唯此乃純自德量言。
自能量言則天地與聖人同有所憾，上帝亦不能無憾。」踐仁成聖，其原理正
同。蓋自德量上言，凡人皆能，且可立至。自能量上言，則有賴永無休止不
斷之修行。上帝於此亦不能無憾而臻圓滿，何況人乎？上引唐先生語見〈致
陳問梅函〉（1959 年 2 月 25 日），《書簡》，《唐君毅全集》，卷廿六，
頁 362。《論語‧雍也》載：「子曰：『回也，其心三月不違仁，其餘則日
月至焉而已矣。』」孔子最欣賞之弟子顏回不過三月不違仁，其餘之弟子只
是「日月至焉」，則今日之我輩，恐怕只是分秒至焉而已！《論語‧述而》
載：「子曰：若聖與仁，則吾豈敢。抑為之不厭，誨人不倦，則可謂云爾已
矣！」「則吾豈敢」一語，當然可視為係孔子自謙之詞（朱熹《四書集註》

位」；此乃筆者「直至如今更不疑」者也。讀者諸君，爾等疑乎？
不疑乎？蓋必不疑或雖疑而其後必堅執篤信者也！余於此則確然而
絕不疑者。**82**

即持此意見），但亦可見致乎聖、達乎仁之不易易！然而，孔子既為萬世師
表，則必有其足為師表之智慧在。其智慧即在於明示吾人致聖達仁之不二法
門。扣緊其一己之生命來說，其法門即為「為之不厭，誨人不倦。」（按：
「為之不厭」的訓示對所有人皆適用，蓋猶同「自強不息」焉。「誨人不
倦」蓋自教師立場來說；不必人人適用。）唐先生一生最佩服者，孔子也。
此不必贅說。「為之不厭，誨人不倦」固孔子之寫照，亦唐先生一生之寫照
也。韓昌黎云：「化當世，莫若口；傳來世，莫若書。」唐先生畢生從事學
術文教工作，遺著千萬言；永遠是燃燒自己以照亮別人，其目的（至少目的
之一）乃旨在提供一助緣而從旁協助吾人行乎仁義而成聖成賢而已。苟吾人
有所迷失陷溺者，則促使吾人回心轉念而翻然改圖也。唐先生即嘗明確指出
說：「學術之研究雖似迂遠，然慧命果能相續，亦終可轉人心、迴天命
也！」今茲宜賓學院等等單位於唐先生出生地宜賓為紀念先生誕辰一百年而
舉辦學術研討會，實慧命相承相續最具體而真實之寫照，亦最能回饋唐先生
生前之悲心弘願者也。1967 年 7 月 1 日唐先生致孫國棟先生函指出說：「一
人之學問事業有終，而慧命之相續、事業之相繼則無終。棟等能發心辦學，
何慰可之！」若唐先生泉下有知，知悉宜賓學院等等單位基於弘揚中華傳統
文化而舉辦是次紀念唐先生百齡誕辰之活動（研討會及書畫展），則真的是
「何慰可之」！上引唐先生語，分別見《致山寶函》及《致孫國棟函》，
《書簡》，《唐君毅全集》，卷廿六，頁 316；439。山寶先生蓋為日本人，
唐先生之友人也。國棟先生則唐先生新亞研究所之高足，隨錢穆先生撰寫碩
士論文（1957 年畢業；1922-），嘗繼唐先生擔任新亞研究所所長；為筆者之
業師；乃一極愛國、極富文化使命感之學者。筆者近一二年細讀孫先生《慕
稼軒文存》（二集，香港：科華圖書公司，2008）及其他著作，敬佩不已。

82 以上結語主要是依唐先生之意見以闡述順乎中華民族之自主自立、傳統文化
承先啟後之發展，最後必達致和諧社會、太和世界之理想境域的。唐先生於
《中國文化之精神價值》一書中嘗指出文化旋乾轉坤之機運首賴君子之自強

徵引書目 （按徵引先後為序）

1. 唐君毅，〈再論中國民族主義與馬列主義之矛盾，及中國之道路〉，《中華人文與當今世界（補篇，下冊）》，《唐君毅全集》，臺北：臺灣學生書局，1991，卷十。

2. 唐君毅，〈中國現代社會政治文化思想之方向，及海外知識分子對當前時代之態度〉（1972 年演講稿）；收入《中華人文與當今世界》，臺北：臺灣學生書局，1975，下冊。

3. 唐君毅，《人文精神之重建》，香港：新亞研究所，1974，頁 116。

4. 唐君毅，《書簡》，《唐君毅全集》，卷廿六。

5. 唐君毅，〈國慶、校慶、月會〉，《新亞生活雙週刊》，卷 1，期 11，1958 年 10 月；又收入《唐君毅全集》，卷九，《中華人文與當今世界》，補編，上冊，臺北：臺灣學生書局，1991。

6. 《易經・賁卦・象傳》。

7. 劉向，《說苑・指武》。

8. 《辭海》，香港：中華書局，1973。

9. 唐君毅，《文化意識與道德理性》，臺北：臺灣學生書局，1978。

不息。依筆者意，約言之，中華民族整個發展途程之先後順序蓋如下：君子自強不息──→民族自主自立──→文化承先啟後──→和諧社會──→大同世界（太和世界）。茲先引錄唐先生的文字如下：「天行健，君子以自強不息。地勢坤，君子以厚德載物。雲雷屯，君子以經綸。經綸於雷雨之動中，即人生之所息。吾人以此心存此志，則皇極已立于吾當下之心中透過吾此心以顯。則此雷雨之動之世界，亦即皇極之理想人文世界正向之而立之世界。又豈遠乎哉。直下承擔，見諸行事，是待善學者。」唐先生這段文字不是針對始自自強不息而終至和諧社會、大同世界來說的。但本乎人心不死、直下承擔、君子自強不息的精神，必可達致中華民族、傳統文化之正常發展，而最後亦必然可臻於和諧社會、大同世界（太和世界）的境域的。是以筆者姑引錄上語以總結全文。上引語見唐君毅，《中國文化之精神價值》（臺北：正中書局，1974），頁 409。

10. 《論語》。

11. 唐君毅，《中國文化之精神價值》，臺北：正中書局，1974。

12. 唐君毅，〈再論中國民族主義與馬列主義之矛盾，及中國之道路〉，《中華人文與當今世界（補篇，下冊）》，《唐君毅全集》本。

13. 唐君毅，〈中國文化之原始精神及其發展〉，《中華人文與當今世界（下冊）》，臺北：臺灣學生書局，1975。

14. 唐君毅，《人文精神之重建》，香港：新亞研究所，1974。

15. 錢穆，〈孔子行攝相事誅魯大夫亂政者少正卯辨〉，《先秦諸子繫年》，臺北：東大圖書公司，1986。

16. 徐復觀，〈一個歷史故事的形式及其演進──論孔子誅少正卯〉，《中國思想史論集》，臺中：私立東海大學，1959。

17. 《孟子》。

18. 黃宗羲、全祖望，《宋元學案》。

19. 司馬遷，《史記》。

20. 韓愈，《昌黎先生集》。

21. 楊冠丰，〈炎黃文化　和而不同〉，發表於 2008.11.21-25 在廣州舉辦之「中華文化與和諧社會建設」國際學術研討會。

22. 《漢語大辭典》，上海：漢語大辭典出版社，1997 年版。

23. 《詩經》。

24. 唐君毅，〈上下與天地同流〉，《幼獅月刊》，卷 40，期 5，1974 年；收入《中華人文與當今世界》，補編，上冊。

25. 《國語》，上海：上海古籍出版社，1978。

26. 陳獻章，《陳獻章全集》，北京：中華書局，1987。

27. 孫國棟，《慕稼軒文存》，二集，香港：科華圖書公司，2008。

拾、〈中國文化與世界宣言〉之啓示
——論聯署發表及共同參與撰寫之意義❶

❶ 中央大學中文系、中央大學哲學研究所、臺灣師範大學國際與僑教學院、東方人文學術研究基金會、鵝湖月刊社等單位為紀念〈中國文化與世界宣言〉發表五十週年，乃於去年（2008）5 月 2 日至 4 日舉辦一紀念性之國際研討會。筆者應邀出席參加並發表論文，其題目為：〈人文意識宇宙中之巨人——唐君毅先生〉。會後大會擬出版論文集，筆者乃另撰一更符合主題之論文以應命。其題目為：〈〈中國文化與世界〉宣言之草擬及刊行經過編年研究〉。全文含註釋共四萬五千多字。去年（2009 年）9 月 19-20 日，母校香港新亞研究所為紀念先師唐君毅先生和牟宗三先生百齡誕辰而舉辦以下研討會：「唐君毅、牟宗三先生百周年誕辰紀念國際學術研討會」。筆者應邀出席會議並發表論文。以不克另撰他文，今茲乃濃縮、修改〈編年研究〉一文以應命。而所謂濃縮，乃指大幅度簡約上文共三節中之第二節而言。至於第一節，則大體上一仍其舊，只作個別之改動增刪；第三節，則作相當大程度之改寫及增訂。第一節之主旨在於闡述牟宗三、徐觀觀、張君勱、唐君毅四先生聯署發表〈文化宣言〉之緣起；第二節乃按時間先後以敷陳〈宣言〉之草擬及刊行經過；而第三節之主旨則在於揭示四人共同參與起草〈文化宣言〉及出版翻譯等等過程中可蘊涵之各種意義（significances）。筆者以為第一節及第三節之內容（尤其第三節）對吾儕之有志於共同從事文化事業者，必可激發一定之啟示作用。是以把原題目〈〈中國文化與世界〉宣言之草擬及刊行經過編年研究〉改為現今之題目而在新亞研究所上述研討會上宣讀。今稍作修改後收入本書內發表。最後之修改日為 2010 年 3 月。至於四萬多字的原文〈〈中國文化與世界〉宣言之草擬及刊行經過編年研究〉，因近今已收入《中國文化與世界——中國文化宣言五十週年紀念論文集》（中壢：

提　要

　　〈中國文化與世界宣言〉（最後之定名及最完整之名稱為：〈中國文化與世界──我們對中國學術研究及中國文化與世界文化前途之共同認識〉），乃由唐君毅先生草起而復經牟宗三、徐復觀、張君勱三位先生與唐先生往復研商修訂而最後聯名發表於五十年前的一篇醒世大文章。此文章 1958 年元月刊登於香港出版之《民主評論》及《再生》雜誌。該〈宣言〉之所以發表，乃緣乎上述諸先生有感於西方人士對中國文化之認識未能諦當，並深恐因此而生心害政，乃決然毅然聯袂發表文章，以正視聽，並欲進而轉移西方人士觀念上之成見，故噴薄而出撰就該〈宣言〉。

　　筆者有感於近現代學人鑽研並闡述該〈宣言〉之內容義蘊者相當多，惟〈宣言〉之撰寫過程、翻譯成英文之過程及出版之過程等等，則前賢似無相關之論著問世。至於四先生之聯署發表及共同參與撰寫所蘊涵之可能意義及理想意義的問題，則前賢似更不克道及。是以筆者不自量力，勉力草就本文以抉發上述諸義。

　　上述四先生苦心孤詣戛戛獨造，五十年後的我輩，能聞其風而愉悅讚嘆之，睹其行而踵武繼承之，俾藉以光暢吾國族之慧命、弘揚我華夏之文化者歟？凡有志之士，固當自反自勵、思齊奮發焉！筆者草就本文，區區之意，正在此矣。所謂「盡文化之責，勵世人之心」者耶！

關鍵詞：文化宣言　中國文化　唐君毅　牟宗三　徐復觀　張君勱

　　中央大學文學院儒學研究中心，2009）一書內（頁 65-121），茲為省篇幅，本書不予收錄。

一、前言

〈中國文化與世界〉宣言❷是牟宗三（1909-1995）、徐復觀

---

❷ 本〈宣言〉之標題，在最早的油印本是題作〈中國文化宣言——我們對中國學術研究及中國文化與世界之前途之共同認識〉。此據江日新，〈張君勱與「中國文化與世界」宣言——其想法及訴求〉，頁1，註1。江文發表於上揭2008 年 5 月之研討會。在香港發行之《民主評論》及《再生》雜誌1958 年元月正式刊出〈宣言〉時，則以〈為中國文化敬告世界人士宣言〉作為標題，副題為〈我們對中國學術研究及中國文化與世界文化之前途之共同認識〉。1969 年 3 月 1 日香港之東方人文學會出版《儒學在世界論文集》，其標題則改作〈中國文化與世界——我們對中國學術研究及中國文化與世界文化前途之共同認識〉（按：此標題中之副標題與上揭油印本標題全相同，唯大標題則刪去「宣言」二字，而以「與世界」三字取代之）。該〈宣言〉亦收入唐君毅先生 1974 年出版之《說中華民族之花果飄零》（臺北：三民書局）及 1975 出版之《中華人文與當今世界》（臺北：臺灣學生書局）二書內，其標題均與收入《儒學在世界論文集》者相同。又：唐先生 1957、1958、1959 年所寫的日記和給各師友的信函，則或稱該文為〈中國文化宣言〉、〈學術文化宣言〉，或簡稱為〈文化宣言〉，甚至再濃縮而稱之為〈宣言〉。

〈宣言〉的共同發表人張君勱先生於 1960 年自序其名著《新儒家思想史》時，則仍沿用油印本的舊名：〈中國文化宣言〉。此見張君勱，〈再序〉，《新儒家思想史》（臺北：中國民主社會黨中央黨部，1980），下冊，頁5。按：〈再序〉一文不標示撰寫日期，惟序文中提到相關〈宣言〉乃兩年前所發表。〈宣言〉既發表於 1958 年，則〈再序〉當撰於 1960 年無疑。1976年，中國民主社會黨中央黨部出版《張君勱先生九秩誕辰紀念冊》（臺北：中國民主社會黨中央黨部，1976）。其中所附〈張君勱年譜初稿〉，頁 101則作「為中國文化告世界人士書」。出版於 1981 年 6 月張君勱，程文熙編之《中西印哲學文集》（臺北：臺灣學生書局，1981）亦附錄此文；文題亦作「為中國文化敬告世界人士書」。約於 1986 年出版之《張君勱先生百齡冥誕紀念文集》（臺北：中國民主社會黨中央黨部，缺年份）收有江日新，

（1902-1982）、張君勱（1886-1969）及唐君毅（1909-1978）四位先生❸

〈張君勱先生（1886-1969）著作目錄初稿〉一文，文題則作〈為中國文化敬告世界人士宣言〉。呂希晨、陳瑩，《張君勱思想研究》（天津：天津人民出版社，1996），〈張君勱論著編年目錄〉，頁 411，〈1958 年〉條下則作：「〈中國文化與世界──我們對中國學術研究及中國文化與世界文化前途的共同認識〉，《民主評論》，第九卷第一期，1958 年 1 月 1 日。」其實，在《民主評論》中，此文之標題為〈為中國文化敬告世界人士宣言〉。題目作〈中國文化與世界──我們對中國學術研究及中國文化與世界文化前途的共同認識〉者，首見諸上揭《儒學在世界論文集》。《牟宗三先生全集》（臺北：聯經出版事業公司，2003），卷 32，《牟宗三先生學思年譜》，甲〈學行紀要〉，頁 25 及《牟宗三先生著作編年目錄》（亦收入《牟宗三先生全集》，卷 32），頁 26 均作：「〈為中國文化敬告世界人士宣言〉」。

筆者個人則以為以「文化宣言」（或簡稱「宣言」，或作「文化……書」）來命名最為醒目，且最容易喚起讀者之注意而獲得發聾振瞶之宣傳效果。以之作為月刊、雜誌之標題，最為適宜。文章首發時尤其可以藉此「打響知名度」而使人多予關注。是以此文 1958 年首發於《民主評論》及《再生》時，以〈文化……宣言〉命名，固極適宜也。然而，經過多年沉澱後，產品（文章）不必再靠華麗的包裝（命名）來做宣傳；反之，貨真價實（具深度的學術實質內容）才是市場得以廣泛開闢之致勝關鍵。是以該文收入 1969 年《儒學在世界論文集》時，標題則改作〈中國文化與世界──我們對中國學術研究及中國文化與世界文化前途之共同認識〉。這是藉謙虛的態度以凸顯文章本身本有之客觀學術價值。作者似乎企圖透過此訴求來爭取更多讀者對相關問題的體認。此作法是極穩當可取的。唐先生其後所出版之書籍，凡收入此文者，其題目均以此為準，則可知其為最後之定名無疑。是以筆者認為編寫唐先生等人之著作目錄或於 1969 年以後稱呼該文時，宜以此定名為準，不宜再用其他名稱。當然在不引起混淆或誤會的情況下，為求簡便而仍稱之為〈文化宣言〉，甚或只稱之為〈宣言〉，亦無不可。

❸　下文為求省便，牟宗三、徐復觀、張君勱、唐君毅四位先生，在不引起誤會之情況下，恆以牟、徐、張、唐分別省稱之。按：張、唐、牟三先生之生平

58 文化宣言共分為十二節。❸其主旨蓋於各節標題見之。茲
臚列如下：

    1.前言——我們發表此宣言之理由

    2.世界人士研究中國學術文化之三種動機與道路及其缺點

    3.中國歷史文化之精神生命之肯定

    4.中國哲學思想在中國文化中之地位及其與西方哲學之不同

    5.中國文化中之倫理道德與宗教精神

    6.中國心性之學的意義

    7.中國歷史文化所以長久之理由

    8.中國文化之發展與科學

    9.中國文化之發展與民主建國

    10.我們對中國現代政治史之認識

    11.我們對於西方文化之期望及西方所應學習於東方之智慧者

    12.我們對世界學術思想之期望

---

❸ 此十二節，分為上、下兩篇，其中第一至第七節為上篇，八至十二節為下篇。按：〈宣言〉分為上、下兩篇應係原文即如此，而非二雜誌編輯之意。詳參 1957.10.11 張君勱先生致唐先生函。然而，該〈宣言〉爾後收入其他書刊時，則不必然再分兩篇，如 1974 年出版之《說中華民族之花果飄零》及 1975 年出版之《中華人文與當今世界》二書中，該〈宣言〉即不再分篇。按：張先生致唐先生函及其他先生致唐先生函均未刊；各友好致唐先生函嘗為唐師母謝方回女士保存；後交付劉國強教授保管而今存放中文大學新亞書院（此等信函嘗倩人繕打。繕打本今存放於劉教授處。）1957.10.11 函亦為江日新先生所引錄，見上揭 2008.05.02-04 研討會江著論文〈張君勱與「中國文化與世界」宣言——其想法及訴求〉之〈附錄〉。江先生所引錄者與筆者在劉教授處所見之繕打本，文字上微異，語句之組合亦略不同。大體上言之，以江先生之版本之行文比較通順。

　　宣言共十二節。首節（前言）闡述宣言發表之緣起。中間各節則旨在述說、闡釋與中國文化相關之若干概念；肯定中國固有文化的發展特色及重點；指出西方文化之不足及可向東方文化學習之處；並申述中國文化可與西方文化接軌之處。末節乃對世界學術作出期許，乃可謂著眼於為讀者構築一個未來的願景。宣言的整體架構真可達致劉勰論文敘筆所標舉的「原始以表末」、「釋名以章義」、「敷理以舉統」的旨歸了❹。整份宣言，以結構言，則嚴謹而有序；以內容言，則充實而周延；以態度言，則不卑且不亢。洵乎體用兼備、表裡洞達之上乘佳作無疑。非學養湛深、識見淹貫、發乎至情、秉乎至性，且悲願弘深、人溺己溺者，不足以撰就之也。

　　上揭舉辦於前年（2008）5 月的「中國文化與世界宣言五十週年紀念國際研討會」中，不少論文對該文化宣言之內容，已作過相當詳盡的討論。今茲不擬贅說。❺

---

❹　劉勰，《文心雕龍・序志》。此三項加上「選文以定體」，原為劉勰討論文體所依循的四個步驟，今借用於此以見〈宣言〉一文之合乎「文理」及內容之完整周備。

❺　該研討會論文（含不克出席會議而寄來之一文）共 27 篇，其中直接與宣言相關者計得 5 篇。然而，間接與宣言相關之論文，或與宣言之發表人，尤其與宣言執筆者唐君毅先生之思想相關之論文，則可說仍在半數以上。然而，亦有不少論文是與宣言或與宣言作者之文化思想無任何關係者，如論文中有論愛情浪潮者，有論牟宗三與康德者，有論唐、牟、徐三家易學者，有論牟先生之美學思想者，有論朱子的倫理學說者，有詮解孟子思想者便是其例。大型學術研討會，經常有類臺灣流行之「大拜拜」；主題外之文章見諸研討會中，早已見怪不怪了！然而，學人應允與會發表文章，乃可謂係對會議之肯定及支持，主辦單位之予以尊重及接受，亦可謂係人情之常，吾人予以體諒

　　如上文註❶所述，本文乃濃縮、增修〈〈中國文化與世界〉宣言之草擬及刊行經過編年研究〉一文而來。讀者或有興趣知悉該文之取徑及所據之資料為何。是以今略作說明如下。該文主要是從歷史發展的角度切入以充份揭示上述〈文化宣言〉草擬及刊行的經過。是以該文內容以輯錄相關的原始材料為主；筆者個人的按語或闡述為輔。〈宣言〉既由唐君毅先生所起草，且唐先生寄人之書簡因部份為師母所抄錄而保存下來❶；再者，唐先生 1948 年 5 月以後之日記又非常完整，是以該文之原始材料，乃以唐先生之相關材料為主。至於本文，其主旨乃在於闡發〈文化宣言〉撰寫、出版、翻譯等等過程中所可蘊涵之各種可能意義與理想意義。然而，意義必有所本而不能虛談空論。是以〈編年研究〉一文所據之材料仍為今文之所本，惟意義之揭示乃今文之主軸。此則二文之宗趣輕重有別也──一重客觀之陳述，一重意義之揭示。而後者乃旨在闡揚先哲之幽思，以啟迪後生之遠慮。讀者於斯幸留意焉。

可也。

❶　謝廷光（唐師母）：〈唐君毅書簡刊行記〉，收入《唐君毅全集》（臺北：臺灣學生書局，1991），卷 26，《書簡》。頁 529 載：「……，尤其早年書簡，幾付闕如。幸而來港後，凡先夫所作書簡，常與廷光閱看，廷光喜愛之，每抄錄留存，但此限於在家中所作書簡，若在學校中或旅途中，與人書簡，廷光不得而見，自然未能抄錄留存了。今僅就家藏及所收回書簡編為一書，分上下冊。……書簡排列之前後次序，除《致廷光書》為已成之書列於卷前外，其餘則以筆份為序。」是除《致廷光書》（《全集》，卷 25）外，卷 26 之致其他各人書，均為唐先生在家中所作者。在學校或旅途中所修者，以唐師母無機會錄副而唐家不存也。（當然收信者或仍保存之）實在相當可惜！

二、〈文化宣言〉之草擬及刊行經過述要

　　唐先生之草擬〈文化宣言〉，事緣 1957 年 2、3 月旅美途次與張君勱先生見面時，由張先生倡議，復經在臺之牟宗三、徐復觀二先生贊同而付諸行動者。**⓱**〈宣言〉之草擬及刊行經過，約言之，可分為以下數階段。（下文分為八階段，其詳情概見上揭筆者〈〈中國文化與世界〉宣言之草擬及刊行經過編年研究〉一文。是以下文八階段相關內容所據之資料，在不引起誤會之情況下，恕從略。）

　　1. 1957 年 2 月底或 3 月初至 1957 年 12 月中旬：〈文化宣言〉之草擬及修訂：

⓱ 唐先生 1957 年 2 月至 8 月出國（離開香港）半年多。此行 2 月 10 日先赴日本參訪。同月 23 日赴美國，7 月 23 日自美國轉赴歐洲，8 月 27 日離開西歐轉土耳其及印度而於 29 日抵達香港。《日記》1957.08.27 條云：「此行共二百日。」先生出國參訪，乃應美國國務院之邀而成行者。（應美國國務院邀一事，參唐師母，〈讀隱名信有感〉，《唐君毅全集》，卷 27，頁 320；《全集》，卷 25，《致廷光書》，頁 321。）唐先生之美國行先赴檀香山，而於 2 月 27 日抵舊金山（三藩市），翌日即往訪時寓舊金山之張君勱先生。《唐君毅全集·日記》〈1952.10.26〉條云：「我有一天生厭惡機械性之活動或紀律之性格，故少年時厭惡軍事操。廿二年在南昌直斥當時國民黨中之藍衣社之理論並欲自內部加以修改。當時程兆熊囑我代寫一文化宣言，我即首指出中國文化精神為寬容博大。」（筆者按：民國廿二年，先生時年 24 歲，即大學畢業之翌年。）據此，則唐先生撰寫文化宣言，固「源遠流長」，而於 1933 年已開其端矣！當然，此宣言與 1958 年之宣言自不同。但無論如何，他人看重唐先生而囑之撰寫宣言，原來早有先例，且比 1935 年由十位教授聯名共同發表之〈中國本位的文化建設宣言〉早了兩年。按：今未見此 33 宣言；乃程先生有意委託唐先生撰寫而唐先生最後未付諸行動歟？抑有他故歟？

此為唐先生草擬〈文化宣言〉及與張君勱、牟宗三、徐復觀三先生臺港美三地往復討論研商及修改訂正該〈宣言〉之階段；為時前後約十個月。

2. 1958.01.01 中文本〈文化宣言〉面世：

同時刊登於《民主評論》及《再生》雜誌。**⓲**

3. 1958.05〈文化宣言〉最早之英譯本（節譯）刊登在基督教刊物上：

瑞士蘇黎世大學教授 R.P. Kramers 翻譯〈文化宣言〉為英文，作者順序及題目如下：Chang, Carson, Mu Tsung-san, Hsu Fu-kuan, Tang Chun-yi, "A Manifesto for a Reappraisal of Sinology and Reconstruction of Chinese Culture"；刊登於（香港）基督教中國宗教文化研究社（Christian Study Centre on Chinese Religion）出版之《基督教與中國宗教季刊》（*Quarterly notes on Christianity and Chinese Religion*）上，1958 年 5 月，二卷二期，頁 1-21。**⓳**

⓲ 《民評》元月號（第九卷第一期，總 193 號）及《再生》元月號（復字第一卷第十八期，總 366 號）。據版權頁，皆出版於該月 1 日。〈宣言〉分別見二雜誌頁 2-21 及頁 2-39。按：二刊物之發行地（社址）皆在香港，《民評》在臺灣亦有分社。

⓳ 翻譯者 R.P. Kramers 於該譯本中之首頁指出云，此譯本既非全譯本，亦非逐字翻譯本（neither complete nor literal）。此〈宣言〉的中文原稿以〈中國文化與世界〉的標題收錄於唐君毅，《中華人文與當今世界》（臺北：臺灣學生書局，1975）一書中（頁 865-929）。據唐先生 1974 年於〈宣言〉末所附上之按語（上書，頁 929），吾人得知 Kramers（按語作：Kramer，蓋漏一"s"）先生為瑞士蘇黎世大學教授。又：據唐先生〈從科學與玄學論戰談君勱

4. 1958 年年中，即〈文化宣言〉出版後數月：〈宣言〉廣為眾人所關注：

以胡適為代表之全盤西化派人士及不少基督徒極為關注〈文化宣言〉。**⑳**

5. 1958 年 11 月中旬至 1960 年 10 月：商討〈文化宣言〉英譯事及英譯本之出版：

此階段為唐先生與牟、徐、張三先生設法翻譯〈文化宣言〉為英文並設法尋覓英文刊物出版之階段。最後乃在張其昀先生所辦之中國文化學院中國文化研究所（The Institute of Chinese Culture）以下刊物上刊登：*Chinese Culture*（卷三期一，1960 年 10 月）**㉑**。此為全譯本，全文 71 頁。

先生的思想〉一文，此 Kramers 先生為該大學中文系教授，其中文名為貴保羅。此〈思想〉一文收入《中華人文與當今世界（補篇，下冊）》，《唐君毅全集》（臺北：臺灣學生書局，1991），卷十，頁 665-672。相關描述見頁 671，Kramers 則誤作 Kramer。

⑳ 參上揭〈《中國文化與世界》宣言之草擬及刊行經過編年研究〉一文相關部份。又：摯友義大利漢學家白安理（Umberto Bresciani）嘗指出，提倡敬天祭祖且非常愛國和十分推崇儒家教義的于斌樞機主教（1901-1978；國民政府統治大陸時期，嘗擔任南京總主教，1949 年流亡美國，1959 年遷居臺灣，1969年擢升樞機主教）即曾仔細研讀過此〈宣言〉。參白安理，〈祖先崇拜和于斌樞機〉，《第三屆臺灣儒學研究國際學術研討會論文集》，2003 年 2 月，頁 713。

㉑ 收入該刊頁 1-71。英文題目作 *A Manifesto on the Reappraisal of Chinese Culture*。副標題為：*Our Joint Understanding of the Sinological Study Relating to World Cultural Outlook*。目錄頁無副標題，而作者為："Hsieh Yu-wei（謝幼偉）& others"。文章首頁則開列所有作者名字，其順序為：Carson Chang, Hsieh Yu-wei, Hsu Foo-kwan, Mou Chung-san, Tang Chun-i。此順序大抵按五人

6. 1959 年日譯本面世：

《亞細亞雜誌》二十五號刊登了〈文化宣言〉。此為節譯本。❷❷

7. 1960 年前出現另一英譯本（即第三個英譯本；乃節譯本）：

1960 或稍前 Warner Fan 先生翻譯〈文化宣言〉為英文。作者順序及題目如下：Carsun Chang, Tang Chun-i, Mou Tsung-san, Hsu Fo-kuan, "A Manifesto for a Re-appraisal of Sinology

---

姓氏之英文字母先後為序。此可猜想而得知者。但目錄頁只列謝氏一人，其他以 others 代之，則或以謝氏為引介至該刊發表之介紹人，故只開列其名字歟？個人則認為五人排名先後雖或出自該刊之意，但幼偉先生理應予以更動，蓋彼於〈宣言〉之起草及修改全無功勞，或幼偉先生本人亦不知其排名順序為如此耶？有關英譯之進行，其事蓋在臺灣。1958 年 11 月 13 日唐先生給徐先生函云：「〈文化宣言〉能譯成，甚好。」（參上揭《唐君毅全集・書簡》相關條目。以下同。）此可證其時〈文化宣言〉已譯成。此函為唐先生回覆徐先生者，時徐先生人在臺灣。由此可推想徐先生嘗於日前在臺去函唐先生告之譯成事。蓋如翻譯事在臺灣以外地區進行，以當時香港學術資訊流通之便利速捷及唐先生為〈文化宣言〉之「總主持人」而言，則唐先生斷無不知之理。今唐先生獲告知而始悉〈文化宣言〉已譯成，則翻譯之作業當在香港以外的地區（蓋為臺灣）進行無疑。然而，翻譯者究為何人，仍待考。

❷❷ 唐君毅、張君勱、牟宗三、徐復觀，〈東洋文化と世界の將來——唐君毅教授滯日講演特集〉，《亞細亞》，25 號，亞細亞問題研究會出版，昭和 34 年（1959）11 月。上揭《儒學在世界論文集》頁 167 指出此譯文載《亞細亞》，20 期。惟筆者遍尋不獲此論文。後得友人島田和美小姐幫助始知悉該論文載《亞細亞》25 號。謹此致謝。此譯文僅得 20 頁，蓋為節譯無疑。又：日人中村俊也嘗研究〈文化宣言〉而以日文寫了一篇學術論文。此即〈有關唐君毅東西冷戰時期的思想——『現代新儒家宣言』研究〉，載《東亞地域研究》，第七號，2000 年 7 月，頁 1-15。

and Reconstruction of Chinese Culture"[23]

此譯本雖為節譯，但英文寫得很漂亮，讀來使人賞心悅目。

8. 1969 年迄今：轉載及著錄者不勝其數：

若干書籍，如《儒學在世界論文集》[24]及唐先生本人之文化論文集，如《中華人文與當今世界》、《說中華民族之花果飄零》等皆收錄該〈文化宣言〉。在後人為唐、牟、徐、張四先生所撰寫之生平年譜或學術／著作年譜上，恆以獨立條目著錄該〈文化宣言〉。

三、結論

牟宗三、徐復觀、張君勱、唐君毅四先生於 1958 年聯署發表〈中國文化宣言〉。其發機動念、起草、往復討論、修改、刊登、英譯、英譯之刊登，以至被收錄／轉載，甚至被上述四人之年譜或著述編年目錄等等所著錄者，均約略概見上文。[25]唐先生等人撰寫及發表這篇〈文化宣言〉，其事絕不易易。文章四萬字；撰文者

---

[23] 作為附錄收入 Carsun Chang, *The development of Neo-Confucian thought* (New York: Bookman Associates, 1962)一書內，頁 455-483。
此由 Warner Fan 所翻譯之英譯本，當完成於 1960 年（含）之前。張君勱先生（Carsun Chang）所撰之 *The development of Neo-Confucian thought* 之 Preface 嘗提及 Warner Fan 翻譯事，而該 Preface 乃撰於 1960 年，然則 Warner Fan 所作之翻譯，必完成於 1960 年或之前無疑。

[24] 東方人文學會編印，香港：東方人文學會 1969 年 3 月 1 日出版。

[25] 詳情則見諸上揭黃兆強，〈〈中國文化與世界〉宣言之草擬及刊行經過編年研究〉一文。

（起草人）為唐先生。唐先生學問「根柢槃深，枝葉峻茂」❷，且以其運思之精巧周延及為文之速捷曲暢來說，撰寫三四萬字的文章，三四日可立就。據唐先生《日記》及《致廷光書》，可知唐先生亦只用了不到四天的功夫便完成了這篇〈宣言〉的初稿。❷然而，從張君勱先生率先倡議、唐先生隨而發機動念起計，至這篇〈宣言〉最後有機會刊登在《民主評論》及《再生》二雜誌上，前後共花了十個月的時間。按唐、牟、徐三先生之意，此〈宣言〉旨在對外國人士而發，是以本來是要先用英文發表的。惟以譯事不易，最後乃決定附從君勱先生之意見，先以中文發表；蹉跎歲月幾近三年，至1960 年 10 月始在雖不滿意但仍可接受之中國文化學院所出版之 *Chinese Culture-A quarterly review* 上發表英文全譯本。❷

　　以上粗見撰寫、發表、翻譯等等過程之不易易。茲稍詳細說明如下，藉以闡發其中可蘊涵之各種可能意義與理想意義。緣此如能進一步激發吾人之志氣，開通同儕之耳目者，則更係筆者喜出望外者也。約言之，其可有之意義有五：

　　㈠鐵肩擔道義之使命感：

　　聯署〈文化宣言〉之四先生在學術上皆可謂不世出之人傑也，

---

❷　語出《文心雕龍·宗經》。

❷　初稿始撰於 1957 年 5 月 17 日，完成於 5 月 20 日；共三萬四千字。參《日記》，1957.05.17 條；1957.05.20 條；《致廷光書》，1957.05.23 函。又參上揭黃兆強，〈〈中國文化與世界〉宣言之草擬及刊行經過編年研究〉，相關條目。

❷　非聯署人授意之節譯本則於 1958 年 5 月已刊出；另一由君勱先生授意／同意之節譯本亦於 1960 年或稍前刊出。詳參上文。

且亦富民族使命感、文化使命感，尤其民族文化使命感。但要一時間擱置手邊之工作不做，而必須低首下心廣求異說，博搜群言，俾起草（含尚需徵求他人同意以共同聯署）一文化宣言而言，則恐怕需要鼓起相當大的勇氣始可為功。換言之，非有決然毅然之衝勁及動力不可。萬事起頭難。何人願意充當火車頭？此事不易解決。幸好，唐先生義不容辭而在張、牟、徐三先生之首肯並鼓勵下，而慨允其事；否則再好的文化見解、文化理念亦只好敝帚自珍了。㉙外國人何可得而知悉耶？！然而，其間整紛理亂，包容異見，融貫各家，別出心裁，復斷以己意；其事又豈易為之哉！

又：上文已指出，建議共同發表一宣言者，固君勱先生也。但如非唐先生旅美時在彼面前先道說「頗感中國人之在世界上已無聲

㉙　其實，「義不容辭」必以仁為發端，即發端於心之不容已。唐先生及其他三先生，面對洋人之不解，曲解，甚至誣衊中國文化時，如非有不安、不忍、憤悱不容已之道德心靈（仁心、惻隱之心），則相應之「義」恐怕不易遽然生起也。「仁」、「義」、「道德心靈」、「不容自已」等等概念比較抽象。我們不妨用最粗淺的說法來作說明：四先生，尤其唐先生，之所以草擬該〈文化宣言〉，其實可以解釋為緣乎對文化事業之一股熱情、熱心。換言之，用道德之術語來講，是「發乎仁」；用常識義來講，是「源自熱情、熱心」。就後者來說，黑格爾的說法很有啟發性而值得參考。他說：「我們簡直可以斷言聲稱，假如沒有熱情，世界上一切偉大的事業都不會成功。」語見黑格爾著，王造時譯，《歷史哲學》（上海：上海書店出版社，2008），頁 21。當然，就黑格爾來說，熱情源自人之私欲。這點我們不必同意；亦暫不追問熱情之源頭。現今只就熱情本身為人的可貴之處來說。有關黑格爾人的熱情產生於私欲的問題，可參韓震，《西方歷史哲學導論》（濟南：山東人民出版社，1992），頁 221-223。

音」云云❸，則不見得君勱先生會主動建議共同發表一宣言。是以
吾人可說，如君勱先生是〈文化宣言〉的推手，則唐先生更是推手
中之推手。再者，在起草、研商及尋覓刊物發表等等過程中，唐先
生任勞任怨，既不畏難，更不輕言放棄。真可謂「鐵肩擔道義，任
事必爭先」❹了。當然其他三位先生對唐先生之充份尊重、「充份

---

❸ 語見 1958.01.19 唐先生致謝幼偉先生函。此外，從唐先生論述張君勱先生的
  一篇文章中，亦可知唐先生實係〈文化宣言〉得以撰就之最關鍵人物，並可
  知悉二人擬發表〈文化宣言〉之動機。唐先生說：「他（君勱先生）說，美
  國人講中國學問，有些太不成話！我到美國之後，第一個印象亦是如此，我
  覺得許多美國人講中國學問，他們的觀點有問題，或者是傳教士的觀點，或
  者是外交家的觀點，或者某一西方學術的觀點。我看了這些情形，深不以為
  然，就向君勱先生提及。君勱先生說，我們應該約幾個人共寫一篇文章來討
  論中國學術文化的性質與應如何研究的問題。他旋即寫信與當時在臺灣的牟
  宗三和徐復觀兩先生徵詢意見，於是由我寫成初稿，再經君勱先生及牟、徐
  二先生修正若干處，定名為〈中國文化與世界〉。……」唐君毅，〈從科學
  與玄學論戰談君勱先生的思想〉，《中華人文與當今世界（補篇，下
  冊）》，《唐君毅全集》（臺北：臺灣學生書局，1991），卷十，頁 670。
  1958.01.19 唐先生致謝幼偉先生函，載《唐君毅全集》，卷二十六，《書
  信》，頁 188。

❹ 去年（2009）5 月下旬四川宜賓學院等等單位為紀念唐先生百年誕辰，舉辦
  了一個研討會。筆者應邀參加。會後嘗隨主辦單位往訪唐君毅研究所。所長
  楊永明教授邀題字以作紀念。筆者不擅毛筆字，乃以原子筆寫下「鐵肩擔道
  義，任事必爭先」一語，蓋從太老師「唐鐵風」及太師母「陳大任」二人名
  字中各取一字以成句也。據唐端正，《唐君毅全集·年譜》，頁 3，太老師
  初字鐵風，晚易為廸風。唐先生一輩子教書，同時，幾乎一輩子都當教育行
  政方面的主管（大陸則稱為「領導」）。嘗任系主任、系務會議主席、院
  長、教務長、研究所所長等職。而且每個職位都是由他人推舉或由校長所器
  重而出任的。細閱《年譜》，先生因行政職務而耗費極多時間，否則其學術
  上之表現應更為卓越。然而，唐先生經世致用而見諸日常實踐之意識特強。

授權」❸❷，乃係〈文化宣言〉最後得以成功撰就並順利發表之另一關鍵原因所在。

(二)求大同棄小異（存小異）之雅量：

牟、徐、張、唐四先生，各人在學術上皆獨當一面，且各有主見。據筆者所知，四人所撰寫、發表之各著作，大皆以個人一己之力為之，從不與他人合作而成文。❸❸就撰寫一文化宣言而言，四先生皆有足夠之能耐、學養各自獨立成篇。今茲四人和衷共濟，求其大同棄其小異（存其小異）❸❹而聯署為文，且非只是掛名，除唐先生為執筆者而貢獻最多外，其餘三先生皆各付出不少心力。就此來

此乃其道德使命感使然，其出任行政要職，亦事有必至者也。

❸❷ 徐先生嘗去函唐先生云：「兄可逕行處理，弟毫無他見。」（見 1957.08.21 徐先生致唐先生函。此函未刊；此函及其他先生致唐先生函皆唐師母謝方回女士交付劉國強教授保管而今存中文大學新亞書院者。）此固係徐先生函中之個人意見，但吾人認為，不妨視張、牟二先生亦持同一看法。

❸❸ 君勱先生或稍為例外，嘗於 1921 年以德文與德國哲學家倭伊鏗（R.C. Eucken, 1846-1926）合著《中國與歐洲的人生問題》，並於翌年在德國出版。參張君勱，《中西印哲學文集》（臺北：臺灣學生書局，1981），〈編後記〉。

❸❹ 按：四位先生之觀點及意見，不可能完全相同。此細參四人之往來書信即知之。所以今所見〈文化宣言〉之各項內容，必係在一定程度上相互包容、協調之結果。而所以有此結果，就〈宣言〉執筆者唐先生來說，他在求取意見上之「大同」之外，恐仍須保存各人意見上之差異（存小異）於〈宣言〉中的。然而，就三位先生來說，他們為了讓唐先生便於綜合彙整各意見，恐怕在求得並接受一「大同」之後，是會盡量放棄一己的「小異」的。換言之，在唐先生盡量「存（他人之）小異」而其他三先生又盡量「棄（一己之）小異」的情況下，〈文化宣言〉乃得以順利完成。這個過程看似簡單，但四先生在學術上皆係極有成就且亦極有主見的學者。如非均有容人之雅量，則〈宣言〉是沒有辦法草擬出來的，更遑論發表了。

說，已是一士林佳話。此外，方東美、吳康、陳康等先生在〈文化宣言〉起草的過程中亦給予過意見**㉟**，又英文本〈文化宣言〉於1960年10月發表時，謝幼偉先生同意列名其上。此等事實皆可謂「人同此心，心同此理」的最佳寫照。**㊱**

㈢耐煩抗壓之能耐：

四人臺、港、美三地從1957年3月起至1959年底，三年間魚雁往還不絕**㊲**。針對四萬字長文之增刪修改謄錄、宣言以何方式發表（以條目方式呈現，另分別撰文說明；或四人各寫一篇合為一冊；或以現今所見之方式呈現）、在何刊物發表、只發表英文版抑中英文版同時發表或先發表中文版、找何人英譯、英譯本又宜在何刊物發表、要付費英譯者否、聯署者四人排名序次先後等等問題，在書信中皆往復研

㉟ 參1957.09.08徐先生致唐先生函。徐致唐函之出處，參上註**⑬**。

㊱ 象山先生云：「東海有聖人出焉，此心同也，此理同也；西海有聖人出焉，此心同也，此理同也；南海北海有聖人出焉，此心同也，此理同也；千百世之上至千百世之下，有聖人出焉，此心此理，亦莫不同也。」象山先生固係針對「宇宙便是吾心，吾心即是宇宙」的命題而說出曠宇長宙間凡聖人皆人同此心，心同此理的話；再者，唐、牟、徐、張、謝、方、吳、陳等先生亦不必皆係聖人。然而，針對中國文化被洋人誤解、曲解，甚至被誣衊，則不能不奮起而有所聲明表白。此所謂「同聲相應，同氣相求」、「沆瀣一氣」、「同仇敵愾」歟？上引象山先生語，見《陸九淵集》（北京：中華書局，1980），卷三十六，〈年譜〉，頁483，〈紹興二十一年辛未〉條。

㊲ 計有二十餘函（含收錄於《唐君毅全集・書簡》及唐師母謝方回女士交付劉國強教授保管而今存中文大學新亞書院者。）此不含唐先生給謝幼偉及胡蘭成亦談及〈宣言〉事之二函。今稍提醒讀者，尤其年輕的讀者：1950年代（甚至60、70、80年代）無e-mail等等後現代之通訊工具可用。一切信函均以紙本書寫及郵遞之方式為之。其耗時費力可想而知。

商❸。且 50 年前，既無影印機、傳真機、更無 e-mail、MSN、手機；電話費又極高昂，電話機又非隨處皆有，且通話品質恐絕不如今日（四先生之通訊以書信或面晤為主，似未嘗用越洋電話）。箇中之種種困難，可以想見。再者，唐先生起草初稿及與三先生書信往還往復討論之初期，人在旅美途次；且在美國多地奔波❸，此更增加通訊上之困難。

　　㈣鍥而不捨，百折不撓之鬥志：

　　特別需要進一步指出的是上文已提及的英譯問題及英譯本之刊登問題。〈文化宣言〉最先的構想是為外國人撰寫的。但以譯人不易尋覓，乃先以中文發表。但畢竟仍以發表英譯本為終極考量。四人中以君勱先生之英語能力最好。❹但彼當時「為生活所苦」、「以生活忙」❹而不克任翻譯，這所以以上眾問題中，以英譯問題最為棘手。然而在各人努力下，全文英譯本終於在中文本〈宣言〉發表後一年內（約 1958 年 11 月）順利完成。然而，又以篇幅特長，

---

❸　其中比較不甚重要之問題，如付費英譯者否的問題，雖不必皆往復研商，但唐先生至少得先有一定之構想，然後始可向其他三人表示，俾徵求彼等之同意。此皆須費神用心。

❸　參上揭《日記》（上），頁 289。

❹　張先生留學地雖為日本及德國，但少年時因學習於上海廣方言館，又曾以英文教學，並嘗用英文撰寫論文、專書，是以四人中自以張氏之英語能力為最強。有關張氏與英文之關係，參〈寶山張先生年譜初稿〉，《張君勱先生九秩誕辰紀念冊》（臺北：中國民主社會黨中央總部，缺年份），先生 12 歲、19 歲、21 歲、68 歲、78 歲等各條目。

❹　此據 1957.11.03 君勱先生致唐先生函及 1957.11.25 唐先生致徐、牟二先生函。前函未刊，其出處，參上註❸；後函，載《唐君毅全集·書簡》，頁 114-115。

外國出版之一般英文刊物不予接受刊登。經多方努力，延宕至譯稿完成後兩年，即 1960 年 10 月全文英譯之〈文化宣言〉始得順利面世。（詳下條）

　　(五)廣結善緣、得道多助以化解僵局：

　　　上文已指出不易在西方覓得英文刊物以刊登英譯本〈文化宣言〉。幸好同意在英譯本上共列姓名之謝幼偉先生與中國文化學院創辦人張其昀先生相善。❷在謝、唐二先生努力下，〈宣言〉英譯本乃得在該學院所辦之 *Chinese Culture*（卷三期一，1960 年 10 月）登載，否則擬對外國人為中國文化事業發聲之原意便只好付諸流水，或至少大打折扣了。此可見文化事業要在社會上生起廣泛作用，非只憑學者各自為戰，各人多寫一兩本學術專著便可竟其功的。平時廣結善緣尤不可少也。其實，所以能夠廣結善緣，恐怕其本身必須先為「有道」者，所謂「得道多助」、「德不孤必有鄰」是也，否則善緣即無從結起。〈文化宣言〉得在英文刊物上發表，及其前數年錢穆先生、唐先生等人所辦之新亞書院先後獲得上海商人王岳峰先生及美國耶魯大學雅禮協會之資助❸，皆可謂「得道多助」之另

---

❷　不悉唐先生與其昀先生相善否？其可知者乃其昀先生甚賞識唐先生之學問。唐先生 1967.10.04 嘗致函其昀先生；從中得悉其昀先生擬創辦中華學術院，並擬授予唐先生哲士之頭銜。此其一。再者，其昀先生嘗邀約唐先生在中文大學榮退後至文化大學任教。此事見唐先生 1975.01.30 致其昀先生函。以上兩函均收入上揭《唐君毅全集‧書簡》中。

❸　王氏資助新亞書院，乃 1949 年末至 1950 年 4、5 月間之事。（新亞書院原稱亞洲文商夜學院。1950 年 2 月 28 日，始改組為新亞書院。）美國耶魯大學雅禮協會決定以合作方式資助新亞，其事乃在 1953 年，正式合作則始於 1954 年。詳參上揭，《唐君毅全集‧年譜》，頁 70-73、82、87。

一佐證。

　　由上觀之，要共同成就一文化事業，非有推手、非有執行者、非有決然毅然之意志，非兼具求大同存小異／棄小異之胸襟雅量，則事必不濟也。「蓋世必有非常之人，然後有非常之事；有非常之事，然後有非常之功。」❹四先生之〈文化宣言〉，其一例而已。吾人有志於文化事業者，四先生之先例為楷模、為典範，此確然無疑者也。

　　最後，必須要對〈文化宣言〉所達致的效果或所引起的關注作一點說明。〈文化宣言〉發表後半年期間，已引起不少人士廣泛的注意。如香港之基督徒、臺灣之洋人及時在臺灣之胡適先生，不是集會討論，便是要求徒眾注意。❺且兩三年內有三個不同英譯本及一個日譯本面世，真可謂「天道酬勤，功不唐捐」；唐先生等人的努力絕不枉然白費！〈宣言〉發表的目的可說達到了。當然，要藉此來完全扭轉時人（尤其洋人）對中國文化偏頗甚或錯誤的認識，甚至轉而促使彼等全盤肯定中國文化之價值及其對人類的貢獻，那是過高且不切實際的期許。但無論如何，作為中國知識分子來說，唐先生等人已盡了最大的責任，也可說擔負了時代的使命。

　　五十年後的我輩，能聞其風而愉悅讚嘆之、睹其行而踵武繼承之，俾藉以光暢吾國族之慧命、弘揚我華夏之文化者歟？凡有志之

---

❹　司馬相如，〈難蜀父老〉，《昭明文選》，卷44。

❺　參 1958.06.02 徐先生致唐先生函、1958.06.22 唐先生致牟先生函及 1958.06.25 牟先生致唐先生函。以上三函，其中第二函收錄於上揭《唐君毅全集·書簡》中；一、三兩函則為中文大學新亞書院所保管；另有繕打本。參上註❸。

士，固當自反自勵、思齊奮發焉！筆者勉力草就本文，區區之意，正在此矣。所謂「盡文化之責，勵世人之心」**㊻**者耶？願共勉焉！

徵引書目（按徵引先後為序）

1. 黃兆強，〈〈中國文化與世界〉宣言之草擬及刊行經過編年研究〉，《中國文化與世界──中國文化宣言五十週年紀念論文集》，中壢：中央大學文學院儒學研究中心，2009。

2. 江日新，〈張君勱與「中國文化與世界」宣言──其想法及訴求〉，「中國文化與世界宣言五十週年紀念國際研討會」，中央大學中文系、中央大學哲學研究所、臺灣師範大學國際與僑教學院、東方人文學術研究基金會、鵝湖月刊社等單位主辦，會議日期：2008 年 5 月 2 日至 4 日。

3. 牟宗三、徐復觀、張君勱、唐君毅，〈為中國文化敬告世界人士宣言〉，《民主評論》，元月號，第九卷，第一期，總 193 號，1958 年 1 月；《再生》，元月號，復字第一卷，第十八期，總 366 號，1958 年 1 月。

4. 唐君毅，《說中華民族之花果飄零》，臺北：三民書局，1974。

5. 唐君毅，《中華人文與當今世界》，臺北：臺灣學生書局，1975。

6. 《儒學在世界論文集》，香港：東方人文學會，1969。

7. 張君勱，《新儒家思想史》，臺北：中國民主社會黨中央黨部，1980。

8. 張君勱著，程文熙編，《中西印哲學文集》，臺北：臺灣學生書局，1981。

9. 《張君勱先生百齡冥誕紀念文集》，臺北：中國民主社會黨中央黨部，缺年份（約為 1986 年）。

㊻ 東吳大學同事且亦師亦友之中文系前主任陳松雄教授擅為駢四儷六、錦心繡口之文。今臺灣藝文界雅好此道而有所述作者，其成就恐無人能出其右。彼所為文章，筆者諷誦者再。松雄教授嘗應邀而為世界書局再版《陸宣公翰苑集注》（臺北：世界書局，2005）撰〈再版序〉乙篇。「盡文化之責，勵世人之心」一語即出於該〈再版序〉末段。茲特別標出，示不掠美。

10. 呂希晨、陳瑩，《張君勱思想研究》，天津：天津人民出版社，1996。

11. 牟宗三，《牟宗三先生全集》，卷 32，臺北：聯經出版事業公司，2003。

12. 《中華民國史稿·國史擬傳》，臺北縣：國史館，第三輯，1992 年；第四輯，1993 年；第六輯，1996 年。

13. 黃漢光，〈同情與敬意——讀「中國文化宣言」〉，發表於上揭「中國文化與世界宣言五十週年紀念國際研討會」，2008 年 5 月。

14. 李宗桂，〈中國現代化的文化努力與民族精神的自我挺立〉，發表於上揭「中國文化與世界宣言五十週年紀念國際研討會」，2008 年 5 月。

15. 許嘉璐等，〈甲申文化宣言〉，《大地》，第十八期，2004；「人民網」（www.people.com.cn）。

16. 《文化建設》，第一卷，第四期；www.zgrj.cn。

17. 霍韜晦，「中國文化的轉折與開新——『百年儒學』會議宣言」，發表於香港東方人文學院、法住文化書院等單位舉辦之「百年儒學」學術研討會。會議日期 2009 年 11 月 12-14 日。

18. 牟宗三、徐復觀、張君勱等先生致唐先生函，原為唐師母謝方回女士所保管，交付劉國強教授後，今存放中文大學新亞書院。（筆者從劉教授處獲得影印本）

19. 劉勰，《文心雕龍》。

20. 《唐君毅全集》，卷 25，《致廷光書》；卷 26，《書簡》；卷 27、28，《日記》，臺北：臺灣學生書局，1991。

21. 唐君毅，〈從科學與玄學論戰談君勱先生的思想〉，《中華人文與當今世界》，補編，下冊，《唐君毅全集》本。

22. 白安理（Umberto Bresciani），〈祖先崇拜和于斌樞機〉，《第三屆臺灣儒學研究國際學術研討會論文集》，2003 年 2 月。

23. Chang, Carson, Mu Tsung-san, Hsu Fu-kuan, Tang Chun-yi; R.P. Kramers(tr.) "A Manifesto for a Reappraisal of Sinology and Reconstruction of Chinese Culture", *Quarterly notes on Christianity and Chinese Religion*（《基督教與中國宗教季刊》），二卷，二期，（香港）基督教中國宗教文化研究社，

1958 年 5 月，頁 1-21。

24. Carson Chang, Hsieh Yu-wei, Hsu Foo-kwan, Mou Chung-san, Tang Chun-i, "A Manifesto on the Reappraisal of Chinese Culture-Our Joint Understanding of the Sinological Study Relating to World Cultural Outlook", *Chinese Culture,* 卷三，期一，The Institute of Chinese Culture，The Chinese Cultural University (Taipei), 1960 年 10 月，頁 1-71。

25. Carsun Chang, Tang Chun-i, Mou Tsung-san, Hsu Fo-kuan; Warner Fan(tr.),"A Manifesto for a Re-appraisal of Sinology and Reconstruction of Chinese Culture", Carsun Chang, *The development of Neo-Confucian thought,* New York: Bookman Associates, 1962，頁 455-483。

26. 中村俊也，〈有關唐君毅東西冷戰時期的思想——『現代新儒家宣言』研究〉（日文），《東亞地域研究》，第七號，2000 年 7 月，頁 1-15。

27. 黑格爾著，王造時譯，《歷史哲學》，上海：上海書店出版社，2008。

28. 韓震，《西方歷史哲學導論》，濟南：山東人民出版社，1992。

29. 唐端正，《唐君毅全集·年譜》，《唐君毅全集》本。

30. 陸九淵，《陸九淵集》，北京：中華書局，1980，卷 36，〈年譜〉。

31. 《張君勱先生九秩誕辰紀念冊》，臺北：中國民主社會黨中央總部，缺年份，〈寶山張先生年譜初稿〉。

32. 司馬相如，〈難蜀父老〉，《昭明文選》，卷 44。

附　錄

壹、唐君毅先生及其愛情哲學析述❶

一、唐先生的文化事業與生命情懷

三十多年前，在香港念高中時，我的課外讀物之一是錢穆先生的《中國文化叢談》。❷錢先生的精闢見解，尤其是他一往情深的對中國傳統文化的熱愛，在我的心中生起了一種莫名的衝動。中國文化廟堂之美盡在於是了。錢先生成為了我的偶像，成為了文化救國（當時是中共文化大革命發展最熾烈的年代）的中流柢柱。天下偉人盡在於一身——錢先生。這種想法，我在大學階段未嘗稍改易。一九七六年，我入讀新亞研究所，忝列新儒學三大師門牆，始知文化、學術尚另有天地。唐師之博、牟師之精、徐師之霸，使我視野豁然開朗、眼界大開。

余生也晚，親炙唐師一年又半，師即歸道山。然其儒者風範長縈繫心中。在唐先生的告別式上，牟宗三先生以「文化意識宇宙中

---

❶ 本文始稿於 2003.05.09，完稿於 05.12；發表於東吳大學文學院舉辦之廿世紀中葉人文社會學術研討會上。該會議舉辦日期為 2003.05.15-16。該文被刪節後刊登於《毅圃》（2006 年 2 月號）第四十一期，頁 40-45。筆者 2006 年 5 月底修訂該文，同年 6 月 4 日修訂完竣。其後刊登於黃兆強主編，《二〇世紀人文大師的風範與思想（中葉）》（臺北：臺灣學生書局，2007），頁 15-33。

❷ 筆者閱讀的是三民書局 1969 年出版的本子，上下共兩冊。

的巨人」贊歎繫之。牟先生生平少所許可，以此誌黃墟之痛以悼念死友，亦可謂至矣。❸唐先生博雅，中、西、印諸哲學，無不通貫涵詠。人或僅視為只懂得中國傳統哲學，甚至只懂得儒家哲學的新儒家，這可以說是天大的誤會及無知；於唐先生之學術，實不契至甚。這只要稍翻閱先生的著作，尤其遺作《生命存在與心靈境界》便知其梗概。唐先生學問難懂，以其博也；以其於眾多價值及各種歸趣，皆一一予以承認首肯也。然而，承認歸承認，這並不意味著唐先生皆予以同等之位階。唐先生對不同的價值是有其一己的分判的。其對偉大人物之分判定位即係一明證。如把歷史人物按其偉大程度之高下，依次分為學者與事業家型、天才型、英雄型、豪傑型、超越的聖賢型及圓滿的聖賢型等六級即是其例。❹先生絕不因為以儒為宗便抹煞其他價值，或全盤否定代表此價值的學人／學派。其包容萬物的胸懷心量，是我至為欽佩的。唐師學問廣博無涯涘（只要一讀其兩大冊的《哲學概論》便知之）。讀其書，有時如墮五里霧中，莫知究竟。且師又承認一切價值，使人摸不著頭緒；到底主

---

❸　按：牟先生最喜歡月旦人物，猶記得在一次國際學術會議上，先生嘗用三個
　　小時作主題演講。我的一位學長心思細密，把牟先生品評的當代人物來個統
　　計，經指名道姓的便有二十六人！

❹　圓滿的聖賢型，唐先生僅舉孔子一例。其說見〈孔子與人格世界〉（撰寫於
　　一九五〇年八月，先生時年四十二歲），收入先生所著《人文精神之重建》
　　（香港：香港新亞研究所，1974），頁 204-235。該文乃以比較之進路來論述
　　孔子之偉大勝於其他歷史人物，此相對於先生他文或他人之只是「提出幾點
　　孔子學術思想，或孔子對中國歷史文化之貢獻來講」（語出先生該文之〈前
　　言〉），是很特別，且亦能顯示先生博通中西印回思想的一個論述。該文非
　　常值得一讀。

軸宗趣何在,未易知也。❺其實,千百種學術,老師必以儒為宗、為至高無上。這種定見,只要我們抓得緊、握得住,那老師的學問便不至太難懂了。老師的學問博,其生命情懷亦類似:廣包萬物,無所遺棄。猶記得有位學長曾經在老師面前指出某人的哲學素養一塌糊塗。老師回應說:這個人很孝順。這個回應真的是風馬牛不相及!這學長事後對我說:你看唐先生多糊塗。我說的是學問範疇內之事;唐先生竟以道德倫理範疇回應!其實唐先生再糊塗也不至於學問(知性)、道德(德性)混為一談。唐先生是要我的學長轉移視線、提升視野。唐先生是從更高的層次看問題:學問非人生的唯一考量,也非最重要的考量。縱使其人學問一無可取,但仍有作為人的價值在,孝順即一端也。上文說過唐師的學問難懂,甚至使人摸不著頭緒;明說學問而竟以道德應,你教人家如何瞭解認識你的學問精神呢?這的確困難。但如果知悉唐先生是多元價值的承認者、包容者,然而核心思想是萬殊不離儒為宗的話,那唐先生也不是這麼讓人難懂的。

　　唐先生是中國傳統知識分子的典型。一言以蔽之,欲內聖外王是也。其格致修齊之道,尤其格、致方面,學術界早有定評,不必筆者多說。其外王(事功)方面的表現,則見之於新亞書院及新亞研究所之創辦及守成也。❻新亞在五〇、六〇,甚至七〇年代對香

---

❺　當然,唐師行文語句過長——常三四十字一語句,當係其文章難懂之另一原因。

❻　一般的說法是,新亞書院的創辦人是錢穆先生,這是不爭的事實。但牟先生則有如下的見解,現謹提供參考:新亞是靠三個人起家和支撐的:錢先生的大名、唐先生的文化理想、張丕介先生的實幹。無大名不足以號召,無理想

港高等教育的貢獻及所扮演的角色，是有目共睹的。錢穆先生一九
六四年退休不再主持新亞校務後，唐先生所肩負的責任便更重。先
生與牟先生、徐復觀先生、吳俊升先生❼、羅夢冊先生❽等諸師長
繼續為新亞打拼；其為文化事業、為教育下一代而繼續拼搏之精
神，可與天比高、與地比大，實長存宇宙而為人間一永恆價值無
疑。唐先生因勞瘁而壽終於新亞研究所所長任上，❾其畢生為教育
作出的奉獻，「鞠躬盡瘁，死而後已」猶不足以道其萬一也。赤手
搏龍蛇的書生事業以此告終，亦可謂至矣。

二、《愛情之福音》的作者

民國三十四年一月，太平洋戰爭即將結束之時，臺灣正中書局
出版了《愛情之福音》一書（以下簡稱《福音》），是為初版❿。民國

則缺方向，無實幹則事情落實不了。筆者以為這三人就新亞創始的階段來
說，猶如鐵三角，三位一體，各有貢獻。唐先生迭任新亞書院教務長、文學
院院長及新亞研究所所長等職。按：張丕介先生為經濟學家，新亞書院草創
期間擔任總務長兼經濟學系主任。有關張丕介先生，參唐先生高足唐端正先
生所撰《唐君毅先生年譜》，《唐君毅全集》（臺北：臺灣學生書局，
1990），頁 72。

❼ 吳先生為留法教育學家，嘗任中華民國教育部政務次長、一九六四至一九六
八年間擔任新亞研究所所長、一九六五至一九六九年擔任新亞書院第二任校
長。有關吳先生在新亞任所長一職，參《新亞研究所概況‧本所創辦簡
史》。

❽ 羅先生之學術專業為歷史學，所著書《孔子未王而王論》（臺北：臺灣學生
書局再版，1982）為唐先生所稱許。

❾ 唐先生任新亞研究所所長一職凡十一年（1968-1978）。

❿ 筆者所據之本子是民國六十六年（1977）四月臺七版。所謂民國三十四年一

六十六年臺七版，其封面及版權頁作如下標示：著者：Killosky，譯者：唐君毅。筆者廿多年前讀該書的時候⓫，嘗認定該書之撰著者即係唐先生。換言之，唐先生不是所謂的譯者。同儕間多半亦如是認定，然筆者未嘗細詢其由。就筆者閱讀過唐先生的眾多著作中，書前沒有序文或前言等等文字以說明撰著緣起或稍述書中旨趣的，似乎便只有這一部書。⓬

　　現今嘗試從「事」（代表之者，相關文本，相關史料是也）、「理」兩方面入手以說明何以筆者斷言該書之作者為唐先生，而絕非所謂Killosky。⓭著者 Killosky 云云，實不知何許人。根據《福音》一書中〈譯序〉（唐先生撰）之描述，Killosky 乃十九世紀末波蘭作家，後來翻譯成英文者乃約翰貝勒（Janh Balley）⓮，書名之英譯

月臺灣正中書局初版，是根據臺七版版權頁上之資訊而來。

⓫　筆者當時買不到該書。後獲工作於新亞研究所圖書館之陳健眉小姐惠贈影印本（據 1977 年之正中版）並釘裝成冊，精美之極；又蒙唐師母謝方回女士於扉頁以毛筆題上「愛情之福音　謝方回題」數字，隆情厚愛，終生不敢或忘。

⓬　《愛情之福音》收入《唐君毅全集》中，作為該書之卷二。書後附錄了一篇〈譯序〉。在該序文之前，編者有如下的按語：「《愛情之福音》一九四五年渝初版、四七年滬一版時有此〈譯序〉。四九年後由臺灣正中書局重印，〈譯序〉始抽出。」換言之，各種版本中，有此〈譯序〉者唯一九四五、四七年之版本而已。其他各版不再附上該〈譯序〉，大抵乃唐先生本人之意思。據〈譯序〉末所示，該〈譯序〉撰寫於民國二十九年十一月三十日。

⓭　上揭〈譯序〉則作"Kileosky"，蓋為誤植。見《唐君毅全集》本，卷二，頁88。

⓮　"Janh"蓋為"John"之誤植。

為：*Gospel of Love*。**⓯**

現今先從「理」（理當如此）方面來說明《福音》一書的作者。筆者敢斷言，《福音》一書所展露之思想及論辯之理路，除唐師外，想無他人可有同一表現也。再者，唐先生才大、思如泉湧，筆桿既快且勤。譯事最重信、達、雅；由是，耐性及時間尤不可或缺。如果真有他人撰就《福音》一書，而唐先生所為者只是靜下來句斟字酌的從事翻譯，那唐先生所選擇者定然是寧可自己動筆撰寫之，而不作翻譯。所以無論如何，該書不可能是他人的製成品而唐先生只是予以翻譯而已。

上文是從理上說明《福音》一書應係唐先生個人所撰，而非譯著。然而，按道理該如此如此，非如彼如彼，恆不免只是一廂情願的猜想、臆測而已；其實況不見得確係如此的。為了坐實其確然無誤，理證之外，尤須他證。而事證即其一也。然而，當時事實究竟如何，今人亦不易知也。今人所以賴以知之者，其為文獻、文本，或所謂文字史料歟？今茲乃開列四文獻如下，以佐證焉。

㈠上揭〈譯序〉，其前載有編者如下之按語：「……關於本書，唐夫人謝廷光（方回）一次接受訪問時曾有如下說明：『《愛情之福音》這本書是唐先生在一九四〇年寫成

⓯ *Gospel of Love*，其作者為 Killosky，譯者為 John Balley，各種百科全書上皆未能找到相關資訊。香港中文大學哲學系教授張燦輝先生對這個問題亦有所探討，今茲筆者在這方面修訂拙文，實緣乎拜讀張先生之大文而來。張燦輝，〈唐君毅之情愛哲學〉，《毅圃》（香港：弘毅文化教育學會，2006 年 2 月），第四十一期，頁 47。

的。』」❶⑥

(二)以上(一)只是訪問的紀錄。唐師母在《致廷光書》（上篇）
〈後序〉中更有如下白紙黑字的說明：「……當我看到你信
中說：我們婚姻的變化，使我們受了許多痛苦，但若莫有我
們婚姻的變化，我們不會互相認識對方品質之可愛。許多人
生問題也許就想不到，也寫不出那許多悲憫見性見情觸動人
心深處的信。你說你《愛情之福音》一書或者就不會寫
了。」⑰此引文最後一句話可說是《愛情之福音》一書為唐
先生所撰寫的鐵證。

(三)《致廷光書》（上篇）收錄了唐先生結婚前寫給師母的三十
六封信，其中寫於一九四一年底的第廿六封信說：「我那論
婚姻之道一書，不知你可能找著人鈔否？」。⑱按《愛情之
福音》一書為現今所見唐先生所有著作中唯一論愛情婚姻方
面的專著，第廿六封信明言「我那論婚姻之道一書」，則此
一書非《愛情之福音》而何？唐先生又明言「我那
論……」，而不是說「我那譯……」，則該書必為先生自撰

---

❶⑥ 《唐君毅全集》本，卷二，頁 87。上揭〈譯序〉撰於民國二十九年。序中云
「去年五月」完成該書，是該書完成於民國二十八年（公元 1939 年）。唐師
母云寫成於「1940 年」者，蓋一時誤記。

⑰ 上揭《唐君毅全集》本，卷二十五，頁 302。按「廷光」，為唐師母另一名
字。師母姓謝，名方回。此〈後序〉寫於 1981 年 2 月 2 日，即唐先生逝世三
週年紀念日，乃師母為《致廷光書》之出版而撰寫者。《致廷光書》係唐先
生寫給師母的書簡的彙編，上篇收錄信札三十六通，乃唐先生婚前寫與師母
者。

⑱ 上揭《唐君毅全集》本，卷二十五，頁 244。

無疑矣。

㈣根據新亞書院早年唐先生的入室弟子唐端正先生及李杜先生
的記述，唐先生曾承認其本人即係《福音》之作者。❶

一言以蔽之，根據理證及以文獻為代表之事證，尤其後者，則
《福音》一書必係唐先生本人自撰無疑。

然而，唐先生本自撰該書，而「自貶」為譯者，其故安在？筆
者忖度如下：唐先生所撰各著作，除專門學術鉅著外，便是談歷
史、談文化、談教育、談宗教等等的一般性著作（其中不少源自演講
記錄）。這些著作，其主題都可以說是相當嚴肅的。（唐先生亦撰有不
少應酬性文章，其性質亦不為例外，不具論。）以愛情為題而寫成專著的，
與前述各著作之性質或風格不相侔；且《愛情之福音》撰就時，唐
先生剛滿三十歲，❷愛情經驗並不豐富的三十歲的青年便寫就一部
看來類似愛情指南、愛情秘笈、愛情天書的著作，大概沒有人要
看，更沒有人會接受其中的道理的。常人多貴遠賤近。唐先生最懂
得這個道理，因此便乾脆以譯者自居了。❸

---

❶ 此說據張燦輝，上揭文，頁 47。又頁 54，註八亦有相關記述。惟張燦輝在註
八中只指出唐端正告訴他唐先生承認撰書事，未嘗再提及李杜。

❷ 該書完成於民國二十八年（公元 1939），參上註❶。先生生於民國前三年
（公元 1909），是成書年齡為三十歲。

❸ 唐先生自撰該書而以譯者自居的原因，唐師母指出當時有人作了二個猜想。
其一為該書以先知的口吻訓誨世人，這不符合唐先生平常謙虛的個性；其二
為唐先生寫該書時尚未結婚（換言之，即以未婚之青年人指導青年人談愛
情），因此先生便不願意以真實姓名發表。唐師母除了同意以上兩個猜想
外，也作了一點補充。師母認為唐先生大概是希望獲得更佳的效果，因此便
把時空的距離故意拉遠。筆者上文的忖度與師母的想法可說不謀而合。唐師

三、唐先生的愛情觀

《福音》一書，可不要誤會是什麼追求愛情幸福或性福之愛情指南，或愛情天書。至少，不能視為時下坊間的一般指導如何可獲得幸福愛情生活的專書。該書是一部體不大（全書約五萬字）而思甚精的著作。唐先生早熟，三十歲前後，以儒家為宗的思想，大體上已定型了。《福音》中每句話，或至少每一段話，都充滿著智慧。唐先生承認多元價值但以儒為宗的思想特色，書中隨處可見。其黑格爾式的辯證思考模式綜貫全書。❷其豐富的想像力，及如何針對某一主題所糾纏、衍生的諸問題，予以分述疏解的能力，書中隨處可見。再者，先指點開示一理想價值，然後相關論說全然熔鑄貫串其間以證成之的思想特色及行文佈局，書中亦隨處可見。

道不遠人；極高明而道中庸。《中庸》說：「君子之道，造端乎夫婦；及其至也，察乎天地。」愛情之終極為結為夫婦，共偕連理。唐先生的學問，固以察乎天地為極則。但萬丈高樓從地起，因此唐先生便先從所謂愚夫愚婦的情愛問題說起。德國詩哲席勒（Schiller, 1759-1805）說過：「無論哲學家們怎麼想，世界還是被愛情與飢餓支配著。」❸然而，人世間狹義的情愛問題（譬如如何求

母列述他人的猜想及陳說其本身之想法，見所著〈家居生活中的唐君毅先生〉，收入《愛情之福音·附錄》（《唐君毅全集》本）。上揭張燦輝文對相關問題亦有所論述，讀者可並參。

❷　按：先生甚鍾愛黑格爾哲學；此與牟師之酷愛康德，蹊徑各異。

❸　就愛情所具有的支配力量來說，只要看看臺灣任何一個連續劇便知悉。如劇情只是打打殺殺，不談情愛，保證三集便下檔沒戲唱了。劇情中如有情愛的成份，則演個三五十集都不成問題。

愛、自增性愛魅力、三角戀愛如何致勝、劈腿問題等等），絕非唐先生所關注的。《福音》一書，主旨在於賦予男女間的愛情一形而上的意義、道德意義、精神意義。❷這便使得男女朋友間、愚夫愚婦間的情愛有其背後崇高的價值在了。

　　《福音》一書是以一個充滿智慧的長者名德拉斯與渴望獲悉愛情真諦的一群年輕人的對話為內容而敷陳的。「一切的話，都是對問題而有意義。」（頁 4）唐先生於是思考、設計年輕人所可能提出的各種問題；並逐一予以回應。這種文章佈局是比較生動活潑的。有問有答，這當然比一個長者自個兒獨白來說明愛情的各種形上意義及價值更容易讓人接受，也使讀者彷彿自身參與其中而儼然成為提問的青年。所以《福音》的結構、佈局，應算是很成功的。其實，這種設計很能夠反映唐先生固有的思想。先生在某一著作中（今未克尋其出處）說過，哲學是對問題而生起。如本無問題（當然指的是人生問題、價值問題、宇宙存有起源等等大問題），那根本不必念哲學或讀哲學書籍。可見《福音》的佈局設計，實源出先生的固有思想，亦可視為其固有思想之具體落實。

　　全書計分五章；標題依次如下：〈靈與肉〉、〈愛之一源〉、〈愛情中的道德〉、〈愛情之創造與條件〉、〈論愛情中之罪過與苦痛〉。茲分述其內容如次，並隨文揭示唐先生思想的特質。

　　〈靈與肉〉一章云：

　　……一切人生活動，都剝去牠深遠的意義，而平凡化、方式

---

❷　《福音》（臺灣：中正書局，1977 年第七版），頁 2。以下徵引該書，僅標示頁碼。

化，這樣將阻塞了人類了解精神的哲學之路。現代的學問家，是從人生比較低的活動解釋到比較高的活動，於是以為比較高的活動是不真實的虛幻。所以我們現在的確需要翻轉過來，對於所謂比較低的活動，都從更高的活動之眼光來重加解釋，賦與他更高的意義。愛情在人生的活動中通常是站在比較低的地位，我們現在是首先要把牠的意義提升，使人在愛情生活本身中可以發現他道德求進步精神求上升之路，而可以通到形而上之真實。（頁4）

　　以上唐生先的意見，其實可視為全書的旨趣所在。一方面賦予愛情一形而上的解釋，他方面更鼓勵過愛情生活的人能夠精進其道德、提升其精神。唐先生把人間各色各樣的活動都歸攝到道德層面上去並給予解釋（道德形上學——對人世間的各種活動給予一富有道德意涵的形上解釋），上段話可說是唐先生一貫主張下的一個例證。要領悟唐先生的相關思想及言論，莫如看他的《文化意識與道德理性》一書。㉕

　　唐先生又說：「一切的愛都是一種愛的分化。宇宙間只有一種愛，因為只有一種精神實在生命本體。」（頁8）這句話也很可以讓人嗅出形上學的味道。「一切的愛」，其範圍可以是很廣的，我們可以無窮盡的開列其項目。先生在〈靈與肉〉一章中特別歸納為四方面：愛真、愛善、愛美、愛神聖，並指出男女之愛中，其背後便隱含這四愛；且強調必以實現此四愛為愛情生活之終極歸趨，並

㉕　　臺北：臺灣學生書局，1978。

藉以提升人生價值。

〈靈與肉〉一章亦特別強調男女之愛中的敬與信的問題。這個問題，唐先生是如此敷陳的：

> 敬是你敬對方。信是信對方對你。你必須有敬而後願意信，你必須有信而後更堅固你的敬。你之敬他信他增進他之自敬與自信，而他對你亦將以敬信來增進你之自敬自信，報答你對他之敬信。（頁10）

唐先生環繞一主題，不斷轉進、深入的思辯模式，以上引文可以概見。此外，敬與信是儒家最主要的德目之一。於此亦可概見唐先生以儒為宗的影子。上文說過唐先生鍾情黑格爾。現今說到唐先生的思辯模式，我們正不妨藉〈靈與肉〉一章稍舉一例說明先生如何受到黑氏之影響。當有青年問何以世間只有男女兩性，如何沒有第三性，又何以不只是一性時，先生說：

> 孩子，一切現實存在的東西，都是相對而存在，有一必須另一與之相對。因為一切正面者必須與為其反面者相對，正面者即反「反面者」，必有反面者來為其所反，故必要有反面者才使正成為正。相對者皆互為正反。……而只有相對的東西才總都是在互相轉易，互相補足，互相依賴，互相扶持，互相含攝。（頁17）

黑格爾正反合的辨證邏輯思維，唐先生不是很好的發揚光大者嗎？

唐先生感情豐富、想像力豐富，思想上下開合無涯涘，光是〈靈與肉〉章便可以概見，不贅說。說到想像力豐富，年前讀《致

廷光書》，真使人驚嘆叫絕。該書輯錄先生致師母信函一百一十多通。感情洋溢其中不必說。最使人拍案叫絕的是先生憑空虛構杜撰了不少生活小故事，借以慰藉師母思念之苦。如果不是在信末明說以上所述為虛構杜撰，則讀來使人動容變色絲絲入扣的各故事，實無人會懷疑其真實性！先生想像力之豐富，筆者實五體投地。

第二章名〈愛之一源〉。這章可說是進一步闡發首章的要旨而來的。先生指出一切愛都源自於宇宙靈魂，因此皆可以息息相通。就人世間來說，男女之愛為愛之始基。男女之愛之結晶則為子女的誕生。男女之愛之延續及擴大即成父母對子女之愛。子女回饋父母之愛便成子女對父母之愛（孝）。子女回饋父母之愛之擴大便成子女間（即兄弟姊妹間）的相親相愛。依此往外推擴，則天下間莫不有愛。這個道理是很好懂的。我們現在需要闡述的是，唐先生這章書的思想根源蓋來自墨家的兼愛及儒家差等式的愛。先生說：

> ……然而我們已說一切的愛之光，都自同一的宇宙靈魂放射，所以當你們由你們間之愛，而體味到宇宙靈魂之存在還歸於那宇宙靈魂時，你便可立刻轉化你的男女之愛為對於一切人類之愛。因為你還歸於宇宙靈魂時，即與之合一，而你的心便已成宇宙靈魂表現其愛的盧廓了。所以最了解男女之愛、家庭之愛者，同時便是最偉大的人類愛者。（頁 22-23）

這便使人聯想到墨家兼愛與此正同。能夠普遍化男女之愛於一切人類，這當然是最偉大的人類愛者。

猶記得修讀牟宗三先生宋明理學課時，下課後與諸同學陪伴牟先生返家的路上，嘗鼓起最大勇氣，向牟先生提出以下問題：「聽

老師課後，得悉墨子兼愛學說應係最偉大的學說；但為什麼老師偏愛儒家？」大家猜猜老師怎樣回答。老師說：「你回家看看我的書。」天啊！牟師著作等身。我大學是念歷史的，在新亞研究所也是念歷史。聽老師宋明理學課，說實在的，實有點慕名而來。現今要我看他的書，但又不明說是何書，實猶同大海撈針。當然，後來我終於弄懂了何以牟先生偏愛儒家所說的愛，反而比較不欣賞所謂更偉大的墨家的兼愛。一言以蔽之，儒家愛有差等的學說及相應的作法是較符合人性的；反之，兼愛只能是一理想，是難以落實的。

　　唐先生的說法最能說明這個道理。他說：

> ……愛光之放射自然是由近及遠，於近者總要親些，於遠者總要疏些。這並不是表示我們所放出的愛之不公平，而正是表示愛之真正的公平。這一種於近者親些似乎是私，但這私是本於宇宙靈魂之要綿延他所表現的一切生命。這私本於宇宙靈魂之要普徧繼續的表現，所以這私即宇宙之普遍律則，即是公。（頁25）

原來儒家親疏有差等的愛是宇宙之普遍律則，此所以同為唐先生、牟先生所讚嘆也。

　　《福音》第三章〈愛情中的道德〉含若干子目，分別討論專一、堅貞、信心等等問題，今分述如次。

　　當青年提出根據甚麼理由不可以泛愛時，德拉斯便強調愛情得專一的道理。他說：

> 我首先同你們解釋，當你與人定情時，由無數中擇一。一能

代替無數，一便等於無數。真正的定情者當他自無數中擇一
時，他對他的對方說：「從今以後，任憑弱水三千，我只取
一瓢飲。」❷❻這句話尚待修正，因為你真正飲一瓢時，一瓢
代替三千，一瓢即三千。（頁40）

至於論堅貞方面，青年問：「先知，我有一個問題，我過去曾
愛一人，但現在覺得他人更可愛，我可以辜負她嗎？」德拉斯回答
說：

孩子，這問題的關鍵，是你過去曾否真與她定情。如果定了
情，你便絕對不可另愛別人，不管你們之間有無社會的儀
式、法律的根據。這理由是因為當你同人定情的頃刻之間，
你必覺得你的對方代替了無數的異性，你這時只有對方一人
在你心目中，你已把其他一切異性排開了。（頁42）

可見唐先生是要青年對定情時的心境負責，並為了落實一貫的人格
而做出如上的忠告的。❷❼

---

❷❻　「任憑弱水三千，我只取一瓢飲」，語出《紅樓夢》，第九十一回，〈縱淫
　　　心寶蟾工設計，布疑陣寶玉妄談禪〉。

❷❼　個人年輕時曾很幼稚的設想過，爾後長大進行公正結婚儀式時，法院（或其
　　　他官方機構）的承辦人一定會問以下一問題：「您是否愛對方？」當時我很
　　　務實，但也可說很幼稚的想，我一定會回應道：「我現在的確是愛她。但我
　　　怎能保證，我爾後一輩子都會愛她呢？」我的回應也可說是道出一般婚姻
　　　的實然狀況，即婚後經常會出現的狀況。但問題是，我這個忠實、務實，且
　　　過於「理性」的回應是反映了我說該話的當兒，根本沒有定下心來一輩子愛
　　　對方、疼對方！（日後假若變心，那是日後的事。）如果是這樣的話，那我
　　　根本不知何謂愛情，亦根本不配談愛情。情一定便是永定了！那有今日是確

　　青年又向先知德拉斯說自己很有信心不會變心，但如何可以擔保對方也不會變心？德拉斯回應道：

> 孩子，你錯了。誠然他人是他人，你不能絕對的擔保他人與你一樣，但是你必須相信他與你一樣。因為你能有的美德，便是人類能共有的美德。你真希望人有此美德，你便自然透過此希望去看人，把人看作有此美德者。你說他人是他人，你不能絕對擔保，你又如何能絕對擔保你未來的自己？未來的自己對你現在的自己不是一他人嗎？你之所以能相信你未來的自己，只因為你能推你現在的心，到現在的自我以外，以透視你未來的自己。你何以不能推你現在的自我以外以透視他人呢？（頁43）

每一個心，其背後可說都源自同一個心。我們姑以「天心」稱之。這猶如任何道德行為，其背後都源自同一個精神實體——天道。（此或以「上帝」、「宇宙靈魂」稱之亦無不可）唐先生因相信形而上精神實體乃係一確實的存在，因此便得出依此實體下貫而各別呈現之人心、己心必無不同的結論。此外，唐先生如上的說法也可說源自儒家的忠恕之道。「盡己之謂忠，推己之謂恕」❷❽。既相信自己不變心，依此外推，則亦當相信他人也不會變心。

　　當青年提問「對他人之愛之態度又當如何」時，唐先生借德拉

定，但會說出明日之事今日不能預定的話呢？！

❷❽　。語出朱熹：《論語集註》，〈里仁〉。《論語·里仁》：「夫子之道，忠恕而已。」

斯之口說：「孩子，你要愛，須用整個的心去愛；不愛，便根本的不愛。」（頁 47）這揭示針對愛與不愛做抉擇時，我們便得決斷，不應拖泥帶水；否則害己害人。「你要愛，須用整個的心去愛」，這比較容易做到。至於「不愛，便根本的不愛」，就相對的比較難了。拖泥帶水，藕斷絲連的情況，比比皆是。一方面，有時候自己不忍心「拋棄對方」，再者對方亦可能死纏著你。所以要向對方提出分手；或獲悉對方無論如何都不愛你，所以你只好強迫自己下定決心不再糾纏下去作盲目的追求，這二者都不是很容易做到的。就自己來說，如何拿得起，放得下；對對方來說，如何可以照顧到對方的感情，不致傷害對方。這都是需要很高的智慧的。但無論如何，該做抉擇時，我們便得做抉擇，否則害己害人。唐先生為人圓厚，很少說決絕的話。但面對愛、不愛時，唐先生還是給予了我們很好的指引。

　　至於不該作盲目的追求，唐先生討論「求愛中之道德」的問題時，作了進一步的闡述。唐先生指出：如對方不接受你的愛，你便得好好自我把持，不能神魂顛倒、陷溺自己的精神於所求的對方；「真正的愛者決不作一往的追求，他寶貴他自己的愛情，他尊重他人的意旨。」（頁 49）但唐先生話鋒一轉，又指出，如果對方是你靈魂唯一之寄託所，你非追求他不可，那你亦可以一往情深盡其在我的追求他。這種追求便成為為盡責任而來的追求。而這種為盡責任而推動的行為是不怕失敗的。因此這種行為便表現一極高之道德價值了。（頁 48-49）書中所見這種知其不可而為之的盡其在我的精神，大抵源自唐先生的儒家思想。在這裡，唐先生是把戀人間情愛之愛昇華為一種道德責任，這可說已進至另一種境界。個人認為這

種境界極高。能有追求的意願，且真能達致之，那是很了不起的一種道德情操。然而，這是很理想，很不容易達致的境界。偶一不慎，追求者可能「粉身碎骨」。因為在踐履這種責任時，戀人間情愛之愛很可能不自主、不自覺的滲入而糾纏其間。屆時欲踐履的責任既不能完成，而你個人又再陷溺你原先所追求的情愛之中了。唐先生的指點固然非常寶貴，但其中不免有相當大的冒險成份。如確要踐履之，那要慎之又慎呢！比較把持不住的人，似乎不宜冒這個險。其實，個人認為，唐先生對於是否要踐履這種責任是語帶保留的。唐先生一方面指出，「……覺得對方是我靈魂唯一之寄託所，……」；再者，又指出「如果你真是為盡責任而去求，那你便當不怕失敗」。其實，我們不必自我設限而覺得（認定）「對方是我靈魂唯一之寄託所」；更關鍵的是，常人又怎麼會「不怕失敗」呢？（所以唐先生便用上「便當」二字，而不作非常肯定的判語）換言之，常人不宜一往情深的去盡這種責任，否則到時反過來再陷溺於情愛之中而不能自拔時便悔之已晚了。

〈論陷溺於愛情中之罪過〉，唐先生指出追求愛情時，不可忘了世界，忘了你在世界應盡的其他責任。並指出求愛者應該知道：

> 你忘了世界，世界的他人並不曾忘記你。……有許多無告的人們在啼饑號寒，有許多痴男怨女在咨嗟嘆怨，他們希望任何人與他們一點幫助與慰安，這「任何人」三字的意義中便包含了你。（頁51）

這反映人溺己溺的精神及反映儒家修齊治平的精神實長存唐先生心中。

〈論二人同等愛時如何選擇〉，唐先生認為，應當考量何者更需要我的愛，並應當順從父母兄弟的意見後，始據以作出抉擇。所謂順從他人的意見，並不是為了順從而順從。而是這種順從可以滿足他人的希望。這便展示了、增加了你的愛的實現。所以你的選擇更能呈現你的大愛。

第四章〈愛情之創造與條件〉重點有三個：一、為了使雙方愛情永恆久遠，必須互相深化愛情，不斷創造愛情。二、身體只是靈魂的衣服。透過妝飾使身體更美，為的是使靈魂固有的美能夠呈露出來。所以妝飾是可以接受的。且妝飾是提供人家賞美的機會，這亦是一種對他人之愛的表現。三、愛情是無條件的。「你可以因為愛他你便愛他了，」（頁 65）不必考慮他是否有學問、有財富、有地位。「這種最樸素最原始之愛，是宇宙間最可貴的愛情！」（頁65）

有關愛情的創造，唐先生以下一段話很有意思，先生說：

> ……你要知道每個人的靈魂都通於形而上之精神實在，那是無窮的深淵，包含無盡的寶藏，人類的靈魂本身沒有不是可愛的。……你當以開礦的精神，先掃去對方人格之表面的灰土，撥去外層的岩石，去探取對方靈魂的寶藏，你愈向山之最裏層開發，你愈可獲得更多的寶藏，這便是創造的意義。
>
> （頁 56-57）

其中「人類的靈魂本身沒有不是可愛的」一語充分顯示出唐先生是一個人性本善論的信仰者；可視為儒家主流思想的繼承者、發揚者；亦係道德理想主義者。

唐先生又說：

> ……不是你妻子不好，是人類不滿於現實的心理，使你去發現她的不好。不是其他的女子好，是你追求遙想的精神動機，使你去發現其他女子的好。其他女子之好，是由你之理想所賦予，好不在她，而在你理想之自身；好不外在於她，而內在於你。你為甚麼要去求她呢？（頁54）

這段話說來有點玄，有點境不離識、萬法唯識的味道。個人認為唐先生是個「萬法唯心／唯識」的「信徒」，或是個中國大陸馬列主義思想所認為的「主觀唯心論者」。上段話很可以使人窺見唐先生與佛教義理的關係。我們不要忘記《新唯識論》的作者熊十力先生是唐先生很敬佩的老師呢！

唐先生又說：「……人類的一切問題都是神聖。」（頁59）這讓我想起有些老師會經常指出同學所題的問題是 silly question，因此不屑回答。唐先生正相反。上文說過唐先生承認一切價值，無所厭棄。從「一切問題都是神聖」一語，便可稍見端倪。

第五章〈論愛情中之罪過與苦痛〉討論愛情中的罪過、再婚等等問題。重點如下：

一、「一切道德的訓條都只為激發人的現在，感化人的將來，世間沒有束縛人的固定的道德訓條，也沒有要人只懺悔他的過去的道德訓條。」（頁68）此可見漢代以後始發展出來的三綱五常束縛人心、人身的教條，唐先生是抱持何種態度予以對待的。先生又說：「孩子，一切罪過在真切的懺悔時便已湔除。」（頁70）這使人想到基督教的原罪在人懺悔、信主並洗禮之後便全然湔除了。所

以已經過去了的事，便不必再多想，過去了便算過去。

二、至於配偶死後，可否再婚的問題，唐先生說，在原則上，人不應再婚。但如果是出自高尚純潔的動機，如需要人看護小孩、為了有一個伴侶幫助你從事社會文化事業等等，便可以考慮再婚。

三、對失過愛、喪過偶的人可否發展第二次愛情，唐先生的答覆有如上一問題：如能把愛情轉化以作其他事業，藉以做出更偉大的成就，那當然最好。否則亦不妨考慮發展第二春。如是被愛的人將獲得加倍的愛情，他是更幸福了。（頁 74-75）唐先生的觀點是著眼於被愛的人是否可獲得更大的幸福來決定你可否發展第二春。換言之，是否發展第二春不應該考量（或至少不得僅考量）自己是否獲致幸福而已。

四、有關因離別而產生思念的問題，唐先生說：

> ……你在思念他時，你的思念便達到他靈魂；你的思念必然會引起他的思念，而且想著你之思念他。……事實必然如此。因為精神與心永遠不但不受空間的限制，而且越過空間的限制以發揮其作用的。這是鐵的真理，任何人不能摧毀她。（頁76）

這可說是「寂然不動，感而遂通」[29]中「感通」一語的最佳註腳。我的思念心與他的思念心實可謂有一形而上的「天心」作聯繫。這是我心他心得以貫通不隔的絕對保證。唐先生有如上的肯定，實緣乎確信形而上精神實體的存在。

---

[29] 《易‧繫辭上》。

　　五、〈論死亡〉一節中，先生指出人不是隨軀殼而生，因此不會隨軀殼毀亡而不存在。人的精神靈魂是永遠存在的。因此所愛的人們是不會死的。靈魂不滅的說法使人察悉到唐先生與康德哲學的一點關係。

　　六、〈論失愛〉一節指出終身沒有愛情生活也不打緊，因為愛情生活不見得是人們所必需有的。「宇宙還有多少潛伏的真理待人去發現，潛伏的美待人去表現，而沒有人去發現表現。……重要的事，不是方式本身，而在生命力之貢獻。」（頁 80）這是指出人的生命力在於作出貢獻，愛情生活只是作出貢獻的方式之一而已。所以沒有追求愛情生活，或追求而失敗（失愛）了，也不必懊惱的。

四、結語

　　先師唐君毅先生哲思獨運，透過豐富的想像力，設計各種愛情答問，旨在開導時下青年跳脫情慾式的愛情思維，而昇進到具有形而上精神價值的愛情世界。筆者本文藉由《愛情之福音》一書，除扼要析述先師愛情觀之各種論說外，主旨實在於藉以揭示先師廣博的學識及其心中之價值信念。書中層層轉進，步步深入的辯證思維能力的展示尤使人嘆為觀止。吾人雖不必全然認同唐先生的各種說法，但其書體系圓融自足，自成一家言。三十歲便撰成此書，宜乎其後挺拔獨立，門戶自開，成不世出的一代大宗師。

貳、人文意識宇宙中之巨人
——唐君毅先生❶

一、緒言／雜說

㈠撰寫本文之緣由

　　君毅先師弘識孤懷，先天下之憂而憂，後天下之樂而樂。修德以俟後，行道以濟眾。儒者「內聖外王」之教，先生躬行而踐履之。其學問廣博無涯涘，固無論矣；而人格精誠昭如日月，則世間亦多知之者。先生以弘揚文教自任，1949 年僑遷香港後，乃與錢賓四、張丕介、崔書琴、謝幼偉、程兆熊、劉尚一等諸位先生❷於素有文化沙漠之稱的香港創辦新亞書院，數年後又創辦新亞研究

---

❶　本文原為針對大學生程度而草擬之演講稿，故內容以淺易為原則。後為應「中國文化與世界宣言五十週年紀念國際研討會」（主辦單位：臺灣中央大學中文系、哲研所、臺灣師大國際與僑教學院、東方人文學術研究基金會、《鵝湖月刊》社；日期：2008.05.02-04）主辦單位之邀請，乃稍予修改、補充演講稿而在會議上宣讀之。會議後亦略作補充修改。今茲收入本書前亦稍作進一步之修改。最後修訂日期為 2010.03。

❷　新亞書院之前身為亞洲文商夜學院。參《唐君毅全集》（臺北：臺灣學生書局，1991），卷二十九，《年譜、著述年表、先人著述》，頁 70。按：《年譜》為唐先生之高弟唐端正先生所撰。

所，以嗣續中華文化之慧命於一線，則其事蹟、精神皆可為後世楷模無疑。筆者雅好諷誦先生文章。惟以學力識解所限，無緣領會其中西印哲學、儒釋道哲理，斯為恨矣！史學一端，雖不敢謂素所究心，然畢竟治之有年。顧先生遺著三十鉅冊❸，其中言歷史事蹟者、論前賢往哲者、釋史學要旨者，數見不一見。筆者乃就能力之所及，勉力闡發析述其中之義理，成拙著若干篇。❹

　　先生言歷史、論文化之鴻篇鉅製或「抒情小品」中，幾乎無一不涉及人文精神，其中或暢論之，或隱涵之；總之，不一而足。然無不以闡發人文精神、促進人文精神、提撕人文精神為旨歸、為宗趣，則諸作無以異也。筆者不敏，下文乃據《唐君毅全集》中若干文字以為因緣，藉以管窺先生人文化成之意識；然絕不敢謂此等文字能代表《唐君毅全集》全部重要相關資料，更不敢謂藉此即能全幅展現先生文化意識及人文意識之全貌。其厚負於唐先生及時賢者，奚待辯解哉！

---

❸　《唐君毅全集》共三十冊，其中大部份篇幅為先生生前即已印行出版之著作，然亦有不少文字為先生卒後由唐師母，並門人霍韜晦及吳甿（吳明）等學長整齊先生遺墨而納入者。（參《全集》，卷二十八，謝廷光（唐師母），〈唐君毅日記刊行記〉；卷三十，霍韜晦，〈唐君毅全集·編後記〉）卷二十九則為《年譜、著述年表、先人著述》，卷三十（即最後一冊）《紀念集》乃先生之同儕及友生所撰述之紀念性文章。近年中國大陸廣西師範大學出版社據《全集》而以簡體字重排出版部份著作，是唐先生之精神志業得倡明流行於中國大陸而有其市場之明證也。洵為大陸近年推行中華儒家文化之源頭活水無疑。

❹　此若干篇文章已收錄本書內而成為本書之重要組成部份。

㈡君毅先師·我

　　1.一次演講❺

　　2.一次訓示❻

　　3.一次當「跑腿」❼

---

❺　筆者就讀於唐先生任教且當所長的香港新亞研究所時，同時任職於中學。因授課時間無法與唐先生開課時間錯開，是以未能正式修讀唐先生課；惟嘗聆聽其公開演講而已。

❻　筆者嘗於香港《華僑日報·人文雙週刊》發表〈考據學家錢大昕治史的科學方法〉一文（1977.09.26；1977.10.10；1977.10.31）。其後某日，新亞研究所總幹事趙潛先生囑往見唐先生。面見時，唐先生指出：錢大昕一文尚可，惟不必用「科學方法」一名。筆者當時唯唯諾諾，然不敢多問，亦不知從何問起何以不宜用該名。不二月，師即歸道山（師逝世於 1978.02.02）。當時不敢請益多問，不意其後即無緣再問矣。非遺憾而何！按：〈考據學家錢大昕治史的科學方法〉一文乃筆者修讀碩士班時之習作耳。1977 年末，唐先生已沉痾纏身而病入膏肓；然仍關注學生們刊登於報章之習作並指示往見而耳提面命之，「誨人不倦」之精神亦可見一斑矣。筆者當時不解何以唐先生指示不必用「科學方法」一名。其後反覆思之，其原因大抵如下：今人受西方影響，治學恆標舉以「科學方法」為之。然而，錢大昕治史所應用之方法為清乾嘉諸老治學恆用之考據方法而已；縱使其有契合於現今之科學方法者，吾人亦不必以「科學方法」一名突顯之。否則有挾洋自重之嫌矣。所謂「漢家自有法度」，不必援據他人以自重歟？

❼　君毅師仙逝，負責搦管撰述〈唐君毅先生事略〉者為先師徐復觀先生。復觀先生謙讓未遑。時筆者任所會（研究所學生會）會長。徐師乃於初稿草擬畢後囑兆強攜往牟宗三先生、吳俊升先生、何敬群先生等等諸位先生處乞求斧正。筆者由是數度往返諸師長間，以奔走聯繫而得從中學習焉。〈事略〉一文載《唐君毅先生紀念集》（臺北：臺灣學生書局，1979），頁 1-3。

二、唐先生生平簡述

先生 1909 年（清光緒 34 年）陽曆 1 月 17 日出生於四川宜賓（祖籍廣東五華）。1978 年 2 月 2 日逝世於香港，享年七十歲。宜賓為三江（長江、金沙江及岷江）交匯之處；而先生出生地離金沙江只有數十丈，出門即可遙望江水，對江是綿亙的山丘，有「東去江聲流汩汩，南來山色莽蒼蒼」之勝。❽「仁者樂山，智者樂水」。先生為山水所環抱，故仁且智也。父迪風公為清末生員（即俗稱秀才）。先生嘗先後就讀於中俄大學、北京大學，1932 年畢業於南京中央大學哲學系。❾ 1949 年僑居香港。嘗歷任中國大陸多所著名大學、香港新亞書院及香港中文大學、香港大學、臺灣大學教職；並嘗任哲學系系主任、文學院院長及教務長。❿又擔任香港新亞研究所所

❽　上揭《年譜、著述年表、先人著述》，頁 3。

❾　特別值得一提的是，先生於 1929 年，年二十而本身大學尚未畢業之時，即以時任職於四川大學蒙文通先生之推薦而獲聘任教於川大，授西洋哲學史。上揭《年譜、著述年表、先人著述》，頁 27。

❿　先生嘗任教於成都華西大學、南京中央大學、無錫江南大學、香港新亞書院、香港中文大學、香港大學等名校。且嘗為中央大學哲學系主任、新亞書院哲學教育系（後改為哲學社會系）主任，並嘗任位於無錫之江南大學之教務長。1963 年中文大學成立時，先生即獲聘為哲學系講座教授兼哲學系系務會議主席，並被選為中文大學第一任文學院院長。上揭《年譜、著述年表、先人著述》，頁 35；46；55；64；130；136；150。先生每以無能力辦事為由（筆者按：根據新亞研究所 1983-1995 年擔任所長的中央研究院院士全漢昇教授所言，唐先生雖是讀書人，但亦是有能力辦事的）而欲推辭行政職務，然每以人情難卻而勉力為之。參上揭《年譜、著述年表、先人著述》，頁 55。先生亦嘗以「為人過於仁柔」，而自認為不宜辦事。上揭《唐君毅全集》，卷廿七，《日記·1948.06.19》，頁 5。1954.11.16 先生與徐復觀先生

長十一年之久（1968-1978）。與錢賓四、張丕介諸位先生在香港創辦新亞書院及新亞研究所❶；1978 年卒於所長任內。

　　先生著作等身：臺灣學生書局 1991 年出版《唐君毅全集》三十卷（三十冊），共約一千萬言；中西印哲學及政治、社會、文化諸問題，以至青年人之人生及讀書治學等等問題均有所探討。著作

書說明嘗向當時任新亞校長的錢穆先生請辭教務長之職位多次，然終以未有繼任之人而其事不果。1955.02.16 先生與復觀先生書又再次提及欲辭教務長一事，但亦終以錢先生之慰留而不忍去。先生非不知行政事務會佔去個人讀書及做學問的時間，但於數度請辭不獲時，乃轉念「犧牲時間能間接有助於中國教育文化之前途亦未嘗不可。」是可知先生之不忍遽去固由於人情難卻，但亦因為考量到個人付出對於客觀之中國教育文化事業有所貢獻而不得不留任也。後者可謂係書生經世（即所謂「外王」）因素下的一種考量。先生給復觀先生的兩函，見《唐君毅全集》，卷廿六，《書信》，頁 86；91。先生做事全力以赴，成功不居的態度，吾人不妨透過在新亞書院及中文大學與唐先生共事前後十多年的數學系朱明倫教授之言來做說明。朱先生云：「先生務實，凡事只求有益於學校社會，不計個人名位得失。如創辦數學系，延聘君璞師主持，皆先生全力達成，從不矜功，在璞師週年忌紀念特刊之紀念文中，從不提及。」朱明倫，〈敬悼唐君毅先生〉，上揭《唐君毅先生紀念集》，頁 195。

❶　憶牟宗三先生上課時嘗謂：1950 年代在英國政府統治下的香港辦理弘揚中華文化之教育事業很不容易。新亞書院能夠辦下去主要仰仗以下三位先生：錢穆先生之學術名氣、唐先生之文化理想及張丕介先生之實幹精神。按：張先生為經濟學家。新亞書院成立之初，經濟上極拮据。錢、唐二先生皆讀書人，經費上之擘劃及量入為出等事宜幾全仰賴張先生。徐復觀先生最能體認到三先生辦學相互依賴之精神，嘗指出謂：「合力創辦新亞書院，……他們三個人，真所謂相依為命，缺一不可。如果今日有人想抹煞這段事實，等於抹煞自己的良心。」徐復觀，〈悼唐君毅先生〉，上揭《唐君毅先生紀念集》，頁 154。

成一家言，其中以晚年鉅著《生命存在與心靈境界——生命存在之三向與心靈九境》最具代表性。

<h2 style="text-align:center">三、新儒家、人文主義者</h2>

唐先生在世時曾有不同的稱謂，如「新儒家」、「人文主義者」、「道德的理想主義者」、「文化哲學家」、「超越的唯心論者」等等即是。❷現在僅擬扣緊唐先生作為人文主義者的「新儒家」而為說。

㈠當代新儒家及當今儒學應以人文精神之提撕❸為發展之重點

就廣義來說，所有後出於原始儒家（即先秦儒家）之儒家皆可稱為新儒家。是以漢儒對先秦儒家而言，是新儒家；宋明儒對漢儒而言，亦新儒家；清儒對宋明儒而言，亦新儒家也。❹而熊十力先

---

❷ 參李杜，《唐君毅先生的哲學·對唐先生哲學的不同稱謂及不應有的誤解》（臺北：臺灣學生書局，1989），頁 134。按李先生為唐先生在香港新亞書院及新亞研究所 1950 年代任教時期之門生。

❸ 讀唐先生、牟先生書，恆有「××提撕」之語句。往日習焉而不察，只約莫知悉其義而實未諦。《辭海》（香港：中華書局，1974）〈提撕〉條云：「韓愈詩：『所職事無多，又不自提撕，』此兼有警覺及振勵之意。」始知二先生此語用得極妥貼。

❹ 猶記得三十年前上牟先生「宋明理學」一課時，牟先生從「新」之所以為「新」之義指出宋明儒乃新儒家時，個人頗感震撼（即所謂 shock 了一下）。筆者是念歷史的。歷史學是比較「質實」的學問，很少從概念入手來談問題。今牟先生先從「新」的概念入手來說明問題，筆者當時真的 shock 了一下；是以三十年仍記憶猶新。

生、徐復觀先生、唐先生、牟先生等等乃可謂「現代／當代新儒家」**⓯**。如眾所周知，「儒家」是一個籠統的稱呼。其實，中國各時期之儒家均有其自身之特色，不盡然與其他時期之儒家相同。唐先生即有如下的說明：

> 周秦兩漢宋明及清儒有分別：周秦儒帶原始性與開創性，正面樹立理想，此如孟子闢異端，荀子解蔽。漢儒措之於政治社會教育之綱紀之確立，通經致用，對歷史古籍珍重。宋明儒或疑經，講修養，重去人欲，於政治上重君子小人之辨，去偽存誠，反反以成正，可為反省的復興。清儒去華就樸，講訓詁考據，重實際事功，歸於變法革命。今日吾人講儒學，當重其成就一切宗教與人格世界及人文世界方面。**⓰**

⓯ 據網路版維基百科（Wikipedia），現代新儒家計分為八大家九項目，此為梁漱溟、熊十力、張君勱、馮友蘭、方東美、徐復觀、唐君毅、牟宗三、陳勝長。其中陳勝長先生，浙江上虞人，香港中文大學中國語言及文學系退休教授。此外，亦有加上錢穆、賀麟、蔡仁厚、劉述先、杜維明等先生作為新儒家的。余英時先生則認為錢穆先生不願意接受此「新儒家」的頭銜。余英時，〈錢穆與新儒家〉，《錢穆與中國文化》（上海：上海遠東出版社，1994），頁 30。

⓰ 上揭《唐君毅全集》，卷三，〈人生隨筆・目疾中札記及其他〉，頁 93。唐先生著作中論述儒家使命的文字極豐富並散見各處，現今只是舉出其言簡意賅的其中一段文字而已。對於現代儒學的發展，牟宗三先生則認為要開出「新外王」。其言曰：「儒家學術第三期的發展，所應負的責任即是要開這個時代需要的外王，亦即開新的外王。」又說：「今天這個時代所要求的新外王，即是科學與民主政治。……」牟宗三，〈從儒家的當前使命說中國文化的現代意義〉，《牟宗三先生全集》，卷二十三，《時代與感受》（臺

　　上段文字中，唐先生認為當今儒學發展所當重視者可有三方面，即成就一切宗教、人格世界及人文世界是也。其實，這是分析的說法（即分別說）；縮統綜持而言之，則宗教及人格世界皆隸人文世界之下。蓋宗教說到最後必自人說起，離人而言宗教，則非宗教之究竟義。❶人格世界固人文世界之一端無疑。其實，人格外，人性、人倫、人道等等，凡依人之理性而表現呈顯者，皆無非人文世界中的一端。由此來說，依唐先生意，當今儒學／儒家所當重者，則發展及開拓人文世界是也。明道先生嘗言：「充擴得去，……天地變化，草木蕃；充擴不去，……天地閉，賢人隱。」❶明道先生此言固非為人文精神而發，但對今天人文精神的發展來說，此語正可派上用場而有其最相應之描繪。

　　筆者二十多年前撰有一文是說明唐先生的人文思想的，茲引錄其要點如下，藉以闡述先生重視人文精神之一斑。拙文云：

　　　……使眾流有歸而立根於更高之勝義者，即為師念茲在茲頃
　　　刻不能或忘之人文主義思想。師秉持此勝義，緊握此勝義，

北：聯經出版事業公司，2003）頁 334；337。個人非常同意牟先生的說法。儒家的義理固有其恆常的意義及價值，然亦必須針對時代作相應之對治而顯其意義與價值；否則所謂永恆價值亦只是浮泛之說而已。是以牟先生上述的指點是最能扣緊中國當前的需要而為說的。然而，科學是中性的，其本身無方向；民主說到最後亦只是數人頭而可能成為多數暴力而已。救其弊者，人文是也。唐先生重視人文則正可給科學與民主一最正確的指導方向。當然，牟先生亦非常重視人文精神，這是不必多說的。惟本文的「主角」是唐先生，是以不擬多及牟先生的相關論旨。

❶　唐先生對這問題說得很多，其相關出處從略。

❶　詳參《宋元學案》，卷二十四，〈上蔡學案‧語錄〉。

申言一切個別獨立之道術，惟有在此勝義統攝下，又惟有以
此勝義為背景，始能各顯其真正之價值。

離此勝義，科學之成就適足以製造原子彈，摧毀人類自身；
宗教亦必須自人處講起，離人而言宗教，則宗教亦只是外在
者；民主頓成政權之分贓；自由亦流為以自我為中心，衍生
放蕩浪漫而已。

如吾所見不差，於「人文」二字中，師重「人」過於重其所
表現於外之禮樂之儀「文」。師稱孔子「要人先自覺人之所
以成為人之內心之德，使人自身先堪為禮樂之儀文所依之質
地。」⓳孔子如是，竊以為唐師亦莫不如是。是要人成就一
個「純內心的德性世界」。⓴而所謂人自身即指其道德理性
面而言。吾人惟有本此道德理性始可真正開創一切文化領
域。換言之，離道德理性而言文化道術則只是「忘本徇
末」。只有以人為主而立文，始可「攝末歸本」。㉑

　　唐先生之重視人文精神、為人文主義者，其實是學術界的常
識。我們只要稍翻閱先生的若干著作即可知之。是以上文所言可說

⓳　《中國人文精神之發展》（臺北：正中書局，1974），頁 25。
⓴　同上註。
㉑　黃兆強，〈唐師的「深淘沙，寬作堰」精神──植根於道德心靈、理性心靈
　　之人文精神，為融攝一切學術文化及民主建國的不移基石〉，臺灣《書目季
　　刊》，第十四卷，第四期，1981 年 3 月，頁 56-58。1980 年 9 月秒，筆者負
　　笈法京巴黎，乃得切身體認中西文化之差異，並由此而對業師唐君毅先生之
　　教誨，深有所感。遂於同年 12 月草就該文，藉以抒懷並弘揚師說。本文又收
　　入《唐君毅全集》（臺北：臺灣學生書局，1991），卷三十，頁 559-564。

是卑之無甚高論。

㈡從悼念唐先生的輓聯中看唐先生之為儒家／人文主義者

本節的重點不在於透過唐先生逝世時，親朋好友或門生故舊所致送的輓聯來證明唐先生是儒家或人文主義者（雖然這可以算是外證）。唐先生之為儒家／人文主義者，是不必透過這種所謂外證來證明的。只是筆者覺得這些輓聯寫得很好，文情並茂，可圈可點。所以筆者擬針對特別是說到「儒」或說到「人文」的眾多輓聯中，從中挑出若干對，來說明唐先生之為儒家或人文主義者的一個定位蓋深植人們心中；並從中概見老一輩的讀書人國學造詣之深邃而已。以下擬從唐先生的同儕及門生中分別各選出三聯以為代表。

1.牟宗三〈哀悼唐君毅先生〉（收入上揭《唐君毅先生紀念集》，頁149）：

一生志願純在儒宗，典雅弘通，波瀾壯濶；

繼往開來，知慧容光昭寰宇。

全幅精神注於新亞，仁至義盡，心力瘁傷；

通體達用，性情事業留人間。

2.徐復觀，〈悼唐君毅先生〉（出處同上書，頁155-156）：

通天地人之謂儒。著作昭垂，宇宙貞恆薪不盡。

歷艱困辱以捍道。尼山巍峙，書生辛苦願應償。

3.勞思光，〈成敗之外與成敗之間──憶君毅先生並談「中國文化」運動〉（出處同上書，頁268-269）：

逼眼玄黃血㉒，人間患作師；曹隨寧自畫，杜斷舊相知。

儒效㉓非朝夕，才難況亂離；平生弘道志，成敗莫輕疑。㉔

4.余英時（出處同上書，頁612）：

莫哀花果飄零，道本同歸仁為己任；

終至人文成化㉕，我豈異趣久而自傷。㉖

㉒　《易·坤·文言》：「夫玄黃者，天地之雜也；天玄而地黃。」

㉓　《荀子·儒效》：「因天下之和，遂文武之業，明主枝之義，抑亦變化矣，天下厭然猶一也。非聖人莫之能為。夫是之謂大儒之效。」「厭」，安也。

㉔　此為載於悼念文章中四首輓詩中之第二首。

第一首為：

赤手爭文運，堅誠啟士林，離明傷入地，震泥感重陰；

　　直論求全切，前期負望深，塵箱檢遺札，汗背涕沾襟。

第三首為：

深密宣三性，華嚴演十玄，眾長歸役使，孤詣攝通圓；

　　堅白觀兒戲，雌黃付世緣，江河終不廢，百卷視遺編。

第四首為：

五百推名世，天心未易求，說難人藐藐，窮變事悠悠；

　　司馬無私語，春秋重復仇，騎箕儻回首，遺憾望神州。

㉕　去國十二年後，即1961年時，唐先生撰〈說中華民族之花果飄零〉一文，念1949年後不少中國人流亡海外，猶花果之飄零無寄。英時先生則以為道本同歸，終至人文化成，故不必以此為哀。〈說中華民族之花果飄零〉一文，收入《中華人文與當今世界》（臺北：臺灣學生書局，1975），頁1-27。原載《祖國周刊》，1961，三十五卷第一期。

㉖　余先生為唐先生任教於新亞書院時期的學生。1973-1975年間，英時先生任中文大學新亞書院院長（校長）。據悉，英時先生與唐先生在新亞書院與中文大學的體制（仍採聯邦制抑改為中央集權制）的問題上有不同意見，師生間之關係由是欠和諧。英時先生「我豈異趣」一語，蓋意謂非有意故作歧異，

5.李杜，〈敬悼吾師唐君毅先生〉（出處同上書，頁 340）：

博通於中外古今取遠取近獨尊孔孟開新儒學
兼究乎老釋耶回希天希聖同存朱陸為百世師

6.霍韜晦，〈人極既立，君子息焉——敬悼唐君毅老師〉（出處同上書，頁 413）：

花果飄零，世間眼滅；
人極既立，君子息焉。❷⃝

以上牟、徐、勞三先生為唐先生之同儕。❷⃝余、李、霍三先生則唐先生香港新亞書院或新亞研究所之高弟。❷⃝此外，其他人之輓聯中

乃理念不同而已。「我豈異趣，久而自傷」一語，原係王世貞對歸有光之贊語。《明史・文苑傳・歸有光傳》載此贊語云：「千載有公，繼韓、歐陽。余豈異趣，久而自傷。」於此語後，《明史》史臣加一按語如下：「其推重如此」。英時先生於唐先生，吾人亦可以此語描繪之歟？

❷⃝ 《荀子・大畧》載子貢回應孔子時說：「大哉死乎。君子息焉，小人休焉。」「人極」語出王通（文中子），《中說・述史》：「仰以觀天文，俯以察地理，中以建人極。」周敦頤《太極圖說》：「……，惟人也，得其秀而最靈。形既生矣，神發知矣，五性感動而善惡分，萬事出矣。聖人定之以中正仁義而主靜，立人極焉。」

❷⃝ 牟先生與唐先生為同年（同出生於 1909 年，而牟先生後生數月。）徐先生（1903-1982）則比唐、牟二先生早生六年。勞先生出生於 1927 年，亦可謂係唐、牟二先生之晚輩。

❷⃝ 英時先生治史學，尤其以思想史為專業，則可謂與哲學為近；李、霍二先生治哲學，二人皆從唐先生撰寫碩士論文。霍先生除專精中國哲學外，尤精佛學。三十年來，霍先生皆以弘揚文教事業為己任。彼在香港所創辦之法住文化機構（含學會、文化中心、文化書院、出版社等等）在中國大陸，乃至在

有涉及「儒」或「人文」者尚多，今茲正文從略而轉見附註中，以備讀者參考。❸

　　附識：前輩學人、師長，文章皆有根柢，以上各對聯可見一

星加坡、馬來西亞等地皆有分會或經常舉辦文教活動。唐先生一輩子以弘揚文化為職志，然則霍先生為眾多門生中之最能賡續拓展文化事業之弟子歟？

❸　陳文山，「將軍一去，大樹飄零；但願桃李諸花，落實更生千萬樹。天道好還，人文永在；寄語中華兒女，應知天未喪斯文！」，〈敬悼唐君毅先生，弔唁新亞精神并告新亞研究所師友同仁書〉，收入上揭《唐君毅先生紀念集》，頁 188。

中國孔學會理事長孫炳炎，「一代儒宗真淑世，千秋事業重尼山。」同上書，頁 609。

周輦振、蔡仁厚，「蜀江蔚哲思悲智發，重振人文爭世運；嶺海流教澤德孔昭，更弘聖學卜天心。」同上書，頁 609。

新亞研究所全體員生，「為新亞精神開道路，為中華學術開風聲，大雅仗扶輪，久已世仰儒家，士尊泰斗；是東方人文之前驅，是吾黨蹈厲之矩範，鞠躬今盡瘁，定知身騎箕尾，氣作山河。」同上書，頁 613。

程成勳、周明新，「為人文盡力，為性命盡心，海角流離終不悔；於民族無慚，於國家無忝，中原未定有餘哀。」同上書，頁 616。

中國文化協會全仁，「集中西學術之長，融會貫通，一代儒師天下重；以人文精神為本，守成開創，百年名業域中垂。」同上書，頁 616。

趙潛，「傳道為儒林之宗，復興中華聖學，崇明德，作新民，盡瘁鞠躬，死而後已；著述惟仁愛是本，重振人文精神，放淫辭，斥邪說，櫛風沐身，老而彌堅。」同上書，頁 619。

陳培根、劉名中、刁錦堂、李鈞慶，「名士不居官，畢生新亞耕耘，促進人文主義；懇懇告靈鑒，吾輦海天嘗胆，誓還故國山河。」同上書，頁 619。

孫國棟，「憂國憂時，海內大儒；立德立言，一代宗師。」同上書，頁 621。

洪名俠，「手空空，無一物，創新亞，樹人才，農圃精神昭日月；心孜孜，法之千，立人文，護道統，中華文化永昌興。」同上書，頁 632。

斑。茲敬錄唐先生哀悼其業師方東美教授（1899-1977）之輓聯如下，藉以見唐先生之文筆亦媲美同儕也：

> 從夫子問學五十年，每憶論道玄言，宛若由天而降；
> 與維摩❸❶同病逾半載，永懷流光慧日，為何棄我先沈。❸❷

四、「人文意識宇宙中的巨人」

㈠「文化」、「人文」、「文化意識」

牟宗三先生哀悼唐先生的紀念文中有「文化意識宇宙中的巨人」一語。❸❸如眾所周知，「天文」、「人文」、「文明」及「文

---

❸❶ 據《維摩經》所載，維摩詰居士嘗稱病，但云其病乃「以眾生病，是故我病」。佛陀乃請文殊菩薩及諸佛弟子前赴探視問疾。文殊菩薩和維摩詰居士，設種種問答，敷演大乘佛教之義理。在相與問答的過程中，二人展示了極高的智慧和廣博的學識，兼且辯才無礙，佛弟子等讚嘆不已。方先生晚年患病時（與唐先生同患癌症）皈依了佛法，且其本人對大乘佛教有相當研究。就患病及信佛而言，方先生之情況與維摩居士正相同，是以唐先生以維摩比擬方先生。

❸❷ 轉錄自〈年譜、著述年表、先人著述〉，《唐君毅全集》，卷二十九（臺北：臺灣學生書局，1990），頁 218。此對聯為唐先生 1977 年 7 月所撰，下距其逝世時間僅半載。方先生與唐先生患同病（肺癌），而於 1977 年 7 月 13 日病逝於臺北。

❸❸ 上揭牟宗三，〈哀悼唐君毅先生〉，《唐君毅先生紀念集》，頁 151。此文又收入《唐君毅先生全集》（臺北：臺灣學生書局，1991），卷三十《紀念集》。文後附錄另一文：〈「文化意識宇宙」一詞之釋義〉（撰於 1978 年 8 月）。該文又收入牟宗三：《道德的理想主義》（臺北：臺灣學生書局，1990），修訂六版，〈附錄〉。

化」諸詞，皆源自《易傳》。《傳》云：「賁亨。柔來而文剛，故亨；分剛上而文柔，故小利有攸往；天文也。文明以止，人文也。觀乎天文，以察時變；觀乎人文，以化成天下。」❸❹後世「人文化成」一詞即本「觀乎人文，以化成天下」一語約化而來。但「文化」完全成為一詞，則疑始自劉向。❸❺

　　「文」有錯畫、交錯之義。「文」也有美也、善也的意思。❸❻合而言之，則交錯而產生美及善之謂。「文飾」一詞即大概本此義而來。❸❼若稍作引申，即成「人為加工（交錯）而使之美及善」之謂。既予以人為加工，則被加工者必與其原始狀態有別，或可謂加工而使之脫離原始狀態。而「化」，簡言之，乃指變，即變化也。❸❽合而言之，「人文化成」（文化）乃指經人為加工（即後天之人為努力）以改變原先之自然狀態❸❾，而使之美及善之謂。此自然狀態指

---

❸❹　《易經‧賁卦‧彖傳》。

❸❺　劉向，《說苑‧指武》：「凡武之興，為不服也；文化不改，然後加誅。」此「文化」乃指文治教化而言。

❸❻　參上揭《辭海》，「文」條。

❸❼　上文《易經‧賁卦‧彖傳》言「人文化成」。而《易經‧序卦》針對賁卦指出云：「賁者，飾也。」由此可知「文」與「飾」之關係：即由飾而成文也，或可謂以文而成飾也；統言之，即所謂「文飾」也。

❸❽　廣東話之「化」，亦指「變」而言。如稱某人不知變通，廣東話稱之為「唔化」（不化；國語亦有「食古不化」之諺語）。描述某人經某遭遇後非常想得通、想得開，廣東話則稱之為「而家化曬」（現在全想通了、全看開了）。

❸❾　唐先生壯年即成一家之言之作的《文化意識與道德理性》一書（臺北：臺灣學生書局，1978），第一章開首第一句話即說「文化非自然現象」，亦可證「文化」為後來人為努力之結果。上書寫成於 1952 年（參自序一），師年四

的是人之原始狀態或所謂動物性之狀態（即宋儒所謂氣質之性），而經後天的努力「文化之」，即可謂改變其氣質之謂。或可謂使人從「自然人」（原始人）而變化成為「文明人」或「文質彬彬之人」。（以上為個人對「文化」一詞粗淺之了解，牟先生更有慧解，詳下文。）

「文化意識」一詞為唐先生、牟先生常用之詞彙。唐先生更有一書以「文化意識」作為書名的一部份的。❹但「文化意識宇宙中的巨人」一語既為牟先生用以稱呼，甚至可謂用以定位唐先生者，故下文僅擬申述牟先生的意思，唐先生之相關意見，恕從略。牟先生說：

> 吾在悼念唐君毅先生一文中，有「文化意識宇宙」一詞，此詞不同於普通所謂「文化界」。……「文化意識」不同於今之所謂學術文化之「文化」。今之所謂文化文明好像是新名詞。由新名詞，人便想到英文之"Culture"與"Civilization"，好像是外來語之譯語。其實文化、文明，皆是中國所原有，而且原自很古，原於《易經》之賁卦。……是則天文、人文、文明、文化，四詞皆見於此《彖傳》，而且其義甚切而皆有所專當，而且正表示一種道德實踐上的價值活動。……就此自然文理而光明之以使剛柔皆止於至善，剛不偏剛以至

十三歲，故可謂壯年。

❹ 此即《文化意識與道德理性》一書。該書認為經濟、政治、哲學、科學、藝術、文學、宗教、體育、軍事、法律、教育等等之人類活動皆為文化活動，且「均統屬於一道德自我或精神自我、超越自我，而為其分殊之表現。」（自序二，頁3）換言之，人類之一切文化活動，莫不有道德理性為基礎也；或可謂無不表現一道德價值，當然表現者本身或係不自覺的。

於戾，柔不偏柔以至於溺，則即謂「人文」。「人文」者，
通過人之實踐以價值化此自然之文理之謂也。……「文明以
止」之人文即足以「化成天下」。此明示人文乃屬於價值化
活動者。由人文以化成，故亦可縮稱曰「文化」。此縮稱之
「文化」即表示以人之道德實踐以化成天下也。……因此，
吾所謂「文化意識」乃即中國固有之「觀乎人文，以化成天
下」之意識也。……由此意識，吾人即可開闢價值之源。依
此價值之源以作道德實踐而化成天下，即名曰「文化意識宇
宙」。**④**

上段文字最可注意者為牟先生所稱之「文化」不是一般所謂文化界
之各種活動而已，而必須是這些活動是含有價值意涵（道德意涵）而
以促進、成就人文化成於天下，或所謂以實踐道德於天下為依歸
的。換言之，「文化」既係「人文化成」之縮稱，則文化必依人而
生起、而發皇，而所以得化成於天下者則必以道德實踐為要素無疑
也。捨道德實踐，或文化活動中無道德意涵，則文化便不成牟先生
心中之文化矣！唐先生《文化意識與道德理性》一書之旨趣與牟先
生上段文字之精神可說全然相契合。**④**宜乎二先生之精神生命、文

---

④ 上揭《唐君毅全集》，卷三十，牟宗三，〈附：「文化意識宇宙」一詞之釋
義〉，頁 29-30。

④ 其實，只要稍一翻閱唐先生《文化意識與道德理性》（臺北：臺灣學生書
局，1978）一書的〈自序（二）〉，吾人便知悉該書的中心旨趣。該序文
云：「本書之內容十分單純，其中一切話，皆旨在說明：人類一切文化活
動，均統屬於一道德自我或精神自我、超越自我，而為其分殊之表現。」
（頁 3）又說：「一切文化活動之所以能存在，皆依於一道德自我，為之支

化慧命如斯契合無間也。而唐先生其他眾多著作中,其言文化、說歷史者,皆本此宗趣而為文,可說是其相關意識全幅且充量之展示。是以牟先生即以「文化意識宇宙中的巨人」一語稱之。

(二)「文化意識宇宙中的巨人」:唐先生之生命格範及其對學術文化之貢獻 (即「定性及定位」問題)

下文擬透過牟先生的相關描述來進一步了解唐先生作為「文化意識宇宙中的巨人」,其生命格範及對學術文化之貢獻為何。牟先生說:

> 唐先生是「文化意識宇宙中之巨人」,亦如牛頓、愛因士坦之為科學宇宙中之巨人,柏拉圖、康德之為哲學宇宙中之巨人。吾這裏這謂「文化意識宇宙」與普通所謂「文化界」不同,文化意識不同於文化。這一個文化意識宇宙是中國文化傳統之所獨闢與獨顯。它是由夏商周之文質損益,經過孔孟內聖外王成德之教,而開闢出。此後中國歷史之發展,儘管有許多曲折,無能外此範宇,宋明儒是此宇宙中之巨人,顧、黃、王亦是此宇宙中之巨人。唐先生是我們這個時代此宇宙之巨人。唐先生不是此宇宙之開闢者,乃是此宇宙之繼承與弘揚者。……唐先生之繼承而弘揚此文化意識之內容是

持。一切文化活動,皆不自覺的,或超自覺的,表現一道德價值。道德自我是一,是本,是涵攝一切文化理想的。文化活動是多,是末,是成就文明之現實的。」(頁 3-4) 再說:「此書之中心意旨,即顯示道德理性之遍在於人文世界。而道德理性不顯示於人文世界之成就與創造,則道德理性不能真顯示超越性、主宰性、普遍性與必然性於人生與宇宙。」(頁 24-25)

以其全幅生命之真性情頂上去❹，而存在地繼承而弘揚
之。……他是盡了此時代之使命。

唐先生可以作事，亦有作事之興趣，……而乃是立於文化意
識之立場來作事。……

他博通西方哲學，❹並時以哲學思考方式出之，只是為的
「適應時代，輔成其文化意識，引人深廣地悟入此文化意識
之宇宙」之設教的方便。……他越過了哲學宇宙而進至於文
化意識之宇宙，他成了此文化意識宇宙中之巨人。中國人沒
有理由非作西方式的哲學家不可。中國式的哲學家要以文化
意識宇宙為背景。儒者的人文化成盡性至命的成德之教層次
上是高過科學宇宙，哲學宇宙，乃至任何特定的宗教宇宙
的；然而它卻涵蓋而善成並善化了此等等之宇宙。唐先生這

---

❹ 「全幅生命之真性情頂上去」或「頂上去」，此數字是牟先生上課時的「常
用語」。一晃眼，已過去三十多年了。當時對此等用字無深契。廣東話固有
「頂上去」、「頂住」的用語，但均作為物理用語，即用作對物體／硬物的
支撐來說的。但用作人的整個精神生命、以人的真性情來支撐、來撐持文
化活動／文化事業的，則廣東話似無此用法。今細思之，牟先生用之以形容
人之精神生命之最強度之表現，可謂極為貼切而有力的。

❹ 兆強案：唐先生著作中多處指出，他雖然比較欣賞中國哲學，比較契合中國
先哲之思想及生命格範，但一生中閱讀及究心西哲之文書圖籍者，蓋佔其時
間之一半云。吾人只要稍一翻閱先生之《日記》（收入上揭《唐君毅全
集》，卷廿七、廿八）便知悉先生閱讀西方哲學書籍佔其總讀書時間的比重
了。《日記》記事始於 1948 年 5 月 31 日，終於 1978 年 2 月 1 日（即先生逝
世前一日）：1948 年 5 月 31 日之前者，以存放於大陸未攜至香港而不知流
落何所。參《唐君毅全集》，卷廿七，《日記》上，頁 169，1954 年 3 月 4
日條。

個意識特別強。吾與之相處數十年，知之甚深。吾有責任將
他的生命格範彰顯出來，以昭告於世人。故吾人於哀悼其有
限生命之銷盡之餘，理應默念而正視其文化意識宇宙中巨人
身份之永恆價值。**⑮**

(三)「人文意識宇宙中的巨人」

人必須兩條腿走路，否則不得穩步前進。同理，中國之生存與
發展亦必須兩條腿並存共進，否則必歧出、顛簸。這兩條腿是甚
麼？民族與文化是也。無民族，則文化自然談不上；所謂皮之不
存，毛將焉附？無文化，則民族如行屍走肉，存在猶不存在，雖生
猶死無疑。唐先生深知此中道理，所以畢生為中華民族與中華文化
奮鬥，此真牟先生所謂以全幅生命之真性情頂上去的，絕不容馬虎
滑過。唐先生作為極富使命感的新儒家及熱愛祖國的人文主義者，
亦絕不容許自己躲閃逃避。1958 年由唐先生草擬，經與牟宗三先
生、徐復觀先生及張君勱三先生往復討論修訂後而共同聯名發表之
長文〈中國文化與世界〉，即其最具代表性的一篇醒世大文章（至
少相關代表性文章之一）。此乃有感於「西方人士對中國學術之研究方
式，及對中國與政治前途之根本認識，多有未能切當之處，實足生
心害政」而不得不為文者也。**⑯**

---

⑮　上揭《唐君毅先生紀念集》，頁 149-151。

⑯　參〈中國文化與世界〉之〈案語〉。該文收入《中華人文與當今世界》（臺
　　北：臺灣學生書局，1975），上冊，頁 865-929。筆者對該文之撰寫過程及所
　　蘊涵之意義嘗撰文予以討論。參本書相關文章。

　　唐先生繼承與弘揚文化（尤其中國傳統文化）之意識非常強，此上文已有所闡述，且學人亦多知之。順上引牟先生所言，吾人或可進一步作如下的申述：若牛頓、愛因斯坦為科學宇宙中之巨人（科學家中之科學家），柏拉圖、康德為哲學宇宙中之巨人（哲學家中之哲學家），則唐先生既係「文化意識宇宙中之巨人」，似吾人應另鑄新詞，當以「文化家」（或「文化意識家」？）稱之，且係「文化家中之文化家」。❹如上所述，唐先生特別重視人類文化活動中之人文方面之表現（本來「文化」一詞即「人文化成」之縮稱，詳上文）；甚至認為「一切文化之精神，都是人文精神」❹；且畢生以促進、提昇人文精神之意識及善成、善化相關表現為職志。所以個人認為稱唐先生為「文化意識宇宙中之巨人」外，尚可進一步，且似乎更適宜稱之為「人文意識宇宙中之巨人」。就「人文」來說，唐先生重「人」過於重「文」，可謂先人而後文。本此，則「人文意識宇宙中之巨人」一語，亦可簡化為「人意識宇宙中之巨人」。❹當然，「文

---

❹　唐先生具通識，亦具慧解，對人類各種文化領域之表現，皆極關注，且都有相當的認識。哲學、宗教等等的思想性領域固不必說；即以其他領域，如歷史學、教育學、政治學、經濟學、藝術、文學等等來說，都具備相當廣博深厚的學問造詣。個人雅好諷誦唐先生之著作，掩卷之餘，每驚嘆其學問之廣博無涯涘，真莊生所謂「彼其充實不可以已。……其於本也，弘大而闢，深閎而肆；其於宗也，可謂調適而上遂矣。」（《莊子・大宗師》）

❹　唐君毅，《中國人文精神之發展》（臺北：臺灣學生書局，1974），頁 1。對「人文」一詞的涵意，唐先生是有所論述的；所撰著〈人文主義之名義〉一文即是其例。該文收入《中華人文與當今世界》（補編，上冊），《唐君毅全集》（臺北：臺灣學生書局，1991），卷九，頁 203-220。

❹　但「人意識宇宙中之巨人」一語頗突兀，或可以「重人意識宇宙中之巨人」、「彰人（仁）意識宇宙中之巨人」、「弘人（仁）意識宇宙中之巨

化」乃「人文化成」之縮稱,是以牟先生以「文化意識宇宙中之巨人」稱呼唐先生也是很恰當的。但是筆者考慮到一般人不知曉「文化」一詞源於《易經·賁卦·象傳》「人文化成」一語,尤不諳其中柔文剛、剛文柔之剛柔相濟而互相文飾之義,更遑論察識「文化」其實是一種道德實踐上的價值活動。是以筆者乃認為以「人文意識宇宙中之巨人」一語稱呼唐先生似更為妥貼,且可避免人們誤認為唐先生對文化領域各方面都只是有所認識、有所關注的一個文化界中之人士而已。❺⓿

唐先生之重視人文及文化,我們只要稍翻閱他的著作便知之。其實他的二三十冊鉅著中,含「文化」二字之書名便有兩種:《中國文化之精神價值》、《文化意識與道德理性》❺❶;含「人文」之書更有三種:《人文精神之重建》、《中國人文精神之發展》、《中華人文與當今世界》（正、續二篇共四大冊）。❺❷書名中含「人」

人」、「踐人（仁）意識宇宙中之巨人」等等稱之,但總覺此等稱謂流於不詞。

❺⓿ 牟先生特別撰寫〈「文化意識宇宙」一詞之釋義〉一文,開首第一句便指出「此詞不同於普通所謂『文化界』。」即可知牟先生意識到必須針對該詞作一些解釋,否則一般人必誤會該詞只是等同一般人所說的「文化界」而已。由是言之,如牟先生原先即用「人文意識宇宙中之巨人」一語,則〈釋義〉一文或可不必寫了。

❺❶ 唐先生文章篇名中含「文化」二字者更多。據粗略統計,僅以《中華人文與當今世界》（正篇）一書來說,收錄三十多篇論著中,即有十多篇含「文化」二字。

❺❷ 廣西師範大學出版社近年來出版不少唐先生的著作,如 2005 年以簡體字出版《中華人文與當今世界》（正、續二篇共四大冊）即其一例。這是非常可喜的現象。但比較可惜的是,唐先生著作中凡提及馬列主義或共產黨思想者,

的便更多。除上述三種「人文」書中含「人」外，尚有以下數種：《人生之體驗》、《人生之體驗續編》、《心物與人心》、《人生隨筆》❸等。其實，我們可以說，唐先生之大著無一不談歷史，不談文化（取「歷史」、「文化」兩詞之廣義來說；蓋先生各著作無一不談「人」，而人縱的表現為歷史，橫的表現便是文化。）

五、結語——性情事業留人間❺

石殞星沈！僑港三大儒的唐先生辭世於 1978 年。被牟先生稱為學術、文化護法的唐牟二先生的生平知交徐復觀先生亦於四年後即 1982 年逝世於香港。❺與唐先生相互切磋砥礪共勉奮進一輩子

相關文章便被刪除。以《中華人文與當今世界》（續篇）為例，據筆者粗略統計，其中被刪去的文章便有二十篇。臺灣原版之續篇收錄文章約一百八十篇。換言之，大陸版即刪去九分之一。又或雖保留文章，但若干語句或個別文字被刪去者亦不在少數。更可惜的是，出版社在刪削方面不作任何說明：既不說明何篇文章被刪去；刪去之文句，又不以省略號（……）表示之！讀者及徵引唐先生文章做研究之學者，既無法窺見全豹（但讀者、研究者本人不知），甚至可能被誤導而誤解／不解／片面了解唐先生之文旨。

❸ 《人生隨筆》一名，為上揭《唐君毅全集》編者所擬訂，但亦可反映先生平時措意之所在，故編者即以含「人」字之「人生」一詞以構成其書名中之一部份。

❺ 此為上揭牟先生輓聯中最後一句話。

❺ 猶記得三十多年前在課堂上牟先生嘗說，他和唐先生經常寫一些弘揚中華文化、清議時政或暢談民族精神方面的文章，但不免橫遭非議，甚或盲目攻擊。然而，徐先生總是挺身而出，充當護法。按：唐牟二先生恆正面立言，徐先生則兼擅辯及破，且「好打不平」，是以恆挺身而出，充當護法。牟先生在〈悼念徐復觀先生〉一文中便如是說：「吾與唐君毅先生許多有關於中國文化之文字皆在《民主評論》發表。去障去蔽，抗禦謗議，皆徐先生之

的牟宗三先生亦於 1995 年駕鶴西歸。天喪斯文，哲人其萎！顧三
先生畢生以關注中華民族之獨立自存，促進中華文化之光暢弘揚為
職志、為己任，則其精神固貞恆不滅而性情事業永留人間，並為吾
中華民族及中華文化之三大護法無疑。

筆者平素不及捧誦牟先生及徐先生的鴻篇鉅製，惟對唐先生之
文字則涉獵頗多。「文化意識宇宙中的巨人」用以形容唐先生固諦
審。然深恐（或只是筆者過慮？）一般素人或以此而誤會唐先生，以
為先生只是芸芸眾生之俗世文化界人物中有所表現及成就之一人而
已，而無法察悉其文化意識之濃烈，更無法體認其畢生性情志業背
後之文化理想、道德意識及道德使命感之所在，是以特草成此文以
就正於方家。❻知我罪我，其為斯文乎？

附識：

牟先生稱唐先生為「文化意識宇宙中之巨人」，其實唐先生亦
可謂係「歷史意識宇宙中之巨人」。何以言之？一言以蔽之，蓋

力。」牟文收入曹永洋等編，《徐復觀教授紀念文集》（臺北：時報文化出
版公司，1984），頁 3-16。上引語見頁 14。按：《民主評論》為徐先生 1949
年至 1966 年在香港發行，臺灣亦設有分社的雜誌（半月刊）。

❻ 今天是「口號時代」、「標語時代」，也是包裝時代，千言萬語恆不及華麗
包裝的一句口號、一個標語（標識語、標題）來得醒目、來得使人印象深
刻。本此，則千言萬語的釋義或不及一個醒目的「口號」（標識語、標題）
之來得使人更恰當地抓到相關精神及重點。當然，如果因為不了解牟先生
〈哀悼唐君毅先生〉一文中「文化意識」一詞之涵義，乃進而細讀其〈「文
化意識宇宙」一詞之釋義〉一文，則更是筆者所厚望，而吾今文亦可以覆
瓿，然恆見人引用牟先生此語，而鮮見有人細讀其〈釋義〉一文者。蓋有之
矣，吾未之見也歟？

「文化」猶「歷史」也。**㊼**唐先生說：「凡文化，皆客觀精神之表現」。（詳參下註**㊼**）而文化史為最足以代表歷史之歷史——即歷史

㊼ 茲引錄唐先生一段文字如下以為佐證。先生說：「凡物皆有歷史，而一人之自然生活，亦有歷史。然常言之歷史，皆言文化之歷史。蓋文化之歷史與現實之文化關係獨密也。何以言之？原文化之所以成，皆原於個人精神之表現於客觀社會，而社會中之他人受其表現之影響，而蔚成風尚，或受其影響；而復矯偏補正，而另有所表現，另有所影響，以成風尚。個人精神之表現之相影響，成風尚，而有共同之精神表現，為人所共喻，斯即所謂客觀之精神表現。而凡文化，皆客觀精神之表現也。由個人之精神之表現，而形成客觀精神之表現之文化，有各個人之精神內容，各逐漸趨于普遍化之歷程焉。必吾人個人之精神之內容，由吾之表現而為一一之人了解而承受，亦一一表現此同一之精神內容，而後文化成。此歷程，即歷史。是文化經歷史而成也。然文化之所以經歷史而成者，以吾人之求表現吾人之精神內容，而望其普遍化也，以吾人能了解承受他人之精神內容之表現，而與之俱化也。吾之所以求吾之精神內容之普化，吾之所以願了解承受他人之精神之表現者，以吾既有超現實之個體自我之精神與社會意識，而欲吾之此精神內容，由表現而使人得繼有之，則吾亦即復願了解承受他人之精神內容之表現，以繼有之也。則此社會意識，即一形成文化之客觀意識或客觀精神也。唯人人皆有此形成文化之精神意識，願上承他人之精神之表現，下開他人之同一之精神之表現，而後文化乃一依歷史而成。則唯有社會意識、形成文化之客觀精神之人類，方念念不能忘歷史也。由此而過去之同類個體之活動之影響于方來者，乃以人類為獨著。此即言人類歷史必言文化之故。不屬于文化範圍之歷史，不僅非文化之歷史，亦非具充量之歷史意義之歷史也。具有充量之歷史意義之歷史，唯文化之歷史。蓋唯人之形成文化之精神意識，社會意識，乃在開始點即自覺的以形成歷史為目的也。上承千古，下開百代，從事文化者之志，必極于此。此形成文化之意識之極致，即歷史意識之極致。禽獸能有之乎？無文化意識之個人之苟生苟存之生活中，能有之乎？」唐先生之慷慨陳辭，既有慧解，又說理明晰。治歷史者，宜以此為南針，否則取捨失當，買櫝還珠而未嘗知治學之究竟也。唐君毅，《中國哲學原論·原教篇下》（香港：新亞研究所，1977），頁 651-652。

之最要者為文化史。是以「凡文化,皆客觀精神之表現」,猶等同說「凡歷史,皆客觀精神之表現」也。（唐先生的相關說法,詳參本書〈唐君毅先生的歷史形上學〉等文章。）從事文化者,必以上承千古,下開百代為其職志。而上承下開之意識即歷史意識也。是文化意識之極致,即歷史意識之極致。由此來說,吾人謂唐先生深具文化意識者,猶等同謂唐先生深具歷史意識也。其實,文化必存在於歷史（時間）中。無歷史（時間）,則文化無以附麗而存於天地間;無文化,則歷史蓋只為對人類非具充量意義之自然史而已。由此來說,則「文化」猶「歷史」,「歷史」即「文化」。「文化」與「歷史」乃同義詞矣。蓋橫觀之,謂之文化;縱觀之,謂之歷史矣。所謂「橫觀之」,即以其為無厚度之平面視之。其實,縱使只有千萬份之一公分、公釐,猶不能以無厚度視之。如真為無厚度,則其物已不能自存而為無物矣。同理,所以得為文化,以存在於時間中故也。如無時間,即好比物之無厚度,物不能自存,文化亦無其存在可言矣!是以言文化,即言歷史;言歷史,亦必以文化為其樞軸可知也。

參、唐君毅先生的歷史哲學（一）
——紀念業師唐君毅先生逝世二周年❶

甲、歷史知識論

一、引言

年前學長吳森先生為紀念唐師，曾徵文於美國。徵文啟事見於港臺學刊雜誌。側聞反應欠佳！師嘗謂：「悲哉，學者之不仁

---

❶ 2009.12.27 按：此文原載香港《華僑日報・人文雙週刊》，209 期，1980.02.05；筆者時年二十有八。當時撰寫本文時，深具鴻圖壯志，希冀對唐先生的歷史哲學作通盤的論述。惟以《華僑日報・人文雙週刊》篇幅所限，是以筆者乃先闡述唐師之歷史知識論；而現今見諸本文者只是若干相關名言概念之說明而已。文題以(一)標示之，意涵往後當有(二)、(三)、(四)等等以為承續；內文於「一、引言」後，則繼之以「二、若干史學概念詮釋」，亦意謂往後當有三、四等等之節目。然而筆者當時「後繼乏力」，於是(二)、(三)、(四)等等的部份便不克完竣；三與四等等節目亦厥如了。志大才疏，復缺乏毅力，柰何！愧對唐師耳！現今翻閱本文，其內容固疏略，行文用語亦有不甚明晰之處，或所謂「言實不符」之處。然而，當時對理想之追求渴望及對唐師之崇敬拜服，亦有非今日所及者。是以除酌改若干行文用語，使之更明晰外，內容方面大體一仍其舊（若干腳註則為新增者），藉以如實反映年青時之學問造詣及其時追求理想之心境焉。此文前後修改數次。最後一次是 2010 年 3 月 7 日。

也。」❷而竊以為學者之不仁，於斯或可見一斑。❸吾未嘗應此徵文啟事而有所述作，是吾亦不仁也。惟自覺其不仁，故可轉出仁，是以有是篇之作。唐師博厚閎識，所學無所不涵，學生執師一端而廢百，妄言師之史學，自知不免陷滅裂割絕之嫌，且即此一端而論，亦或不免僅見其一偏而不見其全體；又即此一偏而言，亦或不免理解錯誤，然仍不揣固陋，勉力為此短文者，聊表崇敬之意而已。竊念動之於悲心，發之於誠敬者，有怨非怨，有過非過。望無大乖唐師之原意，則於願足矣。然闕漏蔽塞處，必不能免。師泉下有知，其明以教我；仁人學長，萬望指正，俾無大乖師意為感！

師說繁博，左右引申。史學言論，散見各處。本文寫作旨趣，重在環繞若干主題，蒐集整齊此等言論。又師說之或不免因文繁而義理難一時為人把握者，學生亦試圖扼要述說。要言之，此文旨在對唐師的歷史哲學作一撮要。此外，不敢妄言其他。

研究一門文化哲學，如歷史哲學者，我們大概可從三方面著手；乃係對該門學問作㈠知識論之研究，㈡存在論或形上學之研究，㈢價值論或人生論之研究。師對此亦有明確的說明。師云：

> ……吾人如了解上文之所言，則知在任一部份之文化哲學及
> 總的文化哲學，與歷史哲學中，❹皆各同時包涵邏輯、知識

---

❷　唐君毅，《人文精神之重建》（香港：新亞研究所，1974），頁 549。

❸　此言或稍過當，因不響應「徵文運動」，實未見其必不仁。如果是今時（2006.12.20）撰寫此文，則筆者不會如此行文。現今雖在用語方面稍作修飾，然為求忠於撰文當時之心境及學力，大體上，內容一仍其舊。此上文註❶已有所說明。

❹　師析文化哲學與歷史哲學為二，筆者則把歷史哲學歸併入文化哲學內，蓋廣

論，存在論或形上學，及價值論或人生論，三方面之問題。**❺**

今先就知識論一項闡述師說如下。

二、若干史學概念詮釋

要明白一門文化哲學的內涵，我們先要弄清楚這門哲學的名言概念。如研究歷史哲學，我們便得先了解何謂「歷史」，何謂「歷史學」，歷史學與他門學科的分別、關係等等的問題。以下將分別說明。

1.歷史──意指過去之變化發展

歷史，簡言之，指事物之變化發展。我們從唐師說明何謂歷史學時，了解唐師心中的所謂「歷史」即指此。師云：

> 吾人欲求對於任何客觀個體之知識，即必須於此客觀個體所具體關聯之事物，與其自身之變化發展之歷史，有所了解。而專以研究一個體對象之歷史為目的者，為歷史學。故天文學、地質學、人類學中，皆有關於天體地球之歷史之一部。**❻**

「變化發展」，可指過去而言，可指現今而言，亦可指未來而言。故歷史可有過現未三世。依上文粗略而言，我們可把時間斷分為這三個階段，但如視時間為一不斷的連續體而言，則過去固可成一階段，未來亦係一階段，而兩者之分割線即係現在。但這分割線

義言，歷史哲學亦文化哲學之一支，故不擬細分。

❺　唐君毅，《哲學概論》（香港：友聯出版社，1974），頁149。

❻　《文化意識與道德理性》（臺北：臺灣學生書局，1978），下冊，頁34。

乃虛擬者，其本身不佔位置。如此而言，現今之一階段，實可刪去。故可謂只有過去之歷史與未來之歷史而已。而通常所謂歷史，概指前者而言。下文言及「歷史」一詞時，即指此而言，不涉其未來義。於上引文，唐師雖無明言此意，然觀其上下文意，當涵此旨。蓋唐師於上引文曾用「知識」一詞。知識乃指已形成者而言。吾人對未來事物之發展變化不能具有若何知識，僅可謂有若干預測猜度而已。而預測猜度，明不同於知識，其理顯然。故言歷史，一般而言，恆扣緊過去而言變化發展，不語及未來。❼

　　坊間所見書籍，通常把「歷史」一詞析為兩義：一指過去（The past）事物發展之本身。一指對過去作重建而紀錄下來者（The recorded past, The written past）──使之構成概念知識。上段所言，概指

---

❼　這可以說是一般人對「歷史」一詞的看法。但唐先生則頗有另一看法：今日（2008.11.12：恰好是臺北地方法院合議庭對陳水扁進行收押禁見的一天；亦為中華民國歷史上卸任元首遭收押禁見的第一人）再閱讀唐先生《哲學概論》一書，發現先生對「歷史」一詞所下之「定義」頗具啟發性，茲引錄如下以供讀者參考。先生說：「通常所謂歷史之涵義有四：一為指過去之如此如此。二為指現在所原之過去。三指時間中事物之變化，或專指人類與其社會文化文明之變化與命運。四指傳統之交到現在者。故歷史之意義中涵過去、現在、及其間之關係與發生之變化。只有能具時間性而能通現在、過去、將來之人生，能有真歷史性。」簡言之，依唐先生意，「歷史」之四定義為：過去之本身；現在之源頭（扣緊現在以談過去）；變化與命運；過去給現在所留下之遺產。值得注意的是，先生絕不把歷史界定為只是過去的東西，視過去了就過去了。先生是扣緊現在及未來之人生而談過去的；認為能真具備歷史性者，必當如此。蓋唐先生是從致用功能來談「歷史」，認為歷史對現在及未來的人生有預測，甚至有啟導的功能。以上引文見上揭《哲學概論》，卷下，附編，〈述海德格之存在哲學〉，頁104。

前者。後者見下段，即所謂歷史科學。

2.歷史學之兩義──歷史科學、歷史哲學

於上引文，師曾說及「歷史學」一詞。歷史學一詞，有廣狹兩
義。上所引唐師所言，當係狹義，即指歷史科學言。廣義而言，歷
史學一詞，除包括此義外，尚有另一義，即歷史哲學是也。老師
說：

> 至於歷史科學與歷史哲學之不同，則在歷史科學恆只順時間
> 先後的秩序，以了解歷史事實為目的，其對於歷史事實中所
> 實現之文化理想，亦可只敘述之，而未能超越時間的先後秩
> 序之觀念，以觀一時代之歷史事實中所實現之文化理想對於
> 整個民族國家之歷史，對於全部人類歷史宇宙歷史之價值與
> 意義，或未能先構成一整個民族國家全部人類文化之理想之
> 圖景，以觀一時代歷史事實中所實現理想，在此圖景中之地
> 位。反之，吾人若能如此，即入於歷史哲學之範圍。❽

依唐師意，歷史哲學可涵三方面。（參以上相關引文）然而，因
順應《文化意識與道德理性》一書之主旨直下，故唐師今僅扣緊價
值論人生論而為說。然由此已可窺見歷史科學實不同於歷史哲學。
前者旨在重建歷史事實，復活過去的真貌為滿足。後者乃對過去作
一反省／思考／思索。其實，凡言任一哲學，均無不言反省。人之
活動，有多方面。故反省／思索的對象亦有多方面。有針對生理
的、針對心理的、針對精神的等等。但吾人眾多反省中，所著重者

---

❽　上揭《文化意識與道德理性》，下冊，頁 69-70。

當在精神一面。人類的精神表現為文化。故以反省歷史為務的歷史哲學所側重者亦係文化。言文化莫不言理想。蓋非此不足以振拔人心，非此不足以提撕人之精神向上故。以唐師理想主義之學術性格言，講歷史哲學，必然扣緊文化理想；或更由此而建構一理想藍圖，用以衡定過去之不同文化表現在此藍圖中之地位。

茲兼言歷史科學研治的對象何以多以人為限。歷史科學，如上所言，旨在重建過去，彰顯事物之變化發展。但過去之事物無限。而史家所重建者，通常限於人類的自身。此何以故？唐師對此作了說明。師說：

> ……唯愈表現連續之變化發展之存在，吾人對其歷史之了解乃愈感重要。故生物之歷史之重要，過於地理之歷史。而人類之歷史之重要，所以過於生物之歷史，則在人類之兼為而能自覺其連續之變化發展之存在。而通常之歷史學則限於研究人類之歷史。❾

故以歷史科學而言，吾人莫不重視人類之歷史，以其變化發展至繁至多故。以歷史哲學言，更不能不側重人類。歷史哲學固係建基於歷史科學。歷史科學既重視人類，歷史哲學故亦必得隨之而重視人類。但更重要的是，歷史哲學之側重人類，以人類為生物中唯一有自覺反省能力故。其他生物，不足語此。死物更不必言。

3.歷史科學、其他科學

上文有「歷史科學」一名，此乃相對於「歷史哲學」一名，為

---

❾　上揭《文化意識與道德理性》，下冊，頁 34。

免於混淆起見，而特意鑄造之一詞。通常，我們用「歷史學」一詞即可。❿但縱使撇開這點不說，我們若逕稱「歷史學」（狹義的）為「歷史科學」，亦無不可。蓋對過去作重建，使之復活重現，在此建構過程中，即應用到若干科學通則、科學方法。淺言之，如我們不可能說歷史上曾有一人，譬說一將帥，心窩被人挖掉了，但還能領兵衝鋒殺敵。我們之所以不相信此歷史事件之為真，不在於有沒有史料為據，而在於生物學的知識告訴我們，人不能沒有心臟而還能生存下去，更不必說進行衝鋒殺敵的激烈活動了。生物學為科學之一支。此生物學通則即係科學通則。除科學通則外，歷史學應用科學方法作為研究的手段，那就更不必說了。如建立假設，然後運用所蒐得並已證實為真❶之史料進行邏輯推理，最後證成假設或否證假設即是其例。歷史學與科學既有上述之關係，是以吾人稱歷史學為歷史科學，也是很可以的。

　　但通常言科學，乃指狹義的自然科學而言。如物理學、化學、生物學、地質學等是。今指歷史學為科學，則易使人誤會，以為歷史學跟彼等為類同之科學。為免於淆亂起見，我們可對此作一區別。唐師即嘗云：

---

❿　2009.12.28 按：其實，用「歷史科學」或僅用「歷史學」來稱謂歷史研究，頗可反映對此門學問的不同認知態度。中國大陸概以前者命名之，故大學歷史學系概隸社會科學院。臺灣方面，一般視之為文科，故歷史學系一般隸文學院。

❶　現今（2007.01.07）稍作補充：此所謂「真」，就文獻史料而言，至少含兩義：其一為該史料為原件，或為已恢復原貌（至少已盡可能恢復原貌）之史料。其二為此史料已經考證過確為相關史事之真實寫照／真實報導。

㈠大率一般科學重普遍抽象之理，史學重特殊具體之事。㈡
一般科學可惟以理智、冷靜的了解客觀之物理之因果為目
的，可不用人生文化價值之概念，以從事評價。而史學則須
以同情的智慧，理解事理之得失，不能不用人生文化價值之
概念，以從事評價。㈢科學重在異中求同，變中求常。史學
則重在常中觀變，而由同以識異。㈣科學之假設，求證實於
未來經驗。史學之考證，則求證實於已往之文獻。㈤科學之
用，直接在使人精神，貞定於普遍之定律概念，而超臨凌駕
於「定律概念所可應用之事物」之上。史學之用則直接使人
精神收攝於具體之史事，而返求當前事變，與吾人之生，所
自來之本。❷

由上引文之五點，唐師更指出此中之不同導致其結果及使命／
功能亦異。師繼云：

㈠故科學使人心向前向外。史學使人心向內向後。㈡科學使
人前瞻，以求肆志。史學使人回顧，人乃多情。㈢科學上之
定律既得，必求實際應用，以達人之目的，而轉成科學技
術。並廣求可實際應用之場合而運用之。此即西方之近代科
學技術，所以與西方近代人，向外業商殖民，開發地區之精
神，可相配合而相得益彰之故。而史學之使人知當前事變，
與吾人之生，所自來之歷史文化之本原之共同，則人與人情

---

❷　《人文精神之重建》，頁 544。引文中之數碼為筆者所加，為便於統計其相
異數量故。

意相通，將益助人之求其民族之和融凝翕。⓭

吾人於此不只可見歷史學之異於一般經驗科學（自然科學）之所在，且可由此窺見兩者之使命／功能亦各自不同。史學使人情意相通，不各自鑽營於現實而使人情意疏離；民族間和融凝翕，不馳騖於未來而各成水火。其事之所以可能，正由於吾人對過去（The past）作重構所產生之結果－歷史知識，實可達致此宗趣。此宗趣乃不為外加者。不為外加，故見其剛實與必然。下文即順此而言歷史知識之性質。

4.歷史知識為概念知識

科學知識，如上引文第四點所言，乃求證實於未來經驗。而正因為可證實於未來經驗，為直接可知於未來者，故使人之精神往往向外馳騖，求成果於未來之現實。史學知識之所對，一一皆成於過去，其考證僅能求於既有之文獻⓮。其所建構之知識乃屬概念知識。而正因為求證於過去，故人之精神可超越當前經驗，更不必牽繫於未來之光景而心向外馳。唐師於此有如下說明：

> 凡對一個體事物之變化發展，有一歷史的概念知識，是對於已成過去事實之概念知識。由是而歷史知識與一般經驗科學之知識，遂有一根本之不同。即經驗科學之知識，皆原則上

⓭　上揭《人文精神之重建》，頁 544-545。

⓮　2009.12.27 按：其實，文獻外，尚可憑藉其他，如遺跡、風土人情、風俗習慣等等以考證歷史、研究歷史。是以「文獻」二字，宜改為「史料」二字。蓋文獻僅史料（含有形、無形；具體、抽象）之一種而已。然而，現今為保存本文當時之原貌，是以「文獻」二字不予改動。

可由未來經驗重複的證實者。而歷史上之事實，皆為已成過去，而永不再現者。吾人關于歷史之知識，皆永不能再由未來經驗重加以證實者。❶吾人固可望歷史上之遺物、文字紀載，或歷史事實之影響在未來發現，以證明吾人對歷史事實之判斷為不誤。然此所證明者，仍是我對於過去歷史事實之判斷，而非過去歷史事實之再現於未來。因而吾人之經驗知識，可由未來經驗重複的證實，則使吾人想望其證實於未來現實，遂不易破除吾人對之之法執，與吾人對現實世界之陷溺。而歷史知識所對之歷史事實，永不能再現，乃吾人所確知為已過去，乃非現實存在，亦不能再成現實存在者。故當

---

❶ 2009.12.27 按：「吾人關于歷史之知識，皆永不能再由未來經驗重加以證實者。」筆者今對唐師此說法稍有保留。蓋未來之經驗實可印證吾人既有之歷史知識之為確當否。換言之，未來經驗至少在一定程度上，可使人更了解過去之歷史，而使得既有歷史知識被吾人予以證實，予以否證，或予以修正者。吾人恆謂：「知古可以知今（含未來）。」其實，知今（含未來）又何嘗不可以使人知古，或對古代得進一步的了解呢？茲舉一例：美國考古人類學家 L.H. Morgan（1818-1881）對美洲原始部落酋長選舉制之研究啟發了嚴耕望先生得出以下意見：中國古代所謂舜禹之禪讓恐怕亦只是同一回事而已，何禪讓之有？（參詳嚴耕望，《治史經驗談》（臺北：臺灣商務印書館，1981），頁 10。）其實，古今是雙向互動的。有關本問題，史家討論不少。法國年鑑學派創始人物之一的馬克・布洛赫（M. Bloch, 1886-1944）即曾暢論斯義。可參所著，*Apologie pour l'histoire* (Paris: Armand Colin, 1974), pp.44-50。現今要進一步指出的是，唐先生之所以有如上的立論，乃是基於先生先認定：「歷史上之事實，皆為已成過去，而永不再現者。」然而，唐先生在後來所撰〈歷史事實與歷史意義〉一文中則有不同的看法，對「歷史上之事實，皆為已成過去者」的觀點，作出了修正。該文見《中華人文與當今世界》（臺北：臺灣學生書局，1975），頁 110-158。

> 吾反省吾對歷史事實之了解力，乃向一非現實之歷史事實而施，吾即有一念超越現實之精神之呈現。歷史事實，人唯通過觀念而知其存在，則了解一唯通過觀念乃知其存在之物，亦即了解一在本性上即為觀念所間接，在認知上不通過觀念，絕對不能認知之物。此時吾人之認知，遂為含超現實之意義者，而研究歷史，可以使人發思古之幽情，而尚友千古，以下通百世者以此。**⓰**

歷史知識之性質為何，及由此性質而必引申出之涵意為何，唐師之說明，至為詳明。

以縱的時間言，既可尚友千古，下通百世；則以橫面之現實言，人際間的情意相通，民族間感情之和融凝翕，更可實現了。

歷史學所對之對象，一一已成過去，吾人不能直接的對其產生知識。在此意義下，我們遂謂歷史知識乃概念知識。因其使人不膠固於現實而超越現實，故可使人「發思古之幽情，而尚友千古，以下通百世」。亦可使人際間情意相通，民族間和融凝翕。但如此的「恩澤」，非人人皆有。只有善讀歷史的人，善讀歷史的民族，有反省智慧的人，有反省智慧的民族，方可有如此的恩澤。相反，人之重視歷史知識，亦可衍生適得其反的效果。史家長期埋首於過去的特定時空、特定人物之研究，恆易陷溺其中，而僅見其研究之對象一一皆為具體的、獨一的、互不相涉的。

歷史知識之各為具體的、獨一的、互不相涉的，吾人固可同意

⓰　上揭《文化意識與道德理性》，下冊，頁 36-37。

斯義。然此等知識，一一皆成過去，故吾人不必再執著於歷史知識之具體義、獨一義、互不相涉義。蓋此執著恆使人之認識心靈支離破碎。反之，吾人應該切實的明瞭歷史知識為對過去（The past）之概念知識。研究歷史，吾人之心靈，「乃向一非現實之歷史事實而施，吾即有一念超越現實之精神之呈現」；復由此擴充心量，藉以究天人之際，通古今之變。❶然如何做方可使人免於上述的執著，而真能使人開啟心量？唐師有很好的開導。下引文唐師先指出過份重視歷史知識所可能產生的流弊，跟著指點一破執的法門。師云：

> ……但人過重具體的歷史知識，亦有一大流弊。即在歷史知識中，人所知之對象，皆為局限在某一特定時空之人物事件等的。此人物事件等，只分別佈列於時空之系統中。然時間空間中，相接近之事物，其所涵之「理」，不必相近而相通。由此而人對於歷史世界各種人與事物之知識，恆有某種相對的分離性獨立性，此種歷史知識之分離性獨立性，即同時為使人之研究歷史的心靈，不免於一程度之破碎或支離者。……我亦認為確有係於補足之以科學的學問態度之重視。……由此而純從科學之研究，所訓練出的心靈自身而觀，亦即可為一更能貫通周運於主客之間，及不同時空之事

---

❶ 在「……究天人之際，通古今之變」後，原有如下一語：「關於歷史知識之具體義、獨一義、互不相涉義，下文歷史事實與歷史知識關係一節，有進一步交待。」可知筆者二十多年前撰寫此文時，嘗草就「歷史事實與歷史知識關係」一節，或至少擬撰寫該節。今不知因篇幅關係為《華僑日報・人文雙週刊》編輯所刪去，抑根本未及成篇，則以事隔廿多載而不復憶及了。總之，該節現今闕如！

物及經驗，而得免於上述之心靈陷溺於個別歷史知識時，所
致之破碎支離之病者。❶⑧

科學的學問態度，是分析的、抽象的。此正可彌補過於重視具
體的歷史知識的支離破碎之病。

---

❶⑧　《中國人文精神之發展》（臺北：臺灣學生書局，1974），頁 149-150。

肆、敬悼唐師[1]

　　我在新亞研究所就讀一年多了，但遺憾的是我從來沒有正式修過唐老師的課（聽演講是有的），這不是我不愛讀哲學，也不是由於我不喜歡上唐老師的課。原因是，為了生計，不得不兼執教鞭（任教於中學）。所以便只好暫時不選修唐老師的課了。誰知「暫時」竟成了「永遠」。

　　在主觀的感情上說，我視老師為我的家長。當然，在血緣上說，我不是老師的兒子。但是從道統上說，我何嘗不可視老師為我精神生命的指引者、扶持者呢？給予我肉體生命的固然是我的父親，那麼給予我精神生命，而使我的生命無限向前向上，而其本身則以實踐道德理性為其終極的人生目的者，又何嘗不是我的父親呢？慚愧的是老師的著作，我讀過的實在很有限。我既承認老師是我道統上的指引者，其地位亦好比生父在養育方面同樣的重要，可是我又不多讀他的書，到底原因為何？答案很簡單：時間問題。我

---

[1] 本文原載香港《華僑日報·人文雙週刊》169 期，1978.03.14，〈唐君毅教授紀念專集〉。（按：唐師逝世於 1978.02.02。）此文後收入馮愛群輯編，《唐君毅先生紀念集》（臺北：臺灣學生書局，1979 年 5 月），頁 499-503。為保存當時的心境及認知實況，內容上一仍其舊，而只作個別文字上的潤飾。以下各註文則是 2007 年 1 月 8 日以後添加上去的。2007 年 8 月中旬又稍作修改。最後一次修改是 2010 年 3 月 7 日。

一邊在中學教書，一邊又要趕寫歷史論文（我的專業是歷史），所以大部分時間都耗在歷史的專業上去了。

　　老師的去世，對每一位新亞研究所同學來說都是十分沈痛的。我總覺得我應該寫一點悼念的文字；但問題是不知從何寫起。幸好唐師的喪事，我近日參與過一點點，從這些工作中領略到一些經驗，這可能是他人所沒有的。我不揣冒昧的把這些與他人接觸和交往的瑣事，寫將下來，藉以對老師的儀容和風範，聊表心中的景仰。

　　我在整個籌辦喪事的過程中負責印刷〈唐君毅先生事略〉的工作。這份印刷品是以「唐故教授君毅治喪委員會」的名義發表，內容是請一位老師執筆，然後由與唐師有親密關係的先生們參加意見寫成的。也就是因為這個緣故，我必須把這份文稿多次往復送返於多位先生之間，分別請他們詳加修訂（這些先生並不限於治喪委員會的委員）。❷這樣從往返接觸的過程中，我也增益了不少的聞見。

　　唐師自然是新亞研究所的主要精神支柱。就是從研究所的基礎——新亞書院來說，也是如此。新亞書院的三位創辦人之中，錢賓四先生赴臺定居，張丕介先生又已去世，新亞的精神重擔，於是便完全落在老師的身上了。老師不僅要在精神上支撐整個研究所，而且所中的實際行政事務，也落在老師身上。日間要處理繁瑣的事務（包括與香港中文大學的改制作「鬥爭」），晚間又要孜孜不倦的寫作，

---

❷　〈唐君毅先生事略〉是由唐老師的好友徐復觀先生草就而商請其他先生給予意見修改後付梓的。我當時是研究所所會會長（臺灣稱為碩士班學生會會長）。所以研究所總幹事趙潛先生便囑咐我當跑腿，負責把文稿往復送返於多位先生之間，以求修改及確認。

這當然使他心疲力竭了。牟宗三老師在喪禮的〈唐先生生平事略〉報告中，就說到「就算是鋼鐵鑄成的也經不起這些艱難煎迫，何況是血肉之軀」。現在老師去世了，新亞也隨之喪失了一根精神支柱。我希望今後的新亞並不因為唐師的去世而土崩瓦解，我希望在研究所的諸位先生們更應振奮起來繼承唐師的遺志，努力奮進。用實際行動來悼念唐師，比甚麼都更有意義。在我接觸的諸位先生中，便有些談到研究所所長的繼任人選問題。他們均認為有好幾位有做大學校長資格的導師，❸都是可以當所長的。因為他們不僅有才幹，而且在學術上也有很深的造詣和很高的成就。這在以提倡中國文化為主軸的新亞研究所來說是再適當不過的人選。可是新亞研究所所長不僅要有處理行政的才幹，而且更應是一位文化精神上的領袖、鬥士，這樣才能繼續承傳研究所的文化生命、精神生命，使之永存不墜。現在唐師逝世了，研究所導師們亦將面臨一個新的考驗：他們在處理行政事務上，是否也與唐師一樣有耐心。假如他們都對行政事務無甚興趣，則新亞研究所的前途就不能不令人擔憂了。因此我希望在研究所的諸位導師應以發揚中國文化的固有精神為己任，以繼承唐師的遺志為依歸。我更希望早年在研究所畢業的諸位先生們能夠「回歸」，為母校貢獻一份力量。

自從唐師去世消息傳出後，也有人談到學問事業兩相負累的問題。大意是說當年與中大的鬥爭是明知要失敗的，但唐先生仍是要堅持繼續奮鬥！在這情況下假如肯稍為接受一點老莊處世之道，說

---

❸　筆者按：新亞研究所的導師，其地位是很崇高的。並不是所有在所中授課的老師都是導師。

不定可以延年益壽。關於這點，牟宗三老師說得很透徹：「……所謂看得透，忍不過，亦莫可如何也。」其實老師的表現，正是儒家知其不可而為之的大無畏精神，也正是唐師的淑世情懷的具體表現。當然唐師以書生來辦「革命事業」是註定要失敗的。但是為了忠於原先的創辦精神，又豈能「俯首稱臣」，任由凌辱！「所欲有甚於生者」，「所惡有甚於死者」❹，「義所當為毅然為之」，「義無反顧」。匹夫之志尚不可奪，何況是位儒者，哲人的唐先生。士不可以不弘毅，唐師豈是那些「無事袖手談心性，臨危一死報君王」❺（一走免牽累）之輩可比擬的呢？

　　有人或許要問：加入中大，接受香港政府的經援，成為三間成員書院之一就必然意味著要喪失各書院固有的精神，這是事有必至的。唐師既同意加入中大了，便不應該有什麼不滿。其實就當年加入中大的動機來說，唐老師他們的決定也是有一番苦心的。某位先生即曾向我說過，如果不加入中大，新亞在經費上是難以維持的。一所好的書院（「書院」在此指四年制的專上學府，相當於臺灣的大學或學院）不能單靠學生的學費來經營，因為這是無論如何也不夠的。就算勉強可以支撐下來，也只是使書院不至關門倒閉罷了。❻經費不

---

❹　《孟子·告子上》。

❺　明末清初，天崩地解，國破家亡，不少理學家無計可施，乃以一死報主子。今借用此語以譬喻知識分子恆以消極之態度以處理窘境、逆境。

❻　來臺灣教書二十多年了。臺灣的情況有所不同。臺灣的私立大學光靠學雜費收入便可以經營下去。主要原因恐怕是：㈠臺灣公私立大學教師的薪資基本上沒有差別（福利上則有差別，如休假方面，公立大學可以讓教授（近年來含副教授）每七年休假一年或每三年半休假半年；私立大學則看各別情況了。退休方面，公立大學之教師有月退俸，私立大學則沒有（2010 年之後或

足夠，自難望聘請到好老師，不要說教具圖書的添購了。教師質素差，上課節數又多，圖書儀器匱乏，這不能不影響到學生的質素。為了維持學生的質素和往後招收到好學生，就不得不加入中大。當然加入也是有條件的，後來香港政府不履行承諾，以至事與願違，實非始料所及。不過由此一點點也可反映出唐師一向以來，都是以注重學生福利為依歸的。所謂「心兵之決盪，事勢之煎迫，幾無日無之」❼。這是唐師此一階段的真實寫照！

另有一位先生告訴我說：唐師近年來與晚輩通信，多以「努力崇明德，皓首以為期」相勉。案：此二句出於李陵與蘇武詩。李陵與蘇武客居匈奴地。客觀之事業已不可為。儒家固重視內聖外王之道，然外王面能盡與否，則仍需視乎客觀之外緣而定；但內聖面則異於是，可以純自一己之修持至之。由此言之，前者則求而未必有益於得，蓋其求諸在外；後者求必有益於得，蓋其求諸在我。唐師身患不治之症，且生逢亂世，察識外在事物之不可為，唯勉人求之在我，因此而有此語乎？為此語者，其有憂患乎！

可有轉機））。私立大學的教師不見得非要跳槽到公立大學不可（當然有機會，有能力的還是會跳）。㈡臺灣二三十年前想念大學的人口比例比同時代的香港人多，臺灣私立大學不怕招不到學生。學生既多，則不愁經費不足而經營不下去。㈢臺灣公立大學的硬體設備或其他資源不見得一定比私立大學優勝很多（一般而言，當然會好一點），所以學生就讀私立大學也不會太有矮人一截的感覺。㈣臺灣公私立大學畢業生的畢業證書同被政府承認（這因素尤其關鍵），所以私立大學便不愁招生問題（最近幾年由於大學太多，且由於少子化所導致的適齡人口減少，招生方面始出現困難）。

❼ 〈唐君毅先生事略〉中用語。

　　在與某先生乘車往旺角一酒家❽預訂解慰酒途中，我們很偶然的談及香港公益金的事宜。捐公益金，就其出發點來說，當然是無可厚非。可惜的是，很多人便利用認捐善款來沽名釣譽。認捐只是手段，購得名譽才是他們最終的目的。這位先生便慨嘆的說：這正如唐師嘗說的當聖賢事業也變成了魔鬼事業時，其情況是很可悲的。聖賢事業與魔鬼事業本來是截然二途的。彼此本應水火不容。今則不然，作魔鬼事業固然是魔鬼，作聖賢事業也不啻等同魔鬼，是彼亦魔鬼，此亦魔鬼。建基於道德自覺之聖賢事業尚且被人利用，吾人夫復何言。❾

　　這位先生在唐師逝世前一兩日曾往探望唐師。於是我便請教他唐師有什麼特別吩咐。他說唐師無他言，而只談本年度即可畢業的兩位哲學組研究生論文的進度。真可謂相處無雜言，但道同學事了。唐師所念念不忘者非一己之尊榮，非一己之學問功業，而唯同

---

❽　香港之所謂「酒家」，即臺灣之中式餐廳也，讀者勿誤會。

❾　2009.12.15 按：其實藉捐款以圖個人名聲亦無所謂。「爾愛其羊，我愛其禮。」（《論語·八佾》）你愛的是名譽、名聲，我愛的是捐款。只要有捐款讓需要者受惠，則你藉此沽名釣譽又何妨？換言之，人主觀上的愛名而能夠推動、促進客觀上的公益事業，則募款單位哪有不樂見之理呢？唐先生便曾經說過（似乎在《人生的體驗》續篇一書），愛名譽本身不是壞事。個人認為，只要是名實相符／名副其實，便無所謂了。最怕的是，明明是人家的捐款，但你說是你的捐款，這種圖其名而無其實，那便要不得了。從事文教事業之戚友中有甚好名者。其實，此亦無妨。但彼之著作中明有出自他人之手（所謂槍手）者，此則過矣、甚矣！諺謂：有真性情始有真學問。夫然，欲致乎真學問，則非涵養真性情不可也。否則著作越多，越見其為人之虛假不實矣；名之為「假人」可矣！逐外在之名物而棄內心之性情，惜哉！吾輩讀書人於此敢不留意歟？敢不矜慎歟？

學之學業為所措意用心。「鞠躬盡瘁，死而後已」，殆非虛譽。這位先生還說：學生明敏睿智的，唐師當然加以指導，倘不及此而能努力向學或醇良忠厚的，唐師亦各隨其性之所近而悉心疏導。唐師能依其性之所近而善誘之，並未嘗厚此薄彼，這是孔子有教無類之遺意。唐師之因材施教，愛護後學，於此亦可見一斑了。

　　唐師逝世之翌日，有兩位中大的同學來研究所購買師之遺著《生命存在與心靈境界》。他們尚不知道唐師已去世。當他們問及唐師近況如何，而得悉唐師已溘然長逝之後，他們禁不住的就號啕痛哭起來。在殯儀館弔唁時，也看到多位同學放聲大哭的哀傷場面，這真可以反映出同學們對唐師的悼念之情。這些情形，我們更可以從研究所所會送的橫額「痛失良師」所流露的實義，體會得到的。

　　上文拉雜來談，不成文章。然既下筆便不能自已。其中或有不宜形諸筆墨的，但筆者竊問其行文構思乃動之於悲心，發之於誠敬，唯望無過而已，尚希讀者諒之。

伍、徐訏先生〈悼唐君毅先生 與他的文化運動〉讀後❶

　　五月六日偶閱《大成月刊》五十四期❷。內中有徐訏先生悼唐先生及其文化運動的一文。其中自觀點上言，自方法上言及自態度上言，均不無可商榷之處。至其訕譏唐先生之處，則尤令人不忍卒讀。蓋文中的說話言詞似不宜出於一個中國知識分子且又與唐先生認識多年的徐先生口中。聽說該文亦在臺灣《聯合報》發表過，而傅佩榮先生亦曾為文斥駁之。

---

❶　筆者按（2007.01.08）：此〈……讀後〉一文原載於香港《華僑日報·人文雙週刊》，174 期（1978 年 6 月 13 日）、175 期（刊登日期約為六月下旬或七月上旬）。茲為保存筆者當時之心境、認知之程度及時空的實況，以至保存筆者當時受邏輯學、語意學等等知識的影響的一點點痕迹，本文內容一仍其舊，而只作個別文字之潤飾，旨在使語氣稍委婉，文意更通順而已。徐訏先生為筆者 1970 年代在香港浸會學院（後升格為浸會大學）肄業時之業師，筆者嘗修讀其所開授之「中國小說史」一科目。筆者撰此文時，年少氣盛，不容許任何人對唐師作負面的批評。如在今天，本文大概不會寫了。縱使下筆，則文字上，以至內容上，當溫婉、志晦以出之。2007 年 8 月中旬筆者進一步修改本文，重點在於加上若干註釋而已。最後之修訂日期則為 2009 年 12 月。

❷　《大成月刊》五十四期出版於 1978 年 5 月。「五月六日」指一九七八年之五月六日。時唐先生辭世已三個月。按：唐先生仙逝於 1978.02.02。

　　徐先生之不認識中國文化及道德意識感之闕如，殆可於文中窺見之，徐氏實自暴其固陋。中國文化豈因此而損其分毫。就唐先生而言，其不認識唐先生及對唐先生之曲解訕譏，唐先生亦無傷於萬一。人欲自絕，其傷於日月何！是以不管就中國文化而言，或就唐先生而言，吾人實無待為文以申斥其謬，蓋有識之士咸能辨其虛妄與無稽也。但回心再思之，深覺《大成月刊》及《聯合報》之暢銷力極強；而讀者中亦或有認識唐先生者。果如是，則唐先生之為人風範及思想意識豈非因徐先生一文（以下簡稱徐文）而遭歪曲。是以，吾人實不容緘口不言而隨其歪曲下去。想新亞研究所諸先生必有言論以申斥徐氏之謬誤，本不容筆者在此妄發曉言。而筆者之所以不自量力者，蓋以骨鯁在喉，望其速吐也。其中或有一得之見，然終不敢奢望。茲順徐文原有脈絡，依次商榷如次。其方法上及態度上之謬誤，亦隨文指出。

　　(一)徐文：「……他（筆者按：此指唐先生）對於五四運動總是要否定它在文化上的意義，……」首先，讓我們先來分析這句說話，這是一個述句（Statement）。為了便於清楚地顯示它的結構形式，我們似可以把它「翻譯」成以下的一個邏輯述句：「凡唐先生提及五四運動時，他必然否定它在文化上的意義。」原文用「總是」一詞，這可說是一個全稱量詞，指無一例外之意。翻成邏輯述語，「凡」字似可與之相當。徐先生自謂「沒有很多的讀他的著作」，而只看過唐先生的《人生的體驗》及在報刊上發表過的文章。如是豈能用一全稱量詞來描述唐先生對五四運動的態度呢！徐先生可能反駁我說：我們先要假定唐先生所有的文字思想不自相矛盾。在此互不矛盾律的基礎上，則只要我們在任何一處發現到唐先生真如此表示

過，我們便可下結論說：唐先先是否定五四運動的文化意義的。可是我們得知，唐先生之文字思想有否相矛盾是一回事。徐先生有否全部看過唐先生之文字又是另一回事。徐文用「總是」一詞則意味著他必定先看過唐先生所有的文字，或至少所有有關五四運動、文化運動等等的文字，否則「總是」便不真成為「總是」了。退一步言，假定我們知道唐先生真的總是否定五四運動的文化上的意義，則我們還須看這個「五四運動」是一個甚麼性質的運動。五四運動，廣義而言，未嘗不可包括新文化運動。但就其本身（狹義而言）來說，它只是一個愛國運動，是民族主義的運動。在此意義之下，它無關涉於文化，這是很清楚的。至於它是否激發新文化之產生，這是就它的影響而為說。就其運動之本身而言，原不必負責所可能導致的意料之外的後果的。如順此義而為說，則唐先生自可否定它在文化上的意義。從邏輯觀點言，「五四運動」一詞，分析不出它蘊涵「文化上的意義」。爾為爾，我為我，兩者不必相關涉。

　　上段的意思旨在說明，我們不必拿事實來證明，蓋單從邏輯方面及語意方面來核驗，徐先生的說話便站不住腳了。❸

　　究其實，五四運動之基本精神在於「科學與民主」。唐先生一

---

❸　本文如果是現在（2006.12.19）寫的話，筆者大概不會作以上偏重邏輯方面或偏重語意方面的論述。筆者會先檢視唐先生的著作，看看其中是否真的有若干文字否定五四運動文化上的意義。如不能找出相關文字，則徐先生的說法便不攻自破。反之，如唐先生在著作中確實有所論述，甚至有否定五四運動文化上意義的相關文字，則筆者會進一步研究五四運動的文化意義到底是正面的，還是負面的。如該運動只有負面的文化上的意義，則唐先生否定之，便是言之成理了。換言之，吾人不能以唐先生否定五四運動文化上的意義便認定是唐先生的不是。

生之言論,雖不必極其積極地強調此種精神,但唐先生之言論以至行為,亦絕不違反此精神或排斥此精神。故就事實上言,徐文亦站不住腳。

　　㈡徐先生又說:「……有一次為紀念五四的演講中,他竟說白話文運動是毫無意義的……」

　　對於徐先生所講的那五四演講會,筆者無緣參加。唐先生是否真的如是說,我不敢置喙。但私下以為唐先生胸襟寬廣,斷不至否定白話文運動的意義。唐先生的文章不亦是白話文嗎(至少是半文半白)?唐先生絕沒自我否定的可能。故對徐先生所言不無懷疑。望徐先生「拿出證據來」以袪釋筆者的疑竇。唐先生有否如是說是一事實問題,非價值問題。價值問題,容有見仁見智之異;事實判斷,則純以事實為據,無容爭議。其為真假與否,悉可以外在經驗事實核驗之。盼徐先生早日拿出證據,以袪除吾人之疑惑。

　　徐文又說:「君毅對于白話文運動,看作不必要的運動,我當時很詫異,後來我想到:這或者是他對于五四運動『打倒孔家店』的口號的反感而來。」

　　徐氏肯定了唐先生認為白話文運動是毫無意義之後,便進一步推尋其原因。

　　在這一情況之下,推尋原因最有效的途徑是直接找當事人(唐先生)來問個究竟。假定當事人本身沒有說謊,則其供證我們不能視之為假。可是徐先生沒有這樣做!他尋因的方式是訴諸史學上間接的推理的方法。就史學而言,因其研究之對象絕大多數皆成過去,故不得已,不能不出此「下策」來尋因。但就此事而言,唐先生說此話時(姑且假定唐先生真有如此說過),徐先生正參與上述演講

會，為何不立刻詢問唐先生呢？為什麼「我自然不說什麼」而只感詫異呢？假使當時不便當眾表示相反的意見，則又為什麼事後不追問唐先生？而必須在先生與世長辭之後而妄加臆測！這在方法上不是錯誤嗎？在態度上不是有點不敬嗎？

在方法上，茲再進一言。假定唐先生真的不喜歡「打倒孔家店」的口號，則「打倒孔家店」只是五四運動（此處作廣義用）的一端。假定唐先生不喜歡「打倒孔家店」，則亦不過不喜歡此一端而已。徐先生豈能就此而推論出唐先生「對于白話文運動，看作不必要的運動」呢！這未免犯上以偏概全的謬誤吧！嚴格言之，這又似不只是以偏概全。蓋「以偏概全」，其「偏」仍在「全」之中，猶數學上之子集必然涵存於全集之中。但細觀徐文，其語句脈絡又不是如此。依徐文分析言之，「打倒孔家店」是子集（偏）；五四運動（徐氏當指廣義的）是全集（全）。而白話文運動是在同一全集下之另一子集。這子集與「打倒孔家店」並列而無蘊涵關係：此二子集同隸屬於一全集之下而互不相干。由是而言，即使「唐先生不贊成『打倒孔家店』」之判斷為真，也不蘊涵他同時反對白話文運動。欲證明此點，則如上文云得先待徐先生找出證據來方可。另一方面，若以「打倒孔家店」為原因而藉此解釋唐先生之所以對白話文運動產生反感，則此點又回到上文所說的徐氏犯了尋因方法上的謬誤。因果問題，至為複雜，其為決定性原因抑僅為助緣性原因抑互為因果，抑其他種種關係，實不易知曉。是以，吾人不可輕下判斷。可幸徐先生還只是作了一個或然判斷：「這或者是他⋯⋯」，否則徐先生就太武斷了。可是徐先生又再寫：「君毅因為崇奉儒家，對此（「此」當指「打倒孔家店」）是不能接受的。」這就未免由

或然的不肯定判斷漸漸趨向肯定判斷之嫌了。

㈢徐先生又說:「君毅當然是文化本位論的主張者,但與別人不同的,是他特別標出儒家的面孔。……我以為不談中文化則已,要談,我們自然要整個的看到諸子百家,個人的喜愛是另外一件事。……以中國文化本位說,中國諸子百家當然是我們豐富的文化遺產,我們自可以傲視世界其他的任何文化,如果縮小于儒家的一支,由儒家又縮小于孔孟,由孔孟而縮小于宋儒,由宋儒而縮小於唐君毅,那麼中國文化豈不是貧乏得太可憐了。」

此點所牽涉者為儒家在整個中國文化中的地位問題,前人論述極多。筆者不揣譾陋,姑妄言己見:

我們若把春秋戰國時代孤立來看,視其文化發展迥異前後,跟前後時代完全契接不上,則儒家亦不過只是諸子百家中之一家而已。此亦或持之有故,言之成理。馮友蘭先生不是只視孔子為一老教書匠嗎?一般素人不也只視孔子為一好古敏求的老學究嗎?蓋僅從學術上言,各家各有其個別的學說。「各引一端,崇其所善,以此馳說,取合諸侯」❹而已,彼此相詆,是非莫辨。你能說你的一派就一定比我的好嗎,更能取合諸侯嗎?若把各學派視為一學術上的客觀存在的對象來研究,則誰優誰劣當然談不上。蓋研究在於求真,不當涉及價值。可是若從中國傳統文化意識的鑒照下來反省先秦諸子百家之學說,則份不容已地我們不會把儒家與其他諸家等同起來,因為孔子所代表的並不只是在學派意義下的儒家一派而已,他是整個中國傳統文化的繼承者及發皇者。中國之學術及文化統緒

---

❹　《漢書·藝文志·諸子略序》。

莫不淵源於六經。儒家是各家中最能承繼六經的。由是而言，儒家實為中國傳統文化之承繼者。在先秦而言，此傳統文化之具體落實則在孔子身上。為求說明孔子是我國傳統文化的承繼者，我們應先說明此中之傳統文化是什麼。一言以蔽之，這就是看重人類本身之努力作道德實踐，藉以踐仁成聖，盡倫盡制，成己成物為己任的人文精神或人本精神。可是在孔子以前，這主觀面之努力並沒有彰顯。孔子之前，這人文精神之呈露，但見其強調客觀面之天命天道及此天命天道之下貫為吾人之性的一面。《詩》〈周頌・維天之命〉、〈大雅・烝民〉及《左傳》成公十三年劉康公之言皆可為證。但主觀方面如何透過吾人本身之努力以契接此形而上的天命天道，則孔子之前之文獻似未有討論及。可是到了孔子，則仲尼以其天縱之聖，別開生面，能從主觀方面揭示仁智聖的生命領域。仁、智乃成聖的必要條件；成聖為吾人奮鬥的目標，亦道德人格向上發展的最高境界。其中仁尤為孔子學說的中心所在。孔子所建立之「仁」這個內在於吾人心中的根乃遙契乎天道。從此，天道及其下貫之性便不致掛空或懸空地存在了。孔子點出「仁」，於是吾人主觀方面作努力時便有蹊徑可尋。「仁心」之存在乃絕對普遍者，凡人皆有之，於是努力實踐藉以上契天道是凡人皆可能的。此即凡人皆可為堯舜之義。三代時，天命天道之觀念似只強調其外王面之政規業績方面，皆非絕對普遍之天理流行。於是素人能否契合此天命天道便不無疑問。孔子一出，此疑問及沾滯頓破。「天不生仲尼，萬古如長夜」之長夜立成過去。此所以牟宗三先生在《心體與性

體》之綜論中恆稱「孔子之仁教為道之本統之重建」之故❺。

　　吾人若能正視我們之文化是以人文精神為中心，則孔子地位立見凸出而不同其他諸子。當然，我們也絕不排斥其他諸家之為中國文化傳統下之產物。但以其不能統攝過去，又不能開創後來而言，則其地位不及儒家當無疑問。對整個中國文化作一反省之後，我們自可覺察得出儒家為中國文化的主流，而他家只是旁枝庶出而已。徐先生說：「所以要說中國的文化意識，只有整個的承認諸子百家的文化傳統才對。」其實，唐先生莫不承認其他各家各有其應有之地位，但其中必須有主次之分，不可籠統混過，視各家的地位在中國文化中全然相等。這主次之分，想不是唐先生的「個人的喜愛」吧！

　　㈣徐先生又說：「至于知識份子，所謂讀書人，當其進取的時候是儒家，退隱的時候就歸於道家或佛教，……我想這正因為我們有孔子與老莊，我們的知識份子精神上有一種真正的平衡。」

　　儒家著重內聖外王之道。內聖面之實踐，凡人皆可能，蓋其不待外物而僅求諸己便可。外王面便不同。它必待外在環境之許可始可有成。外在環境即現實情況也。但在現實生活方面，吾人常有失意不順，甚至顛沛流離之時。此時，我們常逃遁於老莊釋道之中。這從心理學上言乃是一種自衛的方法。不然，我們如何自我解脫而不為現實所纏累。即以儒家而言，亦有「達則兼善天下，窮則獨善

---

❺　詳見牟宗三，《心體與性體》（臺北：正中書局，1971），綜論部，第四章，〈道之本統與孔子對于本統之再建·引言〉，頁 191-196。

其身」❻之適應的方法；亦有「不知命無以為君子也」❼的看法。當「時不我予」或客觀境況已不可為之時，我們只有捨離之，絕不可固執。所以境遇不濟時，吾人之遁逃也只是變通自救之方法。但這個只是權宜的作法。其蟄伏退隱實有以備將來之再展旗鼓。即使由此退隱而產生惰性，功業上再不思振作，這也只是導至外王面之不顯、萎縮而已。儒家固重視此外王面，但外王面之不彰退晦亦絕不礙內聖面之修持。放眼寰宇，豈能凡人皆有功業成就，但這無礙凡人皆可日新又日新的在道德修持方面之自強不息的繼續開創。所謂道德實踐之為絕對普遍者，其精義即在此。

　　就此義言，當我們在現實上失意時有老莊可作遁逃之所，此正可見老莊學派之消極方面之價值（負面價值）。上文稱其為庶子旁枝，此時正可見出其所以為庶子旁枝的功用所在。

　　又唐先生精研先秦諸子學。其所論述似絕不可能不及徐先生之見解。其實，凡人之真能以傳統文化為生命所繫的人，亦絕不會不贊成唐先生之見解，且亦必同具唐先生之道德意識感。顧徐先生其獨闕歟？

　　㈤徐氏又說：「自此（漢武帝）以降，孔子的學說與思想，始終是被統治階級所利用以統治人民。可是這也只是統治的戰略運用，而戰術運用則往往還是法家……」。其實，要駁斥這點，其論據跟上段只是大同小異。三代以後，我們再不能見到聖君哲王（三代之君主是否確如儒家所說者雖不無疑問，但即以其只是理想中所嚮往之君主而

---

❻　《孟子・盡心上》。
❼　《論語・堯曰》。

言，三代以後吾人心中亦無此理想之君主）。是以中國歷代之正宗儒家恆以三代及其前之堯舜等為哲王之典範，三代以後之君主則不與焉！徐氏所指之帝王乃在漢武帝後，其未能符合儒者心中之理想哲王之標準，此非意料之中乎！

又孔子之學說與思想，是否「始終是被統治階級所利用以統治人民」，這仍不無疑問。姑且假定其說為真，則孔子學說與思想之被利用當然是儒家的不幸，亦即中國文化之不幸。但孔子豈意料及之！即使孔子早已料及之，孔子亦不能不倡其學說（嚴格言之，此所謂學說與思想，豈孔子所首創，孔子只是繼承傳統文化而發揚之而已。）其點出「仁心」之絕對普遍，及其上契天道之義，使吾人自覺人類作道德實踐之所以可能之途徑及其超越根據之所在，正是發聾振瞶及劃破長夜之卓越貢獻。至於其學說之被利用作為統治者的工具，孔子不負其咎。及至所謂「愚忠愚孝，三從四德」等等之禮教文節之「依附儒教的教義而存留著」，則只是儒家教義之末流枝節。孔子不也說過「禮云、禮云，玉帛云乎哉？樂云、樂云，鐘鼓云乎哉」❽嗎？又《論語》卷二〈巧笑章〉也可看出孔子所看重的禮文背後的意義──仁。至於仁之落實而產生禮文之規範，及由此外部規範而產生之種種陋習，是現實之環境使然。儒家學說，就其本義言，實不負此責。且成為陋習及成為統治者之工具，也只是現實上之偶然，非理想上之必然，也非道德教義上之應然。只要理想繼續存於不墜，則偶然性也自然有其「遜位」之一日的。

㈥徐氏又說：「……他不重視生理學的心理學的科學上的事

---

❽　《論語・陽貨》。

實,他看輕環境的物質的歷史的社會的重量,這大概就是使他有時候會發出奇怪的幼稚的議論原因。」

所謂「生理學」、「心理學」、「物質的」、「歷史的」、「社會的」,籠統言之,可歸之為後天的經驗上的東西。

未解釋這些「東西」之前,讓我們先講述儒家對性的看法。蓋對此先有了解可幫助我們釐清徐氏的問題。

儒家講性,可從兩方面為說。牟宗三先生即曾說:「……自理或德而言性,是超越之性,是理想主義的義理當然之性,是儒家人性論之積極面,亦是儒家所特有之人性論,亦是正宗儒家之所以為正宗之本質的特徵。自生而言性是實在論態度的實然之性,是後來所謂氣性,才性、氣質之性,是儒家人性論之消極面,不是儒家所特有,如是儒家而又只如此言性,便是其非正宗處。積極面之人性論之成立,孔子之仁是其重要的關鍵。」❾

徐先生所講的「心理學」、「生理學」等等的東西可歸之為自生而言性的後天之實然之性。然而,道德的超越之性則是理想主義

---

❾ 上揭《心體與性體》,〈綜論部〉,第四章,第二節,頁 216-217。2009.12.24 按:讀者或者覺得奇怪,筆者為文要辯護的對像是唐先生,但為何本註及以上註❺所引據的文獻則出自牟先生?今稍作說明如下:筆者對唐先生雖景仰有加,但以個人時間上調配關係及唐先生晚年開課較少的關係,其實從未正式修讀過唐先生的課。然而,牟先生課,正式修讀者有宋明理學;旁聽者則有佛學、康德哲學等等。是以撰此文之當時,對牟先生之學問及相關著作反而較熟悉。當然,唐牟二師之學問不盡相同,且可謂有一定程度的差異。但就儒家基本義理來說,則二家之理解/解讀無以異也。或至少無大異也。且上文旨在說明儒家之義理,非說明唐先生本身之學問,是以引錄牟先生言,當未為不可。

的義理當然之性；實然之性恆為道德實踐之義理當然之性之障礙。此就現實上言，莫不如此。上文已論及之。但其為障礙也絕非必然的。只要吾人之「良知」（道德心）能夠有靈明頓覺之一日，則一切物欲之蔽便立成過去。吾人之能夠作道德實踐，實賴此良知之絕對普遍地存在於每個人的心中。人之所以「在宇宙中成為一個獨立的創造精神」，實端賴此超越根據之恆存。（但筆者不是說因為有此良知，所以凡人必可自然地成為聖人。筆者只是指出此良知之存在，提供了吾人可以成聖人的超越根據。）如是而言，我們不言道德則已，一言道德，便不可不強調這先天的義理之性。相對之下，唐先生果真看輕及不重視「心理的」、「生理的」等等方面的後天的經驗的東西，不亦宜乎！就其負面的意義而言，其存在足以昏蔽吾人的義理之性；即就其正面的意義而言，假使其存在對道德實踐有積極之貢獻，則其地位也僅是助緣的，所成就者亦只為一他律道德，而非自律道德。

唐先生不可能不知道此等後天的實然之性對道德實踐的影響。但知道就一定要看重嗎？就正因為唐先生知道此實然之性對義理的當然之性在現實上必會產生影響，所以唐先生就必須不斷強調義理的當然之性，冀藉此以抵銷或超越此後天的實然之性。

只要義理之性一絲尚存，先生就視之為可喜的現象，蓋視此為歸趨及契接天命性體之一線曙光。就是一個壞人，我們也不能遽然否定他能夠作道德實踐，而說他必定無藥可救。一線曙光雖微弱，但其為走向光明之契機則無疑問。「苟能充之」，則四海亦可保也。唐先生恆存此觀念於心中，此所以當先生臨終前一日閱外電而得悉大陸開始恢復孔子名譽時，心中感奮不已。徐氏以此為先生之幼稚的表現，則徐氏之不知道德理想為何物，及其不解唐先生之心

境，尚奚待他物以證之耶！其嘲笑唐先生正所以自暴其真幼稚而已。唐先生豈不知共產黨自身之局限，其恢復孔子之名譽當只是有限度的。但在上位的共產黨領導既有意改善孔子之地位，則在下者之人民自可較前有更多機會接觸孔子之真面目。孔子之真精神或能藉此而呈露；人文主義容或藉此而有一線生機之發展亦未可知。共黨之幡然改圖亦或以此為契機。唐先生實盼望之於萬一也。先生之感奮，不亦宜乎！

㈦至於徐氏謂唐先生「排外性就十分堅強」，這似可分兩方面說：首先，唐先生博大寬厚，包容性極廣，正所謂君子以厚德載物。唐先生視相反之意見，想不如徐氏所言「凡是不附于自己構想的就敵視，稍稍有巧合于自己的幻影就以為是實在」吧。從另一方面言，唐先生是「擇善而固執之」、「自反而不縮，雖褐寬博，吾不惴焉；自反而縮，雖千萬人，吾往矣」❿的賢者。就此義言，假使其「排外性就十分堅強」，這不是很應該嗎？

此外徐氏所言有關新亞之造就人才，人事鬥爭及新亞精神之脆弱等等的問題，也是很可以商榷的。

新亞是唐先生之理想之具體寄託是無疑問的。但理想畢竟只是理想，其不必然與現實相一致是可以從「理想」一詞之涵意分析出來的。其能否充份予以實踐端賴於外在環境。勞思光先生固可從內在因素——理方面來解釋唐先生之文化運動之所以失敗在於其行動層面上之缺乏普遍性及客觀性⓫，但我們即使僅從勢方面來觀察，

---

❿　《孟子‧公孫丑上》。

⓫　勞思光：〈成敗之外與成敗之間——憶君毅先生並談「中國文化運動」〉，

也可窺見其運動所受到的外在阻力也是足夠摧殘及折撓其理想的。

就造就人才一點而論，我們也很難說怎樣與其他院校有什麼不同。蓋只有透過比較才可見出其不同。可是比較不能無標準。此標準究以何為準，則殊難言。人事鬥爭方面，果真如是，則當然有礙唐先生之理想之實現。唐先生固不願見之。可是現實上之不如己意，唐先生亦無奈何。唐先生又豈能負其咎呢？

又所謂「如果新亞加入中文大學以後，怕為中文大學融化而失去新亞精神，那麼新亞精神之脆弱也就可知」，這點是把新亞精神與中大所代表的港府的勢力作一對比。在此情況下，新亞之吃虧是當然的。蓋兩股勢力本來已是強弱有別，且兩者也不是作公平的競賽。新亞加入中大後，其行政措施方策即漸為中大所掣肘。其行動因而失其獨立性。如是則其精神也立刻成為孤懸，缺乏了它的基礎而不得不掛空是不待問的。以此孤懸的精神來和中大的勢力對抗，失敗不是意料中之事嗎？

故就表面而言，因之而視其為新亞精神之脆弱之表現似甚有理。然深察其內情，則知其實有苦衷也。至於徐氏以北京大學的精神來和新亞精神相比，則以時空差距極大，不宜兩相比較。恕不具論。❷

最後，徐氏斥唐先生為母親辦喪事時既能夠從俗，則何以偏要拘執而必須以孔子的生日作為中國的紀元呢？唐先生為母辦喪事而

馮愛群輯編，《唐君毅先生紀念集》（臺北：臺灣學生書局，1979 年 5 月）頁 263-269。

❷　筆者按（2009.12.06）：針對北大、新亞相比較問題，筆者在原文是有作出回應的。今從略。

多次在寺廟中奔走，這也不必一定從「隨俗」一觀念釋之。此亦可從「孝」一觀念來解釋。假設唐太夫人篤信佛法，且在臨終前吩咐先生必從佛事以葬之，則先生豈敢違命？就唐先生而言，既「生，事之以禮」❸，則豈能不「死，祭之以禮，葬之以禮」❹呢？由此而言，則先生葬母從佛事是一事，其反對以耶穌降生的所謂公曆來紀元又是一事，兩者不可相混，在此言從俗固無不可，但「提倡以孔子的生日作為中國的紀元」及視孔子之生日為聖誕，這不是身為中國人且有傳統文化意識者當有之主張嗎？此正可視為唐先生之看重我國的固有文化的表現。

　　上文乃發於有感而云。唐先生之精神生命，固不因徐氏之誤解及歪曲而損其分毫。另一方面，亦不因筆者之所言而增其分毫。筆者之不自量力，妄為此文，蓋以骨鯁在喉，不吐不快也。其中所言或有過正之處，然旨在矯枉，故不得不過正也。知我罪我，其為此文乎？！為此文者，其有憂患乎？！

---

❸　《論語·為政》。
❹　同上註。

陸、不廢江河萬古流

──敬答徐訏先生對業師唐君毅先生之批評❶

　　師唐君毅先生壽終於本（1978）年二月二日，學術界、文化界、教育界人士均同表哀悼，紀念文章及輓聯紛至沓來。例如：牟宗三先生、徐復觀先生、吳俊升先生、李璜先生、程兆熊先生、程石泉先生、司馬長風先生、胡菊人先生、王邦雄先生，袁保新先生、及同門學長，如黃振華先生、唐端正先生、孫國棟先生、李杜先生、逯耀東先生、吳森先生、趙潛先生、霍韜晦先生、黎華標先生……等，都有情辭深切的文章發表，本港各大報刊，如《明報》、《星島》、《時報》，亦各有專題社論悼念，對唐師的生平事蹟及學術文化成就均分別給予介紹。唐師之人格與學問，亦可從這些文章得一初步之表彰。我們身為唐師學生，自感欣慰。及至四月中旬，徐訏先生乃為文獨持異議（文載於臺灣《大成月刊》五十四期，1978 年 5 月），此文後來在香港轉載時雖置一「悼」字於其題目上（文章乃名為〈悼唐君毅先生與他的文化運動〉），但文旨主要仍在唱反

---

❶　本文作者，除筆者外，尚有以下四位新亞研究所同學：吳傑超、岑詠芳、黃蕙芸、周啟榮。其撰寫過程、修改情況及原載何刊物上，詳文末之〈附識〉。

調。

本來，反調不是不可以唱，我們同意如徐先生所說：「民主社會正常的現象，對每一件事，對每一個人，我們都可以有，而一定有不同的態度。」但是，我們必須鄭重指出：這些不同的意見，必先基於誠意，然後方能感人；亦必須基於真實的了解，然後方能成理。否則，徒為反調而反調，是無意義的。我們綜觀徐文，即覺未符合這兩點要求；全篇文章，亦根本未接觸到唐師的學問與人格，反而充滿誤解。是的，我們承認，從長遠來看，唐師之人格及學問自有公論，因為道德文章俱在，要誤解亦是誤解不來。別有用心者縱使舌燦蓮花，又何傷於仁者的人格？所以，我們大多數同學都決定不予計較，僅黎華標學長以其快人快語之筆，略予評斥，用心不過亦在止截錯誤。不想由此卻招來徐先生進一步的攻訐挑剔。六月中旬，徐先生在《快報》一連五天刊登「『評徐』與『悼唐』」的長文，其中除將矛頭移向黎華標學長之外，對唐師之人格復極盡污染之能事。寫小說的人，不從事實以了解問題，卻喜歡自編故事，自問自答以攻擊虛擬的稻草人，甚至插贓誣枉，良堪浩嘆！唐師一生，為中國文化統緒（所謂道統）的延續與發揚，鞠躬盡瘁，任何人，因為其心態乖離，對此不能了解，在今日的香港，本來亦非怪事，但何必玩弄文字，以掩飾自己，並傷害他人？至此階段，同學們覺得容忍已到了極限。為了事實，為了公正，為了責任，為了良心，我們不得不站出來說幾句話，以作證言，同時也是因為真理不重複，錯誤便重複。錯誤與輕薄的言辭加諸唐師身上，作為學生，我們何忍緘口不言、默然無述？不過，在我們為唐師答辯之前，首先想指出兩點：

一、徐先生對唐師的學問根本不了解，據徐先生第一篇文章（以下簡稱徐前文）自述，他只讀過唐師《人生之體驗》一書，及一些報刊上的文章。這也就是說，他對唐師的學術論著與討論中西文化的作品大部份都不曾涉獵。《人生之體驗》一書，已寫在三十多年前。在此之後，唐師的重要作品凡十餘種，其思想之深度與時俱進，徐先生僅憑幾個浮光掠影的印象，以論斷唐師一生的文化運動，天下間豈有如許便宜事？

二、徐先生對唐師的為人亦根本不了解。徐先生雖與唐師認識多年，但據徐先生自己描述，雙方從未有機會作嚴肅的談話，而只是「客氣地稱讚幾句」，因此「友情始終只限於這一個層次」。這就說明了徐先生和唐師之間，不但在思想上、學問上不契，即在感情上亦缺乏交流，所以難怪徐先生充滿誤解。一句話，這是心態的背離和不相應，所以唐師以純厚之真所作的種種事，從徐先生的心態來看，就變得天真和幼稚了。

其實，唐師的學問，誠然是「仰之彌高，鑽之彌深」，但有一點，或者可以簡單說的，唐師終身努力的方向，旨在護持中國文化的統緒；擬在現今這世衰道微的大環境中，重建我們對中國文化的信心。徐先生則認為唐先生與五四時代精神相違異而以保守態度或文化本位主義來定位唐先生，這實在是不契之甚。徐先生的用法，以「保守」和「迎新」相對。在語意上，「保守」似乎涵有「落伍」的意思，其實「保守」並非表示「不進步」、文化本位亦非盲目固守過去。唐師的工作，即在教人認清一個民族如果真要莊嚴地站立於世界列強之前，並贏得別人的尊敬，其事如何可能？這決不是自棄其傳統，但乞求於別人的靈藥所能做到的，人如不自尊，如

何能贏得別人的尊敬？人如果不了解自己，如何能吸取別人之所長？所以在這一意義下唐師的工作，已超越五四時代的中西文化論爭而使之同歸於一大方向。五四時代的論爭，基本上尚是一現實的出路問題，其背後，則仍是出自對中國的愛護。為什麼在同一動機之下，結論竟然如此迥異？這難道還不足以讓我們痛切反省？時至今日，無論民族與文化，都可謂悲劇已成，往日的相攻，都可說是同歸於盡，談文化的豈可還不猛省？關心國家民族前途的，豈可還不有所徹悟？今日我們急切要做的工作是重建我們對中國文化的自信心，先站穩腳跟，然後師法別人。然而，對中國文化自信心的建立，亦不能僅訴諸民族感情。民族感情講血緣關係，在某一意義上，尚是生物的，尚不能理性化。所以，這自信心的建立，還必須繫於對中國文化有真實相應的了解，藉以知其所長；同時亦必須真知西方文化的缺點，這樣我們才不會自喪主宰。當然，西方文化的長處，我們並不排斥，唐師和牟宗三先生，即屢屢宣稱，中國文化過去開不出民主與科學，是其所短，但從已有數千年歷史的中國文化的智慧來看，是否只有寡頭的民主或無根的科學就夠？現代西方的民主畢竟造成何種局面？而科學在人類的整體幸福上，畢竟又造出些什麼東西來？徐先生飽經憂患，想不會不知。但讓人奇怪的是，為什麼偏偏對唐師的努力不能了解？唐師旅港二十餘年，無一日休息，寫了許多疏導中西文化的文章，目的即在使人認清中西文化的優劣，指出我們仍然有超越西方文化者在；同時又寫了許多對應時代弊病的文章，作適當的指引，處處皆在迴向中國民族與中國文化的大前途。這也就是唐師之所以論五四、論釣魚臺、並廣及其他時事，最後，又郵寄自己著述前往大陸的原因。然而徐先生竟以

為這些事實是「天真」、「幼稚」。套用一句徐先生的舊話,為什麼經過七十年的憂患,在生活上為什麼仍然是「流浪漢」?在思想上為什麼是「無依者」呢?我們不禁為徐先生惋惜!

　　據徐先生說,唐師貶視了五四白話文運動,說唐師在一次紀念五四的演講中,提到「白話文運動是毫無意義的」。不知道那是一次在什麼地方、什麼時候舉行的集會?唐師在怎樣的前提下說到了這樣的話?同時我們亦不知道徐先生這樣簡單的記錄是否公平?或是否合乎事實。因為依我們的了解,唐師批評一件事絕不斷章取義,亦絕不一面倒的全盤抹煞。至少關於五四的評論,我們可以另舉兩個資料作說明。唐師說:

> 新文化運動,從一方面說,亦有解放思想之功。新文化運動
> 時人,其一股活氣或新鮮之氣皆極可愛。提倡科學與民主,
> 亦是為補中國所短。新文化運動時諸先生等所標榜之重新估
> 定價值之精神,尊重思想自由之精神,個人主義之精神,仍
> 有一肯定人格尊嚴之精神在內。然自倡新文化運動之主要刊
> 物之《新青年》,成為陳獨秀宣傳共產主義之刊物,魯迅諷
> 刺中國社會文化之刻薄文章,一天一天的風行以後,順勢所
> 趨,終於培養出一些視人如物之唯物論者,既無中國歷史文
> 化意識,亦不重視民族生命文化生命之貫通的發展,反而膜
> 拜馬恩列,視俄國為其精神上的祖國之共產主義者。……人
> 莫有涵蓋的胸襟度量,以通民族文化的古今之變,莫有真正
> 之自尊心,兩眼只向外看,則他人之長,亦不能真接受。科
> 學與民主雖好,自己無精神,無立腳點,亦消受不了,只能

隨人腳跟，學人言語。學日本、學英美、學德國，都學過
了，當然現在只有把俄國為師了。❷

唐師又說：

中國百年來之留學運動，最初即是出於恐怖瓜分，此即以胡
林翼嘔血為象徵，而不能不去學他人之長。近代中國國運之
衰微，始見於與英之鴉片戰爭，與其後之中日戰爭。而中國
最早之留學生，則以日本與英國為多。被人打敗再去學留學
拜師，這個心境，即夾雜了原始的怯弱感與卑屈感。而此怯
弱感與卑屈感，亦極易轉為一羨慕之情，與對自己國家及其
文化之怨憤。所以儘管中國人近百年來接受西方文化思想
者，亦多有各種向上的動機，如慚愧虛心等。然而畢竟缺一
對西方文化思想，加以涵蓋綜攝的氣概。……而人一少了此
氣概，便不免精神侷促於所從之師，與其一國之學術傳統，
而難言大膽的綜合。而今日中國之學者，凡有志於此者，人
皆以為狂妄，而決不能受社會之鼓勵。如果我們再來看數十
年來，西方思想，在中國之盛衰之勢，更見我們之不免缺乏
自主的選擇。許多新思潮之盛行，亦可謂純屬偶然。我們試
想如果不是中國首敗於英之海軍，嚴幾道先生，亦許即不到
英國去學海軍，或不致歸國即專門從事英人斯賓塞、赫胥
黎、穆勒之書之翻譯。而晚清思想界，所受歐洲思想之影

---

❷ 唐君毅，《人文精神之重建·中國清代以來學術文化精神之省察》（香港：
新亞研究所，1974），頁 120-121。

響，即可能以另一種為主。中國又若不繼敗於日本，中國人到日本去學陸軍及法政，以求富國強兵者，亦許亦不如此多。則留日之陳獨秀之辦《新青年》，初亦許亦不專以提倡富強為主。新文化運動之介紹外國思想，以美為主，亦多少由第一次大戰後美國之國際地位大增，且與中國外交關係良好，而引動了中國人對美之感謝欣羨之情。俄國革命到了民十二三年，而其內部乃逐漸穩定，開始建設。於是國民黨中，聯俄容共之思想即產生。而社會上之馬列主義，到民十四五年亦日益流行了。……從這點看，中國數十年中，各種文化思想之失勢與得勢，幾皆以他國在國際上強弱衰興之勢為轉移，實說不上自作主宰之選擇與綜攝，不免透露百年來知識份子，唯強國之馬首是瞻之勢利眼，與羨慕卑屈之情。不脫此眼此情，以領導文化思想，何能有真實力量與效果？自身立不起，而隨風勢歪倒之結果，乃終歸於毛澤東死心塌地一面倒，又何足怪？觀乎百年來中國之接受西方文化思想之隨風勢歪倒之不能立國，吾而後知超越的涵蓋西方文化思想之精神，誠不可少也。❸

　　這兩段話，可謂說得沉痛而充滿智慧；同時，亦將五四運動的來龍去脈交代得清清楚楚。由此可見唐師並未全盤否定五四，他只是希望我們能看到五四的不足處，在今天能夠進一步超越它，這與唐師終身所從事的努力完全合拍。但徐先生卻似乎只是把它理解為

---

❸　同上書，頁 290-292。

反對白話文（也許這是因為徐先生是用白話文來寫小說的，所以才特別敏感吧）。依我們看，唐師對五四的評價絕不會僅從文學觀點看，上引兩段資料已是很好的佐證。如果五四運動的意思只是推廣白話文的話，則徐先生不覺得是小看了它嗎？我們誠懇地希望徐先生在讀到上面兩段資料之後，能夠進一步看到五四運動的歷史意義和文化意義。

據徐先生說：「他在釣魚臺事件中，忽然寫了一篇文章，說這個學生運動，遠比五四運動為壯闊龐大。我非常詫異，因為這實在顯示他對于五四運動以及對于釣魚臺事件的無知。」徐先生把釣魚臺運動看作是中共策動下的產物，這一點，對海外留學生自覺的民族精神是否公平？是否誣衊？是否輕佻？當日參與運動的青年不妨請徐先生拿出證據來。我們不明白的是：對於青年人的愛國熱誠，為甚麼一定要通過黨派政治的有色眼鏡去看？自己既不聲援這個有意義的運動也就罷了，何以還要出言污染？不過，現在我們要辯的尚不是這些問題。因為我們翻檢唐師的文章根本沒有看到如徐先生所引的話。一九七二年，唐師的確是應中國文化協會和北大同學會的邀請，發表紀念五四的演講。唐師以〈一千八百年來的中國學生運動之歷史發展〉為題，歷述中國歷史上的學生運動。最後提到了當時保衛釣魚臺運動的意義。唐師是這樣說的：

> 由中國一千八百年的學生運動的趨勢來看，它的政治意義與文化意義，是一步一步的擴大，由對個人而對外敵，由對朝廷的禮制而對國家之憲法，由爭五族地位平等，而爭國際地位平等。但這一切學生運動皆在國內發起。由此以看當前學

生之保衛釣魚臺運動卻另有一特色。即此運動先是由中國留美學生發起的。這個運動將來如何發展也不知道。不過我們當注意，以前的中國學生運動，因皆在國內，故間接對象雖或是異族或外國，但直接對象只是中國政府。而這次保衛釣魚臺運動卻先發生在國外，而是直接以妄想分配中國土地的外國強權政府為對象，而不是以本國政府為對象。在此點上即見這個運動有其劃時代的國際的意義，而比五四運動又更進了一大步，我們應予以正視。❹

由此可見唐師根本不是從聲勢上說保衛釣魚臺運動比五四壯闊龐大，唐師只是從運動的性質上比起過去的學生運動有所突破。此即因為保釣運動是從外國發起。至於運動將來的發展如何，唐師也說「不知道」，何以徐先生要將之歪曲為：「他估計這運動將引起久遠與壯闊的影響」（見徐前文）呢？又武斷這是唐師「對五四運動反感的一種不正常的表現」呢？

至於說中共後來想利用釣魚臺事件來反臺，唐師亦非不知，而且早在文中給予銳利的批評：「中共只是想間接操縱此運動之風向，以打擊臺灣之國民政府而已。」則徐先生說唐師對此點無知，並出言譏諷，豈非睜著眼睛說瞎話？

唐師下文又說：

---

❹ 《中華月報》，1978 年 8 月號，總第 695 期。又收入唐君毅，《唐君毅全集》（臺北：臺灣學生書局，1991），卷 10，《中華人文與當今世界》，補編，下冊，頁 469-478。

在這裏我聯想到一個問題，就是以前的學生運動的後面，都
連接著一個文化學術思想，現在保衛釣魚臺這個運動，又究
竟當連著一個怎麼樣的學術思想呢？我想這是當前青年學
生，應該加以探討思索的重要課題。

唐師續說：

五四運動，客觀的來說，在當時的社會的確曾發生過很大的
影響，在歷史上是應該得到很高的評價，這是無可置疑
的。……但是五四運動到今日已五十三年，此五十三年中，
無論是中國與世界之學者對中國文化之積極的有價值之方面
與西方文化之缺點一方面已有更多更廣更深之認識。說現在
我們還只須停留在五四時代的思想，我看已不行。由此以看
今之世界學生之保衛釣魚臺的運動則除了其直接目標不同於
五四運動之直接對象是本國政府，而以美日之政府為直接對
象外，與之相配合的學術文化思想，亦不當是五四時代之新
文化運動的思想，而當是擴大當時所謂重新估量價值的態
度，來兼對西方文化之壞的方面，與中國文化之好的方面之
重新估價。現在世界的學生之保衛釣魚臺運動，既然直接針
對美日政府，此重新估價：態度亦當直接針對西方之霸道文
化。（同上）

這一段文字，可謂語重心長，充份說明了唐師對保釣運動的期
望。唐師並不希望保衛釣魚臺只是一政治性的、民族性的口號。正
如五四運動一樣，最先亦是起於反對日本的廿一條不平等條約，但

終於成為一個有文化意義的運動，則保衛釣魚臺亦可以由此而喚醒國魂，進一步了解中華民族受苦難之因，由此而有根本的覺悟：中國如果要在民族上自立，則首先必須要求在文化思想上自立。這可以說是唐師的苦心，亦是唐師的願望。徐先生於此不致同情，我們也不勉強，但何必歪曲事實，強作解人，最後還以「天真」、「幼稚」相詆？幸好文獻俱在，就請讀者諸君評判是非吧！

　　總之，徐先生在他的大文中，一再宣稱唐師「幼稚」、「無知」，但所舉的事實則只有兩椿：除了上文所說的對釣魚臺運動的看法外，還有一椿是唐師在臨終前一天，聽到大陸恢復孔子名譽地位的消息，不禁高興起來，於是囑咐把他的著作寄給大陸上的三個圖書館。徐先生即據此斷定唐師「太幼稚」、「太天真」，並且分析唐師之所以如此「天真」、「幼稚」的原因，是因為「他不重視生理學的、心理學的、科學上的事實，他看輕環境的物質的歷史的社會的重量」。這一段話，徐先生是把自己的意念說得再清楚也沒有了。所謂生理的事實，即人為一動物的存在，及其體內各機能之運動。所謂心理上的事實，指人有種種心理錯綜，情緒、感覺等等的精神上的活動言。所謂物質的、社會的重量，即人不可以違逆現實壓力。在這幾個觀點之下，難怪徐先生與唐師的精神不契。因為依唐師對人性的了解，人雖為動物，又同時為一現實之存在，但人最可貴的地方，就是人在面對種種生物的、現實的制限時，仍然能夠衝破之、超越之，以堅持理想，忠於所信。這是大勇亦是大仁，使人可以在物質、生物的層面上開出精神生活和道德生活。所以這也是我們人性中最光輝的部份，而儒家的精神亦在此。唐師有此大信，恐即基於儒家的啟發。

　　一般人於此或不能了解，或雖了解而不能作，或以為這不過是出於可愛的「幻想」而仍自居於生物的、現實的層次，我們都可以理解，因為人生的進境完全有賴於自覺，無人可以代步。但是，自己沒有的事，決不可以誹謗別人亦無，更不應該自己不上進而希望別人亦不上進。在這些重要關節，我們絕不可以原諒那些出言輕薄的人，或企圖把自己的庸俗觀念普遍化的人，因為這將使人類的精神下降。其實，我們深信，任何人只要他願意上進，是完全可能的，因為依儒家之義，任何人只要他一念自反以觀其自心，虛懷求教，即可以幡然悔改。所以人皆有成德之自由，「我欲仁，斯仁至矣」。關鍵即在於他能否一念自反。所以有時候，流浪漢與無依者並不足為大病，只要他找到理想，認識人所應該努力的方向，便會躍出虛無主義或空頭的自由主義的苦海。

　　由此我們說到唐師之寄書至大陸，背後即是這種對人的一念之信而期待其改過遷善的精神。儘管這一期望在現實上似無可能實現，因而被評為「幼稚」、「天真」，但唐師的內心本來就不是現實主義的心靈；如果說他「幼稚」、「天真」，那正是他天性純厚的表現，所謂「得一善則拳拳服膺」。這並不表示唐師不了解大陸政權的本質；而是仁者的胸襟，赤子的心腸。也許，當今之世，赤子太少而污染者太多。所以這纔是唐師如此寂寞並遭受許多無辜的苦難的原因吧！寫至此，不禁使我們擲筆為唐師哭。

　　此外在徐先生的大文中，還有好些措辭有失大家風範的地方；若干引喻舉譬，都匪夷所思。例如他把唐師尊崇孔子，比喻為世界小姐選舉，又說莊子亦可以為諸家之冠，這究竟算不算是「輕薄為文」？不妨請識者評判。還有他一口咬定新亞書院的成長過程，都

是處於「有奶便是娘」的掙扎中。又自作問答說唐師會不會「把自己打扮得莊莊嚴嚴去投中共」。最後又設計了一個故事，把唐師譬喻為被老虎吃掉的聾啞英雄。含血噴人，先污其口。在此我們不想與徐先生一般見識，這些都決定不奉陪了。奇怪的是徐先生在文章還自稱為「憨直的人」，那麼就讓讀者看看他這種設計故事，設計對語的手法吧！

徐先生又說，他已經提出兩點（對釣魚臺運動的看法和寄書至大陸），證明唐師天真、無知和幼稚。如果有人「清楚地解答我的論證的誤解曲解之處，指出唐先生在這兩點上有我所不解的特殊心態，我馬上可以認錯。」那麼，現在是這位老實人受考驗的時候了。

最後說及新亞精神的存在問題，徐先生認為新亞書院併入中文大學之後，新亞精神便「看不見」了，於是對新亞精神大加揶揄。徐先生的動機是什麼呢？是不是想通過這樣的「事實」來證明唐師在學問上或在人格上有污損呢？如果不是的話，那麼不管新亞精神今後如何均與唐師的學問與人格無涉的。唐師之為唐師，仍然光風霽月，永遠為人所景仰。不過，我們仍有些話，想告訴徐先生：新亞精神並不是唐師一人所獨創；當日錢穆、張丕介、吳俊升等師長共同創辦新亞的艱難日子，徐先生亦已知悉，但不悉徐先生是否了解這些師長背後都有一種熱愛中國文化的精神在？這才是創辦新亞書院的真正動力。所以新亞精神是普遍的，並不限於學院的門牆，任何人只要他認同中國文化，願意為中國文化的延續與發揚盡力，即是認同新亞的理想。我們特別提出新亞精神，旨在自勉，絕無標奇立異，更無壟斷中國文化之意。新亞創辦不足三十年，然桃李滿

天下，許多人都在默默耕耘，盡其在我。徐先生為什麼說看不見呢？抑或徐先生在生物的、心理的、物質的世界太久而無法看到呢？以我們來說，就充分體驗到新亞精神的存在，我們看到很多學長，都秉持其良心，不忘老師的教導，為中國文化努力。無論是在承先啟後的工作崗位上，或是在與現實的抗爭上，都同樣關心新亞，使我們深受感動。只是，新亞同學不是一個有組織的政治團體，亦不是武士幫會。書生不識人間險惡，所以才有許多不幸的事情發生。任何人在這裡如果真知新亞精神即是愛護中國文化的精神，那麼自當加以扶持，鼓勵，又何忍再落井下石！我們不明白徐先生為什麼偏要自事權的鬥爭上著眼，而且還對失敗者奚落。難道這株中國文化的幼苗亦必要去之而後快麼？不過，我們深信，中國文化是不死的，新亞精神亦必長存。當有一天，大家都警覺到人的精神不能再下墜。現實主義、空頭的自由主義都醒覺回頭，中國文化就有救了，中國文化的價值就會被認識了。所以，唐師終生努力，在歷史上是必然會獲得回饋的！

附識 (2010.03.07)：

本文原載《明報月刊》，第十三卷第八期，總第一五二期，1978 年 8 月；後收入馮愛群輯編，《唐君毅先生紀念集》（臺北：臺灣學生書局，1979 年 5 月），頁 577-588。原稿乃兆強所草擬。撰寫過程中，承唐端正等學長關注；又承霍韜晦學長（筆者嘗修讀霍學長在新亞研究所開授之日文課程，故筆者恆以「先生」（等同「老師」）稱呼霍學長）給予寶貴意見，其後草稿又蒙霍學長審閱諟正一過，並大幅度增刪其內容，幾同新製。是以本文實宜由霍學長署名刊出，以副其

實。惟霍學長當時以有更深遠的考量，是以仍囑咐以兆強名義發表。今茲說明其草擬過程如上，示不掠美，亦示負責。又發表前，復徵得新亞研究所同窗吳傑超、岑詠芳、黃藹芸、周啟榮（此排名，依當時刊出時之序列）等四人同意，而一起聯名共同發表。現今只作若干字眼上的更動或加插一二文句，俾文意更明晰而已。當然，文章既掛筆者名字，且為第一作者，且現今又作出若干更動，則文內任何錯謬，其責任自由筆者承擔。又：1978 年 6 月兆強以個人名義在《華僑日報‧人文雙週刊》上已發表文章回應徐先生對唐師的指責（該文亦收入本書內；即〈附錄〉之第五文）；然該文流於從個別地方對應徐先生之指斥作出回應，是以不免流於瑣碎。本文則大體上從唐師對整個人類文化精神層面的關懷，尤其扣緊中國的情況，作出回應。

柒、紀念唐君毅先生百周年誕辰暨學術思想研討會開幕典禮致辭❶

　　主辦單位、協辦單位各位尊敬的領導、各位師長、各位同道、同仁、同學，早上好。個人被邀請代表臺灣的協辦單位，在這個盛大的開幕典禮上致辭，這是個人無上的光榮。

　　今明兩天舉辦的研討會，以至其他一系列的相關活動，目的就是要紀念一百年前在本省本縣——你們的家鄉宜賓縣出生的一個不世出的偉大人物——唐君毅先生。個人有幸在三十年前親炙唐老師的教誨，從而認識中華民族的博厚偉大和中華文化的廣大精深，這可以說是個人一生中最值得驕傲的機遇。然而，認識中華民族和認識中華文化，不見得一定要透過唐老師。因為透過其他老師，以至透過一般的歷史文化教科書都可以學習到，都可以認識到中華民族和中華文化的。換言之，作為唐先生的學生，或者作為唐先生的後生晚輩，像在座的各位領導、各位朋友，我們在唐先生身上能夠學到的絕對不是客觀的學問，或者說得更清楚更嚴謹一點，學到的絕

---

❶　為紀念唐君毅先生百歲誕辰，四川省宜賓學院等單位去年（2009）5 月 23 日假宜賓學院演播廳舉行隆重而盛大的「唐君毅先生誕辰 100 週年紀念大會（含學術研討及書畫展）」開幕典禮，筆者應邀講話。此為當日的演講稿。其後在文字上稍作修改潤飾。最後修訂日期是 2010 年 3 月 7 日。

對不光是客觀的學問而已。那我們學到的究竟是甚麼東西呢？一言以蔽之，人格是也、君子自強不息的無限向上奮進的精神是也。

唐先生，一如其名，真的是一個如假包換的，好一個「唐君毅」。那「唐君毅」這三個字，到底是甚麼意思呢？讓我們先從文天祥的〈正氣歌〉說起。〈正氣歌〉是這麼說的：「天地有正氣，雜然賦流形，下則為河嶽，上則為日星，於人曰浩然，沛乎塞蒼冥。……鼎鑊甘如飴，求之不可得。」那甚麼是「飴」呢？「飴」，就是糖，就是我們今天最常吃的麥芽糖。所以光是從唐先生的名字「唐君毅」三個字，我們便知道唐先生是一個把吃苦視為如同吃麥芽糖一樣甘美，而心甘情願承受苦難的一個堅毅不拔，百折不撓的君子。

唐先生一輩子都在貞定、在光暢中華民族，一生人都在傳承、在弘揚中華文化。遺著千萬言便是最好的證明（唐先生真的是「著作等身」。對唐先生來說，著作等身不容易，因為唐先生身高雖然不算很高，可是大概也有 1 米 70；反過來，對我來說，著作等身就比較容易，因為我只有 1 米 60 而已。說一下笑，讓大家輕鬆一下，請大家不要見怪。）唐先生在學術上的偉大成就、卓越表現，不必我細表了。在今明兩天的研討會上，個人深信，所有文章都一定能夠非常精彩的把唐先生的學術精神面貌予以揭示展露的。所以可以說精彩可期。大家不妨拭目以待。

前兩天我在香港中文大學做了一個對中小學教師的一個公開演講。演講中，我做了一幅不成樣子的對聯來描繪唐先生，其內容如下，請大家給我指教：

好山好水出人傑，多災多難成聖雄。

貴縣——宜賓縣，是岷江、金沙江、長江，三江交匯合流之所在地。背山面水，得形勢之勝，所以能夠誕生出、孕育出唐先生這麼一個不世出的偉大思想家、人文主義者、理想主義者、愛國主義者。真的可說是「好山好水出人傑」了。然而，光有好的先天環境還是不足以成就唐先生這樣一個文化界、學術界和教育界的巨人的。因為先天環境之外，後天的磨練是絕對不可少的。那唐先生後天的磨練又是甚麼呢？簡單來說，這包括幼年困苦力學，青年時期因為要維持家計而到處講學兼課，中壯年時期則與錢穆先生、張丕介先生等等學人，在當時英國所統治的殖民地香港創辦以弘揚中華文化為目的的新亞書院和新亞研究所，晚年則奮力與香港政府（或可說與中文大學當局）抗爭，力挽狂瀾，努力維持新亞書院固有的傳統精神。換言之，為了堅持文化理想、為了保住人文精神，唐先生一輩子都在「多災多難」中渡過。所以唐先生何止「人中之傑」，所謂「人傑」而已，實際上是「聖中之雄」，所謂「聖雄」是也。

　　說到「人傑」，個人認為要成為「人傑」並不困難。各位在座的中國人，四川人，尤其是宜賓人，我們絕不妄自菲薄，在這麼一個好山好水的先天優美的環境下，你們早已經是人傑了。然而，要成為聖雄，那是需要一點後天磨練的。唐先生因為有磨練而成為聖雄，那我們的磨練呢？各位同胞、同志，尤其是四川人，宜賓人，我看，我們該有的磨練早已降臨了。怎麼說？讓我簡單的說一說吧：去年（2008 年）這個時候，我剛離開宜賓抵達廣州後不久便發生 5.12 的汶川、成都大地震；所以可以說跟大家在一起共同經歷了該次大地震。今年同一個時期，就是現在，我跟大家又在一起了，又一起經歷了中國第一椿致命的新型流感（H1N1）了。大家說

不是嗎？所以可以說，在這個「多災多難」的情況下，我們四川人、宜賓人，能不跟唐先生一樣而成為「聖雄」嗎？對不對？能夠不以胡錦濤主席在中共第十七次全國代表大會所說的「弘揚中華文化，建設中華民族共有精神家園」而自我期許嗎？所以作為中國人，我跟大家一樣，我們一定要好好學習唐先生，好好的要成為人傑，甚至要成為聖雄。在弘揚中華文化和建設美好的精神家園方面，我們一定要勇往直前，必須要有堅毅不拔的鬥志。唐先生已經走了三十一年了，但是，他老人家永遠是我們的榜樣，是我們的楷模，也是指導我們中國未來發展的一盞最耀眼的明燈。今天要舉行一系列的紀念活動，個人認為最好的紀念活動，就是要繼承唐先生熱愛祖國，為人文精神，為文化理想而奮鬥的偉大願望。願唐先生的精神永存宜賓，永存四川，永存中國，永存人間而萬世不朽！

報告完畢，我要謝謝大家，尤其要代表臺灣的協辦單位感謝主辦單位各級領導及朋友們所付出的辛勞。沒有你們的付出，我看這幾天一系列的紀念活動肯定是辦不出來的。現在活動是成功的辦出來了，而我們未來要如同唐先生一樣，要成為人傑，甚至要成為聖雄，今天不是已經為未來打下很堅實的基礎了嗎？謝謝大家，謝謝。

國家圖書館出版品預行編目資料

學術與經世——唐君毅的歷史哲學及其終極關懷

黃兆強著. – 初版. – 臺北市：臺灣學生，2010.05
面；公分

ISBN 978-957-15-1495-6 (平裝)

1. 唐君毅 2. 學術思想 3. 歷史哲學 4.中國文化

601.4   99006042

學術與經世——唐君毅的歷史哲學及其終極關懷（全一冊）

著　作　者：黃　　　兆　　　強
出　版　者：臺　灣　學　生　書　局　有　限　公　司
發　行　人：孫　　　　善　　　　治
發　行　所：臺　灣　學　生　書　局　有　限　公　司
　　　　　　臺北市和平東路一段七十五巷十一號
　　　　　　郵　政　劃　撥　帳　號：0 0 0 2 4 6 6 8
　　　　　　電　話　：(0 2) 2 3 9 2 8 1 8 5
　　　　　　傳　眞　：(0 2) 2 3 9 2 8 1 0 5
　　　　　　E-mail：student.book@msa.hinet.net
　　　　　　http：//www.studentbooks.com.tw

本書局登
記證字號　：行政院新聞局局版北市業字第玖捌壹號

印　刷　所：長　欣　印　刷　企　業　社
　　　　　　中 和 市 永 和 路 三 六 三 巷 四 二 號
　　　　　　電　話　：(0 2) 2 2 2 6 8 8 5 3

定價：平裝新臺幣七五〇元

西　元　二　〇　一　〇　年　五　月　初　版